Artigos jurídicos em escritos jornalísticos

CONSELHO EDITORIAL

Ana Paula Torres Megiani
Eunice Ostrensky
Haroldo Ceravolo Sereza
Joana Monteleone
Maria Luiza Ferreira de Oliveira
Ruy Braga

Artigos jurídicos em escritos jornalísticos

Fábio Martins de Andrade

Copyright © 2016 Fábio Martins de Andrade

Grafia atualizada segundo o Acordo Ortográfico da Língua Portuguesa de 1990, que entrou em vigor no Brasil em 2009.

EDIÇÃO: Haroldo Ceravolo Sereza
EDITORA ASSISTENTE: Camila Hama
PROJETO GRÁFICO, CAPA E DIAGRAMAÇÃO: Camila Hama
ASSISTENTE ACADÊMICA: Bruna Marques
REVISÃO: Rafael Acácio de Freitas
ASSISTENTE DE PRODUÇÃO: Cristina Terada Tamada

Imagens da capa: <www.freepik.com>

CIP-BRASIL. CATALOGAÇÃO NA PUBLICAÇÃO
SINDICATO NACIONAL DOS EDITORES DE LIVROS, RJ
A571A

Andrade, Fábio Martins de
ARTIGOS JURÍDICOS EM ESCRITOS JORNALÍSTICOS
Fábio Martins de Andrade. - 1. ed.
São Paulo : Alameda, 2016.
468 P. : IL. ; 25 CM.

Inclui bibliografia
ISBN 978-85-7939-326-6

1. 1. PROCESSO CIVIL - BRASIL. I. TÍTULO.

15-23572   CDU: 347.91./95(44)

ALAMEDA CASA EDITORIAL
Rua Conselheiro Ramalho, 694 – Bela Vista
CEP 01325-000 – São Paulo, SP
Tel. (11) 3012-2400
www.alamedaeditorial.com.br

Para Aurora e Adriana, as duas mulheres da minha vida

SUMÁRIO

Prefácio 17

Constitucionalismo e Democracia 21

A garantia da razoável duração do processo no âmbito internacional 21

O controle de constitucionalidade dos atos normativos pelo Supremo Tribunal Federal e a súmula vinculante 24

A indicação de Ministro para o STF 26

Três críticas à organização do Judiciário 26

Há ruído entre as instituições no Brasil? 28

PEC 33: Proposta dos Contrapesos 30

Vinte e cinco anos da Constituição Federal 31

Possíveis desdobramentos das recentes manifestações assistidas no Brasil 33

Protestos políticos e mudanças jurídicas 34

JB suspende a criação de 4 novos TRFs 37

Burgernomics 39

O protagonismo do STF na democracia brasileira 40

Constituição da República completa 25 anos 42

Voto de qualidade no CARF ofende princípio do juiz natural 44

Da ofensa ao voto de qualidade aos princípios constitucionais da razoabilidade e da proporcionalidade 46

O Brasil estragou tudo? 49

Competência do STF e PEC 275/2013 51

PEC 275/2013 e transformação do STF em Corte Constitucional 53

Novidades da Espanha 57

Espanha – Cúpula do Poder Judiciário 59

PEC pretende limitar o mandato de Ministro do STF 61

O Poder Moderador na Constituição Imperial 63

O precedente do STF 65

O Senado e as decisões do Supremo 69

O CARF e o voto duplo 71

O STF e o Senado (Resultado da Reclamação 4.335) 72

Direito Penal 77

A (i)legalidade do pôquer no Brasil 77

Breves notas sobre a reforma da Lei de Lavagem de Dinheiro 78

Nova Lei de Lavagem de Dinheiro chega em boa hora 79

O dever de sigilo profissional do advogado e a Lei n. 12.683/12 85

Lei de Lavagem é questionada pela CNPL 87

Prisão – A quem queremos enganar? 88

Alguns impactos do julgamento do Mensalão 90

Nova resolução do Coaf sobre lavagem de dinheiro 91

Lincoln e o Mensalão 92

Roubo ostentação – A nova moda do crime 94

Mídia e Poder Judiciário 97

Mídia e Poder Judiciário 97

Efeitos do pré-julgamento da mídia na democracia brasileira 98

A tortura de suspeitos e a sociedade que queremos 101

A influência da Mídia no julgamento de causas tributárias e criminais 102

A influência da imprensa no julgamento do Mensalão 106

Impactos tributários do julgamento do Mensalão 109

STF e opinião pública 112

Biografias não autorizadas 114

Modulação e Consequencialismo 119

O dilema do Supremo Tribunal Federal
Considerações sobre o consequencialismo e a modulação temporal 119

Modulação temporal dos efeitos da decisão tributária do Funrural 120

O argumento pragmático no julgamento de questões tributárias 122

O Consequencialismo em matéria tributária 123

A Modulação Temporal dos Efeitos nas Decisões Tributárias do STF 124

Modulação em Matéria Tributária e Argumento Consequencialista 125

A possibilidade de modulação no STJ 127

A modulação e o STJ 128

2012 será o ano do debate sobre modulação? 130

O trâmite de medidas provisórias e a modulação temporal 132

Modulação de Súmula contra guerra fiscal é necessária 133

LC 118/05: Possibilidade de modulação pelo STJ 135

Modulação e Consequencialismo 139

Modulação é uma ponte entre a realidade e a Constituição 142

Decisão do STF sobre modulação precisa amadurecer 143

Mudança de jurisprudência vale para o futuro, decide o TEDH 146

Precatórios e Modulação 148

A questão dos precatórios e das modulações 150

Inconstitucionalidade do aumento da base de cálculo
da COFINS/PIS-Importação não é para modular 151

Modulação & TSE 154

Leading cases tributários 157

A Súmula n. 276 do STJ e a tese da especialidade 157

As perspectivas tributárias para 2011   158

As principais pendências no STF para 2011 em matéria tributária   160

Outras pendências no STF para 2011 em matéria tributária   161

Pendências tributárias no STF   162

A incidência da COFINS e do PIS sobre as vendas inadimplidas   164

Grandes questões tributárias pendentes no STF   165

O que esperar do STF para 2012 (em matéria tributária)   166

STJ: não incide IRRF sobre prestação de serviço sem transferência de tecnologia   167

O julgamento do Plano Verão no Supremo Tribunal Federal   168

Plano Verão e Plano Collor voltam a pauta do Supremo Tribunal Federal   171

Plano Collor aguarda para a continuação do julgamento   172

Breve balanço de 2012 em matéria tributária no STF   173

Questões tributárias à espera de uma decisão do STF   174

Grande expectativa para 2013 no STF   175

A inconstitucionalidade da "Emenda do Calote"   176

STF declara inconstitucional a parcela do ICMS sobre a base de cálculo do PIS e da COFINS-Importação   178

STF decide causa a favor dos exportadores   179

STF: Balanço dos julgamentos tributários no primeiro semestre   179

Breve balanço dos principais julgamentos tributários no primeiro semestre no STJ   181

STF – Retrospecto dos principais julgamentos em matéria tributária (1º semestre)   182

STJ – Principais julgados em matéria tributária (1º semestre)   186

STF conclui o julgamento do Plano Verão   190

STJ inicia o julgamento do Caso Vale   193

STF – Retrospecto dos principais julgamentos de 2013 em matéria tributária   195

Retrospecto de 2013 (em matéria tributária)   202

Grandes temas frequentaram a pauta do STF em 2013   204

O que esperar do STF em 2014 em matéria tributária   205

Pontos omissos na inconstitucionalidade da Emenda do "Calote"   207

STJ seguirá decisão do STF sobre Plano Verão 209

Oportunidade tributária com o julgamento do Plano Verão pelo STF 212

O que esperar em 2014 dos Tribunais Superiores no âmbito tributário? 214

Caso Vale – Publicação do acórdão 215

Exclusão do ICMS da base de cálculo da COFINS e do PIS 217

O ICMS na base de cálculo da COFINS e do PIS. RISTF (art. 138) x CF (inciso LXXVIII do art. 5º) 217

O argumento consequencialista de cunho econômico (*ad terrorem*) na ADC 18 218

A inclusão do ICMS na Cofins e o argumento econômico da Fazenda 220

A ADC 18, a modulação e o dilema do STF 222

O STF e a ADC 18 223

A ADC 18 não é caso para modular 224

O ICMS "por dentro" e a ADC 18 226

A necessidade de imediato julgamento da ADC 18 pelo STF 227

O paradoxo entre eficiência e produtividade no Judiciário 228

Ainda a ADC 18 no STF 230

Refis para débitos na discussão do ICMS na base da COFINS/PIS não vale a pena 231

ADC 18 deveria ser pautada logo no STF 233

RE 240.785 – Amigo da Corte pede a retomada do julgamento 234

A exclusão do ICMS do cálculo da COFINS 235

STF deu mais um passo rumo a pacificação entre contribuinte e Fisco 237

Lucros no Exterior 241

A tributação universal da renda no Brasil e a ADI 2.588 241

A tributação dos lucros no exterior (ADI 2.588) 242

A tributação dos lucros no exterior e a modulação temporal dos efeitos da ADI 2.588 243

ADI 2.588 e mutação jurisprudencial 245

Uma oportunidade Suprema 246

A questão sobre lucros no exterior pode ter reviravolta no STF 248

STF conclui o julgamento da ADI 2.588 248

STF conclui o julgamento sobre lucros no exterior 249

Resultado da ADI 2.588 – Distinções necessárias 253

ADI 2.588 – Publicado o acórdão. E agora? 256

Tributação Internacional 261

A tributação dos lucros no exterior na ótica do STJ 261

A importância do Direito Tributário Internacional para as empresas 262

O aproveitamento do crédito fiscal no Brasil de imposto pago no exterior 263

O crédito tributário como medida unilateral para evitar a bitributação da renda 265

Subcapitalização 266

O debate sobre a Tributação Internacional pelo mundo afora 267

A aplicação de tratados tributários na visão do STF 268

O papel do Brasil no cenário internacional globalizado 270

A internacionalização das empresas brasileiras 271

Breve Nota ao Atestado de Residência Fiscal disciplinado na IN/RFB 1226/11 272

O repatriamento de recursos depositados no exterior 273

A Tributação Internacional no CARF 275

O TRF da 3ª Região e a Tributação Internacional 276

O Caso Gerdau no CARF 276

Organização para a Cooperação e Desenvolvimento Econômico 277

Orientações da OCDE podem evitar dupla tributação 278

Mudanças nas regras de preço de transferência 280

A universalidade na tributação da renda à luz da capacidade contributiva e da isonomia 280

Tributação Internacional no STF 285

Encontro discute Tributação Internacional na América Latina 286

Parceria promove Curso sobre Tributação Internacional 288

Tributação Internacional – Oportunidade legislativa à vista 290

G20 dá mais um passo contra a evasão fiscal 292

MP 627 muda a sistemática de tributação dos lucros no exterior 294

MP 627 e possíveis oportunidades relacionadas à tributação de lucros no exterior 295

MP 627: inconstitucionalidades e necessário *lobby* técnico 296

MP 627 começa a ser modificada no processo legislativo de conversão em lei 296

Regra Geral Antielisiva 297

O Brasil na contramão do mundo 300

O necessário respeito aos tratados tributários 302

Anotações ao art. 23 dos tratados para evitar a bitributação da renda 304

Direito Tributário e legislação interna 307

REFIS IV: Panorama da consolidação 307

Os Investimentos Pré-Olímpicos 308

Utilização de crédito acumulado do ICMS 309

A exclusão dos sócios nas execuções fiscais 311

Mudanças recentes no regime tributário dos consórcios de empresas 312

Panorama tributário do momento 313

Ainda o parcelamento 314

A inconstitucionalidade da guerra fiscal 316

Os atuais desafios para o desenvolvimento 317

A regulamentação dos consórcios de empresas 318

As Zonas de Processamento de Exportação 319

O Estado do Rio de Janeiro dá nova anistia tributária 321

Política tributária – O que esperar do governo para 2012? 322

RJ regulamenta serviços de compras coletivas 323

O Pacote de Incentivos Fiscais da MP 563 324

Caminhando para a alíquota uniforme do ICMS 325

MP 563 exige olhar mais atento 326

A "Guerra Fiscal" entre os Estados na ordem do dia 327

A tributação pelo ICMS do comércio eletrônico 328

De olho na Receita Federal: últimas alterações normativas 329

País precisa definir com clareza sua política econômica 330

Propostas legislativas no Congresso Nacional em tema tributário 334

Desonerar e desburocratizar são a única saída do Brasil 335

Panorama Legislativo 336

Recentes mudanças na legislação tributária 337

Breves Linhas sobre lei que estabelece incentivo ao setor produtivo 338

Benefícios tributários para os Jogos Olímpicos 339

Mudanças na legislação tributária 339

MP 584 e Medidas Tributárias para os Jogos Olímpicos de 2016 340

Resolução do Senado Federal 13 e suas medidas 341

Há cada dia mais empecilhos nos depósitos judiciais 342

Procedimentos para pedidos no âmbito da Receita Federal 343

O que esperar para o Ano Novo? 344

Recentes alterações legislativas e regulamentares 344

Emenda do Calote é declarada inconstitucional 346

MP 582 foi convertida na Lei 12.794 346

Receita Federal decide acatar decisões do Judiciário 347

Parecer PGFN/CAT 202/2013 348

Órgãos de arrecadação se preparam para seguir decisões judiciais 349

O benefício das desonerações 351

Reabertura de Refis exige atenção das empresas 352

Que Política Tributária se quer para o Brasil? 355

Lei 12.973 muda conceito legal de receita bruta 356

A Copa do Mundo (não) é nossa! 359

O Convênio 70 do Confaz 361

Estudos sobre outros temas 363

O caso Massachussets vs. EPA. A Suprema Corte norte-americana
e o controle judicial das decisões das agências reguladoras independentes 363

O Poder Judiciário e a governabilidade. Comprometimento ou independência?   373

Lei Anticorrupção   381

Nota sobre o dilema entre o discurso do ódio e a liberdade de expressão no Canadá   391

Uma Proposta de Adequação da Repressão aos Delitos de Direito Penal Econômico   399

A inconstitucionalidade e a ilegalidade da Portaria PGFN n. 820, de 25.10.2004   419

Contrato de corretagem ou mediação   425

A Repercussão Geral em Matéria Tributária no Supremo Tribunal Federal   456

PREFÁCIO

Desde os tempos de graduação sempre fui dedicado a realizar pesquisas (relativamente) profundas sobre temas que serviram para trabalhos durante o curso da Faculdade de Direito. Desde cedo percebi o fascínio com a pesquisa (busca, coleta de informação, organização sistemática, exposição descritiva e, quando possível, aplicação prática). Depois de graduado, ingressei logo em alguns cursos de especialização e pós-graduação, tanto no Brasil como no exterior, que versaram sobre Direito Penal Econômico, Criminologia, Controle Judicial de Constitucionalidade e Direito Processual Constitucional, dentre outros.

Em seguida, entrei no Curso de Mestrado e depois no Doutorado. Tanto a dissertação como também a tese transformaram-se em livros que foram publicados por editoras especializadas. Até a conclusão do Curso de Doutorado, posso dizer que escrevia apenas e tão somente para artigos científicos serem publicados em revistas especializadas dos diferentes ramos do Direito. Chegou o dia em que me surpreendi tendo que adequar uma monografia de fim de curso para apenas trinta páginas (elaborei em cinquenta laudas em um mês e passei mais um mês para reduzi-la ao limite máximo permitido). Foi aí que percebi que meu poder se síntese estava distorcido. Somente com a conclusão do Doutorado é que passei a escrever com mais tranquilidade (menos rigor técnico e de modo mais leigo e fluido). A isso estou chamando de "escritos jornalísticos" (isto é, sem pretensão de rigor técnico-científico). Tracei como meta escrever artigos jurídicos em escritos jornalísticos, com o objetivo de informar bastante de modo simples, direto e menos formal. Levei isso a sério.

Por uma série de circunstâncias cheguei a produzir dois (e até três) desses artigos ligeiros por semana durante certo tempo. Alguns se limitaram a uma ideia que se pretendia submeter à crítica. Outros objetivaram fomentar o debate sobre certo assunto (então atualíssimo e relevante). De vez em quando, a intenção era apenas informar sobre alguma alteração legislativa recente ou algum julgamento importante.

Ao leitor será curioso notar, devidamente contextualizado em cada período de tempo, que de vez em quando é possível encontrar prognósticos de relevantes precedentes (que estavam em trâmite quando escrito o texto sobre eles), críticas severas sobre a legislação e a jurisprudência, opiniões críticas sobre diferentes ramos da política (inclusive com algumas sugestões e recomendações), análises sobre temas tributários de vida efêmera (eminentemente datado) e estudos atemporais de Direito Público.

Fato é que no período do início de 2011 até agosto de 2014 cheguei a produzir dezenas de pequenos artigos jurídicos em formato de escritos jornalísticos. Os principais veículos foram a imprensa escrita (como o Jornal Gazeta de Notícias, do Rio de Janeiro, onde tive uma coluna por quase dois anos), a internet (com a Última Instância, portal hospedado na UOL, onde tive uma coluna desde o início de 2012, e periódicos cibernéticos variados, como a Revista Consultor Jurídico e o Jus Navigandi, dentre outros) e alguns jornais de grande circulação, como a Gazeta Mercantil, o Correio Braziliense e o Valor Econômico, dentre outros. Em razão do diferente público alvo que cada veículo pretende atingir, verifica-se maior ou menor formalismo ou coloquialismo, e até mesmo certa informalidade por vezes.

Não pense o leitor que foi sempre fácil. Por ter iniciado meus estudos com pesquisas aprofundadas sobre temas de interesse muito focado e específico, no começo foi difícil trabalhar a capacidade de síntese. E, todos sabem, o espaço franqueado pelos órgãos da mídia impressa é muito limitado (com a quantidade máxima permitida de caracteres com espaço). Comecei isso tudo gastando mais tempo para enxugar o texto do que para escrevê-lo.

De repente eu, que até então só me dedicava aos artigos jurídicos acadêmicos, geralmente publicados em revistas especializadas de alto padrão técnico-científico, com aproximadamente trinta laudas, me vi produzindo uma enorme quantidade de ligeiros escritos jornalísticos e geralmente sobre temas palpitantes e atualíssimos.

Daí surgiu a ideia de compilar alguns deles e dividi-los em temas afins, de modo a facilitar a busca pelo leitor na consulta daquilo que julgar mais interessante sem a obrigação de utilizá-lo como um livro completo (com início, meio e fim).

A compilação contempla artigos e estudos que foram elaborados desde fevereiro de 2005 até novembro de 2014, abrangendo um período de quase dez anos.

A compilação dos artigos buscou agregá-los em dez capítulos sobre os seguintes assuntos principais: 1 – Constitucionalismo e Democracia, 2 – Direito Penal, 3 – Mídia e Poder Judiciário, 4 – Modulação e Consequencialismo, 5 – *Leading cases* tributários, 6 – Exclusão do ICMS da base de cálculo da Cofins e do PIS, 7 – Lucros no Exterior, 8 – Tributação Internacional, 9 – Direito Tributário e legislação interna e 10 – Estudos sobre outros temas.

O *Capítulo 1* se dedica a reunir alguns escritos que se relacionam ao Constitucionalismo e à Democracia, razão pela qual compilei aqueles relacionados à jurisdição constitucional, bem como a tensão inerente às relações entre os Três Poderes no Brasil, inclusive com análise de algumas propostas legislativas em trâmite no Congresso Nacional.

O *Capítulo 2* se destina a rubrica do Direito Penal, onde optei por reunir alguns artigos sobre a reforma da Lei de Lavagem de Dinheiro, a pena de prisão e o rumoroso julgamento do Mensalão.

O *Capítulo 3* funciona como desdobramento do anterior, na medida em que foca a relação entre a Mídia e o Poder Judiciário, tema que sempre acompanho em razão da minha dissertação de Mestrado, com o mesmo título. Por isso, escolhi prestigiar também esse tema tão palpitante e sempre atual na rotina do noticiário nacional.

O *Capítulo 4* fomenta a discussão de tema que também acompanho permanentemente, não só por ter sido objeto da minha tese de Doutorado, mas também pelo interesse prático da minha área de atuação profissional: Modulação e Consequencialismo. Cada um dos dois temas, por si só, já justificaria o interesse doutrinário e prático de qualquer pesquisador. Através do argumento consequencialista de cunho econômico, que se resume ao rombo nas contas públicas, a Fazenda Nacional reiteradamente apela junto aos principais órgãos da mídia, às vésperas do julgamento dos casos paradigmas, com o objetivo de sensibilizar os Ministros dos Tribunais Superiores (sobretudo do STF) quanto às suas frágeis razões. A modulação temporal dos efeitos da decisão que declara a inconstitucionalidade de lei ou ato normativo é o mecanismo que permite ao Tribunal limitar, em algumas situações excepcionalíssimas (dentre as quais *não* devem constar o frágil argumento do rombo das contas públicas, ainda mais em julgamento de matéria tributária), os efeitos da referida decisão. Isso significa que a Corte admite tolerar, por determinado tempo expressamente delimitado, a inconstitucionalidade afastada com o julgamento em busca de não se afastar ainda mais da vontade manifestada na Constituição (com a sua maior concretude e máxima eficácia como pano de fundo). Juntei artigos jurídicos que buscam analisar as relações e interfaces existentes entre o consequencialismo e a modulação, bem como decidi prestigiar escritos nos quais também cuido de aspectos relacionados ao pragmatismo e analiso o (então recente) julgamento de relevantes questões com o foco em alguns precedentes tributários que tramitaram nos Tribunais Superiores.

O *Capítulo 5* pretende reunir os escritos que se dedicaram aos *leading cases* tributários que tramitaram tanto no Supremo Tribunal Federal como também no Superior Tribunal de Justiça. A característica própria de um caso paradigma é conter o pronunciamento definitivo sobre certo tema, que será replicado pelo Poder Judiciário nos demais julgamentos sobre a mesma questão. Exemplo de caso paradigma é a conclusão favorável do Plano Verão perante o STF, no qual estava em discussão o referido expurgo da correção monetária das demonstrações financeiras do ano base de 1989. Esse caso específico foi patrocinado pelo escritório do qual faço parte. De modo geral são decisões com evidente impacto para os contribuintes (empresas e pessoas físicas) e também para o Fisco e que influenciam a rotina e a vida de todos no País.

O *Capítulo 6* se dedica especificamente a um *leading case* que tive (e tenho tido) o privilégio de acompanhar bem de perto, em razão da minha atuação profissional. Refiro-me ao tema em trâmite perante o Pleno do Supremo Tribunal Federal desde 1999: a não inclusão da parcela do ICMS na base de cálculo da COFINS e do PIS. Aqui, o exame gira em torno basicamente da Ação Declaratória de Constitucionalidade – ADC 18 e dos RREE 240.785 e 574.706.

O *Capítulo 7* traz colaborações criativas em torno de outro *leading case*, agora referente aos lucros no exterior (e à sistemática de tributação com base no famigerado art. 74 da MP 2.158-35/01), com o foco primordial na análise dos votos e do resultado final da Ação Direta de Inconstitucionalidade – ADI 2.588 e, em um segundo momento, dos RREE 541.090 e 611.586 (que versam sobre tratado e paraíso fiscal, respectivamente). Esse assunto possui evidente interesse para as empresas brasileiras que internacionalizaram as suas atividades e logram competir no mercado globalizado. Por diversas circunstâncias profissionais, também tive a gratificante obrigação de acompanhar de modo muito próximo cada passo que ocorreu com esses três casos, durante o período de 2007 até 2013 (com a conclusão dos julgamentos).

O *Capítulo 8* segue a linha do anterior, com a manutenção do foco na Tributação Internacional. Cuida de diferentes temas que gravitam em torno do assunto, como o aproveitamento do crédito no Brasil do imposto pago no exterior, as regras de subcapitalização, as mudanças nas regras de preço de transferência, o necessário respeito pelo Brasil aos tratados para evitar a dupla tributação da renda, a menção de importantes julgamentos no âmbito do CARF e dos Tribunais Regionais Federais, bem como diferentes referências a cursos, seminários e congressos, que tive a oportunidade de participar pelo mundo afora. Além disso, também consta importante tema que ainda não mereceu a atenção devida da doutrina especializada e que se refere ao repatriamento de recursos depositados no exterior. Ademais, constam alguns ligeiros escritos sobre as principais mudanças introduzidas pela MP 627, que trouxe significativa alteração na legislação sobre lucros no exterior. Cabe registrar que no escritório contamos com a honrosa participação de um dos sócios titulares junto à audiência pública perante a Câmara dos Deputados nos dois últimos temas acima (referentes ao projeto de lei que tramitam sobre o repatriamento e quando do processo legislativo de conversão da MP 627 no que veio, posteriormente, a ser a Lei n. 12.973, de 2014).

O *Capítulo 9* compila diversos artigos jurídicos em formato de escritos jornalísticos sobre uma gama ampla e variada de temas de Direito Tributário e legislação interna, geralmente elaborados com o objetivo de informar e atualizar sobre determinada publicação de lei, regulamento, decisão e/ou entendimento fazendário, por exemplo. O foco aqui se centra nas principais novidades sobre matéria tributária, como o panorama da consolidação do Refis IV, os incentivos fiscais promovidos pela MP 563, a guerra fiscal entre os Estados, a alíquota uniforme em razão da Resolução do Senado Federal n. 13 e a mudança do conceito legal de receita bruta pela Lei n. 12.973, dentre tantos outros. Além disso, por vezes, me arrisco a trazer alguma colaboração à reflexão sobre que modelo de política econômica e tributária se quer para o Brasil.

O *Capítulo 10* encerra a compilação com a reunião de estudos sobre outros temas. Aqui, decidi incluir alguns artigos jurídicos mais técnicos e aprofundados sobre assuntos bem específicos, como o Caso Massachussets v. EPA, que foi julgado pela Suprema Corte norte-americana (que me causou perplexidade na época em razão da pouca efetividade da decisão que foi tomada de caráter político), o dilema entre o discurso do ódio e a liberdade de expressão no Canadá (tive a oportunidade de acompanhar pelos jornais o cerne da discussão durante uma visita àquele país), a relação entre o Judiciário e a governabilidade (elaborei esse estudo para integrar a tese de Doutorado, mas por alguma circunstância, não veio a integrar aquele trabalho final), a análise breve da Lei Anticorrupção (Lei n. 12.846/13), a proposta de adequação da repressão aos delitos de Direito Penal Econômico (que foi originalmente uma monografia elaborada no final de um curso de especialização) e o contrato de corretagem ou mediação (que foi objeto de um trabalho específico que desenvolvi e depois transformei no artigo), dentre outros.

Resumida a estrutura da compilação, com os dez capítulos que a integram, importa agora tecer alguns breves esclarecimentos. O primeiro se refere à organização própria dos diferentes temas dentro dos assuntos centrais. Por vezes eles se intercalam, tangenciam ou até poderiam ser colocados de outro modo. Ilustração disso pode ser verificada quando me refiro às expectativas em relação aos principais julgamentos em matéria tributária para cada ano vindouro perante o STF, por exemplo, como consta em alguns escritos do Capítulo 5 e no qual estão englobados necessariamente os temas dos Capítulos 6 e 7. De igual modo, nesses dois capítulos assinalados constam artigos que versam sobre modulação e que poderiam estar agrupados no Capítulo 4. De todo modo, a organização de todos os artigos em torno dos assuntos centrais se deu de modo a facilitar a leitura dos temas correlatos e afins pelo leitor. Nesse sentido, basta citar o exemplo do julgamento pelo STF pela inconstitucionalidade do aumento da base de cálculo da COFINS/PIS-Importação e da chamada "Emenda do Calote". Nesses casos, constam artigos breves explicitando o resultado final do julgamento no Capítulo 5 (dos *leading cases*) e há artigos em torno da possível (ou não) modulação no Capítulo 4.

De modo geral, ao final de cada artigo ou estudo que compõe a presente compilação consta na última nota de rodapé o veículo (cibernético ou impresso) no qual foi publicado originariamente. Por vezes, para dar maior destaque coloquei essa nota de rodapé logo no início do texto. Isso pode ser útil para que o leitor conheça o órgão da mídia para o qual foi enviado (e, consequentemente, a linha editorial, o público alvo e o estilo, por exemplo) como também tenha melhor noção acerca do momento em que foi elaborado (e com quais dados subjacentes e panos de fundo inerentes a cada instante).

Um esclarecimento se refere ao texto de cada artigo jurídico objeto dessa coletânea. Cada um agregado à compilação foi juntado com o texto original, isto é, aquele que enviei para ser publicado na ocasião (sendo que, por vezes, o texto pode vir a sofrer ligeira edição dos diferentes veículos para adaptar-se ao limite de espaço, linha editorial ou até correção).

Cabe registrar que todo o texto foi corrigido para adaptar-se a Nova Ortografia da Língua Portuguesa, mesmo aqueles escritos antes de tal mudança, à exceção apenas das citações, que se mantiveram fieis ao texto original. Além disso, aproveitando a revisão quanto à ortografia, também procedi a ligeiras revisões quanto à concordância em algumas situações que logrei identificar erro ou forma melhor.

Por fim, registro que conclui a organização e sistematização dos trabalhos que integram a presente compilação em 15.10.2014, Dia do Professor, e véspera do nascimento de minha filha, Aurora Martins de Andrade, ansiosamente esperada para amanhã. Em seguida, depois das tratativas necessárias, finalizei a última revisão antes de enviar aos parceiros da Alameda no "aniversário" de 2 meses dela (dia 16.12.2014).

Desejo a cada um e a todos uma boa leitura!

CONSTITUCIONALISMO E DEMOCRACIA

A Garantia da Razoável Duração do Processo no Âmbito Internacional

INTRODUÇÃO[1]

Em 8 de dezembro de 2004, foi promulgada parte da nova Reforma do Poder Judiciário, por meio da Emenda Constitucional n. 45, publicada no Diário Oficial da União em 31 de dezembro de 2004. A sua tramitação no Congresso Nacional demorou treze anos e ainda não está concluída.

Esta emenda constitucional trouxe profundas modificações no texto da Constituição de 1988. O presente estudo se dirige especialmente à inclusão do inciso LXXVIII[2] ao artigo 5º da Constituição, que cuida 'Dos Direitos e Garantias Individuais', explicitando a garantia da razoável duração do processo, que já tinha previsão implícita no direito constitucional brasileiro anterior, tanto por decorrência lógica de outras garantias já asseguradas em diversas normas constitucionais, como também por consequência de tratado internacional em vigor no país.

À luz do § 1º do art. 5º da Constituição da República,[3] a regra introduzida por meio do inciso LXXVIII tem aplicação imediata no ordenamento jurídico nacional.

PREVISÃO IMPLÍCITA ANTERIOR À EC N. 45/2004

Antes mesmo do advento da Emenda Constitucional n. 45/2004, esta garantia já estava contemplada implicitamente em outros direitos e garantias assegurados constitucionalmente, como por exemplo: o direito de petição previsto no art. 5º, inciso XXXIV, alínea *a*, a garantia de inafastabilidade do Poder Judiciário (art. 5º, inciso XXXV),[4] o devido

---

1   O texto foi publicado originalmente em: *Revista Jurídica Consulex*. Brasília, Ed. Consulex, ano X, n. 217, 31.06.2006, p. 61-62.

2   Que estabelece o seguinte: "a todos, no âmbito judicial e administrativo, são assegurados a razoável duração do processo e os meios que garantam a celeridade de sua tramitação".

3   O qual dispõe que: "As normas definidoras dos direitos e garantias fundamentais têm aplicação imediata".

4   No mesmo sentido: WAMBIER, Luiz Rodrigues [et.al.]. *Breves comentários à nova sistemática processual civil: emenda constitucional n. 45/2004 (reforma do judiciário); Lei 10.444/2002; Lei 10.358/2001 e lei 10.352/2001.* 3ª ed., São Paulo: Revista dos Tribunais, 2005, p. 26; SPALDING, Alessandra Mendes. *Direito fundamental à tutela jurisdicional tempestiva à luz do inciso LXXVIII do art. 5º da CF inserido pela EC n. 45/2004.* In: WAMBIER, Teresa Arruda Alvim ...[et al] (Coord.). *Reforma do Judiciário: Primeiros ensaios críticos sobre a EC n. 45/2004.* São Paulo: Editora Revista dos Tribunais, 2005, p. 31.

processo legal (art. 5º, inciso LIV)⁵ e os princípios da legalidade e eficiência os quais devem ser observados pelo Poder Público (art. 37, *caput*).⁶ ⁷

A GARANTIA DA RAZOÁVEL DURAÇÃO DO PROCESSO NO DIREITO INTERNACIONAL

No âmbito internacional, esta previsão já consta nas Constituições de diversos países, como da Itália,⁸ da Espanha,⁹ de Portugal,¹⁰ dos Estados Unidos da América do Norte,¹¹ do México,¹² da Colômbia,¹³ da Venezuela,¹⁴ da Argentina¹⁵ etc.

Além disso, foi estabelecida por variados documentos internacionais, tais como:

a) "a Declaração dos Direitos Humanos de 1948, aprovada pela Assembleia Geral das Nações Unidas, especifica, em sua seção 3, art. VIII, que 'todo homem tem direito a receber dos tribunais nacionais competentes remédio efetivo para os atos que violem os direitos fundamentais que lhe sejam reconhecidos pela constituição ou pela lei";¹⁶

---

5   No mesmo sentido: TAVARES, André Ramos. *Reforma do Judiciário no Brasil pós-88: (Des)estruturando a Justiça*. São Paulo: Saraiva, 2005, p. 31.

6   Com a redação dada pelo art. 3º da Emenda Constitucional n. 19, de 05.05.1998.

7   No mesmo sentido: DELGADO, José Augusto. *Reforma do Poder Judiciário: Art. 5º, LXXVIII, da CF*. In: WAMBIER, Teresa Arruda Alvim ...[et al] (Coord.). *Reforma do Judiciário: Primeiros ensaios críticos sobre a EC n. 45/2004*. São Paulo: Editora Revista dos Tribunais, 2005, pp. 355-356.

8   A Constituição da República Italiana, de 27.12.1947, prevê no art. 111, entre outras normas, que: "*La legge ne assicura la ragionevole durata*". Esta norma foi introduzida pela Lei Constitucional de 23.11.1999.

9   O item 2 do art. 24 da Constituição da Espanha dispõe que: "Asimismo, todos tienen derecho al juez ordinario predeterminado por la ley, a la defensa y a la asistencia de letrado, a ser informados de la acusación formulada contra ellos, *a un proceso público sin dilaciones indebidas y con todas las garantías*, a utilizar los medios de prueba pertinentes para su defensa, a no declarar contra si mismos, a no confesarse culpables y a la presunción de inocencia".

10 A Constituição de Portugal trata do acesso ao direito e tutela jurisdicional efetiva no art. 20º. Nos itens 4 e 5 dispõe que: "4. Todos têm direito a que uma causa em que intervenham seja objecto de *decisão em prazo razoável* e mediante processo equitativo; 5. Para defesa dos direitos, liberdades e garantias pessoais, a lei assegura aos cidadãos *procedimentos judiciais caracterizados pela celeridade e prioridade*, de modo a obter tutela efectiva e *em tempo útil* contra ameaças ou violações desses direitos".

11 A 6ª Emenda à Constituição norteamericana estabelece que: "In all criminal prosecutions, the accused shall enjoy the right to a speedy and public trial, by an impartial jury of the state [...]".

12 A Constituição Política dos Estados Unidos Mexicanos, de 05.02.1917, estabelece no art. 17 que: "Toda persona tiene derecho a que se lé administre justicia por *tribunales que estarán expeditos* para impartirla en los plazos y términos que fijen las leyes, *emitiendo sus resoluciones de manera pronta*, completa e imparcial".

13 O art. 86 prevê que: "Toda persona tendrá acción de tutela para reclamar ante los jueces, en todo momento y lugar, mediante un procedimiento preferente y sumario, por sí misma o por quien actúe a su nombre, la protección inmediata de sus derechos constitucionales fundamentales, cuando quiera que éstos resulten vulnerados o amenazados por la acción o la omisión de cualquier autoridad pública [...]".

14 O art. 26 da Constituição dispõe que: "Toda persona tiene derecho de acceso a los órganos de administración de justicia para hacer valer sus derechos e intereses, incluso los colectivos o difusos, a la tutela efectiva de los mismos y a obtener con prontitud la decisión correspondiente".

15 O art. 43 da Constitución de la Nación Argentina prescreve que: "Toda persona puede interponer acción expedita y rápida de amparo, siempre que no exista otro medio judicial más idóneo, contra todo acto u omisión de autoridades públicas o de particulares, que en forma actual o inminente lesione, restrinja, altere o amenace, con arbitrariedad o ilegalidad manifiesta, derechos y garantías reconocidos por esta Constitución, un tratado o una ley".

16 ROCHA, Zélio Maia da. *A Reforma do Judiciário: Uma avaliação jurídica e política*. São Paulo: Saraiva, 2005, pp. 21-22.

b) na Convenção Europeia pela Salvaguarda dos Direitos do Homem e das Liberdades Fundamentais, de 1950, consta que: "Toda pessoa tem direito a ter sua causa examinada de modo justo, publicamente e num prazo razoável, por um tribunal independente e imparcial estabelecido pela lei, que decidirá com relação a contestações sobre seus direitos e obrigações de caráter civil ou sobre a legitimidade de qualquer acusação em matéria penal dirigida contra ela" (art. 6º, inciso I);

c) na Convenção Americana sobre Direitos Humanos (Pacto de São José da Costa Rica, de 1969 – art. 8º, item 1): "Toda pessoa terá o direito de ser ouvida, com as devidas garantias e dentro de um prazo razoável, por um juiz ou tribunal competente, independente e imparcial, estabelecido anteriormente por lei, na apuração de qualquer acusação penal formulada contra ela, ou na determinação de seus direitos e obrigações de caráter civil, trabalhista, fiscal ou de qualquer outra natureza";

d) na Carta dos Direitos Fundamentais da União Europeia, de 2000, "Toda a pessoa tem direito a que a sua causa seja julgada de forma equitativa, publicamente e num prazo razoável, por um tribunal independente e imparcial, previamente estabelecido por lei" (art. 47);

e) no próprio projeto da Constituição Europeia, reafirmou-se de forma idêntica tal determinação (art. II-107).[17]

Prova da efetividade da garantia da razoável duração do processo no âmbito internacional é demonstrada pelo fato de que o seu descumprimento tem levado a condenações de Estados Nacionais em julgamentos realizados no âmbito de cortes internacionais, especialmente no Tribunal Europeu de Direitos Humanos.[18]

Dentre a enumeração exemplificativa dos documentos internacionais citados, especial relevo merece a Convenção Americana de Direitos Humanos (Pacto de San José da Costa Rica, de 22.11.1969), pelo fato de que o Brasil o aderiu em 26.05.1992, o ratificou em 25.09.1992 e o promulgou por intermédio do Decreto n. 678, de 09.11.1992.

O § 2º do art. 5º da Constituição da República estabelece que: "Os direitos e garantias expressos nesta Constituição não excluem outros decorrentes do regime e dos princípios por ela adotados, ou dos tratados internacionais em que a República Federativa do Brasil seja parte".

Em busca de critérios capazes de definir a razoável duração do processo, a jurisprudência da Corte Europeia dos Direitos do Homem vem firmando o seguinte entendimento: "O posicionamento jurisprudencial da Corte Europeia dos Direitos do Homem fixa três critérios para verificar a razoável duração do processo: (i) complexidade

---

17 TAVARES, André Ramos. *Reforma do Judiciário no Brasil pós-88: (Des)estruturando a Justiça*. São Paulo: Saraiva, 2005, p. 32.

18 A título exemplificativo, cita-se que: "A celeridade na obtenção das decisões judiciais, aliás, tem sido uma constante também na Europa. A esse respeito, vale registrar a decisão do Tribunal Europeu de Direitos Humanos (caso *Pammel*), em 1997, condenando a Alemanha pela excessiva duração dos processos" (TAVARES, André Ramos. *Reforma do Judiciário no Brasil pós-88: (Des)estruturando a Justiça*. São Paulo: Saraiva, 2005, p. 32). No mesmo sentido: "o Tribunal Europeu de Direitos Humanos, por exemplo, já condenou a Espanha [indenização por danos materiais e/ou morais quando demonstrados] em ação movida pela empresa espanhola Sanders S.A. em razão de o Judiciário daquele país ter demorado mais de sete anos para proferir uma sentença final em determinado processo" (ROCHA, Zélio Maia da. A Reforma do Judiciário: Uma avaliação jurídica e política. São Paulo, Saraiva, 2005, p. 22; DELGADO, José Augusto. *Reforma do Poder Judiciário: Art. 5º, LXXVIII, da CF*. In: WAMBIER, Teresa Arruda Alvim ...[et al] (Coord.). *Reforma do Judiciário: Primeiros ensaios críticos sobre a EC n. 45/2004*. São Paulo: Editora Revista dos Tribunais, 2005, p. 371). Além destas, confira-se ainda: "Em trabalho sobre o *Acesso à Justiça*, exposto pelo Juiz de Direito de Lisboa, João Ramos de Souza, são relatados vários casos apresentados ao Tribunal Europeu dos Direitos do Homem em que o Estado português foi condenado a pagar indenização pela demora na prestação jurisdicional" (VARGAS, Jorge de Oliveira. *A garantia fundamental contra a demora no julgamento do processo*. In: WAMBIER, Teresa Arruda Alvim ...[et al] (Coord.). *Reforma do Judiciário: Primeiros ensaios críticos sobre a EC n. 45/2004*. São Paulo: Editora Revista dos Tribunais, 2005, p. 344).

do assunto; (ii) comportamento dos litigantes e de seus procuradores ou da acusação e da defesa no processo penal; (iii) da atuação do órgão jurisdicional".[19]

CONCLUSÃO

Do ponto de vista teórico, a inclusão do inciso LXXVIII ao art. 5º não significou propriamente uma novidade, vez que a garantia da razoável duração do processo já vinha sendo entendida pela doutrina nacional como implícita a outros direitos e garantias assegurados no texto originário e/ou reformado da Constituição da República.

No âmbito internacional, várias Constituições e diversos documentos firmados no último cinquentenário já previam explicitamente tal garantia, inclusive o Pacto de San José da Costa Rica, vigente no ordenamento jurídico nacional.

Do ponto de vista prático, no entanto, esta inclusão no texto constitucional pode significar uma efetiva intenção de melhorar a qualidade da solução de conflitos estabelecidos entre diferentes pessoas na lide, seja administrativa, seja judicial.

Para que esta intenção seja concretizada na realidade judiciária nacional, impõe-se a conscientização dos magistrados de sua elevada função e da necessidade de entregar a prestação jurisdicional de maneira tempestiva e eficaz, inclusive em obediência ao inciso LXXVIII do art. 5º da Constituição da República.

O Controle de Constitucionalidade dos Atos Normativos pelo Supremo Tribunal Federal e a Súmula Vinculante

No âmbito do controle de constitucionalidade de atos normativos exercido pelo Supremo Tribunal Federal, a declaração de inconstitucionalidade pode resultar do sistema difuso (via recurso extraordinário – modelo norte-americano) e do sistema concentrado (via ação direta – modelo austríaco).

Na esteira da criação da súmula vinculante por meio da Emenda Constitucional n. 45/2004, a Lei n. 11.417, de 19.12.2006 (que entrará em vigor em março), regulamentou este instituto recentemente criado e dispôs no seu art. 2º, § 1º que: "A edição, revisão e cancelamento de enunciado de súmula com efeito vinculante versará sobre matéria constitucional e terá por objeto a validade, a interpretação e a eficácia de normas determinadas que, mesmo depois de reiteradas decisões, ainda suscitem controvérsia atual, que acarrete grave insegurança jurídica e relevante multiplicação de processos sobre idêntica questão, entre órgãos judiciários ou entre esses e a administração pública".

Neste contexto, a edição de enunciado de súmula com efeito vinculante somente faz sentido se tratar sobre matéria que tenha sido objeto de apreciação no âmbito do sistema difuso de controle de constitucionalidade, isto é, solução de casos levados ao Supremo Tribunal Federal por meio de recurso extraordinário.

De fato, na realidade, a edição de súmula vinculante poderá ser considerada como uma espécie de "substituta" da resolução do Senado Federal, que atribui efeito vinculante e eficácia *erga omnes* à decisão definitiva do Supremo Tribunal Federal, quando então suspende total ou parcialmente a execução de lei declarada inconstitucional, consoante dispõe o art. 52, inciso X, da Constituição da República.

Disso resulta que a edição de súmula com efeito vinculante somente terá sentido lógico se for promovida antes de eventual resolução do Senado Federal. Depois da resolução, teria efeito apenas pedagógico, ou seja, para

---

19   NOTARIANO JUNIOR, Antonio de Pádua. *Garantia da razoável duração do processo*. In: WAMBIER, Teresa Arruda Alvim ...[*et al*] (Coord.). *Reforma do Judiciário: Primeiros ensaios críticos sobre a EC n. 45/2004*. São Paulo: Editora Revista dos Tribunais, 2005, p. 60. *Apud* CRUZ E TUCCI, José Rogério. *Tempo e Processo*. São Paulo: Revista dos Tribunais, 1997, p. 68.

corroborar ainda mais uma vez que a orientação do Supremo Tribunal Federal é firme naquele sentido. Isto não conduziria a qualquer efeito de fato, embora o caráter pedagógico ainda seja necessário na realidade recursal e judiciária do país.

Tratando-se de julgamentos em ações diretas, em qualquer uma de suas espécies principais, não fará sentido lógico a edição de súmula com efeito vinculante. A razão é simples. Este efeito vinculante e a eficácia *erga omnes* já são ínsitos à própria natureza das decisões tomadas em tais ações. Isso decorre de expressa previsão constitucional e legal, nas ações diretas de inconstitucionalidade e nas ações declaratórias de constitucionalidade; e legal, no caso de arguição de descumprimento de preceito fundamental.

De fato, nas ações diretas de inconstitucionalidade e nas ações declaratórias de constitucionalidade, as decisões definitivas de mérito proferidas pelo Supremo Tribunal Federal já produzem eficácia contra todos e têm efeito vinculante relativamente aos demais órgãos do Poder Judiciário e à administração pública direta e indireta, nas esferas federal, estadual e municipal, consoante dispõe o § 2º do art. 102 da Constituição da República, na sua redação modificada pela Emenda Constitucional n. 45/2004.

Além disso, a Lei n. 9.868/1999, que veio regulamentar o julgamento destas ações no âmbito do Supremo Tribunal Federal, estabeleceu expressamente que: "A declaração de constitucionalidade ou de inconstitucionalidade, inclusive a interpretação conforme a Constituição e a declaração parcial de inconstitucionalidade sem redução de texto, têm eficácia contra todos e efeito vinculante em relação aos órgãos do Poder Judiciário e à Administração Pública federal, estadual e municipal" (consoante prescreve o parágrafo único do art. 28).

De igual maneira, na arguição de descumprimento de preceito fundamental, o § 1º do art. 102 da Constituição da República remete a sua regulamentação à Lei n. 9.882/1999, que expressamente atribui à decisão eficácia contra todos e efeito vinculante relativamente aos demais órgãos do Poder Público, nos termos do § 3º do art. 10.

Embora não haja qualquer sentido lógico em editar enunciado de súmula com efeito vinculante nas ações diretas (ação direta de inconstitucionalidade, ação declaratória de constitucionalidade e arguição de descumprimento de preceito fundamental), seria possível editá-la apenas para o efeito pedagógico mencionado anteriormente, isto é, para corroborar ainda mais uma vez que a orientação do Supremo Tribunal Federal é firme naquele sentido.

À luz da realidade prática do sistema recursal brasileiro e da insistência de órgãos públicos em recorrer a qualquer custo sob o pretexto do dever legal de recorrer, muitas vezes o efeito pedagógico poderá tornar-se necessário para que milhares de novos recursos não sejam por eles interpostos, a despeito da existência do Decreto n. 2.346, em vigor desde 1997, o qual estabelece no art. 1º que: "As decisões do Supremo Tribunal Federal que fixem, de forma inequívoca e definitiva, interpretação do texto constitucional deverão ser uniformemente observadas pela Administração Pública Federal direta e indireta, obedecidos aos procedimentos estabelecidos neste Decreto".

Em conclusão, a edição de enunciado de súmula com efeito vinculante será logicamente promovida em razão de reiteradas decisões proferidas em recursos extraordinários e antes da edição da resolução do Senado Federal. A edição de súmula com efeito vinculante após a resolução do Senado Federal ou decorrente de decisões tomadas em ação direta de inconstitucionalidade, ação declaratória de constitucionalidade e/ou arguição de descumprimento de preceito fundamental somente terá efeito pedagógico.[20]

---

20 O artigo foi publicado originalmente em: *Gazeta Mercantil Online*. São Paulo, 13.02.2007. Disponível na internet: http://www.gazetamercantil.com.br (Artigos Especiais). Acesso em: 13.02.2007.

A indicação de Ministro para o STF

O Senador Cristovam Buarque apresentou Proposta de Emenda Constitucional que modifica o processo de escolha dos Ministros do Supremo Tribunal Federal, que se manteria com a composição de onze membros, dentre cidadãos com mais de trinta e cinco anos e menos de sessenta e cinco anos de idade, de notável saber jurídico e reputação ilibada.

Além disso, os seus membros deveriam ser integrantes de carreiras jurídicas e seriam escolhidos pelo Senado Federal, por dois terços de seus membros, a partir de lista sêxtupla que seria formada: I – por dois indicados pelo Ministério Público Federal, através do seu Conselho Superior (CSMPF); II – por dois indicados pelo Conselho Nacional de Justiça (CNJ); III – por um indicado pela Câmara dos Deputados, por decisão do seu Plenário, por maioria absoluta; IV – por um indicado pela Ordem dos Advogados do Brasil, através do seu Conselho Federal.

Recebidas as indicações, o Presidente da República formará lista tríplice, enviando-a ao Senado Federal. No Senado Federal, a Comissão de Constituição, Justiça e Cidadania procederá à arguição pública de cada indicado, formalizando a escolha do nome a ser submetido ao seu Plenário. Por maioria qualificada, o Plenário do Senado Federal aprovará a escolha. Em caso de não aprovação, o segundo nome será submetido ao Plenário; se não aprovado, o terceiro nome será submetido; se não aprovado, a vaga fica em aberto, e o processo recomeça com novos nomes.

Aprovada a escolha pelo Plenário do Senado Federal, o nome será enviado ao Presidente da República para nomeação. O novo Ministro deverá tomar posse no prazo máximo de trinta dias.

É vedada a indicação de quem tenha, nos quatro anos anteriores, ocupado mandato eletivo no Congresso Nacional ou cargos de Procurador-Geral da República, Advogado-Geral da União ou Ministro de Estado.

A justificativa declarada da Proposta de Emenda Constitucional é no sentido de retirar do Presidente da República a excessiva personalização representada pela sua escolha unipessoal, com o aprimoramento na forma de escolha do Ministro do Supremo Tribunal Federal. Desse modo, a intenção da proposta é recuperar os princípios da impessoalidade e da moralidade pública relacionada à indicação e nomeação para o cargo de Ministro do Supremo Tribunal Federal. Trata-se da Proposta de Emenda Constitucional n. 44/2012.[21]

Três críticas à organização do Judiciário

Muito se fala – e se lê – sobre a morosidade do Poder Judiciário e a sua umbilical relação com o enorme – e até desumano – volume de processos que cada vez mais tramitam no País. Há pontos positivos que também devem ser considerados, como o paulatino crescimento da constitucionalização de diferentes áreas do Direito (antes reservada a uma esfera particular), da judicialização da política e da vida pública (em oposição a inércia do Poder Legislativo) e do senso cívico e do conhecimento de seus direitos que os cidadãos brasileiros vem experimentando nesse processo democrático (inaugurado com a promulgação da Constituição Federal de 1988). Todavia, os pontos negativos relacionados ao elevado número de recursos em trâmite no Poder Judiciário e a sua consequente morosidade são também por todos conhecidos.

Três críticas devem ser elaboradas no tocante à organização do Poder Judiciário, que certamente contribuem para gerar e manter o atual estado de coisas indesejável: o excesso de competência do STF, o sistema dual de recursos para os Tribunais Superiores e a atual fragilidade do STJ e o mecanismo de funcionamento da Justiça Eleitoral.

De fato, as alíneas constantes nos incisos do art. 102 da Constituição da República que enumeram a competência do STF são demasiadamente excessivas e comportam várias hipóteses que muito se distanciam da compe-

---

21   O texto foi disponibilizado em: *Última Instância (Coluna)*. São Paulo, 13.09.2012. Disponível na internet: http://ultimainstancia.uol.com.br/conteudo/colunas/57707/a+indicacao+de+ministro+ para+o+stf.shtml. Acesso em: 13.09.2012.

tência própria de uma Corte Constitucional, como declaradamente pretende ser o STF. Hoje, pode-se dizer que o STF até é uma Corte Constitucional, pela competência exclusiva e centralizada que tem em matéria de controle de constitucionalidade, mas não é só isso. É muito mais. E quem perde com isso? O jurisdicionado, que vê a Suprema Corte acumulando papéis que vão muito além da sua desejável competência – e vocação – de Corte Constitucional, com o consequente aumento do número de recursos e demora nas decisões (volume e morosidade).

Essa crítica liga-se umbilicalmente com a próxima, relacionada ao sistema dual de recursos para os Tribunais Superiores. Com efeito, hoje o sistema processual está estabelecido (pela legislação e jurisprudência) de modo que, muitas vezes, é necessário percorrer determinado caminho recursal que é sabido e declaradamente fadado ao insucesso, isto é, apenas para cumprir aspectos formais para aceitação de outros recursos interpostos que, aí sim, são o objetivo da demanda. Exemplo disso é a oposição de embargos de declaração para fins de prequestionamento e a necessária interposição de recurso especial ou recurso extraordinário (com o agravo de despacho denegatório e o agravo regimental) quando o acórdão recorrido contém o tal "duplo fundamento". Veja a quantidade de recursos mencionada acima, todos despiciendos para a solução da lide, apenas necessários para atender requisitos formais.

Ora, esse excesso de recursos leva a uma realidade deplorável na prestação jurisdicional do STJ que, assoberbado pelo enorme volume de trabalho cai na armadilha da morosidade com frequência maior que a desejada. A solução que se tem vislumbrado no âmbito legislativo é cada vez mais limitar o acesso dos jurisdicionados a essa "terceira instância" (o que é na prática). Ainda na prática, o próprio STJ tem definido mecanismos de funcionamento que fazem com que uma sessão de julgamento lembre – bastante até – uma locução de rádio ou até corrida de cavalos, tal a rapidez com que se dá. Chega a ser uma experiência antropológica assistir um julgamento no STJ hoje.

Evidentemente, assim agindo, o STJ peca muito pela má qualidade de seus julgados. Quem perde com isso? O jurisdicionado, à toda evidência. Mas, também o STJ que, cada vez mais, se vê enredado na "terceira instância" que assume na vida prática da organização do Poder Judiciário, ao invés de atuar como a última instância capaz de dar a última palavra nas matérias infraconstitucionais e no tocante à uniformização da jurisprudência. Não faz nem um e nem outro. Resultado: hoje a flutuação jurisprudencial do STJ e o vai-e-vem do entendimento dos seus julgados levam o jurisdicionado a perplexidades difíceis até de explicar, por vezes, a uma pessoa leiga.

Por último, é notável o maior relevo que a Justiça Eleitoral vem assumindo no País desde a promulgação da Constituição Federal de 1988. Hoje, sua atividade é tão relevante e permanente que a composição do TSE não deveria contar com Ministros do STF e do STJ e o seu funcionamento deveria ser permanente, nos horários de expediente ordinários do serviço público, de modo a buscar maior excelência na prestação jurisdicional (que já tem sido boa, diga-se de passagem).

Isso certamente sobrecarregaria muito menos os Ministros tanto do STF como também do STJ que, além de suas cadeiras ordinárias, assumem rotativamente a cada biênio, também cadeiras no TSE. Não se duvida da capacidade dos referidos Ministros. Ao contrário, critica-se, nesse ponto, o acúmulo de funções, que acaba prejudicando a prestação jurisdicional em razão do volume e morosidade.

Concluindo, se os três pontos anteriormente abordados fossem devidamente equacionados com razoável racionalidade certamente muito contribuiria para o melhor funcionamento e ainda maior qualidade da prestação jurisdicional. Enquanto isso não ocorre, medidas paliativas e pontuais, como afunilar cada vez mais o acesso aos Tribunais Superiores (já se fala de criar a repercussão geral no âmbito do STJ), serão adotadas e ocupará em vão tanto o Poder Legislativo (no trâmite das propostas) como também o Poder Judiciário (na implementação das novidades).[22]

---

22 O texto foi veiculado em: *Última Instância (Coluna)*. São Paulo, 08.11.2012. Disponível na internet: http://ultimainstancia.uol.com.br/conteudo/colunas/58673/tres+criticas+a+organizacao+do+judiciario. shtml. Acesso em: 08.11.2012.

Há ruído entre as instituições no Brasil?

Hoje consta na agenda pública uma suposta crise institucional que estaria sendo experimentada pelo Brasil. De fato, desde o segundo semestre do ano passado, fatos e indícios levam a crer que há algo realmente acontecendo. Não necessariamente uma crise institucional. Talvez apenas um ruído entre os Três Poderes.

É fato que o julgamento do Mensalão levado a cabo especialmente pelo Ministro Joaquim Barbosa pode ter desagradado alguns membros influentes do partido da Presidenta da República, sobretudo se considerarmos a energia com a qual o assunto foi tratado no âmbito do Supremo Tribunal Federal, que dedicou o segundo semestre ao referido julgamento, com a recente publicação do acórdão. Esse prazo é extremamente exíguo se compararmos com outros temas pendentes de solução na Suprema Corte.

Nesse julgamento, restou assentado pela Corte que a perda de mandato de parlamentares ocorreria como decorrência automática da condenação, cabendo ao Poder Legislativo tão somente ratificar o entendimento. Da parte do Congresso Nacional, vieram reações que consideraram indevida essa suposta ingerência, mas ao final concordaram em acatar.

Ainda relacionado ao caso, um dos condenados no Mensalão (José Dirceu) polemizou sobre eventual orientação de um dos membros da Suprema Corte (Ministro Luiz Fux).

Além disso, com a aposentadoria compulsória do Ministro Ayres Britto, em 18.11.2012, remanesce aberta a vaga que deixou. E não faltam pretendentes, muitos com excelente qualidade técnica e profissional. Por mais difícil que seja a decisão de nomear um Ministro do Supremo Tribunal Federal, parece consenso de que o prazo usualmente estimado já foi há muito excedido.

Mas, não é só. Com essa lacuna de uma cadeira no STF cada um dos seus Ministros se submete a uma carga individual ainda maior de trabalho e o Tribunal fica sujeito a eventuais embaraços na proclamação do resultado de alguns julgamentos naturalmente polêmicos, como ocorreu no Caso Ficha Limpa em passado recente, quando perdurou o empate em mais de um julgamento.

Por mais kafkiano que o trâmite de um processo possa ser, ele pode andar mais rápido do que o ajuste político necessário para que seja alcançada uma maioria aliada à base governamental para aprovar certas reformas que o País reclama. Além disso, há o componente relacionado ao custo e à vontade políticas. Exemplos de temas tabus nesse campo são a Reforma Tributária e a Reforma Política.

Ora, onde há ineficiência e paralisia política (ou governamental), mais cedo ou mais tarde o Poder Judiciário pode ser chamado a atuar, preenchendo as lacunas de situações limítrofes que são deixadas para trás com o decurso do tempo e a indefinição de determinadas nuances.

Exemplo disso foram decisões consideradas ativistas do STF no sentido de diminuir o número de vereadores de cidades pequenas no passado, de deferir liminar para suspender a criação de novos partidos políticos (ainda sujeita à confirmação pelo Pleno na ADI 4.430) e de rechaçar a chamada "Guerra Fiscal" entre os Estados que criam vantagens com a diminuição do ICMS para atrair investimentos em certas áreas ou para determinados setores da economia.

Ainda nessa seara, houve acesa polêmica em torno do trâmite do Projeto de Lei que previu novas regras de distribuição dos *royalties* do petróleo. Fechado o acerto no âmbito político, foram promovidas significativas mudanças na sistemática de distribuição dos *royalties*, em claro prejuízo aos atuais Estados Produtores (minoria). De fato, com a derrubada do veto presidencial pelo Congresso Nacional, foi publicada a Lei 12.734/12 e, em seguida, foram ajuizadas quatro ADIs (4.916, 4.917, 4.918 e 4.920), sendo que em uma delas foi deferida a medida cautelar pela Ministra Cármen Lúcia para suspender os efeitos dos novos artigos ali questionados.

Antes disso, cabe lembrar decisão do Ministro Luiz Fux que impediu a votação dos vetos ao referido projeto de lei, com o trancamento da pauta do Congresso Nacional que, por sua vez, chegou a pautar mais de 3.000 vetos para apreciação em um único dia.

Há dois anos o STF declarou a inconstitucionalidade das novas regras para o Fundo de Participação dos Estados – FPE e, naquela ocasião, modulou no tempo os efeitos da sua decisão para obrigar que o Congresso Nacional criasse novas regras em conformidade com a Lei Maior. Vencido o prazo de dois anos (no final do ano passado) sem que o Congresso Nacional tivesse criado as novas regras do FPE, o Ministro Ricardo Lewandowski concedeu prazo complementar para que a atual legislatura se encarregasse do assunto.

Como se não bastassem todos esses elementos, deve-se acrescentar o temperamento "explosivo" do atual Presidente, Ministro Joaquim Barbosa, que tem feito declarações públicas capazes de gerar constrangimento para pessoas (como no caso do jornalista convidado a "chafurdar no lixo"), classes/categorias (como no caso dos juízes e desembargadores, que foram indiscriminadamente postos na condição passiva de coniventes com o crime), e até instituições (como no caso da aprovação pelo Congresso Nacional da Proposta de Emenda Constitucional que cria mais quatro Tribunais Regionais Federais até agora não promulgada).

Para apimentar ainda mais a conturbada relação entre os Poderes, cabe registrar a recente aprovação pela Comissão de Constituição e Justiça e de Cidadania da Câmara dos Deputados da Proposta de Emenda Constitucional – PEC 33/2011, que pretende aumentar para quatro quintos a quantidade mínima de votos de membros de tribunais para declaração de inconstitucionalidade de leis (com a modificação do art. 97), condicionar o efeito vinculante de súmulas aprovadas pelo STF à aprovação pelo Poder Legislativo, bem como submeter as decisões proferidas nas ações diretas, sendo que em caso de discordância pelo Congresso Nacional, a controvérsia seria resolvida através de consulta popular.

O PSDB aproveitou a oportunidade política e impetrou o MS 32.036 perante o STF, justamente questionando a legitimidade da referida PEC 33/2011 em relação à cláusula pétrea da separação dos Poderes. O Relator, Ministro Dias Toffoli, pediu informações à Mesa Diretora da Câmara dos Deputados.

A respeito da enorme repercussão negativa que essa PEC 33/2011 tem causado, os Presidentes do Senado Federal e da Câmara dos Deputados se reuniram com o Ministro Gilmar Mendes em encontro que, segundo consta, parece ter "distencionado" a situação.

Diante de tudo isso, e tudo aquilo que pode ser lembrado e que não consta nesse limitado espaço, parece que há efetivamente um ruído de comunicação entre as altas instituições do País. A cúpula de cada um dos 3 Poderes está em constante negociação ultimamente, isto é, ao mesmo tempo reivindicando e cedendo poder, atribuições e competências. Isso parece inerente ao jogo democrático.

Talvez o jogo esteja em um momento que até parece ser contraproducente. Contudo, o ponto de debate público alcançado em torno de questões eminentemente políticas parece salutar. E se o pêndulo, nesse momento, tende para algumas posições extremadas e exageradas, de lado a lado, é possível (e até desejável) que em breve o meio-termo seja alcançado.

Em uma situação ideal, o Poder Executivo seria capaz de angariar o capital político necessário para promover as reformas necessárias ao Brasil (começando pela Política e Tributária), o Poder Legislativo sairia da atual situação de omissão letárgica em relação aos principais temas que afligem a sociedade (começando por legislar sobre os variados temas constantes na Constituição da República que ainda carecem de lei regulamentadora, bem como cumprindo os prazos definidos para análise das diferentes matérias), e por fim, ao Poder Judiciário caberia solucionar alguns pontos de choque porventura existentes nas diferentes relações institucionais, inclusive com respeito aos cidadãos (em posição de maior autocontenção e menos ativista, vez que o papel próprio dos demais Poderes seria efetivamente ocupado, e não deixado de lado).

De todo modo, os pontos de ranhura que existem são inerentes, em maior ou menor medida, ao jogo democrático. A eventual sensação de desconforto, que rotineiramente é transmitida pelos principais órgãos da mídia, será sanada rigorosamente dentro da normalidade institucional, sob o pálio da Lei Maior. Aliás, assim tem sido nos últimos 25 anos e não dá sequer para imaginar maior presente para o aniversário da nossa Constituição da República do que a normal tensão entre os 3 Poderes da República. Quem viver, verá![23]

PEC 33: Proposta dos Contrapesos

A partir de artigo doutrinário que pretende deslocar a questão da expansão das competências da Corte Constitucional, com o crescente protagonismo exercido através do ativismo judicial, até a ideia de revisar e controlar suas decisões pelo Poder Legislativo, o Deputado Nazareno Fonteles submeteu a Câmara dos Deputados a Proposta de Emenda Constitucional n. 33/2011.

Polêmica em razão do delicado assunto que aborda, veio aos holofotes públicos recentemente em razão da aprovação do parecer pela Comissão de Constituição e Justiça e de Cidadania da Câmara dos Deputados (em 24.04.2013). Atualmente, aguarda a criação de comissão temporária para dar sequência ao trâmite legislativo.

A ementa sumariza que a proposta busca alterar a quantidade mínima de votos de membros de tribunais para declaração de inconstitucionalidade de leis. De fato, ao invés do atual *quorum* de maioria absoluta, passaria a ser necessário conjugar quatro quintos de votos dos membros do tribunal ou do seu respectivo órgão especial (com a mudança na redação do art. 97 da Constituição da República).

Soa até intuitivo como isso dificultaria sobremaneira a declaração de inconstitucionalidade das leis e atos normativos na sistemática de controle jurisdicional de constitucionalidade atual pelo Supremo Tribunal Federal.

Além disso, a proposta condiciona o efeito vinculante das súmulas aprovadas por maioria de quatro quintos dos votos dos Ministros integrantes do Supremo Tribunal Federal à aprovação pelo Congresso Nacional, que teria o prazo de noventa dias para deliberar, em sessão conjunta, por maioria absoluta, sobre o seu efeito vinculante, sendo que o silêncio implicaria na sua aprovação tácita.

Verifica-se, desse modo, que a vinculatividade ou não da súmula aprovada pela Suprema Corte ficaria ao alvedrio do Congresso Nacional, desde que o órgão político se manifestasse expressamente no prazo estipulado.

Por fim, a proposta submete ao Congresso Nacional a decisão sobre a inconstitucionalidade material de Emendas à Constituição, que teria o prazo de noventa dias para deliberar, em sessão conjunta, por três quintos de seus membros. Se permanecer silente ou não for concluída a votação, prevalecerá a decisão da Suprema Corte, agora sim impregnada com efeito vinculante e eficácia contra todos. Se a manifestação do órgão político for contrária à decisão judicial, então deverá submeter a controvérsia à consulta popular.

Observa-se, com isso, o maior controle que seria exercido pelo Congresso Nacional sobre as decisões que declaram a inconstitucionalidade de emendas constitucionais.

Pelo exposto, algumas breves considerações são necessárias. Tendo a iniciativa legislativa se originado de membro da base aliada do governo na Câmara dos Deputados, no cenário político, pode-se perceber que há certo desassossego em relação à atuação do Supremo Tribunal Federal, especialmente no exercício de sua

---

23   O texto foi publicado em: *Jus Navigandi*. Teresina, ano 18, n. 3.614, 24.05.2013. Disponível na internet: http://jus.com.br/revista/texto/24478/ha-ruido-entre-as-instituicoes-no-brasil. Acesso em: 24.05.2013.

jurisdição constitucional. Isso pode ser facilmente percebido com o volume de notícias veiculadas pelos órgãos da mídia nos últimos dez anos que dão conta da enorme quantidade de leis e atos normativos declarados inconstitucionais.

No plano doutrinário, muita tinta já foi dedicada ao tema e de modo (mais ou menos) pacífico pelo mundo afora, chega-se sempre à conclusão de que o poder contra majoritário inerente à proteção dos direitos e garantias das minorias asseguradas constitucionalmente deve se dar através do órgão de cúpula do Poder Judiciário ou de uma Corte Constitucional (que não precisa necessariamente integrar o Poder Judiciário, podendo inclusive possuir caráter político ou misto).

Na história do Brasil, algumas restrições já foram colocadas na liberdade de análise do Supremo Tribunal Federal, que já se viu expressamente tolhido de examinar as questões políticas. Na Constituição de 1937, outorgada por Getúlio Vargas, constou dispositivo que rezava: "No caso de ser declarada a inconstitucionalidade de uma lei que, a juízo do Presidente da República, seja necessária ao bem-estar do povo, à promoção ou defesa de interesse nacional de alta monta, poderá o Presidente da República submetê-la novamente ao exame do Parlamento; se este a confirmar por dois terços de votos de cada uma das Câmaras, ficará sem efeito a decisão do Tribunal" (art. 96, parágrafo único).

Nos dias de hoje, contudo, considerando o saudável amadurecimento da nossa democracia, inclusive com a celebração que se aproxima do 25º aniversário da nossa Constituição Federal, parece claudicar proposta de tal tipo, por ofensa à separação dos poderes insculpida como cláusula pétrea, na forma do art. 60, § 4º, inciso III.

Nesse sentido, surpreende que a proposta tenha sido aprovada na Comissão de Constituição, Justiça e de Cidadania da Câmara dos Deputados. Todavia, o processo legislativo ainda está longe de ser concluído. Além disso, cabe registrar que o Deputado Federal Carlos Sampaio, líder do PSDB na Câmara dos Deputados, impetrou o Mandado de Segurança n. 32.036, com pedido de medida liminar, pedindo o arquivamento da PEC n. 33/2011, sob pena de abolição das cláusulas pétreas. Distribuído ao Ministro Dias Toffoli, as informações já foram prestadas e o caso segue para a Advocacia-Geral da União. É possível que nas próximas semanas ele prolate uma decisão a respeito do pleito liminar. Vale a pena conferir![24]

Vinte e cinco anos da Constituição Federal

Em 05.10.2013 a nossa Constituição da República completará vinte e cinco anos desde a sua promulgação, ocorrida em 05.10.1988. De lá para cá muita coisa aconteceu em um encadeamento de eventos e fatos que necessariamente se confundem com a própria história do nosso Brasil. E o melhor de tudo é que o saldo é certamente positivo.

No plano da política externa, assistimos a abertura do mercado brasileiro para o mundo, inicialmente com a importação de bens oriundos do exterior e, mais recentemente, com a exportação de alguns dos nossos produtos para o resto do mundo. Desse modo, a inserção do Brasil no mercado globalizado, que começou com a abertura realizada desde 1992, hoje é uma realidade. Tanto assim que há empresas multinacionais brasileiras que hoje estão operando em diferentes partes do globo, como a CSN, a Gerdau, a Votorantim, a Petrobrás e a Vale, dentre tantas outras.

No plano da política interna, assistimos diversos episódios pitorescos, senão até curiosos, como foi o grave processo de *impeachment* sofrido pelo ex-Presidente da República Fernando Collor de Mello, o arranjo promíscuo que redundou na aprovação da Emenda da Reeleição pelo ex-Presidente FHC e o recente julgamento do que tem sido classificado como "o maior julgamento da história" (Mensalão). Muitos outros exemplos poderiam ter sido enumerados, mas certamente esse espaço limitado não é o melhor lugar para listá-los exaustivamente.

---

24   O texto foi disponibilizado em: *Última Instância (Coluna)*. São Paulo, 09.05.2013. Disponível na internet: http://ultimainstancia.uol.com.br/conteudo/colunas/62771/pec+33+proposta+dos+ contrapesos.shtml. Acesso em: 10.05.2013.

Na seara econômica, tivemos a satisfação de ver a inflação galopante que assolava o País sumir em 1994, ficar controlada durante mais de vinte anos e agora estamos às voltas com os meios adequados para mantê-la sob controle nos difíceis tempos de crise que atravessamos em nível mundial, com evidente impacto nas eleições presidenciais que ocorrerão no próximo ano (2014).

No âmbito institucional verificamos o crescente acerto que tem regido os Três Poderes da República, passando de um evidente protagonismo imposto pelo Poder Executivo (no início dos anos 1990) para o papel de destaque que tem sido exercido pelo Poder Judiciário, com a paulatina judicialização da vida pública no País.

Além disso, na esfera investigatória, tivemos a satisfação de ver na última década o serviço de inteligência das polícias do País, bem como da Receita Federal e dos demais órgãos de fiscalização, propiciarem a conclusão de exitosas operações que desbarataram enormes esquemas de corrupção endêmicos que minam o sistema político do Brasil.

Desde a promulgação da Constituição, acompanhamos a indicação de dezenas de Ministros que passaram pelo Supremo Tribunal Federal. Alguns fizeram história pela solidez de sua formação e pela robustez de suas posições, como os Ministros Moreira Alves e Sepúlveda Pertence, dentre outros. Alguns deles ainda fazem história, como os Ministros Celso de Mello e Marco Aurélio. Nesse ponto, cabe registrar o acerto da indicação do Professor Luís Roberto Barroso para ocupar a vaga que se abriu com a aposentadoria compulsória do Ministro Ayres Britto. Um Professor que vive e respira o constitucionalismo no seu dia-a-dia, fazendo dele o seu credo, certamente trará muitas luzes aos debates da Suprema Corte. Nesse sentido, com essa acertada nomeação, ganhou a Corte e ganha o País.

No campo legislativo, passamos de leis assombrosas, talvez pelo resquício autoritário que pudesse ainda existir na máquina pública logo depois de encerrado o período ditatorial, com aberrantes inconstitucionalidades, para leis que estão cada vez mais sofisticadas do ponto de vista de atendimento à vontade da maioria e também ao respeito das minorias.

Além disso, o Novo Código Civil, de 2002, foi publicado e revogou aquele anterior de 1916. Tramitam atualmente propostas para novo código penal, processual penal, processual civil e comercial. Aqui, cabe registrar uma lacuna lastimável. Embora tenha sido pauta por alguns momentos, falta ao País a implementação de uma agenda que contemple necessariamente uma Reforma Política, inclusive com o financiamento das campanhas eleitorais, e uma Reforma Tributária, que priorize a simplificação da burocracia do sistema tributário e a redução de sua carga tributária, sem as quais o Brasil fica fadado ao triste limite de não ser nunca o País do Presente, mas apenas o País do futuro ou, se nada for feito no curto espaço de tempo, o País do passado!

Como se percebe, o Brasil foi submetido a vários testes e provas ao longo dos últimos vinte e cinco anos. Levando em conta que o núcleo essencial da Constituição continua basicamente o mesmo desde a sua promulgação, dá para verificar que houve sempre absoluta situação de normalidade institucional frente ao seu texto, a despeito das sucessivas (e muitas vezes desnecessárias e exageradas) modificações. Talvez o caminho do futuro seja parar de modificar a Constituição e começar a cumpri-la, a partir da elaboração das várias leis complementares e ordinárias que faltam para concretizar importantes trechos de seu texto.

De todo modo, o saldo final é certamente positivo, embora ajustes sejam necessários. Consolidada a etapa de judicialização da vida pública, espera-se que a Constituição Federal seja sentida – e sobretudo vivida e experimentada – pelos cidadãos brasileiros. Esse parece ser o maior desafio para os próximos vinte e cinco anos: trocar a gatunagem e o jeitinho de sempre querer se dar bem pela busca do bem comum e da correta gestão da coisa pública (*res publica*), onde o egoísmo dá lugar ao altruísmo e o individual cede lugar ao coletivo.[25]

---

25 O texto foi veiculado em: *Última Instância (Coluna)*. São Paulo, 13.06.2013. Disponível na internet: http://ultimainstancia.uol.com.br/conteudo/colunas/63842/vinte+e+cinco+anos+da+constituicao+federal+.shtml. Acesso em: 13.06.2013.

Possíveis desdobramentos das recentes manifestações assistidas no Brasil

Nas últimas semanas temos assistido a um movimento social que eclodiu nas principais capitais do Brasil e que começou protestando contra o aumento da tarifa do transporte público. Como um copo de água que vai enchendo até transbordar, a percepção generalizada foi de que um novo aumento para as péssimas condições da prestação de serviço oferecida pelo Estado seria mais do que exagerado. Dessa vez seria inaceitável!

A partir dessa percepção, multidões se organizaram e saíram às ruas em sucessivas manifestações contra esse aumento que, embora possa parecer ínfima para uma pequena classe abastada do País, vem onerando cada vez mais a grossa camada da população, que vive e trabalha para pagar apenas moradia, transporte e alimentação.

Aliou-se a isso a insatisfação, também generalizada, de muitos jovens que estão vendo o seu futuro promissor no País do presente se esvair e virar passado em razão do fraco desempenho da economia brasileira, do aumento da inflação e da fuga dos investidores estrangeiros. De fato, o Brasil já não é mais a "bola da vez" pelo mundo afora. E pior, não soube aproveitar os 2 ou 3 anos em que esteve "na crista da onda" para implementar reformas estruturais no corrupto sistema político e para simplificar o complexo sistema tributário. Agora, ainda que haja vontade política, o que – diga-se de passagem – parece não haver às vésperas de ano eleitoral, pode ser tarde, sobretudo se considerarmos o crescimento sustentável que tem sido verificado nos Estados Unidos da América do Norte, a atrair novamente o capital estrangeiro.

No espaço limitado dessa coluna deixaremos de lado os excessos cometidos e frequentemente noticiados pelos órgãos da mídia de lado a lado, como o vandalismo de parte dos manifestantes que certamente não representam a enorme maioria e a truculência policial nessa repressão que tem ganhado manchetes nos principais jornais do mundo enquanto ocorre a Copa das Confederações FIFA 2013.

Um desdobramento evidente que se tem verificado relaciona-se aos elevados gastos que tem sido suportado para a reforma dos estádios nas cidades onde se realizarão os jogos da Copa do Mundo FIFA 2014. Diferente da expectativa inicial, quando o País logrou vencer a disputa com outros países para sediar esse evento esportivo, não temos experimentado profundas reformas na infraestrutura tão fragilizada com tanto desgaste e descuido. Exemplo disso é a licitação do chamado trem-bala, que promete ligar o Rio de Janeiro a São Paulo e que ainda não saiu do papel, apesar de algumas tentativas frustradas do governo. Ao contrário, os investimentos estão se concentrando na reforma e construção dos estádios, com vultosas quantias que (sempre) ultrapassam o orçamento inicialmente previsto para a obra.

Surgem aqui e acolá algumas declarações que já começam a buscar uma solução através do deslocamento do aumento recentemente perpetrado, do tipo "retira-se daqui e coloca-se ali". Leia-se: a tarifa do transporte público voltaria atrás, mas o IPTU aumentaria como forma de compensação.

Nesse cenário, cabe registrar que tramita no Plenário do Supremo Tribunal Federal casos que versam sobre a exclusão da parcela do ICMS na base de cálculo da COFINS e do PIS desde 1999. De fato, inicialmente no RE 240.785 foram proferidos sete votos, sendo seis pela inconstitucionalidade da inclusão e apenas um favorável. Esse julgamento foi suspenso por pedido de vista formulado pelo Ministro Gilmar Mendes.

Nesse ínterim, em desesperada manobra a Presidência da República, através de seu então Advogado-Geral da União (hoje Ministro Dias Toffoli), ajuizou a ADC 18 para reverter esse quadro, a qual se encontra no gabinete do Relator, Ministro Celso de Mello, para elaboração do voto desde 2009, quando o caso foi redistribuído em razão do falecimento precoce do Ministro Menezes Direito.

Ora, em um mundo ideal, não haveria legislação (proveniente do Poder Legislativo ou Executivo) que pretendesse tributar a mera técnica de arrecadação de outro tributo como se receita ou faturamento do contribuinte fosse. Em um mundo ideal, um julgamento não demoraria tantos anos para ocorrer, a despeito do enorme volume de trabalho que assola a Suprema Corte. Em um mundo ideal, um julgamento iniciado (e quase concluído, tendo inclusive alcançado a maioria absoluta de votos necessários à declaração de inconstitucionalidade) não seria preterido por outro a iniciar.

Contudo, no mundo real estas coisas aconteceram. O movimento eclodiu. Os governantes parecem atônitos não saber o que fazer. A discussão gira em torno da superfície rasa da questão: se os policiais são truculentos por que há vândalos ou se há vândalos em razão da truculência policial.

Em realidade, estamos diante de uma excelente oportunidade histórica para repensar, no âmbito da sociedade civil, sobre as reformas estruturais que o Brasil precisa, como a Reforma Política e a Reforma Tributária, dentre tantas outras.

Nesse cenário, muito contribuiria para o processo democrático se a ADC 18 fosse pautada e julgada pelo Pleno do Supremo Tribunal Federal, com a solução definitiva de questão que aguarda definição há tanto tempo, com evidente impacto não só para as empresas afetadas pela questão que prestam serviços de transporte como também para os demais contribuintes que hoje se submetem ao PIS e à COFINS e prestam serviços e/ou vendem mercadorias.[26]

Protestos políticos e mudanças jurídicas

Os protestos políticos que se espalharam pelos quatro cantos do nosso País continental desde o início de junho já são vitoriosos em vários aspectos. Dentre eles, cabe mencionar: os poucos baderneiros ou arruaceiros já foram devidamente separados da enorme maioria dos militantes, ficou clara a insatisfação geral manifestada contra a abismal falta de representatividade da classe política e a necessidade de rápida ação pelo governo atônito ficou evidente.

No cenário internacional, temos assistido manifestações semelhantes em diferentes países e que estão eclodindo por variadas razões, como na Turquia em razão do projeto de construção de uma mesquita e um centro comercial em um dos poucos espaços verdes no centro de Istambul, na Indonésia em função do aumento no preço do combustível e na Bulgária devido aos escândalos relacionados ao nepotismo no Governo. Além disso, na Zona do Euro há constantes manifestações contra a austeridade fiscal em diversos países.

No Brasil, o pretexto catalisador que foi capaz de unir e intensificar o grito de "BASTA!" engasgado na garganta de todos surgiu com o aumento da tarifa de transporte urbano nas principais cidades do país. Embora o aumento tenha sido pequeno, foi a gota que faltava para transbordar o copo de generalizada insatisfação com o pouco retorno dos serviços públicos (apesar dos elevados tributos cobrados).

Superado o momento inicial, com o êxito rapidamente alcançado e a redução da tarifa do transporte pela união de esforços, o povo percebeu sua força numérica e descobriu a sua liberdade de manifestação e expressão, inclusive através das redes sociais e passeatas, com reivindicações coerentes e legítimas.

Desse modo, o movimento passou a pleitear o fim das tarifas (Passe Livre) dos transportes urbanos, a cassação ou renúncia do mandato do Senador Renan Calheiros e do Deputado Federal Marco Feliciano, por razões diferentes (um por representar a corrupção endêmica que permeia o sistema político nacional e outro pela intolerância incabível no mundo plural de hoje que vivemos).

---

26   O texto foi disponibilizado em: *Última Instância (Coluna)*. São Paulo, 20.06.2013. Disponível na internet: http://ultimainstancia.uol.com.br/conteudo/colunas/64057/possiveis+desdobramentos+ das+recentes+manifestacoes+assistidas+no+brasil.shtml. Acesso em: 22.06.2013.

Além disso, surgiram fortes pleitos no sentido de que o STF executasse as condenações do Mensalão. Em resposta a tais manifestações, o Presidente da Suprema Corte declarou que a conclusão do caso poderia ser agilizada.

Prova disso parece ter sido a conclusão do julgamento do Deputado Federal Natan Donadon na Ação Penal 396, em 26.06.2013, pelo Pleno do STF, inclusive com a expedição do mandado de prisão contra o parlamentar.

Tem ganhado força crescente o pleito de redução dos benefícios dos parlamentares, considerado por muitos como escandalosamente altos, sobretudo se pensarmos na distância abismal que há entre eles e seus representados (o povo). Nesse sentido, alguns projetos que tramitam no Congresso Nacional estão sendo lembrados.

Houve o pedido no sentido do fim do voto secreto na Câmara e no Senado. Em resposta, a CCJC da Câmara dos Deputados aprovou a PEC 196/12, que institui o voto aberto para processos de cessação de mandato parlamentar por falta de decoro e por condenação criminal.

Em 26.06.2013, o Plenário do Senado Federal aprovou o PL 204/11, que inclui as práticas de corrupção ativa e passiva, concussão, peculato e excesso de exação na lista dos crimes hediondos.

Ainda sobre o controle dos gastos públicos, tem sido pleiteado pelo movimento maior transparência sobre os investimentos realizados para a construção e reforma dos estádios para a Copa das Confederações e Copa do Mundo.

Ademais, o pedido para o fim da PEC 37 (que pretendia limitar o poder de investigação do Ministério Público) foi atendido. Essa proposta, que inicialmente angariava a simpatia do Governo e tinha grande chance de ser aprovada no Congresso Nacional, sucumbiu em razão das reiteradas manifestações populares e foi rechaçada por enorme maioria de votos. Isso parece demonstrar a fisiológica permeabilidade dos parlamentares ao reclamo da sociedade: 430 votos contrários, 9 favoráveis e 2 abstenções.

Em razão desse caldeirão de pleitos, movidos pela insatisfação geral, a Presidenta da República proferiu necessário discurso ao povo no qual propôs cinco pactos em favor do Brasil: pela responsabilidade fiscal (com mecanismos mais eficientes de combate à corrupção e que assegurem o bom uso do dinheiro público), pela Saúde (acelerando os investimentos já contratados e contratação de profissionais estrangeiros, se necessário), dar um salto de qualidade no transporte público nas grandes cidades (com mais metrôs, VLTs e corredores de ônibus), pela Educação Pública (com a busca pela plena alfabetização, ensino técnico profissionalizante, universidade de excelência, pesquisa, ciência e inovação) e pela Reforma Política (com a convocação de um plebiscito que autorize o funcionamento de um processo constituinte específico).

De longe a medida mais polêmica proposta no discurso da Presidenta da República foi no tocante à Reforma Política. Nos dias seguintes juristas de jaez foram chamados pelos órgãos da mídia para esclarecer a sua viabilidade jurídica ou não.

Poder Constituinte Originário? Para reformar apenas um ponto específico? Constituído para esse fim ou aproveitando a legislatura do Congresso Nacional? Proposta de Emenda Constitucional? Plebiscito? Referendo? Quais as diferenças? Como seriam feitas as perguntas para as respostas nas urnas? Essas e outras dúvidas passaram a ser debatidas por renomados juristas que, didaticamente, sempre foram divididos nas matérias de modo maniqueísta (pró e contra).

Nesse ponto, é importante que não se perca o aspecto central da questão: urge uma Reforma Política. Certamente o povo brasileiro não cobrará que ela ocorra pela via A ou B, desde que seja rápido e que signifique a implantação imediata de mudanças na gestão da coisa pública. O problema maior parece estar na outra ponta, ou seja, com os parlamentares. Eles não conseguem chegar a costuras políticas que alcance um texto capaz de conjugar a expectativa da maioria.

De toda forma, parece que se iniciou um debate a partir da mobilização da sociedade civil organizada para apontar soluções em relação a problemas que há tanto tempo inquietam o povo brasileiro.

A partir de agora é importante que cada um de nós (individualmente) e todos (coletivamente) passemos a olhar para a política nacional e a exigir a necessária prestação de contas pelo voto conquistado nas urnas pelos parlamentares e políticos.

Não há nada de errado em uma sociedade plural e democrática com a mobilização popular em torno de temas que são considerados mais estratégicos ou importantes. Isso não é novo e tampouco é criação tupiniquim. A grande novidade que estamos experimentando é que isso ocorra sem qualquer ruptura institucional, especialmente considerando a manutenção da Constituição da República, que em 05.10.2013 completará 25 anos. Vamos buscar que se mantenha assim.

Quanto aos Três Poderes, cabe a cada um deles nesse momento dar o melhor de si com a participação proativa de seus membros para atender com a urgência cabível os justos reclamos ouvidos da sociedade civil organizada. Nesse sentido, o Congresso Nacional deve atentar para o trâmite e aprovação de legislação que seja fundada nas aspirações amplamente alardeadas pelos manifestantes, como representantes da maioria sufocada com tanta inércia e omissão. O Governo deve ficar sensível às tais aspirações e reagir, preferencialmente coordenado com o Congresso, para atender às reivindicações na sua larga esfera de competência. O Supremo Tribunal Federal, como órgão de cúpula do Poder Judiciário e guardião máximo da Constituição da República, deve ter autocontenção quanto ao ajuste fino que se sucederá no tocante à implantação dos reclamos que hão de ser atendidos e ser ativista quando se deparar com situações abusivas ou arbitrárias, na medida em que é sempre o último bastião de defesa dos cidadãos de bem.

Exemplo disso tem sido visto no campo tributário, onde o STF tem sido sensível aos excessos cometidos pela Administração Tributária quanto ao preenchimento abusivo da base tributável pelo PIS e pela COFINS. De fato, hoje respondendo por uma fatia significativa de arrecadação da União, essas contribuições sociais tiveram sua natureza inicial completamente desnaturada e, com o tempo, ganharam cada vez mais importância. Hoje já não vivemos mais aqueles tempos de outrora das chamadas "grandes teses tributárias" onde a inconstitucionalidade da exação era manifesta e evidente ou o cálculo na ponta do lápis pelo Governo na arrecadação estimada, contra o suposto prejuízo que algumas ações contrárias perante o Poder Judiciário trariam aos cofres públicos, seria muito mais vantajoso.

De fato, um dos fenômenos que ultimamente tem sido verificado é o inchaço da base tributável de tais contribuições. Desse modo, o Fisco pretende sempre engendrar velho artifício no sentido de chamar de faturamento ou receita o que assim não pode ser caracterizado pela sua própria natureza em clara distorção da hipótese de incidência.

Exemplo disso ocorreu com a decisão de que as receitas de exportação decorrentes da variação cambial não devem ser tributadas pelo PIS e pela COFINS (RE 627.815, julgado em 23.05.2013). Outro exemplo diz respeito a não incidência dessas contribuições sociais sobre os créditos de ICMS obtidos por empresas exportadoras (RE 606.107, julgado em 22.05.2013).

Além desses exemplos anteriores, cabe registrar a expectativa dos contribuintes de que a espúria parcela do ICMS seja excluída da base de cálculo da COFINS e do PIS em julgamento que é aguardado pelo Pleno do STF desde 1999. Nesse sentido, espera-se que o julgamento iniciado no RE 240.785 (que está pendente de continuação) seja virtualmente repetido quando do julgamento da ADC 18 e, uma vez mais, o STF seja sensível aos abusos e arbítrios perpetrados pelo Fisco na sua crescente sanha arrecadatória com a exclusão da parcela do ICMS da base de cálculo da COFINS e do PIS. Afinal, não cabe tributar a mera técnica de arrecadação de outro tributo como se receita ou faturamento do contribuinte fosse. Esse debate jurídico é esperado para agosto no Plenário do STF.

Diante disso, há novidades para agitar o segundo semestre, tanto no campo dos protestos políticos (que continuarão em maior ou menor medida a depender do ritmo de resposta dos órgãos estatais) como também das mudanças jurídicas (que a partir de agora são esperadas dia a dia pela sociedade civil organizada).

Não poderia ter sido mais auspicioso o momento de posse do Ministro Luís Roberto Barroso que, em 26.06.2013, completou o *quorum* de onze Ministros do STF. Pela qualidade técnica, formação acadêmica e orientação independente, faz com que a comunidade jurídica aguarde com boa expectativa os próximos julgamentos polêmicos da Suprema Corte, na certeza de que sua percepção muito contribuirá aos debates daquele Plenário.

Com o iminente encerramento das atividades do STF e o recesso de julho se avizinhando, aguardaremos o retorno de suas regulares atividades para acompanhar os desdobramentos jurídicos que serão submetidos ao julgamento da Suprema Corte no segundo semestre.[27]

JB suspende a criação de 4 novos TRFs

Em 07.06.2013 foi publicada a polêmica Emenda Constitucional n. 73, que cria os Tribunais Regionais Federais da 6ª, 7ª, 8ª e 9ª Regiões, respectivamente, com sede em Curitiba (e jurisdição nos Estados do Paraná, Santa Catarina e Mato Grosso do Sul), em Belo Horizonte (e jurisdição em Minas Gerais), em Salvador (e jurisdição na Bahia e Sergipe) e Manaus (com jurisdição no Amazonas, Acre, Rondônia e Roraima). Além disso, a emenda estabeleceu que tais tribunais deverão ser instalados no prazo de seis meses, isto é, até 06.12.2013 (às vésperas do recesso de fim de ano).

Indubitavelmente algumas considerações favoráveis podem ser tecidas em torno da criação, como a necessidade de menor deslocamento dos militantes de algumas regiões para os pontos onde estão funcionando os atuais tribunais (Brasília, Rio de Janeiro, São Paulo, Porto Alegre e Recife), em claro fomento do acesso ao Judiciário, bem como a promessa da perspectiva de melhor distribuição no volume de trabalho, levando em conta que a proposta é de 2002 e os 5 atuais tribunais já não vinham dando conta do enorme volume de casos que lhes são submetidos a julgamento.

A intenção do legislador, que remonta a 2002, pode ter sido das melhores. Mas, conhecendo a forma pouco republicana com que a gestão da coisa pública é feita geralmente em assuntos de grande importância, cabe algumas reflexões, cujo pontapé inicial já foi dado.

Lembrando brevemente o retrospecto dos últimos fatos que envolveram a promulgação dessa emenda, cabe registrar que, em um primeiro momento, ela foi aprovada pelo Poder Legislativo em 03.04.2013. Na ocasião, o Presidente do Supremo Tribunal Federal, Ministro Joaquim Barbosa – JB, teceu severas críticas à emenda, na medida em que publicamente declarou que ela seria inconstitucional, por violar a separação de poderes e sofrer de vício de iniciativa (vez que caberia ao Poder Judiciário, e não ao Legislativo a sua iniciativa).

Nesse ínterim, somaram-se às críticas jurídicas aquelas essencialmente pragmáticas, como o desnecessário aumento da burocracia, com a criação dos novos cargos, funcionários e serventuários necessários ao trabalho e o excessivo gasto público com a construção, a mudança e a manutenção dos novos prédios. Nesse sentido, estudos do Instituto de Pesquisa Econômica Aplicada – IPEA estimaram os gastos anuais da União com a nova estrutura em quase R$ 1 bilhão.

Em seguida, o tema revestiu-se de ainda mais polêmica, na medida em que associações de juízes reagiram às declarações públicas do Ministro Joaquim Barbosa, rotulando-o de "desrespeitoso" e "grosseiro".

A esse respeito, caberia até aduzir outros recentes episódios que envolveram o Presidente de modo polêmico com outras classes e entidades, como advogados (quando disse que todos são desregrados quanto ao horário de trabalho), juízes (quando disse que são coniventes com o crime), órgãos da mídia (quando agrediu verbalmente um jornalista), dentre outros exemplo que não são objeto desse breve espaço semanal.

---

27 O estudo foi veiculado em: *Última Instância (Coluna)*. São Paulo, 28.06.2013. Disponível na internet: http://ultimainstancia.uol.com.br/conteudo/colunas/64292/protestos+politicos+e+mudancas+juridicas.shtml. Acesso em: 28.06.2013.

Com a crítica veemente do Presidente do STF, o Presidente do Senado Federal (e do Congresso Nacional), Senador Renan Calheiros, achou por bem não promulgar a emenda em questão, ao entendimento de que o texto aprovado na Câmara dos Deputados sofreu alteração em relação à versão anteriormente aprovada pelo Senado Federal. Em seguida, viajou para compromisso oficial em Portugal.

Com a sua ausência, o Deputado Federal André Vargas, 1º Vice-Presidente no exercício da Presidência, promulgou a Emenda Constitucional n. 73/13.

Em 17.07.2013, a Associação Nacional dos Procuradores Federais – ANPAF ajuizou a Ação Direta de Inconstitucionalidade – ADI n. 5.017, alegando que a Emenda Constitucional n. 73 padece dos seguintes vícios:

a) de iniciativa, vez que a Constituição da República estabelece que compete privativamente ao STF e aos Tribunais Superiores propor ao Poder Legislativo a criação ou extinção dos tribunais inferiores (art. 96, II, c e d);

b) de ausência de prévia dotação orçamentária, na forma do art. 169 da Constituição Federal, de modo que a emenda teria sido "confeccionada sem considerar aspectos técnicos ou custos orçamentários" (petição inicial);

c) à separação entre os poderes, previsto no art. 2º da Constituição da República, na medida em que o Poder Legislativo, com a iniciativa tomada, estaria se intrometendo indevidamente na esfera de atuação própria do Poder Judiciário (a quem caberia a iniciativa);

d) relacionados à proporcionalidade e à razoabilidade, com proibição do excesso;

e) às funções essenciais à justiça, na medida em que tornaria difícil aos Procuradores Federais, cujo caráter é essencial à realização da Justiça (nos termos do art. 131 da Lei Maior) pertencentes aos quadros da Advocacia-Geral da União, conceber orçamento, distribuição, admissão, remoção, enfim todo o custo relacionado ao apoio e à logística de atuação junto aos novos tribunais; e

f) o princípio constitucional da eficiência, inscrito no *caput* do art. 37 da Lei Maior, vez que se estaria privilegiando a criação de mais estruturas administrativas e burocráticas em nome da maior produtividade, e não a melhoria das atuais condições de trabalho dos postos já existentes.

Por fim, a ação pleiteia a concessão de medida liminar pelo Presidente, de modo que seja posteriormente referendada pelo Plenário da Suprema Corte, para suspender os efeitos da referida emenda, com fundamento jurídico no art. 13, VIII, do Regimento Interno do Supremo Tribunal Federal – RISTF, que atribui ao Presidente a decisão de questões urgentes no período de recesso ou férias.

Na noite do mesmo dia 17.07.2013, o Presidente, Ministro Joaquim Barbosa, prolatou decisão monocrática no caso. Em acesso ao sítio eletrônico quando finalizava esse texto, não logrei ler o inteiro teor da referida decisão, na medida em que constava com acesso restrito. De todo modo, à luz de suas declarações públicas quanto à inconstitucionalidade da emenda – e até a rapidez com a qual foi prolatada a decisão – tudo indica que ela tenha sido no sentido de conceder a medida liminar pleiteada. Nesse sentido foi a notícia de variados periódicos de grande circulação.

Com o fim do recesso forense e a volta do trabalho regular da Corte em agosto, o caso será remetido ao seu Relator, Ministro Luiz Fux, que vai analisar a questão e liberar o voto sem maiores delongas, levando em consideração a necessidade de referendar a medida liminar (se realmente tiver sido concedida) e o exíguo prazo constante para a instalação da nova estrutura (dezembro de 2013), especialmente se considerarmos também a imediata mobilização burocrática e orçamentária, se for o caso de instalá-los em curto espaço de tempo.

Feita a descrição dos fatos, cabe ligeira crítica à iniciativa que culminou com a publicação da Emenda Constitucional n. 73/13. Em realidade, de nada vale aumentar a estrutura burocrática com o acréscimo dos gastos públicos. Além de não adiantar para resolver a propalada morosidade do Poder Judiciário, acarretaria com certeza em enorme retardo dos processos que estivessem envolvidos (de algum modo) na instalação dos novos tribunais. É que, junto à instalação dos novos tribunais, haveria o deslocamento dos processos, a remoção de pessoal (serventuários, funcionários e juízes), a instalação física das novas dependências, enfim, tudo a indicar que seria criado um verdadeiro nó na prestação jurisdicional que levaria alguns anos para desatar.

Ao invés de criar novas estruturas à margem da análise pragmática dos testes mais simples de custo e benefício, tão cara ao processo legislativo, cabe se preocupar com a racionalização do processo e com a melhoria na qualidade da prestação jurisdicional. Isso não passa pela criação de metas ou de mecanismos para o julgamento de um sem-número de processos ao mesmo tempo, o que tem levado aos frequentes desencontros entre o direito pleiteado e o resultado que se pretende para solucionar a lide. Isso também não passa pelo crescente afunilamento do gargalo para acessar os Tribunais Superiores, sobretudo com a péssima qualidade dos acórdãos prolatados nos tribunais de segunda instância. Isso não passa pela mera criação de processos virtuais e sem papel. Enfim, isso não passa pela limitação do acesso, seja ao Poder Judiciário, seja aos recursos a que todos têm direito em razão dos princípios constitucionais do contraditório e da ampla defesa.

A racionalização do processo e a melhoria na qualidade da prestação jurisdicional que TODOS merecem passam necessariamente pelo maior comprometimento dos funcionários e magistrados que fazem a máquina funcionar. Isso significa plano de carreira adequado, vencimentos atrativos e compatíveis, bem como estímulo constante ao aprimoramento técnico e profissional. Isso significa maior efetividade do CNJ e das corregedorias para retirar do Poder Judiciário os poucos funcionários e magistrados que atuam denegrindo a imagem da categoria com favores escusos no lugar do elevado *mister* de distribuir Justiça. Isso significa realocar a atual estrutura do Poder Judiciário, na qual os magistrados mais antigos muitas vezes se limitam a uma carga de trabalho mínima enquanto os mais jovens (e mais inexperientes) são responsáveis pelo enorme volume dos postos mais densos de trabalho.

Admitidas exceções aqui e acolá, parece importante notar que, no atual estado de coisas e levando em conta o rumo que tem sido tomado (como no caso da criação dos novos tribunais pela Emenda Constitucional n. 73/13) a questão referente à melhoria na qualidade da prestação jurisdicional e na morosidade do Poder Judiciário parece longe de um final feliz. De todo modo, é importante contar com a participação da sociedade civil organizada, especialmente no atual momento político de permanente mobilização. Vamos acompanhar os próximos passos com atenção.[28]

Burgernomics

A prestigiosa revista *The Economist* divulga, de tempos em tempos, o seu índice Big Mac, que funciona como um medidor da taxa de câmbio e se baseia na teoria da paridade do poder de compra, pela qual no longo prazo as taxas de câmbio devem se ajustar para igualar o preço de uma mesma quantidade de bens e serviços em diferentes países. No índice utilizado frequentemente pela revista o bem em questão é um só: o Big Mac.

Na sua edição passada, v. 408, n. 8.844, que circulou na semana de 13 até 19 de julho de 2013, a sua página 62 trouxe as indicações de atualização do índice Big Mac. Geralmente a revista divulga seu índice quando há algum evento que mereça nova medição. Desta vez, foi a oscilação nas taxas cambiais em razão da perspectiva de um fim de compras de ativos pelo *Federal Reserve*.

A título de mero exemplo, outra situação na qual a revista divulgou o seu índice ocorreu em 02.02.2013, quando o Chefe do *Bundesbank* da Alemanha, Sr. Jens Weidmann, se queixava de que os esforços do banco central

---

28 O texto foi publicado em: *Última Instância (Coluna)*. São Paulo, 18.07.2013. Disponível na internet: http://ultimainstancia.uol.com.br/conteudo/colunas/64743/jb+suspende+a+criacao+de+4+novos+trfs. shtml. Acesso em: 19.07.2013.

para reanimar as economias europeias indicariam uma maior politização das taxas de câmbio, que viria a acirrar ainda mais a chamada "guerra cambial" (*currency war*). Nesse cenário, os países se esforçariam para desvalorizar a sua moeda nacional para impulsionar as suas exportações.

Verifica-se, portanto, que quando há rumores ou indicações no mercado financeiro internacional sobre alguma questão sensível ou relevante, então o *Burgernomics* entra em ação e a revista publica o resultado do índice Big Mac.

O índice consiste na variação (positiva ou negativa) percebida nas diferentes moedas do preço do Big Mac e, consequentemente, do percentual (de valorização ou desvalorização) frente ao dólar norte-americano (que funciona como o marco zero de todas as projeções comparativas, ao preço unitário de US$ 4.56).

Desse modo, alguns dados interessantes começam a surgir, como por exemplo, nessa última edição da revista constou que os quatro lugares mais caros para se comprar um Big Mac são, respectivamente: a Noruega, com o preço unitário equivalente a US$ 7.51; a Suíça (US$ 6.72); o Brasil (US$ 5.28) e o Canadá (US$ 5.26).

Esse cenário foi reprise da divulgação anterior, no qual o preço unitário do Big Mac nos Estados Unidos da América do Norte custava US$ 4.37 e naqueles países referidos, respectivamente: US$ 7.84 (Noruega), US$ 7.12 (Suíça), US$ 5.64 (Brasil) e US$ 5.39 (Canadá).

Na outra ponta, considerando os países de menor avaliação frente ao dólar norte-americano, no índice publicado na semana passada verificamos que estão nas quatro piores posições os seguintes países: Índia, com o preço unitário de US$ 1.50; África do Sul, com US$ 1.82; China, com US$ 2.61; e Tailândia, com US$ 2.85. Lembre-se de que o preço unitário de referência aqui é US$ 4.56

Seis meses antes, os quatro países de menor avaliação tinham sido (com o preço unitário de US$ 4.37, como vimos): Índia (US$ 1.67), África do Sul (US$ 2.03), Hong Kong (US$ 2.19) e Egito (US$ 2.39).

Enfim, a partir daí é possível extrapolar esses números com alguns outros dados informativos, com o objetivo de complementar o cenário econômico entre os mercados colocados em comparação.

Exemplo disso ocorre com a variação (positiva ou negativa) do percentual (de valorização ou desvalorização) frente ao dólar norte-americano de cada país pesquisado. Nas matérias da revista, geralmente constam essa flutuação juntamente com o índice.

Vale acompanhar e seguir os próximos índices Big Mac da revista para buscar o que o seu *Burgernomics* tem a nos dizer sobre o impacto de relevantes acontecimentos que no mercado financeiro internacional e acompanhar o desempenho do Brasil e, consequentemente, a valorização ou desvalorização (atual tendência) do Real frente ao dólar norte-americano.[29]

O protagonismo do STF na democracia brasileira

A história do Supremo Tribunal Federal confunde-se com a história do Brasil, sobretudo a partir da proclamação da República. No início atuou de modo acanhado, em razão da composição de seus membros remanescer do período imperial, o que deu muito trabalho para os advogados da época (especialmente Ruy Barbosa) logo nos primórdios do sistema jurisdicional difuso de controle de constitucionalidade (*judicial review*). Em seguida, depois de renovada a sua composição, criou-se a doutrina brasileira do *habeas corpus*, demonstrando o potencial da criatividade jurisprudencial da Suprema Corte.

---

29   O texto foi disponibilizado em: *Última Instância (Coluna)*. São Paulo, 25.07.2013. Disponível na internet: http://ultimainstancia.uol.com.br/conteudo/colunas/ 64889/burgernomics.shtml. Acesso em: 25.07.2013.

Desde então, em diferentes momentos, a Corte se agiganta expandindo a sua área de atuação e indo mais fundo nos campos que atua, inclusive muitas vezes sobrepondo-se e chocando-se com os demais Poderes da República (Executivo e Legislativo), ou, pelo contrário, retrai-se e limita a sua área de atuação ao mínimo necessário, seja em razão do momento histórico conturbado (como é uma ruptura democrática, por exemplo), seja em razão do seu acomodamento momentâneo em benefício dos demais Poderes da República (eleitos pelo voto majoritário).

A essa tensão natural e dialética existente entre o Poder Judiciário, representado pela palavra final do seu órgão de cúpula (STF), dá-se o nome de ativismo judicial e autocontenção. Ela é inerente e desejável ao regime democrático. Na divisão de funções preconizada por Montesquieu coube ao Poder Judiciário ser a instância competente para resolver os conflitos sociais e entre os demais Poderes da República, não ser eleito (contra majoritário) e, no caso do STF, dar a última palavra quanto ao elevado mister de guardar a Constituição.

O modelo da divisão dos poderes, bem como de indicação do Ministro do STF pelo Presidente da República, é passível de recorrentes críticas. Mas, o fato é que funciona em diferentes países e há séculos. Obviamente sempre é possível ajustar aqui e ali, mas é notável como o sistema misto brasileiro de controle de constitucionalidade das leis e atos normativos é rico e complexo (se comparado com outros de diferentes países).

Isso também traz vantagens e desvantagens, na medida em que a flexibilidade alcançada pela mistura permite chegar a resultados inéditos e satisfatórios para casos difíceis e, de outro lado, nenhum sistema (norte-americano ou austríaco) foi "importado" em sua inteireza, de modo que, por vezes, falta algum elemento essencial para a maior efetividade das decisões de última instância (STF) junto aos demais órgãos inferiores do Poder Judiciário e dos demais Poderes da República.

Algumas características têm sido cada vez mais observadas na atividade do STF e na sua relação com a sociedade brasileira nos últimos anos. Dentre elas, cabe mencionar, exemplificativamente: a maior proximidade proporcionada pelo interesse direto dos órgãos da mídia em razão da relevância das matérias que decide, o maior protagonismo diante das omissões e inércias, abusos e arbítrios dos Poderes Executivo e Legislativo, e a maior responsabilidade social em razão desse saudável crescimento.

Hoje a população comum fala de alguns Ministros do STF como se fossem conhecidos, é francamente permitida a crítica de seus votos (como liberdade de pensamento e expressão), existe acompanhamento diário de sua pauta de julgamentos e dos votos que foram proferidos (sempre importantes para algum setor importante da sociedade) e há constante reverberação pelas redes sociais.

Como tudo não são somente flores, é lamentável o (des)serviço que os órgãos da mídia prestam (ou negam-se a prestar) quando divulgam notícias sobre julgamentos importantes, na medida em que se limita a distinguir de modo maniqueísta e simplório entre o Bem e ao Mal.

Recentemente assistimos isso ocorrer durante o julgamento do Mensalão quando o Ministro Joaquim Barbosa (Relator), que veio da carreira do Ministério Público e viu no caso uma oportunidade de afirmação junto aos seus pares, assumiu perante o público telespectador a figura de "Salvador da Pátria", com expressas referências pelos órgãos da mídia ao seu passado difícil, à sua trajetória como homem comum e, por último, à possibilidade de que pudesse vir a disputar a próxima corrida presidencial. De outro lado, o Ministro Ricardo Lewandowski (Revisor), magistrado equilibrado e independente há longos anos, viu-se enxovalhado perante a opinião pública nacional porque simplesmente fez o seu trabalho, buscando dar temperança e coibir os excessos que estavam para ser cometidos (e como de fato foram) durante o referido julgamento.

Dá para dizer que foi um caso em que o Tribunal "jogou para a plateia", como se diz no jargão popular. E isso é perigoso, já que os seus membros não são eleitos e não devem esse tipo de satisfação ao público telespectador, sob pena de se tornar refém dos órgãos da mídia e, consequentemente, dos coronéis que verdadeiramente são e sempre foram os donos do poder no Brasil. Com isso, a democracia perde e a nobre função do tribunal se amesquinha.

Cuidando-se de um órgão colegiado como o STF, composto por onze Ministros, todos pensando e votando de maneira independente e diferente, é natural, normal, desejável e saudável que ocorram divergências. Não é normal que haja uma interpelação como a que fez o Ministro Joaquim Barbosa contra o Ministro Ricardo Lewandowski quando o chamou expressamente de "chicaneiro". Isso realmente escapa do ambiente de normalidade da Suprema Corte. Esse tipo de tratamento não deve ser dado a ninguém ali dentro, e muito menos pelo Presidente a um par seu. Aliás, Presidente que anteriormente já tinha criado polêmica com os juízes, os jornalistas, os advogados e alguns outros em razão de diferentes declarações desastrosas e incabíveis (que também não condizem com a condição de Presidente do STF).

Por mais inflamados que sejam os argumentos de lado a lado em uma discussão jurídica, digamos, sobre o cabimento ou não dos Embargos Infringentes no Mensalão, é importante que acima e antes de tudo exista o respeito à troca dialética de opiniões antagônicas. Independente de qual seja o voto do Ministro Celso de Mello, a quem cabe desempatar a contenda a essa altura, ainda bem que coube ao decano da Corte essa difícil decisão, e ninguém melhor do que ele para tomá-la com altivez e independência.

Por último, é auspicioso que o Ministro Roberto Barroso tenha integrado a Suprema Corte, que passará a contar com suas ideias originais, seu modo simples (mas não simplista) de ver a vida e sua enorme bagagem como constitucionalista para somar (como efetivamente já vem somando) às discussões do Tribunal. O STF precisava de um Ministro com as características dele no atual momento histórico. Sua carreira na Corte certamente será coroada como reconhecimento da dedicação que empregará no estudo e elaboração dos seus votos. Não por acaso foi ele quem abriu a divergência em relação ao cabimento dos Embargos Infringentes no Mensalão.

Com isso, proporciona ao STF uma oportunidade ímpar de corrigir os excessos cometidos durante o longo e exaustivo julgamento ocorrido no segundo semestre de 2012, com possíveis aplicações exacerbadas de penas, reconhecimentos de delitos com base em frágeis provas e condenações como respostas ao anseio manifestado pela opinião pública expressada pelos órgãos da mídia.[30]

Constituição da República completa 25 anos

Amanhã, dia 05.10.2013, a nossa Constituição da República completa vinte e cinco anos de vigência. Embora o seu texto original tenha sido há muito tempo bastante remendado, contabilizando nada menos que 74 emendas e 6 emendas de revisão (em 1994), é certo afirmar que, de modo geral, o âmago da Constituição Cidadã (como foi chamada por Ulisses Guimarães quando de sua publicação) continua inalterado.

E mais. Há legítima certeza de que não seja alterado, na medida em que consta de maneira expressa como cláusula pétrea a forma federativa de Estado, o voto direto, secreto, universal e periódico, a separação dos Poderes e os direitos e garantias individuais.

O aniversário de vinte e cinco anos traz implícito um dado interessante: é a segunda Constituição brasileira de maior vigência na nossa história republicana. De fato, a primeira vigorou de 1891 até 1934. Essa ainda está longe de ser batida. Mas, ao que tudo indica, a nossa atual tem condição de chegar lá mais do que qualquer outra do passado.

---

30   O artigo foi publicado em: *Revista Consultor Jurídico*. São Paulo, 18.09.2013. Disponível na internet: http://www.conjur.com.br/2013-
-set-18/fabio-andrade-infringentes-sao-oportunidade-corrigir-excessos. Acesso em: 18.09.2013.

Vejamos. Publicada em um contexto histórico de redemocratização depois do Período das Trevas que o País viveu, incorporou em seu texto dispositivos hoje tidos como despiciendos, mas que, por alguma razão, se mostrou relevante na enorme discussão pública em torno da Assembleia Nacional Constituinte. Assim, há quem a critique dizendo que ficou demasiadamente prolixa.

Ademais, releva notar que a nossa Constituição logrou acomodar diferentes e variados cenários de crises durante todo esse tempo sem qualquer ruído em torno de sua vigência ou tentativa de golpe. Fatos políticos e jurídicos extremamente relevantes ocorreram nos últimos vinte e cinco anos da nossa História, sem que a imagem da Constituição tivesse sido arranhada. Ao contrário, em todos os principais episódios, a discussão girou em torno de seu cumprimento, variando, por vezes, as interpretações sobre a sua correta aplicação.

Exemplos pinçados aleatoriamente são suficientes para demonstrar a estabilidade institucional de nossa Carta Magna: *impeachment* do Presidente da República, plebiscito sobre o sistema de governo e forma de Estado, contenção da inflação com o lançamento do Real, privatizações, soluções de variadas questões eleitorais às vésperas e durante a corrida eleitoral (geralmente resolvidas em última instância pelo TSE e pelo STF), o maior julgamento da história do STF (Mensalão) com a condenação de diversos políticos em esquema de corrupção, dentre tantas outras.

Revisitar os principais julgamentos dos Tribunais Superiores seria equivalente a lembrar de toda a História do Brasil nesse período. Isso ocorre em razão do fenômeno do neoconstitucionalismo, que dentre tantas mudanças na forma de pensar o Direito, logrou sucesso no movimento de centralizar na ordem jurídica a Constituição, e não mais o Direito Civil, como fora em outrora.

No cenário político e jurídico, por vezes, surgiram boatos, rumores e até movimentos que pleitearam a substituição da nossa Constituição, total ou parcialmente. Foram tentativas mal sucedidas de romper com a atual ordem constitucional que nunca chegaram a ter força suficiente perante a sociedade civil organizada. A conclusão sempre foi a mesma: não precisa mudar tanto; basta cumprir, vale dizer, dar mais efetividade e maior concretude ao que já temos.

Além disso, o crescente acesso dos cidadãos à Justiça fez com que nesse tempo houvesse uma maior (e desejada) aproximação, de modo que hoje no Brasil a rotina do Poder Judiciário, de modo geral, e do STF, de modo particular, é bem acompanhada pelos órgãos da mídia que reverberam as decisões judiciais de acordo com o grau de importância e impacto na vida dos cidadãos. Questões relacionadas ao recolhimento legítimo de tributos, aposentadoria, vencimento de servidores, saúde, responsabilidade do Estado, conflitos federativos, direitos políticos e até sobre terras indígenas são frequentemente levadas e solucionadas perante a Justiça do Brasil, com ampla difusão por meio dos veículos midiáticos.

Durante todo esse período, os órgãos estatais lograram se desenvolver e especializar a ponto desejável (não sem alguns excessos, como tende a acontecer nessas situações). Hoje os principais órgãos de persecução penal (Polícia Civil e Federal e o Ministério Público dos Estados e Federal) são órgãos que atuam de modo independente e com desassombro. Na área arrecadatória, a Receita Federal e a Procuradoria-Geral da Fazenda Nacional realizam excelente trabalho com recordes de arrecadação.

Todavia, nesse aniversário de vinte e cinco anos, nem tudo é só festa. Há pontos que precisam ser melhorados na aplicação da Constituição. O sistema previdenciário continua caótico, o sistema tributário precisa urgentemente de reforma para simplificar as obrigações tributárias e reduzir a enorme burocracia que insiste em emperrar o crescimento econômico do País, a propalada reforma política é urgente (como vimos a partir das manifestações que tomaram as ruas das principais capitais e cidades desde junho), a política econômica precisa ser mais claramente definida no médio e longo prazo (ao invés de se limitar a "apagar incêndios" com a adoção de medidas paliativas e pontuais, como desonerações setoriais e reduções de alíquotas precárias).

Enfim, é hora de o Brasil olhar para frente e traçar os rumos para os próximos vinte e cinco anos. É hora de envolver toda a sociedade civil em um amplo debate em torno das principais questões que carecem de solução, com a definição clara das decisões estratégicas a adotar e seguir nos próximos anos (não com viés meramente eleitoreiro, como foi feito até hoje, mas com o estabelecimento de metas e objetivos a serem alcançados e mantidos pelos diferentes políticos e partidos durante o passar dos anos). Em resumo: é hora de acordarmos e nos mobilizarmos em torno do nosso futuro e, consequentemente, do futuro de nossa Constituição.[31]

Voto de qualidade no CARF ofende princípio do juiz natural

A crítica feita nesse breve estudo se dirige apenas e tão somente a aplicação do chamado "voto de qualidade" (que, na realidade, é mero voto duplo) no âmbito de solução dos processos administrativos que tramitam no Conselho Administrativo de Recursos Fiscais – CARF, especialmente levando-se em consideração como atualmente se encontra configurado tal instituto no referido colegiado. Não se dirige ao órgão específico, que tem desempenhado relevante papel no julgamento de tais casos quando não ocorre empate no julgamento, e tampouco ao instituto do voto de qualidade que, adequadamente formatado, pode ser um critério legítimo para desempate de questões controvertidas.

O princípio do juiz natural consiste na necessária preservação da imparcialidade e na independência do julgador que irá examinar e definir determinada situação jurídica no exercício da sua função jurisdicional.

Na Constituição Federal vigente o aludido princípio advém da regra do inciso XXXVII, do artigo 5º, ao estabelecer que *"Não haverá juízo ou tribunal de exceção"* e também na interpretação do inciso LIII, ao dispor que *"Ninguém será processado nem sentenciado senão pela autoridade competente"*.

Com efeito, o princípio do juiz natural também é aplicado no processo administrativo, como aquele que tramita perante o Conselho Administrativo de Recursos Fiscais – CARF.[32]

Destarte, o princípio do juiz natural aplica-se em qualquer análise em que se pressuponha um procedimento legitimamente organizado, objetivando garantir a coerência lógica, como fundamento de validade da própria decisão.

Pelo princípio em comento, garante-se um exame consubstanciado na interpretação jurisdicional não submetida às impressões externas, ideológicas ou até mesmo politicamente dirigida. Por óbvio, nascido e vinculado ao hermeneuta jurisdicional qualquer ato tendente a substituí-lo em virtude das suas convicções técnico-científicas padecerá defronte à lógica fundante do primado do juiz natural, ao impedir que a atividade judicante se transforme num procedimento de escolha e interesses políticos.[33]

---

31 O texto foi publicado em: *Jus Navigandi*. Teresina, ano 18, n. 3.749, 06 out 2013. Disponível na internet: <http://jus.com.br/artigos/25463>. Acesso em: 06.10.2013.

32 Nesse sentido, confira: "Assim, seja qual for a matéria submetida a julgamento, faz-se mister que o julgador administrativo já tenha sido pré-constituído na forma da lei, para o caso abstratamente previsto. *Vale o preceito não só para o processo administrativo disciplinar, mas para todos os demais processos administrativos*, como, exemplificadamente, o processo sancionador para imposição de sanções administrativas aos administrados e o processo licitatório" (PEÑA, Eduardo Chemale Selistre. *Princípio do Juiz Natural*. Disponível na Internet em: http://tex.pro.br/tex/listagem-de-artigos/224-artigos-nov-2005/5198-o-principio-do-juiz-natural. Acesso em: 09.05.12 – grifamos).

33 Em síntese, o juiz natural deve ser imparcial. Nesse sentido: *"Os chamados predicamentos da magistratura – isto é, as garantias que cercam os titulares dos órgãos judiciários – são essenciais à plena configuração do princípio, porque sem eles o juízo natural só formalmente existiria. O juiz natural há de ser um juiz independente. A lei processual deve estabelecer, de outra parte, proibições para que o juiz*

É, em suma, a própria ideia de legitimidade da jurisdição, a ser feita, por um sujeito equidistante das partes, o que não ocorre quando do cômputo do voto de qualidade em processo administrativo em trâmite no CARF.

Com efeito, em tais situações tem-se exatamente o contrário do que se extrai das ilações acima, ao se permitir a adoção do voto de qualidade, com indiscutível violação ao princípio do juiz natural, na medida em que o voto duplo da(o) Conselheira(o) Presidente, necessariamente representante da Fazenda Nacional,[34] passa a servir, por escolha de um único segmento (o do fisco), aos interesses de apenas uma das partes.

Em razão disso, resta evidente a violação perpetrada contra o princípio do juiz natural no que diz respeito à adoção da regra do artigo 14, § 2º, c/c o artigo 54, ambos do Anexo II do Regimento Interno do CARF, aprovado pela Portaria MF n. 256/09, na medida em que o voto de qualidade, indubitavelmente (como tende a ocorrer em qualquer caso do gênero), é a mera duplicação do voto anteriormente proferido pelo Conselheiro detentor da espúria prerrogativa em exame.

Diante de tal circunstância, o contribuinte vê a sua discussão legitimamente posta ceder defronte à inobservância do devido processo legal na esfera administrativa, corolário da liberdade, como enfaticamente sempre destacou o Poder Judiciário, bem como a doutrina pátria.[35]

Diante disso, resta evidentemente questionável a legitimidade do art. 54 do Anexo II do Regimento Interno do Conselho Administrativo de Recursos Fiscais, aprovado pela Portaria MF n. 256/09, que permite aplicar o voto de qualidade para improver recursos voluntários nos autos de processos administrativos que tramitam na referida Corte Administrativa, vez que flagrante a violação ao princípio do juiz natural, insculpido no art. 5º, tanto no inciso XXXVII como também no inciso LIII e no inciso LV, da Constituição da República.

Desse modo, quando se verificar tal distorção no curso do julgamento de um recurso tempestivamente interposto nos autos de processos administrativos perante o CARF, os dispositivos citados (artigo 14, § 2º, c/c o artigo 54, ambos do Anexo II do Regimento Interno do CARF, aprovado pela Portaria MF n. 256/09), devem ter a sua aplicação afastada na espécie, sobretudo se a parte litigante prejudicada buscar socorro do Poder Judiciário.

Afinal, em órgão que se pretende paritário, como é assumidamente o caso do CARF, soa contraditório, incoerente e até paradoxal, que a aplicação do voto de qualidade seja amesquinhada apenas e tão somente para duplicar o voto do Presidente da turma, que necessariamente figura dentre os representantes da Fazenda Nacional.[36]

---

atue em determinados processos com relação aos quais existam, para o magistrado, razões de impedimento ou suspeição. Com isso, o juiz natural *será também um juiz imparcial*" (MEDINA, Paulo Roberto de Gouveia. *Direito Processual Constitucional*. 3ª ed. Rio de Janeiro: Forense, 2005, p. 33-34).

34   Os artigos 11, 12, 14, § 2º, e 54, todos do Anexo II do Regimento Interno do CARF, aprovado pela Portaria MF n. 256-09.

35   Muito já se escreveu e se discutiu sobre o princípio em foco, razão pela qual não cabe nesse limitado espaço aprofundar o debate. A título meramente exemplificativo, em sede doutrinária, cabe registrar que: *"O devido processo legal configura dupla proteção ao indivíduo, atuando tanto no âmbito material de proteção ao direito de liberdade, quanto no âmbito formal, ao assegurar-lhe paridade total de condições com o Estado-persecutor e plenitude de defesa (direito à defesa técnica, à publicidade do processo, à citação, de produção ampla de provas, de ser processado e julgado pelo juiz competente, aos recursos, à decisão imutável, à revisão criminal)". "O devido processo legal tem como corolários a ampla defesa e o contraditório, que deverão ser assegurados aos litigantes, em processo judicial ou administrativo, e aos acusados e, geral, conforme o texto constitucional expresso (art. 5º, LV). Assim, embora no campo administrativo, não exista necessidade de tipificação estrita que subsuma rigorosamente a conduta à norma, a capitulação do ilícito administrativo não poder ser tão aberta a ponto de impossibilitar o direito de defesa, pois nenhuma penalidade poderá ser imposta, tanto no campo judicial, quanto nos campos administrativos ou disciplinares, sem a necessária amplitude de defesa"* (MORAES, Alexandre. *Direito Constitucional*. 6ª ed. São Paulo: Atlas, 1999, p. 112-113).

36   O estudo foi publicado em: *Revista Consultor Jurídico*. São Paulo, 07.02.2013. Disponível na internet: http://www.conjur.com.br/2013-fev-07/fabio-andrade-voto-qualidade-carf-ofende-principio-juiz-natural. Acesso em: 07.02.2013.

Da ofensa ao voto de qualidade aos princípios constitucionais da razoabilidade e da proporcionalidade

O arcabouço normativo constante no Anexo II do Regimento Interno do Conselho Administrativo de Recursos Fiscais – CARF, aprovado pela Portaria MF n. 256/09, dispõe que:

"ANEXO II
DA COMPETÊNCIA, ESTRUTURA E FUNCIONAMENTO DOS COLEGIADOS
TÍTULO I
DOS ÓRGÃOS JULGADORES [...]
CAPÍTULO II
DA PRESIDÊNCIA, COMPOSIÇÃO E DESIGNAÇÃO
Seção I
Dos Presidentes
Art. 11. A presidência do CARF será exercida por conselheiro representante da Fazenda Nacional. [...]
Art. 12. A presidência das Seções e das Câmaras será exercida por conselheiro representante da Fazenda Nacional.
§ 1º. O presidente de Seção acumula a presidência de uma das Câmaras da Seção.
§ 2º. O vice-presidente da Seção será designado dentre os vice-presidentes das Câmaras que a compõem.
§ 3º. O vice-presidente da Câmara será designado dentre os conselheiros *representantes dos contribuintes*. [...]
Art. 14. Os presidentes e os vice-presidentes das demais Câmaras da Seção serão designados, respectivamente, dentre os conselheiros representantes da Fazenda Nacional e os representantes dos contribuintes.
§ 1º. O presidente e o vice-presidente de Câmara acumulam, respectivamente, a presidência e a vice-presidência de uma das turmas ordinárias da correspondente Câmara.
§ 2º. *O presidente* e o vice-presidente *das turmas ordinárias*, não presididas pelos presidentes de Câmara *serão designados*, respectivamente, *dentre os conselheiros representantes da Fazenda Nacional* e dos contribuintes que as compõem.
§ 3º. A presidência e a vice-presidência das turmas especiais será exercida, respectivamente, por conselheiro representante da Fazenda Nacional e dos contribuintes, escolhido dentre os seus membros ou, excepcionalmente, entre os conselheiros titulares das turmas ordinárias. [...]
Art. 54. *As turmas ordinárias e especiais só deliberarão quando presente a maioria de seus membros, e suas deliberações serão tomadas por maioria simples, cabendo ao presidente, além do voto ordinário, o de qualidade*" (g.n.).

Verifica-se da perfunctória leitura dos dispositivos acima transcritos que a Presidência do CARF e de cada um dos seus órgãos colegiados julgadores (como Câmaras e Turmas) é sempre exercida por Conselheiro representante da Fazenda Nacional. Além disso, as suas deliberações são tomadas por maioria simples, cabendo ao presidente, além do voto ordinário, o de qualidade.

Daí percebe-se que, em um tribunal administrativo que se pretende paritário no seu funcionamento, consta expressa e injustificável discriminação entre as funções dos presidentes de cada órgão colegiado julgador (sempre representantes da Fazenda Nacional) e seus vice-presidentes (sempre representantes dos contribuintes), na medida em que os primeiros detêm a competência para prolatar o chamado "voto duplo".

Desse modo, verifica-se claramente que há uma discriminação irrazoável e desproporcional entre os representantes dos cargos oriundos da Fazenda Nacional e dos contribuintes, razão pela qual deve ser rechaçado aos olhos da Constituição da República.

Com efeito, ao adotar a sistemática do voto duplo para o improvimento de eventual recurso voluntário do contribuinte ou provimento do recurso de ofício da Fazenda Nacional, o tribunal administrativo deixa de atender aos princípios da razoabilidade e da proporcionalidade.

O princípio da razoabilidade, consubstanciado no Texto Constitucional pátrio na cláusula do *substantive due process of law* tem por objetivo impedir o Estado de formular discriminações arbitrárias e caprichosas.

É sabido que a constitucionalização do princípio do devido processo legal (*due process of law*) representa hoje a consagração de uma garantia fundamental dos indivíduos contra o poder estatal em todas as suas manifestações. Não menos correta é a constatação de que o devido processo legal foi assumindo outra dimensão, passando a conter também uma dimensão material (*substantive due process of law*), consagrando a exigência da atuação racional e proporcional do Estado, de tal sorte a assegurar o pleno exercício dos direitos e garantias individuais.[37]

Em outras palavras, o atual Estado Democrático de Direito exige, por força do princípio do *substantive due process of law*, que os atos normativos estatais contenham um mínimo de razoabilidade e proporcionalidade.

Isso traduz real princípio que objetiva limitar eventuais atos arbitrários, sobretudo quando se trata de norma disciplinadora de direitos e garantias fundamentais, como ocorre quando no julgamento de um processo administrativo que pretende ser imparcial se verifica o cômputo duplicado de voto de um só Conselheiro, especialmente levando-se em conta que não há qualquer alternância nessa atribuição, a despeito da pretensa configuração paritária do órgão julgador.

Ora, processo justo é aquele que obedece ao devido processo legal, com observância dos direitos e garantias individuais assegurados, pautado na razoabilidade e na proporcionalidade, o que efetivamente não se verifica na hipótese em foco, qual seja, o cômputo duplicado do voto proferido pelo Conselheiro Presidente da turma julgadora, especialmente se considerarmos que ele sempre e necessariamente é representante da Fazenda Nacional, consoante dispõem os dispositivos regimentais anteriormente citados.

Para que se atenda ao requisito do devido processo legal não é possível que uma norma estabeleça tratamento diferenciado entre os indivíduos (no que se inserem, evidentemente, os Conselheiros integrantes do CARF, atuantes no processo a eles submetido). Frise-se: para atender ao princípio do devido processo legal, é imprescindível que o julgamento seja realizado de forma rigorosamente imparcial.[38]

Neste aspecto é que se verifica a ilegitimidade do cômputo duplicado do voto do Conselheiro Presidente, necessariamente representante da Fazenda Nacional, já que, sob qualquer ângulo que se analise a questão, não há qualquer motivo plausível, razoável ou proporcional para a adoção da sistemática do voto duplo (ou de qualidade) visando a solução de um processo administrativo no âmbito do CARF, principalmente tendo-se em conta que se trata de um órgão com funcionamento supostamente paritário, o que, em última análise, tem por objetivo garantir a imparcialidade do julgamento.

Além dos ensinamentos doutrinários, também a jurisprudência do Supremo Tribunal Federal sempre procurou repudiar a atuação estatal destituída de razoabilidade, como se pode observar da conclusão do acórdão proferido na ADI-MC n. 1.407/DF, em que foi Relator o Ministro Celso de Mello:

> O Estado não pode legislar abusivamente. A atividade legislativa está necessariamente sujeita à rígida observância de diretriz fundamental, *que, encontrando suporte teórico no princípio da proporcionalidade, veda os excessos normativos e as prescrições irrazoáveis do Poder Público.*
>
> O princípio da proporcionalidade – que extrai a sua justificação dogmática de diversas cláusulas constitucionais, notadamente daquela que veicula a garantia do *substantive due process of law* – acha-se vocacionado a inibir e a neutralizar os abusos do Poder Público no exercício de suas funções, qualificando-se como parâmetro de aferição da própria constitucionalidade material dos atos estatais.

---

37 Nesse sentido, cabe conferir: XAVIER, Alberto. *Princípios do processo administrativo e judicial tributário*. Rio de Janeiro: Forense, 2005, p. 5-6. Além disso, cabe registrar: CAIS, Cleide Previtalli. *O Processo Tributário*. 4ª ed. São Paulo: Revista dos Tribunais, 2004, p. 95-99. Acerca do princípio do devido processo legal no Processo Administrativo Tributário, cabe conferir: MARINS, James. *Direito processual tributário brasileiro (administrativo e judicial)*. São Paulo: Dialética, 2001, p. 185-186.

38 Nesse sentido: CORREIA, Marcus Orione Gonçalves. *Direito Processual Constitucional*. 2ª ed. São Paulo: Saraiva, 2002, p. 11-13.

A norma estatal, que não veicula qualquer conteúdo de irrazoabilidade, presta obséquio ao postulado da proporcionalidade, ajustando-se à cláusula que consagra em sua dimensão material, o princípio do *substantive due process of law* (CF, art. 5°, LIV).

Essa cláusula tutelar, ao inibir os efeitos prejudiciais decorrentes do abuso de poder legislativo, enfatiza a noção de que a prerrogativa de legislar outorgada ao Estado constitui atribuição jurídica essencialmente limitada, ainda que o momento de abstrata instauração normativa possa repousar em juízo meramente político ou discricionário do legislador (D.J. de 24.11.2000, Seção 1, p. 86 –g.n.).

Em outro precedente, também da relatoria do Ministro Celso de Mello, examinado no Plenário da Colenda Suprema Corte, observa-se a seguinte passagem que invoca a necessária razoabilidade e proporcionalidade:

> As normas legais devem observar, no processo de sua formulação, critérios de razoabilidade que guardem estrita consonância com os padrões fundados no princípio da proporcionalidade, pois todos os atos emanados do Poder Público devem ajustar-se à cláusula que consagra, em sua dimensão material, o princípio do "substantive due process of law" [...] A exigência de razoabilidade – que visa a inibir e a neutralizar eventuais abusos do Poder Público, notadamente no desempenho de suas funções normativas – atua, enquanto categoria fundamental de limitação dos excessos emanados do Estado, como verdadeiro parâmetro de aferição da constitucionalidade material dos atos estatais (ADI-MC n. 2.667/DF, D.J. de 12.3.2004, Seção 1, p. 36 – g.n.).

Especificamente acerca dos limites da atuação da Administração Tributária, confira-se, dentre outros, o seguinte julgado do Supremo Tribunal Federal:

> *ADMINISTRAÇÃO PÚBLICA E FISCALIZAÇÃO TRIBUTÁRIA* – DEVER DE OBSERVÂNCIA, POR PARTE DE SEUS ÓRGÃOS E AGENTES, DOS LIMITES JURÍDICOS IMPOSTOS PELA CONSTITUIÇÃO E PELAS LEIS DA REPÚBLICA – [...] ADMINISTRAÇÃO TRIBUTÁRIA – FISCALIZAÇÃO – PODERES – *NECESSÁRIO RESPEITO AOS DIREITOS E GARANTIAS INDIVIDUAIS DOS CONTRIBUINTES E DE TERCEIROS.*
>
> - Não são absolutos os poderes de que se acham investidos os órgãos e agentes da administração tributária, *pois o Estado, em tema de tributação, inclusive em matéria de fiscalização tributária, está sujeito à observância de um complexo de direitos e prerrogativas que assistem, constitucionalmente, aos contribuintes e aos cidadãos em geral.* Na realidade, os poderes do Estado encontram, nos direitos e garantias individuais, limites intransponíveis, cujo desrespeito pode caracterizar ilícito constitucional. [...].
>
> - Os procedimentos dos agentes da administração tributária que contrariem os postulados consagrados pela Constituição da República revelam-se inaceitáveis e não podem ser corroborados pelo Supremo Tribunal Federal, sob pena de inadmissível subversão dos postulados constitucionais que definem, de modo estrito, os limites – inultrapassáveis – que restringem os poderes do Estado em suas relações com os contribuintes e com terceiros".[39]

Também a proporcionalidade é princípio constitucional basilar, figurando entre os alicerces do Estado Democrático de Direito, pois a considerar que todo poder emana do povo e em seu nome será exercido, nos termos do parágrafo único do art. 1° da Constituição da República, os detentores do poder devem exercê-lo buscando, de um lado, a maximização das aspirações constitucionais (maior efetividade e máxima concretude) e, de outro, o menor ônus aos interesses individuais constitucionalmente resguardados (maior proteção aos direitos e garantias individuais).

No exercício do poder delegado pelo povo, portanto, os Poderes Executivo, Legislativo e Judiciário, devem observar a proporcionalidade entre os meios utilizados (atos, normas ou decisões) e o fim que se deseja alcançar, que deve necessariamente estar em sintonia com os objetivos constitucionalmente almejados. Em outras palavras,

---

[39] STF – Pleno – *HC 82.788/RJ, Rel. Min. Celso de Mello, j. 12.04.2005, DJU 02.06.2006* – g.n.

não basta que o ato estatal seja formalizado por meio competente, mas também que seja proporcional "em si mesmo" e em relação aos demais comandos da ordem jurídica.[40]

É intrínseca a ligação, portanto, entre os princípios da igualdade ou da isonomia e o princípio da proporcionalidade, sendo que, na hipótese sob análise (cômputo do voto duplo ou de qualidade na solução de julgamento em processo administrativo), ambos foram flagrantemente violados.[41]

Diante do exposto, surgem como alternativas para fomentar a reflexão duas possibilidades. Uma consistente na reforma da previsão regimental, com o objetivo de passar a prever um critério adequado para desempate nos julgamentos dos processos administrativos no âmbito do CARF.

A criação de tal regra, por óbvio, escaparia ao abrigo de eventual exame do Poder Judiciário, já que seu novel desenho implicaria, necessariamente, legislar positivamente, o que não é recomendado na esfera judicial.

Outra consistiria na busca pelo litigante prejudicado pela aplicação dos dispositivos citados anteriormente (com o cômputo duplicado do voto na solução do julgamento administrativo) perante o Poder Judiciário do reconhecimento da sua ilegitimidade.

Tal critério choca-se frontalmente com o objetivo constitucional de consagração do Estado Democrático de Direito e flagrantemente desborda ao "despotismo", como salientou certa vez o então Presidente da Suprema Corte nacional, Ministro Cezar Peluso, quando viola os elevados princípios constitucionais da igualdade, da razoabilidade, da proporcionalidade, do devido processo legal e da imparcialidade.[42]

É que, repita-se, não se pode admitir, no ordenamento jurídico pátrio, que o critério para desempate de um julgamento em um órgão supostamente paritário, como pretende ser o CARF, seja o voto duplo de um dos julgadores (Conselheiro Presidente) e sem possibilidade de qualquer alternância nessa sua atribuição (sempre representante da Fazenda Nacional).[43]

O Brasil estragou tudo?

No volume 408, número 8.855, de 28.09.2013, a prestigiosa revista *The Economist* trouxe como matéria de capa a indagação feita no título dessa breve reflexão. Além de encabeçar as principais notícias logo no início daquela edição, a revista também dedicou um relatório especial e crítico de quatorze páginas sobre a atual situação do Brasil.

Inicialmente, o tom crítico que seria enfocado pela notícia ficou evidente com a lembrança de matéria que há quatro anos foi objeto de capa da revista. Naquela oportunidade a chamada indicou que o Brasil decolava.

---

40 Nas palavras de Gilmar Ferreira Mendes, decorre do princípio da proporcionalidade *"a possibilidade de se declarar a inconstitucionalidade da lei em caso de sua dispensabilidade (inexigibilidade), inadequação (falta de utilidade para o fim perseguido) ou de ausência de razoabilidade em sentido estrito (desproporção entre o objetivo perseguido e o ônus imposto ao atingido)"* (MENDES, Gilmar. *Moreira Alves e o Controle de Constitucionalidade no Brasil*. São Paulo: Celso Bastos Editor: Instituto Brasileiro de Direito Constitucional, 2000. p. 119 – g.n.).

41 Sobre a relação entre os princípios da isonomia e da proporcionalidade, cabe conferir as lições Larenz, citado pelo Professor Willis Santiago Guerra Filho: GUERRA FILHO, Willis Santiago. *Processo Constitucional e Direitos Fundamentais*. 3ª ed. São Paulo: Celso Bastos Editor: Instituto Brasileiro de Direito Constitucional. 2003. p. 67-68.

42 A referência foi retirada do trecho em que S. Excia, o então Presidente do STF, Ministro Cezar Peluso afirmou que: "Eu não tenho nenhuma vocação para déspota e nem acho que meu voto vale mais" (RE 631.102, j. 27.10.2010, voto s/ 2ª proposta, p. 532, a exemplo do que ocorrera na assentada do RE 630.147). Isso ocorreu quando o Pleno do STF contava com dez integrantes e o julgamento do Caso Ficha Limpa sistematicamente terminava empatado (5x5).

43 O estudo foi publicado originalmente em: *Jus Navigandi*. Teresina, ano 18, n. 3.537, 08 mar 2013. Disponível na internet: <http://jus.com.br/revista/texto/ 23900>. Acesso em: 08.03.2013.

Em destaque, já adiantava que uma economia estagnada, um Estado inchado e os protestos das multidões significam que a Presidenta deve mudar o rumo.

Enquanto Lula deixou o governo com um crescimento de 7,5% em 2010 em plena crise financeira internacional, um breve futuro promissor aguardava o País: a Copa de 2014 e as Olimpíadas de 2016. Ao que tudo indicava na época, o Brasil se livraria do voo de galinha que sempre foi fadado a dar e alçaria voos maiores, rumo ao desenvolvimento e ao crescimento econômico. Todavia, desde o início do Governo Dilma, a realidade mostrou-se chocante com essa situação e a alta expectativa logo foi frustrada. Em 2012, a economia cresceu apenas 0,9%. E o resultado já se mostra evidente: a insatisfação é generalizada nas classes médias, os investidores estrangeiros perderam o enorme interesse no Brasil (que se mostrou demasiadamente burocrático e custoso para operar) e as reformas necessárias ao País não são levadas a cabo por falta de vontade política (como a simplificação das obrigações tributárias).

Alguns problemas são estruturais no Brasil, como o sistema tributário burocrático, a elevada tributação sobre as folhas de salários e os excessivos gastos com a previdência (apesar de ser um País de jovens). Carecem investimentos públicos e privados na infraestrutura e os gastos governamentais não param de crescer. Esses problemas não são novos. Mas, desde o Governo Lula, quando ainda se estava cruzando o chamado "céu de brigadeiro" nada foi feito para reverter esse cenário adverso.

E mais. Durante o Governo Dilma, alguns problemas se agravaram e outros foram criados. Muitos investidores estrangeiros foram afugentados pela péssima reputação adquirida pelo País quando a Presidenta se intrometeu na política de corte dos juros pelo Presidente do Banco Central. Ainda, passou a lançar mão da chamada "contabilidade criativa" onde altera critérios para alcançar números aparentemente mais favoráveis. Como resultado, o mercado não confia na Presidenta. Todos esses fatos se deram enquanto os principais países centrais se recuperavam do duro golpe da crise, de modo que voltaram a ser atrativos para o investimento.

A leitura da extensa e cuidadosa matéria da revista traz dados interessantes sobre fatos conhecidos por todos. A dificuldade do Governo Dilma em dialogar com o empresariado tem sido alvo de muitas críticas no âmbito nacional, bem como a exagerada centralização com que administra o seu governo, inclusive pelos integrantes de sua base aliada no Congresso Nacional. Por conseguinte, a estrutura está pouco fluida e muito emperrada.

Embora o cenário seja desolador, especialmente se compararmos com a enorme expectativa sentida há quatro anos, cabe observar que nem tudo está perdido. De fato, a revista vaticina que o Brasil deve recuperar a sua vitalidade e o seu apetite por reformas. Assim, deve focar nos serviços públicos essenciais (como a saúde pública, as escolas e o transporte) ao mesmo tempo em que deve redimensionar os gastos públicos. O produto brasileiro deve ser mais competitivo no mercado global e devidamente encorajado pelo governo a investir, tanto no próprio País como também no exterior. O Brasil também precisa promover importante reforma política, com a redução dos partidos políticos e dos ministérios do governo federal.

Aliado a isso, cabe destacar as grandes forças nacionais positivas, como o agronegócio (é o terceiro maior exportador de comida do mundo), a perspectiva de que em 2020 o Brasil seja um grande exportador de petróleo (com a descoberta e a exploração do pré-sal), o crescente mercado de joias, a base de pesquisa em biotecnologia reconhecida mundialmente e a ciência genética. A despeito dos protestos que tomaram as ruas das grandes cidades desde junho, não há rachas sociais ou étnicos no Brasil que preocupe a unidade de propósitos na destinação do bem comum.

Por fim, a revista lembra que o próximo ano será de corrida eleitoral. Dá esperanças ao leitor quando afirma que a Presidenta ainda dispõe de tempo suficiente para dar início às reformas urgentes e necessárias, com o corte radical e crescente da burocracia, a redução dos ministérios e a necessária contenção dos gastos públicos. Aí quem sabe tenha uma chance de voltar a decolar novamente.

Embora os caminhos principais sejam por todos conhecidos (e agora em escala mundial com a publicação da revista), cabe indagar se a Presidenta terá prestígio político para levar a cabo as reformas necessárias e urgentes para o Brasil. E mais, se terá ao menos vontade política para fazê-lo, já que implica desgaste e custo político que ela não parece admitir ou suportar nesse momento (pré-eleitoral).

Em suma, em resposta à indagação sobre se o Brasil estragou tudo, cabe refletir em torno do que vem sendo feito para corrigir o rumo, com a seguinte conclusão: sim, vem estragando tudo.[44]

Competência do STF e PEC 275/2013

Em entrevista concedida à *Revista IstoÉ* e veiculada eletronicamente na *Revista Consultor Jurídico* em 25 de dezembro de 2013, o Ministro Marco Aurélio defende o ponto de vista pelo qual já é tempo de a Justiça Eleitoral contar com uma estrutura permanente e fixa, inclusive com um corpo permanente de integrantes.

Isso decorre do crescente aperfeiçoamento do sistema verificado nos últimos anos, inclusive pelo dinamismo impresso pelo curto rodízio de mandatos dos seus Ministros. Como decorrência, o efeito de tais mudanças seria o aumento da celeridade no julgamento dos casos, com outro ritmo na medida em que os juízes teriam dedicação exclusiva, e a segurança sobre a sua composição. Para promover tais mudanças, a via adequada seria através de emenda constitucional, com o necessário engajamento do Congresso Nacional.

Hoje, os Ministros do STF que integram o TSE acabam com uma sobrecarga extra, na medida em que estão servindo a 2 tribunais simultaneamente. A atuação no TSE ocorre depois do expediente normal e, não raro, nos meses que antecedem as eleições, as sessões adentram a madrugada em razão da pressão natural da passagem inexorável do tempo.

A entrega da prestação jurisdicional pelo TSE tem duplo efeito. De um lado, quando ocorre às vésperas da eleição, muitas vezes gera incompreensão e insegurança jurídica. De outro, pode influenciar diretamente o preenchimento do cargo político impugnado e o exercício do mandato eleito, com enorme expectativa de quem deveria assumir o posto no caso de afastamento do ocupante originário. A demora leva ao sentimento generalizado e amargo de impunidade.

De certo, o manejo adequado na tensão paradoxal entre produtividade e conteúdo (quantidade x qualidade), o TSE perde nos dois pontos como está hoje estruturado, a despeito do enorme esforço e dedicação pessoal de muitos dos seus integrantes.

Na outra ponta, no STF, o resultado também não parece ser favorável. Com efeito, essa necessidade de alguns Ministros acumularem o cargo no TSE, inclusive com sessões depois do expediente ordinário, algumas vezes acabam por limitar a entrega da prestação jurisdicional do STF, com o necessário encerramento precoce de sessões (e suspensão de julgamentos importantes), a divisão necessária do enorme volume de trabalho, a sobrecarga extra de trabalhar após o expediente ordinário, enfim, com a dedicação necessária para atender às demandas existentes em 2 tribunais.

Já tivemos oportunidade de nos dedicar ao tema nesse espaço semanal. Na ocasião, apontamos algumas mazelas ligadas à propalada morosidade do Poder Judiciário, como o mecanismo de funcionamento da Justiça Eleitoral, o sistema dual de recursos para os Tribunais Superiores e a atual fragilidade do STJ e o excesso de competência do STF (conforme o nosso artigo *Três críticas à organização do Judiciário*, publicada nessa coluna em 08.11.2012).

---

44 O texto foi publicado originalmente em: *Jus Navigandi*. Teresina, ano 18, n. 3.759, 16 out 2013. Disponível na internet: <http://jus.com.br/artigos/25522>. Acesso em: 16.10.2013.

Sobre o funcionamento da Justiça Eleitoral, já destacávamos o excesso da sobrecarga particularmente sobre os Ministros do STF, com o acúmulo de funções. Ora, se há 25 anos, quando da promulgação da Constituição da República, justificava-se a montagem transitória e rotativa da Justiça Eleitoral, hoje pelo relevante papel que já assumiu no processo democrático nacional, certamente mereceria o estabelecimento de estrutura fixa e permanente, na linha da entrevista concedida pelo Ministro Marco Aurélio anteriormente mencionada.

Acerca da dualidade do sistema recursal para o STJ e STF, cabe pontuar que na tentativa de afunilamento da subida excessiva de recursos a jurisprudência termina por gerar ainda mais recursos. Exemplificamos. Quando o acórdão recorrido contém o chamado "duplo fundamento", ao invés de recorrer apenas ao STJ ou ao STF, a depender da decisão de última instância que se pretende obter, se possível, veja o longo caminho a seguir: embargos de declaração (para prequestionar matéria – muitas vezes – não contemplada no acórdão, como pressuposto de admissibilidade tanto do recurso especial como também do recurso extraordinário), recursos especial e extraordinário (em razão do duplo fundamento e da jurisprudência que determina a interposição de ambos), os correspondentes agravos de instrumento de decisão denegatória tanto no recurso especial como também no extraordinário e, por vezes, agravo regimental, e ainda, embargos de declaração. Ora, se a diferença entre o antídoto e o veneno é a quantidade, vê-se claramente que aqui se peca pelo excesso do veneno, ainda que na tentativa inicial de se chegar ao antídoto.

Por fim, quanto ao excesso de competência do STF, basta elencar o amplo espectro de sua atuação, como previsto no art. 102 da Constituição da República. De fato, o STF não é só uma Corte Constitucional (como pretende e realmente é vocacionado), mas também exerce competência sobre diversas outras matérias que refogem à guarda da Lei Maior e à jurisdição constitucional, com o consequente aumento de recursos e demora nas decisões (volume e morosidade).

Especialmente quanto ao excesso de competência do STF, cabe registrar que tramita na Câmara dos Deputados a PEC 275/13, de autoria da Deputada Federal Luiza Erundina, que pretende criar a Corte Constitucional, inclusive com a alteração da competência, composição e forma de nomeação dos Ministros. Depois de distribuída à Comissão de Constituição e Justiça e de Cidadania (CCJC) da Câmara dos Deputados, foi designado o seu Relator, Deputado Beto Albuquerque (em 11.07.2013).

Dentre as mudanças, cabe registrar que a proposta pretende: transformar o STF em uma Corte Constitucional, ampliar o número de Ministros para 15 (ao invés dos 11 atuais) e reduzir a sua competência apenas e tão somente a causas relativas à interpretação e aplicação da Constituição da República. As demais causas seriam todas transferidas para o STJ.

Para tanto, a proposta engendraria mudanças nos artigos 101 (referente à composição e nomeação dos Ministros do STF), 102 (relacionado à sua competência), 104 (referente à composição e nomeação dos Ministros do STJ) e 105 (relacionado à sua competência).

Além disso, consta na proposta regra de transição pela qual os atuais Ministros do STF passariam a compor, de pleno direito, a Corte Constitucional, providenciando-se a nomeação dos demais Ministros, com a observância do art. 101. Quanto ao STJ, permaneceria com a mesma composição, providenciando-se a nomeação dos futuros Ministros de acordo com o art. 104.

Quanto ao rol de competências, o do STF seria significativamente reduzido, para que a Corte efetivamente passasse a se dedicar exclusivamente aos relevantes temas constitucionais que carecem de pronunciamento definitivo. Quanto ao rol do STJ, seria significativamente ampliado, com o aumento do número de Ministros integrantes da Corte Superior.

Além dessa proposta, muitas outras buscam modificar o Texto Constitucional, seja com a mudança no procedimento de nomeação dos Ministros, seja modificando a sua atual composição, seja ainda, enxugando o amplo elenco de competências que a Lei Maior atribuiu ao seu maior guardião.

É certo que o deslocamento da competência, originária e/ou recursal, do STF para o STJ deve ser amplamente debatido, estudado, analisado e decidido na seara legislativa, inclusive com a participação dos seus membros. Isso poderia otimizar a qualidade e reduzir a quantidade dos casos que chegam ao STF que, transformado em Corte Constitucional, poderia ter plena capacidade de se dedicar ao *mister* para o qual é naturalmente vocacionado.

Todavia, essa relevante modificação no Texto Constitucional, com impacto em todo o contencioso do País jamais poderia se limitar a ser motivado, em qualquer momento que seja, por ambições ou aspirações políticas, sob pena de caminharmos a passos largos para trás, rumo ao amesquinhamento das funções do STF, hipótese que só ocorreu em períodos trevosos de outrora.[45]

PEC 275/2013 e transformação do STF em Corte Constitucional

A PEC 275/2013, de autoria da Deputada Federal Luiza Erundina, pretende transformar o STF em verdadeira Corte Constitucional, com a alteração na sua composição (aumento de 11 Ministros para 15), na forma de nomeação (que passaria ao Presidente do Congresso Nacional, ao invés do Presidente da República) e na competência (deslocando grande parte para o STJ, que concentraria toda a matéria infraconstitucional, cabendo ao STF apenas e tão somente a interpretação e aplicação da matéria constitucional).

Depois de distribuída à Comissão de Constituição e Justiça e de Cidadania (CCJC) da Câmara dos Deputados, foi designado o seu Relator, Deputado Federal Beto Albuquerque (em 11.07.2013).

Quanto à proposta de aumento do número de Ministros integrantes da Corte, bem como a forma de nomeação, antecipamos a nossa discordância. Parte das razões que justificaram a proposta são historicamente verdadeiras. O nosso atual sistema, existente desde a Constituição de 1891, foi importado como cópia do sistema norte-americano e consiste na nomeação pelo Presidente da República e aprovação pelo Senado Federal.

A justificativa explicita que lá funciona e aqui não. O foco do problema, no entender da autora da proposta, é duplo. De um lado a discricionariedade na escolha pelo Presidente da República. Nesse sentido, lembra episódio histórico no qual o Senado Federal viu-se obrigado a rejeitar a nomeação feita pelo então Presidente da República Floriano Peixoto, que indicou para o cargo de Ministro do STF o seu médico pessoal, Dr. Barata Ribeiro.

Essa é a parte que não é propriamente fidedigna da realidade. Além dessa rejeição, cabe lembrar outras quatro que ocorreram no mesmo período (1891 a 1894): Innocêncio Galvão de Queiroz, Ewerton Quadros, Antônio Sève Navarro e Demosthenes da Silveira Lobo (MELLO, Celso de. *Notas sobre o Supremo Tribunal Império e República*. 3ª ed. Brasília: STF, 2012, p. 18).

Por seu turno, nos Estados Unidos da América do Norte, o Senado Federal rejeitou até hoje doze nomeações. Porém, lá (como aqui), a função senatorial de aprovação das nomeações para Ministros da Suprema Corte tem-se amesquinhado ao longo do tempo. A sabatina, que outrora fora rigorosa, hoje se limita a inquirir sobre algumas preferências e orientações pessoais do candidato sobre temas polêmicos.

---

45   O texto foi veiculado em: *Última Instância (Coluna)*. São Paulo, 16.01.2014. Disponível na internet: http://ultimainstancia.uol.com.br/conteudo/colunas/68602/competencia+do+stf+e+pec+2752013.shtml. Acesso em: 16.01.2014.

Nesse sentido, cabe consultar a obra de Ronald Dworkin intitulada *The Supreme Court Phalanx: The Court's new right-wing bloc*, editada pela New York Review Books em 2008. No livro o autor tece severas críticas à sabatina do Senado Federal norte-americano na nomeação do atual Presidente da Suprema Corte, Roberts, e do Ministro Alito.

Verifica-se, portanto, que a informação constante na justificativa da PEC 275/2013 está equivocada, na medida em que lança como argumento supostamente válido o fato (equivocado) de que no Brasil somente teria ocorrido uma rejeição pelo Senado, quando, na realidade, foram cinco (pouco menos do que as doze no vizinho do norte, tomado como paradigma).

De outro lado, o problema está indubitavelmente na função amesquinhada que o Senado Federal vem exercendo, que nada mais é do que mera chancela automática da nomeação feita pelo Presidente da República. Ora, cabe ao Senado aprovar pela maioria absoluta a escolha feita pelo Presidente da República (art. 101, parágrafo único).

Muito mais do que mera picuinha partidária no âmbito do Senado Federal que envolve maiorias ocasionais, a sabatina que lá ocorre poderia ser uma excelente oportunidade para que o candidato a Ministro do STF fosse efetivamente desafiado nas suas qualidades técnicas (notável saber jurídico), bem como fosse analisada a sua reputação ilibada (requisitos constitucionalmente estabelecidos para o candidato).

Ao contrário, recentemente, em 2009, houve a nomeação de Ministro pelo Presidente da República e, na sabatina, a despeito de rumores de fatos escandalosos que maculariam a reputação ilibada e quiçá o notável saber jurídico, o Senado Federal perdeu excelente oportunidade de exercer a sua função constitucionalmente estabelecida de reprovar a indicação, se limitando a chancelá-la.

Verifica-se, portanto, que o problema está muito mais na função amesquinhada a que se conforma o Senado quando da sabatina dos candidatos indicados pelo Presidente da República, do que no sistema de nomeação e aprovação (aliás, coerente com o sistema de freios e contrapesos).

Por essas razões, discordamos da modificação do atual sistema de nomeação e aprovação dos Ministros do STF.

Quanto ao aumento do número de seus integrantes para quinze, entendemos que se trata, em realidade, de verdadeiro golpe institucional que, se aprovado, levaria ao seu descrédito e à insegurança. Com efeito, desde 1931 o STF conta com onze Ministros, exceto no breve período de 1965 a 1969, que contou com dezesseis. Não é difícil lembrar que esse aumento ocorreu em razão da necessidade do Governo, então autoritário, de alcançar a maioria da Corte em temas considerados estratégicos.

Dada a estabilidade institucional na composição dos onze Ministros, a sua modificação a essa altura certamente indicaria uma necessidade do Governo no sentido de obter a maioria da Corte, não pela apresentação das melhores razões na defesa de suas teses, mas pelo caminho mais fácil. Pelo risco que tal mudança pode representar na estabilidade institucional da Suprema Corte, discordamos da modificação proposta.

Quanto à competência, no entanto, a ideia de limitá-la a interpretação e aplicação da Constituição da República é, sem qualquer sombra de dúvida, interessante e produtiva. A justificativa da proposta, com acerto, registra que a consecução da finalidade maior do STF de guarda da Constituição "é simplesmente obliterada pelo acúmulo de atribuições para julgar processos de puro interesse individual ou de grupos privados, sem nenhuma relevância constitucional". Ora, tal acúmulo exacerbado de casos sobrecarrega os Ministros, razão pela qual a proposta pretende transformar o STF em autêntica Corte Constitucional.

No dizer da justificativa: "A competência da Corte Constitucional seria limitada às causas que dissessem respeito diretamente à interpretação e aplicação da Lei Maior, transferindo-se todas as demais à competência do Superior Tribunal de Justiça".

Segundo a proposta, a competência do STF, transformado em Corte Constitucional, seria reduzida de seu atual amplo elenco para apenas as seguintes: "[…] processar e julgar: I – originariamente: a) a ação direta de inconstitucionalidade de lei ou ato normativo federal ou estadual, inclusive o pedido de medida liminar; b) a ação direta de inconstitucionalidade por omissão de medida para tornar efetiva norma constitucional; c) a arguição de descumprimento, por ação ou omissão, de preceito fundamental decorrente da Constituição; d) os conflitos de competência entre o Superior Tribunal de Justiça e quaisquer tribunais; II – julgar em recurso extraordinário as causas decididas por um tribunal superior, quando a decisão recorrida: a) contrariar dispositivo desta Constituição; b) declarar a inconstitucionalidade de tratado ou lei federal; c) julgar válida lei ou ato de governo local contestado em face desta Constituição; d) julgar válida lei local contestada em face de lei federal".

Ora, observa-se que o inciso II proposto é réplica do inciso III do art. 102 vigente. O atual inciso II, que cuida do recurso ordinário (o HC, o MS, o *habeas data* e o Mandado de Injunção decididos em única instância pelos Tribunais Superiores, se denegatória a decisão, bem como o crime político), seria suprimido. Além disso, o inciso I, que trata da competência originária, seria substancialmente reduzido, com a supressão do processo e julgamento: nas infrações penais comuns, o Presidente da República, o Vice-Presidente, os membros do Congresso Nacional, seus próprios Ministros e o PGR; nas infrações penais comuns e nos crimes de responsabilidade, os Ministros de Estado e os Comandantes da Marinha, do Exército e da Aeronáutica, os membros dos Tribunais Superiores, os do Tribunal de Contas da União e os chefes de missão diplomática de caráter permanente; o HC, sendo paciente qualquer das pessoas referidas nas alíneas anteriores, o MS e o *habeas data* contra atos do Presidente da República, das Mesas da Câmara dos Deputados e do Senado Federal, do Tribunal de Contas da União, do PGR e do próprio STF; o litígio entre Estado estrangeiro ou organismo internacional e a União, o Estado, o DF ou o Território; as causas e os conflitos entre a União e os Estados, a União e o DF, ou entre uns e outros, inclusive as respectivas entidades da administração indireta; a extradição solicitada por Estado estrangeiro; o HC, quando o coator for Tribunal Superior ou quando o coator ou o paciente for autoridade ou funcionário cujos atos estejam sujeitos diretamente à jurisdição do STF, ou se trate de crime sujeito à mesma jurisdição em uma única instância; a revisão criminal e a ação rescisória de seus julgados; a reclamação para a preservação de sua competência e garantia da autoridade de suas decisões; a execução de sentença nas causas de sua competência originária, facultada a delegação de atribuições para a prática de atos processuais; a ação em que todos os membros da magistratura sejam direta ou indiretamente interessados, e aquela em que mais da metade dos membros do tribunal de origem estejam impedidos ou sejam direta ou indiretamente interessados; o mandado de injunção, quando a elaboração da norma regulamentadora for atribuição do Presidente da República, do Congresso Nacional, da Câmara dos Deputados, do Senado Federal, das Mesas de uma dessas Casas Legislativas, do Tribunal de Contas da União, de um dos Tribunais Superiores, ou do próprio STF; as ações contra o CNJ e contra o CNMP.

Além disso, como vimos, seria admissível o ajuizamento de ADPF por omissão e o recurso extraordinário só seria interposto em face de decisão de Tribunal Superior (ou seja, STJ, TST, TSE e STM) que se enquadrasse em uma das hipóteses do inciso III.

O § 1º do art. 102 proposto rezaria que: "Declarada a inconstitucionalidade por omissão para tornar efetiva norma constitucional, será dada ciência ao Poder competente para a adoção das providências necessárias, em sessenta dias se se tratar de órgão do Poder Legislativo, e em trinta dias se de órgão administrativo". Verifica-se a novidade de estabelecer o prazo de sessenta dias se se tratar de órgão do Poder Legislativo, que não consta na redação vigente do § 2º do art. 103.

O § 2º da proposta pretende prever que: "Julgada a arguição de descumprimento, por ação ou omissão, de preceito fundamental decorrente desta Constituição, far-se-á comunicação às autoridades ou órgãos responsáveis pela prática ou omissão dos atos questionados, fixando-se as condições e o modo de interpretação e aplicação do preceito ou preceitos fundamentais". A dicção desse dispositivo projetado difere bastante da redação original constante no atual § 1º do art. 102, que se limita a preceituar que a ADPF será apreciada pelo STF na forma da Lei n. 9.882/99.

O § 3º pretende dispor que: "O Regimento Interno da Corte Constitucional regulará o processamento dos embargos declaratórios de seus acórdãos, excluído qualquer outro recurso não previsto nesta Constituição". Ora, a redação do dispositivo projetado parece ter sido influenciada pelo acalorado debate recentemente assistido no STF a respeito do cabimento dos embargos infringentes no julgamento do Mensalão (AP 470). Todavia, entendemos que tal dispositivo poderia ser suprimido e o tema regulado diretamente pelo Regimento Interno da Corte, inclusive com a previsão expressa de reclamação (que pela proposta seria suprimida do rol de competência originária da Corte, como vimos anteriormente).

O § 4º preveria que: "As decisões definitivas de mérito, proferidas pela Corte Constitucional, produzirão eficácia contra todos e efeito vinculante, relativamente aos demais órgãos do Poder Judiciário e à administração pública direta e indireta, nas esferas federal, estadual e municipal". A alteração, para atribuir efeito vinculante aos precedentes da Corte vem em boa hora, completando o sistema de controle de constitucionalidade com o prestígio necessário aos seus julgamentos e resgatando débito histórico que se arrasta desde a sua introdução em nosso ordenamento jurídico (na Constituição de 1891).

O § 5º do art. 102 pretende estabelecer que: "No recurso extraordinário o recorrente deverá demonstrar a repercussão geral das questões constitucionais discutidas no caso, nos termos da lei, a fim de que o Tribunal examine a admissão do recurso". Aqui, reproduz-se parcialmente a atual redação do § 3º do art. 102, introduzido pela Emenda Constitucional n. 45/04, com a diferença de que a proposta dispensa a exigência de dois terços de votos (oito) para recusá-la. Atualmente, o tema é regulado pela Lei n. 11.418/06.

Ademais, a justificativa da proposta traz também algumas modificações menores, a saber: "a) o cabimento do recurso extraordinário apenas nas causas decididas pelo Superior Tribunal de Justiça; b) a supressão das súmulas de jurisprudência dominante; c) a audiência prévia do Advogado-Geral da União nos processos que tenham por objeto a apreciação em tese da inconstitucionalidade de lei ou ato normativo, sem que ele deva defender o ato ou texto impugnado; [...]".

Ora, parece temerário limitar o acesso ao STF pela via do recurso extraordinário apenas nas causas decididas pelo STJ. É que essa Corte Superior tem claudicado na entrega da prestação jurisdicional, com exageradas flutuações jurisprudenciais e má qualidade de algumas decisões importantes. Isso certamente ocorre em razão da exagerada sobrecarga de trabalho, que aumentaria de acordo com a proposta elaborada.

Quanto à supressão das súmulas de jurisprudência dominante, seria decorrência lógica da atribuição de eficácia contra todos (*erga omnes*) e efeito vinculante às decisões de mérito proferidas pela Corte Constitucional (cf. art. 102, § 4º, da PEC 275/2013). Nesse sentido, perderia qualquer razão de ser a manutenção de súmulas vinculantes e súmulas que orientam acerca da jurisprudência dominante, desde que mantidas válidas aquelas editadas no período anterior à transformação do STF em Corte Constitucional.

No tocante à audiência prévia do AGU sem qualquer obrigação pela necessária defesa do ato impugnado é uma mudança no sistema de controle de constitucionalidade, cuja necessidade deve ser ponderada.

De um lado, a ideia é fazer com que o texto impugnado perante o STF em ação direta de inconstitucionalidade necessariamente tenha uma defesa a seu favor (nesse sentido, o AGU funciona como verdadeiro *defensor legis*, sem qualquer liberdade na escolha de sua posição).

Nesse sentido: "A função processual do advogado-geral da União, nos processos de controle de constitucionalidade por via de ação, é eminentemente defensiva. Ocupa, dentro da estrutura formal desse processo objetivo, a posição de órgão agente, posto que lhe não compete opinar e nem exercer a função fiscalizadora já atribuída ao PGR. Atuando como verdadeiro curador (*defensor legis*) das normas infraconstitucionais, inclusive daquelas de origem estadual, e velando pela preservação de sua presunção de constitucionalidade e de sua integridade e validez jurídicas no âmbito do sistema de direito, positivo, não cabe ao advogado-geral da União, em sede de controle normativo abstrato, ostentar posição processual contrária ao ato estatal impugnado, sob pena de frontal descumprimento do *múnus* indisponível que lhe foi imposto pela própria CR" (ADI 1.254-AgR, Rel. Min. Celso de Mello, j. 14.08.1996, DJU 19.09.1997).

No mesmo sentido: ADI 2.906, Rel. Min. Marco Aurélio, j. 01.06.2011, DJE 29.06.2011.

No sentido de admitir certo temperamento: "O *munus* a que se refere o imperativo constitucional (CF, art. 103, § 3º) deve ser entendido com temperamentos, o advogado-geral da União não está obrigado a defender tese jurídica se sobre ela esta Corte já fixou entendimento pela sua inconstitucionalidade" (ADI 1.616, Rel. Min. Maurício Corrêa, j. 24.05.2001, DJE 24.09.2001).

De outro lado, o AGU pode se encontrar na desconfortável posição de ter que defender ato que, no íntimo, ele próprio sabe ou acredita ser incompatível com a Lei Maior (gerando incômodo paradoxo na atividade vinculada do AGU).

Dado o relevante impacto de tal proposta na organização institucional do sistema de controle de constitucionalidade das leis e atos normativos no Brasil, seria recomendável ampla participação da comunidade jurídica e da sociedade civil organizada no debate em torno de tais mudanças, com o maior fluxo de ideias e sugestões, argumentos e ponderações.

Em suma, na parte que pretende reduzir substancialmente a competência do STF para transformá-lo efetivamente em Corte Constitucional, cuja vocação lhe foi sinalizada desde o primeiro instante de concepção na Constituição de 1988, a proposta é ambiciosa e merece atenta reflexão. Todavia, quanto à parte da proposta que pretende alterar a atual composição e a forma de nomeação dos Ministros, deve-se atentar para que tais mudanças não sejam influenciadas por interesses partidários ou políticos de maiorias ocasionais de menor importância.[46]

Novidades da Espanha

Estou visitando Madri, capital da Espanha. Além de assistir aos principais jogos da Liga dos Campeões, que para alguns é o melhor campeonato de futebol do mundo, tive contato com algumas discussões interessantes que estão sendo travadas por aqui. É interessante registrar que, no atual cenário pós-crise, o País está em verdadeiro ponto de ebulição, com diversas discussões públicas importantíssimas. Vejamos algumas propositadamente pinçadas telegraficamente apenas para dar ideia do cadinho atualmente experimentado pela democracia espanhola.

Ocorreu o XXIII debate sobre o Estado da Nação, no qual situação e oposição debatem pública e abertamente os principais pontos que afligem a sociedade espanhola, como política externa, antiterrorismo, fiscal e tributária, reformas necessárias, empregos e desenvolvimento nacional, dentre outros. De modo geral, o discurso situacionista do Governo gira em torno dos pontos positivos que a sua administração já alcançou, a despeito da

---

[46] O estudo foi publicado originalmente em: *Jus Navigandi*. Teresina, ano 19, n. 3.860, 25 jan 2014. Disponível na internet: <http://jus.com.br/artigos/26456>. Acesso em: 25.01.2014.

dificuldade que tem enfrentado; já o discurso oposicionista deixa marcado o fracasso das diferentes políticas do Governo que não tem logrado êxito.

Em pesquisa divulgada pelo respeitado periódico *El País*, no debate sobre o Estado da Nação, à pergunta sobre quem deu a sensação de saber melhor qual é a situação real da Espanha no momento atual, a resposta foi: 17% pela situação, 28% para a oposição e 36% para nenhum dos dois. À pergunta sobre quem ganhou o debate sobre o Estado da Nação, a resposta foi: 25% para a oposição, 27% para a situação e 29% para nenhum dos dois (*El País*, ano 39, n. 13.390, p. 12).

O permanente problema do governo central com o grupo separatista ETA também esteve na agenda política. Há um plano de secessão da Catalunha, com a aspiração de sua independência mediante consulta pública local, reforma constitucional e a promessa de dissolução do ETA.

Paralelo a isso, alguns casos de corrupção e fraude fiscal pipocam em diferentes níveis. Exemplo disso é o caso do ex-tesoureiro do Partido Popular (PP), Luis Bárcenas, que está sendo investigado de desviar mais de quatro milhões de euros. O ex-magistrado Baltasar Garzón foi condenado em 2012 por prevaricação e a 11 de inabilitação por autorizar a gravação de conversas entre presos e seus advogados e agora teve o pedido de indulto protocolado em seu nome negado pelo Tribunal Supremo, sob a justificativa de que ele não se arrependeu de sua atitude.

Além disso, está em debate um anteprojeto de lei com regras mais restritivas sobre o aborto. O assunto não é novo no País, mas ressurgiu desde 2009 e parece estar próximo de uma nova definição, com o intenso debate entre ultraconservadores e liberais.

Ademais, está submetida à agenda política de debate a possibilidade de reforma para estabelecer a chamada Justiça Universal, pela qual a competência dos juízes espanhóis seria ampliada para alcançar investigações de delitos contra os direitos humanos cometidos fora da Espanha. O objetivo inicial do Governo com a proposta seria bloquear operações relacionadas ao tráfico de drogas no mar. Em 26 de fevereiro, a Junta de Fiscais da Audiência Nacional rechaçou de forma unânime a proposta de reforma.

No campo da política externa, duzentos especialistas, inclusive com a colaboração dos dois principais partidos políticos, lograram alcançar as bases de um consenso para promover a seguinte renovação estratégica quanto aos valores e interesses: melhorar a convivência democrática (de acordo com a Constituição), garantir a segurança (entendida como a proteção da vida, dos direitos e liberdades de todos os cidadãos), promover a prosperidade sustentável (a partir da coesão social e com respeito ao meio ambiente e à competitividade, por exemplo), ampliar a cultura e o conhecimento (com o respeito à variedade).

No tocante aos objetivos e espaços, restou definido: como objetivos estratégicos a integração europeia, avançar na democracia, maior segurança e responsabilidade, dentre outros; os principais espaços de atuação foram definidos como Europa, Magreb, Oriente Médio, África, América Latina, Estados Unidos, Atlântico, Ásia e Pacífico.

Os principais instrumentos da política exterior foram definidos como: diplomacia, proteção e assistência consular, segurança, defesa e inteligência, economia e promoção empresarial, cooperação ao desenvolvimento, ação cultural, educacional e científica. O sistema integral de ação exterior prevê a implantação em seis fases: planificação, consulta externa, tomada de decisões, implantação, avaliação e prestação de contas.

No plano econômico, o Banco de Espanha divulgou cálculos que comprovam a desvalorização salarial acima dos índices oficiais. A Telefônica promove reorganização, inclusive no organograma da cúpula da empresa, com a supressão dos centros corporativos de São Paulo e Londres, e estabelece o corte de gastos para reduzir o custo. A Endesa, multinacional do setor elétrico, reduz seus investimentos na Espanha em razão do aumento no custo da atividade.

A Comissão Europeia duplica a previsão de crescimento da Espanha para 2014 até 1%, fixa o déficit de 2013 em 7,2%, mas mantém a previsão da taxa de desemprego no patamar de 25% até o final da legislatura.

Os empresários do núcleo de Madri e Barcelona levaram queixas ao Príncipe, Don Felipe, sobre a falta de acesso, diálogo e estímulo tanto do Governo Central como também dos governos locais para com o empresariado. Em jantar que recebeu 24 empresários, ficou claro o descontentamento e a reivindicação uníssona de retomada do diálogo.

Em coluna assinada em importante periódico pelo ex-Secretário de Estado de Fazenda, Antoni Zabalza, aponta para a Reforma Fiscal mínima necessária ao País. No artigo veiculado, ele esclarece que os impostos na Espanha, diretos e indiretos, são ineficazes devido à estreiteza das bases de cálculo. Dentre as medidas que sugere, afirma que a reforma ofereceria uma oportunidade para eliminar os numerosos tratamentos preferenciais que foram se consolidando ao longo do tempo. Nesse sentido, destaca a eliminação dos benefícios fiscais, que elevaria a receita pública em 30%, quase 5% do PIB, bem como o estabelecimento de um IVA com um único tipo para todos os bens e serviços (no lugar do atual esquema existente). Paralelo à reforma, deveria vir um rigoroso plano de ação com vistas a reduzir o elevado nível de fraude fiscal (*El País*, ano 39, n. 13.387, p. 29).

Curiosamente, tive a oportunidade de presenciar a sessão solene de posse do Exmo. Sr. Dom Ricardo Alonso García em cadeira da *Real Academia de Jurisprudencia y Legislación*, no dia 24 de fevereiro, com o interessantíssimo discurso sobre "O juiz nacional na encruzilhada europeia dos direitos fundamentais".

Por fim, mas não menos importante, causou enorme comoção a notícia do falecimento de Paco de Lucía, que deixou legado incomparável no flamenco (dança tradicional espanhola).[47]

Espanha – Cúpula do Poder Judiciário

Em continuação a viagem à Espanha, o destaque dos últimos dias foi a visita que tive a oportunidade de realizar no Tribunal Supremo de Justiça e no Tribunal Constitucional, órgãos de cúpula do Poder Judiciário sediados em Madri.

O primeiro detém jurisdição em todo o território espanhol e a sua competência é dar a palavra final em temas civil, penal, contencioso-administrativo e social, exceto temas relacionados às garantias e direitos constitucionais (de competência do Tribunal Constitucional). Portanto, é responsável pela unidade de interpretação da jurisprudência, a exemplo da função inerente ao Superior Tribunal de Justiça no Brasil.

Dentre as questões que julga rotineiramente, destacam-se os recursos de cassação, revisão e outros extraordinários, acusação dos membros de altos órgãos do Estado e os processos de declaração de ilegalidades relacionadas aos partidos políticos.

Criado em 1812, o Tribunal Supremo é hoje o órgão de cúpula do Poder Judiciário, consoante dispõe o art. 123 da Constituição da Espanha de 1978, e o seu Presidente é nomeado pelo Rei, por proposta do Conselho Geral do Poder Judiciário, na forma determinada pela lei.

É composto por cinco turmas, que se dividem entre as seguintes matérias: Civil (1ª), Penal (2ª), Contencioso-Administrativo (3ª), Social (4ª) e de Justiça Militar (5ª). Compõe-se do Presidente do Tribunal, do Presidente de cada uma das turmas, e mais setenta e quatro juízes, que têm lugar nas turmas ordinárias da Corte. Além disso, há turmas especiais para o julgamento de questões relacionadas ao conflito de jurisdição e aos conflitos de competência.

Dentre as últimas notícias sobre decisões do Tribunal Supremo, cabe destacar que: não revisará a sentença de um comissário de bordo da Ryanair que foi despedido por comer um sanduíche sem pagar; diminuiu a pena de uma mulher que se apropriou da indenização de seu marido deficiente; determina o início

---

47   O texto foi veiculado em: *Última Instância (Coluna)*. São Paulo, 27.02.2014. Disponível na internet: http://ultimainstancia.uol.com.br/conteudo/colunas/69412/Novidades+da+espanha.shtml. Acesso em: 27.02.2014.

da acusação oral contra o ex-Prefeito de Tenerife e anula uma sentença da Audiência Nacional por falta de motivação, dentre tantos outros.

A título de curiosidade, cabe registrar que o Tribunal Supremo encontra-se sediado em palácio que possivelmente coloca-o como um dos mais belos e vistosos de toda a Europa, com detalhes (esculturas, pinturas, mosaicos e vitrais) ricamente ornamentados. Passou por uma reforma que foi concluída em 1995 e, no passado remoto, serviu para preparar as moças às prendas necessárias ao lar quando se casassem. Há um vitral no teto de uma de suas salas que dá a nítida impressão de que é projetado em três dimensões, com a clara imagem de profundidade que, na realidade, não passa de mero efeito visual, na medida em que todo ele foi feito em um mesmo plano reto, segundo a explicação da guia, que se esforçou para convencer os participantes.

Hoje guarda um exemplar do instrumento de tortura e execução chamado "garrote", que foi utilizado para a aplicação da pena de morte até 1978, com a promulgação da atual Constituição. A última execução com esse método ocorreu em 1974, durante o Governo de Franco.

É digno de nota também o esforço que está sendo feito para que o museu da Corte cresça e ganhe volume, de modo a se tornar interessante a ponto de sustentar uma sala de exposição permanente. Hoje, a exposição sobre a história do Tribunal Supremo conta com exemplares de livros jurídicos de 1560, 1566, 1764 e 1803, dentre vários outros. Como não poderia deixar de ser, tem exposto também autos de processos antigos (do começo do século passado, como por exemplo, 1909 e 1915), exemplares originais das diferentes Constituições da Espanha, bem como vestuário e instrumentais de trabalho de alguns dos principais jurisconsultos que integraram a Corte.

Quanto ao Tribunal Constitucional, compõe-se de doze membros, que são nomeados pelo Rei, por proposta dos órgãos com assento da Corte (quatro da Câmara dos Deputados, quatro do Senado, dois do Governo e dois do Conselho Geral do Poder Judiciário). O mandato é de nove anos e deve recair sobre magistrados, membros do Ministério Público, professores acadêmicos, funcionários públicos ou advogados, todos juristas de reconhecida competência com mais de quinze anos de exercício profissional (consoante dispõe o art. 159 da Constituição de 1978).

Divide-se em duas turmas. A primeira é presidida pelo Presidente do Tribunal e a segunda pelo seu Vice-Presidente, cada uma com seis membros. Além disso, cada turma se decompõe em mais duas seções, cada formada por apenas três juízes.

Dentre as principais competências atribuídas ao Tribunal Constitucional, que pode ser comparado ao nosso Supremo Tribunal Federal, cabe registrar: o controle de constitucionalidade de normas com categoria de lei, tanto do Estado como também das Comunidades Autônomas; o recurso de amparo por violação dos direitos e liberdades referidos no art. 53.2 da Constituição; os conflitos constitucionais, os conflitos em defesa da autonomia local, o controle prévio de constitucionalidade dos tratados internacionais e as reclamações em defesa da sua jurisprudência.

O controle de constitucionalidade pode ser exercido, na maior parte dos casos, através do ajuizamento de ação direta (concentrado, abstrato) perante o Tribunal Constitucional ou pela via incidental, quando o caso se interrompe no tribunal de origem até que a questão sobre a inconstitucionalidade seja decidida (*per saltum*) pelo Tribunal Constitucional e essa decisão seja aplicada ao caso concreto para a solução da controvérsia jurídica instaurada no tribunal de origem.

Criado com a promulgação da Constituição de 1978, em 03.10.1979 ganhou a sua Lei Orgânica e em 14.02.1980 foram nomeados os seus primeiros juízes. Em 16.09.1981, o Tribunal se mudou para o edifício que atualmente ocupa. As sessões de julgamento do Plenário são secretas e as decisões são publicadas em Diário Oficial. Segundo a guia, em resposta a pergunta que formulei, a sua jurisprudência é firme e dificilmente se modifica. Lá, também como por aqui, há alguns casos que aguardam pronunciamento definitivo pela Corte há mais de uma década, gerando insegurança jurídica.

Por fim, cabe registrar a arquitetura arrojada (arredondada) do Tribunal Constitucional e a excepcional biblioteca (que conta com quase setenta mil exemplares) especializada em Direito Comparado.

Como se percebe, é sempre interessante aproveitar a viagem programada para visitar também a Corte Constitucional e/ou o órgão de cúpula do Poder Judiciário nacional, com o objetivo de entender como funciona, como se compõe, de que modo seus membros são nomeados e que tipo de decisões profere.[48]

PEC pretende limitar o mandato de Ministro do STF

O Congresso Nacional é naturalmente vocacionado como o fórum adequado para o debate amplo entre a sociedade sobre assuntos que são considerados estratégicos para a agenda política. Ali representantes dos diferentes interesses envolvidos nas principais questões discutem em busca do maior apoio para as suas ideias e como implementá-las, sempre em prol do povo.

Dada a importância política do Supremo Tribunal Federal na ordem jurídica nacional é razoável supor que alguns debates fomentados por algumas proposições referem-se ao seu funcionamento, competência, composição, nomeação de seus Ministros e outros temas afins que giram como satélites em torno desse astro da democracia.

Exemplo disso é a Proposta de Emenda Constitucional n. 378/14, de autoria do Deputado Federal Zé Geraldo (do PT-PA), que propõe estabelecer novos critérios para a escolha dos Ministros do STF, bem como seus mandatos. Ou seja, propõe a modificação de dispositivos constitucionais para alterar a forma de investidura dos Ministros no STF, bem como instituir mandato com duração de dez anos, sendo vedada a recondução. Tais dispositivos se estenderiam também, de acordo com a proposta, para os Ministros do Tribunal de Contas da União e os Conselheiros dos Tribunais de Contas dos Estados.

Com efeito, o atual parágrafo único[49] do art. 101 da Constituição seria substituído por seis parágrafos, que regulariam o processo de nomeação, inclusive com balizamentos objetivamente mais claros em relação à atual discricionariedade que recai sobre a indicação formulada pelo Presidente da República.

Nesse sentido, a escolha dos onze Ministros do STF se daria consoante a seguinte divisão: cinco pelo Presidente da República, devendo a escolha ser aprovada por três quintos dos membros do Senado Federal (a exemplo do que já ocorre atualmente, mas com um *quorum* ainda mais qualificado); dois pela Câmara dos Deputados; dois pelo Senado Federal; e dois pelo próprio Supremo Tribunal Federal.

A justificativa da proposta é assegurar maior participação no processo de escolha dos membros da Suprema Corte, com o fim de "conferir legitimidade ao processo de escolha dos guardiões do controle de constitucionalidade".

Nos processos de escolhas que recaem sobre a Câmara dos Deputados, o Senado Federal e o próprio STF, seriam considerados escolhidos os nomes que obtivessem três quintos dos votos dos respectivos membros, em escrutínios secretos, tantos quantos forem necessários.

Todas as escolhas recairiam obrigatoriamente em nomes constantes de listas tríplices que seriam apresentadas pelo STJ, pelo TST, pelo CN, pelo CNMP, pelo Conselho Federal da OAB e pelos órgãos colegiados das Faculdades de Direito que mantenham programa de doutorado em funcionamento há pelo menos cinco anos.

---

48 O texto foi disponibilizado em: *Última Instância (Coluna)*. São Paulo, 06.03.2014. Disponível na internet: http://ultimainstancia.uol.com.br/conteudo/colunas/69518/espanha+%96+cupula+do+poder+judiciario.shtml. Acesso em: 06.10.2014.

49 Eis o dispositivo em questão: "Os Ministros do Supremo Tribunal Federal serão nomeados pelo Presidente da República, depois de aprovada a escolha pela maioria absoluta do Senado Federal".

A proposta busca também limitar o mandato dos Ministros do STF em dez anos, sendo vedada a recondução e o exercício de novo mandato. Além disso, prescreve a quarentena de quatro anos após o término do mandato para o exercício de mandato eletivo ou de cargos em comissão em qualquer dos Poderes e entes da Federação.

A justificativa constante na proposta se refere à oxigenação, com a renovação e o estímulo de novos ares no órgão de cúpula do Poder Judiciário nacional.

A PEC 378 foi apresentada em 13.02.2014. Em 24.02.2014 foi recebida pela Comissão de Constituição e Justiça e de Cidadania (CCJC), onde aguarda parecer. Ela foi apensada à PEC 262/2008, que foi proposta pelo Deputado Federal Neilton Mulin (do PR-RJ), também aguarda parecer da CCJC e promove mudança no processo de escolha dos Ministros do STF, dentre outras alterações.

Cabe registrar que o parágrafo único do art. 101, segundo a PEC 262/2008, teria a seguinte redação: "Os Ministros do Supremo Tribunal Federal serão escolhidos dentre os Ministros integrantes do Superior Tribunal de Justiça pelos critérios de antiguidade e merecimento, alternadamente".

Ora, o critério de antiguidade é de caráter estritamente objetivo e de fácil aferição. Contudo, o critério de merecimento poderia dar azo, eventualmente, a escolhas com alta dose de subjetivismo.

A justificativa para a proposta tem como o ponto de partida a recusa do STJ da lista sêxtupla que fora encaminhada pela OAB com a indicação de membros da classe de advogados para a nomeação ao cargo de Ministro daquela Corte. Esse episódio, no sentir do Deputado proponente, reacendeu a velha discussão acerca do chamado "quinto constitucional" ou "acesso lateral" ao Poder Judiciário. Dado o anacronismo do nosso atual sistema, que remonta ao Estado Novo da década de 30, o Deputado passa a enumerar as razões pelas quais entende cabível a modificação proposta, com o objetivo de que somente magistrados de carreira oriundos do STJ possam ser nomeados ao STF.

Ora, nada disso se positiva no cenário jurídico nacional até que seja votado pelo Plenário e obtenha a aprovação necessária nas Casas que compõem o Congresso Nacional. Outras propostas também tramitam sobre essas e outras mudanças quanto ao funcionamento, composição, escolha, mandato e competência do órgão de cúpula do Poder Judiciário nacional.

Nesse sentido, também de interesse sobre o tema e mais abrangente do que as propostas anteriores, cabe registrar que a PEC 275/2013, de autoria da Deputada Federal Luiza Erundina (do PSB-SP), pretende criar a Corte Constitucional e alterar a composição, a competência e a forma de nomeação dos Ministros do STJ.

Com efeito, a partir do deslocamento de competências ao STJ, que concentraria toda a matéria infraconstitucional, essa proposta ambiciona transformar o STF em verdadeira Corte Constitucional. Além disso, propõe alterar a sua composição, com o aumento para quinze Ministros, que seriam nomeados pelo Presidente do Congresso Nacional, como já tivemos oportunidade de explicar nesse nosso espaço semanal ("Competência do STF e PEC 275/2013", publicado em 16.01.2014).

De igual modo, na PEC 275/2013 também se aguarda o parecer da CCJC. Mas, a Deputada proponente apresentou requerimento no qual pede a realização de audiência pública para discutir o teor da proposta, sobretudo levando-se em conta a importância de tais mudanças para o País.

Verifica-se, portanto, que se trata de questão jurídica da maior importância para o órgão de cúpula do Poder Judiciário nacional que, por isso mesmo, se sobreleva sobre qualquer eventual interesse partidário ou de momento, inclusive pelas consequências inerentes a mudanças desse calibre, geradoras de certo desgaste inicial pelos mais céticos.

Particularmente, entendemos que qualquer mudança quanto a composição é discussão infrutífera e infértil, na medida em que isso já ocorreu no passado, sem qualquer benefício para a instituição.

Quanto ao processo de indicação e nomeação ao cargo de Ministro do STF, entendemos que a atual sistemática tem potencial suficiente para funcionar bem, desde que o Senado Federal exerça a sua função com maior empenho. Desse modo, as mudanças que são propostas no sentido de esvaziar a discricionariedade atualmente exercida pelo Presidente da República só levariam a trocar o destinatário de tal reclamação. Afinal, o Poder Judiciário é – e deve ser, por sua própria natureza – contra majoritário, razão pela qual não se submete ao controle popular do voto.

Por fim, a modificação quanto ao deslocamento de competência do STF para o STJ, reservando-lhe o papel exclusivo de guardião máximo da Constituição, essa sim, parece ser uma boa ideia, com o objetivo de trazer maior celeridade e segurança jurídica às decisões da Corte Suprema, independente do nome que lhe seja atribuído (Corte Constitucional ou STF, pouco importa).

Sobre esse assunto, antes de qualquer decisão política, o importante é que seja amplamente debatido tanto com a sociedade civil organizada como também no âmbito da comunidade jurídica, com vistas a efetivamente refletir o que seriam mudanças profícuas, e não reflexo de mera maioria ocasional alcançada em determinado período no tempo. Vale acompanhar.[50]

O Poder Moderador na Constituição Imperial

Devido à instituição deste Quarto Poder (o Moderador), ao qual coube tão elevadas funções, evidenciou-se a política extremamente centralizadora adotada pelo então Imperador, D. Pedro I.

O Professor Pinto Ferreira explica que: "A Constituição brasileira do Império refletiu as tendências do pensamento político-social dominante na época, sofrendo a influência da teoria de Benjamin Constant sobre o chamado poder neutro ou moderador".[51]

Ressalte-se que: "O Poder Moderador é uma ideia de Clermont Tonnerre, consolidada e vulgarizada por Benjamin Constant, nos *Estudos de Direito Constitucional*, deste ilustre escritor e publicista, editados no ano de 1818".[52]

De um lado, "a Pessoa do Imperador é inviolável, e Sagrada". Como consequência, "Ele não está sujeito à responsabilidade alguma", nos termos do art. 99.[53] De outro lado, o Imperador exerce o Poder Executivo (art. 102) e o Poder Moderador (art. 98). Tamanha centralização desequilibrou a harmonia entre os Poderes do Império.[54]

Com pesada carga política, o Poder Moderador era assim fundamentalmente regulado: "*Art. 98. O Poder Moderador é a chave de toda a organização Política, e é delegado privativamente ao Imperador, como Chefe Supre-

---

50 O texto foi disponibilizado em: *Última Instância (Coluna)*. São Paulo, 03.04.2014. Disponível na internet: http://ultimainstancia.uol.com.br/conteudo/colunas/70133/pec+pretende+limitar+mandato+ de+ministro+do+stf.shtml. Acesso em: 03.04.2014.

51 FERREIRA, Pinto. *Curso de Direito Constitucional*. 7ª ed. São Paulo: Saraiva, 1995, p. 55.

52 Cabe registrar que: "Esta obra se achava muito difundida no Brasil ao tempo da reunião da Constituinte, e era um dos textos autorizados de consulta para os legisladores e governantes daquela época" (FRANCO, Afonso Arinos de Melo. *Estudos de Direito Constitucional*. Rio de Janeiro: Revista Forense, 1957, p. 244).

53 O Conselho de Estado foi responsável pelos atos do Imperador até 1834 (artigos 142 e 143), quando o Ato Adicional extinguiu o órgão (art. 32). Em 23 de novembro de 1841, a Lei n. 243 criou novamente o órgão.

54 Tamanha distorção provavelmente fundamentou-se nos escritos de Benjamin Constant, que escreveu: "A Constituição [francesa] de 1814, ao estabelecer as responsabilidades dos ministros, separa claramente o poder do ministério do poder real. O fato do monarca ser inviolável e os ministros responsabilizáveis evidencia esta separação" (REBECQUE, Henri Benjamin Constant de. *Princípios políticos constitucionais: princípios políticos aplicáveis a todos os governos representativos e particularmente à Constituição atual da França (1814)*. Trad. Maria do Céu Carvalho. Rio de Janeiro: Liber Juris, 1989, p. 73).

mo da Nação, e seu Primeiro Representante, para que incessantemente vele sobre a manutenção da Independência, equilíbrio, e harmonia dos demais Poderes Políticos".[55]

O Poder Moderador da Carta do Império é a "constitucionalização do absolutismo", consoante expôs Paulo Bonavides.[56] Além disso, o gabaritado Mestre afirma que atribuições de importância tão fundamental para o direito e a liberdade, para a vida e o funcionamento das instituições (como os elencados no art. 101, que estabelecia a vasta competência do Imperador, como titular desse Poder) eram conferidas a um Imperador cuja pessoa a Constituição fazia inviolável e sagrada, declarando, ao mesmo tempo, que não estava ele sujeito à responsabilidade alguma (art. 99).

É sintomático que o Poder Moderador tenha sido colocado expressamente pelo art. 98 como a "chave de toda a organização política".[57] Esta qualidade parece designar o verdadeiro caráter de sua inclusão no texto por D. Pedro I: a chave representando o poder centralizado em suas mãos de abrir e fechar possibilidades políticas.[58] Neste sentido, o Poder Moderador foi colocado acima dos outros três tradicionais.

Boris Fausto lembra que: "o Poder Moderador provinha de uma ideia do escritor francês Benjamin Constant, cujos livros eram lidos por Dom Pedro e por muitos políticos da época. Benjamin Constant defendia a separação entre o Poder Executivo, cujas atribuições caberiam aos ministros do rei, e o poder propriamente imperial, chamado de neutro ou moderador". Nesta construção, "o rei não interviria na política e na administração do dia-a-dia e teria o papel de moderar as disputas mais sérias e gerais, interpretando 'a vontade e o interesse nacional'". Ocorre que, "no Brasil, o Poder Moderador não foi tão claramente separado do Executivo". "Disso resultou uma concentração de atribuições nas mãos do imperador", acrescenta o historiador.[59]

Distanciando-se deste período inicial de vigência da Carta Constitucional, saliente-se que: "É bem verdade que o Segundo Reinado proporcionou meio século de estabilidade institucional [...]. Nessa época, houve uma bem sucedida experiência parlamentarista. Aliás, o sistema parlamentar sequer estava previsto na Constituição Imperial, tendo origem costumeira". Assim, "na realidade, D. Pedro II jamais utilizou de forma abusiva o Poder Moderador, não obstante o exagerado grau de competências através dele concedido ao Imperador".[60]

---

55 Benjamin Constant escreveu que: "O poder real precisa estar situado acima dos fatos, e que, sob certo aspecto, seja neutro, a fim de que sua ação se estenda a todos os pontos que se necessite e o faça com um critério preservador, reparador, não hostil. A monarquia constitucional tem esse poder neutro na pessoa do chefe do Estado. O verdadeiro interesse deste poder é evitar que um dos poderes destrua o outro, e permitir que todos se apóiem, se compreendam e que atinem comumente" (REBECQUE, Henri Benjamin Constant de. Op. cit., p. 74).

56 BONAVIDES, Paulo e ALMEIDA, Paes de. História Constitucional do Brasil. 3ª edição, São Paulo: Editora Paz e Terra, 1991, p. 96-97.

57 Para Benjamin Constant: "A monarquia constitucional nos oferece, como já disse, esse poder neutro tão necessário para o exercício normal da liberdade. O rei, num país livre, é um ser à parte, superior às divergências de opiniões, cujo interesse maior é a manutenção da ordem e da liberdade, inatingível por todas as paixões que alentam o coração daqueles que podem voltar à condição comum, daqueles que estão temporariamente investidos de poder. Esta augusta prerrogativa da realeza deve infundir no espírito do monarca a serenidade e, em sua alma, um sentimento de tranquilidade que não podem ser patrimônio de nenhum indivíduo colocado em posição comum. O monarca flutua, por assim dizer, acima das contradições humanas" (REBECQUE, Henri Benjamin Constant de. Op. cit., p. 77).

58 Benjamin Constant conclui o capítulo de sua obra em que trata do poder moderador, advertindo que: "Todo poder arbitrário se opõe à natureza do poder real. Assim sempre acontece uma destas duas coisas: ou este poder se converte em atributo da autoridade ministerial, ou o próprio rei, deixando de ser neutro, se torna numa espécie de ministro mais temido porque une à inviolabilidade que possui atribuições que nunca deveria possuir. Assim, estas duas situações destroem toda possibilidade de tranquilidade, toda esperança de liberdade" (REBECQUE, Henri Benjamin Constant de. Op. cit., p. 87).

59 FAUSTO, Boris. História do Brasil. 8ª ed., São Paulo: Editora da Universidade de São Paulo, Fundação para o Desenvolvimento da Educação, 2000, p. 152.

60 ZIMMERMANN, Augusto. Curso de Direito Constitucional. Rio de Janeiro: Lumen Juris, 2002, p. 161.

Esse recorte histórico, que abrange o período imperial de nossa História, parece revelar o germe da centralização de poder nas mãos do Chefe do Poder Executivo, fato político verificado em todos os períodos históricos que se seguiram (até os dias atuais). Importada a ideia da potência então proeminente quando da realização da Assembleia Constituinte de 1823, o seu emprego no Brasil pode ter naturalizado uma forma de "fazer política" que perdura até hoje. É claro que o contexto mudou radicalmente, bem como o pano de fundo. Mas, cabe registrar que a inclusão da noção do Poder Moderador concentrado nas mãos do Imperador, Chefe do Poder Executivo, pode significar o germe remoto do protagonismo político de tal figura na História do Brasil.

Paradoxalmente, é interessante lembrar que o período de maior estabilidade política já experimentada pelo Brasil ocorreu no Segundo Reinado, com a figura de D. Pedro II na condução do País (durante período de tempo superior a qualquer das fases da vida republicana que se seguiu), inclusive sob a vigência da mesma Carta Imperial de 1824. Talvez isso se deva, em grande parte, à erudição do Imperador, que foi efetivamente preparado para exercer tal elevado mister.

Com a proclamação da República, que se seguiria ao período imperial, o Poder Moderador seria suprimido, a separação dos poderes ficaria explícita e o Poder Judiciário paulatinamente ganharia mais respeito institucional, com a adoção da *judicial review* (controle de constitucionalidade), que foi importada agora da experiência norte-americana. Mas isso já é outra história.[61]

O precedente do STF

A importância do precedente aumenta de acordo com o órgão colegiado do qual emana. Desse modo, um simples julgado isolado sobre certo tema oriundo de uma das turmas de um dos tribunais regionais federais contém menos efeito persuasivo do que um *leading case* da 1ª Seção do Superior Tribunal de Justiça sobre tema de Direito Público, isto é, o potencial multiplicador em casos semelhantes é maior nessa última situação perante os demais órgãos do Poder Judiciário. É como se o seu espectro de abrangência encontrasse eco em um campo maior.

Nessa linha de raciocínio, cabe registrar que certamente há um escalonamento (até intuitivo) entre o efeito persuasivo dos diferentes tipos de decisões na esfera judicial, iniciando com aquela em medida liminar pelo juiz de primeira instância e terminando com o pronunciamento definitivo pelo Pleno do Supremo Tribunal Federal. Nessa escala, certamente a decisão mais precária e passível de modificação é a do juiz em sede liminar, ao passo que o pronunciamento definitivo pelo Pleno do Supremo Tribunal Federal é vocacionado a ter maior perenidade.

A título meramente ilustrativo cabe escalonar de baixo para cima o efeito persuasivo dos seguintes tipos de decisões: liminar do juiz de 1º grau, a sua sentença, decisão liminar em 2º grau, o acórdão da turma ou câmara do tribunal, o acórdão do seu órgão especial ou pleno, o acórdão de turma do STJ, o acórdão da sua Seção, o acórdão de sua Corte Especial e, por fim, aquele oriundo da Suprema Corte.

No âmbito interno do STF, ainda cabem alguns escalonamentos, como por exemplo: decisão em sede liminar, monocrática, de turma e finalmente do Plenário. A própria decisão emanada pelo Plenário do STF se sujeita a maior ou menor efeito persuasivo, ou até mesmo vinculante, a depender de alguns fatores.

Com efeito, algumas de suas decisões vão além do mero efeito persuasivo, para tornarem-se verdadeiros parâmetros vinculantes a serem observados, não só no âmbito do Poder Judiciário como também pela Adminis-

---

61 O estudo foi publicado em: *Última Instância (Coluna)*. São Paulo, 12.06.2014. Disponível na internet: http://ultimainstancia.uol.com.br/conteudo/colunas/71433/o+poder+moderador+na+constituicao+imperial.shtml. Acesso em: 12.06.2014.

tração Pública, com aplicação geral e irrestrita. Tais decisões produzem eficácia contra todos (*erga omnes*) e efeito vinculante, relativamente aos demais órgãos do Poder Judiciário e à Administração Pública direta e indireta, nas esferas federal, estadual e municipal. Tais atributos caracterizam as decisões tomadas em ação direta de inconstitucionalidade (ADI), ação declaratória de constitucionalidade (ADC), arguição de descumprimento de preceito fundamental (ADPF) e súmula vinculante (SV).

A par da decisão nos processos objetivos assinalados, também no modelo difuso de controle de constitucionalidade é possível alcançar o efeito vinculante, com a edição tanto de súmula vinculante como também da resolução do Senado Federal que suspenda a execução de lei declarada inconstitucional por decisão definitiva do STF.

Grosso modo, equivalem-se na prática em efeitos, observadas certas peculiaridades aqui e ali, as decisões (vinculantes) tomadas pelo Pleno do STF nas seguintes situações: ADC, ADI e ADPF (processos objetivos), súmula vinculante e suspensão da execução da lei pela resolução do Senado Federal (para as decisões tomadas em sede de recurso extraordinário).

Esse escalonamento, com os limites e as possibilidades de aproximação e distanciamento de cada tipo de decisão, nessas cinco situações diferentes refere-se ao conhecimento tradicional sobre o tema. Contudo, nos últimos anos assistimos maior aproximação entre os modelos difuso e concentrado de controle de constitucionalidade. Com a crescente racionalidade do trabalho judicante da Suprema Corte, releva notar paulatina tendência no sentido de que a decisão sobre matéria jurídica objeto de apreciação pelo Plenário seja capaz de firmar o necessário precedente para a posterior observância pelos demais órgãos do Poder Judiciário (se tiver repercussão geral reconhecida) e também da Administração Pública direta e indireta, nas esferas federal, estadual e municipal (se vinculante).

Trata-se do fenômeno tantas vezes estudado nos últimos anos de abstrativização ou objetivação do modelo difuso. Com efeito, levando em conta que o importante para a ordem jurídica é precisamente a entrega da prestação jurisdicional com a solução do caso (submetido de maneira objetiva ou subjetivo representativo de controvérsia com potencial multiplicador), a rigor a decisão do Pleno do STF acerca de matéria jurídica sobre a qual se debruçou deveria ter o mesmo alcance (ou próximo, atendidas certas peculiaridades).

Desse modo, o que deve ser buscado é a perenidade do precedente estabelecido pelo Plenário do STF, observadas certas peculiaridades. Não é que seja vedado ao Tribunal modificar a sua jurisprudência firmada ao longo dos anos. Mas, quando assim proceder, submeter-se-á a maior carga argumentativa para explicitar, explicar e convencer por que da mudança que pretende (a decisão anterior estava equivocada e a atual está correta).[62]

Desde os últimos anos praticamente se equivalem as decisões em ADI, ADC, ADPF e recurso extraordinário (que foi objeto de súmula vinculante ou cuja lei tenha sido suspensa por resolução do Senado Federal). Com o passar do tempo, e maior estabilidade às decisões proferidas nos casos de repercussão geral reconhecida, é possível antever que, na prática, se observe algum dia uma tendência de maior uniformização quanto aos efeitos que se espraiam de um pronunciamento definitivo do Plenário do STF, pouco importando se prolatado no modelo difuso ou concentrado de controle de constitucionalidade.

Cabe registrar que alguns passos trazidos do futuro já são dados hoje no presente. Em sessão de 23.04.2014 no Plenário do STF, em momento imediatamente anterior ao início das sustentações orais no RE 595.838, o advogado representante da CNI tomou a tribuna alegando que a ADI 2.594, da qual era patrono e que tratava do mesmo assunto em discussão naquele RE apontado, deveria ser julgada antes mesmo ou, pelo menos, em conjunto naquela

---

62 No mesmo sentido: ÁVILA, Humberto. *Segurança Jurídica: Entre permanência, mudança e realização no Direito Tributário*. São Paulo: Malheiros, 2011, p. 462 a 496, especialmente a respeito da mudança de jurisprudência.

assentada, haja vista a sua tramitação no STF por mais de dez anos, ou seja, desde 01.02.2002 (assim como as ADIs 5.036 e 5.102 a ela apensadas).

Diante de tal "preliminar", o Tribunal tanto rechaçou veementemente o pedido da sustentação oral pleiteada pelo pretendido "*amicus curiae*", como também verbalizou enfaticamente com a afirmativa de que, por se tratar do mesmo tema, nada impediria que o STF julgasse o RE e depois aplicasse o decidido nas ADIs que aguardavam julgamento.

Na mesma linha cabe recordar ainda outra situação semelhante, qual seja, a decorrente dos julgamentos dos RREE nºs 377.457 e 381.964, que veicularam discussão acerca da COFINS das sociedades prestadoras de serviços, julgados em 17.09.2008, e que acabaram por prejudicar o julgamento da ADI 4.071, em 08.10.2008, que tratava do mesmo tema.

Nos exemplos destacados acima, ocorreram duas situações distintas. Uma foi o julgamento da matéria no RE para a subsequente aplicação na ADI (e esta sim, dotada de todo o caráter vinculante que lhe é inerente). Nessa situação, com a replicação da decisão do RE na ADI a Corte empresta àquele os efeitos próprios da decisão deste. Na segunda situação, não foi isso que ocorreu. A ADI que deveria seguir a sorte dos RREE anteriormente decididos foi julgada prejudicada. Logo, tal decisão não é dotada de toda aquela força vinculante própria dos processos objetivos, como no exemplo anterior. Ao contrário, deveria se limitar ao âmbito do Poder Judiciário, em razão da repercussão geral reconhecida. Contudo, levando em conta que foi o *leading case* sobre a matéria jurídica decidida, então não há dúvida de que foi naquele momento que a Corte estabeleceu o precedente (pendente de análise dos embargos de declaração).

Verifica-se, portanto, que o julgamento contemporâneo (conjunto ou não) permite ao Tribunal uniformizar o entendimento afinal consagrado no Pleno tanto para o modelo difuso como também concentrado de controle de constitucionalidade. Contudo, quando isso não ocorre a situação pode se distanciar na medida em que não há convergência entre o entendimento consagrado e a via processual adequada.

Como decorrência disso, hoje caminhamos entre dois extremos. De um lado, observamos recente evolução do nosso complexo sistema, pelo qual nos últimos anos se equivalem as decisões em ADI, ADC, ADPF e do recurso extraordinário (que foi objeto de súmula vinculante ou cuja lei tenha sido suspensa por resolução do Senado Federal). De outro, assistimos a crescente busca por maior estabilidade às decisões proferidas nos casos de repercussão geral reconhecida. Na prática, a tendência para onde caminhamos é que os efeitos que se irradiam de um pronunciamento definitivo do Plenário do STF sejam todos equivalentes. O significado do precedente será a solução atribuída ao caso ou à situação, pouco importando se prolatado no modelo difuso ou concentrado de controle de constitucionalidade, desde que tenham sido observadas as condições necessárias (como, por exemplo, a maioria absoluta).

Esse caminho, rumo a maior flexibilidade nos dogmas sobre o tema, com o objetivo de fortalecer o precedente no cenário jurisprudencial nacional e racionalizar o trabalho tanto do STF como também do STJ, deve ser trilhado com enorme atenção quanto aos variados institutos que compõem o complexo sistema de controle de constitucionalidade das leis e atos normativos no direito brasileiro atual. A evolução da sistemática certamente é bem-vinda por todos, mas requer atenção quanto aos reflexos e impactos nos institutos já existentes.

Exemplo disso é a situação da resolução do Senado Federal. Prevista no inciso X do art. 52 da Constituição da República vigente, foi introduzida pela Constituição de 1934. Com o movimento aqui descrito, verifica-se o seu aparente amesquinhamento ou esvaziamento, a ponto de alguns doutrinadores e Ministros do STF sustentarem o seu anacronismo e reduzirem a função da resolução a mera veiculadora de publicidade da decisão anteriormente tomada.

Em caráter exemplificativo, o Ministro Teori Zavascki sustenta que: "[...] *a competência do Senado Federal para suspender a execução de lei declarada inconstitucional, o seu exercício foi paulatinamente perdendo a importân-*

cia e o sentido que tinha originalmente, sendo, hoje, inexpressivas, ressalvado seu efeito de publicidade, as consequências práticas que dele podem decorrer".[63]

Seguindo a mesma linha de raciocínio, destaca-se a obra do Ministro Gilmar Mendes, para quem a função da resolução hoje também se limitaria meramente a dar publicidade ao precedente anteriormente prolatado pelo STF: "*Parece legítimo entender que a fórmula relativa à suspensão de execução da lei pelo Senado Federal há de ter simples efeito de publicidade. Dessa forma, se o Supremo Tribunal Federal, em sede de controle incidental, chegar à conclusão, de modo definitivo, de que a lei é inconstitucional, essa decisão terá efeitos gerais, fazendo-se a comunicação ao Senado Federal para que publique a decisão no Diário do Congresso*".[64]

De igual modo levando em conta as últimas transformações experimentadas pelo nosso complexo sistema, em claro movimento rumo à objetivação do modelo difuso, o Ministro Roberto Barroso chega a sustentar que "*essa competência atribuída ao Senado tornou-se um anacronismo*", na medida em que a decisão do Pleno do E. STF "*deve ter o mesmo alcance e produzir os mesmos efeitos*", independente de por qual via decidiu (RE ou ADI).[65]

Ora, admite-se que o paulatino movimento de objetivação ou abstrativização do modelo difuso de controle de constitucionalidade tem conduzido a maior aproximação e identificação entre os resultados obtidos com o julgamento pelo Pleno do Supremo Tribunal Federal, inclusive com maior racionalização do seu trabalho na entrega da prestação jurisdicional.

Todavia, cabe delimitar os casos em que a resolução é dispensável e a partir de quando. Se houve mutação constitucional a respeito do conteúdo inserido no inciso X do art. 52, cabe saber em que medida é possível atribuir-lhe maior concretude.

Ora, levando em conta que o dispositivo em questão (art. 52, inciso X, da Lei Maior) encontra-se insculpido em nossa ordem constitucional há exatos oitenta anos e já foi tão importante em diferentes situações no passado, cabe registrar que eventual hipótese de mutação constitucional ou qualquer movimento que relegue tal instrumento ao esvaziamento depende de amplo, profundo e reiterado debate entre os Ministros do STF, inclusive com a participação da comunidade jurídica interessada.

Enfim, essas questões deverão ser submetidas ao exame da Suprema Corte em breve. Qual é o papel do Senado Federal e qual é a função da sua resolução no sistema de controle de constitucionalidade, bem como qual é a adequada racionalização em torno dos diferentes tipos de decisão adotada pelo Pleno do STF em relação aos efeitos de persuasão e de vinculação.

Um fenômeno é certo: cada vez mais uma decisão do Pleno do STF impacta a vida dos cidadãos comuns, inclusive com ampla reverberação pelos principais órgãos da mídia. E justamente dessa maneira é que logramos pouco a pouco alcançar o grau de civilidade necessário para que o precedente emanado pela Suprema Corte seja automaticamente respeitado e seguido por toda a sociedade em todas as suas camadas.

Nesse momento do nosso caminhar histórico, é importante que os passos do futuro não atropelem o presente de modo a criar possíveis embaraços aos institutos seculares que foram precursores do nosso sistema de controle de constitucionalidade das leis, como hoje é o recurso extraordinário e a resolução do Senado Federal.[66]

---

63   ZAVASCKI, Teori Albino. Eficácia das Sentenças na Jurisdição Constitucional. 3ª ed. São Paulo: Revista dos Tribunais, 2014, p. 49.

64   MENDES, Gilmar Ferreira [e outros]. Curso de Direto Constitucional. 4ª ed. São Paulo: Saraiva, 2010 p. 1.252.

65   BARROSO, Luís Roberto. O Controle de Constitucionalidade no Direito Brasileiro. 4ª ed. São Paulo: Saraiva, 2009, p. 130-131.

66   O artigo foi publicado em: Última Instância (Coluna). São Paulo, 26.06.2014. Disponível na internet: http://ultimainstancia.uol.com.br/conteudo/colunas/ 71611/0+precedente+do+stf.shtml. Acesso em: 26.06.2014.

O Senado e as decisões do Supremo

O preceito contido no inciso X do art. 52 da Constituição da República dispõe que compete privativamente ao Senado Federal suspender a execução, no todo ou em parte, de lei declarada inconstitucional por decisão definitiva do Supremo Tribunal Federal – STF. Tal dispositivo foi introduzido pela Constituição de 1934 e teve como objetivo corrigir a falta de vinculatividade da decisão do STF, na medida em que empresa efeitos contra todos para a sua decisão entre as partes. Desde então se tem mantido na redação das Constituições que a sucederam.

A Constituição da República vigente, como as demais que a antecederam, cometeu ao Senado Federal e ao STF, competências distintas de atuação na sistemática de controle jurisdicional difusa de constitucionalidade das leis e atos normativos no direito brasileiro.

Enquanto a competência do STF é a de julgar, mediante recurso extraordinário, as causas decididas em única ou última instância que contrariar dispositivo da Carta Maior (art. 102, inciso III, da CF), a competência do Senado Federal é a de suspender a execução, no todo ou em parte, da lei declarada inconstitucional, através da edição de resolução que empresta o chamado efeito *erga omnes* ao julgado (art. 52, inciso X, da CF).

Portanto, compete ao Senado Federal retirar do mundo jurídico a lei declarada inconstitucional, emprestando efeito amplo e geral àquela decisão através de seu ato normativo. Desse modo, o pronunciamento definitivo prolatado pelo Supremo Tribunal Federal logra alcançar toda a sociedade a um só tempo.

Exatamente pela extensão para todos e para o futuro, através do chamado efeito *erga omnes*, que a atuação do Senado Federal, através da edição de seu ato normativo próprio (resolução), é tão importante no controle difuso. É ela que faz nascer, para todos aqueles que não integravam a lide julgada pelo Supremo Tribunal Federal, o direito subjetivo de perquirir o direito que dali surgiu também para si (com a extensão além da relação entre as partes).

O próprio Regimento Interno do Pretório Excelso, em perfeita harmonia com a norma constitucional e confirmando a importância da participação do Senado Federal quando o julgamento se dá através do controle difuso, prevê em seu art. 178 que, declarada a incidental inconstitucionalidade de lei, "*far-se-á a comunicação, logo após a decisão, à autoridade ou órgão interessado, bem como, depois do trânsito em julgado, ao Senado Federal, para os efeitos do art. 52, X, da Constituição*".

Qual é o efeito jurídico do ato normativo (resolução)? Para que serve? Em que situações? Como fica antes e depois da Emenda Constitucional n. 45/2004? Houve qualquer mudança na interpretação do texto da Lei Maior nos últimos anos? É necessário que haja? Com validade a partir de quando? Enfim, qual é a função da participação do Senado Federal na sistemática do controle jurisdicional difuso de constitucionalidade das leis e atos normativos?

Tais indagações, exemplificativamente mencionadas, devem ser respondidas pelo guardião máximo da Lei Maior, responsável pela adequada interpretação e aplicação de preceitos constitucionais. Ademais, cabe institucionalmente ao órgão de cúpula do Poder Judiciário dar a última palavra sobre esta questão de relevante importância para a sociedade.

O caráter constitucional do debate é tão evidente que, em diferentes ocasiões, tanto em decisões como em sede doutrinária, alguns Ministros já se manifestaram sobre a questão jurídica situada no cerne do modelo jurisdicional difuso de constitucionalidade das leis e atos normativos no direito brasileiro atual.

Em caráter exemplificativo, o Ministro Teori Zavascki sustenta que: "*[...] a competência do Senado Federal para suspender a execução de lei declarada inconstitucional, o seu exercício foi paulatinamente perdendo a importância e o sentido que tinha originalmente, sendo, hoje, inexpressivas, ressalvado seu efeito de publicidade, as consequências práticas que dele podem decorrer*".[67]

---

67 ZAVASCKI, Teori Albino. *Eficácia das Sentenças na Jurisdição Constitucional*. 3ª ed. São Paulo: Revista dos Tribunais, 2014, p. 49.

Seguindo a mesma linha de raciocínio, destaca-se a obra do Ministro Gilmar Mendes, profundo conhecedor do tema, para quem a função da resolução hoje também se limitaria meramente a dar publicidade ao precedente anteriormente prolatado pelo STF: *"Parece legítimo entender que a fórmula relativa à suspensão de execução da lei pelo Senado Federal há de ter simples efeito de publicidade. Dessa forma, se o Supremo Tribunal Federal, em sede de controle incidental, chegar à conclusão, de modo definitivo, de que a lei é inconstitucional, essa decisão terá efeitos gerais, fazendo-se a comunicação ao Senado Federal para que publique a decisão no Diário do Congresso"*.[68]

De igual modo levando em conta as últimas transformações experimentadas pelo nosso complexo sistema, em claro movimento rumo à objetivação do modelo difuso, o Ministro Roberto Barroso chega a sustentar que *"essa competência atribuída ao Senado tornou-se um anacronismo"*, na medida em que a decisão do Pleno do E. STF *"deve ter o mesmo alcance e produzir os mesmos efeitos"*, independente de por qual via decidiu (RE ou ADI).[69]

Ora, admite-se que o paulatino movimento de objetivação ou abstrativização do modelo difuso de controle de constitucionalidade tem conduzido a maior aproximação e identidade entre os precedentes emanados com o julgamento pelo Pleno do Supremo Tribunal Federal, inclusive com maior racionalização do seu trabalho na entrega da prestação jurisdicional.

Todavia, cabe delimitar os casos em que a resolução é dispensável e a partir de quando. Se houve mutação constitucional a respeito do conteúdo inserido no inciso X do art. 52, cabe saber em que medida é possível atribuir-lhe máxima eficácia e maior concretude.

Exemplo disso é que, ainda hoje, uma decisão tomada pelo Pleno do STF em RE, com repercussão geral, carece do amplo alcance conferido pela edição de súmula vinculante ou resolução do Senado Federal. Ao lado da resolução encontra-se a súmula vinculante. Estas sim, de certa forma, equivalem-se em termos institucionais. Ao lado delas, também equivalente, temos os processos objetivos (ADI, ADC e ADPF). Cada um tem as suas peculiaridades próprias, mas para o fim do presente estudo, que cuida exclusivamente do efeito prático no mundo jurídico, pode-se assemelhá-los por equivalência, como simplificado acima.

Levando em consideração que a edição de súmulas vinculantes pelo Pleno do STF não é prática rotineira, tem-se, naturalmente, que a importância da resolução do Senado Federal permanece para os casos que forem julgados em RE, com repercussão geral reconhecida, bem como àqueles anteriores às mudanças perpetradas pela EC n. 45/04 e pela Lei n. 11.418/06 (que criaram a repercussão geral).

O impacto de tal definição sobre o papel do Senado Federal e o alcance da sua resolução no sistema de controle jurisdicional de constitucionalidade é evidente em diferentes campos jurídicos. A título meramente exemplificativo, cabe registrar um reflexo sobre a interpretação e aplicação do dispositivo na seara tributária.

O Min. Celso de Mello, ao enfrentar a questão, entende que: *"Assim, nesta matéria [...], a nosso ver, foram postas as questões referentes à decadência do direito de pleitear restituição dos tributos sujeitos ao lançamento por homologação. A decadência ocorrerá:* a) se não foi declarada a inconstitucionalidade da exigência pelo STF: a.1) se o pagamento antecipado foi efetuado antes da vigência da Lei Complementar n. 118/2005 (9-6-2005), não tendo havido homologação expressa, após o transcurso do prazo de cinco anos (contados de 5 anos após a ocorrência do fato gerador), que é quando se dá a homologação tácita (5+5 anos, logo, ao fim do prazo de 10 anos, segundo interpretação jurisprudencial então vigente); a.2) se o pagamento antecipado foi efetuado na vigência da Lei Complementar n. 118/2005 (9-6-2005), após o transcurso de cinco anos da data do pagamento dito antecipado; *B) SE A DECLARAÇÃO FOR EM SEDE DE CONTROLE DIFUSO:* b.1) se a declaração for em sede de controle concentrado (em ação declaratória de inconstitucionalidade ou constitucio-

---

68 MENDES, Gilmar Ferreira [e outros]. *Curso de Direto Constitucional*. 4ª ed. São Paulo: Saraiva, 2010, p. 1.252.

69 BARROSO, Luís Roberto. *O Controle de Constitucionalidade no Direito Brasileiro*. 4ª ed. São Paulo: Saraiva, 2009, p. 130-131.

nalidade), no prazo de cinco anos após a publicação do acórdão; *B.2.1) NO PRAZO DE CINCO ANOS A PARTIR DA RESOLUÇÃO DO SENADO SUSPENDENDO A EXECUÇÃO DA NORMA*; b 2.2) se o Senado não editar a resolução, e o pagamento dito antecipado tiver sido efetuado anteriormente à vigência da Lei Complementar n. 118/2005, aplica-se a interpretação jurisprudencial então vigente (EREsp 437.513/MG) no prazo de cinco anos a partir da homologação tácita que ocorre cinco anos após a ocorrência do fato gerador; b. 2.3) se o Senado não editar a resolução, e o pagamento dito antecipado tiver sido efetuado posteriormente à vigência da Lei Complementar n. 118/2005, é hipótese mais complexa, na qual cremos se deva contar o prazo de cinco anos a partir da publicação do acórdão do STF, pois não acreditamos se possa adotar interpretação (como seria contar o prazo a partir do pagamento dito antecipado) que coloque o contribuinte em situação mais desfavorável que no caso de a inconstitucionalidade ter sido declarada em sede de controle concentrado" (STF – ACO 981 (tutela antecipada); Rel. Min. Celso de Mello, DJe 08.03.2007 – g.n.).

Desse modo, o debate em torno da adequada interpretação e aplicação do inciso X do art. 52 da Constituição da República releva-se não só como de índole exclusivamente constitucional (por óbvio), como também versa sobre tema que carece de urgente pronunciamento definitivo pelo Supremo Tribunal Federal, na qualidade de guardião máximo da Lei Maior, inclusive cotejando a realidade anterior a EC n. 45/04 com os dias atuais.

Isso com o objetivo de assegurar aos jurisdicionados a estabilidade institucional mínima e necessária a respeito do papel do Senado Federal e o alcance de sua resolução no sistema de controle jurisdicional de constitucionalidade das leis e atos normativos no direito brasileiro atual.[70]

O CARF e o voto duplo

O Brasil é um país curioso, onde de vez em quando algo feito para não funcionar teima em funcionar. Exemplo disso é o Conselho Administrativo de Recursos Fiscais – CARF. Nos últimos anos, trocou de nome (já foi o Conselho de Contribuintes), recebeu rumores de que precisaria de cargos exclusivos para os Conselheiros (e não cumulativos com o setor privado, como ocorre hoje) e seus Conselheiros já foram objeto de ação popular ajuizada com o objetivo de melindrar a independência necessária ao julgamento isento e imparcial (que felizmente não foi levada a sério perante o Poder Judiciário). Além disso, recebeu influência direta dos órgãos de cúpula do Ministério de Estado da Fazenda aos quais estão vinculados, seja com o afastamento de Conselheiros fazendários que supostamente não representavam com o devido empenho os interesses do Fisco, seja com algumas mudanças perpetradas no regimento e na organização do órgão.

Verifica-se, portanto, que de tempos em tempos há alguma mudança no CARF perpetrada pelos órgãos de cúpula do Ministério de Estado da Fazenda, com o objetivo de torná-lo mais domesticado na defesa dos interesses do Fisco. Não obstante, trata-se de órgão julgador de processo administrativo que se pretende independente e imparcial. Daí a composição paritária das turmas julgadoras: são três Conselheiros representantes da Fazenda Nacional e três representantes dos contribuintes (perfazendo o total de seis integrantes para cada turma).

As turmas ordinárias e especiais só deliberarão quando presente a maioria de seus membros (maioria necessária para que a sessão seja instalada) e suas deliberações serão tomadas por maioria simples (maioria necessária para que seja proclamado o resultado final do julgamento).

Daí surge a dúvida até intuitiva: e quando ocorre o empate no julgamento (que, diga-se de passagem, não é raro ocorrer)? *Quid juris*? De acordo com o Regimento Interno, cabe "ao Presidente, além do voto ordinário, o de qualidade" (art. 54 do Anexo II do RICARF, aprovado pela Portaria MF n. 256/09). Além disso, cabe registrar que

---

70   O artigo foi publicado em: *Última Instância (Coluna)*. São Paulo, 17.07.2014. Disponível na internet: http://ultimainstancia.uol.com.br/conteudo/colunas/71963/o+senado+e+as+decisoes+do+supremo.shtml. Acesso em: 17.07.2014.

o Presidente das turmas ordinárias será designado dentre os Conselheiros representantes da Fazenda Nacional que as compõem (art. 14, § 3º, do diploma referido).

Donde se conclui que no caso de empate no julgamento, hipótese relativamente comum na rotina do CARF, seja pela dúvida quanto à produção probatória constante no processo administrativo, seja pela divergência de três votos para cada lado em razão da origem de onde vieram os Conselheiros (Fazenda Nacional x contribuintes), o voto de "qualidade" que cabe ao Presidente (sempre e necessariamente representante da Fazenda Nacional), distorce o resultado do julgamento.

De fato, em um primeiro momento ele profere o seu voto ordinário, com o qual o cômputo do resultado parcial atinge três votos para cada lado (de modo simplificado: manutenção da autuação fiscal x exoneração da obrigação tributária). Daí dá-se o empate. Em seguida, é proferido o voto de "qualidade", no qual tendencialmente o Presidente repetirá o seu voto recém-proferido, virtualmente em favor dos interesses do Fisco (a quem representa no órgão julgador administrativo).

Tal distorção faz com que o resultado final do julgamento de relevantes matérias tributárias seja concluído em favor dos interesses da Fazenda Nacional, com frequência muito maior do que a desejável.

Daí cabe a indagação sequencialmente lógica: é legítimo o voto duplo proferido pelo Presidente da turma? Entendemos que não, vez que viola princípios basilares estampados tanto na Constituição da República como também na legislação de regência do processo administrativo tributário.

A título meramente exemplificativo, registramos a violação aos princípios da igualdade, do juiz natural, do Estado Democrático de Direito, do devido processo legal, da moralidade e da interpretação mais favorável ao contribuinte no caso de dúvida ou empate, dentre tantos outros.

E qual seria a saída? Há alguma alternativa? Entendemos que sim, inclusive mais de uma. Exemplo disso seria acrescentar um membro integrante em cada turma, de modo que totalizasse número ímpar. Esse Conselheiro seria o Presidente e só votaria no caso de empate no julgamento (com três votos para cada lado). Outra alternativa seria convocar um Conselheiro de turma afim para que desempate a votação. Por fim, outra alternativa que se vislumbra seria atribuir ao CARF e à Câmara Superior de Recursos Fiscais – CSRF a configuração de tribunal administrativo efetivamente independente, desvinculado do Poder Executivo (de onde são oriundos os agentes públicos que lavram os autos de infração e julgam em primeira instância a correção do trabalho que realizaram) e vinculado ao Poder Legislativo (como função atípica no sistema de freios e contrapesos) ou ainda ao Poder Judiciário (que não atuaria na entrega da prestação jurisdicional, mas criaria órgão destacado capaz de analisar tecnicamente a questão fática submetida à apreciação e se pronunciar de modo fundamentado).

Entendemos que é mera questão de tempo até que o espúrio cômputo duplo do voto do Presidente seja retirado do Regimento Interno voluntariamente pelo próprio Ministério do Estado da Fazenda ou afastado pelo Poder Judiciário, com o expresso reconhecimento de sua ilegalidade e/ou inconstitucionalidade.[71]

O STF e o Senado (Resultado da Reclamação 4.335)

Em 22.10.2014 foi publicado o acórdão da Reclamação 4.335, cuja ementa restou assim definida: "Reclamação. 2. Progressão de regime. Crimes hediondos. 3. Decisão reclamada aplicou o art. 2º, § 2º, da Lei n. 8.072/90, declarado inconstitucional pelo Plenário do STF no HC 82.959/SP, Rel. Min. Marco Aurélio, DJ 1.9.2006. 4. Su-

---

71 O artigo foi publicado em: *Última Instância (Coluna)*. São Paulo, 24.07.2014. Disponível na internet: http://ultimainstancia.uol.com.br/conteudo/colunas/72094/o+carf+e+o+voto+duplo.shtml. Acesso em: 24.07.2014.

perveniência da Súmula Vinculante n. 26. 5. Efeito *ultra partes* da declaração de inconstitucionalidade em controle difuso. Caráter expansivo da decisão. 6. Reclamação julgada procedente".[72]

Em 01.02.2007 iniciou-se na Suprema Corte o julgamento da reclamação ajuizada pela Defensoria Pública da União contra decisões do Juiz de Direito da Vara de Execuções Penais da Comarca de Rio Branco (Acre). Nelas, ele indeferiu pedido de progressão de regime em favor de condenados a penas de reclusão em regime integralmente fechado em decorrência da prática de crimes hediondos. Isso teria ocorrido em suposta ofensa à autoridade da decisão do STF no referido HC 82.959.[73]

Dentre as razões sustentadas pelo magistrado para não aplicar o precedente do STF, destacam-se de suas informações: a) a maioria apertada de votos pela qual foi tomada a decisão (6x5); b) o longo transcurso de tempo no qual o STF se manifestou pela constitucionalidade da norma (16 anos); c) o caráter *incidenter tantum* da declaração de inconstitucionalidade, capaz de produzir efeito apenas e tão somente *inter partes* e d) para alcançar efeito *erga omnes* penderia da suspensão da execução pelo Senado Federal em razão da comunicação enviada pelo STF (conforme inclusive informação obtida no seu próprio sítio eletrônico e consoante dispõe o art. 178 do RISTF).[74]

Como resultado, o Tribunal, por maioria, decidiu conhecer e julgar procedente a reclamação, nos termos do voto do Relator. Foram vencidos os Ministros Sepúlveda Pertence, Joaquim Barbosa, Ricardo Lewandowski e Marco Aurélio, que não conheceram da reclamação, mas concederiam *habeas corpus* de ofício.

Em realidade, considerando os votos prolatados de modo individual, o resultado alcançado foi o seguinte: os Ministros *Gilmar Mendes* e *Eros Grau* votaram pela procedência, sob o fundamento da mutação constitucional (que será adiante explicada); o Ministro *Sepúlveda Pertence* prolatou voto pela improcedência da Reclamação, mas concedeu *habeas corpus* de ofício; os Ministros *Joaquim Barbosa*, *Ricardo Lewandowski* e *Marco Aurélio* não conheciam da Reclamação, mas todos concederam *habeas corpus* de ofício (os quatro últimos não admitiram a tese da mutação constitucional); os Ministros *Teori Zavascki*, *Roberto Barroso*, *Rosa Weber* e *Celso de Mello* julgaram procedente a Reclamação à luz da superveniência da edição da Súmula Vinculante n. 26; e, por fim, estava ausente justificadamente a Ministra *Cármen Lúcia* (que não prolatou voto no caso).

A proposta formulada pelo Ministro Gilmar Mendes parece ter-se apressado no tempo. É inquestionável que o modelo concentrado de controle jurisdicional de constitucionalidade tem sido exponencialmente prestigiado entre nós desde a promulgação da Constituição de 1988, com a ampliação dos legitimados ativos para propor as ações diretas, a criação da ação declaratória de constitucionalidade e da arguição de descumprimento de preceito fundamental, por exemplo, todas com efeito vinculante e eficácia *erga omnes*.

---

72 STF – Pleno – Rcl. 4.335, Rel. Min. Gilmar Mendes, j. 20.03.2014, DJe 22.10.2014.

73 Eis a ementa do acórdão: "Pena – Regime de cumprimento – Progressão – Razão de ser. A progressão no regime de cumprimento da pena, nas espécies fechado, semiaberto e aberto, tem como razão maior a ressocialização do preso que, mais dia ou menos dia, voltará ao convívio social. Pena – Crimes hediondos – Regime de cumprimento – Progressão – Óbice – Artigo 2º, § 1º, da Lei n. 8.072/90 – Inconstitucionalidade – Evolução jurisprudencial. Conflita com a garantia da individualização da pena – artigo 5º, inciso XLVI, da Constituição Federal – a imposição, mediante norma, do cumprimento da pena em regime integralmente fechado. Nova inteligência do princípio da individualização da pena, em evolução jurisprudencial, assentada a inconstitucionalidade do artigo 2º, § 1º, da Lei n. 8.072/90" (STF – Pleno – HC 82.959, Rel. Min. Marco Aurélio, j. 23.02.2006, DJU 01.09.2006).

74 Como conclusão de sua explicação de por que não se sentia vinculado ao precedente por todos conhecido, registrou que: "Dito isto, o que continua líquido e certo até o momento, ante a inércia dos Poderes em fazer valer o disposto no art. 52, inc. X, da CF/88, é a eficácia do dispositivo da Lei dos Crimes Hediondos (art. 2º, § 1º, da Lei n. 8.072/90) que veda a progressão de regime aos crimes hediondos ou a eles equiparados".

Por outro lado, é igualmente evidente que, nos últimos anos, temos experimentado uma paulatina objetivação do modelo difuso de controle de constitucionalidade, com a crescente transcendência dos efeitos de suas decisões para além de cada caso concreto. Exemplo disso é a criação da repercussão geral e da súmula vinculante, ambas no âmbito da Reforma do Judiciário.

Nos dias atuais, é difícil conceber uma decisão da Suprema Corte que não tenha interesse geral de toda a sociedade ou, pelo menos, de parte significativa dela. O STF tem-se tornado cada vez mais protagonista na democracia brasileira, conhecido do seu povo e respeitado pela qualidade de suas orientações jurisprudenciais.

Isso faz parte de um processo de mudança que temos vivenciado nos últimos anos. De órgão de cúpula do Judiciário, distante do cidadão comum, tem-se tornado partícipe de sua rotina.

Por outro lado, mudança desse jaez requer tempo e paciência. Não acontece do dia pra noite. Nesse sentido, cabe registrar alguns percalços que encontramos ainda no âmbito interno do próprio Judiciário. Falta-nos uma cultura jurídica de respeito aos precedentes dos Tribunais Superiores e, principalmente, do STF.

Parte desse defeito cultural decorre do próprio Tribunal, que muitas vezes claudica na sedimentação segura de sua jurisprudência, cambiando ao sabor da posse de novos Ministros, tornando as maiorias alcançadas nas votações plenárias sempre transitórias. Em realidade, a orientação adotada pela Corte deveria (ao menos pretender) ser perene. Obviamente que isso não significa torna-la imutável. Apenas que eventual mudança jurisprudencial deveria ser excepcional e se submeter a uma carga argumentativa muito maior (como justificativa de sua necessidade premente), bem como prestigiar e reconhecer os atos e as condutas daqueles que se submeteram ao entendimento anterior da Corte.

A outra parte desse defeito recai sobre os demais juízes que, à míngua de determinações vinculantes, encontra na livre convicção a liberdade suficiente para simplesmente discordar do precedente firmado pelos Tribunais Superiores, inclusive do STF (quando a decisão não tenha sido tomada por ação direta, objeto de súmula vinculante ou de resolução do Senado que suspende a execução da lei).

A situação concreta, então sob julgamento pelo STF, decorreu precisamente da discordância – e consequente desrespeito – de um precedente firmado pelo seu Pleno e que carecia de efeito vinculante e eficácia *erga omnes*. Em razão disso, o magistrado de primeira instância achou por bem afastar tal orientação e aplicar o seu entendimento pessoal sobre o tema (não cabia progressão de regime para os condenados por crimes hediondos, que deveriam cumprir as penas em regime integralmente fechado).

A proposta formulada pelo Ministro Gilmar Mendes, defendida por ele há muitos anos, é definitivamente arrojada. Pretende atribuir aos julgados do STF efeito *erga omnes*, mesmo naquelas situações em que a decisão foi tomada com o reconhecimento da repercussão geral. Com isso, pretende atribuir força normativa à decisão do STF *de per se*, dispensando a participação complementar do Senado.

Apesar de notório estudioso sobre o tema do controle de constitucionalidade, parece que o Ministro Gilmar Mendes buscou queimar algumas etapas importantes nessa caminhada. Afora os robustos argumentos jurídicos em torno da impossibilidade de mutação constitucional no caso concreto, como registrou de modo expresso o Ministro Ricardo Lewandowski, é preciso distinguir (e não confundir) efeito vinculante, eficácia *erga omnes* e o mero caráter persuasivo do precedente.

Ora, uma decisão proveniente do Plenário da Suprema Corte tende a ter maior força no cenário jurisprudencial, a depender de alguns fatores, como: a maioria formada (6x5, 7x4, 8x3, 9x2, 10x1 e unânime), a qualidade do debate entre os Ministros (com a abordagem de mais ou menos pontos relacionados ao tema central), o ônus argumentativo utilizado pela corrente vencedora (preferencialmente com robustos argumentos jurídicos que apontam e corroboram a decisão tomada) e o comprometimento dos Ministros em aplicá-la (independente do entendimento pessoal que tenham adotado quando do julgamento), dentre outros.

Nesse sentido, a ideia proposta pelo Ministro Gilmar Mendes não dialoga com o atual estado do necessário processo civilizatório em torno da cultura de precedentes que precisamos introduzir tanto junto à comunidade como também ao próprio Judiciário. Não parece ser realístico entender que uma decisão tomada em controle difuso terá efeito *erga omnes* e (quase) eficácia vinculante em razão de sua mera transcendência.

Aliás, para colaborar nesse mister, o controle difuso conta com um exaurimento todo peculiar em situações cada vez mais residuais: a resolução do Senado Federal para suspender a execução de lei declarada inconstitucional pelo STF. Tal característica foi introduzida na Constituição de 1934 e permanece em vigor. Na prática, ela equipara a situação das decisões do STF, que terá maior amplitude quando tomada nos processos objetivos (ADI, ADC e ADPF) ou no controle difuso (com a edição de súmula vinculante ou mediante edição de resolução do Senado Federal).

A resolução é um ato normativo, proveniente de um órgão político (Senado Federal), que se sujeita aos critérios de conveniência e oportunidade, com o condão de universalizar para toda a sociedade aquela decisão que foi tomada entre as partes do litígio. Além disso, a resolução, pela aplicação do inciso X do art. 52 da Lei Maior, é cercada de dúvidas doutrinárias na medida em que conta com diferentes orientações acerca de sua interpretação, cada vez mais enriquecida.

O caráter complementar da resolução no controle difuso foi muito bem abordado pelo Ministro Joaquim Barbosa. Por outro lado, os argumentos jurídicos em torno da impossibilidade de mutação constitucional foram bem levantados pelo Ministro Ricardo Lewandowski. Ele logrou condensar um apanhado de relevantes razões jurídicas que fundamentaram o seu voto, com destaque para a violação do princípio da separação dos poderes, que se encontra erigido como cláusula pétrea na Constituição de 1988.

Apesar da boa vontade da proposta formulada pelo Ministro Gilmar Mendes, a literalidade da regra contida no dispositivo em foco proíbe qualquer iniciativa tão ousada, como registraram os Ministros Roberto Barroso e Teori Zavascki. Ou ainda, como manifestou o Ministro Sepúlveda Pertence, com tintas fortes, dá para sentir o cheiro de golpe de Estado, na medida em que a competência do Senado seria amesquinhada pela interpretação do Supremo, que se beneficiaria diretamente com a decisão. Esse mesmo ponto foi repisado também pelo Ministro Ricardo Lewandowski.

De todo modo, parece que antes de se falar na mutação constitucional proposta pelo Ministro Gilmar Mendes (que tem cheiro de golpe de Estado para o Ministro Sepúlveda Partence, viola o princípio da separação dos poderes no entender do Ministro Ricardo Lewandowski e cuja interpretação encontra limite próprio na literalidade do dispositivo, como entendeu o Ministro Roberto Barroso) deve-se falar em silêncio eloquente pelo Poder Constituinte Derivado.

Parece-nos que o papel do Senado Federal é complementar e a resolução se presta a colocar a decisão do STF que declara a inconstitucionalidade de lei ao lado da decisão tomada nas ações diretas (ADI, ADC e ADPF) e da súmula vinculante (cabível também no controle difuso, esta sim dependente unicamente da atuação do STF, conforme a emenda constitucional que a criou e a legislação que a disciplina). A relação é de complemento, não se tratando de obstáculo ao STF, na linha do que registrou o Ministro Joaquim Barbosa no seu voto.

De todo modo, caberá ao STF retomar o debate entre os Ministros em causa semelhante, que traga preferencialmente questão jurídica que NÃO tenha sido objeto de súmula vinculante e não tenha sido objeto de resolução do Senado Federal. Aí sim a análise que será feita pela Suprema Corte será em torno da transcendência e dos efeitos de sua decisão no controle difuso, quando não editada a resolução e não seja vinculante. Tal exame também poderá ser feito na hipótese em que houver a resolução do Senado editada. Nesse caso, o debate não será em torno da omissão da competência do Senado (e sim sobre os efeitos da resolução, sobretudo à luz da situação sob julgamento).

Com o enfrentamento de tal questão, aí sim a análise do STF terá condição de ser completa, com a resposta para a indagação acerca de qual é a extensão e o alcance da transcendência de suas decisões no controle difuso, antes e depois da resolução, ou seja, com e sem ela.

Como a discussão em torno do papel do Senado Federal no modelo difuso do controle de constitucionalidade tende a ser preliminar ou prejudicial à questão de fundo em litígio, é importante que o pronunciamento do STF dê o foco próprio: 1º) ao papel do Senado Federal e ao efeito da resolução; e 2º) sobre como tal decisão se reflete na solução da questão de fundo.

A decisão que declara a inconstitucionalidade no controle difuso vale com efeito *erga omnes* independente da resolução? E com efeito vinculante também? Ou precisa da participação colaborativa do Senado Federal com a edição do seu ato normativo? Como decorrência de tal discussão, cabe ainda indagar acerca dos efeitos da resolução? Cria direito público subjetivo, com o afastamento definitivo da presunção de constitucionalidade da lei (declarada inconstitucional apenas entre as partes envolvidas na lide)? Produz efeito *ex nunc* ou *ex tunc*?

Essas são algumas indagações que deverão ser respondidas quando o STF se debruçar sobre o tema específico da participação do Senado Federal no controle jurisdicional difuso de constitucionalidade das leis e atos normativos no direito brasileiro atual. Tal discussão deverá ser travada no Plenário do STF nos próximos meses. Vale a pena conferir.[75]

---

75   O texto original foi encaminhado à publicação na *Revista Jurídica Consulex* e aprovado com previsão para o dia 15.12.2014.

DIREITO PENAL

A (i)legalidade do pôquer no Brasil

Rotineiramente os órgãos da mídia publicam notícias sobre pessoas que se especializaram em jogar pôquer e fizeram disso sua principal atividade. Por meio da Internet, através de aparelhos celulares ou do jogo tradicional, a mania do pôquer atinge um número cada vez maior de adeptos e começa a ter a sua (i)legalidade questionada e revista por diferentes frentes e em variados países.

No Brasil, a linha tênue que separa a legalidade da ilegalidade do pôquer reside na sua caracterização como jogo de azar, isto é: 1) no qual há predominância da sorte; ou 2) na existência das apostas. Este é o alcance da expressão jogo de azar contido na Lei de Contravenções Penais.

Vê-se que o alcance próprio da expressão "jogo de azar" é ambíguo no tocante específico dos jogos de pôquer. De fato, há, nos jogos de pôquer, predominância da sorte ou da habilidade do jogador?

De um lado, temos que a Constituição da República constitucionalizou os chamados concursos de prognósticos, que indicam que a prática desse tipo de jogo não só é legítima como também protegida pelo ordenamento constitucional do País. Outros tipos de jogos, contudo, não compartilham de tal densidade normativa.

De outro lado, a Lei de Contravenções Penais estabelece como tipo contravencional estabelecer ou explorar o jogo de azar em lugar público ou acessível ao público, mediante o pagamento de entrada ou sem ele.

É curioso notar que o Código Civil prevê que o jogo e a aposta têm tratamento semelhante, equiparando-os para os fins da lei civil. Prescreve como regra geral que as dívidas de jogo ou de aposta não obrigam a pagamento. Contudo, aponta que são exigíveis aqueles prêmios oferecidos ou prometidos para o vencedor em competição de natureza esportiva, intelectual ou artística.

Um interessante registro histórico se coloca neste ponto. O parágrafo único do revogado art. 60 do Decreto-lei n. 6.259/44, primeira norma a regular loterias, definiu competições esportivas como aquelas em que se classifiquem vencedores pelo esforço físico, *destreza ou habilidade do competidor*.

Voltamos ao ponto fulcral da questão ora em exame: o pôquer é um jogo em que o ganho e a perda dependem exclusiva ou principalmente da sorte do jogador ou da destreza ou habilidade do competidor?

Se considerarmos que o pôquer depende principalmente da destreza ou da habilidade do jogador/competidor, podemos desqualificar aquele primeiro elemento caracterizador do jogo de azar baseado na prevalência da sorte. Resta o segundo: a existência de aposta.

Para a configuração da competição esportiva ou intelectual, que pode vir a ser considerado o torneio de pôquer, é fundamental que não existam apostas de quaisquer espécies. Com isso, logramos desqualificar os dois elementos apontados anteriormente: um torneio de pôquer (sem apostas, mas com prêmios, por exemplo) pode ser considerado uma competição esportiva ou intelectual e cuja prática é saudável e recomendada, sem qualquer empecilho penal.

A questão não é tão tranquila assim na análise dos Tribunais brasileiros. Há decisões expressamente caracterizando o pôquer como jogo de azar, sobretudo porque enfrentavam os jogos virtuais ou eletrônicos (máquinas de videopôquer). São precedentes que podem injustamente eivar de ilegalidade o exame do pôquer tradicional, jogado entre pessoas ao vivo e em cores.

Prova do verdadeiro antagonismo de opiniões que existe atualmente no País em torno da questão deste e de outros tipos de jogos e da sua necessidade de legalizar (e incentivar a geração de empregos, a circulação de riquezas e o pagamento de tributos) ou criminalizar (e reprimir a sua utilização em conjunto com crimes mais graves, prevenir o transtorno do jogador patológico e zelar pela sua integridade física e patrimonial) é também verificada no âmbito do Congresso Nacional. Nos últimos anos, diversos projetos relacionados à exploração de diversas modalidades de jogos de azar, como os bingos, caça-níqueis e jogo do bicho, foram iniciados, arquivados ou permanecem em trâmite no Parlamento do País.

Parece-nos, contudo, legalmente viáveis o estabelecimento e a exploração de torneios de pôquer no País, desde que algumas precauções fundamentais sejam observadas, a saber: a aplicação da modalidade como torneio, isto é, competição esportiva ou intelectual na qual não há predominância da sorte (como pode ocorrer no videopôquer); e de que nele não existam apostas de quaisquer espécies, sendo permitido, neste caso, apenas a cobrança no ato da inscrição no evento e, ao final, a premiação pelo melhor resultado obtido no duelo entre competidores.[1]

Breves notas sobre a reforma da Lei de Lavagem de Dinheiro

Em 10.07.2012, foi publicada a Lei n. 12.683, que altera a Lei n. 9.613/98, para tornar mais eficiente a persecução penal dos crimes de lavagem de dinheiro. A lei nova traz uma série de modificações ao texto da lei originária, que serve de atualização e adaptação em razão dos primeiros anos de sua aplicação no Brasil. Além disso, inclui uma série de novos dispositivos que, somados às modificações, buscam tornar mais eficiente a persecução penal dos crimes de lavagem de dinheiro.

Dentre as modificações que a Lei n. 12.683/12 traz ao texto originário da Lei n. 9.613/98, cabe mencionar: a revogação dos tipos penais antes elencados nos incisos do art. 1º; a revogação do art. 3º, que previa condições mais rígidas para a liberdade do réu durante o processo; o maior endurecimento das medidas assecuratórias de bens, direitos ou valores do investigado ou acusado promovido pelo atual art. 4º; o maior detalhamento da alienação antecipada para preservação de valor dos bens sob constrição, na forma do art. 4º-A (incluído pela novel lei); e a destinação dos bens, direitos ou valores cuja perda houver sido declarada em favor da União ou dos Estados, conforme o caso, como efeito da condenação (art. 7º), dentre outras.

O Capítulo V, que prevê "Das Pessoas Sujeitas ao Mecanismo de Controle" (quem), compõe-se do art. 9º: "Sujeitam-se às obrigações referidas nos arts. 10 e 11 as pessoas físicas e jurídicas que tenham, em caráter permanente ou eventual, como atividade principal ou acessória, cumulativamente ou não: I – a captação, intermediação

---

[1] Este artigo foi elaborado em coautoria com Marcelo Goyanes e foi publicado originalmente em: *Revista Jurídica Consulex*. Brasília, Ed. Consulex, ano XIII, n. 301, 31.07.2009, p. 46-47.

e aplicação de recursos financeiros de terceiros, em moeda nacional ou estrangeira; II – a compra e venda de moeda estrangeira ou ouro como ativo financeiro ou instrumento cambial; e III – a custódia, emissão, distribuição, liquidação, negociação, intermediação ou administração de títulos ou valores mobiliários". Além das pessoas que praticam tais atividades, o parágrafo único do art. 9º acrescenta amplo elenco de pessoas que também se sujeitam às obrigações referidas nos arts. 10 e 11.

O Capítulo VI traz "Da Identificação dos Clientes e Manutenção de Registros" (como) e o seu art. 10 prevê que as pessoas elencadas no art. 9º (quem) deverão: I – identificar seus clientes e manter cadastro atualizado; II – manter registro de toda transação em moeda nacional ou estrangeira, títulos e valores mobiliários, títulos de crédito, metais, ou qualquer ativo passível de ser convertido em dinheiro que ultrapassar certo limite; III – adotar políticas, procedimentos e controles internos, compatíveis com seu porte e volume de operações, que lhes permitam a atender ao disposto tanto no art. 10 como também no art. 11; IV – cadastrar-se e manter seu cadastro atualizado no órgão regulador ou fiscalizador e, na falta deste, no Conselho de Controle de Atividades Financeiras (Coaf); atender às requisições formuladas pelo Coaf na periodicidade, forma e condições por ele estabelecidas, cabendo-lhe preservar, nos termos da lei, o sigilo das informações prestadas. Em qualquer um dos casos acima, deve-se observar as instruções expedidas pela autoridade competente.

O Capítulo VII prevê "Da Comunicação de Operações Financeiras" (o que) e o art. 11 dispõe que as pessoas referidas no art. 9º: I – dispensarão especial atenção às operações que possam constituir-se em sérios indícios dos crimes previstos na Lei ou com eles relacionar-se; II – deverão comunicar ao Coaf, abstendo-se de dar ciência de tal ato a qualquer pessoa, inclusive àquela à qual se refira a informação, no prazo de 24 horas, a proposta ou realização de todas as transações referidas no inciso II do art. 10, acompanhadas da identificação de que trata o inciso I do art. 10, bem como das operações referidas no inciso I do art. 11; e III – deverão comunicar ao órgão regulador ou fiscalizador da sua atividade a não ocorrência de propostas, transações ou operações passíveis de serem comunicadas nos termos do inciso II do art. 11.

É louvável a tentativa e o empenho dos nossos nobres congressistas, no sentido de coibir o flagelo que é a lavagem de dinheiro no Brasil. Tendo sido editada em 1998 a Lei n. 9.613, veio em boa hora a sua reforma (pela Lei n. 12.683/12) para tornar a persecução penal de tais crimes mais eficiente. Com o transcurso de tal lapso de tempo, é razoável e lógico incorporar na legislação as virtudes e afastar as vicissitudes verificadas com a experiência prática.

Contudo, é importante que no afã de coibir esse odioso crime, que tanto prejuízo causa ao Brasil, violações não sejam perpetradas contra a nossa Constituição da República, sob pena de o fim justificar o meio, que não se coaduna com um Estado Democrático de Direito como o que queremos construído no nosso Brasil.[2]

Nova Lei de Lavagem de Dinheiro chega em boa hora

Em 05.06.2012 eu acompanhava uma audiência pública na Câmara dos Deputados, em Brasília, na qual foi ouvida a opinião de doze diferentes especialistas e profissionais acerca da conveniência e oportunidade de editar uma lei possibilitando a repatriação de capitais e ativos não declarados. A grande questão que se coloca aqui é saber a exata medida da alforria que se pretende conceder: não pode ser exagerada que possa abranger indevidamente o chamado "dinheiro sujo" oriundo de infrações penais; tampouco pode ser mínimo, de modo que não seja capaz de criar o estímulo necessário para que o maior volume possível de dinheiro hoje no exterior seja repatriado e passe a circular livremente no sistema financeiro nacional.

---

2   O artigo foi publicado em: *Jornal Gazeta de Notícias*. Rio de Janeiro, 2ª Fase, Ano III, n. 660, 18 a 20.08.2012, p. 4 (Análise Financeira).

Lá pelas tantas, ouvi alguns Deputados Federais felizes – e até eufóricos – porque a "Lei de Lavagem tinha passado na Casa", a indicar que a costura política necessária para votar e aprovar o texto do projeto de lei que tramitava no Congresso Nacional desde 2003 tinha sido concluído com sucesso, indo à sanção presidencial.

Em 10.07.2012, foi publicada a Lei n. 12.683, que altera a Lei n. 9.613/98, para tornar mais eficiente a persecução penal dos crimes de lavagem de dinheiro. A lei nova traz uma série de modificações ao texto da lei originária, que serve de atualização e adaptação em razão dos primeiros anos de sua aplicação no Brasil. Além disso, inclui uma série de novos dispositivos que, somados às modificações, buscam tornar mais eficiente a persecução penal dos crimes de lavagem de dinheiro.[3]

Dentre as modificações que a Lei n. 12.683/12 traz ao texto originário da Lei n. 9.613/98, cabe mencionar: a revogação dos tipos penais antes elencados nos incisos do art. 1º; a revogação do art. 3º, que previa condições mais rígidas para a liberdade do réu durante o processo; o maior endurecimento das medidas assecuratórias de bens, direitos ou valores do investigado ou acusado promovido pelo atual art. 4º; o maior detalhamento da alienação antecipada para preservação de valor dos bens sob constrição, na forma do art. 3º, § 1º, c/c o art. 4º-A (este incluído pela novel lei); e a destinação dos bens, direitos ou valores cuja perda houver sido declarada em favor da União ou dos Estados, conforme o caso, como efeito da condenação (art. 7º).

De fato, com a revogação dos tipos penais antes elencados nos incisos do art. 1º,[4] ao invés de relaciona-los um a um, agora são considerados de modo genérico como "infração penal", isto é, abrangendo tanto o crime como também a contravenção.[5]

---

[3] A título ilustrativo, eis o objetivo declarado do então projeto de lei que foi aprovado em comissão do Senado Federal: "O projeto procura tornar mais céleres os procedimentos processuais, o que é de extrema relevância para a real coercividade da norma, uma vez que a rapidez de movimentos do crime organizado e das redes de corrupção, aliada ao grande poderio econômico que detêm e à grande capacidade que têm de transformar rapidamente sua riqueza ilícita nos mais diversos tipos de ativos, cruzando as fronteiras nacionais, exige como resposta do ordenamento jurídico que sejam criadas regras processuais céleres e que não abram flancos para a ação estratégica dessas organizações, que detêm exércitos de especialistas voltados para explorar cada fresta deixada pela legislação" (Parecer n. 625, da relatoria do Senador José Pimentel, da Comissão de Assuntos Econômicos). Em seguida, em mais um parecer lavrado no âmbito de comissão do Senado Federal, constou que: "Como bem consta do parecer aprovado pela CAE, a rapidez com que o crime organizado se sofistica e se estende em ramificações internacionais faz com que os Estados nacionais tenham que se aparelhar muito rapidamente, também no campo normativo, para lhe dar combate efetivo. Nesse sentido, a proposição em análise absorve avanços que foram sendo incorporados recentemente nas legislações de vários países para dar mais eficácia ao combate aos crimes de lavagem de dinheiro e conexos" (Parecer n. 626, da relatoria do Senador Eduardo Braga, da Comissão de Constituição, Justiça e Cidadania).

[4] Quando foi publicada a Lei n. 9.613/98, o seu art. 1º previa como *crime*: "Ocultar ou dissimular a natureza, origem, localização, disposição, movimentação ou propriedade de bens, direitos ou valores provenientes, direta ou indiretamente, de crime: I – de tráfico ilícito de substâncias entorpecentes ou drogas afins; II – de terrorismo e seu financiamento (redação dada pela Lei n. 10.701/03); III – de contrabando ou tráfico de armas, munições ou material destinado à sua produção; IV – de extorsão mediante sequestro; V – contra a Administração Pública, inclusive a exigência, para si ou para outrem, direta ou indiretamente, de qualquer vantagem, como condição ou preço para a prática ou omissão de atos administrativos; VI – contra o sistema financeiro nacional; VII – praticado por organização criminosa; VIII – praticado por particular contra a administração pública estrangeira (incluído pela Lei n. 10.647/02)".

[5] Nesse sentido, foram devidamente adequados os seguintes dispositivos: *caput* e §§ 1º e 2º do art. 1º, § 1º do art. 3º e *caput* e §§ 2º e 4º do art. 4º. Remanesceram, contudo, alguns trechos da Lei que mantiveram o vocábulo "crime", como nos §§ 4º e 5º do art. 1º, inciso II e § 2º do art. 2º, *caput* do art. 4º, inciso I e §§ 1º e 2º do art. 7º e o *caput* do art. 8º. A justificação que acompanhou o projeto de lei fundamentou porque as contravenções penais deveriam ser incluídas no escopo da lei: "o jogo do bicho, por exemplo, uma das maiores chagas da criminalidade nacional, é amplamente usado para a lavagem de dinheiro e não é previsto na lei como infração antecedente. Assim, se um bicheiro introduz proventos do jogo no sistema financeiro para ocultar ou dissimular a origem, não estará praticando crime nenhum, por maior que seja o montante. Outro exemplo são as máquinas de caça-níqueis, que se proliferam pelo país. É típico jogo de azar cujos proventos podem ser injetados no sistema financeiro sem risco de incriminação, pois o jogo não é crime, mas mera

Segundo o Parecer n. 625, da relatoria do Senador José Pimentel, da Comissão de Assuntos Econômicos, o objetivo de deixar o rol em aberto seria permitir a persecução penal por lavagem de dinheiro, passando a legislação brasileira para uma de "terceira geração", a exemplo do que ocorre nos países que servem de referência no tema.[6]

O referido Parecer n. 625 esclarece, ademais, que o recurso à delação premiada foi aprimorado, na medida em que o § 5º do art. 1º passa a facultar ao juiz a possibilidade de deixar de aplicar a pena (perdão judicial) ou de substituí-la por pena restritiva de direitos, mesmo posteriormente ao julgamento. "Outra mudança relevante é a que se faz no § 2º do art. 2º da Lei: passa-se a permitir o julgamento à revelia do réu (por meio de defensor dativo)".

O art. 3º da Lei n. 9.613/98 foi revogado pela Lei n. 12.683/12. Ele estabelece que os crimes antes elencados no art. 1º eram insuscetíveis de fiança, liberdade provisória e, em caso de sentença condenatória, caberia ao juiz decidir fundamentadamente se o réu poderia apelar em liberdade.

Quanto às modificações no art. 4º, cabe registrar que: no tocante a liberação total ou parcial dos bens, direitos ou valores, enquanto antes o juiz a determinava quando comprovada a licitude de sua origem, agora manterá a constrição dos bens, direitos e valores necessários e suficientes à reparação dos danos e ao pagamento de prestações pecuniárias, multas e custas decorrentes da infração penal (§ 2º); e poderão ser decretadas medidas assecuratórias sobre bens, direitos ou valores para reparação do dano decorrente da infração penal antecedente ou da prevista nesta Lei ou para pagamento de prestação pecuniária, multa e custas (§ 9º).[7]

O art. 3º, § 1º, prevê a possibilidade de proceder à alienação antecipada para preservação de valor dos bens sob constrição sempre que estiverem sujeitos a qualquer grau de deterioração ou depreciação ou, ainda, quando houver dificuldade para sua manutenção.[8] Em seguida, o art. 4º-A, incluído pela Lei n. 12.683/12, traz o procedimento incidental que surgirá e tramitará nessas hipóteses, com a solicitação da parte interessada mediante petição autônoma que será autuada em apartado, a avaliação dos bens, a intimação do Ministério Público, a homologação do valor atribuído, a determinação de que sejam alienados em leilão ou pregão, o depósito em conta judicial remunerada e o levantamento após o trânsito em julgado da sentença proferida na ação penal. Finalmente, o atual art. 4º-B corresponde ao anterior art. 4º, § 4º, pelo qual a ordem de prisão de pessoas ou as medidas assecuratórias de bens, direitos ou valores poderão ser suspensas pelo juiz, ouvido o Ministério Público, quando a sua execução imediata puder comprometer as investigações.

O art. 7º cuida da perda, em favor da União e dos Estados, de todos os bens, direitos e valores relacionados, direta ou indiretamente, à prática dos crimes previstos na Lei como efeitos decorrentes da condenação, bem como a

---

contravenção penal". Em seguida, consignou ainda que: "Também era ilógica a ausência no rol do art. 1º dos crimes contra a ordem tributária. Só a sonegação na área da Previdência está em torno de 40%. Isso significaria, em 2002, cerca de R$ 28 bilhões. Os latifundiários, que deveriam pagar R$ 2 bilhões de ITR por ano, não chegam a pagar R$ 300 milhões, dada a falta de estrutura de fiscalização da Receita Federal".

6 Com efeito, nas palavras do Senador: "A nova proposta é deixar o rol em aberto; isto é, a ocultação e dissimulação de valores de qualquer origem ilícita – provenientes de qualquer conduta infracional, criminosa ou contravencional – passará a permitir a persecução penal por lavagem de dinheiro. Isso igualaria nossa legislação à de países como os Estados Unidos da América, México, Suíça, França, Itália, entre outros, pois passaríamos de uma legislação de 'segunda geração' (rol fechado de crimes antecedentes) para uma de 'terceira geração' (rol aberto)".

7 Cabe registrar que: "A proposição estende a possibilidade de apreensão aos bens em nome de interpostas pessoas, ou seja, de terceiros, os chamados 'laranjas'" (Parecer n. 625, da relatoria do Senador José Pimentel, da Comissão de Assuntos Econômicos). Contudo, a cabeça do art. 4º dispõe que. "havendo indícios suficientes de infração penal", o juiz poderá decretar as medidas assecuratórias previstas na Lei. Ora, isso pode violar os incisos LIV e LVII do art. 5º da Constituição da República.

8 De igual modo, a possibilidade de alienação antecipada pode violar os incisos LIV e LVII do art. 5º da Constituição da República.

destinação aos órgãos encarregados da prevenção, do combate, da ação penal e do julgamento dos crimes previstos na Lei, cada um no âmbito próprio de sua competência (federal ou estadual).[9]

Não obstante as modificações anteriormente apontadas a título meramente exemplificativo na dicção do novel diploma legal, cabe registrar que os artigos 9º ao 12 foram os que sofreram maiores mudanças e inclusões. Cada um dos três artigos corresponde ao capítulo próprio, podendo ser resumido, grosso modo, à previsão legal sobre quem, como e o que, como veremos.

Com efeito, o Capítulo V, que previa "Das Pessoas Sujeitas À Lei", atualmente estabelece "Das Pessoas Sujeitas ao Mecanismo de Controle" (quem). O elenco, que já era enorme, ampliou-se ainda mais. As pessoas físicas foram incluídas de modo expresso no art. 9º: "Sujeitam-se às obrigações referidas nos arts. 10 e 11 as pessoas físicas e jurídicas que tenham, em caráter permanente ou eventual, como atividade principal ou acessória, cumulativamente ou não: I – a captação, intermediação e aplicação de recursos financeiros de terceiros, em moeda nacional ou estrangeira; II – a compra e venda de moeda estrangeira ou ouro como ativo financeiro ou instrumento cambial; e III – a custódia, emissão, distribuição, liquidação, negociação, intermediação ou administração de títulos ou valores mobiliários".

Além das pessoas que praticam tais atividades, o parágrafo único do art. 9º acrescenta, dentre tantas outras: as bolsas de valores, as seguradoras, as administradoras de cartões de credenciamento ou cartões de crédito, as administradoras ou empresas que se utilizem de cartão ou outro meio eletrônico, as empresas de *leasing* e de *factoring*, as sociedades que efetuem distribuição em dinheiro mediante sorteio, as filiais ou representações de entes estrangeiros que exerçam no Brasil qualquer das atividades listadas no artigo; as pessoas físicas ou jurídicas, nacionais ou estrangeiras, que operem no Brasil como agentes, dirigentes, procuradoras, comissionarias ou por qualquer forma representem interesses de ente estrangeiro que exerça qualquer das atividades referidas no artigo; as pessoas físicas ou jurídicas que exerçam atividades de promoção imobiliária ou compra e venda de imóveis, que comercializem joias, pedras e metais preciosos, objetos de arte, antiguidades, bens de luxo ou de alto valor.

Além dessas pessoas e entes, a Lei n. 12.683/12 acrescentou as seguintes: as juntas comerciais e os registros públicos; as empresas de transporte e guarda de valores; as pessoas físicas ou jurídicas que comercializem bens de alto valor de origem rural ou animal ou intermedeiem a sua comercialização; e as que atuem na promoção, intermediação, comercialização, agenciamento ou negociação de direitos de transferência de atletas, artistas ou feiras, exposições ou eventos similares.[10]

Ademais, cabe especial destaque a inclusão feita pela Lei n. 12.683/12, no sentido de que se sujeitam às obrigações referidas nos arts. 10 e 11, as pessoas físicas ou jurídicas que prestem, mesmo que eventualmente, serviços de assessoria, consultoria, contadoria, auditoria, aconselhamento ou assistência, de qualquer natureza, em operações: a) de compra e venda de imóveis, estabelecimentos comerciais ou industriais ou participações societárias de qualquer natureza; b) de gestão de fundos, valores mobiliários ou outros ativos; c) de abertura ou gestão de contas bancárias, de poupança, investimento ou de valores mobiliários; d) de criação, exploração ou gestão de sociedades de qualquer natureza, fundações, fundos fiduciários ou estruturas análogas; e) financeiras, societárias

---

9   Cabe registrar que: "Outra alteração importante é estender para os Estados e o Distrito Federal o direito de receber os bens (instrumentos, produtos e proveitos do crime) objeto de perda em razão da condenação penal. O art. 91, II, do Código Penal só permite a perda em favor da União" (Parecer n. 625, da relatoria do Senador José Pimentel, da Comissão de Assuntos Econômicos).

10 Com efeito, é relevante assinalar que: "Outra inovação relevante é o aumento do rol de instituições-garantes do sistema de prevenção à lavagem de dinheiro (art. 9º). Assim, mais instituições são chamadas a adotar políticas rígidas de 'conheça o seu cliente' e a efetuar comunicações de operações suspeitas às autoridades competentes, como as juntas comerciais, agenciadoras de atletas, empresas de transporte de valores, entre outras" (Parecer n. 625, da relatoria do Senador José Pimentel, da Comissão de Assuntos Econômicos).

ou imobiliárias; e f) de alienação ou aquisição de direitos sobre contratos relacionados a atividades desportivas ou artísticas profissionais.

Ora, verifica-se, portanto, que o escopo das pessoas antes submetidas à lei agora foi sobremaneira ampliado para as pessoas sujeitas ao mecanismo de controle (quem), chegando mesmo a abranger várias situações e hipóteses que antes não estavam contempladas no diploma legal.

O Capítulo VI traz "Da Identificação dos Clientes e Manutenção de Registros" (como) e o seu art. 10 prevê que as pessoas elencadas no art. 9º (quem) deverão: I – identificar seus clientes e manter cadastro atualizado; II – manter registro de toda transação em moeda nacional ou estrangeira, títulos e valores mobiliários, títulos de crédito, metais, ou qualquer ativo passível de ser convertido em dinheiro que ultrapassar certo limite; III – adotar políticas, procedimentos e controles internos, compatíveis com seu porte e volume de operações, que lhes permitam a atender ao disposto tanto no art. 10 como também no art. 11; IV – cadastrar-se e manter seu cadastro atualizado no órgão regulador ou fiscalizador e, na falta deste, no Conselho de Controle de Atividades Financeiras (Coaf); atender às requisições formuladas pelo Coaf na periodicidade, forma e condições por ele estabelecidas, cabendo-lhe preservar, nos termos da lei, o sigilo das informações prestadas.

Em qualquer um dos casos acima, as pessoas referidas no art. 9º deverão observar as instruções expedidas pela autoridade competente para regulamentar o art. 10 da Lei n. 12.683/12. Além disso, o art. 10-A, incluído pela lei em foco, estabelece que o Banco Central mantenha registro centralizado formando o cadastro geral de correntistas e clientes de instituições financeiras, bem como de seus procuradores.

O Capítulo VII prevê "Da Comunicação de Operações Financeiras" (o que) e o art. 11 dispõe que as pessoas referidas no art. 9º: I – dispensarão especial atenção às operações que possam constituir-se em sérios indícios dos crimes previstos na Lei ou com eles relacionar-se; II – deverão comunicar ao Coaf, abstendo-se de dar ciência de tal ato a qualquer pessoa, inclusive àquela à qual se refira a informação, no prazo de 24 horas, a proposta ou realização de todas as transações referidas no inciso II do art. 10, acompanhadas da identificação de que trata o inciso I do art. 10, bem como das operações referidas no inciso I do art. 11; e III – deverão comunicar ao órgão regulador ou fiscalizador da sua atividade ou, na sua falta, ao Coaf, a não ocorrência de propostas, transações ou operações passíveis de serem comunicadas nos termos do inciso II do art. 11. Em qualquer um dos casos acima, as pessoas referidas no art. 9º deverão observar as instruções expedidas pela autoridade competente para regulamentar o art. 10 da Lei n. 12.683/12. Além disso, o art. 11-A estabelece que as transferências internacionais e os saques em espécie deverão ser previamente comunicados à instituição financeira, nos termos, limites, prazos e condições fixadas pelo Banco Central do Brasil.

O Capítulo VIII cuida "Da Responsabilidade Administrativa" e compõe-se dos arts. 12 e 13. O art. 12 prescreve as sanções aplicáveis, cumulativamente ou não, às pessoas referidas no art. 9º que deixem de cumprir as obrigações previstas nos arts. 10 e 11. São elas: I – advertência (aplicável por irregularidade no cumprimento das obrigações referidas nos incisos I e II do art. 10); II – multa pecuniária (aplicável quando por culpa ou dolo, deixarem de sanar as irregularidades objeto de advertência, não cumprirem o disposto nos incisos I a IV do art. 10, deixarem de atender a requisição formulada nos termos do inciso V do art. 10 e descumprirem a vedação ou deixarem de fazer a comunicação a que se refere o art. 11) variável não superior: a) ao dobro do valor da operação; b) ao dobro do lucro real obtido ou que presumivelmente seria obtido pela realização da operação; ou c) ao valor de vinte milhões de reais (incluída pela lei nova); III – inabilitação temporária (aplicável quando forem verificadas infrações graves quanto ao cumprimento das obrigações constantes da Lei ou quando ocorrer reincidência específica, devidamente caracterizada em transgressões anteriormente punidas com multa), pelo prazo de até dez anos, para o exercício do cargo de administrador das pessoas jurídicas referidas no art. 9;

e IV – cassação ou suspensão da autorização para o exercício de atividade, operação ou funcionamento (aplicável nos casos de reincidência específica de infrações anteriormente punidas com a pena prevista no inciso III do *caput* do art. 12).

Apesar da previsão inicial de que podem ser aplicadas cumulativamente, as sanções previstas claramente aumentam a gravidade da punição de modo que devem ser aplicadas sucessivamente, isto é, da mais branda (advertência) para a mais grave (cassação ou suspensão da autorização para o exercício da atividade). Isso é confirmado pela previsão de aplicação de cada pena para cada situação, ficando as mais graves reservadas aos casos de reincidência. Logo, em caso de reincidência, e apenas e tão somente nessa hipótese, é que se vislumbra a legitimidade de eventuais aplicações cumulativas das penas previstas. O entendimento contrário pode levar ao absurdo de aplicar uma pena mais grave para uma situação que não requeira tamanha reprimenda, onerando demasiadamente a pessoa apenada em flagrante violação aos princípios mais basilares do Direito.

Em qualquer caso, o procedimento para a aplicação das sanções previstas no Capítulo VIII será regulado por decreto, assegurado o contraditório e a ampla defesa.

Cabe especial atenção à regulamentação que será expedida, com o objetivo de verificar a legitimidade e conformação legal e constitucional dos seus dispositivos.

Das decisões do Coaf relativas às aplicações de penas administrativas caberá recurso ao Ministro de Estado da Fazenda.

A composição do Coaf sofreu ligeira modificação, com o acréscimo de servidores públicos do Ministério da Justiça e do Ministério da Previdência Social. Além disso, a nomeação ocorre por ato do Ministro de Estado da Fazenda atendendo à indicação dos respectivos Ministros de Estado.

Por fim, a Lei n. 12.683/12 acrescentou o Capítulo X, referente às "Disposições Gerais". O art. 17-A dispõe que se aplicam, subsidiariamente, as disposições do Código de Processo Penal, no que não forem incompatíveis com a Lei.

O art. 17-B estabelece que a autoridade policial e o Ministério Público terão acesso, exclusivamente, aos dados cadastrais do investigado que informam qualificação pessoal, filiação e endereço, independentemente de autorização judicial, mantidos pela Justiça Eleitoral, pelas empresas telefônicas, pelas instituições financeiras, pelos provedores de internet e pelas administradoras de cartão de crédito.[11]

O art. 17-C prevê que os encaminhamentos das instituições financeiras e tributárias em resposta às ordens judiciais de quebra ou transferência de sigilo deverão ser, sempre que determinado, em meio informático.

O art. 17-D reza que em caso de indiciamento de servidor público, este será afastado, sem prejuízo de remuneração e demais direitos previstos em lei, até que o juiz competente autorize, em decisão fundamentada, o seu retorno.

O art. 17-E determina que a Secretaria da Receita Federal conservará os dados fiscais dos contribuintes pelo prazo mínimo de cinco anos, contado a partir do início do exercício seguinte ao da declaração de renda respectiva ou ao do pagamento do tributo.

---

11   Em parecer quando tramitou no Senado Federal, o órgão competente entendeu que tal acesso não se imiscuiu "na intimidade individual e, portanto, resguardando a cláusula constitucional prevista no inciso XI, do art. 5º da Constituição Federal, que garante a inviolabilidade do conteúdo da correspondência, das comunicações telegráficas, telefônicas e de dados" (Parecer n. 626, da relatoria do Senador Eduardo Braga, da Comissão de Constituição, Justiça e Cidadania). A justificativa que motivou o projeto de lei apresentado no âmbito do Senado Federal dispunha que: "Vários são os empecilhos práticos, objeto de preocupação por parte da presente proposta, os quais o Judiciário, o Ministério Público e a polícia têm encontrado no combate ao crime de lavagem de dinheiro. Entre eles, podem ser citados: a renitência das instituições bancárias e outros órgãos, tais como empresas telefônicas, Receita Federal, entre outros, em fornecer informações, mesmo que somente cadastrais, sobre clientes e/ou usuários, sob a repisada alegação de sigilo; o encaminhamento de informações, objeto de quebra de sigilo, incompletas e ilegíveis, ensejando reiteradas cobranças; a inflexibilidade da quebra do sigilo bancário, pois para cada requisição de documentos ou informação é necessária nova quebra de sigilo, o que torna a persecução penal insuportavelmente morosa". Resta saber se o dispositivo viola ou não o inciso XII do art. 5º da Constituição da República.

É louvável a tentativa e o empenho dos nossos nobres congressistas, no sentido de coibir o flagelo que é a lavagem de dinheiro no Brasil. Tendo sido editada em 1998 a Lei n. 9.613, veio em boa hora a sua reforma (pela Lei n. 12.683/12) para tornar a persecução penal de tais crimes mais eficiente. Com o transcurso de tal lapso de tempo, é razoável e lógico incorporar na legislação as virtudes e afastar as vicissitudes verificadas com a experiência prática.

Contudo, é importante que no afã de coibir esse odioso crime, que tanto prejuízo causa ao Brasil, violações não sejam perpetradas contra a nossa Constituição da República, sob pena de o fim justificar o meio, que não se coaduna com um Estado Democrático de Direito como o que queremos construído no nosso Brasil.[12]

O dever de sigilo profissional do advogado e a Lei n. 12.683/12

A Lei n. 12.683, publicada em 10.07.2012, altera a Lei n. 9.613/98, para tornar mais eficiente a persecução penal dos crimes de lavagem de dinheiro.

Dentre as modificações que a Lei n. 12.683/12 traz se destacam as pessoas sujeitas ao mecanismo de controle previsto no artigo 9º (quem) em relação às obrigações de identificação dos clientes e manutenção de registros, bem como à comunicação de operações financeiras, referidas nos artigos 10 (como) e 11 (o que), respectivamente, sob pena das sanções administrativas estabelecidas no art. 12, assegurados o contraditório e a ampla defesa, cujo procedimento será regulado por decreto, nos termos do art. 13.

Na semana passada registramos nesse espaço que o elenco previsto no art. 9º, "Das Pessoas Sujeitas ao Mecanismo de Controle" (quem), que já era enorme, ampliou-se ainda mais. As pessoas físicas foram incluídas de modo expresso no seu *caput*: "Sujeitam-se às obrigações referidas nos arts. 10 e 11 as pessoas físicas e jurídicas que tenham, em caráter permanente ou eventual, como atividade principal ou acessória, cumulativamente ou não: I – a captação, intermediação e aplicação de recursos financeiros de terceiros, em moeda nacional ou estrangeira; II – a compra e venda de moeda estrangeira ou ouro como ativo financeiro ou instrumento cambial; e III – a custódia, emissão, distribuição, liquidação, negociação, intermediação ou administração de títulos ou valores mobiliários".

Além das pessoas que praticam tais atividades, o inciso XIV do parágrafo único do art. 9º acrescenta, dentre tantas outras, as pessoas físicas ou jurídicas que prestem, mesmo que eventualmente, serviços de assessoria, consultoria, contadoria, auditoria, aconselhamento ou assistência, de qualquer natureza, em operações: a) de compra e venda de imóveis, estabelecimentos comerciais ou industriais ou participações societárias de qualquer natureza; b) de gestão de fundos, valores mobiliários ou outros ativos; c) de abertura ou gestão de contas bancárias, de poupança, investimento ou de valores mobiliários; d) de criação, exploração ou gestão de sociedades de qualquer natureza, fundações, fundos fiduciários ou estruturas análogas; e) financeiras, societárias ou imobiliárias; e f) de alienação ou aquisição de direitos sobre contratos relacionados a atividades desportivas ou artísticas profissionais.

Ora, verifica-se, portanto, que o escopo das pessoas antes submetidas à lei agora foi sobremaneira ampliado para as pessoas sujeitas ao mecanismo de controle (quem), chegando mesmo a abranger várias situações e hipóteses que antes não estavam contempladas no diploma legal.

O Capítulo VI traz "Da Identificação dos Clientes e Manutenção de Registros" (como) e o seu art. 10 prevê que as pessoas elencadas no art. 9º (quem) deverão identificar seus clientes e manter cadastro atualizado e cadastrar-se e manter seu cadastro atualizado no órgão regulador ou fiscalizador e, na falta deste, no Conselho de Controle de Atividades Financeiras (Coaf), observadas as instruções regulamentares expedidas pela autoridade competente.

---

12 O estudo foi veiculado em: *Revista Consultor Jurídico*. São Paulo, 20.08.2012. Disponível na internet: http://www.conjur.com.br/2012--ago-20/fabio-andrade-lei-lavagem-dinheiro-chega-boa-hora. Acesso em: 20.08.2012.

O Capítulo VII prevê "Da Comunicação de Operações Financeiras" (o que) e o art. 11 dispõe que as pessoas referidas no art. 9º dispensarão especial atenção às operações que possam constituir-se em sérios indícios dos crimes previstos na Lei ou com eles relacionar-se, bem como deverão comunicar ao Coaf e ao órgão regulador ou fiscalizador, abstendo-se de dar ciência de tal ato a qualquer pessoa, inclusive àquela à qual se refira a informação, no prazo de 24 horas, a proposta ou realização de todas as transações referidas nos dispositivos legais anteriores, observadas as instruções regulamentares expedidas pela autoridade competente.

O Capítulo VIII cuida "Da Responsabilidade Administrativa". O art. 12 prescreve as sanções aplicáveis, cumulativamente ou não, às pessoas referidas no art. 9º que deixem de cumprir as obrigações previstas nos arts. 10 e 11. São elas: I – advertência; II – multa pecuniária variável não superior: a) ao dobro do valor da operação; b) ao dobro do lucro real obtido ou que presumivelmente seria obtido pela realização da operação; ou c) ao valor de vinte milhões de reais (incluída pela lei nova); III – inabilitação temporária, pelo prazo de até dez anos, para o exercício do cargo de administrador das pessoas jurídicas referidas no art. 9; e IV – cassação ou suspensão da autorização para o exercício de atividade, operação ou funcionamento. Em qualquer caso, o procedimento para a aplicação das sanções previstas no Capítulo VIII será regulado por decreto, assegurado o contraditório e a ampla defesa, cabível recurso das decisões do Coaf ao Ministro de Estado da Fazenda.

Em 20.08.2012, o Órgão Especial da OAB aprovou parecer de sua Comissão Nacional de Estudos Constitucionais, cujo objetivo foi responder a indagação do Presidente Nacional da OAB sobre a obrigatoriedade dos advogados prestarem informações dos clientes ao Coaf, em atendimento ao inciso XIV do art. 9º da Lei n. 12.683/12. A resposta foi negativa.

De fato, o entendimento expresso no parecer foi no sentido de que os advogados não se submetem às obrigações de identificação dos clientes, ou seja, os acréscimos perpetrados pela Lei n. 12.683/12 não se dirigem aos advogados, nas suas relações profissionais com os seus clientes. Tal entendimento contém duplo fundamento jurídico.

De um lado, porque não foi expressamente previsto nos acréscimos perpetrados pela Lei n. 12.683/12 (a despeito do rol exaustivo e minucioso que a novel lei trouxe). De outro, porque eventual inclusão nesse sentido afrontaria o dever de sigilo profissional. Ora, tal dever é assegurado tanto em sede constitucional (na medida em que o advogado é indispensável à administração da justiça, nos termos do art. 133 da Constituição da República) como também no âmbito legal (vez que o sigilo profissional é prerrogativa assegurada ao seu livre exercício da profissão, nos termos do inciso II do art. 7º da Lei n. 8.906/94 – Estatuto da Advocacia).

Com efeito, considerando o plano constitucional, o art. 133 assegura a imprescindibilidade do advogado na administração da Justiça, razão pela qual antes mesmo de um direito ou prerrogativa, o sigilo profissional é um dever decorrente de sua relação profissional com o seu cliente.

De fato, tal sigilo é essencial ao exercício rotineiro da advocacia e do próprio direito de defesa do cidadão, considerado em cada um dos seus desdobramentos previstos em sede constitucional, como o devido processo legal (previsto no inciso LIV do art. 5º) e a ampla defesa (previsto no inciso LV do art. 5º), dentre outros.

De igual modo, através de interpretação sistemática, invocando o art. 7º do Estatuto de Advocacia, mencionado acima, o art. 26 do Código de Ética e até o art. 207 do Código de Processo Penal e o art. 154 do Código Penal, chega-se à inevitável conclusão de que o sigilo profissional é inerente à prestação do serviço de advocacia.

Eis a ementa do referido parecer: "Lei 12.683/12, que altera a Lei 9.613/98, para tornar mais eficiente a persecução penal dos crimes de lavagem de dinheiro. Inaplicabilidade aos advogados e sociedades de advogados. Homenagem aos princípios constitucionais que protegem o sigilo profissional e a imprescindibilidade do advogado à Justiça. Lei especial, Estatuto da Ordem (Lei 8.9.06/94), não pode ser implicitamente revogado por lei que trata genericamente de outras profissões. Advogados e sociedades de advocacia não devem fazer cadastro no COAF nem têm o dever de divulgar dados sigilosos de seus clientes que lhe foram entregues no exercício profissional. Obrigação das seccionais e comissões de prerrogativas nacional e estaduais de amparar os advogados que ilegalmente sejam instados a fazê-los".

Reiteramos a nossa conclusão anterior, no sentido de que é louvável a tentativa e o empenho dos nossos nobres congressistas, no sentido de coibir o flagelo que é a lavagem de dinheiro no Brasil. Tendo sido editada em 1998 a Lei n. 9.613, veio em boa hora a sua reforma (pela Lei n. 12.683/12) para tornar a persecução penal de tais crimes mais eficiente. Com o transcurso de tal lapso de tempo, é razoável e lógico incorporar na legislação as virtudes e afastar as vicissitudes verificadas com a experiência prática.

Contudo, é importante que no afã de coibir esse odioso crime, que tanto prejuízo causa ao Brasil, violações não sejam perpetradas contra a nossa Constituição da República, sob pena de o fim justificar o meio, que não se coaduna com um Estado Democrático de Direito como o que queremos construído no nosso Brasil.[13]

Lei de Lavagem é questionada pela CNPL

Em 23.08.2012 foi protocolada a Ação Direta de Inconstitucionalidade – ADI 4.841 perante o Supremo Tribunal Federal, na qual a Confederação Nacional das Profissões Liberais – CNPL questiona a Lei n. 12.683/12. A relatoria é do Ministro Celso de Mello.

A Lei n. 12.683, publicada em 10.07.2012, altera a Lei n. 9.613/98, para tornar mais eficiente a persecução penal dos crimes de lavagem de dinheiro. Dentre as modificações perpetradas já destacamos nesse espaço a ampliação do rol de pessoas sujeitas ao mecanismo de controle.

O Capítulo VI da lei traz "Da Identificação dos Clientes e Manutenção de Registros" (como) e o seu art. 10 prevê que as pessoas elencadas no art. 9º (quem) deverão identificar seus clientes e manter cadastro atualizado e cadastrar-se e manter seu cadastro atualizado no órgão regulador ou fiscalizador e, na falta deste, no Conselho de Controle de Atividades Financeiras (Coaf), observadas as instruções regulamentares expedidas pela autoridade competente.

O Capítulo VII prevê "Da Comunicação de Operações Financeiras" (o que) e o art. 11 dispõe que as pessoas referidas no art. 9º dispensarão especial atenção às operações que possam constituir-se em sérios indícios dos crimes previstos na Lei ou com eles relacionar-se, bem como deverão comunicar ao Coaf e ao órgão regulador ou fiscalizador, abstendo-se de dar ciência de tal ato a qualquer pessoa, inclusive àquela à qual se refira a informação, no prazo de 24 horas, a proposta ou realização de todas as transações referidas nos dispositivos legais anteriores, observadas as instruções regulamentares expedidas pela autoridade competente.

É precisamente para pleitear a inconstitucionalidade dos artigos 10 e 11 da Lei n. 9.613/98, com a redação dada pela Lei n. 12.683/12, que a ADI 4.841 foi ajuizada. Inicialmente, a petição inicial ressalta que os profissionais referidos no inciso XIV do parágrafo único do art. 9º predominantemente exercem profissões liberais, razão pela qual estão investidos no direito-dever de manter o necessário sigilo profissional em relação aos negócios jurídicos que assistem. Como exemplo, destaca dos correspondentes códigos de ética dispositivos sobre o referido direito-dever no que tange os advogados, os contadores, os profissionais de Administração, os engenheiros, os arquitetos, os agrônomos, os médicos, os corretores de imóveis e os economistas.

---

13   O texto foi disponibilizado em: *Última Instância (Coluna)*. São Paulo, 23.08.2012. Disponível na internet: http://ultimainstancia.uol.com.br/conteudo/colunas/57440/o+dever+de+sigilo+profissional+do+advogado+x+lei+12.68312.shtml. Acesso em: 23.08.2012.

Além disso, a exordial lembra o teor do art. 197 do Código Tributário Nacional – CTN, pelo qual algumas pessoas são obrigadas a prestar informações à autoridade administrativa mediante intimação escrita, exceto quanto a fatos sobre os quais o informante esteja legalmente obrigado a observar segredo em razão de cargo, ofício, função, ministério, atividade ou profissão. Levando em consideração que o CTN é lei de hierarquia materialmente complementar, não poderia ter sido revogada por lei de hierarquia materialmente ordinária.

Ademais, a petição inicial invoca a violação ao princípio da proporcionalidade ou da proibição do excesso, em razão do exagero na regulação do poder de polícia em relação às infrações de lavagem de dinheiro, em claro transbordamento à legalidade estrita a qual tal regulação deveria se conter.

Por fim, há pedido expresso no sentido de que seja deferida a medida liminar com a suspensão dos dispositivos inquinados, especialmente à luz da imediata observância da nova lei, sob pena das severas sanções administrativas ali previstas (no art. 12).

A tentativa da CNPL é louvável, na medida em que busca afastar o excesso perpetrado pela nova lei a pretexto de dotar de maior eficiência a persecução criminal das infrações relacionadas à lavagem de dinheiro. Com efeito, embora esse flagelo da Democracia brasileira deva efetiva e energicamente ser combatido, tal combate não pode transbordar os limites previstos na moldura constitucional, sob pena de completa subversão do Estado Democrático de Direito em totalitarismo injustificado.

Cabe lembrar que, por ser um processo de índole objetiva que tramitará diretamente junto ao Plenário do STF, é possível que um ou mais "amigo(s) da Corte" ingresse(m) com pedido para intervir(em) nos autos com manifestações de apoio ao pleito da CNPL.

Exemplo de uma boa colaboração ao deslinde da questão jurídica submetida ao Pleno pode ser dado pela OAB, que inclusive já se manifestou internamente no sentido de que os advogados não se submetem aos dispositivos inquinados em razão do dever de sigilo profissional previsto tanto em sede constitucional como também legal. Certamente essa soma de esforços pode levar ao robustecimento do pleito de inconstitucionalidade em torno dos dispositivos inquinados, que também pode ocorrer se a OAB ingressar com uma ADI própria perante o STF. Vale acompanhar.[14]

Prisão – A quem queremos enganar?

Em 13 de novembro causou enorme rebuliço nos órgãos da mídia a declaração do Ministro da Justiça de que, pessoalmente, prefere morrer a cumprir pena nas penitenciárias do Brasil. Destrinchando a notícia verifica-se o apelo que tanto chamou a atenção da imprensa: o Ministro da Justiça é a autoridade máxima na esfera administrativa sobre o assunto, a ele cabe a supervisão (em última instância) sobre a situação carcerária no país, houve um quê de desabafo de constatar tal situação ("medieval") ainda nos dias de hoje, enfim, plena insatisfação. Indaga-se: qual é a novidade? Com efeito, disso tudo todos já sabiam (e ninguém esqueceu).

A novidade é que o julgamento do Mensalão foi concluído no mérito e a discussão passou a girar em torno da dosimetria das penas dos réus condenados. Esse foi o mote! É importante lembrar o crescimento galopante das vagas carcerárias que estão sendo criadas (e sobrecarregadas) nas penitenciárias pelo país afora.

A consequência nefasta é a superlotação das prisões espalhadas pelo Brasil, a ponto de transformá-las em sucursais do inferno e – até mesmo – antecipações de verdadeiras penas de morte (em vários casos, conhecidos e ig-

---

14   O texto foi publicado em: *Jornal Gazeta de Notícias (Coluna)*. Rio de Janeiro, 2ª Fase, Ano III, n. 670, 01 a 03.09.2012, p. 4 (Análise Financeira).

norados). Como se não bastasse, isso impacta diretamente na gestão sobre o tema, na medida em que também cresce exponencialmente o número de condenados que não dispõem de lugar para cumprir pena em penitenciárias.

A grande pergunta é: a quem queremos enganar? Cabe lembrar que a função principal da pena de prisão é ressocializar o cidadão para que seja capaz de voltar ao convívio da sociedade sem voltar a causar-lhe dano.

Cabe indagar: pessoas que exerceram relevantes cargos no Governo ou no Congresso Nacional precisam de algum tipo de ressocialização? Entendo que não. Não digo isso para estimular a impunidade (ou algo do gênero). Isso não é desejável no processo democrático. Mas, nessa situação, por exemplo, a melhor solução pode ser a perda de bens e a aplicação de multa. É que geralmente esse tipo de crime está direta e proporcionalmente relacionado ao manuseio de dinheiro público.

Nesse cenário, o encarceramento é mero detalhe ornamental de exibição pública (para o governo mostrar que não tolera a impunidade e para os órgãos da mídia explorar o sensacionalismo da situação).

Para que a reflexão não fique circunscrita ao patamar mais elevado da sociedade (políticos influentes), cabe olhar para o outro lado da moeda. Como falar de "res"socialização em relação a indivíduos que foram excluídos e jamais sentiram qualquer presença do Estado, exceto a sua mão pesada com o processo penal e a aplicação da pena?

Em uma situação como essa, muito antes de mencionar ressocialização, caberia falar de socialização, isto é, a chegada, o desenvolvimento e o crescimento da relação entre o Estado e o cidadão (não mais mero indivíduo). Com isso, buscar-se-ia cada vez mais um sentimento de identidade entre o cidadão e o Estado a que pertence.

Nessas situações, talvez a melhor solução não seja aprisionar e excluir do convívio social, do qual sempre foi privado em razão da situação marginalizada na qual sempre viveu. Aqui, talvez a melhor pena seja a aplicação da prestação de serviços à comunidade, a aplicação de multas e a restrição de direitos, justamente para que seja possível perceber claramente os limites impostos pela convivência social.

Desse modo, a pena de prisão seria reservada aos casos realmente mais graves e violentos registrados. Grave violência e ameaça seriam exemplos de ingredientes passíveis de levar ao seleto e restrito universo de aplicação da pena de prisão. Nesses casos, o foco principal seria a ressocialização, inclusive com assistência terapêutica, laboral e religiosa, dentre outras.

Cabe indagar: a quem queremos enganar com o nosso modelo de prisão? Em resumo, entendo que: a) estamos deliberadamente excluindo e dizimando concidadãos das camadas mais humildes de nosso estrato social (bandidos e policiais); b) estamos equivocadamente seguindo o modelo norte-americano de encarceramento, no lugar do modelo europeu (mais humanitário); c) precisamos, no âmbito da sociedade civil organizada, discutir e deliberar sobre uma profunda Reforma Carcerária no Brasil, ao invés de simplesmente promover mutirões sobre presos com penas vencidas (que é importante, sem dúvida, mas não resolve o problema); e d) por fim, focar as políticas públicas em educação, saneamento, moradia, saúde e trabalho, de modo que a segurança seja apenas mais uma consequência.

Essas – e muitas outras – questões estão latentes para serem discutidas e resolvidas na nossa sociedade e, consequentemente, na esfera pública de governo. Contudo, enquanto não houver vontade política, interesse ideológico dos órgãos da mídia e educação mínima para a sociedade, nada acontecerá. Quem viver, verá![15]

---

15   O texto foi veiculado em: *Última Instância (Coluna)*. São Paulo, 29.11.2012. Disponível na internet: http://ultimainstancia.uol.com.br/conteudo/colunas/59078/prisao+%96+a+quem+queremos+enganar.shtml. Acesso em: 29.11.2012.

Alguns impactos do julgamento do Mensalão

A conclusão do julgamento do Mensalão se avizinha. Tudo indica que será concluído ainda nesse ano (de 2012). Além disso, há indicações claras no sentido de que a publicação do acórdão ocorrerá de maneira relativamente célere. Isso significará um importante passo no caminho do desfecho final do caso.

A partir da publicação do acórdão, no entanto, há variadas consequências, de diferentes ordens, que serão deflagradas. No âmbito interno do STF, alguns recursos provavelmente serão interpostos com a finalidade de esclarecer algumas dúvidas em relação ao que restou ao final decidido. Há quem cogite de levar a questão jurídica a Corte Interamericana de Direitos Humanos. Mais recentemente, há o imbróglio acerca de quem dará a última palavra quanto à questão da perda de mandato eletivo, isto é, se o STF na sua decisão condenatória ou o Congresso Nacional.

Além disso, estudiosos e militantes de diferentes áreas do Direito se debruçarão com acurada atenção no acórdão que será publicado, com vistas a extrair dele as consequências possíveis.

Exemplo disso ocorrerá no âmbito criminal, onde deve ser analisado com extrema cautela que regras processuais foram flexibilizadas e que tipos penais foram alargados por ocasião do julgamento. Uma vez identificados, será tarefa dos advogados pontuá-los para mantê-los circunscritos ao Caso Mensalão. Do contrário, muitas conquistas de direitos e garantias (e até da jurisprudência consolidada) seriam perdidas em claro retrocesso ao processo democrático.

Nesse sentido, especial atenção deve ser dada às notícias de que juízes de primeira instância e tribunais de segundo grau estão aplicando em casos penais (crimes do colarinho branco, lavagem de dinheiro ou corrupção) entendimentos que foram adotados no julgamento do Mensalão, sobretudo antes da publicação do acórdão.

Outro exemplo já pode ser visto no campo previdenciário. Com efeito, em 28.11.2012, a Associação dos Magistrados Brasileiros – AMB e a Associação Nacional dos Magistrados da Justiça do Trabalho – ANAMATRA, ajuizaram a ADI 4.885 perante o Supremo Tribunal Federal, na parte que nos interessa, em face do art. 1º da Emenda Constitucional n. 41/03 (chamada de "Reforma da Previdência), que alterou a redação do § 15 do art. 40 da Constituição da República, com base em alguns argumentos centrais.

No rol dos vícios de inconstitucionalidade formal, a partir do resultado do julgamento do Mensalão, situa-se a violação: a) ao parágrafo único do art. 1º, vez que não houve a efetiva expressão da vontade do povo por meio de seus representantes na votação da Proposta de Emenda Constitucional em foco; b) ao art. 37, tendo sido vulnerado o princípio da moralidade; e c) ao art. 5º, inciso LV, na medida em que o processo legislativo, que integra o devido processo legal, foi fraudado por meio de conduta criminosa.

Além desses argumentos, há outros no sentido de que: a) a reserva de lei complementar especial necessária à hipótese de mudança da forma especial da previdência complementar de natureza pública ou privada não foi respeitada; b) houve vício de iniciativa, na medida em que caberia ao STF tomar a iniciativa no tocante aos magistrados, e não ao Poder Executivo; e c) inobservância do trâmite do processo legislativo adequado, isto é, os textos normativos votados na Câmara dos Deputados e no Senado Federal discreparam e não houve o necessário retorno à Casa de origem.

Em resumo, no que interessa, o ponto trazido pela ação direta é no sentido de que ficou comprovado durante o julgamento do Mensalão que efetivamente houve a compra de votos de parlamentares no decorrer da votação de temas importantes, como a Reforma da Previdência, com o objetivo de ampliar a base aliada do governo no Congresso Nacional. Diante disso, tornou-se público e notório que o processo legislativo que resultou na Reforma da Previdência foi maculado por ato criminoso (corrupção) perpetrado por integrantes do Poder Executivo, sem o qual não teria sido possível aprová-la no Congresso Nacional. Reconhecido isso, subsiste dúvida quanto à validade de tais normas, especialmente à luz das violações anteriormente referidas.

Ao final, a ação direta pleiteia que o STF julgue procedente o pedido para declarar a inconstitucionalidade formal e material do § 15 do art. 40 da Constituição da República, com a redação dada pela Emenda Constitucional n. 41/03 ou a interpretação conforme desse dispositivo para exigir-se a edição de lei complementar para a instituição da previdência complementar de natureza pública, com efeito *ex tunc*.

A petição inicial está bem articulada e o tema é tão interessante quanto complexo. Certamente demandará análise, mais cedo ou mais tarde, pelo Plenário da Suprema Corte. Foi distribuída por prevenção ao Ministro Marco Aurélio, que também é Relator da ADI 4.863, que versa sobre aspectos específicos da regulamentação da Reforma da Previdência, que não cabem nesse limitado espaço.[16]

Nova resolução do Coaf sobre lavagem de dinheiro

Em outras ocasiões já tive a oportunidade de escrever sobre as principais mudanças perpetradas pela Lei n. 12.683/12, publicada em 10.07.2012, que altera a Lei dos Crimes de Lavagem de Dinheiro com o objetivo de tonar mais eficiente a sua persecução penal.

Nesse sentido, dentre as referidas alterações que a lei traz cabe destacar as pessoas sujeitas ao mecanismo de controle previsto no art. 9º (quem) em relação às obrigações de identificação dos clientes e manutenção de registros, bem como à comunicação de operações financeiras, referidas nos artigos 10 (como) e 11 (o que), respectivamente, sob pena das sanções administrativas estabelecidas no art. 12, assegurados o contraditório e a ampla defesa, cujo procedimento será regulado por decreto, nos termos do art. 13.

Muito se discutiu sobre a sujeição dos advogados ao rigoroso teor da nova lei ou não. De um lado, tendo a lei elencado exaustivo rol de profissões a que passaria a submeter deixou a advocacia de fora. De outro, levando em conta a ampla designação de certas categorias de prestação de serviço, como assessoria, consultoria, aconselhamento ou assistência, poderia dar a entender que o serviço jurídico ali estaria contido.

O Conselho Federal da OAB emitiu parecer no qual entende que as novas regras não alcançariam o trabalho do advogado, na medida em que se trata de função essencial à Justiça, consoante preceitua a Constituição da República, e em razão disso goza de certas prerrogativas relacionadas ao sigilo na sua relação com os seus clientes.

Recentemente o Conselho de Controle de Atividades Financeiras – Coaf editou a Resolução n. 24, de 16.01.2013. Ela entrará em vigor em 01.03.2013. No seu artigo 1º dispõe que "tem por objetivo estabelecer normas gerais de prevenção à lavagem de dinheiro e ao financiamento do terrorismo, sujeitando-se ao seu cumprimento as pessoas físicas ou jurídicas *não* submetidas à regulação de órgão próprio regulador que prestem, mesmo que eventualmente, serviços de assessoria, consultoria, contadoria, auditoria, aconselhamento ou assistência, de qualquer natureza, [...]" nas operações que especifica, como de compra e venda de imóveis e de gestão de fundos, dentre outras.

Desse modo, levando em conta que a OAB é o órgão que regulamenta a atividade específica da advocacia, com a edição de regras e normas a serem seguidas, então essa atividade restou excluída do rol elencado de profissões que passam a se submeter aos ditames do referido diploma legal.

---

16 O texto foi publicado em: *Última Instância (Coluna)*. São Paulo, 13.12.2012. Disponível na internet: http://ultimainstancia.uol.com.br/conteudo/colunas/59367/alguns+impactos+do+julgamento+do+mensalao.shtml. Acesso em: 14.12.2012.

Não obstante, é recomendável que os advogados continuem a acompanhar as próximas regulamentações que serão emanadas em razão da edição da lei citada, com vistas a verificar a manutenção de tal exclusão legítima como também para conhecer e aconselhar os colegas de outras profissões que passam a ter as rigorosas obrigações.[17]

Lincoln e o Mensalão

O filme atualmente em cartaz sobre a saga que consumiu os últimos dias do Presidente norte-americano Abraham Lincoln, dirigido por Steven Spielberg e estrelado por Daniel Day-Lewis, em busca do apoio político necessário para passar no Congresso a 13ª Emenda à Constituição Federal, que versou sobre a abolição da escravidão no País.

Sua aprovação apertada (pela maioria qualificada necessária para a aprovação de emenda constitucional) ilustra claramente como o tema era polêmico naqueles tempos. Pouco tempo depois ele foi assassinado, reforçando como o assunto era sensível e realmente dividia aquela recém-criada União em dois grupos antagônicos que demoraria a acomodar suas legítimas pretensões econômicas. Foi um período de inegável racha doméstico entre duas correntes que rivalizavam a forma de pensar o desenvolvimento econômico: o norte industrializado (abolicionista) contra o sul agrícola (fundado na escravidão).

O que isso tem a ver conosco? Muita coisa. Sob um ponto de vista histórico, enquanto lá o processo político de abolição da escravidão se consumou legislativamente em 1865, por aqui isso veio a ocorrer em 1888. Em realidade, em 1826 foi assinado um tratado entre a Inglaterra e o Brasil, pelo qual foi declarado ilegal o tráfico de escravos para o Brasil. Em cumprimento ao tratado, uma lei de 7 de novembro de 1831 previu severas penas aos traficantes, bem como declarou livres os cativos que entrassem no Brasil a partir de então (historicamente, tratou-se da primeira "lei para inglês ver"). A Inglaterra reiterou a pressão por medidas mais enérgicas pelo governo brasileiro. Paulatinamente o tráfico de escravos foi rechaçado e o ingresso de novos escravos foi diminuindo, culminando com a abolição da escravatura em 1888. Aqui, o choque era entre a Inglaterra (então potência hegemônica do período) industrializada e o Brasil agrícola.

Além disso, há outro aspecto que podemos identificar mais contemporâneo. É interessante notar como no berço do atual modelo democrático do mundo ocidental houve a negociação de votos parlamentares em troca de favores, de modo mais ou menos expresso, com ou sem conhecimento do Chefe do Poder Executivo.

É precisamente o delicado arranjo político da época que é retratado com maestria no filme e a busca do Chefe do Poder Executivo, mediante delegação para o Secretário de Estado, para obter a maioria qualificada necessária para aprovar a emenda então proposta, inclusive com as consequências deletérias do uso indevido da máquina pública em prol de seu projeto político. Resta evidenciado no filme que votos foram comprados com troca de favores políticos e dinheiro.

Nesse ponto, particularmente para nós o filme ilustra algumas práticas e experiências que julgávamos inerente apenas e tão somente ao nosso incipiente regime democrático. Não assim! É prática inerente à democracia e ao jogo das cadeiras necessário para a alternância de poder. Com efeito, há corrupção onde há democracia. E isso, ao menos virtualmente, nunca deixará de existir. É que o governo é dos homens (falíveis), e não dos super-homens e alienígenas.

Ademais, pode ser louvável a intenção do governante, como no filme onde a intenção de Lincoln com a aprovação da emenda era colocar fim a uma guerra interna que devastava o país. Contudo, isso não é justificativa suficiente para que todos os meios sejam permitidos para alcançar o fim almejado, por mais nobre e digno que seja.

---

17 O texto foi disponibilizado em: *Última Instância (Coluna)*. São Paulo, 31.01.2013. Disponível na internet: http://ultimainstancia.uol.com.br/conteudo/colunas/60228/nova+resolucao+do+coaf+sobre+ lavagem+de+dinheiro.shtml. Acesso em: 31.01.2013.

Como lá, também aqui, é importante notar que a prática da compra de votos de parlamentares para o alcance de eventual maioria transitória necessária para a aprovação de determinada reforma ou programa delineado pelo Poder Executivo como prioritário para o Governo não é tão nova.

De fato, já na transição entre o Império e a República houve fato curioso digno de nota. De fato, o "homem forte" do Imperador D. Pedro II foi também o nosso segundo Presidente da República (Marechal Floriano Peixoto).

Aliás, os dois primeiros Presidentes foram militares, o que já é curioso por si só, especialmente se levarmos em consideração que não tivemos uma revolução ou guerra interna para proclamar a República, mas apenas um arremedo de golpe, onde – há relatos – poucos que ali estavam sabiam exatamente o que estava ocorrendo. Mas, isso é outra história.

Mais recentemente, no Governo FHC, notícias preocupantes foram reveladas pelos órgãos da mídia sobre a escancarada troca de favores políticos (com o fatiamento dos Ministérios para os aliados, dentre outros) em prol da aprovação da emenda que permitiu uma reeleição para o cargo de Chefe do Executivo (Emenda Constitucional n. 16/97) no que ficou conhecido como "escândalo da reeleição".

Verifica-se, portanto, que a corrupção vive à espreita do poder e recrudesce onde há fraqueza na prestação do serviço público. E isso não é novo e tampouco invenção tupiniquim. Por aqui, sintomático é o resultado do julgamento do Caso Mensalão, concluído no final do ano passado e cujo acórdão deve ser publicado em breve.

Certamente foi o caso mais complexo e demorado da história da Suprema Corte, tendo ocupado a sua pauta de agosto até dezembro. Diversas conclusões, dúvidas, questionamentos, críticas e comentários podem – e certamente serão – tecidos ao Tribunal em relação a esse julgamento. Entendemos, porém, que aqui não é o espaço adequado para aprofundar nessa linha.

Aqui, o que julgamos importante é apenas registrar um aspecto (que pode ser) positivo do referido julgamento. Sabemos que o fato de ser a compra de votos parlamentares uma prática disseminada há décadas (e séculos) no Brasil não seria razão suficiente para livrar a culpa dos réus que foram condenados, sob pena de transformar a lei em mera letra morta (que não é desejável em um Estado que se pretende Democrático de Direito).

O aspecto positivo que pode surgir do julgamento do Mensalão consiste na mensagem claramente dada pela sociedade, encabeçada nesse episódio pelo STF, no sentido de que: não serão mais toleradas tais práticas pelos eleitores, estamos todos cansados de tantos escândalos (concluídos sempre em "pizza"), enfim, será necessário corrigir essa deformidade cultural de nosso jeitinho de fazer "política" para alcançarmos as metas e os objetivos que têm sido traçados para o Brasil (hoje vocacionado a se desenvolver).

Para que isso ocorra, será necessário observar atentamente os próximos anos e as eleições que ocorrerão. Estranhamente, em movimento claramente antagônico e chocante, assistimos outro dia o Senador Renan Calheiros assumir a Presidência do Senado Federal, em claro ajuste político que achou por bem desconsiderar todo esse momento atualmente vivido e se limitando a considerar as necessidades fisiológicas internas daquela Casa. Isso tem dado o que falar nas redes sociais, com a circulação de inúmeras mensagens de indignação e revolta dos eleitores.

Se esse tipo de prática continuar – e aqui colocamos no mesmo saco todos os diferentes tipos de corrupção e até desvios de caráter de homens públicos – então o julgamento do Mensalão terá sido apenas e tão somente um espasmo da sociedade, mediante a sua última trincheira de proteção (STF), sem qualquer reflexo para o futuro do país, a despeito das penas exemplares que foram cobradas pelos órgãos da mídia e aplicadas pela Suprema Corte.

Ao contrário, se o julgamento do Mensalão representar um divisor de águas no modo de fazer política no Brasil, com o efetivo debate em torno da tão esperada Reforma Política, de modo que envolva a sociedade civil organizada, e levar a um jeito diferente de implementar programas e projetos pelo governo, distanciado do nosso conhecido jeitinho brasileiro, então a sua importância histórica será ainda muito maior, na medida em que servirá como cristalizador de enorme anseio de toda a sociedade.

Nesse caso, da mesma forma que o Lincoln ficou conhecido pela sua saga para conseguir, custasse o que fosse, a aprovação da Emenda n. 13 (para abolir a escravidão), o STF pode ter dado o pontapé inicial para que no futuro possamos lembrar do julgamento do Mensalão como um marco que foi necessário rumo a um novo jeito de fazer Política no Brasil.

Se isso não acontecer, mudarão as formas de sua prática, mas a corrupção continuará a ser o tom maior do jeitinho tupiniquim de fazer "política", com evidente impacto no rumo que o Brasil deve seguir em direção ao pleno desenvolvimento. Vale a pena assistir o filme, muito rico no seu aspecto histórico (e atual para nós), e acompanhar os próximos capítulos que serão escritos nas nossas próximas eleições.[18]

Roubo ostentação – A nova moda do crime

Assisti recentemente em programa televisivo sobre o chamado "roubo ostentação", moda que se disseminava em Belo Horizonte, em Minas Gerais, mas cujo fenômeno seria encontrado nas principais capitais do País. Trata-se do roubo com o mero objetivo de ostentar. Explico. Jovens e crianças humildes que frequentam lugares públicos nas suas comunidades, dos quais o exemplo mais emblemático é o baile *funk*, devem conter pelo menos um item de grife no vestuário (tênis, calça, camisa ou boné). Quanto mais itens melhor. Maior serão a ostentação e o reconhecimento do "sucesso" entre os amigos daquela comunidade. Em alguns casos mais graves relatados na matéria, o roubo de carro tinha como motivação a ida para determinado baile ou evento da comunidade.

Ora, o fenômeno pode ser analisado por variados aspectos, algumas das quais inclusive com rico substrato teórico. Nesse espaço, me limito a colocar apenas alguns singelos pontos.

Parece ser o exaurimento da cultura consumista, elevada ao seu potencial máximo, onde o TER supera o SER, como busca de aceitação e até felicidade. Algo tão efêmero e volátil como a moda passa a ditar as aspirações de crianças e jovens humildes. O *status* é medido em relação aos bens conquistados (aqui, no caso, roubados). A marca de quem prospera nesses locais deve ser necessariamente de grife.

Ora, em locais humildes, com carência de escola, infraestrutura e, por vezes, até saneamento básico, o que leva a tais aspirações? A resposta é simples. A propaganda massiva dos órgãos da mídia sobre a necessidade de consumir a qualquer custo e a sua vinculação ao gozo, prazer e felicidade.

Hoje, para esse segmento, que se encontra marginalizado em relação aos padrões impostos pela sociedade, seus indivíduos devem se enquadrar dentro dos padrões aceitáveis de consumismo e de acordo com a moda ditada pelas grifes nas propagandas veiculadas pelos órgãos da mídia.

Com isso, cria-se a seguinte dicotomia maniqueísta: ou se está *in* ou se está *out*. Nessa relação, quem está *in* ignora aquele que está *out*, inclusive não reconhecendo nele um semelhante. Ao contrário, quem está *out* se esfalfa para entrar no grupo dos que estão *in*.

Esse mecanismo perverso da lei de consumo atinge também os setores mais humildes. Dada a disseminação da TV e do rádio atualmente, como um mantra, a determinação de TER no lugar do SER bombardeia a cabeça dessas crianças que, fadadas ao insucesso na obtenção dos itens dos sonhos pelas vias legítimas, roubam para alcançar o prazer do *status* prometido.

---

18   O texto foi veiculado em: *Última Instância (Coluna)*. São Paulo, 14.02.2013. Disponível na internet: http://ultimainstancia.uol.com.br/conteudo/colunas/60558/lincoln+e+mensalao.shtml. Acesso em: 14.02.2013.

Aqui entra também outro aspecto cultural. É a nossa cultura do ganho fácil. Independente da classe social hoje no Brasil, temos a cultura do ganho fácil permeando todo o espectro do seio social, desde as camadas mais privilegiadas até as mais humildes. Não significa que todos buscam o ganho fácil o tempo todo. Claro que não. Significa, isso sim, que no Brasil o ganho fácil é estimulado, adorado e buscado em todos os níveis da sociedade.

Ora, nos estratos da alta sociedade, o ganho fácil se traduz em golpes empresariais, crimes tributários e de corrupção. Nas camadas mais humildes, o ganho fácil desde cedo é percebido quando o rapaz do morro inveja o *status* daquele do asfalto e, pior ainda, almeja chegar ao ponto daquele líder da sua comunidade (geralmente o traficante de drogas da boca). Assim, desde cedo na sua cabeça vai-se criando o estereótipo do sucesso naquele seu ambiente e, como parte dessa imagem, como ele se veste (ou que moda consome).

Em realidade, essas crianças e jovens são as verdadeiras vítimas de todo esse processo massivo e implacável de consumismo a qualquer custo, em detrimento do tempo que deveriam dedicar ao estudo, às brincadeiras e ao lazer e aos exemplos positivos que uma comunidade abraçada pelo Estado poderia gerar como referência.

Nesse sentido, é responsabilidade de todos buscar mudar o atual estado de coisas, onde a propriedade e até a vida vale menos do que peças de vestuário. A educação, através do ensino público de qualidade, e somente ela, é capaz de abrir o horizonte para outros focos produtivos, inclusive com a efetiva perspectiva de trabalho honesto na vida adulta. Todavia, enquanto a qualidade do ensino público não for cuidada com atenção pelos governantes e exigido pela sociedade, então a vala que hoje separa ricos e pobres pelas grades da segurança privada crescerá ainda mais. Enquanto a educação das escolas públicas não for igual ou melhor do que a da escola privada, então muitas novidades ainda surgirão nos próximos anos. Agora a nova moda do crime é o roubo ostentação.[19]

---

19   O texto foi disponibilizado em: *Última Instância (Coluna)*. São Paulo, 17.04.2014. Disponível na internet: http://ultimainstancia.uol.com.br/conteudo/colunas/70398/roubo+ostentacao+%96+a+ nova+moda+do+crime.shtml. Acesso em: 19.04.2014.

MÍDIA E PODER JUDICIÁRIO

Mídia e Poder Judiciário

A Mídia e o Poder Judiciário relacionam-se de variadas maneiras. Um estudo sobre o tema necessariamente deve contemplar uma abrangência multidisciplinar, isto é, levar em consideração fatores e dados relevantes das duas corporações profissionais, a jornalística e a jurídica. Além disso, deve abranger também fatores históricos e sociológicos indispensáveis à compreensão da evolução dos órgãos da mídia e que ajudam a entender a sua complexa relação com o Poder Judiciário.

Antes de se tornar um debate corporativo – e consequentemente fadado ao fracasso – os pontos de atrito entre ambos devem ser compreendidos e analisados pelas duas partes envolvidas (Mídia e Poder Judiciário). A partir daí, talvez se chegue a um bom meio-termo. De certa forma, este debate tem acontecido em seminários e congressos realizados pelo Brasil nos últimos anos. É um bom começo.

Se o Poder Judiciário influencia a Mídia de alguma forma, a influência da Mídia sobre o Poder Judiciário é muito maior. Ambas aproximam-se em alguns poucos pontos e distanciam-se em vários outros.

A evolução da imprensa, e posteriormente dos demais órgãos da mídia, fez com que atualmente o produto da atividade jornalística (notícia) seja vendido para que a empresa obtenha o maior lucro no menor tempo possível. Isto antes de ser um defeito a ser criticado, longe disso é inerente à atividade empresarial. E imprensa pressupõe empresa. Esta evolução, aliada com a revolução tecnológica que assistimos, faz com que a notícia tenha que ser entregue ao destinatário com rapidez e absoluto imediatismo.

O problema surge quando a notícia veiculada pelos órgãos da mídia atropela ou mesmo atrapalha o trabalho desenvolvido no âmbito da seara jurídica, seja na esfera incipiente de investigação policial, na atuação do Ministério Público, nas decisões judiciais e até mesmo depois de cumprida a pena pelo cidadão condenado.

A liberdade de expressão deve ser aceita e respeitada no Estado Democrático de Direito. Os órgãos da mídia devem ter liberdade para atuar, investigar, divulgar e informar ao público. Mais do que isso, o público consumidor tem direito a ser devidamente informado. Mas, esta sua liberdade não está acima da lei. Ao contrário, submete-se a ela e o seu abuso deve ser coibido como qualquer outro. Daí a dificuldade em encontrar o justo ponto de equilíbrio entre a liberdade dos órgãos da mídia de um lado, e os direitos da personalidade dos cidadãos objeto de divulgação de outro.

Este é apenas um dos problemas que atormentam estas duas instituições democráticas hoje no Brasil. Diretamente relacionado a ele, há outros, como por exemplo, o maior grau de "noticiabilidade" do delito quando cometido em oposição ao menor grau de interesse na divulgação do resultado do julgamento; o sigilo do inquérito policial e a divulgação precoce de notícias a respeito de investigações; a publicidade e o sigilo no trâmite do processo penal; a prisão provisória e a divulgação como definitiva pelos órgãos da mídia; a influência que o envolvimento da Mídia exerce nos principais atores do processo; a divulgação e utilização de "provas" pelos órgãos da Mídia e sua (in)validade no processo penal; e a execução penal e a (im)possibilidade de ressocialização.

Todos estes temas estão intimamente imbricados com o antagonismo da liberdade de expressão dos órgãos da mídia e os direitos da personalidade dos cidadãos, bem como com a necessária diferença no funcionamento da corporação jornalística e da corporação jurídica.

O ponto culminante destes antagonismos pode ser sintetizado na contraposição entre justo processo e *trial by the media* (julgamento pela Mídia). Isso não é novidade e não ocorre somente no Brasil. Há casos registrados e muito divulgados disso já no século XIX e em outros países.

Ademais, há ingredientes sociológicos nesta mistura, como por exemplo, a imagem da violência na Mídia e a imagem da violência na cidade. Estas imagens são formadas a partir da leitura parcial e direcionada dos órgãos da mídia em algumas situações. A ideologia do medo impera nas grandes cidades e o sensacionalismo das notícias pode funcionar como relevante fator criminógeno.

Sobre a ideologia do medo, a imagem da violência na cidade divulgada pela Mídia leva ao seguinte círculo vicioso (sintetizado): a desumanização do diverso leva à exclusão do outro (diferente de "nós"), que aliada à construção social e simbólica da realidade e simplificação maniqueísta do arquétipo do criminoso conduz à construção social e simbólica da criminalidade, que juntamente com a culpabilização da classe pobre pela situação na qual vive leva à demonização das classes populares, que articulados com a ratificação por especialistas e ondas frequentes de violência e crimes conduzem ao sentimento generalizado de insegurança, que em última instância acaba por influenciar a política criminal, necessariamente reativa ao sensacionalismo, seletiva e simbólica. Ao final, verifica-se a manutenção indefinida do *status quo*, que justifica a exclusão do outro e assim por diante.

Neste complexo cenário, algumas propostas doutrinárias já foram elaboradas para caminhar no sentido da solução deste problema e podem ser divididas essencialmente de acordo com o âmbito de cada uma: auto-regulamentação (interno da Mídia), criação de conselhos e órgãos fiscalizadores mistos (intermediário) e, por fim, criminalização de condutas e alternativas processuais (âmbito jurídico).

Por fim, registre-se que este debate não deve ser encarado de maneira corporativa. Não se trata de contrapor juristas e jornalistas. Repita-se, somente juntos ambos serão capazes de encontrar um bom meio-termo e o beneficiário maior desta cooperação será necessariamente a sociedade como um todo e o público consumidor de notícias.[1]

Efeitos do pré-julgamento da mídia na democracia brasileira

Uma sociedade livre e estabelecida sobre os pilares de um Estado Democrático de Direito – como pretende o nosso País – deve muito à liberdade de manifestação do pensamento em caráter singular e à liberdade de informação e comunicação social pela mídia em caráter generalizado.

É por isso que estes direitos, e muitos outros igualmente caros à democracia, são assegurados categoricamente pela nossa Constituição e pelas leis da nossa República. Como exemplo destes outros, destaque-se a digni-

---

1   O texto foi publicado em: *O Globo Online*. Rio de Janeiro, 06.07.2007. Disponível em: http://oglobo.globo.com/opiniao (Opinião). Acesso em: 06.07.2007.

dade da pessoa humana, os direitos da personalidade e ao respeito pela vida privada. Estes valores e direitos são garantidos a todos indistintamente ("pessoas de bem", suspeitos de crimes e até condenados). A todos incumbe torná-los efetivos.

Devido à complexidade do atual estágio das sociedades, evidenciam-se certos choques no exercício de diferentes liberdades. Um exemplo paradigmático disto pode ser verificado comumente quando da cobertura de crimes e supostos criminosos pelos órgãos da mídia. Aqui, qual liberdade deve prevalecer? A liberdade de manifestação do pensamento e a liberdade de informação e comunicação social (liberdade de expressão) ou os direitos individuais listados (dignidade da pessoa humana, direitos da personalidade e direito ao respeito pela vida privada)?

Sem entrar em aspectos jurídicos sobre a técnica de ponderação destes relevantes valores constitucionais, impõe-se trazer alguns ingredientes a mais que agravam toda esta situação de modo a comprometer o projeto democrático do País. Por meio do sensacionalismo exagerado ou da invariável preferência pela versão acusatória como "verdade" hegemônica e inquestionável, tem-se verdadeiro pré-julgamento carimbado desde logo pelos órgãos da mídia na cobertura de crimes, no que pode ser chamado de "linchamento midiático".

A situação é agravada ainda pelo descompasso verificado entre a dinâmica na qual se movimenta (em tempo real) a mídia e a lentidão necessária para a apuração e julgamento de fatos criminosos pelos agentes estatais e magistrados. Na dinâmica da mídia, priorizam-se os principais fatos relacionados à etapa inicial do descobrimento do crime, investigação dos seus suspeitos e eventualmente a prisão provisória. Nesta etapa delicada, inicial e ainda pouco elucidada pelos órgãos estatais responsáveis pela investigação oficial, os órgãos da mídia algumas vezes emitem opiniões de acordo com a vertente acusatória (inclusive com a exibição de verdadeiros *shows* promovidos pelos agentes estatais responsáveis pela investigação sigilosa e com respeito dos direitos dos acusados) e frequentemente omitem opiniões relacionadas à defesa dos acusados (seja pela edição na manifestação de advogados, familiares e suspeitos, ou ainda pior, seja no ocultamento integral da versão defensiva).

Para o público consumidor em geral, a impressão que fica é invariavelmente a eficiência da mídia como instância "justiceira" de uma arquitetura estatal falida e ineficiente. De fato, acentua-se o descompasso entre a velocidade instantânea com a qual trabalha a mídia, refém de sua própria correria na divulgação *online* das notícias, e a necessária lentidão com a qual deve trabalhar o Poder Judiciário. É precisamente inserido dentro desta morosidade que está o respeito aos diversos direitos e garantias a que faz jus qualquer cidadão, mesmo que acusado e submetido a julgamento, no País que pretendemos criar e consolidar com respeito à chamada "Constituição Cidadã".

O choque que decorre deste descompasso entre a velocidade em tempo real da mídia e da necessidade de julgamento ponderado não é novo e nem brasileiro. O que vem tomando contornos dramáticos, no entanto, parece ser a maneira como se tem encarado esta complexa questão.

Em primeiro lugar, impressiona como o discurso "justiceiro" da mídia sensacionalista tem penetrado e encontrado eco nos corações e mentes dos cidadãos deste País continental. Refiro-me aos constantes "furos de reportagem" que são exibidos como símbolo de eficiência da atividade jornalística, em detrimento da necessária lentidão com que se move o Poder Judiciário. Além disso, a completa ignorância de cultura jurídica que assola o País, e certamente compartilhada pela grande maioria dos jornalistas, contribui também para a (des)informação do público consumidor. Desta maneira, informações são comumente noticiadas com ares de permanência quando, na realidade, têm natureza eminentemente transitória. Exemplo claro disso é a informação divulgada pela mídia acerca da investigação e prisão provisória de eventual suspeito. Este decreto de prisão está submetido a uma série de requisitos previstos em lei, que funcionam como garantia de todos os cidadãos, e que tão logo verificada a sua insubsistência no caso concreto, dá azo à pronta soltura do acusado, seja por meio do relaxamento de prisão, de outros instrumentos legítimos colocados à disposição da defesa, ou ainda pelo conhecido remédio heroico do *habeas corpus*.

Como se não bastasse, a tendência geralmente assumida pelos principais formadores de opinião da mídia é a versão acusatória do fato noticiado. Com isso, criam uma "verdade" hegemônica e que pode não corresponder à realidade dos fatos contidos nos autos. É a impressão que fica estampada na consciência social, mesmo que originada a partir de elementos falsos, ambíguos ou duvidosos.

Assim, geralmente, o veredicto expresso no pré-julgamento da mídia costuma se sobrepor à decisão judicial, ao menos no imaginário popular e especialmente quando vem absolver ou de alguma forma "beneficiar" (reconhecer direitos) os acusados. Além disso, hipótese mais delicada surge quando os veredictos são convergentes, isto é, tanto o pré-julgamento da mídia como também o julgamento do magistrado convergem para condenação em grau alto ou máximo do acusado. Neste caso, o juiz decidiu de acordo com a realidade dos autos e as provas ali apresentadas ou sucumbiu à enorme pressão exercida pela opinião publicada na mídia? Muitas vezes é possível enxergar na decisão do magistrado referências expressas aos órgãos da mídia, ocasião em que a sua motivação vem explicitada de maneira mais clara. Outras, no entanto, tais referências são omitidas da decisão e, para justificar a sua motivação, o magistrado pode avaliar de maneira desigual as provas carreadas aos autos, o que certamente será objeto de recurso e revisão pelas instâncias superiores.

Outro efeito pode surgir do pré-julgamento da mídia, agora não mais no âmbito do processo penal singular. Trata-se do movimento que frequentemente se inicia no sentido de pressionar o Congresso Nacional e o Governo para que sejam mais enérgicos na repressão da criminalidade. Isto tradicionalmente ocorre depois de casos de "comoção nacional". A partir da reclamação generalizada de que "a justiça é branda" ou ineficiente, pugna-se por uma política criminal mais repressiva a qualquer custo, mesmo que sem recursos humanos e materiais para implementá-la.

Estes são apenas alguns aspectos do interessante tema do relacionamento institucional entre Mídia e Poder Judiciário. É hora deste debate não ficar mais camuflado na seara interna das corporações jornalística e jurídica. É hora de trazer a sociedade para esta relevante discussão e, de maneira coordenada, iniciar um amplo debate acerca das possibilidades de mudança e aprimoramento do relevante papel da Mídia para o desenvolvimento político, social e cultural da sociedade e, consequentemente, do processo democrático no País. Só assim será possível emergir solução mais justa acerca do choque entre as liberdades da mídia de um lado, e os direitos e garantias assegurados aos acusados de outro. É hora desta subversão de valores que se tem assistido – que é a Mídia trabalhando à margem do Poder Judiciário – ser corrigida e que estas duas relevantes instituições democráticas possam atuar de maneira coordenada e complementar, com a finalidade última de bem informar ao povo sobre os fatos que realmente importam para o seu quotidiano.

Caso contrário, o enorme potencial transformador da mídia será amesquinhado pela divulgação repetitiva e massiva de crimes e criminosos que não têm qualquer relevância para o dia-a-dia do povo e de forma a (des)informá-lo, ao invés de informá-lo sobre fatos, descobertas, pesquisas e tomadas de decisões que realmente podem influir no seu quotidiano e na melhora de sua qualidade de vida. E a manutenção deste *status quo* certamente levará a pobreza intelectual e espiritual deste nosso povo tão sofrido e batalhador.[2]

---

2   O artigo foi publicado no seguinte *blog: Zé Dirceu – Um espaço para a discussão do Brasil*. Disponível na internet: http://www.zedirceu.com.br. Acesso em: 15.02.2008.

A tortura de suspeitos e a sociedade que queremos

A "Pesquisa sobre Valores e Atitudes da População Brasileira", realizada pela agência Nova S/B em parceria com o Ibope e que foi publicada com exclusividade pelo Globo no último domingo (09.03.2008), na qual o Ibope ouviu 1.400 brasileiros sobre sete temas, o resultado mais alarmante foi responsável pela chamada na 1ª Página: "Um em cada 4 brasileiros diz que torturaria suspeito". Implica dizer que, 26% dos entrevistados responderam que usaria tortura para obter informação de suspeito.

Na matéria contida na página 3 do jornal constou a manchete "A culpa é dos outros: Pesquisa revela que brasileiros se acham muito melhores do que o Brasil". Renomados estudiosos expuseram suas óticas. O professor Nilo Batista lembrou que a tortura é herança da escravidão e chegou a comparar o resultado desta pesquisa com outra hipotética que poderia ter sido realizada na Alemanha de 1938. Quanto à conclusão de que "o brasileiro se acha mais ético e progressista do que o país em que vive", a pesquisadora Silvia Cervellini (do Ibope) explicou que este "efeito da terceira pessoa" é uma tendência mundial, na qual se projetam para o outro uma atitude questionável que o isenta de erro. Além disso, contribuições do psiquiatra Eduardo Ferreira Santos, do antropólogo Roberto da Matta e do filósofo Renato Janine Ribeiro foram agregadas ao conteúdo da matéria. O filósofo viu na pesquisa a indicação de que a sociedade brasileira é "mentirosa e hipócrita" e o Brasil é "profundamente mentiroso".

Os resultados apontados na reportagem a respeito da pesquisa são realmente interessantes. Pretendo focar apenas dois deles: a questão da tortura e o Brasil que merecemos.

É significativo compreender esta pesquisa à luz do excelente filme "Tropa de Elite" que circulou nos cinemas do País no último semestre. Não quero criticar o filme e tampouco os seus atores. Na verdade, já até comprei o DVD. Mas, a narrativa "real" do filme e a chamada na 1ª página, reproduzida na manchete da página 18 do jornal O Globo do mesmo dia ("Máquina Mortífera: Polícia Militar do Rio mata 327% mais que a de São Paulo, que tem o dobro de efetivo") mostra uma realidade que não estou convencido de que seja o mundo melhor que almejamos deixar para as próximas gerações.

A prova cabal de que a situação não é só tupiniquim, é encontrada na manchete "Bush veta lei que proíbe simulação de afogamento: Presidente diz que técnica de interrogatório polêmica é uma ferramenta essencial na luta contra o terrorismo" (página 41 de O Globo do mesmo dia). É certo que a política criminal norte-americana tem influenciado e servido de paradigma para nossa "política criminal". Quero destacar agora o paradoxo inevitável que foi revelado pela pesquisa: como é possível que brasileiros se achem muito melhores do que o Brasil e 26% deles defendam a prática da tortura de suspeitos?

Já tive a oportunidade de ouvir uma autoridade pública dizer que a polícia é aquela que a sociedade quer e merece. Acredito nesta assertiva. Resta a pergunta: a sociedade quer a polícia que tem? Sei dos graves problemas de recursos financeiros e humanos da polícia. Minha pergunta não pretende, em absoluto, dirigir-se à instituição policial. Ao contrário, dirige-se a cada um dos leitores: esta é a polícia que você deseja para o seu País? Esta situação (caótica) é a que você almeja deixar para as próximas gerações (filhos e netos)?

Repare a situação paradoxal na qual nos encontramos todos. Ou escolhemos conscientemente (e munidos de informação suficiente) que a sociedade que queremos deve ser realmente excludente e que o extermínio dos "desajustados" ao sistema é medida necessária; ou reconhecemos que as coisas estão fugindo do controle e que o final desta história certamente não acabará bem.

Se todos nós reconhecermos a "realidade" exposta atrás das grades de nossos condomínios e afirmarmos categoricamente que é exatamente isso o que queremos (exclusão e extermínio do número máximo de pessoas que pudermos segregar do processo produtivo e de consumo), então que esta "política" se transforme em verdadeira política criminal. Façamos como na inquisição ou, para não ir tão longe, retornemos à Alemanha de 1938, referida pelo professor Nilo Batista.

Agora, se estamos procurando como sair desta "sinuca de bico", que é a atual situação de confronto e morte entre policiais e pessoas pobres (pouco importa se são delinquentes, traficantes ou civis) nos guetos chamados favelas, então é necessário que cada um de nós repense com muita calma o tipo de País que almeja deixar para seus sucessores. Será um país com violência atingindo níveis exorbitantes? Ou será um país que, mesmo em longo prazo, trilhe o caminho da inclusão social, da educação, da oportunidade de emprego, da moradia e do atendimento médico para todos os seus cidadãos?

Com tudo isso, pretendo apenas dizer que é um paradoxo a constatação de que "o brasileiro se acha mais ético e progressista do que o país em que vive". Ou queremos excluir e exterminar os pobres inconvenientes inaptos para o consumo do mercado capitalista em que vivemos; ou desejamos modificar o atual estado de coisas para torná-lo mais humano e racional para as gerações vindouras. No primeiro caso, imagino que o resultado da pesquisa deveria apontar entre 70-80% em prol da tortura de suspeitos; no segundo, especulo que o resultado não alcançaria 10%. Este é o paradoxo que esta interessante pesquisa traz.

Resta ainda uma última pergunta: a sociedade está realmente informada disso tudo e das implicações de cada uma destas escolhas? Certamente incumbe à Mídia levar estas perplexidades ao debate público, estimular a controvérsia e apresentar diferentes alternativas. Só assim cada cidadão terá condições de fazer um juízo de valor com base em fatos e argumentos. Esta questão merece e precisa de um amplo debate público. Considero que esta pesquisa é um ponto de partida e está num dos degraus iniciais de uma escadaria longa. Sinceramente, espero que a Mídia não deixe de focar estes assuntos tão relevantes para o destino do País sob uma perspectiva eminentemente informativa.[3]

A influência da Mídia no julgamento de causas tributárias e criminais

Em outra oportunidade, elaboramos aprofundado estudo a respeito da influência dos órgãos da mídia (ou simplesmente da Mídia) nos variados estratos da sociedade dos dias de hoje, com especial ênfase no processo penal. Com efeito, através de variadas artimanhas, algumas propositais e outras possivelmente involuntárias, a Mídia (sobretudo aquela de cunho sensacionalista) logra distorcer algumas informações e dados veiculados nas notícias que divulga, desde o momento de escolha da pauta, a "investigação" dos fatos, a utilização das palavras e do silêncio, a editoração e até mesmo no formato e destaque da sua publicação.[4]

---

3   O texto foi publicado no seguinte veículo: *O Globo Online*. Rio de Janeiro, 11.03.2008. Disponível em: http://oglobo.globo.com/opiniao (Opinião). Acesso em: 11.03.2008.

4   A respeito da hegemônica e onipresente penetração da Mídia na sociedade democrática brasileira registramos que: "Hoje, a Mídia, como instituição fundamental ao exercício pleno da democracia, goza de credibilidade e confiança aos olhos da população à qual deve servir. (...) Ocorre que, a mídia passou a exercer e desenvolver diferentes graus de influências e ingerências junto à sociedade. É que, tanto a sociedade quanto os indivíduos que a compõem esperam e assimilam as informações divulgadas através das notícias e se informam por meio delas. Com isso, a mídia tem a legitimação de sua atividade no processo democrático. (...) Tais influências podem ser vistas e principalmente sentidas diariamente. Para tanto, basta o contato, ainda que superficial, com alguns órgãos da mídia. Por exemplo, a telinha da televisão cria rapidamente um clima de comoção social, seja quando divulga o acontecimento fatal de alguma tragédia inesperada decorrente da natureza, seja quando divulga dados sobre crimes ocorridos em circunstâncias mais chocantes ou até triviais. Outro exemplo ainda mais corriqueiro é que o cinema e a televisão ditam a moda e criam manias, trejeitos e clichês, posteriormente imitados pelos telespectadores. Os exemplos são inúmeros, a depender simplesmente de que campo se pretende abor-

Naquela ocasião, o foco de nosso estudo deu-se em torno da influência dos órgãos da mídia principalmente no processo penal brasileiro. Para desenvolver tão instigante tema, abrimos variadas frentes com diferentes abordagens, como a penetração da ideologia do medo na sociedade, o sensacionalismo como possível fator criminógeno, diferentes efeitos (negativos, neutros e positivos) da imagem da violência na Mídia e o desenvolvimento da imagem da violência na cidade pela ótica da Mídia, dentre tantas outras.

Especialmente na seara jurídica, ressaltamos a influência que a Mídia pode desfrutar junto à sociedade a partir do manejo de notícias sobre a política criminal, a descoberta e o andamento das investigações de determinado crime, a prisão provisória dos suspeitos, a maior dificuldade na ressocialização durante a execução penal, a decisão dos jurados e com os principais atores do processo, dentre os quais se destaca a figura do magistrado.[5]

No âmbito do processo penal demonstramos naquela ocasião que o magistrado é sim passível de sofrer diferentes graus de influência da Mídia – como cidadão normal e ativo da sociedade que se (des)informa e (de)forma a sua opinião a partir de seus órgãos – especialmente quando focamos esta abrangência nas notícias sensacionalistas.

Nesta breve reflexão que ora levamos ao conhecimento do leitor, levantamos uma provocação de modo proposital. É possível que os órgãos da mídia influenciem o magistrado na tomada de sua decisão sobre relevante matéria tributária? Entendemos que sim, especialmente cuidando-se da divulgação de notícias sensacionalistas. Esta eventual influência, no entanto, não deve prevalecer (e muito menos de modo escamoteado).

É que o sensacionalismo não se limita única e exclusivamente aos fatos relacionados aos crimes, aos criminosos e aos seus processos penais. Sem qualquer margem para dúvida, parece-nos que este é o sensacionalismo de nível mais rasteiro. Não se limita à chamada "imprensa marrom". Pode ser encontrada diariamente nos melhores periódicos e nas maiores emissoras televisivas do País.

De igual maneira – e guardadas as devidas proporções – é possível vislumbrar a influência exercida pelos órgãos da mídia nos magistrados encarregados de prolatar votos e decisões que envolvem relevantes questões tributárias para o cenário nacional. Aqui o sensacionalismo não se revela pelo tom avermelhado encardido de sangue (como naquela situação anterior). Mostra-se em toda a sua plenitude, contudo, no exagero da divulgação de cifras astronômicas que são repetidas e parecem ganhar a vida sempre que uma nova causa tributária é submetida ao exame do Plenário do Supremo Tribunal Federal.

Geralmente, tais cifras astronômicas, que giram em torno dos números de 11 dígitos (frequentam a pomposa casa dos bilhões de reais), se prestam a anunciar de maneira alarmista o "prejuízo", "custo" ou "ônus" que será eventualmente suportado pelos cofres públicos caso o Fisco seja derrotado na "disputa bilionária" e os contribuintes saiam vencedores em determinada questão tributária submetida ao crivo da Suprema Corte.[6]

---

dar" (ANDRADE, Fábio Martins de. *Mídi@ e Poder Judiciário: A Influência dos Órgãos da Mídia no Processo Penal Brasileiro*. Rio de Janeiro: Lumen Juris, 2007, p. 103).

[5] A corroborar tal assertiva, confira exemplificativamente o recente episódio: "DeSanctis reclama também que os ataques de parte da imprensa podem impedir que o juiz julgue com independência" (EDITORIAL. DeSanctis diz que imprensa atrapalha trabalho do juiz. *Revista Consultor Jurídico*. São Paulo, 09.03.2009. Disponível na internet: http://www.conjur.com.br/2009-mar-09/ataque-imprensa--interfere-trabalho-juiz-afirma-sanctis [12.03.2009]).

[6] Embora muitas vezes tais matérias sejam bem escritas e com informações realmente relevantes para o público leitor, a divulgação dos "números mágicos" realmente (im)pressiona: TEIXEIRA, Fernando. Supremo analisará neste ano temas que envolvem R$ 100 bi. *Valor Econômico*, São Paulo, 03.01.2008, p. E1; "Apenas três delas [disputas tributárias], [...], podem somar créditos de R$ 150 bilhões, segundo a estimativa da União" (TEIXEIRA, Fernando. Fiesp pede a Gilmar Mendes atenção do Supremo às disputas tributárias. *Valor Online*, São Paulo, 22.01.2009. Disponível na internet: http://www.valoronline.com.br [22.01.2009]); "A CONSIF alega que o custo potencial das ações que tramitam na Justiça ou ainda poderão ser propostas, questionando esses planos [econômicos, conhecidos como Planos Cruzado, Bresser, Verão, Collor I e Collor II], 'monta a mais de R$ 180 bilhões, dos quais R$ 35 bilhões somente relativos

É curioso notar como este ponto de contato entre os dois temas (tributário e criminal) leva a predominância comum do tom sensacionalista às vésperas de um julgamento de relevo. De fato, cuidando-se da influência dos órgãos da mídia na cobertura das notícias sobre a descoberta do crime, a investigação e eventual prisão do suspeito e o oferecimento da denúncia, é frequente assistirmos à escolha arbitrária de apenas uma das versões possíveis, "geralmente aquela divulgada pelos órgãos oficiais responsáveis pela persecução criminal (versão acusatória)".[7]

Tratando-se de matéria tributária isto também ocorre, possivelmente de maneira despropositada. Talvez o acesso às fontes do quadro oficial de funcionários do Estado seja mais fácil e simples de entrevistar. É possível que para o jornalista um dado fornecido por um funcionário público seja presumido correto e verdadeiro; daí porque muitas vezes não são pesquisados, debatidos, corroborados ou contraditados.

Enfim, distintas causas contribuem para um fenômeno que parece estar paulatinamente chegando aos magistrados do País e causando a indesejável consequência de influenciá-los – em maior ou menor medida – na prolação de seus votos e de suas decisões. Trata-se da introjeção pelo magistrado daquelas informações previamente veiculadas pelas notícias divulgadas nos órgãos da mídia (muitas vezes de modo sensacionalista) em torno dos elevados montantes em discussão perante o Poder Judiciário, especialmente às vésperas da prolação de decisão acerca de relevantes questões tributárias.

De certo modo, a situação agrava-se pela responsabilidade colocada nos ombros dos Ministros do Supremo Tribunal Federal – que julgam em última e definitiva instância – e pode ser de fato demasiado pesada. De um lado, tem-se a alegação fundada em razões jurídicas de que determinado texto normativo viola a Lei Maior. De outro, tem-se as razões sustentadas em proveito da manutenção do *status quo* legislativo. Dentre elas, podem surgir (pseudo)razões de ordem econômica ou orçamentária a servir de pretenso fundamento para a manutenção do dispositivo legal inquinado. É o apelo ao argumento consequencialista de cunho econômico em matéria tributária, por exemplo, pelo qual se busca simplificar o debate jurídico travado perante o tribunal em uma questão sobre o montante do suposto prejuízo ("rombo") que o cofre público sofreria com eventual decisão contrária ao Fisco e ao interesse governamental, que – registre-se – muitas vezes não se confunde com o interesse social.

Frequentemente, estas (pseudo)razões sumárias e apelativas sobre o sensacional montante da questão tributária submetida ao julgamento são explicitadas por meio de periódicos jornalísticos, com o intuito de (im)pressionar o julgador. Ainda que pudesse se deixar sensibilizar por argumento de tal natureza, o julgador deveria motivar adequadamente a sua decisão, isto é, deveria invocar as razões – preferencialmente jurídicas e eventualmente corroboradas por outras extra-autos ou até mesmo extra-processuais – que o teriam levado a decidir de tal maneira. É sempre recomendável que fique explicitado pelo julgador que ele se deixou impressionar por argumento de tal natureza, sob pena de ilegitimidade de sua decisão.[8]

à Caixa Econômica Federal (CEF)'. E esse valor, observa, corresponde a cerca de três vezes o patrimônio daquela instituição" (STF. CONSIF pede declaração de constitucionalidade de planos econômicos. Sistema Push de Notícias. 05.03.2009).

7 Tanto a preferência pela versão oficial e acusatória é prejudicial à adequada apuração dos fatos sob investigação, à responsabilidade dos agentes da infração apurada e à sua condenação (quando determinada pela sentença definitiva), como também "uma floresta de versões" é prejudicial para a informação do público. "Ambas conduzem a opinião pública ao equivocado entendimento sobre o assunto que se pretende informar" (ANDRADE, Fábio Martins de. *Mídi@ e Poder Judiciário: A Influência dos Órgãos da Mídia no Processo Penal Brasileiro*. Rio de Janeiro: Lumen Juris, 2007, p. 259).

8 Para aprofundamento de toda essa vertente de como usar o argumento pragmático ou consequencialista de cunho econômico em matéria tributária, confira a seguinte tese que apresentamos em 2010 ao Programa de Pós-Graduação da Faculdade de Direito da Universidade do Estado do Rio de Janeiro – UERJ para a obtenção do grau de Doutor em Direito Público: "O argumento pragmático ou consequencialista de cunho econômico e a modulação temporal dos efeitos das decisões do Supremo Tribunal Federal em matéria tributária".

Em resumo, tanto no processo penal como também no contencioso tributário, é importante que o magistrado não se deixe pressionar e principalmente impressionar pelos órgãos da mídia. No contencioso tributário eles atuam por meio da divulgação reiterada do sensacional montante estimado do eventual prejuízo para o cofre público na hipótese de decisão final contrária ao Fisco sobre determinada questão tributária em trâmite junto aos Tribunais Superiores. Caso sejam levados em consideração pelo magistrado devem ser devidamente expostos de modo a corroborar os fundamentos jurídicos centrais do voto prolatado.[9]

Ademais, permitimo-nos trazer um último ponto de contato das relações existentes entre o processo penal e os órgãos da mídia de um lado e entre eles e as causas tributárias de outro. No processo penal, além da Mídia ter a possibilidade e a capacidade de possivelmente influenciar diretamente o magistrado (como pessoa, cidadão ativo de sua comunidade e inserido no seio social), ele também pode ser pressionado pela "opinião publicada" pela Mídia.[10]

De igual modo, também no julgamento das causas tributárias, o magistrado pode eventualmente sentir-se pressionado pela "opinião publicada", reforçada ainda mais pela divulgação exagerada de cifras mágicas e sem qualquer comprovação, questionamento ou contradita. Nos julgamentos que ocorrem em última e definitiva instância (no STF) coloca-se toda a responsabilidade sobre aquele elevado montante nos ombros dos onze Ministros, a quem incumbirá decidir se o dinheiro "é do povo" (*rectius*: do Estado, compreendido como governo em sentido amplo) ou dos "grandes empresários que não querem pagar imposto" (como muitas vezes se ouve nos ambientes mais leigos).

Ocorre que esta simplificação maniqueísta, que aqui foi levada a um extremo tipicamente "sensacionalista" (para fins meramente didáticos), esconde uma perversidade que deve ser adequadamente compreendida.

No Estado Democrático de Direito que pretendemos construir logramos atingir o atual estágio no processo civilizatório – à custa de muitos avanços e retrocessos – pelo qual efetivamente "a lei não excluirá da apreciação do Poder Judiciário lesão ou ameaça a direito" (art. 5º, inciso XXXV). Além disso, enquanto de modo geral "homens e mulheres são iguais em direitos e obrigações" (art. 5º, inciso I), particularmente na seara tributária "é vedado à União instituir tratamento desigual entre contribuintes que se encontrem em situação equivalente, proibida qualquer distinção em razão de ocupação profissional ou função por eles exercida" (art. 150, inciso II), todos da Constituição da República.

---

9   Acerca do princípio da legalidade, confira a seguinte nota de rodapé escrita pelo Professor Roque Antonio Carrazza: "No Brasil, não pode haver tributo sem prévia descrição legal. Assim como, em matéria penal, o princípio da legalidade veio a consubstanciar-se na regra de ouro *nullum crimen nulla poena sine praevia lege*, em matéria tributária acabou forjando a análoga sentença *nullum vectigal sine praevia lege*. Tanto o direito sancionador do Estado (*ius puniendi*) quanto o direito que este tem de tributar (*ius tributandi*), que, de algum modo, investem contra a liberdade e a propriedade das pessoas, dependem, para serem validamente exercitados, da prévia manifestação do Poder Legislativo. Logo, a lei, tanto a penal, quanto a tributária, deve ser anterior ao fato típico (*lex praevia*), e nunca o fato típico anterior a ela" (CARRAZZA, Roque Antonio. *Segurança Jurídica e Eficácia Temporal das Alterações Jurisprudenciais: Competência dos Tribunais Superiores para fixá-la – Questões conexas*. In: FERRAZ JUNIOR, Tércio Sampaio; CARRAZZA, Roque Antonio; NERY JUNIOR, Nelson. *Efeito ex nunc e as decisões do STJ*. 2ª ed. Barueri, SP: Manole: Minha Editora, 2009, p. 52, nota 36). Para aprofundamento de vários outros aspectos de convergência entre o Direito Penal e o Direito Tributário, consultar: DERZI, Misabel Abreu Machado. *Direito Tributário, Direito Penal e Tipo*. 2ª ed. São Paulo: Revista dos Tribunais, 2007, 398 p.

10 De fato, com arrimo em Roberto Amaral, já explicitamos em outra ocasião que: "Os órgãos da mídia distanciaram-se de sua função inicial (reportar, narrar) para, vagarosamente, destacarem-se como intervenientes e invasores do fato. Com isso, não mais noticiam, mas opinam. Deixaram de informar para formar opinião. Neste contexto verificado, a relação entre a mídia e a opinião pública chegou a um tamanho grau de hegemonia do primeiro e submissão do segundo que, atualmente, pode-se dizer que, a opinião pública reduziu-se à opinão publicada pelos órgãos da mídia" (ANDRADE, Fábio Martins de. *Míd@ e Poder Judiciário: A Influência dos Órgãos da Mídia no Processo Penal Brasileiro*. Rio de Janeiro: Lumen Juris, 2007, p. 47, apud AMARAL, Roberto. *O poder da imprensa e o controle da opinião pública*. Disponível na internet: http://www.cebela.org.br/Atualidade-3.htm [05.08.2002]).

Estes relevantes dispositivos constitucionais, situados com maior carga axiológica na parte imutável da Carta Magna, longe de servir à retórica vazia, se prestam a proteger os mais poderosos e os mais necessitados (ao mesmo tempo). De fato, quando um ou mais contribuintes dispõem-se a sustentar, seja na esfera administrativa, seja em juízo, a inconstitucionalidade de uma lei ou ato normativo de caráter tributário, é inegável a transcendência e evidente a repercussão geral que a questão constitucional da matéria tributária alberga.

É necessário que o tema seja pacificado com relativa agilidade pelo Poder Judiciário, sob pena de excessiva perpetuação de insuportável insegurança jurídica a grassar no ambiente comercial e empresarial do País, com evidentes prejuízos para a circulação de riquezas e serviços, enfim, à sociedade como um todo.

Diante disso, uma questão constitucional de tal natureza, cuja relevância será revelada na proporção direta do agigantado universo de contribuintes que abranger, merece do Poder Judiciário, especialmente do seu órgão de cúpula (o STF), a atenção devida e de modo independente de quem tenha levado o caso ao seu conhecimento (o "grande empresário" ou o "pequeno empresário" ou a pessoa física).

De fato, independentemente da saúde financeira do contribuinte e da capacidade e competência do patrono que sustenta a causa que será alçada à condição do caso-líder (*leading case*) para pacificar determinada questão constitucional em matéria tributária, é relevante notar que o precedente aí estabelecido tende a se consagrar nas demais causas que versarem sobre a mesma temática, excepcionadas as peculiaridades capazes de apontar para uma solução diversa, seja pela inércia do contribuinte, seja por circunstâncias processuais específicas, ou ainda a subsequente consideração de argumento até então não levantado perante o tribunal.

Espera-se que a utilização do instrumental veiculado através da repercussão geral e da súmula vinculante permita de modo efetivo a uma maior agilidade na difusão da aplicação do caso-líder (*leading case*), o que tem permanecido demasiadamente demorado em alguns casos em razão do famigerado dever legal de recorrer que é imposto por lei aos procuradores das fazendas públicas, em razão do parágrafo único do art. 142 do Código Tributário Nacional.[11][12]

A influência da imprensa no julgamento do Mensalão

Em 02.08.2012 começou o julgamento do maior caso criminal dos últimos tempos, conhecido como Mensalão. E ainda está longe do fim. Trata-se da Ação Penal 470, instaurada perante o Supremo Tribunal Federal para apurar possíveis crimes de lavagem de dinheiro e corrupção, praticados inclusive por funcionários públicos e políticos.

Obviamente um caso desse porte requer cuidadosa cobertura pelos órgãos da mídia, tanto pela enorme importância política e jurídica, como também pela repercussão social – e até comoção – que causa.

Soaria leviano e até ingênuo sustentar, por exemplo, que um processo de *impeachment* devesse ocorrer longe dos holofotes da Mídia. E ainda pior, soaria como um verdadeiro retrocesso no processo democrático brasileiro, no sentido de escamotear a transparência tão dura e paulatinamente conquistada ao longo dos últimos anos.

---

11   No mesmo sentido: "A administração pública, por sua vez, até então tratava de dolosamente retardar o cumprimento e observância das decisões do STF, também sob o argumento de inexistência de vinculação obrigatória, impondo um novo e redobrado ônus aos cofres públicos por conta da reprodução, em larga escala, de centenas de milhares de ações que buscavam, tão-somente, o cumprimento da decisão do STF. Esta experiência era bastante comum no âmbito tributário" (APPIO, Eduardo. *Controle difuso de constitucionalidade: modulação dos efeitos, uniformização de jurisprudência e coisa julgada*. Curitiba: Juruá, 2008, p. 114). Exemplo disso é o permanente inconformismo das fazendas municipais contra a determinação, inclusive com a edição de súmula vinculante, de que não deve incidir ISS sobre as locações de bens móveis.

12   O artigo foi publicado em: *Jus Navigandi*. Teresina, ano 15, n. 2.736, 28 dez 2010. Disponível em: http://jus.uol.com.br/revista/texto/18131. Acesso em: 28.12.2010.

De igual modo, um esquema de corrupção que foi revelado com tintas fortes pela Mídia e que originou a maior Ação Penal em trâmite perante o Supremo Tribunal Federal também é notícia, por óbvio. De um lado, sustentar o escamoteamento da referida transparência, a essa altura dos acontecimentos, significaria deletério retrocesso no processo democrático que tem transcorrido com naturalidade e normalidade. De outro, qualquer tipo de limitação junto aos órgãos da mídia soaria como um ato de censura (em alguma medida), o que seria inadmissível nos dias de hoje, especialmente depois de declarada inconstitucional e malfadada Lei de Imprensa (do tempo do regime militar).

Diante disso, chegamos a nossa primeira conclusão: a transparência no julgamento do Mensalão é desejável e revela um auspicioso estágio do nosso processo democrático, no qual questões graves são resolvidas dentro do ambiente de normalidade institucional e – principalmente – em continuidade constitucional.

Contudo, já se disse no passado que a liberdade de imprensa não pode se confundir com libertinagem. De fato, junto com um grande poder (de influência e de formar a opinião da população brasileira) vem também uma enorme responsabilidade (de bem prestar o serviço público de veicular e circular a informação de modo correto, imparcial e isento). No centro dessa gangorra está a principal característica da empresa jornalística: trata-se de uma empresa que, como qualquer empresa, visa a obtenção de lucro. No caso de sua atividade, a sua mercadoria é a notícia.

Isso poderia não afetar a vida das pessoas se os índices de analfabetismo e escolaridade no Brasil já estivessem equalizados com os índices dos países desenvolvidos. Todavia, essa não é a nossa realidade hoje. Ainda estamos longe de alcançar esse objetivo, apesar do esforço crescente dos governantes nesse sentido.

Com uma população sensível e relativamente manipulável, em razão da baixa escolaridade, e com o enorme poder que os órgãos da mídia concentram em suas mãos, torna-se muito importante a coerência da linha editorial do jornal, isto é, na busca pela notícia será mais ou menos tendenciosa, parcial, imparcial, isenta e objetiva, na exata proporção que a sua linha editorial for conhecida e francamente aberta.

Como o jornalismo é desenvolvido por jornalistas, seres humanos falíveis como todos, nessa atividade também há certos excessos. Um excesso que macula a atividade do bom jornalismo diz respeito ao sensacionalismo, que é estimulado e desejável para a obtenção de lucro. O sensacionalismo aqui referido não é aquele da imprensa marrom. É aquele exercido diariamente pelos órgãos da mídia na divulgação de notícias com maior ou menor relevância e com maior parcialidade do que se gostaria (quando se pensa em um serviço de jornalismo de qualidade).

Diante disso, é possível chegar a uma segunda conclusão: os órgãos da mídia se sujeitam a uma agenda que é diretamente pautada por interesses que nem sempre são claramente explicitados na mercadoria com que trabalha, ou seja, a notícia pode vir carimbada com a linha editorial do veículo e pode se submeter a uma maior ou menor quantidade de sensacionalismo, com o objetivo de incrementar o lucro da empresa jornalística.

O Supremo Tribunal Federal, guardião máximo da Constituição, é formado por pessoas escolhidas seguindo determinado rito, também falíveis como seres humanos que são, influenciáveis em maior ou menor medida pelos órgãos da mídia, a variar de acordo com as posições adotadas sobre os diferentes assuntos jurídicos que lhes são submetidos rotineiramente a julgamento (e até pelo distinto nível de erudição em muitos casos).

Do Relator, Ministro Joaquim Barbosa, já disse um advogado em um dos primeiros dias do julgamento, que ele estaria se agarrando na oportunidade que tem para deixar um legado de sua passagem pela Suprema Corte, razão pela qual vinha se preparando para o momento com dedicação quase exclusiva. Por ter-se manifestado, o advogado quase teve que responder uma representação que seria movida pelo referido Ministro, segundo notícias e informações circuladas na ocasião.

O Ministro Ricardo Lewandowski, excelente e sério magistrado que também ocupa cadeira na Suprema Corte, em outra oportunidade de tal processo chegou a afirmar – ao menos segundo as notícias veiculadas na época – que o julgamento teria ocorrido com enorme pressão ("com a faca no pescoço", salvo engano). Refiro-me ao episódio em que trechos de conversas da intranet de alguns Ministros foram divulgados quando a Corte analisava o recebimento da denúncia no Caso Mensalão.

O mesmo Ministro Ricardo Lewandowski tem servido no Plenário como um contraponto necessário e mais sereno contra a acusação indiscriminada promovida pelo Ministro Joaquim Barbosa, com a adoção integral dos elementos trazidos na denúncia apresentada pelo Ministério Público Federal.

Ora, nessa situação é claro que o pano de fundo de cada um dos Ministros vem explicar as posições adotadas. De um lado, o Ministro Joaquim Barbosa, originário do Ministério Público Federal, obviamente sente-se confortável quando lida com uma peça acusatória. De outro lado, o Ministro Ricardo Lewandowski, advogado militante que se tornou magistrado pelo quinto constitucional, por óbvio busca verificar se os direitos e garantias estão sendo assegurados ou violados, se as provas são legítimas, se as provas são suficientes ou não e até se há ou não irregularidade nos autos.

É curioso notar o embate que tem sido travado entre os Ministros Joaquim Barbosa e Ricardo Lewandowski. Cuidando-se de Relator e Revisor do caso, geralmente sintetizam as posições de um lado e de outro quanto aos argumentos tanto para acusar e condenar, como também para defender e absolver.

Até aqui tudo ainda estaria bem. Mas, a realidade é que há enorme pressão dos órgãos da mídia no sentido da condenação (por causa do maior apelo sensacionalista que nele vem embutido), que é colocada diante da opinião pública (ou publicada) como favas contadas. E se não houvesse condenação, então estaria instituída a impunidade!

Onde essa pressão dos órgãos da mídia pode ser sentida? Ela poderá ser verificada quando da publicação do acórdão, que juntará todos os votos que estão sendo prolatados desde agosto e terminarão nos próximos meses. Indicações explícitas ou referências implícitas sobre clamor popular, indignação social, repercussão social, notícias e referências novelescas podem sinalizar para uma maior ou menor influência dos órgãos da mídia no Caso do Mensalão.

E qual é o problema de tal influência? Ora, se ela for devidamente neutralizada durante o julgamento, de modo que não contribua decisivamente para o resultado final, então certamente os direitos e garantias individuais de cada um dos acusados, de modo particular, e de todos (de maneira geral), estarão respeitados e a decisão será legítima. Caso contrário, se a pressão dos órgãos da mídia levar a uma flexibilização ou distorção (maior ou menor, pouco importa) das regras processuais e dos antecedentes jurisprudenciais relacionados ao processo penal em tema de lavagem de dinheiro e corrupção, então a decisão será ilegítima.

E qual é o problema de uma decisão da Suprema Corte ilegítima? Ora, o problema é que o último bastião de defesa e proteção dos direitos e garantias individuais estará sucumbindo às pressões externas ao julgamento, ao arrepio das provas carreadas aos autos, às regras processuais aplicáveis e aos antecedentes jurisprudenciais.

Ao invés de estabelecer a pacificação social e a segurança jurídica ao ordenamento nacional, decisão de tal jaez instaura a maior litigiosidade entre os órgãos de persecução penal e os acusados e cria maior insegurança jurídica no ambiente institucional.

Diante disso, chegamos a terceira conclusão: a decisão da Suprema Corte será mais ou menos legítima na medida em que tiver neutralizado ou sucumbido à pressão dos órgãos da mídia durante o julgamento. Isso pode ser acompanhado durante as sessões que estão sendo realizadas desde agosto, mas ficará evidenciado quando da publicação do acórdão.

Por fim, vale lembrar as principais conclusões desse breve estudo: 1) a transparência no julgamento do Mensalão é desejável e revela um auspicioso estágio do nosso processo democrático, no qual questões graves são resolvidas dentro do ambiente de normalidade institucional e – principalmente – em continuidade constitucional; 2) os órgãos da mídia se sujeitam a uma agenda que é diretamente pautada por interesses que nem sempre são claramente explicitados na mercadoria com que trabalha, ou seja, a notícia pode vir carimbada com a linha editorial do veículo e pode se submeter a uma maior ou menor quantidade de sensacionalismo, com o objetivo de incrementar o lucro da empresa jornalística; e 3) a decisão da Suprema Corte será mais ou menos legítima na medida em que tiver neutralizado ou sucumbido à pressão dos órgãos da mídia durante o julgamento.

Muitas outras conclusões poderiam ser agregadas a esse breve estudo. Confiamos ao leitor a criatividade para levantar outras conclusões cabíveis sobre esses temas e outros afins relacionados à influência dos órgãos da mídia no processo penal brasileiro.[13]

Impactos tributários do julgamento do Mensalão

A conclusão do julgamento do Mensalão ocorreu no final de 2012, depois de ocupar praticamente toda a pauta das sessões de julgamento do Supremo Tribunal Federal no 2º semestre. Além disso, há indicações claras no sentido de que a publicação do acórdão ocorrerá de maneira relativamente célere. Com a publicação do acórdão, diferentes graus de impactos poderão ser verificados em variadas áreas do Direito.

Especificamente na seara tributária, cabe referir o impacto do julgamento do Mensalão na chamada Reforma Tributária, veiculada pela Emenda Constitucional n. 42/03.

Dentre os dispositivos veiculados pela referida Emenda, e que já foram passíveis de questionamento judicial pela mácula da inconstitucionalidade, destacam-se os seguintes.

A modificação promovida pela Emenda Constitucional n. 42/03 no art. 76 do ADCT estabeleceu que: "É desvinculado de órgão, fundo ou despesa, no período de 2003 a 2007, vinte por cento da arrecadação da União de impostos, contribuições sociais e de intervenção no domínio econômico, já instituídos ou que vierem a ser criados no referido período, seus adicionais e respectivos acréscimos legais".

Tal desvinculação de receitas tributárias foi desafiada no STF. A Relatora do caso, Ministra Cármen Lúcia submeteu a questão ao Plenário Virtual, manifestando-se "pela recusa do recurso extraordinário, dada a ausência de repercussão geral da questão constitucional nele suscitada", sob o fundamento de que: "Além da ausência de transcendência de interesse, a relevância que poderia ter a matéria foi superada pelo transcurso do tempo, pois o art. 76 do Ato das Disposições Constitucionais Transitórias já não surte mais efeitos, dada a circunstância de a desvinculação ter sido limitada ao período de 2003 a 2007".

Ante a ausência de manifestações suficientes para a recusa do recurso extraordinário, o Tribunal reputou existente a repercussão geral da questão constitucional suscitada. Não se manifestou o Ministro Joaquim Barbosa, tendo acompanhado a recusa do recurso extraordinário da Relatora os Ministros Celso de Mello, Cezar Peluso, Dias Toffoli, Ellen Gracie, Eros Grau e Ricardo Lewandowski e pelo reconhecimento da repercussão geral os Ministros Ayres Britto, Gilmar Mendes e Marco Aurélio (STF – Pleno – RE 566.007-RG – Rel. Min. Cármen Lúcia – j. 13.05.2010). O caso aguarda o julgamento de mérito.

O RE 566.032 tratou da prorrogação da CPMF, teve a sua repercussão geral reconhecida e o recurso da Fazenda Nacional foi provido. Eis a ementa: "1. Recurso extraordinário. 2. Emenda Constitucional n. 42/2003 que prorrogou a CPMF e manteve a alíquota de 0,38% para o exercício de 2004. 3. Alegada violação ao art. 195, § 6º, da Constituição Federal. 4. A revogação do artigo que estipulava diminuição de alíquota da CPMF, mantendo-se

---

13 O texto foi disponibilizado em: *Revista Consultor Jurídico*. São Paulo, 04.10.2012. Disponível na internet: http://www.conjur.com.br/2012-out-04/fabio-andrade-influencia-imprensa-julgamento-mensalao. Acesso em: 04.10.2012.

o mesmo índice que vinha sendo pago pelo contribuinte, não pode ser equiparada à majoração de tributo. 5. Não incidência do princípio da anterioridade nonagesimal. 6. Vencida a tese de que a revogação do inciso II do § 3º do art. 84 do ADCT implicou aumento de tributo para fins do que dispõe o art. 195, § 6º, da CF. 7. Recurso provido" (STF – Pleno – RE 566.032 – Rel. Min. Gilmar Mendes – j. 25.06.2009). No mesmo sentido: STF – 2ª Turma – RE 633.441-AgR – Rel. Min. Joaquim Barbosa – j. 18.10.2011.

O art. 4º dispõe que: "Os adicionais criados pelos Estados e pelo Distrito Federal até a data da promulgação desta Emenda, naquilo em que estiverem em desacordo com o previsto nesta Emenda, na Emenda Constitucional n. 31, de 14 de dezembro de 2000, ou na lei complementar de que trata o art. 155, § 2º, XII, da Constituição, terão vigência, no máximo, até o prazo previsto no art. 79 do Ato das Disposições Constitucionais Transitórias" (ou seja, 2010).

Desse modo, o referido art. 4º pretendeu legitimar, através da "constitucionalização", tanto retroativa como também (então) prospectiva (até 2010) os malsinados adicionais de até 2% na alíquota do ICMS incidente sobre os produtos e serviços supérfluos, criados com a finalidade de financiar os "Fundos de Combate à Pobreza", instituídos com a inclusão dos artigos 79 a 83 do ADCT pela Emenda Constitucional n. 31/00.

A Confederação Nacional da Indústria ajuizou a ADI 2.869 na qual questionou dispositivos da Lei do Estado do Rio de Janeiro n. 4.056/02, que trata sobre a instituição, no exercício de 2003, do Fundo Estadual de Combate à Pobreza e às Desigualdades Sociais, especificamente com relação à inconstitucionalidade do acréscimo de 1% sobre a alíquota do ICMS de energia elétrica e de comunicações, bem como em relação à vigência de tais adicionais.

Em 07.05.2004, a referida ação direta teve o seu seguimento negado por decisão do Relator, Ministro Ayres Britto, sob o fundamento de que: "[...] 12. A bem da verdade, observa-se que o art. 4º da Emenda Constitucional n. 42/2003 validou os adicionais criados pelos Estados e pelo Distrito Federal, ainda que estes estivessem em desacordo com o previsto na Emenda Constitucional n. 31/2000. Sendo assim, se pairavam dúvidas acerca da constitucionalidade dos diplomas normativos ora adversados, estas foram expressamente enxotadas pelo mencionado art. 4º. 13. Evidencia-se, portanto, que o arcabouço constitucional delineado na exordial foi alterado pelo legislador constituinte de reforma, restando inviável proceder ao confronto de instrumentos normativos estaduais frente à ordem constitucional substancialmente modificada. Sobre esse tema, veja-se a remansosa jurisprudência desta Suprema Corte, 'in verbis' [...]. Com estes fundamentos, convenço-me da perda do objeto da presente ação, motivo pelo qual nego seguimento ao pedido".

Posteriormente, as Turmas do STF aplicaram pacificamente o entendimento explicitado no julgado acima. Exemplos disso são os seguintes julgados, que expressamente reconheceram a convalidação promovida pela Reforma Tributária: 1ª Turma – RE 457.661-AgR – Rel. Min. Dias Toffoli – j. 07.02.2012; e 2ª Turma – RE 570.016-AgR – Rel. Min. Eros Grau – j. 19.08.2008.

Além de tais dispositivos inquinados pela mácula da inconstitucionalidade, há também outros que poderiam ser questionados, como por exemplo, a inclusão do parágrafo único do art. 146, o qual concentrou sobremaneira as competências tributárias dos Estados, Distrito Federal e Municípios nas mãos centralizadoras da União, com a tributação única do Super Simples. Nessa situação, cabe exame aprofundado para verificar se houve ruptura do pacto federativo estabelecido no art. 60, § 4º, inciso I, da Constituição da República.

Diante desse panorama, surgem nesse momento provas cabais e reconhecidas pela Suprema Corte no sentido de que a sua votação no processo legislativo teria sido viciada, vez que maculada pela corrupção recentemente reconhecida no julgamento do Mensalão.

De fato, restou comprovado no Plenário do Supremo Tribunal Federal, durante o julgamento do Mensalão, que efetivamente houve a compra de votos de parlamentares no decorrer da votação de temas importantes, como a Reforma Tributária, com o objetivo de ampliar a base aliada do governo no Congresso Nacional. Diante disso, tornou-se público e notório que o processo legislativo que resultou na Reforma Tributária foi maculado por ato criminoso (corrupção) perpetrado por integrantes do Poder Executivo, sem o qual não teria sido possível aprová-la no Congresso Nacional. Reconhecido isso, subsiste dúvida quanto à validade de tais normas, especialmente à luz das violações anteriormente referidas.

A exemplo da iniciativa verificada com o ajuizamento da ADI 4.885 em face da chamada Reforma da Previdência, o questionamento acerca da Reforma Tributária está a desafiar os militantes do foro pela melhor solução no sentido do esclarecimento complementar, com o objetivo de sanar a dúvida que passa a subsistir a partir do julgamento do Mensalão a respeito da validade ou não das normas ali veiculadas.

No sentido de que tais normas não devem subsistir à luz do julgamento que o Pleno do STF adotou no Caso Mensalão, há a invocação da flagrante violação de princípios e valores contidos na Constituição e que já foram suscitados na ADI 4.885, como: o princípio da separação dos poderes, contido no parágrafo único do art. 1º, vez que não houve a efetiva expressão da vontade do povo por meio de seus representantes na votação da (então) Proposta de Emenda Constitucional em foco; o princípio da moralidade administrativa, previsto no *caput* do art. 37; e a fraude ao devido processo legislativo, que integra o devido processo legal, consoante dispõe o art. 5º, inciso LV. Além desses, outros princípios e valores constitucionais podem ser suscitados, como a razoabilidade e a proporcionalidade, na medida em que o processo legislativo foi corrompido com evidente fraude à Constituição.

No sentido contrário, de que tais normas devem subsistir, a despeito da recente mácula revelada pelo Pleno da Suprema Corte, cabe registrar que já se transcorreram quase dez anos desde a edição da referida Emenda Constitucional, que veiculou a Reforma Tributária, de modo que durante esse longo período situações se consolidaram no tempo em atendimento às normas agora maculadas.

Além disso, há o potencial multiplicador da questão, no sentido de que se o STF reconhecer que a Reforma Tributária – ou até mesmo a Reforma Previdenciária – merecem ser definitivamente invalidadas, então como consequência lógica todos os atos e leis do período no qual for reconhecida a prática delituosa de corrupção relacionada à compra de votos de parlamentares no julgamento do Mensalão devem ser anulados. Ora, isso levaria o País ao caos institucional em razão de verdadeiro hiato ou lacuna na promulgação de leis e atos normativos, o que não parece razoável, soando demasiadamente exagerado.

Uma saída possível para o STF se livrar dessa consequência nefasta seria a aplicação da modulação temporal dos efeitos de eventual decisão que vier a tomar no sentido da inconstitucionalidade, especialmente em homenagem ao princípio da segurança jurídica. Eventual decisão nesse sentido deveria ser extremamente bem fundamentada, na medida em que traz implícita em si um ônus argumentativo maior pelo Tribunal, levando-se em conta a excepcionalidade da situação (de modulação).

Por essa razão, talvez o melhor caminho não seja uma ação direta e tampouco o controle de constitucionalidade difuso, cuja declaração de inconstitucionalidade pode eventualmente submeter-se à manipulação temporal dos efeitos em situações excepcionalíssimas.

A corroborar esse entendimento, é necessário construir um caminho que livre o Requerente de eventual problema com prescrição e/ou decadência, na medida em que a promulgação da Emenda Constitucional n. 42 deu-se em 2003, isto é, transcorridos mais de cinco anos, especialmente quando em foco a instituição de tributo ou a majoração de sua alíquota. Nesse sentido, cabe registrar que o fato novo trazido à tona ocorrerá oficialmente com a publicação do acórdão do julgamento do Mensalão, data a partir da qual deve ser contada qualquer iniciativa processual relacionada ao tema, preferencialmente em ação ajuizada perante a primeira instância.

Resta saber como o STF se comportará diante de tão complexa questão jurídica. Se, de um lado, manterá a sua posição radicalmente contra a corrupção e os desmandos dos corruptores condenados no julgamento do Mensalão, apagando o rastro da mácula deixada por eles no processo democrático do País (com a anulação da Reforma Tributária, por exemplo). Ou se, de outro, vai transigir com o rastro da mácula deixada lançando mão de técnicas de decisão que exigem maior carga argumentativa (para sua legitimidade), de modo que através da modulação temporal dos efeitos de eventual decisão declarando a inconstitucionalidade seria possível manter a Reforma Tributária.

Além disso, resta saber como a questão será colocada perante a Suprema Corte e por ela analisada. De fato, robustece a discussão no sentido da ilegitimidade da Reforma Tributária se, além dos argumentos retirados da ADI 4.885 (relacionada à Reforma Previdenciária), houvesse outros sólidos argumentos jurídicos de violação e afronta aos dispositivos constitucionais relacionados ao Sistema Tributário Nacional. Ademais, resta exame de como se dará o liame entre o que foi reconhecido no julgamento do Mensalão, no tocante à prática rotineira de compra dos votos de parlamentares e as suas consequências lógicas, na medida em que não decorre logicamente de uma condenação criminal de um político a declaração de inconstitucionalidade das leis que ele corrompeu.

Enfim, começam a surgir as primeiras reflexões a respeito do assunto que certamente deve ser amadurecido tanto pela comunidade acadêmica como também pela comunidade jurídica que atua diretamente no foro, com vistas a buscar soluções que possam resolver esse impasse que o julgamento do Mensalão coloca em torno de algumas relevantes leis e atos normativos no período em que foi regular a prática da compra de votos de parlamentares no chamado esquema do Mensalão, conforme decidiu o Pleno do STF.

De um ponto de vista puramente acadêmico, algumas teorias e ideias poderiam ser levantadas para derrubar por completo as normas da Reforma Tributária. De um ponto de vista prático, no entanto, é necessário que estudo desse jaez consiga efetivamente agregar o fato novo aos argumentos jurídicos já existentes, e que ainda devem ser desenvolvidos à luz do resultado do julgamento do Mensalão a partir da publicação do acórdão, de modo a manter a coerência argumentativa no sentido da sua prevalência em caso de ponderação, em razão da maior proporcionalidade e razoabilidade.[14]

STF e opinião pública

Em sessão de 12.09.2013, ao final do voto prolatado pelo Ministro Marco Aurélio, que chegou ao empate que posteriormente seria decidido pelo decano do Supremo Tribunal Federal, no sentido de inadmitir os embargos infringentes em face do acórdão condenatório nos autos da Ação Penal 470 (Mensalão), interessante aspecto deve ser registrado.

Dado o limitado espaço dessa coluna para explorar de modo acadêmico as variadas gradações da nova rodada de julgamento e a riqueza de alguns temas que ali foram debatidos (com maior ou menor profundidade), optamos por mencionar apenas um aspecto interessante. Refere-se à percepção da Suprema Corte a respeito de seu papel contra majoritário e sua relação com a chamada "opinião pública".

De fato, ao final do longo voto do Ministro Marco Aurélio, houve ligeiro debate entre ele e o Ministro Roberto Barroso. Nessa troca de opiniões, ficou claro o entendimento de cada um sobre a relação entre a Suprema Corte e a chamada "opinião pública".

---

14   O estudo foi publicado originalmente em: *Jus Navigandi*. Teresina, ano 18, n. 3.492, 22.01.2013. Disponível na internet: http://jus.com.br/revista/texto/23515/impactos-tributarios-do-julgamento-do-mensalao. Acesso em: 22.01.2013.

Colocamos a expressão propositadamente entre aspas porque já tivemos oportunidade de tecer crítica a seu respeito. Para aprofundamento, conferir outra obra que tive oportunidade de escrever, sob o título de *Mídi@ e Poder Judiciário: A Influência dos Órgãos da Mídia no Processo Penal Brasileiro*, que foi editada pela Lumen Juris em 2007, especialmente as páginas 43-48.

O Ministro Marco Aurélio, expressando indignação no seu voto com a situação ali submetida à apreciação, confessava-se refém do que a multidão pensaria com aquela decisão (se fosse ao final favorável aos acusados) e a frustração na confiança que a sociedade depositou na Corte para o julgamento da questão (contra a impunidade), na medida em que seria servidor de seus concidadãos (e, portanto, merecedores de satisfação). Além disso, o Ministro Gilmar Mendes, em ligeiro aparte, destacou a repercussão e as consequências que a decisão teria para os novos juízes pelo Brasil afora.

Ao contrário, calmo e sereno, o Ministro Roberto Barroso defendeu o seu ponto de vista, com a abertura da divergência (que ao final restou vencedora), no sentido de que a sua convicção pessoal deveria pautar a sua decisão, isto é, explicitou claramente que não se pautaria pela repercussão do seu voto nos jornais do dia seguinte, e muito menos com manchete favorável. Encareceu que o julgamento não deve ser pautado pelo desejo virtualmente expressado pela multidão, por mais meritória que seja o anseio da Corte em atendê-la, mas o foco deve ser dado a partir do julgamento de pessoas.

Em resposta, o Ministro Marco Aurélio explicitou que jamais imaginou que qualquer integrante da Suprema Corte pudesse votar segundo a leitura dos veículos de comunicação em circulação na data da sessão.

Com essa resposta, restou claro que ambos falavam do mesmo fenômeno: o juiz não deve se curvar à opinião leiga e à expectativa da multidão expressada pela opinião publicada. Ao contrário, deve decidir sempre de acordo com a sua livre consciência e convicção, independente das consequências decorrentes da decisão nos jornais do dia seguinte.

No mesmo sentido, o Ministro Celso de Mello, na sessão seguinte, esclareceu sobre o elevado protagonismo do STF como última trincheira na proteção e defesa das liberdades fundamentais, razão pela qual os seus julgamentos imparciais, isentos e independentes não podem expor-se às pressões externas, como aquelas resultantes do clamor popular e da pressão das multidões, sob pena de completa subversão do regime constitucional do devido processo penal.

A crítica é inerente ao exercício do cargo de quem quer que exerça a função jurisdicional, na medida em que relevantes e difíceis questões são decididas, no STF, com o cômputo de onze votos completamente independentes e por vezes até mesmo desarticulados entre si.

Nesse sentido, atuação exemplar no caso teve o Revisor, Ministro Ricardo Lewandowski, que sustentou a sua posição com altivez e de modo independente em relação a toda a carga negativa que foi veiculada pelos órgãos da mídia durante o segundo semestre de 2012.

A grande lição que fica desse debate é simples: não cabe a qualquer membro do Poder Judiciário, e muito menos a um Ministro do STF, sucumbir à cômoda e conveniente vontade da maioria, seja ela expressa através da opinião publicada pelos órgãos da mídia, seja ela velada e sentida com as manifestações de pensamento e expressão.

E a razão disso é simples. A partir do momento em que passamos a admitir exceções para os "outros" (eles) em situações casuísticas, então daí para a instauração de regime distorcido e excepcional é um pulo. E isso sim faz sucumbir o pilar do Estado Democrático de Direito, sustentado a partir dos sólidos princípios da segurança jurídica e da manutenção das regras do jogo (sem a sua mudança repentina).

Desse modo, esperamos que o STF aproveite a oportunidade que terá com o novo julgamento dos acusados que opuseram embargos infringentes e decidam de modo independente e sereno, livre de qualquer influência externa da pressão dos órgãos da mídia. A expectativa é de que isso ocorra no primeiro semestre do próximo ano e certamente vale acompanhar.[15]

Biografias não autorizadas

Em 12.11.2013 encerra-se o prazo estabelecido pelo STF para que os especialistas interessados encaminhem os requerimentos de inscrição para participação na *audiência pública* que será realizada nos dias 21 e 22.11.2013 sobre biografias não autorizadas. Trata-se de audiência pública convocada pela Ministra Cármen Lúcia, Relatora da ADI 4.815, para subsidiar o julgamento da questão jurídica referente ao pleito de declaração de inconstitucionalidade parcial, sem redução de texto, dos artigos 20 e 21 da Lei n. 10.406/02 (Código Civil), nos quais se contêm disposição que proíbe biografias não autorizadas pelos biografados (despacho de 14.10.2013).

O artigo 20 dispõe que a divulgação de escritos, a transmissão da palavra, ou a publicação, a exposição ou a utilização da imagem de uma pessoa poderão ser proibidas, a seu requerimento e sem prejuízo da indenização que couber, se lhe atingirem a honra, a boa fama ou a respeitabilidade, ou se se destinarem a fins comerciais, salvo se autorizadas ou necessárias à administração da justiça ou à manutenção da ordem pública. Em caso de morto ou ausente, são partes legítimas para requerer essa proteção o cônjuge, os ascendentes ou os descendentes. Por sua vez, o artigo 21 prevê que a vida privada da pessoa natural é inviolável, e o juiz, a requerimento do interessado, adotará as providências necessárias para impedir ou fazer cessar ato contrário a esta norma.

A *ADI 4.815* foi ajuizada pela Associação Nacional dos Editores de Livros – ANEL, em 05.07.2012, com o pedido expresso de declaração de inconstitucionalidade parcial, sem redução de texto, dos artigos 20 e 21 do Código Civil para que, mediante interpretação conforme a Constituição, seja afastada do ordenamento jurídico brasileiro a necessidade de consentimento da pessoa biografada e, *a fortiori*, das pessoas retratadas como coadjuvantes (ou de seus familiares, em caso de pessoas falecidas) para a publicação ou veiculação de obras biográficas, literárias ou audiovisuais e, subsidiariamente, elaboradas sobre pessoas públicas ou envolvidas em acontecimentos de interesse coletivo (petição inicial).

Como base para o pedido formulado, de afastamento dos dispositivos acima, a Autora explicitou os seguintes *fundamentos* como causa de pedir:

a) a amplitude semântica e a abrangência protetiva dos dispositivos questionados não se coadunariam com a sistemática constitucional da liberdade de expressão e do direito à informação, vez que daria ensejo à proliferação de uma espécie de censura privada, consistente na proibição das biografias não autorizadas pela via judicial;

b) a interpretação literal dos dispositivos levaria à violação das liberdades de manifestação do pensamento, da atividade intelectual, artística, científica e de comunicação, previstas nos incisos IV e IX do art. 5º, bem como do direito difuso da cidadania à informação, previsto no inciso XIV do art. 5º, assegurados de forma plena pelo Poder Constituinte Originário, independentemente de censura ou licença;

c) as figuras públicas, por gozarem de uma esfera de privacidade e intimidade naturalmente mais estreita, submeter-se-iam ao curso da historiografia social, independente de qualquer consentimento;

d) o mesmo raciocínio vale para toda e qualquer pessoa, anônima ou conhecida, não cabendo submeter a livre manifestação de autores e historiadores ao direito potestativo dos personagens biografados, sob pena de se configurar verdadeira censura privada;

---

15 O texto foi disponibilizado em: *Última Instância (Coluna)*. São Paulo, 26.09.2013. Disponível na internet: http://ultimainstancia.uol.com.br/ conteudo/colunas/66559/stf+e+opiniao+publica.shtml. Acesso em: 26.09.2013.

e) tal direito potestativo produz efeito devastador sobre o mercado editorial e audiovisual, efeito deletério na construção da memória coletiva (com a formulação de exigências financeiras cumulativas e até contraditórias) e distorce os relatos históricos e a produção cultural nacional na medida em que são contados apenas pelos seus protagonistas (dos quais são exemplos os casos recentes de Guimarães Rosa, Garrincha e Roberto Carlos);

f) o pluralismo de visões inerente ao regime democrático recomenda a livre publicação e veiculação tanto das obras autorizadas pelos biografados (chamadas "chapa branca") como das elaboradas à sua revelia ou mesmo contra a sua vontade (não autorizadas), cabendo aos leitores formar livremente as suas opiniões e convicções, sob pena de violação ao inciso V do art. 1º da Lei Maior;

g) na ponderação entre os princípios conflitantes ocupa posição preferencial a proteção das liberdades de expressão e de informação (na dupla dimensão tanto dos direitos subjetivos individuais dos emissores como também do direito objetivo difuso da cidadania e desenvolvimento democrático) sobre a privacidade e a intimidade, conforme jurisprudência do STF (HC 83.996, ADPF 130);

h) o art. 79º do Código Civil português dispõe que: "não é necessário o consentimento da pessoa retratada quando assim justifiquem a sua notoriedade, o cargo que desempenhe, exigências de polícia ou de justiça, finalidades científicas, didáticas ou culturais, ou quando a reprodução da imagem vier enquadrada na de lugares públicos, ou na de fatos de interesse público ou que hajam ocorrido publicamente";

i) no mesmo sentido é a conclusão do Enunciado n. 279 da IV Jornada de Direito Civil, promovida pelo Conselho da Justiça Federal, segundo o qual: "279 – Art. 20. A proteção à imagem deve ser ponderada com outros interesses constitucionalmente tutelados, especialmente em face do direito de amplo acesso à informação e da liberdade de imprensa. Em caso de colisão, levar-se-á em conta a notoriedade do retratado e dos fatos abordados, bem como a veracidade destes e, ainda, as características de sua utilização (comercial, informativa, biográfica), privilegiando-se medidas que não restrinjam a divulgação de informações";

j) eventual julgamento caso a caso em relação às informações suscetíveis ou não de serem reportadas implicaria na extinção do gênero das biografias não autorizadas; e

l) esclarece, ademais, que a ação não investe contra as disposições textuais dos dispositivos em questão, não trata da questão do uso da imagem de pessoas públicas pelos veículos de comunicação e reconhece a responsabilização civil e penal do biógrafo *a posteriori* (resguardados os danos não ressarcíveis, como quando se cuidar de fatos verdadeiros, caricaturais e com opiniões e críticas).

Em setembro foram admitidos dois "amigos da Corte" no feito. O primeiro, *Artigo 19 Brasil*, em alentada manifestação, defendeu que os artigos 20 e 21 do Código Civil representam uma grave e injustificável violação à liberdade de expressão (art. 5º, incisos IV e IX), inclusive do direito ao acesso à informação (art. 5º, inciso XIV) e à liberdade de ensino e pesquisa (art. 206, inciso II), ao fundamento de que:

a) tais liberdades englobam o direito de ter acesso a informações sobre personalidades que tiveram importante papel na história política, social, cultural e econômica do país;

b) a exigência de forma taxativa de autorização prévia do indivíduo constitui censura privada, o que é vedado pelo ordenamento nacional e pelos tratados internacionais de direitos humanos ratificados pelo Brasil (como o art. 19 do Pacto Internacional de Direitos Civis e Políticos e o art. 13 da Convenção Americana de direitos Humanos); e

c) eventual restrição à liberdade de expressão e informação, para ser considerada legítima, deve ser *a posteriori* e motivada, seguindo estritamente os padrões internacionais para análise e sopesamento dos casos concretos (como se verifica a partir da jurisprudência oriunda da Corte Interamericana de Direitos Humanos, Corte Europeia de Direitos Humanos e da experiência do direito comparado, notadamente norte-americano e alemão).

O segundo, Instituto Histórico e Geográfico Brasileiro – *IHGB*, sustentou, de modo resumido, que os dispositivos em questão regulam tanto a liberdade de expressão e o direito à informação como também a liberdade acadêmica e de pesquisa, com o esvaziamento das iniciativas tendentes a reunir, organizar, arquivar e publicar documentos relacionados à vida e trajetória de personagens importantes para a História do Brasil, em afronta ao artigo 206, inciso II, da Lei Maior.

Em contraposição, a Advocacia-Geral da União – *AGU* defendeu a constitucionalidade dos dispositivos com base nos seguintes argumentos:

a) a questão envolve liberdade de expressão, direito de informação (assegurando o direito de informar e de ser informado, com liberdade), direito à privacidade (mantendo a não intromissão na vida privada e familiar) e a preponderância de um direito sobre o outro no trabalho biográfico;

b) a jurisprudência do STJ e dos demais tribunais de segunda instância pelo país afora, bem como a doutrina nacional admitem que a liberdade de expressão não é absoluta e que a proteção da privacidade deve servir de critério para orientar a imprensa livre;

c) o direito de informar não poderá violar os direitos fundamentais personalíssimos, como a imagem, a privacidade, a dignidade e a honra;

d) se a pessoa humana deve ser incondicionalmente preservada como norte do nosso ordenamento, então para as publicações biográficas evidentemente não poderá existir a liberdade almejada pela Autora, vez que inadmissível devastar a vida de indivíduos a pretexto de informar a sociedade;

e) os diferentes efeitos negativos das biografias decorrem da natureza específica da obra, que envolve delicada questão ética, pois imbricada nas subjetividades, nos afetos, nos modos de ver, perceber e sentir o outro (no relato parcial e necessariamente fragmentado proposto no projeto);

f) o próprio ofício do biógrafo se pauta em exigências e convenções – explícitas ou implícitas – a respeito do que é permitido e proibido, adequado ou inadequado, valorizado ou estigmatizado, com o estabelecimento de limites, inclusive quanto às formas de divulgação e circulação das informações obtidas;

g) tal delicada questão ética inerente à escrita biográfica tem sido marcada por processos judiciais referentes a violações de privacidade e de direitos de imagem e a discussão gira sempre em torno de quais regras devem guiar a atividade do historiador que se propõe a relatar uma vida;

h) outro ponto a ser observado na ponderação entre os interesses antagônicos em foco se refere a dois fatores que devem ser levados em conta (a veracidade do fato narrado e a existência de interesse público sobre o mesmo);

i) como nem sempre a verdade exsurge clara da mentira e geralmente se verifica nebulosidade e contradita, bem como se torna difícil determinar se a informação corresponde a uma necessidade humana necessária para alavancar o progresso social ou não, o consentimento para a divulgação de obras biográficas faz-se ainda mais necessário;

j) nesse sentido, embora o artigo 12 do Código Civil estabeleça proteção ao direito da personalidade, o seu artigo 21 busca proteger tais direitos de danos irreversíveis com a publicação;

l) a divulgação de biografias deve ser consentida, pois a vida privada é inviolável; e

m) os dispositivos em foco apenas conferem à pessoa biografada e às pessoas retratadas como coadjuvantes a possibilidade de salvaguardar os seus direitos personalíssimos constitucionalmente protegidos, "pois converter em instrumento de diversão ou entretenimento assuntos de natureza íntima que não demonstrem nenhuma finalidade pública encontra-se em clara e ostensiva contradição com o fundamento constitucional da dignidade da pessoa humana, com o direito à honra, à intimidade e vida privada" (Mensagem n. 363/12 – Presta informações).

No mesmo sentido, o *Senado Federal* também prestou informações nas quais sustentou, em síntese, que:

a) a questão jurídica versada nos autos referente ao adequado sopesamento na ponderação entre os direitos fundamentais em choque "é um dos grandes desafios do Estado Democrático de Direito Contemporâneo";

b) o art. 20 estabelece um regime jurídico mínimo para a exploração comercial da imagem ou de fatos privados das pessoas com potencial ofensivo;

c) a integração desse regime jurídico tem sido implementada regularmente pelo Poder Judiciário na via concreta;

d) circula no mercado nacional inúmeras publicações biográficas não autorizadas sobre diversas personalidades, sendo que os três casos mencionados na petição inicial apresentam peculiaridades processuais e materiais que provavelmente não levariam a solução diversa mesmo com a procedência da ação;

e) o Código Penal alberga proteção a quem se sentir ofendido, ainda que em biografias não autorizadas;

f) o Congresso Nacional está discutindo os dispositivos impugnados (no Projeto de Lei n. 393/11, dentre outros);

g) "a declaração de inconstitucionalidade pretendida, se deferida, passará como imunidade à publicação livre e desenfreada de biografias não autorizadas, ainda que imbuídas de conteúdos ofensivos à intimidade, a privacidade, a honra e a imagem das pessoas. Pior que isso: poderá a decisão ser lida como salvaguarda à mercantilização desses conteúdos, em detrimento da dignidade humana";

h) a jurisprudência do STF já assentou que a liberdade de expressão não é direito absoluto e tampouco goza da primazia que a Autora alega (Caso Ellwanger); e

i) a imunização do produto cultural resultante de eventual procedência da ação não deve ser avaliado como útil e adequado.

Em 07.06.2013, a *Procuradoria-Geral da República* opinou pela integral procedência do pedido principal formulado na ADI 4.815, vez que na ponderação entre as liberdades comunicativas e os direitos da personalidade (art. 5º, inciso X, com a honra, privacidade e imagem) configurar-se-ia excessiva e desproporcional a restrição à liberdade de expressão e ao direito à informação (artigos 5º, incisos IV, IX e XIV, e 220, §§ 1º e 2º).

Para tanto, ancorou a proteção reforçada da liberdade de expressão no elemento histórico (consistente no fato de que a Constituição foi redigida em um momento de redemocratização) e nos seus elementos finalísticos, como a garantia da democracia (com a criação e o fomento de um espaço público robusto, dinâmico e plural), da autonomia individual (como dimensão essencial da dignidade da pessoa humana de se expressar e comunicar, bem como acessar variadas fontes de informação e pontos de vista diferentes) e da busca pela verdade (no debate livre de ideias as melhores terão condições de prevalecer levando às respostas adequadas para os problemas sociais).

Na seara jurisprudencial do STF, o parecer menciona o histórico julgamento da ADPF 130 e da ADI 4.451. No seu sentir, os artigos 20 e 21 instituíram uma espécie de prevalência absoluta e incondicionada dos direitos da personalidade dos biografados sobre a liberdade de expressão, de modo a violentar o princípio da proporcionalidade (com a inobservância do subprincípio da proporcionalidade em sentido estrito) no exercício de sopesamento dos bens jurídicos em confronto. Em caso de exercício abusivo da liberdade de expressão, caberia à vítima o direito à reparação dos danos morais e materiais sofridos (art. 5º, inciso V).

Em 14.10.2013 foi proferido despacho pela Relatora, determinando a divulgação no sítio eletrônico do STF da abertura de prazo para o requerimento de participação na *audiência pública*.

Trata-se de espinhosa tarefa do magistrado decidir, na situação apresentada, qual conjunto de direitos, valores, princípios e interesses deve prevalecer. É indubitavelmente uma questão de difícil solução, na medida em que robustos argumentos fundamentam os dois lados do debate. De um lado, a liberdade de pensamento, expressão, imprensa e comunicação, combinados com o direito de informar e de ser informado, e até mesmo à livre pesquisa científica e acadêmica (imbricam-se entre liberdades individuais do biógrafo, coletivas dos meios de comunicação e difusas da coletividade). De outro, o direito e a garantia à privacidade, com a proteção da imagem, honra e vida privada do cidadão biografado. A estatura constitucional do debate ocorre, em grande parte, no âmbito especialmente protegido das cláusulas pétreas estabelecidas no artigo 5º da Constituição da República e, também em grande medida, dizem respeito à concretização da dignidade da pessoa humana.

Trata-se de confronto épico no seio dos direitos e liberdades individuais e coletivos, na medida em que não há uma única decisão correta e as duas orientações (antagônicas) contam com sólidos e relevantes argumentos em seu favor. A ponderação há de ser bem temperada, com o necessário cuidado para que nenhuma parte da discussão seja negligenciada no amplo debate que a questão naturalmente suscita.

Como já tivemos oportunidade de registrar em obra específica sobre a influência da Mídia no Poder Judiciário: "Um instrumento eficaz e indispensável para a solução deste conflito entre normas constitucionais é o princípio da proporcionalidade. Este princípio compatibiliza os conteúdos em atrito, já que harmonizam-nos na medida do possível, dado o caso concreto. Com isso, aproveita-se o máximo de cada princípio".[16]

Como vimos anteriormente, quando da compilação dos principais argumentos até agora submetidos ao exame do STF pelos participantes da ADI 4.815, é possível adotar qualquer um dos lados desse debate, razão pela qual a decisão não é fácil de ser tomada. Agrega-se a tal dificuldade a impessoalidade do processo objetivo, no qual não há um caso concreto a ser analisado quando da decisão que será prolatada. Ao contrário, tal decisão será aplicada com efeito vinculante e eficácia contra todos a uma generalidade de casos concretos que, de certo, conterão peculiaridades dignas de notas e, por conseguinte, nuances que eventualmente serão capazes de modificar o resultado final da demanda.

Nessa situação, como em tantas outras da jurisdição constitucional, o ideal seria encontrar o ponto de equilíbrio na ponderação de modo que objetivamente fosse possível chegar-se a um resultado justo com a mera subsunção dos fatos narrados às hipóteses contempladas no julgamento. O problema, muitas vezes, é que o ideal não se mostra factível por variadas razões, como por exemplo, o seu cumprimento depende da interpretação do aplicador.

O primeiro passo de cautela foi bem dado pela Relatora que, diante da complexidade da questão jurídica que lhe foi submetida, determinou a realização de audiência pública, franqueando a abertura da interpretação constitucional à sociedade civil organizada.

Com isso, a perspectiva lógica é de que haja maior enriquecimento e maturação do debate, na medida em que o STF colherá as opiniões contrapostas de diferentes especialistas, ouvirá representantes de diferentes segmentos, atentará para distintas situações que (de outro modo) poderiam passar despercebidas e, ao final, ponderará para que lado pende a balança, computados os argumentos jurídicos centrais.

Além de complexo, o tema é atual, palpitante, interessa sobremaneira aos órgãos da mídia e a qualquer cidadão leigo, razão que contribui para que haja um amplo debate no seio da sociedade civil organizada, acolá da comunidade jurídica. Ao final, o STF, no exercício de sua jurisdição típica de Corte Constitucional, decidirá com a serenidade que tem caracterizado as suas decisões em relevantes questões para o amadurecimento do nosso processo democrático.[17]

---

16 ANDRADE, Fábio Martins de. *Mídi@ e Poder Judiciário: A Influência dos Órgãos da Mídia no Processo Penal Brasileiro*. Rio de Janeiro, Lumen Juris, 2007, p. 244.

17 O estudo foi publicado em: *Jus Navigandi*. Teresina, ano 18, n.. 3.788, 14 nov 2013. Disponível na internet: <http://jus.com.br/artigos/25840>. Acesso em: 14.11.2013.

MODULAÇÃO E CONSEQUENCIALISMO

O dilema do Supremo Tribunal Federal – Considerações sobre o consequencialismo e a modulação temporal

O recente episódio envolvendo dois respeitados Ministros da Suprema Corte pode parecer aos desavisados mero destempero verbal, a causar constrangimento tanto aos seus pares quanto ao universo de jurisdicionados.

Na verdade, oculta-se sob o ocorrido, uma disputa jurídica de grande seriedade, não somente pelas implicações doutrinárias que envolve, mas principalmente pelas repercussões que seu desfecho há de acarretar para quantos se socorrem do Poder Judiciário.

É que, nos últimos tempos, o Supremo Tribunal Federal tem adotado um posicionamento dito "consequencialista", vale dizer, bastante atento às consequências práticas de suas decisões. Dito de outra forma, a razão prática passou a exercer um papel preponderante na administração da Justiça, sobrepondo-se, por vezes, às razões eminentemente teóricas. Tal orientação, a despeito de estar em linha com a modernidade, pode conduzir a desvios indesejáveis.

No arsenal "consequencialista", destaca-se um instrumento que decorreu de lenta evolução das Cortes Constitucionais dos países desenvolvidos: a chamada modulação temporal dos efeitos das decisões em questões jurídicas relevantes envolvendo o controle de constitucionalidade das leis e atos normativos. Tal instrumento consiste em mitigar tais efeitos sempre que a declaração da inconstitucionalidade resultar na criação de situações que afrontariam ainda mais gravosamente a vontade constitucional.

Isto ocorre de modo típico quando, por exemplo, cria-se um vácuo no tempo que conduz a uma situação ainda mais injusta. Verifica-se, por conseguinte, o seguinte paradoxo aparente: o dispositivo da lei ou ato normativo declarado inconstitucional concretiza de maneira mais efetiva a Constituição da República do que nenhum ou o anterior dispositivo, que seria aplicado à situação na hipótese de atribuição do tradicional efeito retroativo. O mecanismo da modulação temporal dá ao Tribunal a liberdade para declarar a inconstitucionalidade sem com isto produzir efeitos perversos que acarretariam graves distorções na concretização constitucional. Estabelecendo a partir de quando a declaração de inconstitucionalidade produzirá efeitos, a Corte estará em condições de prevenir a ocorrência de tais situações.

No caso noticiado, que teria dado origem à discussão no Plenário da Corte, tratava-se de definir a partir de quando passaria a valer a decisão que havia declarado a inconstitucionalidade de lei que permitira que serventuários da justiça, "não remunerados" pelo Estado, como são os notários, fossem incluídos no regime de previdência dos servidores públicos do cargo efetivo. Ou seja, importava dizer se os efeitos se produziriam desde a criação da lei (*ex tunc*) ou apenas a partir da decisão (*ex nunc*).

Ao leitor incauto, a diferença pode parecer de menor importância (*ex tunc* x *ex nunc*). Mas, do ponto de vista jurídico, a distinção entre as situações criadas a partir de cada um destes efeitos atribuídos à decisão é enorme. De fato, cuidando-se de um dispositivo legal existente e válido no mundo fático desde, por exemplo, o ano de 1999, a diferença entre aplicar os efeitos da decisão (repita-se, que declarou a sua inconstitucionalidade) desde o seu nascimento (1999) é muito diverso de aplicá-los a partir da decisão de origem bem mais recente.

No Brasil, a modulação foi adotada com vistas a viabilizar a mais apurada administração da Justiça em determinados casos de extrema dificuldade diante de circunstâncias específicas apresentadas perante a Corte. Contudo, sua aplicação pelo Tribunal tem-se prestado a alguns atropelos, sendo de referir que o próprio mecanismo da modulação é objeto de duas ações que pretendem invalidá-lo como inconstitucional.

A despeito dos percalços, de uns tempos até hoje, tem sido crescente a sua utilização, especialmente quando vinculada aos argumentos consequencialistas que surgem para exame da Corte em determinadas situações específicas e pontuais, sempre como exceção e jamais como regra.

No episódio em questão, o Ministro Joaquim Barbosa pleiteou maior cautela na aplicação deste mecanismo jurídico e insinuou que o Presidente da Corte, Ministro Gilmar Mendes, pareceu querer atribuir um tratamento apressado à relevante questão jurídica então posta.

Verifica-se, do episódio, que o tempero adequado entre o consequencialismo de um lado, a nortear cada vez mais as preocupações dos Ministros do Supremo com as decisões que proferem, e a possibilidade de aplicar o mecanismo da modulação temporal dos seus efeitos, a flexibilizar a rigidez imposta por declaração de inconstitucionalidade, é dilema que está sendo enfrentado, não sem alguma dificuldade, pela Corte.

Tendo em vista que tanto o argumento consequencialista como também o mecanismo da modulação são relativamente novos no cenário jurisprudencial nacional, é importante que o Supremo se dedique com atenção ao debate em torno destes temas e que os doutrinadores pátrios cumpram sua função precípua de desbravadores da jurisprudência, debruçando-se sobre o tema, a esmiuçar-lhe as características e instâncias de aplicação.

O percurso do caminho é longo e carece de incessante debate entre os Ministros da Corte. A modulação deve ser utilizada com parcimônia na grande maioria dos casos. Constitui exceção ao princípio da nulidade absoluta da lei inconstitucional. Deve, outrossim, ser sempre utilizado em favor dos cidadãos que tenham agido com base na confiança legítima e na boa-fé. A modulação temporal não pode, em nenhuma hipótese, agravar a situação dos cidadãos, especialmente em casos que resultam da inércia do Poder Público (demora de legislar e morosidade na prestação jurisdicional).

O dilema com que se defronta a Suprema Corte, e que deu origem a episódio por todos lamentado, é um dilema muito mais amplo – em verdade, de toda a sociedade. É hora de definir se a modulação temporal dos efeitos das decisões judiciais vai ser utilizada como mais um instrumento de proteção dos direitos fundamentais dos cidadãos ou se vai servir a interesses específicos, nem sempre de caráter republicano.[1]

Modulação temporal dos efeitos da decisão tributária do Funrural

Em recente sessão plenária, o Supremo Tribunal Federal (STF), por unanimidade, julgou favoravelmente à empresa contribuinte desobrigando-a ao recolhimento da contribuição social referente ao Funrural sobre a receita

---

1   O artigo foi publicado no seguinte jornal: *Jornal do Commercio*. Rio de Janeiro, ano CLXXXII, n. 154, Opinião, p. A13, 14.05.2009.

bruta proveniente da comercialização da produção rural. Finalizado tal julgamento, o Relator, Min. Marco Aurélio, suscitou questão levantada pela União que pleiteava a modulação temporal dos efeitos da decisão (valendo do julgamento em diante). O argumento então destacado com "tintas fortes" girou em torno do quanto foi arrecadado e quanto deixaria de ser.

O Relator, com entendimento já firmado sobre o tema, decidiu que a modulação conflita com o regime rígido de nossa Lei Maior. As decisões do STF possuem o caráter de orientações pedagógicas. Cuidando-se de processo subjetivo, decidiu que a modulação pleiteada pela Fazenda Nacional seria inadequada. Esclareceu que a modulação deve obedecer a certos limites e balizas. Cuidando-se de um conflito específico de interesses jurídicos, aqueles não versados no caso concreto *sub judice* submetem-se aos ditames da segurança jurídica, na medida em que há a prescrição da repetição do indébito etc.

Depois de breve manifestação do Min. Eros Grau e do Min. Carlos Britto, o Min. Ricardo Lewandowski registrou que a Corte vinha sendo rigorosa quanto à modulação em matéria tributária, ou seja, sempre modulava em favor do Fisco. Mencionou o caso de IPI que oscilou na jurisprudência do STF (o direito ao crédito de IPI decorrente da aquisição de matéria-prima cuja entrada seria não tributada ou sobre a qual incidiria à alíquota zero e acerca do Crédito-Prêmio). Além disso, aduziu que o meio utilizado (petição dirigida ao gabinete do Relator) não seria apropriado. Posicionou-se contrariamente à modulação pleiteada pela Fazenda Nacional.

No mesmo sentido manifestou-se o Min. Dias Toffoli, ao argumento de que a declaração de inconstitucionalidade, por sua natureza, é apta a produzir variados efeitos no sentido de reconhecer direitos, dos quais não cabe ao STF mitigá-los ou minimizá-los.

Em seguida, a Min. Cármen Lúcia esclareceu que a modulação faz-se necessária em situações excepcionais, ou seja, quando o desfazimento ou a execução da decisão judicial tomada gerar mais problemas sociais do que ensejaria a tolerância provisória de tal medida. Ela enfatizou o problema de caráter *social*, e não econômico-financeiro. A justificativa subjacente foi o cunho pedagógico das decisões do STF. Deste modo, acompanhou o Relator, no sentido de adotar exatamente o que foi decidido (e que deveria ser executado).

Por fim, o Ministro Gilmar Mendes também acompanhou o Relator e decidiu no sentido de que não seria cabível a sua modulação dos efeitos no caso porque não foi alcançado o *quorum* especial previsto no art. 27 da Lei n. 9.868/99.

Verifica-se, portanto, que o resultado do julgamento em torno da modulação temporal dos efeitos desta decisão foi no sentido de rejeitá-la. Ficou vencida sozinha a Ministra Ellen Gracie, para quem o pagamento do tributo já teria sido absorvido e incorporado ao preço cobrado pelas mercadorias em questão, razão pela qual entendeu que possibilitar a recuperação de tais valores hoje consistiria em uma hipótese de enriquecimento indevido.

No tocante à modulação temporal dos efeitos de suas decisões em matéria tributária, parece que nesse julgamento o STF retomou a sua linha de parcimônia e cautela. Retomada a aplicação da regra geral da retroatividade plena consagrada na sua (incipiente) jurisprudência, incumbe ao Tribunal examinar as questões jurídicas que lhe são postas sem se deixar (im)pressionar por quaisquer argumentos consequencialistas de cunho econômico. O argumento *ad terrorem* crescentemente suscitado pelos órgãos da Fazenda Pública não se prestam, e tampouco devem se prestar, a sustentar exclusiva ou predominantemente qualquer decisão final do STF, sob pena de ilegitimidade pela subversão e subordinação da proteção dos direitos fundamentais dos contribuintes estabelecidos constitucionalmente às necessidades transitórias e arrecadatórias do Fisco.

Espera-se que no julgamento pela inconstitucionalidade da inclusão da parcela do ICMS na base de cálculo da COFINS e do PIS o STF mantenha a sua (já) tradicional orientação de cuidado a respeito da inaplicação da modulação dos efeitos de sua decisão que será tomada nos autos da ADC 18 que, pelas indicações recentemente divulgadas na mídia, terá seu julgamento iniciado ainda no curso deste ano, vez que a nova prorrogação do prazo de validade da liminar já deferida firmou-se como a última, nas palavras do Relator, Ministro Celso de Mello.[2]

O argumento pragmático no julgamento de questões tributárias

É dado da realidade que a Administração Tributária está se especializando tanto no tocante aos recursos tecnológicos, com a aquisição de programas de computadores cada vez mais complexos e completos para cruzar dados e apontar eventuais inconsistências nas declarações, como também no tocante ao recurso humano, com a crescente especialização de seus funcionários dos mais diferentes escalões, inclusive com cursos no exterior e sobre o direito interno.

De um lado, isso decorre da necessidade de aumentar a arrecadação tributária para pagar os crescentes gastos do Poder Público, bem como da implementação de maior controle sobre as contas públicas. Por outro lado, há certos argumentos que têm peso meramente retórico ou, pelo menos, menor na apreciação das relevantes questões que são rotineiramente submetidas ao crivo do Judiciário.

O Judiciário parece curvar-se cada vez mais aos argumentos pragmáticos de cunho econômico alardeados pelo Governo através dos representantes dos órgãos responsáveis pela arrecadação tributária. É mais visível e evidente quando às vésperas de certo julgamento perante os Tribunais Superiores colhemos nos periódicos de maior prestígio do País notícias nas quais os profissionais especializados do governo apresentam seus números "mágicos" e alarmantes, com previsões quase apocalípticas e antecipando as dificuldades que possivelmente enfrentarão, caso o resultado do julgamento em foco seja no sentido contrário aos interesses do Fisco.

Trata-se do argumento sobre o "rombo" que será suportado pelos cofres públicos se determinada decisão for tomada no sentido contrário à pretensão do Fisco. Apesar de apelativo e sensacionalista, especialmente considerando-se a carga tributária em vigor no Brasil e o retorno oferecido à sociedade, tal argumento *ad terrorem* tem encontrado eco junto ao Judiciário, especialmente junto aos magistrados mais inexperientes.

Como tentativa de neutralizar esse movimento do Fisco, as empresas que litigam relevantes questões tributárias podem empreender em favor das teses que sustentam, levantamentos sobre o possível impacto econômico e financeiro de eventual decisão contrária aos seus interesses e favoráveis ao Fisco, tais como: o reflexo contábil, as alterações no plano de ação estratégico da empresa, no fluxo de contratação de empregados, no volume de investimento estimado para crescimento e principalmente nos gastos e despesas que serão suportados pela empresa, dentre outros.

Exemplo de tema que permite o uso de tal argumento é a comprovação de substância no processo de internacionalização da empresa brasileira especialmente quando fiscalizada ou autuada. Com isso, a ideia é aproximarmos a realidade das empresas ao conhecimento do julgador mais experiente e maduro (administrativo ou jurisdicional).

É que, o apego exagerado por apenas um lado da moeda, como ocorre quando o Judiciário cede à retórica do "rombo" que a decisão contrária causará aos cofres públicos, deixa descoberto o outro lado da moeda, que é a sua exata contramedida, isto é, o impacto da decisão favorável ao Fisco para as empresas que se encontram na situação examinada no julgamento.

Por um lado, o argumento pragmático serve – ou pelo menos deve servir – aos dois lados da moeda em igual medida no exame pelo tribunal de determinada questão submetida a sua apreciação. Por outro lado, e talvez

---

2   O artigo foi publicado em: *Correio Braziliense*. Brasília, n. 17.150, 03.05.2010 (Direito & Justiça), p. 02.

justamente em razão de tal neutralização que naturalmente ocorre com os dois argumentos pragmáticos contrapostos (em favor dos contribuintes e em favor do Fisco), eles devem se manter na periferia dos argumentos jurídicos que devem centralizar o debate em torno da questão jurídica que será apreciada pelo Judiciário.

Afinal, o uso de tais argumentos não é novidade no nosso direito. Desde os primeiros instantes da nossa República, argumentos de tal jaez eram levantados quando do julgamento das questões que então eram submetidas ao pronunciamento definitivo do STF. O que impressiona, a esta altura de nosso amadurecimento democrático, é que o governo recorra a esse tipo de argumento tão antigo e com tanta assiduidade. E pior, que ultimamente o Judiciário esteja chancelando o argumento quando examina relevantes questões tributárias. Nesse sentido, a nossa proposta é de que esse argumento *ad terrorem* em prol do Fisco seja imediatamente neutralizado, com a demonstração em cada caso concreto da consequência negativa que eventual decisão favorável ao Fisco implicará para a empresa e, ao mesmo tempo, que os argumentos jurídicos sejam recolocados no centro do debate, especialmente quando em jogo a compatibilidade de certo diploma legal com a Constituição da República.[3]

O Consequencialismo em matéria tributária

Sob o ponto de vista governamental, quando do exame prévio das consequências que podem advir de certa decisão política, interessa indubitavelmente a indagação sobre os custos do programa ou da política pública que se pretende veicular por determinado ato normativo. Assim, o questionamento sobre a previsão na lei orçamentária, as alternativas para custeamento, a eventual necessidade de abertura de crédito extraordinário, especial ou suplementar e o valor a ser despendido são questões que certamente interessam aos políticos para exame da oportunidade e conveniência.

Parece certo que, justamente pelo manejo constante das coisas públicas, o Poder Executivo – e também o Legislativo – se apetreche de informações e dados relacionados também aos custos para os cofres públicos na sua tomada de decisões. Isso serve à adequada alocação dos recursos existentes através das diversas dotações orçamentárias e ao estabelecimento de um claro quadro de diferentes prioridades.

O contribuinte (sujeito passivo da obrigação tributária estabelecida por ato normativo), ao decidir por litigar questão tributária, também realiza exercício semelhante, ao seu modo, avaliando as oportunidades e riscos envolvidos na iniciativa contenciosa.

De fato, alguns aspectos econômicos de tais questionamentos são os seguintes: qual o valor monetário que está em jogo até agora (levantamento dos números envolvidos, chegando-se ao montante estimado)? Qual é a perspectiva do valor monetário que estará em jogo nos próximos anos (projeção de estimativas do faturamento à luz da situação atual da empresa)? Qual será a economia buscada (a valor presente e projetada para o futuro)?

Dentre os custos que poderão ser ocasionados pela decisão gerencial, destacam-se: qual será o gasto para efetivamente recuperar ou deixar de recolher o tributo que se pretende questionar (honorários advocatícios e custas processuais)? Qual será a consequência monetária em caso de derrota no debate jurídico (honorários de sucumbência)? Quais são as possibilidades de perda (provável, possível, remota)?

No âmbito estritamente jurídico da melhor estratégia processual à luz da situação concreta, destacam-se as seguintes indagações: no momento inicial da ação, qual é a melhor maneira para promover desde logo a suspensão da exigibilidade do crédito tributário (depósito liminar)? Cuidando-se do depósito, há possibilidade concreta de

---

3   O texto foi publicado originalmente em: *Jornal Gazeta de Notícias*. Rio de Janeiro, 2ª Fase, Ano II, n. 280, 29 a 31.01.2011, p. 6 (Análise Financeira).

que seja devolvido ainda no curso da ação ajuizada contra a Fazenda Pública? Quanto tempo fluirá até a efetiva realização financeira do ganho alcançado na hipótese de pleno êxito?

Na seara contábil, algumas das diversas questões que podem surgir são as seguintes: qual será o impacto desta ação judicial ou defesa administrativa para o balanço da empresa (provisão e contingenciamento)? E para a controladora ou para o grupo? Qual é o efeito contábil daí decorrente?

No campo das consequências e riscos, destacamos os variados matizes, tais como: o jurídico (no processo em que se formaliza o pleito), o procedimental (de fiscalização da Fazenda Pública na hipótese de êxito), o negocial (que abre possíveis reflexos na sua competitividade) e o gerencial (ligado ao exame dos possíveis custos e benefícios envolvidos na decisão que será tomada no ambiente empresarial), dentre outros.

Nesse sentido, algumas questões que podem surgir são as seguintes: qual será o procedimento para recuperar os valores indevidamente recolhidos se a empresa lograr êxito na ação? Se for algum tributo retido na fonte, o procedimento relacionado à fonte pagadora será simples ou poderá criar eventuais entraves negociais? Implicará de algum modo na obtenção da Certidão Negativa de Débitos – CND (com a exposição do risco de não poder contratar com o Poder Público e tampouco participar de licitações)?

Reiteramos que geralmente tais análises giram em torno dos riscos, dos custos, dos eventuais benefícios (em caso de êxito), enfim, das consequências. Essas são apenas algumas questões que geralmente são cuidadosa e criteriosamente examinadas pela empresa contribuinte antes do ajuizamento de qualquer ação perante o Poder Judiciário ou apresentação de defesa administrativa que cuidem de matéria tributária.

O argumento consequencialista em matéria tributária, surge, portanto, para as duas partes envolvidas do litígio, ou seja, para o Fisco, de um lado (representando o interesse governamental), e para as empresas, de outro (representando o interesse dos contribuintes). Diante disso, é possível que o antagonismo dos argumentos consequencialistas contrapostos promova uma espécie de neutralização mútua e recíproca para os fins da tomada de decisão judicial.[4]

A Modulação Temporal dos Efeitos nas Decisões Tributárias do STF

No âmbito do Pleno do STF muito já se discutiu sobre a possível modulação temporal dos efeitos de suas decisões que declaravam a inconstitucionalidade de certa lei. Foram casos sensíveis, como quando: a) da contratação de médicos em regime de emergência em razão da pandemia do H1N1 sem concurso público, viabilizando o tratamento de vários pacientes; b) da criação ilegítima de cargos para vereadores, a despeito dos diversos atos que emanaram em suas esferas de atribuição; e c) da remuneração devida a certa categoria de servidores públicos, com os gastos efetuados em seguida para a manutenção própria e de suas famílias, dentre outros. Neles, sobressai a evidente relevância do bem jurídico que seria protegido com a modulação.

Em matéria tributária, a situação é diferente. Como regra, asseveramos que a orientação do STF tem sinalizado no sentido da inaplicação da modulação dos efeitos de suas decisões. Foi assim com o debate em torno da modulação temporal das decisões de inconstitucionalidade da taxa de coleta de lixo e limpeza pública, da cobrança do IPTU com alíquotas progressivas e da taxa de iluminação pública. Tudo indicava que a regra seria seguida pelo STF quando desafiado em algum tema tributário de maior envergadura.

Quando o STF discutiu sobre o direito ao crédito de IPI decorrente da aquisição de matéria-prima cuja entrada é não tributada ou sobre a qual incide alíquota zero, o Tribunal deu provimento ao RE manejado pela

---

4   Publicado em: *Jornal Gazeta de Notícias*. Rio de janeiro, 2ª Fase, Ano II, n. 305, 05 a 10.03.2011, p. 6 (Análise Financeira).

União. Além disso, no julgamento que reconheceu a revogação da isenção da COFINS anteriormente concedida às sociedades civis de prestação de serviços de profissão legalmente regulamentada, a Corte decidiu negar provimento ao RE interposto pelos contribuintes, dando ganho de causa à União.

Nos dois casos, o principal argumento que fundamentou a inaplicação da modulação temporal dos efeitos de suas correspondentes decisões foi no sentido de que não havia qualquer mudança da jurisprudência ou "virada jurisprudencial" capaz de justificar a aplicação de tal restrição excepcional. O equívoco de tal compreensão, em cada caso concreto, não é tema para esse espaço semanal. A respeito da modulação temporal dos efeitos de suas decisões em matéria tributária, tudo estava coerente e sistematizado com a orientação da Suprema Corte.

Contudo, quando declarou a inconstitucionalidade dos arts. 45 e 46 da Lei n. 8.212/91, o Tribunal reduziu o prazo decenal para prescrição e decadência de créditos tributários para quinquenal, na forma dos arts. 173 e 174 do CTN. Na ocasião, a Corte promoveu a seguinte restrição: são legítimos os recolhimentos efetuados nos prazos previstos nos artigos declarados inconstitucionais e não impugnados antes da data de conclusão deste julgamento (11.06.08). Em outras palavras, foi declaração de inconstitucionalidade, com efeito *ex nunc*, salvo para as ações judiciais propostas até 11.06.08, quando o STF declarou a inconstitucionalidade dos referidos artigos.

No que tange ao reconhecimento da modulação temporal-subjetiva dos seus efeitos, essa decisão foi emblemática sob variados pontos de vista. Inicialmente, cabe registrar que a maioria esmagadora dos tribunais, judiciais e administrativos, já reconhecia de maneira pacífica a ilegitimidade dos dispositivos finalmente afastados como inconstitucionais. Além disso, as pretensas razões que serviram como fundamento à referida decisão foram ligeiras e fracas, enfim, quase inexistentes (ainda mais se considerarmos a gravidade da aplicação excepcional de tal restrição). Ademais, o grande argumento *ad terrorem* que ficou escamoteado na decisão referiu-se ao pretenso "rombo" alardeado pela União da tribuna quando de sua sustentação oral: R$ 96 bilhões. Como se não bastasse, a mensagem pedagógica que o STF emitiu para a sociedade foi no sentido de incrementar a litigiosidade entre União e contribuinte; para o governo, a mensagem foi no sentido de que poderia funcionar como uma espécie de "segunda instância", a corrigir os equívocos e abusos legislativos (e, portanto, incentivando tais práticas).

Em breve, o STF será chamado a resolver a questão da inconstitucionalidade da inclusão da parcela do ICMS na base de cálculo da COFINS e do PIS. Se o resultado final ali alcançado seguir a tendência hoje virtualmente favorável aos contribuintes, a Corte decidirá sobre a eventual aplicação da modulação temporal de sua decisão para aqueles que ainda não ajuizaram ação questionando a referida inclusão. Espera-se, então, que a Suprema Corte mantenha a sua linha coerente e sistematizada de jurisprudência a respeito do tema e NÃO aplique a modulação em favor dos interesses da União, até porque na situação concreta não há qualquer razão que seja capaz de justificá-la.[5]

Modulação em Matéria Tributária e Argumento Consequencialista

Em outras oportunidades nessa coluna semanal já escrevi sobre o argumento consequencialista ou pragmático e a modulação temporal dos efeitos das decisões do Supremo Tribunal Federal – STF, sempre focando especificamente na matéria tributária. É que o tema é tão instigante e rico que recentemente dediquei dois anos à sua pesquisa e elaborei robusta tese sobre o assunto.

A importância do tema evidencia-se pelo crescente uso que tem sido dado ao instituto previsto no art. 27 da Lei n. 9.868/99 pelo STF, em diferentes julgamentos e que contemplam variadas áreas do Direito. Muitas vezes, a solução encontrada se coaduna com a realidade de maneira indissociável.

---

5   Publicado em: *Jornal Gazeta de Notícias*. Rio de Janeiro, 2ª Fase, Ano II, n. 307, 12 a 14.03.2011, p. 6 (Análise Financeira).

Basta que pensemos, por exemplo, na criação de certo Município através de lei posteriormente declarada inconstitucional, a investidura de vereadores em número superior ao que reza a Lei Maior e o recebimento de vencimentos por servidores públicos através de lei declarada inconstitucional alguns anos depois, dentre outros.

Quando o transcurso inexorável do tempo levar à conclusão de que a tolerância de determinada inconstitucionalidade por certo tempo é melhor (porque atende ainda mais a vontade constitucional) do que o simples vácuo que seria deixado com a expulsão retroativa (efeito *ex tunc*) do ato normativo do ordenamento jurídico, então se deve cogitar sobre eventual modulação temporal dos efeitos de tal decisão. Com isso, abre-se um leque de possibilidades ao julgador, no sentido de acomodar a realidade fática já consumada (pelo transcurso do tempo) aos elevados ditames maiores da Constituição da República.

Surge, desse modo, a opção de modular no tempo os efeitos da decisão judicial tomada. A despeito da declaração de inconstitucionalidade de certo ato normativo, abre-se a possibilidade de que seja tolerada a sua manutenção provisória na ordem jurídica durante determinado período de tempo, expressamente delimitado (e jamais até o futuro indeterminado e incondicional). A ideia é preservar as relações jurídicas estabelecidas e consolidadas ao longo do tempo durante aquele período que se tolera como se constitucional fosse. Soa até intuitivo que a adoção de tal instituto no julgamento é – e deve ser – excepcional.

E assim ocorre em variadas áreas do Direito. Cuidando-se da matéria tributária, aí a situação tem particularidades que não podem ser ignoradas, sob pena de generalizar algo que é e deve ser tratado de maneira específica. Como os requisitos materiais mínimos envolvidos na modulação se referem à "segurança jurídica" e ao "excepcional interesse social", podemos vislumbrar com certa tranquilidade que, em matéria tributária, a reviravolta jurisprudencial no sentido contrário ao contribuinte, que sempre atuou com boa-fé e confiança nos atos do Poder Público, parece ser o exemplo mais emblemático da necessidade de eventual modulação temporal dos efeitos de decisão judicial.

Não obstante, a indicação que o STF deu nas principais causas tributárias nos últimos anos, as de maior repercussão nacional, voltaram-se para o sentido oposto. A razão é simples: utilizou o instrumento da modulação temporal na seara tributária sem algumas ressalvas que são necessárias e de compreensão prévia ao seu uso (e até abuso!).

O argumento pragmático ou consequencialista de cunho econômico é próprio e inerente a qualquer discussão sobre tema tributário, justamente porque é a área do Direito que lida sempre com as maiores cifras. Aqui, o dinheiro acaba sendo o pano de fundo de toda e qualquer discussão: o dever de pagar tributos de um lado contra o direito de pagá-los na justa medida (nem mais e nem menos) de outro. Assim, alardear eventual rombo nas contas públicas como forma de (im)pressionar os Ministros do STF foi uma fórmula que já deu certo no passado. Mas, atualmente, à medida que o novel instituto da modulação se aprimora e se delineia mais claramente perante a incipiente jurisprudência da Suprema Corte, todas as indicações sinalizam no sentido de que o seu uso será realmente parcimonioso e com as cautelas necessárias. O teste de fogo será no julgamento da ADC 18, esperado pela comunidade jurídica ainda para o primeiro semestre.

Sobre as críticas, os balizamentos que são tão importantes no cenário atual, a reduzida relevância do argumento *ad terrorem* para a solução da causa jurídica, e tantos outros temas relacionados, lançarei o livro que resultou de minha tese de doutorado (Modulação em Matéria Tributária: O Argumento Pragmático ou Consequencialista de Cunho Econômico e as Decisões do STF), em evento que ocorrerá no Centro Cultural Justiça Federal – CCJF, situado na Av. Rio Branco, n. 241, no dia 31.03, a partir das 18:00 hs. E é claro que você, nosso leitor, está convidado![6]

---

6   Publicado em: *Jornal Gazeta de Notícias*. Rio de Janeiro, 2ª Fase, Ano II, n. 317, 26 a 28.03.2011, p. 6 (Análise Financeira).

A possibilidade de modulação no STJ

Submetemos ao leitor dessa coluna as seguintes indagações: é possível que o STJ aplique a modulação temporal dos efeitos nas suas decisões? Caso sim, sob qual fundamento legal e/ou jurídico? Nesse caso, deve atender a quais limites?

O entendimento no sentido de que não é possível que o STJ aplique a modulação temporal dos efeitos nas suas decisões parece se justificar a partir de interpretação literal ou gramatical do art. 27 da Lei n. 9.868/99, pelo qual apenas e tão somente o STF poderia manifestar-se acerca da modulação temporal e especificamente quando da declaração de inconstitucionalidade no modelo concentrado de controle de constitucionalidade. Essa linha de raciocínio é seguida pelo Ministro Teori Albino Zavascki nos seus votos sobre o tema e esse entendimento já foi adotado no STJ.

Quando o Tribunal examinou o Caso Crédito-Prêmio do IPI restou decidido que é incabível ao Judiciário, sob pena de usurpação da atividade legislativa, promover a "modulação temporal" de suas decisões (EREsp. 765.134).

Em um primeiro momento, o julgamento do Caso Crédito-Prêmio do IPI no âmbito do STJ, aliado ao julgamento do Caso IPI-Alíquota zero no STF (RE 353.657), ambos dando pela impossibilidade de aplicar a modulação temporal dos efeitos (em favor dos contribuintes) da decisão de mérito (contrária aos contribuintes), parece ter levado ao STJ a ideia de que ali não seria o local próprio para o desenvolvimento do novel instituto na jurisprudência brasileira.

O STJ deixou de examinar a questão referente à modulação dos efeitos em razão da falta de prequestionamento, quando não enfrentou o mérito do recurso, com a oposição de embargos de declaração e quando cuidou de revogação e não recepção de lei (esta última com forte amparo na jurisprudência do próprio STF).

Com o passar do tempo, contudo, cabe registrar que, de modo expresso ou implícito, tal rigidez no sentido de inaplicar a modulação tem experimentado certa flexibilização da regra geral (de que possível aplicação da modulação dos efeitos de uma decisão do STJ manifesta caráter normativo). Começa a ser minada por exceções decorrentes da riqueza e complexidade dos fatos da vida que são submetidos ao Poder Judiciário.

Nesse sentido, é possível que o STJ aplique a modulação temporal dos efeitos nas suas decisões? Entendemos que sim. O STJ já se manifestou em algumas ocasiões acerca da viabilidade de aplicar a modulação temporal dos efeitos em diferentes decisões prolatadas em seu âmbito. Contudo, o STJ ainda não logrou efetivamente aplicar a modulação temporal dos efeitos de sua decisão em caso de grande repercussão.

Respondida afirmativamente a primeira indagação, sobre a possibilidade de o STJ aplicar a modulação temporal dos efeitos nas suas decisões, cabe responder à segunda pergunta: sob qual fundamento legal e/ou jurídico?

Em princípio, entendemos que é possível aplicar o art. 27 da Lei n. 9.868/99, com a observância do art. 97 da Constituição da República, que cuida da reserva de plenário. De fato, por ser medida ainda mais excepcional do que a declaração de inconstitucionalidade, é preciso respeitar os seus requisitos mínimos constitucionalmente estabelecidos. Além disso, é possível aplicar a modulação dos efeitos invocando o referido dispositivo legal de modo analógico, para os casos que cuidarem de constitucionalidade, legalidade ou ilegalidade, dispensada a reserva de plenário. Por fim, é viável também aplicar a modulação em razão da mudança de jurisprudência pacífica, que se difere daquela que é flutuante e da que ainda não se formou.

Em qualquer caso, é importante atentar para as razões de segurança jurídica e/ou excepcional interesse social. É que essas são as balizas mínimas existentes hoje sobre o tema e que são capazes de reconduzir a situação da vida que se apresente junto ao Poder Judiciário à vontade constitucional com a tolerância em cada caso específico.

Enquanto o STF começa a delinear com maior clareza os limites e as possibilidades da modulação dos efeitos de suas decisões, a tendência do STJ parece apontar para maior desassombro no exame das possíveis aplicações da modulação dos efeitos de suas decisões. Em razão do relativo avanço na análise do tema pelo STF, é possível que algumas orientações que ali estão se consolidando sejam consideradas e até aplicadas quando submetidas ao STJ.

Enfim, como vem ocorrendo no STF, também no STJ a prática jurisprudencial, ainda incipiente, vai revelar quais são os limites necessários à aplicação da modulação temporal dos efeitos de suas decisões. Afinal, o STJ é vocacionado ao pronunciamento definitivo das questões referentes à interpretação e aplicação da legislação infraconstitucional, bem como da uniformização à jurisprudência nacional.[7]

A modulação e o STJ

Com o advento do art. 27 previsto na Lei n. 9.868/99, passou a vigorar na ordem jurídica nacional permissivo legal capaz de sustentar a aplicação (excepcional) da modulação temporal dos efeitos das decisões do STF em ações diretas de inconstitucionalidade.

Ocorre que as perplexidades e as decisões difíceis relacionadas às diferentes situações da vida consolidadas ao longo do tempo, ao necessário respeito à irretroatividade quando da mudança de jurisprudência anteriormente pacífica, bem como à proteção da boa-fé objetiva e da confiança legítima dos jurisdicionados, não ocorrem apenas e tão somente no âmbito do Plenário do Supremo Tribunal Federal.

Com efeito, tais situações são submetidas também rotineiramente ao Superior Tribunal de Justiça, que é o órgão constitucionalmente responsável pela missão institucional de dar a última palavra em matéria infraconstitucional e uniformizar a jurisprudência nacional sobre a aplicação da legislação federal.

Como decorrência de tal constatação, surge a seguinte indagação: é possível que o STJ aplique a modulação temporal dos efeitos nas suas decisões? Caso sim, sob qual fundamento legal e/ou jurídico? Nesse caso, deve atender a quais limites?

O entendimento no sentido de que não é possível que o STJ aplique a modulação temporal dos efeitos nas suas decisões parece se justificar a partir de interpretação literal ou gramatical do art. 27 da Lei n. 9.868/99, pelo qual apenas e tão somente o STF poderia manifestar-se acerca da modulação temporal e especificamente quando da declaração de inconstitucionalidade no modelo concentrado de controle de constitucionalidade. Essa linha de raciocínio é seguida pelo Ministro Teori Albino Zavascki nos seus votos sobre o tema.

Esse entendimento já foi adotado no STJ. Com efeito, quando o Tribunal decidiu o Caso Crédito-Prêmio do IPI restou consignado expressamente que: "é incabível ao Judiciário, sob pena de usurpação da atividade legislativa, promover a 'modulação temporal' de suas decisões".[8] A afirmação, como está posta, parece não deixar qualquer dúvida sobre o assunto. Nesse sentido, os Ministros no julgamento em questão se dedicaram ao debate em torno dos empecilhos de natureza processual e decidiram pela inaplicação da modulação dos efeitos daquela decisão.

Em um primeiro momento, o julgamento do Caso Crédito-Prêmio do IPI no âmbito do STJ, aliado ao julgamento do Caso IPI-Alíquota zero no STF, ambos dando pela impossibilidade de aplicar a modulação

---

7   O texto foi publicado em: *Jornal Gazeta de Notícias*. Rio de Janeiro, 2ª Fase, Ano II, n. 475, 12 a 14.11.2011, p. 4 (Análise Financeira).

8   STJ – 1ª Seção, *EREsp. 765.134*, Rel. Min. João Otávio de Noronha, Rel. p/ ac. Min. Teori Albino Zavascki, j. 27.06.2007, DJU 22.10.2007. No mesmo sentido (julgado conjuntamente): STJ – 1ª Seção, *EREsp. 771.184*, Rel. Min. João Otávio de Noronha, Rel. p/ ac. Min. Teori Albino Zavascki, j. 27.06.2007, DJ 22.10.2007; STJ – 1ª Seção, *EREsp. 738.689*, Rel. Min. Teori Albino Zavascki, j. 27.06.2007, DJ 22.10.2007; STJ – 1ª Seção, *EREsp. 767.527*, Rel. Min. Teori Albino Zavascki, j. 27.06.2007, DJU 22.10.2007

temporal dos efeitos (em favor dos contribuintes) da decisão de mérito (contrária aos contribuintes), parece ter levado ao STJ a ideia de que ali não seria o local próprio para o desenvolvimento do novel instituto na jurisprudência brasileira.

Com efeito, junto ao STJ, logo depois do precedente referente ao Caso Crédito-Prêmio do IPI, que é riquíssimo quanto ao debate dos Ministros da 1ª Seção, outras decisões se seguiram no sentido de inaplicar a modulação dos efeitos, especialmente em razão de aspectos processuais verificáveis nos casos então submetidos ao Tribunal.

A refutação inicial no STJ foi baseada na orientação de que a aplicação do art. 27 da Lei n. 9.868/99 por órgão diverso do STF implicaria na usurpação legislativa pelo Poder Judiciário. O STJ deixou de examinar a questão referente à modulação dos efeitos em razão da falta de prequestionamento, quando não enfrentou o mérito do recurso, com a oposição de embargos de declaração e quando cuidou de revogação e não recepção de lei (esta última com forte amparo na jurisprudência do próprio STF).

Com o passar do tempo, contudo, cabe registrar que, de modo expresso ou implícito, tal rigidez no sentido de inaplicar a modulação tem experimentado certa flexibilização da regra geral (de que possível aplicação da modulação dos efeitos de uma decisão do STJ manifesta caráter normativo). Começa a ser minada por exceções decorrentes da riqueza e complexidade dos fatos da vida que são submetidos ao Poder Judiciário.

Nesse sentido, é possível que o STJ aplique a modulação temporal dos efeitos nas suas decisões? Entendemos que sim. O STJ já se manifestou em algumas ocasiões acerca da viabilidade de aplicar a modulação temporal dos efeitos em diferentes decisões prolatadas em seu âmbito.

Exemplo disso ocorreu quando a Corte decidiu que o recorrente não conseguiu, no caso concreto, demonstrar a existência dos requisitos previstos no art. 27 da Lei n. 9.868/99 que permitissem a modulação de efeitos em declaração de inconstitucionalidade.[9] Aqui, diferente das outras situações anteriores, a porta não estava fechada, mas não se logrou preencher os requisitos necessários para a sua passagem.

Além disso, em caso sobre a possível aplicação da modulação temporal dos efeitos da decisão oriunda de tribunal de segunda instância, a hipótese foi plenamente aceita no STJ. Aqui, três diferentes entendimentos despontaram no julgamento ocorrido na 5ª Turma do STJ. O primeiro, do Relator, Ministro Jorge Mussi, no sentido de que o caso trazia a excepcionalidade necessária e registrando o acerto da aplicação da modulação temporal pela decisão então recorrida do tribunal de origem. O segundo, do Ministro Napoleão Nunes Maia Filho, pelo qual não seria possível aplicar automaticamente o art. 27 da Lei n. 9.868/99 em caso de lei declarada inconstitucional pelo Tribunal de Justiça, isto é, seria necessária a intermediação do Poder Normativo Estadual, sob pena de violação da autonomia do ente federativo (com base no princípio da simetria ou do paralelismo). O terceiro entendimento foi expressado pelo Min. Felix Fischer, que reconheceu no caso então submetido a julgamento a existência de um conflito entre princípios constitucionais (segurança jurídica x nulidade).[10]

Contudo, o STJ ainda não logrou efetivamente aplicar a modulação temporal dos efeitos de sua decisão em caso de grande repercussão. Pela leitura dos julgados e precedentes que cuidaram do tema referente à modulação dos efeitos de suas decisões, percebe-se claramente que: a) em um primeiro momento, a orientação da Corte foi toda no sentido da sua inaplicação em matéria tributária, especialmente pela leitura gramatical ou literal do art. 27 da Lei n. 9.868/99 que prevaleceu na 1ª Seção; b) em um momento subsequente, em outras Turmas e versando matérias diversas submetidas ao Tribunal, começa lentamente a surgir possíveis aplicações da modulação dos efeitos de suas decisões.

---

9   STJ – 2ª Turma – RESp. 1.229.322, Rel. Min. Castro Meira, j. 17.05.2011, DJE 02.06.2011.
10 STJ – 5ª Turma – RMS 19.951, Rel. Min. Jorge Mussi, j. 02.09.2010, DJE 04.10.2010.

Respondida afirmativamente a primeira indagação, sobre a possibilidade de o STJ aplicar a modulação temporal dos efeitos nas suas decisões, cabe responder à segunda pergunta: sob qual fundamento legal e/ou jurídico?

Em princípio, entendemos que é possível aplicar o art. 27 da Lei n. 9.868/99, com a observância do art. 97 da Constituição da República, que cuida da reserva de plenário. De fato, por ser medida ainda mais excepcional do que a declaração de inconstitucionalidade, é preciso respeitar os seus requisitos mínimos constitucionalmente estabelecidos. Além disso, é possível aplicar a modulação dos efeitos invocando o referido dispositivo legal de modo analógico, para os casos que cuidarem de constitucionalidade, legalidade ou ilegalidade, dispensada a reserva de plenário. Por fim, é viável também aplicar a modulação em razão da mudança de jurisprudência pacífica, que se difere daquela que é flutuante e da que ainda não se formou.

Em qualquer caso, é importante atentar para as razões de segurança jurídica e/ou excepcional interesse social. É que essas são as balizas mínimas existentes hoje sobre o tema e que são capazes de reconduzir a situação da vida que se apresente junto ao Poder Judiciário à vontade constitucional com a tolerância em cada caso específico.

Enquanto o STF começa a delinear com maior clareza os limites e as possibilidades da modulação dos efeitos de suas decisões, a tendência do STJ parece apontar para maior desassombro no exame das possíveis aplicações da modulação dos efeitos de suas decisões. Em razão do relativo avanço na análise do tema pelo STF, é possível que algumas orientações que ali estão se consolidando sejam consideradas e até aplicadas quando submetidas ao STJ.

Enfim, como vem ocorrendo no STF, também no STJ a prática jurisprudencial, ainda incipiente, vai revelar quais são os limites necessários à aplicação da modulação temporal dos efeitos de suas decisões. Afinal, o STJ é vocacionado ao pronunciamento definitivo das questões referentes à interpretação e aplicação da legislação infraconstitucional, bem como da uniformização à jurisprudência nacional.

É o que esperamos ver acontecendo nos próximos anos, quando a Corte, renovada e com a sua importância reafirmada (com o crescente julgamento dos recursos repetitivos), se deparar cada vez mais com situações da vida que sugerem, sinalizam e até mesmo impõem, considerações sobre a aplicação da modulação dos efeitos de suas decisões, com vistas a pacificar, em maior medida, a já tão conturbada relação entre os contribuintes e o Fisco.[11]

2012 será o ano do debate sobre modulação?

Nos últimos anos me dediquei a estudar em profundidade o instituto jurídico da modulação temporal dos efeitos das decisões judiciais, especialmente em razão da tese de doutorado que elaborei sobre o tema.

A partir da matriz legal estabelecida no artigo 27 da Lei 9.868/99 há alguns limites materiais e procedimentais na aplicação do instituto. Em princípio, segundo interpretação meramente gramatical, caberia apenas e tão somente ao Supremo Tribunal Federal (STF) manifestar-se acerca da modulação temporal e especificamente quando da declaração de inconstitucionalidade no modelo concentrado de controle de constitucionalidade. O ordenamento jurídico, contudo, é integrado através de outros tipos de interpretações e as diferentes situações da vida ocorrem com maior frequência do que prevê a letra fria da lei.

A depender do julgamento de alguns relevantes casos que estão em trâmite nos Tribunais Superiores, o ano de 2012 pode ser marcante a respeito da doutrina "judicial" sobre o instituto da modulação, sobretudo no âmbito do STF.

A ADC 18 cuida da legitimidade da exclusão da parcela do ICMS da base de cálculo da COFINS e do PIS. Embora o julgamento acerca do mérito da questão jurídica ainda não tenha se iniciado nos autos, há indicação vir-

---

11   O artigo foi publicado em: *Revista Jurídica Consulex*. Brasília, Ed. Consulex, ano XVI, n. 360, 15.01.2012, p. 46-47.

tual de que será favorável à pretensão dos contribuintes (em razão do julgamento parcial do RE 240.785, que tratou do mesmo tema e contabilizou a maioria absoluta de votos em favor da tese dos contribuintes).

Se tal previsão concretizar-se o Tribunal decidirá acerca do pedido formulado na petição inicial da ação no sentido de eventual modulação temporal dos efeitos de tal decisão. Levando em consideração que não há qualquer um dos requisitos materiais colocados no referido artigo 27 (razões de segurança jurídica e excepcional interesse social), entendemos que não é caso para modular.

Ainda em trâmite junto ao STF, cabe lembrar da ADI 2.588, em que a CNI pleiteia seja declarada a inconstitucionalidade da tributação sobre os lucros de controladas e coligadas no exterior quando de sua mera apuração em balanço (art. 74, MP 2.158-35/01). Em 17.08.2011, delineou-se tendência majoritária da Corte no sentido de rejeitar a ação, dando pela constitucionalidade da regra fiscal. Caso o voto faltante, do Ministro Joaquim Barbosa, vir a dar nesse sentido, então ocorrerá efetiva e verdadeira mutação jurisprudencial por parte do STF.

É que no julgamento do RE 172.058 (Rel. Min. Marco Aurélio) a Corte proclamou na composição plena a inconstitucionalidade de dispositivo legal que pretendia tributar como disponibilidade de renda do sócio investidor a mera apuração de lucros pela sociedade investida. À luz de clara mutação jurisprudencial pelo STF que eventualmente decidirá em sentido diametralmente oposto ao que decidiu no passado, seja em virtude da alteração de sua composição, seja pela modificação da orientação de um ou mais de seus membros, impõe-se homenagear as razões de segurança jurídica e aplicar na situação a modulação dos efeitos de decisão que venha a consagrar a posição hoje majoritária do STF.

Desse modo, verifica-se que o ano de 2012 pode ser muito importante para melhor delineamento da moldura estabelecida pelo STF acerca da modulação temporal dos efeitos de suas decisões em matéria tributária.

Cabe registrar que, sobre o tema, toda a atenção é pouca, na medida em que os argumentos pragmáticos ou consequencialistas de cunho econômico engendrados na discussão pela Fazenda Nacional se limitam a apresentação dos números mágicos (sem qualquer comprovação) e são colocados em frágeis tons apelativos (em razão do "rombo" de bilhões de reais nas contas públicas).

Com isso, a Fazenda Nacional busca deslocar o caráter do debate perante o STF de jurídico para econômico pura e simplesmente, como se para julgar uma causa tributária o Ministro tenha que se transformar em mera calculadora.

Ocorre que, para a aplicação da referida modulação, é necessário que efetivas razões de segurança jurídica ou excepcional interesse social, posto nas razões de decidir de maneira objetiva, estejam baseados nos principais argumentos jurídicos em torno da questão de fundo submetida à apreciação da Suprema Corte. Em outras palavras, argumentos alheios à discussão jurídica podem até integrar o debate, mas na condição de meros satélites do debate principal, que há de ser todo calcado nos argumentos jurídicos em prol da defesa e guarda da Constituição da República.

Nesse momento, é importante que a sociedade civil organizada e a comunidade jurídica especializada estejam preparadas para esses próximos passos no delineamento da aplicação do instituto da modulação temporal dos efeitos das decisões judiciais, especialmente oriundas do STF.[12]

---

12   O texto foi publicado em: *Jornal Gazeta de Notícias*. Rio de Janeiro, 2ª Fase, Ano III, n. 542, 18 a 23.02.2012, p. 4 (Análise Financeira).

O trâmite de medidas provisórias e a modulação temporal

Em 08 de março, o Plenário do Supremo Tribunal Federal decidiu interessante questão jurídica. A questão de fundo cuidava da observância obrigatória de regra constitucional da etapa do processo legislativo de conversão de medida provisória em lei ordinária, referente a emissão de parecer por comissão mista de deputados federais e senadores antes do exame, em sessão separada, pelo plenário de cada uma das casas do Congresso Nacional (art. 62, § 9º, da Constituição Federal).

A ADI 4.029 foi ajuizada pela Associação Nacional dos Servidores do IBAMA – Asibama nacional, contra a Lei n. 11.516/07, originada da Medida Provisória n. 366/07, que dispõe sobre a criação do Instituto Chico Mendes de Conservação da Biodiversidade – ICMBio, dentre outras providências.

O exame do mérito girou em torno da possível sindicabilidade (e em que medida) dos requisitos autorizadores da edição de medidas provisórias (urgência e relevância), na medida em que, de certa forma, se configuram atos sujeitos ao caráter discricionário de execução das políticas públicas pelo Poder Executivo.

Em um primeiro momento, a ADI 4.029 foi julgada parcialmente procedente e a Lei n. 11.516/07 foi declarada inconstitucional, sem pronúncia de nulidade, pelo prazo de 24 meses, a fim de garantir a continuidade da autarquia (ICMBio). No momento seguinte, a Advocacia-Geral da União formulou questão de ordem no sentido de que fosse estabelecido prazo para que o Congresso Nacional adaptasse o processo legislativo de tramitação das medidas provisórias à nova decisão, haja vista o elevado número de medidas provisórias convertidas em lei (algo em torno de 400).

O Relator, Ministro Luiz Fux, propôs que a orientação fixada pela Corte deveria ser aplicada de imediato às novas medidas provisórias, com ressalva das que já tramitaram e das que estariam em curso (estas, na forma da Resolução n. 1/02). *In casu*, não seria necessária a observância de qualquer prazo (modulação *pro futuro*), seja porque a Corte sinalizou com a inconstitucionalidade incidental dos dispositivos da referida resolução, seja porque nenhum ato regulamentar seria necessário ao cumprimento direto do art. 62, § 9º, da Constituição da República. A proposta do Relator foi acatada pela maioria do Tribunal. O Ministro Gilmar Mendes propugnou pela mudança da proclamação do resultado do julgamento.

Assim, o Plenário da Suprema Corte decidiu acolher a referida questão de ordem para alterar o dispositivo do acórdão da ADI 4.029. Por maioria, julgou improcedente o pleito formulado, mas declarou, incidentalmente, com eficácia *ex nunc* (isto é, não retroativa, dali pra frente), a inconstitucionalidade dos artigos 5º, *caput*, e 6º, §§ 1º e 2º, da Resolução n. 1/02 do Congresso Nacional. Foram vencidos os Ministros Marco Aurélio e Cezar Peluso, que julgavam procedente a pretensão.

A relevância do caso em foco evidencia-se por diferentes razões. Exemplo disso é que um ato regulamentar sobre o funcionamento das casas do Congresso Nacional e trâmite das medidas provisórias (Resolução n. 1/02), geralmente encarado pelo Poder Judiciário como mera questão *interna corporis*, foi sindicado pela Suprema Corte e teve a sua inconstitucionalidade declarada.

O principal aspecto, contudo, refere-se ao expresso reconhecimento de que nessa questão jurídica era necessário atentar para as consequências da decisão que ali seria tomada, como expressamente reconhecido pelo Relator quando prolatou o seu voto.

Depois de tomada a decisão e proclamado o resultado, a Advocacia-Geral da União suscitou a questão de ordem de olho na confusão legislativa, enorme insegurança jurídica e caos regulamentar que poderia, ao menos em tese, assolar o País caso aquela proclamação viesse a prevalecer. Seriam aproximadamente 400 medidas provisórias convertidas em lei (e em plena vigência) que seriam colocadas em xeque-mate em razão da decisão.

Ora, já tivemos oportunidade de escrever que o consequencialismo (análise e consideração das consequências no momento da tomada de decisões) se coaduna de modo muito próprio com as decisões de índole política e administrativa. Os exemplos disso já são muito conhecidos na experiência prática da Suprema Corte.

Em nosso estudo permanente sobre o tema, contudo, temos registrado com veemência que isso não ocorre em todas as áreas do Direito. Na seara tributária, por exemplo, os argumentos consequencialistas de cunho econômico (periféricos por natureza) sempre devem ser reconduzidos aos argumentos jurídicos (centrais) em torno da violação ou não da máxima vontade constitucional alcançável no caso submetido a exame, sob pena de se deturpar a Lei Maior em busca de acomodações momentâneas e menores que nem sempre atendem ao melhor interesse republicano.[13]

Modulação de Súmula contra guerra fiscal é necessária

A comunidade jurídica está mobilizada para encontrar uma saída justa para a chamada "Guerra Fiscal" entre os Estados do Brasil. Mobiliza-se para a consulta pública referente ao edital de proposta de Súmula Vinculante n. 69, com o seguinte teor: "Qualquer isenção, incentivo, redução de alíquota ou de base de cálculo, crédito presumido, dispensa de pagamento ou outro benefício relativo ao ICMS, concedido sem prévia aprovação em convênio celebrado no âmbito do CONFAZ, é inconstitucional".

Ora, embora o teor reflita a orientação jurisprudencial dominante da Suprema Corte, para efetivamente chegar a um equacionamento razoável, há uma série de ponderações que devem ser contempladas quando do debate em torno da redação final de tal proposta, sobretudo se considerarmos que o seu verbete será vinculante em relação aos demais órgãos do Poder Judiciário e à administração pública direta e indireta, nas esferas federal, estaduais e municipais.

De início, cabe registrar que a questão da aprovação unânime no âmbito do CONFAZ está atualmente submetida ao Plenário do Supremo Tribunal Federal nos autos da ADPF 198, da relatoria do Ministro Dias Toffoli e ajuizada pelo Governador do Distrito Federal, em 2009, na qual questiona os artigos 2º, § 2º, e 4º, ambos da Lei Complementar n. 24/75, por violação ao artigo 1º da Constituição da República, na medida em que ofenderia o princípio democrático, o princípio federativo e o princípio da proporcionalidade.

Além disso, foram opostos embargos de declaração nos autos das seguintes ações diretas de inconstitucionalidade com pleito expresso de aplicar a modulação temporal dos efeitos à declaração de inconstitucionalidade na modalidade prospectiva: 3.794/PR (Rel. Min. Joaquim Barbosa), 4.152/SP (Rel. Min. Cezar Peluso) e 2.549/DF (Rel. Min. Ricardo Lewandowski). Ora, cabe destacar que os acórdãos objeto dos declaratórios aqui mencionados foram objeto de julgamento na mesma assentada em 01.06.2011, em conjunto com tantas outras ações que foram julgadas naquele dia, versaram sobre o tema e estão servindo como fundamento para a Proposta de Súmula Vinculante n. 69.

Tais circunstâncias, sozinhas, já recomendam uma necessária maturação especificamente acerca da necessária unanimidade para a celebração de convênios no âmbito do CONFAZ.

No tocante ao pleito de modulação temporal dos efeitos das decisões tomadas nas ações diretas de inconstitucionalidade anteriormente referidas, por si só, não inviabilizam o exame da PSV 69 nesse momento, embora recomende especial atenção a esse ponto.

De fato, tudo isso com o objetivo de evitar que a eventual edição da PSV 69 não venha a criar ainda mais confusão sobre o complicado tema da "Guerra Fiscal", com a aprovação de teor que venha a ser incompatível ou contraditório com eventuais decisões que deverão ser prolatadas pela Suprema Corte, especialmente em casos hoje pendentes.

---

13   O artigo foi publicado em: *Jornal Gazeta de Notícias*. Rio de Janeiro, 2ª Fase, Ano III, n. 569, 31 a 03.04.2012, p. 6 (Análise Financeira).

No âmbito da PSV 69, é curioso notar que consta a manifestação de variadas entidades na tentativa saudável de colaborar com o debate que ocorrerá entre os Ministros quando da votação sobre o teor do verbete. Dentre elas, há diferentes manifestações legítimas em torno da possível aplicação da modulação dos efeitos da súmula vinculante em questão, isto é, congregando do mesmo lado tanto os Estados (na condição de Administração Tributária) como também as empresas (na condição de contribuintes).

Prova cabal disso é que tal circunstância é contemplada de modo expresso tanto pela manifestação apresentada em 16.05.2012 pela Procuradoria-Geral do Distrito Federal como também naquela apresentada pela FIRJAN em 15.05.2012. Ora, é tão difícil lograr-se consenso em matéria tributária entre a Administração Pública e os contribuintes, que quando se verifica deve, no mínimo, ser considerado e sinalizar no sentido do bom senso

Isso ocorre porque as razões de segurança jurídica, aptas a fundamentar a aplicação da modulação dos efeitos, nos termos da faculdade prevista no art. 4º da Lei n. 11.417/06, se evidenciam, na presente hipótese, através de variados aspectos.

Inicialmente, o longo lapso de tempo eventualmente decorrido entre a concessão do benefício fiscal declarado ou considerado inconstitucional e os dias de hoje, por si só, já seria razão suficiente para profundas reflexões quanto a necessidade de ponderar os efeitos à luz das situações consolidadas com o decurso do tempo ao longo dos anos. De fato, depois de tantas ações, atos, gestos, decisões, todas tomadas no âmbito de certa região, tanto pelo Estado que concedeu o benefício impugnado como também pela empresa que ali se estabeleceu, como pretender que pura e simplesmente nunca tenha havido tal benefício? Ora, nada mais justo do que considera-lo como "revogado" daqui para frente (sob um ponto de vista prático), mas respeitando o período passado.

Isso evitaria o constrangimento de colocar agora em polos antagônicos duas figuras que até bem pouco eram colaboradores. Quando a empresa se instalou na região escolhida, certamente confiou na estabilidade das relações estatais e na legislação pertinente então disponível para a realização do projeto. A partir de agora, enfrentar-se-ão como *ex adversus* na medida em que caberá ao Estado (que antes concedeu o benefício fiscal) recuperar os valores que deixaram de ser recolhidos aos cofres estatais em razão do benefício. Por outro lado, a empresa (contribuinte que se instalou no local escolhido) terá razões de sobra para pleitear a legitimidade do benefício para o seu caso concreto.

De fato, evitaria a criação de um impasse esdrúxulo tanto para a empresa como também para o Estado. A empresa vê-se de uma hora para outra com uma contingência, ao menos virtual (que ainda não se materializou), em relação aos últimos cinco anos, quando tiver operado nessas condições na localidade. O Estado, por sua vez, vê-se obrigado (e sua atividade é vinculada, não havendo opção de eventualmente transigir) a cobrar da empresa com quem negociou o incentivo no passado, com a cobrança da diferença do ICMS sobre os valores dos últimos cinco anos de atividade, em razão da declaração de inconstitucionalidade nas ADIs e, agora, da súmula vinculante.

Ora, isso possivelmente fomentaria maior litigiosidade e poderia criar inaceitável instabilidade nas relações entre a Administração Tributária e os contribuintes no território dos Estados envolvidos.

Além disso, pressupondo que geralmente tais benefícios fiscais são concedidos em condições onerosas para as empresas, com a exigência formal de construção e instalação de fábrica ou planta industrial, com o objetivo de fomentar novos empregos e a economia da região, é importante indagar: como ficam os investimentos realizados em razão da confiança na relação estabelecida no passado? De fato, o cômputo dos custos inerentes à atividade operacional desempenhada pela empresa na região certamente levou em conta a incidência tributária que foi então avençada, e não a sua integralidade como atualmente está sendo exigida, no tocante ao ICMS.

Ademais, impõe-se registrar que não cabe ao Estado beneficiar-se de sua própria "torpeza", vez que concedeu benefício fiscal que sabia – ou deveria saber – indevido, não lhe cabendo agora, anos depois, pleitear em execução fiscal os valores que entende devido a título de complementação.

Por fim, mas não menos importante, cabe destacar que, no fundo, a presente questão cuida de clássica ponderação de bom senso, isto é, de que modo é possível dar a máxima efetividade e a maior concretude à Constituição da República? Entendemos que, na situação específica, a modulação tem o condão de acomodar os diferentes interesses envolvidos e, acima de tudo, fazer cumprir a Constituição, com o atendimento dos princípios da proporcionalidade, da razoabilidade e da segurança jurídica, dentre outros.

Com efeito, têm-se alegações de efetivo cumprimento da vontade constitucional, na medida em que a concessão de benefício fiscal é mecanismo para atender a previsão expressa no sentido de que constitui objetivo fundamental da República garantir o desenvolvimento nacional e reduzir as desigualdades sociais e regionais.

Com o objetivo de resguardar a proteção da confiança legítima e da boa-fé dos contribuintes que efetivamente instalaram suas operações contando com o benefício posteriormente reconhecido como ilegítimo, uma sugestão de interesse unânime na hipótese da chamada "Guerra Fiscal" refere-se à possível aplicação da modulação temporal dos efeitos de tal súmula, vez que atenderia aos interesses dos Estados que tiveram os benefícios fiscais que concederam declarados inconstitucionais e aos contribuintes que se viram surpreendidos com a revogação repentina e imediata que valeria a partir de agora (sem prejudicar o período pretérito dos últimos cinco anos).

Assim, a súmula teria eficácia a partir de sua publicação, tendo em vista razões de evidente segurança jurídica anteriormente exposta. Ou, para individualizar ainda mais diferentes situações já ocorridas ou em vias de ocorrer, a súmula vinculante poderia ter a sua eficácia temporal limitada ou o efeito vinculante restrito para valer apenas a partir do trânsito em julgado de decisão que tenha declarado inconstitucional o dispositivo ou diploma legislativo que concedeu o benefício.[14]

LC 118/05: Possibilidade de modulação pelo STJ

Tormentosa questão em torno da legitimidade (ou não) da inovação trazida pela Lei Complementar n. 118/05 tem movimentado o Poder Judiciário, sobretudo os Tribunais Superiores nos últimos anos. De fato, em uma rara demonstração de robustez argumentativa, a jurisprudência do STJ sedimentou-se sobre o tema. Contudo, agora se vê obrigada a revisitar a sua orientação ao julgamento concluído no STF no ano passado (com decisão discrepante, isto é, em outro sentido).

O art. 168, inciso I, do Código Tributário Nacional, dispõe que o direito de pleitear a restituição do indébito (tributo recolhido a maior ou indevidamente) extingue-se com o decurso do prazo de cinco anos, contados da data da extinção do crédito tributário (nas hipóteses dos incisos I e II do art. 165, que cuidam do pagamento indevido ou a maior ou, ainda, erro).

O art. 150, § 4º, por sua vez, estabelece que o prazo para a homologação do lançamento será de cinco anos, a contar da ocorrência do fato gerador. Uma vez expirado esse prazo sem que a Fazenda Pública se tenha pronunciado, considera-se homologado o lançamento e definitivamente extinto o crédito.

Levando em consideração que a regra geral na hipótese de lançamento por homologação é o decurso do prazo máximo (de cinco anos) com a ocorrência da homologação tácita, o Superior Tribunal de Justiça construiu na sua jurisprudência a conhecida "tese dos 5+5" através da conjugação de tais dispositivos (art. 168, I, c/c o art. 150, § 4º, ambos do CTN).

---

14 O estudo foi publicado em: *Revista Consultor Jurídico*. São Paulo, 23.05.2012. Disponível na internet: http://www.conjur.com.br/2012-mai-23/modulacao-sumula-guerra-fiscal-necessaria. Acesso em: 24.05.2012.

Sobreveio a malsinada Lei Complementar n. 118/05, que no seu art. 3º, previu que para efeito de interpretação do art. 168, I, do CTN, a extinção do crédito tributário ocorre, no caso de tributo sujeito a lançamento por homologação, no momento do pagamento antecipado, e não mais da homologação tácita (com o decurso do prazo de até cinco anos, adicional ao decurso do prazo de cinco anos do art. 168, I).

Além disso, a LC 118/05 estabeleceu, no seu art. 4º, que entraria em vigor cento e vinte dias após sua publicação, mas que o art. 3º deveria aplicar-se aos atos e fatos pretéritos, vez que era meramente interpretativo do art. 168, I, na forma do art. 106, inciso I, também do CTN (que versa sobre a retroatividade da lei interpretativa).

Ora, restou evidente que a inovação legislativa trazida pela LC 118/05 pretendeu agravar a situação dos contribuintes e criar regra nova àquela anteriormente consagrada, especialmente na seara jurisprudencial (com a criação pelo STJ da "tese dos 5+5").

Em razão disso, o STJ foi acionado a pronunciar-se em relação ao teor da LC 118/05. Decidiu no sentido de sua inconstitucionalidade:

CONSTITUCIONAL. TRIBUTÁRIO. LEI INTERPRETATIVA. PRAZO DE PRESCRIÇÃO PARA A REPETIÇÃO DE INDÉBITO, NOS TRIBUTOS SUJEITOS A LANÇAMENTO POR HOMOLOGAÇÃO. LC 118/2005: NATUREZA MODIFICATIVA (E NÃO SIMPLESMENTE INTERPRETATIVA) DO SEU ARTIGO 3º. INCONSTITUCIONALIDADE DO SEU ART. 4º, NA PARTE QUE DETERMINA A APLICAÇÃO RETROATIVA.

1. Sobre o tema relacionado com a prescrição da ação de repetição de indébito tributário, a jurisprudência do STJ (1ª Seção) é no sentido de que, em se tratando de tributo sujeito a lançamento por homologação, o prazo de cinco anos, previsto no art. 168 do CTN, tem início, não na data do recolhimento do tributo indevido, e sim na data da homologação – expressa ou tácita – do lançamento. Segundo entende o Tribunal, para que o crédito se considere extinto, não basta o pagamento: é indispensável a homologação do lançamento, hipótese de extinção albergada pelo art. 15, VII, do CTN. Assim, somente a partir dessa homologação é que teria início o prazo previsto no art. 168, I. E, não havendo homologação expressa, o prazo para a repetição do indébito acaba sendo, na verdade, de dez anos a contar do fato gerador.

2. Esse entendimento, embora não tenha a adesão uniforme da doutrina e nem de todos os juízes, é o que legitimamente define o conteúdo e o sentido das normas que disciplinam a matéria, já que se trata do entendimento emanado do órgão do Poder Judiciário que tem a atribuição constitucional de interpretá-las.

3. O art. 3º da LC 118/05, a pretexto de interpretar esses mesmos enunciados, conferiu-lhes, na verdade, um sentido e um alcance diferente daquele dado pelo Judiciário. Ainda que defensável a 'interpretação' dada, não há como negar que a Lei inovou no plano normativo, pois retirou das disposições interpretadas um dos seus sentidos possíveis, justamente aquele tido como correto pelo STJ, intérprete e guardião da legislação federal.

4. Assim, tratando-se de preceito normativo modificativo, e não simplesmente interpretativo, o art. 3º da LC 118/2005 só pode ter eficácia prospectiva, incidindo apenas sobre situações que venha a ocorrer a partir da sua vigência.

5. O artigo 4º, segunda parte, da LC 118/2005, que determina a aplicação retroativa do seu art. 3º, para alcançar inclusive fatos passados, ofende o princípio constitucional da autonomia e independência dos poderes (CF, art. 2º) e o da garantia do direito adquirido, do ato jurídico perfeito e da coisa julgada (CF, art. 5º, XXXVI).

6. Arguição de inconstitucionalidade acolhida (STJ – Corte Especial – AI nos EREsp. 644.736/PE, Rel. Min. Teori Albino Zavascki, DJ de 27.08.2007).

Posteriormente, tal orientação foi reiterada pelo STJ no âmbito do julgamento de recurso especial representativo de controvérsia, sob o rito dos recursos repetitivos, quando decidiu que:

[...] 1. O princípio da irretroatividade impõe a aplicação da LC 118, de 9 de fevereiro de 2005, *aos pagamentos indevidos realizados após a sua vigência* e não às ações propostas posteriormente ao referido diploma legal, posto norma referente à extinção da obrigação e não ao aspecto processual da ação correspectiva. [...].

3. Isto porque a Corte Especial declarou a inconstitucionalidade da expressão 'observado, quanto ao art. 3º, o disposto no art. 106, I, da Lei n. 5.172, de 25 de outubro de 1966 – Código Tributário Nacional, constante do artigo 4º, segunda parte, da Lei Complementar 118/05 (AI nos ERESP. 644.736/PE, Relator Ministro Teori Albino Zavascki, julgado em 06.06.2007). [...]" (STJ – 1ª Seção – RESp. 1.002.932/SP, Rel. Min. Luiz Fux, DJ de 18.12.2009).

Até esse ponto, a jurisprudência do STJ permaneceu mansa e pacífica. Contudo, recentemente, o Supremo Tribunal Federal concluiu julgamento no qual decidiu que: "Reconhecida a inconstitucionalidade do art. 4º, segunda parte, da LC 118/05, considerando-se válida a aplicação do novo prazo de 5 anos tão somente às ações ajuizadas após o decurso da *vacatio legis* de 120 dias, ou seja, a partir de 9 de junho de 2005" (STF – Pleno – RE 566.621/RS, Rel. Min. Ellen Gracie, DJ 11.10.2011).

Como já é de se imaginar, a questão bate agora à porta do STJ novamente. Em julgamento ocorrido em 23.05.2012 e cujo acórdão foi publicado em 04.06.2012, o STJ decidiu:

CONSTITUCIONAL. TRIBUTÁRIO. RECURSO ESPECIAL REPRESENTATIVO DE CONTROVÉRSIA (ART. 543-C, DO CPC). LEI INTERPRETATIVA. PRAZO DE PRESCRIÇÃO PARA A REPETIÇÃO DE INDÉBITO NOS TRIBUTOS SUJEITOS A LANÇAMENTO POR HOMOLOGAÇÃO. ART. 3º, DA LC 118/2005. POSICIONAMENTO DO STF. ALTERAÇÃO DA JURISPRUDÊNCIA DO STJ. SUPERADO ENTENDIMENTO FIRMADO ANTERIORMENTE TAMBÉM EM SEDE DE RECURSO REPRESENTATIVO DA CONTROVÉRSIA.

1. O acórdão proveniente da Corte Especial na AI nos EREsp. n. 644.736/PE, Relator o Ministro Teori Albino Zavascki, DJ de 27.08.2007, e o recurso representativo da controvérsia RESp. n. 1.002.932/SP, Primeira Seção, Rel. Min. Luiz Fux, julgado em 25.11.2009, firmaram o entendimento no sentido de que o art. 3º, da LC 118/2005 somente pode ter eficácia prospectiva, incidindo apenas sobre situações que venham a ocorrer a partir da sua vigência. Sendo assim, a jurisprudência deste STJ passou a considerar que, relativamente aos pagamentos efetuados a partir de 09.06.2005, o prazo para a repetição do indébito é de cinco anos a contar da data do pagamento; e relativamente aos pagamentos anteriores, a prescrição obedece ao regime previsto no sistema anterior.

2. No entanto o mesmo tema recebeu julgamento pelo STF no RE n. 566.621/RS, Plenário, Rel. Min. Ellen Gracie, julgado em 04.08.2011, onde foi fixado marco para a aplicação o regime novo de prazo prescricional levando-se em consideração a data do ajuizamento da ação (e não mais a data do pagamento) em confronto com a data da vigência da lei nova (9.6.2005).

3. Tendo a jurisprudência deste STJ sido construída em interpretação de princípios constitucionais, urge inclinar-se esta Casa ao decidido pela Corte Suprema competente para dar a palavra final em

temas de tal jaez, notadamente em havendo julgamento de mérito em repercussão geral (arts. 543-A e 543-B, do CPC). Desse modo, para as ações ajuizadas a partir de 9.6.2005, aplica-se o art. 3º, da Lei Complementar n. 118/2005, contando-se o prazo prescricional dos tributos sujeitos a lançamento por homologação em cinco anos a partir do pagamento antecipado de que trata o art. 150, § 1º, do CTN.

4. Superado o recurso representativo da controvérsia RESp. n. 1.002.932/SP, Primeira Seção, Rel. Min. Luiz Fux, julgado em 25.11.2009.

5. Recurso especial não provido. Acórdão submetido ao regime do art. 543-C do CPC e da Resolução STJ 08/2008 (STJ – 1ª Seção – RESp. 1.269.570/MG, Rel. Min. Mauro Campbell Marques, DJ de 04.06.2012 – sem os grifos originais).

Tal decisão evidentemente significa uma reviravolta na jurisprudência até então mansa e pacífica do STJ a respeito do tema, isto é, cuida-se de um câmbio de cento e oitenta graus no sentido e direção que rumavam. É clara hipótese de mudança de jurisprudência mansa e pacífica.

A decisão foi objeto da oposição de embargos de declaração. Dentre as possíveis questões que podem ser levantadas para nova análise pelo STJ destaca-se a possível modulação no tempo dos efeitos da sua decisão, em homenagem às razões de segurança jurídica inerentes ao tema que, como visto, teve verdadeira reviravolta jurisprudencial.

Se é bem verdade que o STJ deve adequar a sua jurisprudência mansa e pacífica ao julgamento concluído no STF sobre o mesmo tema, é igualmente verdade que há razões de segurança jurídica de sobra para que a sua decisão possa dar-se a partir de certo momento.

Desse modo, em razão da mudança de jurisprudência no âmbito do STJ (com a superação da orientação pacífica expressada sob o rito dos recursos repetitivos no RESp. 1.002.932 pelo RESp. 1.269.750), ocasionada pela conclusão do julgamento do STF em sentido diverso (no RE 566.621), cabe ao STJ integrar a sua decisão (agora que foi novamente chamada a pronunciar-se sobre o tema) para modular no tempo a sua adequação ao precedente do STF com o objetivo de atender a segurança jurídica na situação em foco.

Ora, o momento a partir do qual essa mudança jurisprudencial deve valer é variável, na medida em que pode ser, por exemplo, a data da decisão em foco no âmbito do STJ (23.05.2012), a sua publicação (04.06.2012), a data da decisão do STF (04.08.2011), a sua publicação (11.10.2011), ou ainda, outro momento que seja mais significativo para tal adequação.

De fato, as razões de segurança jurídica giram em torno de questões fáticas, que se consolidaram com o passar do tempo, e jurídicas, na medida em que lhe é subjacente a proteção da confiança legítima dos jurisdicionados e a boa-fé objetiva de todos aqueles que se comportaram em obediência a jurisprudência mansa e pacífica e que, nesse momento, se veem surpreendidos com a reviravolta de repente experimentada.

Por óbvio, com isso não se quer dizer que a jurisprudência dos Tribunais Superiores não possa ser oscilante durante certo período de tempo ou de tempos em tempos, em decorrência das mais variadas circunstâncias, como a mudança da composição, o amadurecimento da questão jurídica e a observância de situações fáticas diferentes, dentre outras.

O que se busca pontuar nesse momento é o seguinte: quando há mudança de jurisprudência, é necessário que a nova orientação seja aplicada a partir do momento que ocorreu. Em outras palavras, existia certa orientação em determinado sentido, que era seguida e aplicada tanto pelo Poder Judiciário como pelas autoridades administrativas e levada em conta pelos contribuintes, que se organizaram quando ajuizaram ações com a referida orientação como paradigma.

Se de repente há uma reviravolta e essa orientação resta superada por outra, no sentido oposto, então o período passado, cujo transcurso se deu na mais absoluta normalidade, inclusive e especialmente em estrita obediência àquela orientação anterior que hoje resta superada, deve ser preservado.

Isso ocorre rotineiramente com a edição de leis novas, por exemplo. Em atendimento ao princípio da irretroatividade ela vale de sua edição em diante, isto é, não alcança o período pretérito, quando o fato ou a conduta foi albergado por outra lei, que agora foi revogada ou modificada pela nova.

Por óbvio, não se está dizendo que a natureza da prestação jurisdicional seja idêntica à emanação legislativa. São atividades estatais eminentemente diversas. Contudo, é possível identificar ao menos um ponto comum: a criação de norma, tanto na edição de lei nova (que modifica ou revoga a anterior) como também na mudança de jurisprudência (que traz orientação diametralmente oposta àquela anteriormente consagrada). Em razão disso, nada mais justo, equânime e até razoável, que sua aplicação se dê para o futuro, respeitando-se os fatos pretéritos, cuja ocorrência não estava albergada à sua incidência.

Com efeito, o jurisdicionado que se comportou em absoluta consonância com a orientação consagrada anteriormente não pode ser penalizado em razão da mudança na orientação do tribunal. É como se quando ele agisse (lá no passado), devesse ficar permanentemente atento ao futuro, que viria a refletir diretamente nas suas ações do passado. É fácil imaginar a confusão que o raciocínio levaria.

E mais ainda. Seria a consagração institucionalizada da máxima insegurança jurídica a reinar entre o mundo dito civilizado. Ora, se é bem verdade que a orientação de um tribunal pode oscilar em determinados casos, é igualmente verdade que quando isso ocorre com uma reviravolta jurisprudencial, então nenhuma consequência ou dano poderia ser atribuído ao jurisdicionado (que deveria ter suas situações pretéritas, e em acordo com a orientação anterior, respeitadas e mantidas).

E muito mais do que desrespeitar o cidadão ordeiro e que agiu de acordo com a orientação então reinante, o STJ quando promove mudança jurisprudencial sem qualquer cautela ou cuidado com os jurisdicionados acaba por amesquinhar o seu próprio papel institucional (especialmente no tocante à uniformização de jurisprudência). Com efeito, ao invés de atuar buscando a pacificação social, acaba por padronizar tudo o tempo todo, em clara desvalorização de sua atividade jurisdicional.

Em suma, com o julgamento dos embargos de declaração nos autos do RESp. 1.269.570, o STJ tem uma oportunidade ímpar para adequar a sua jurisprudência mansa e pacífica ao julgamento concluído no STF (RE 566.621). Para tanto, basta que promova a modulação temporal dos efeitos de sua decisão, para que ela passe a valer a partir de certo momento em diante, como vimos.

Isso, a um só tempo, engrandeceria a atuação do tribunal no cuidado e na proteção dos seus jurisdicionados, preservaria a pacificação social alcançada com a sua decisão anterior, respeitaria as situações pretéritas em atendimento às razões de segurança jurídica e atenderia ao teor do julgamento do STF. Vê-se, por conseguinte, que através de atuação conciliadora, o STJ conseguiria manter a pacificação social alcançada. Ao contrário, fazendo tábula rasa de seu passado firme e convicto acerca do tema, aumenta ainda mais a insegurança jurídica gerada, promove maior litigiosidade entre os contribuintes e o Fisco e amesquinha a sua atividade a mero "carimbador". Resta saber o que será feito pelo STJ. Quem viver, verá![15]

Modulação e Consequencialismo

O fundamento jurídico que explica a possibilidade de modulação dos efeitos de uma decisão judicial pode ser extraído diretamente da Constituição da República. No passado tínhamos uma regra dogmática de indiscutível

---

15 O estudo foi publicado originalmente em: *Revista Consultor Jurídico*. São Paulo, 20.06.2012. Disponível na internet: http://www.conjur.com.br/2012-jun-20/fabio-andrade-stj-possibilidade-modular-efeitos-lc-11805. Acesso em: 20.06.2012.

rigidez que assegurava à declaração de inconstitucionalidade o efeito retroativo (*ex tunc*). Atualmente, temos o princípio da nulidade do ato inconstitucional passível de flexibilização.

Isto decorre da riqueza dos fatos da vida, que necessariamente impõem soluções criativas ao Direito nos casos difíceis (*hard cases*). De fato, em complexa técnica de ponderação dos interesses e valores em jogo, o princípio da nulidade do ato inconstitucional (com o tradicional efeito *ex tunc*) cede espaço no tocante aos seus efeitos à sua aplicação irretroativa (*ex nunc*) ou até mesmo a partir de certo momento no futuro (*pro futuro*) ou qualquer outro que venha a ser estipulado (*ex tunc* mitigado).

Em outras palavras, temos então os seguintes efeitos: *ex tunc* (regra geral), *ex tunc* mitigado (exceção, que se situa entre a data do nascimento da lei – exclusive – e a data da decisão judicial), *ex nunc* (exceção, que se situa precisamente no dia da decisão judicial, valendo dali pra frente) e, por fim, *pro futuro* (exceção, a partir do dia da decisão judicial, exclusive).

A modulação dos efeitos de uma decisão judicial que versa sobre o juízo de inconstitucionalidade de certa lei ou ato normativo justifica-se em situações da realidade que são extremadas e excepcionalmente não contempladas pelo acervo de institutos jurídicos disponíveis. É como se houvesse um hiato entre alguma situação da realidade e a sua necessidade de regulação adequada pelo Direito.

Isto ocorre, por exemplo, com a lei que cria um Município que, no plano fático, simplesmente passa a existir. Como decorrência disso, toda a enorme gama de atos da vida civil praticados no território deste Município recém-criado, todos os atos legislativos e regulamentares municipais, a eleição de seus governantes e a nomeação de seus servidores passa a integrar a realidade daqueles munícipes. Temos um Município em pleno funcionamento, no exemplo dado.

Sucede que a lei que criou o referido Município estava eivada do insanável vício da inconstitucionalidade, pouco importando para este ensaio por qual tipo. A prevalecer o raciocínio tradicional sobre a teoria geral do controle de constitucionalidade, teríamos algumas opções possíveis. Uma possibilidade seria a declaração de tal inconstitucionalidade com a aplicação do tradicional efeito *ex tunc* (retroativo). Imagine o leitor a enorme quantidade de problemas que daí surgiria. Outra opção seria o reconhecimento da constitucionalidade, justamente com a sensibilização da Corte a respeito da enorme quantidade de problemas que certamente surgiriam com a eventual declaração de inconstitucionalidade.

Uma terceira alternativa, no entanto, que pretende colocar-se como meio-termo entre o tradicional efeito retroativo (*ex tunc*) e o radical reconhecimento da constitucionalidade (por falta de opção), é a aplicação da modulação dos efeitos da declaração de inconstitucionalidade. Uma vez declarada a inconstitucionalidade de certa lei ou ato normativo, ela tem seus efeitos (e não a declaração) modulados para acomodar da melhor forma possível aquela realidade subjacente à situação submetida a análise.

Ocorre que extrair da própria Constituição o fundamento para tal possibilidade implica na elaboração de um delineamento claro que seja capaz de traçar-lhe os principais aspectos. A palavra de ordem, para o caso, é precisamente o princípio da segurança jurídica que, a um só tempo, deflui da noção do Estado Democrático de Direito de um lado e sustenta a proteção da confiança legítima e a boa-fé dos cidadãos de outro. Por isso, o princípio da segurança jurídica deve ser observado como o necessário resultado do sopesamento entre os valores e interesses em jogo. A balança que proporcionará tal sopesamento é a técnica da ponderação.

A possível aplicação da modulação dos efeitos de sua decisão deve ser observada pela Suprema Corte como uma oportunidade concreta de, em aparente paradoxo, aproximar-se da chamada "vontade constitucional" pela tolerância temporária de vigência da lei ou ato normativo declarado inconstitucional. Com efeito, o paradoxo esvazia-se quando verificamos que, naquela situação submetida ao exame da Corte, a vigência temporária da lei declarada inconstitucional atendeu aos interesses e valores com maior carga axiológica no texto constitucional. Nestas situações, pode-se dizer que foi feita a vontade constitucional.

Ao contrário, quando ao invés de aproximar-se da vontade constitucional, o Supremo Tribunal Federal dela se afasta ainda mais aí o paradoxo persiste e aumenta. É o que ocorre, por exemplo, quando a Corte pretende se comprometer com a governabilidade, atuar como espécie de "segunda instância" do governo ou até mesmo funcionar como curador de um Estado que se tem por incapaz sucumbindo ao argumento consequencialista de cunho econômico que atende as necessidades momentâneas e passageiras do Governo. Isso geralmente ocorre em detrimento da maior estabilidade, segurança jurídica e perenidade da Constituição da República.

De fato, cabe observar que o argumento consequencialista de cunho econômico socorre aos dois lados da contenda. Ao governo pelo alardeado rombo nas contas públicas que o julgamento pode ocasionar. Aos contribuintes porque neste cenário de crise mundial e com a crescente necessidade de incrementar a concorrência e otimizar o desempenho das correspondentes atividades empresariais, algumas derrotas no Poder Judiciário impactam diretamente na política estratégica da empresa de expansão e investimento.

Ora, além de se prestar a defender qualquer um dos dois lados antagônicos, como vimos acima, o consequencialismo não deve ser levado em consideração de modo exclusivo ou prevalecente nas decisões judiciais. Com efeito, quando considerado no caldeirão de informações, dados, impressões e ilações que levam aos fundamentos da livre convicção do magistrado, jamais devem ser considerados como argumento por si só. Ao contrário, poderá ser usado como argumento periférico se e quando reconduzido aos argumentos jurídicos que centralizam o debate sobre o tema. Além disso, tais argumentos jurídicos devem ser de estatura constitucional, não bastando que sejam apenas legais e/ou regulamentares.

Situação diversa ocorre com a tomada de decisão eminentemente política, onde podem prevalecer, em variadas situações, razões de conveniência e oportunidade, com grande dose de discricionariedade quanto ao momento adequado para transformar a ideia em ação. Aí sim, nessas circunstâncias, o argumento consequencialista, inclusive aquele de cunho econômico, pode – e em algumas situações deve – reinar sobejamente. De fato, considerações quanto ao impacto econômico, social, cultural e à tensão política entre governo e oposição, por exemplo, podem (e assistimos isso com relativa frequência na rotina política brasileira) levar certo projeto de lei a ter o seu trâmite engavetado ou apressado, a depender dos arranjos articulados no âmbito do Congresso Nacional, geralmente legítimos e que fazem parte do jogo democrático.

A tomada de decisão judicial, contudo, é diferente. Não funciona na base da conveniência e da oportunidade e tampouco se presta a ser discricionária. Ao revés, tanto a Constituição da República como também os códigos processuais estabelecem a obrigação de que a decisão judicial seja devida e explicitamente motivada, com o permanente respeito aos preceitos constitucionais que servem, ao mesmo tempo, de baliza e parâmetro na tomada de decisão judicial.

Diante disso, é necessária atenção dos Ministros da Suprema Corte em última instância, e do Poder Judiciário em geral, para que não se vejam (im)pressionados por argumentos *ad terrorem* que, na realidade, buscam fazer com que o Tribunal atue como curador de um Estado que se tem por incapaz em prejuízo de sua vocação histórica e institucional de protetor dos direitos e garantias fundamentais dos cidadãos, cabendo-lhe assinalar os limites do Estado ao poder de tributar (e destruir, já se disse) à luz da Lei Maior.[16]

---

16   O estudo foi veiculado em: *Revista Consultor Jurídico*. São Paulo, 22.07.2012. Disponível na internet: http://www.conjur.com.br/2012--jul-22/fabio-andrade-stf-nao-atuar-segunda-instancia-governo. Acesso em: 22.07.2012.

Modulação é uma ponte entre a realidade e a Constituição

O instituto da modulação foi concebido como meio para que certas situações limítrofes existentes no quotidiano sejam adequadas aos relevantes preceitos previstos na letra (por vezes) fria da Lei Maior. Trata-se de um movimento, artificialmente criado, para aproximar e adequar a complexidade da realidade que, excepcionalmente, se apresenta ao julgador aos elevados ditames da Constituição da República, no tocante às regras e aos princípios nela explícitos e implícitos.

A importância da modulação consiste justamente na possível fluidez facultada ao julgador quando presentes situações limítrofes (e difíceis de resolver) e a necessidade de aproximar e adequar a complexa realidade que se lhe apresenta no julgamento aos princípios e regras constitucionais.

A ideia subjacente é sempre no sentido de trazer certa situação específica ao abrigo da Constituição. Integra, por óbvio, o crescente esforço de maior constitucionalização dos diversos ramos do Direito e das diferentes situações quotidianas que são rotineiramente apresentadas ao Poder Judiciário.

Nesse cenário, insere-se no atual contexto experimentado pelo ordenamento jurídico pelo recrudescimento do neoconstitucionalismo e do pós-positivismo. Com isso, busca-se o foco da máxima efetividade e da maior concretude do texto constitucional.

De fato, o instituto da modulação é mecanismo capaz de, por vezes, construir uma ponte entre a distante realidade fática complexa e a necessária aplicação da Constituição ao caso concreto. Essa construção ocorre no âmbito da interpretação em torno dos efeitos da decisão judicial.

A decisão judicial tem a função primordial de solucionar determinado litígio. Com isso, põe-se fim a uma disputa entre duas partes litigantes. Geralmente, uma parte sai vencedora e outra sucumbe como perdedora, a depender da robustez do direito invocado, das provas apresentadas e dos fatos narrados. Em outras situações, no entanto, aí a situação pode, excepcionalmente, mostrar-se de solução deveras complexa. Nesse contexto, verifica-se ainda maior aprofundamento de tal complexidade – e até paradoxo em certos casos – quando a interpretação e aplicação da Constituição parecem conduzir a uma solução demasiadamente injusta à luz do caso concreto então submetido ao Poder Judiciário.

No passado remoto, em razão da falta de alternativa doutrinária possível, muitas vezes a Corte Suprema via-se obrigada a relevar a mácula de inconstitucionalidade efetivamente verificada no caso concreto para tolerar a sua permanência no ordenamento jurídico em razão de injustiças ainda maiores que tal decisão poderia ocasionar.

Tantas foram as complexidades, os dramas e os meandros da vida como ela é, que diferentes mecanismos foram crescentemente construídos pelos tribunais constitucionais do mundo afora. Dentre tais instrumentos, destaca-se o instituto da modulação.

Atualmente, alguns países admitem a modulação como construção jurisprudencial erguida ao longo dos anos. Outros simplesmente positivaram a modulação na ordem jurídica, seja constitucional, seja legal.

É importante que o foco subjacente esteja sempre presente quando se fala no instituto da modulação. Presta-se a trazer ao abrigo da Constituição situações complexas e limítrofes da vida quotidiana (antes insolúveis ou de difícil solução).

Diante disso, excluem-se de sua aplicação os casos fáceis, aqueles que não requerem grande exercício hermenêutico na aplicação do Direito pelos magistrados. Os casos fáceis não devem chamar pelo instituto da modulação na solução dos casos que o Poder Judiciário deve julgar.

Quanto aos casos difíceis, geralmente atendem à ponderação dos princípios constitucionais antagônicos envolvidos para a solução da lide. Com o quadro fático formado, um (ou mais) princípio cede frente ao outro para melhor albergar a situação concreta ao texto da Constituição.

A importância da fluidez proporcionada pela ponderação dos valores na interpretação e aplicação da Constituição é fundamental para garantir a sua máxima efetividade e a sua maior concretude.

E que tipo de situações fáticas pugna por uma solução intermediária com o instituto da modulação?

Grosso modo, pode-se dizer que depende de razões de segurança jurídica. A pergunta subsequente é: o que é isso? Trata-se de um conceito jurídico indeterminado e que traz em seu bojo certa ambiguidade e até paradoxo. O quanto se quer aprofundar nesse conceito jurídico indeterminado? A doutrina brasileira só recentemente começou a esmiuçar a noção de segurança jurídica para decompor cada possível trecho ou faceta de sua multifacetada composição.

A segurança jurídica é tida como uma garantia fundamental, exercitável por direitos fundamentais assegurados em sede constitucional. Significa que se situa no Texto Constitucional no trecho referente aos direitos e garantias individuais e coletivos.

A ameaça à segurança jurídica pode se revelar em diferentes situações diante do Poder Judiciário. Uma delas que é geralmente aceita diz respeito à mudança repentina de jurisprudência anteriormente consolidada.

Aqui, vários exemplos poderiam ser colacionados para demonstrar como a mudança repentina de jurisprudência anteriormente consolidada gera enorme sentimento de insegurança nos jurisdicionados, com reflexo evidente no ambiente específico no qual atua a recente decisão.

Se cuidarmos de matéria tributária, uma reviravolta na jurisprudência de um Tribunal Superior (STJ ou STF) é capaz de gerar enorme insegurança aos contribuintes, ao Fisco, ao ambiente de negócios tanto no plano nacional como também internacional, a depender do tema envolvido.

Outra ameaça à segurança jurídica relaciona-se com o transcurso inexorável do tempo. Quando o tempo transcorre no mundo da realidade variadas consequências vêm ao seu reboque. Diferentes situações se consolidam ao longo do tempo. O comportamento das pessoas envolvidas caminha para certo sentido ou para outro, a depender da sinalização que se tem através da legislação pertinente, das decisões judiciais e do julgamento pelos Tribunais Superiores.

A ação inexorável do tempo, aliada à conhecida morosidade do Poder Judiciário no Brasil, onde o Supremo Tribunal Federal demora até doze anos para solucionar uma ação direta (em razão do desmesurado volume de casos submetidos ao seu exame), pode levar também à necessária proteção da segurança jurídica.

É necessário que o Estado passe a se ver como um prestador de serviço ao cidadão, a quem deve satisfação nos mais variados níveis. Quando isso ocorrer, aí o Estado-Juiz vai deixar de proteger o Estado-Legislador e o Estado-Administrador, servindo equivocadamente como uma segunda instância de governo, e passará a exercer a sua elevada função de enquadrar os excessos e arbítrios das razões de Estado tão alardeadas com argumentos *ad terrorem* e com pouco ou nem substrato jurídico. Aí sim, e só aí, o Estado de modo geral – e o Poder Judiciário de modo particular – estará a serviço da cidadania, imbuído na construção de uma sociedade mais fraterna e com maior Justiça Fiscal, ao invés de encobrir equívocos, abusos, excessos e arbítrios sob pretextos falaciosos e de pouca (ou nenhuma) valia jurídica.[17]

Decisão do STF sobre modulação precisa amadurecer

O caso: Em 20.02.2012 o Plenário do Supremo Tribunal Federal decidiu, no mérito, que cabe à Justiça Comum (e não à Justiça do Trabalho) processar e julgar os casos decorrentes de contrato de previdência complementar privada. O fundamento foi de que não há relação trabalhista entre o beneficiário e a entidade fechada de previdência complementar. A relação entre o associado e a referida entidade é disciplinada no regulamento de cada

---

17 O texto foi disponibilizado em: *Revista Consultor Jurídico*. São Paulo, 23.09.2012. Disponível na internet: http://www.conjur.com.br/2012-set-23/fabio-andrade-estado-prestador-servico-cidadao. Acesso em: 23.09.2012.

instituição. No recurso extraordinário em julgamento estava em foco a violação aos artigos 114 e 202, § 2º, ambos da Constituição da República. A matéria teve repercussão geral reconhecida.

A tese vencedora foi levantada pela Relatora, Ministra Ellen Gracie, tendo sido acompanhada pelos Ministros Dias Toffoli, Luiz Fux, Gilmar Mendes e Celso de Mello. Essa orientação atendeu ao anseio manifestado pela maioria dos Ministros, no sentido de que o pronunciamento definitivo do STF deveria contemplar uma solução (objetiva) adequada *in abstrato* à questão jurídica. Essa corrente, que se sagrou vencedora no julgamento, contrapôs-se a outra vertente. O Ministro Marco Aurélio também deu provimento ao recurso, mas por fundamento diverso.

Pela corrente minoritária (e vencida), inaugurada pelo Ministro Cezar Peluso, a competência seria da Justiça do Trabalho para julgar os casos de complementação de aposentadoria no âmbito da previdência privada quando a relação jurídica decorrer do contrato de trabalho. Consoante esse entendimento, caberia ao juiz da causa avaliar se o caso tramitaria junto a Justiça do Trabalho, se fosse decorrente de contrato de trabalho, ou na Justiça Comum, se não houvesse qualquer relação de trabalho envolvida. Essa orientação foi acompanhada pela Ministra Cármen Lúcia e pelo Presidente, Ministro Joaquim Barbosa (RREE 586.453 e 583.050). Estava ausente justificadamente o Ministro Ricardo Lewandowski e havia a vaga de uma cadeira no STF (em razão da aposentadoria compulsória do Ministro Ayres Britto em 2012).

A modulação: Além da decisão referente ao mérito da questão jurídica submetida ao exame da Suprema Corte, restou também decidido, em questão de ordem, pela necessidade da maioria de dois terços dos votos (oito) – *quorum* qualificado, conforme previsto no art. 27 da Lei n. 9.868/99 – para a modulação dos efeitos de decisões em recursos extraordinários com repercussão geral reconhecida, consoante os votos prolatados pelos Ministros Teori Zavascki, Rosa Weber, Cármen Lúcia, Marco Aurélio e Joaquim Barbosa.

Nesse ponto específico, ficaram vencidos os Ministros Luiz Fux, Dias Toffoli, Gilmar Mendes e Celso de Mello, os quais entenderam ser possível a modulação, nesses casos, por maioria absoluta do STF (seis votos).

No caso concreto, o Pleno também decidiu pela modulação dos efeitos dessa decisão, com a definição de que permanecerão na Justiça do Trabalho todos os processos que já tiverem sentença de mérito julgada até o dia 20.02.2012 (data do julgamento do caso pelo STF). Assim, todos os processos que tramitam na Justiça do Trabalho e que ainda não tenham tido sentença de mérito prolatada, a partir de agora deverão ser remetidos à Justiça Comum.

A decisão foi por maioria, vencido o Ministro Marco Aurélio, que foi o único divergente nesse ponto, porque votou contra a modulação.

Comentários: Foi interessante o debate travado entre os Ministros acerca da questão de ordem suscitada sobre o *quorum* aplicável para a hipótese de recurso extraordinário com repercussão geral reconhecida: maioria absoluta (seis) ou dois terços (oito)? Ou ainda, maioria simples?

Cabe registrar que não houve voto no sentido de que bastaria a maioria simples para que fosse possível aplicar a modulação temporal dos efeitos de decisão em caso julgado pelo Pleno do STF. Contudo, a decisão que reconheceu a necessidade de dois terços dos votos favoráveis para que possa ocorrer a modulação nos recursos extraordinários com a repercussão geral reconhecida, tal como preconiza o art. 27 da Lei n. 9.868/99 (para as ações diretas no modelo de controle concentrado de constitucionalidade), foi adotada pela maioria simples (de cinco Ministros, contra apenas quatro, que votaram no sentido de que bastaria a maioria absoluta).

Parece que a definição expressa pelo STF diz respeito à questão constitucional submetida ao seu exame, isto é, quando a decisão constituir um importante precedente (*leading case*). O entendimento contrário permitiria sustentar a hipótese absurda de que se o caso fosse submetido ao Pleno do STF por qualquer meio (que não fosse recurso extraordinário), então não caberia falar do referido *quorum* qualificado de dois terços (oito votos).

De igual modo, se a matéria versada no caso submetido a julgamento não tiver a sua repercussão geral expressamente reconhecida, poderia parecer ao incauto que bastaria o *quorum* da maioria absoluta (seis votos).

Todavia, a decisão parecer ter seguido em outro sentido. De fato, resolvida a questão jurídica submetida ao julgamento, com o pronunciamento definitivo da Suprema Corte, como guardião máximo da Constituição da República, então cabe verificar a necessidade ou não de aplicar a modulação temporal dos efeitos de tal decisão.

Superada essa preliminar foi resolvida a questão de ordem, no sentido de aplicar a modulação temporal dos efeitos da decisão na situação então submetida a julgamento, isto é, pela manutenção da competência nos casos em que as sentenças foram prolatadas no âmbito da Justiça do Trabalho (até a data do julgamento). Essa decisão foi tomada pelo *quorum* qualificado de dois terços e contou com os oito votos necessários, ficando vencido somente o Ministro Marco Aurélio.

Quanto ao *quorum* necessário, parece que ainda há bastante confusão conceitual, inclusive no âmbito do próprio STF, quanto às diferentes espécies de possíveis hipóteses de modulação temporal dos efeitos da decisão, das quais são exemplos:

a) a declaração de inconstitucionalidade, quando julgada procedente a ação direta de inconstitucionalidade, na forma do art. 27 da Lei n. 9.868/99;

b) o reconhecimento da constitucionalidade, seja pela improcedência da ação direta de inconstitucionalidade, seja pela procedência da ação declaratória de constitucionalidade, com a aplicação analógica do referido art. 27, que se limita a regulamentar a decisão em ação direta de inconstitucionalidade; e

c) a mutação jurisprudencial, consistente na reforma repentina de certa orientação da jurisprudência anteriormente consolidada.

Em princípio, pode-se dizer, com relativa segurança, que nas hipóteses (a) e (b) seria necessário atingir o *quorum* qualificado de dois terços (oito votos), seja em razão da aplicação do art. 27, seja pela sua aplicação analógica. Todavia, cuidando-se da hipótese (c) não há qualquer razão que justifique a manutenção de tal *quorum*, razão pela qual seria possível a sua flexibilização para a maioria absoluta de votos (seis).

Levando em consideração que o instituto da modulação temporal dos efeitos das decisões do STF já vigora na ordem jurídico-constitucional brasileira desde 1999, torna-se cada vez mais necessário balizar os seus contornos de modo mais claro e objetivo com o amadurecimento da jurisprudência da Suprema Corte, sob pena de se tornar um instituto incontrolável e profundamente subjetivo, capaz de servir tão somente aos superficiais propósitos de mitigar decisões difíceis em casos complexos (*hard cases*).

Dentre os argumentos levantados durante o debate travado no Plenário, cabe registrar a interessante ideia suscitada pelo Ministro Dias Toffoli. Com efeito, o seu voto foi no sentido de que se a decisão do STF vinculasse apenas e tão somente os demais órgãos do Poder Judiciário, verticalmente vinculados a Suprema Corte, então nos recursos extraordinários com repercussão geral reconhecida bastaria a maioria absoluta (seis votos) para a modulação temporal dos efeitos de suas decisões.

Todavia, se a vinculação alcançasse outros órgãos de diferentes esferas, como a Administração Pública (Poder Executivo), por exemplo, além do próprio Poder Judiciário, então seria necessária a maioria qualificada de dois terços (oito votos) para a modulação temporal dos efeitos de suas decisões. Contudo, tal doutrina foi rechaçada pela maioria dos seus pares e restou vencida, a despeito de sua habilidosa formulação.

Em conclusão, foi salutar assistir os Ministros no Plenário da Suprema Corte discutindo sobre a função constitucional e institucional do STF, inclusive com questão de ordem de tal jaez (o *quorum* necessário para aplicar a modulação temporal dos efeitos de sua decisão em recurso extraordinário com repercussão geral reconhecida, maioria absoluta de seis ou qualificada de oito votos).

Contudo, levando em conta que o instituto da modulação está positivado no nosso ordenamento jurídico--constitucional desde 1999, então se torna urgente o amadurecimento da incipiente jurisprudência do STF acerca das suas balizas e dos seus contornos, sob pena de transformá-lo em instituto incontrolável, capaz de servir apenas aos superficiais propósitos de mitigar decisões difíceis em casos complexos (*hard cases*) ao alvedrio subjetivo que cada situação supostamente exigir.[18]

Mudança de jurisprudência vale para o futuro, decide o TEDH

Em 21.10.2013, a *Grande Chambre* do Tribunal Europeu de Direitos Humanos (TEDH) decidiu que a mudança de jurisprudência vale para o futuro, e não retroage ao passado. Consoante notícia veiculada em matéria escrita por Aline Pinheiro, na Revista Consultor Jurídico (de 23.10.2013), a decisão que firma o princípio da não retroatividade beneficia dezenas de presos na Espanha, inclusive terroristas do ETA (*Euskadi Ta Askatasuna*), grupo separatista da região Nordeste daquele país.

A questão se resume da seguinte forma. Em princípio, a remição da pena (abatimento de dias pelo estudo e/ou trabalho) incidiria sobre o teto máximo de 30 anos, independente de qual tenha sido a pena aplicada a mais *in concreto*. Desse modo, se o acusado fora condenado a pena de 300 ou 3.000 anos, a remição incidiria sobre o teto máximo de 30 anos, abatendo a partir deste patamar os dias remidos. Com isso, a pena efetivamente cumprida seria necessariamente menor do que o período máximo de 30 anos.

Contudo, em 28.02.2006, o Tribunal Constitucional modificou a jurisprudência consolidada acima, passando a estabelecer a chamada *Doutrina Parot*, pela qual os ajustes da sentença (benefícios e remições) aplicar-se--iam ao termo máximo da pena, consideradas sucessivamente, isto é, não mais sobre o teto máximo de 30 anos, mas sobre a efetiva condenação de 300 ou 3.000 anos (Julgamento 197/2006). Na prática, significa que a pena seria cumprida integralmente em regime fechado, sem qualquer ajuste (benefício ou remição).

No caso concreto, a Sra. Inés del Río Prada fora condenada a 3.000 anos de prisão com a soma das condenações em oito diferentes processos, pela prática de diversos crimes, como participar de organização terrorista, porte ilegal de armas, porte de explosivos, falsificação de documentos, uso de documento falso, danos a propriedade, homicídios e ataques a bomba, dentre outros, todos cometidos durante os anos de 1982 e 1987.

Submetida a prisão desde 1987, a data-limite fixada de 30 anos seria alcançada em 27.06.2017. Todavia, levando em conta 3.282 dias remidos, a autoridade da prisão de Múrcia recomendou, em 24.04.2008, que ela fosse solta em 02.07.2008. Todavia, em 19.05.2008 a Audiência Nacional rejeitou a proposta, fundamentando-se na chamada *Doutrina Parot*. A condenada recorreu, mas não logrou êxito no âmbito interno daquele país, razão pela qual apelou para o Tribunal Europeu de Direitos Humanos (Caso del Río Prada v. Espanha, *Application* n. 42750/09).

No TEDH, uma vez caracterizada a mudança de jurisprudência a partir da *Doutrina Parot* (em 28.02.2006) e que a condenada já cumpria pena antes disso (desde 1987), então a decisão foi no sentido de que essa nova interpretação não poderia retroagir no caso concreto, sob pena de aumentar indevidamente a sua pena em quase 9 anos (em violação ao art. 7º da Convenção Europeia de Direitos Humanos).

---

18   O estudo foi publicado em: *Revista Consultor Jurídico*. São Paulo, 27.02.2013. Disponível na internet: http://www.conjur.com.br/2013--fev-27/fabio-andrade-decisao-stf-modulacao-amadurecimento. Acesso em: 27.02.2013.

Nesse sentido, no Auto n. 61/2013, de 22.10.2013, no qual o Pleno da Sala Penal da Audiência Nacional discutiu, em Madri, sobre como dar pronta efetividade à decisão do TEDH, restou consignado que: "O Tribunal estima que a aplicação à demandante da doutrina jurisprudencial emanada da Sentença 197/2006 (caso Parot) – que considera um giro jurisprudencial que deixou sem conteúdo a instituição da remição de penas pelo trabalho –, de maneira retroativa e em seu prejuízo, significaria o alargamento da condenação durante mais de nove anos, em violação ao art. 7º da Convenção que enuncia o princípio da legalidade em matéria penal. Princípio que requer a existência de uma lei suficientemente precisa, anterior aos fatos da condenação, que preveja como punível a conduta e que estabeleça a pena imposta, cuja duração não poderá nunca exceder a preestabelecida. A garantia de proibição da irretroatividade penal desfavorável seria privada de eficácia, continua decidindo o Tribunal, se a duração da pena se modificasse posteriormente em seu detrimento, como ocorreu no caso. A condenada pôde crer razoavelmente, segundo a prática administrativa e judicial corrente que se aplicava de modo automático, que a pena que deveria cumprir era a do limite de 30 anos – que se tratava como uma pena nova e autônoma – com a aplicação por desconto do dispositivo da remição da pena pelo trabalho, benefício previsto em lei. O novo critério jurisprudencial, que foi estabelecido pelo Tribunal Constitucional em 2006 não era previsível para a condenada nem no momento de execução dos fatos e tampouco quando foi decretada a sua condenação. A aplicação retroativa da nova interpretação do Código Penal vulnera, portanto, o art. 7º do Convenio" (tradução livre).

É curioso notar que no dia seguinte à decisão do TEDH, a Audiência Nacional reuniu-se para determinar a liberdade imediata da condenada e extinguir a sua responsabilidade penal no tocante aos fatos objeto das condenações.

No Brasil, embora a doutrina especializada sinalize uníssona para o mesmo sentido da decisão acima, isto é, de que a mudança jurisprudencial que prejudica (o réu, condenado ou contribuinte) deve valer para o futuro, o Poder Judiciário de modo geral – e o STF de maneira particular – ainda não pacificou esse entendimento na jurisprudência.

Dado o bom senso e a razoabilidade de tal entendimento, possivelmente prevalecerá em casos difíceis que venham a ser submetidos ao STF, mas o fato é que o passado recente nega a boa técnica decisória nesse particular.

Em matéria tributária, por exemplo, por duas vezes, a irretroatividade na aplicação do câmbio jurisprudencial que então se experimentava foi pleiteada expressamente pelos contribuintes. Contudo, o esforço para minimizar o deletério impacto da reviravolta jurisprudencial no sentido contrário aos contribuintes foi debalde. Nos dois casos os argumentos utilizados foram frágeis e ardilosos: no primeiro, o STF encampou o argumento da Fazenda Nacional, no sentido de que a decisão anterior (tida como paradigma) jamais teria transitado em julgado, em razão de sucessivos recursos protelatórios que foram interpostos (IPI-Alíquota zero); no segundo, o STF decidiu que jamais teria apreciado previamente a questão, limitando-se a remeter os casos ao STJ em razão de seu entendimento de que a matéria seria infraconstitucional (Cofins-Sociedades profissionais legalmente regulamentadas).

Cabe registrar que, embora tergiverse, a jurisprudência deve ser tão firme quanto possível para justamente exercer a função de orientar e nortear os jurisdicionados, intérpretes e aplicadores da complexa legislação nacional, de modo a facilitar e buscar resolver os entraves existentes entre as diversas classes antagônicas que convivem socialmente (como contribuintes e Fisco), e não acirrar os seus ânimos.

Nesse sentido, basta que o foco principal do debate seja colocado nos principais argumentos jurídicos que circundam a questão sob apreciação, e a discussão não seja deslocada para aspectos periféricos e de menor importância, como por exemplo, os argumentos consequencialista de cunho econômico que, em matéria tributária, sempre estará presente de parte a parte (ou seja, com o risco de materializar-se negativamente tanto para o Fisco, que deixará de contar com a arrecadação esperada; como também para os contribuintes, que serão obrigados ver vultosos montantes convertidos ao Tesouro quando poderiam estar sendo direcionados à expansão estratégica, investimento, criação de empregos e até distribuição de resultados).

De toda maneira, o debate em torno da mudança de jurisprudência está ficando cada vez mais rico e tende a se acomodar de modo razoavelmente satisfatório pela jurisprudência da Suprema Corte nos próximos anos. Vale acompanhar.[19]

Precatórios e Modulação

Nos dias 13 e 14.03.2013 o Supremo Tribunal Federal concluiu o julgamento de ações diretas ajuizadas pelo Conselho Federal da OAB e pela CNI contra diversos dispositivos constantes na chamada *Emenda do Calote* (Emenda Constitucional n. 62/09) com a expressa declaração de inconstitucionalidade: a) da expressão "na data de expedição do precatório", contida no § 2º do art. 100 da CF; b) dos §§ 9º e 10 do art. 100 da CF; c) da expressão "índice oficial de remuneração básica da caderneta de poupança", constante no § 12 do art. 100 da CF, do inciso II do § 1º e do § 16, ambos do art. 97 do ADCT; d) do fraseado "independentemente de sua natureza", inserido no § 12 do art. 100 da CF, para que aos precatórios de natureza tributária se apliquem os mesmos juros de mora incidentes sobre o crédito tributário; e) por arrastamento, do art. 5º da Lei n. 11.960/09; e f) do § 15 do art. 100 da CF e de todo o art. 97 do ADCT.

A decisão foi tomada por maioria, vencidos os Ministros Gilmar Mendes, Teori Zavascki e Dias Toffoli. Na ocasião, deliberou-se apreciar questão relativa a eventual modulação de efeitos da decisão oportunamente (STF – Pleno – ADIs 4.357 e 4.425, Rel. Min. Ayres Britto, red. p/ ac. Min. Luiz Fux), como já tivemos oportunidade de registrar em escritos anteriores.

Em 11.04.2013, o Ministro Luiz Fux proferiu despacho determinando, *ad cautelam*, que os Tribunais de Justiça de todos os Estados dessem imediata continuidade aos pagamentos de precatórios, na forma como já vinham realizando até a decisão referida acima, segundo a sistemática vigente à época, respeitando-se a vinculação de receitas para fins de quitação da dívida pública, sob pena de sequestro.

Em 24.10.2013, o julgamento foi retomado. O Relator levantou questão de ordem na qual propôs a modulação temporal dos efeitos da decisão, nos termos do art. 27 da Lei n. 9.868/99. Em seguida, pediu vista o Ministro Roberto Barroso.

Em caráter preliminar, durante o debate prévio ao início do voto do Relator na questão de ordem, foi lembrado pelo Presidente que o *quorum* para eventual modulação estaria preenchido, na medida em que oito Ministros estavam presentes a sessão. O Ministro Marco Aurélio, no entanto, prontamente manifestou o seu reiterado entendimento no sentido contrário ao instituto da modulação (por entender que flexibiliza a rigidez constitucional inerente ao nosso ordenamento jurídico).

Antes mesmo da prolação do voto do Relator, o Ministro Roberto Barroso antecipou aos seus pares que pediria vista no caso para melhor análise, dada a repercussão generalizada da questão jurídica e a necessária busca por uma solução consensual e factível de cumprimento por todos.

Na proposta de modulação que formulou na questão de ordem que suscitou, o Ministro Luiz Fux explicitou, a título de esclarecimento prévio, que: a) à luz da inconstitucionalidade declarada pelo STF, seria necessário cuidado para não transformar o voto vencido em vencedor, a pretexto de modular a decisão; b) a sistemática declarada nula efetivamente entrou em vigor, surtiu efeitos e foi aplicada durante os últimos quatro anos, tendo-se consolidado ao longo do decurso do tempo; c) a atual programação orçamentária e financeira de diversos Estados e Municípios foram forjados levando em conta o teor da Emenda Constitucional n. 62/09, agora declarado nulo pelo STF; c) a aplicação cega e irrestrita do efeito retroativo (*ex tunc*) inerente à regra da nulidade pode conduzir a um agravamento da ofensa

---

19   O estudo foi publicado em: *Última Instância (Coluna)*. São Paulo, 31.10.2013. Disponível na internet: http://ultimainstancia.uol.com.br/conteudo/colunas/67305/mudanca+de+jurisprudencia+vale+para+o+futuro+decide+o+tedh.shtml. Acesso em: 01.11.2013.

dos valores constitucionais mais básicos; d) em razão da consolidação de tais fatos durante o transcurso de tempo impõe-se homenagear o princípio da segurança jurídica através da ponderação do princípio da nulidade das leis.

Consideradas tais premissas, o Ministro Luiz Fux decidiu que, de modo geral, o efeito atribuído à declaração de inconstitucionalidade é retroativo (*ex tunc*) e com aplicação imediata, inclusive com o reconhecimento de que não se pode tutelar a confiança de quem atua de forma abusiva no exercício do poder estatal privilegiando a si mesmo. Aliás, reconheceu que o interesse social é evidentemente contrário aos interesses da atividade legiferante, com a premiação de medidas inconstitucionais que viriam a gerar efeitos, ainda por alguns anos, com a completa subversão da ordem jurídica. Além de incabível a modulação como regra geral, ela também não se revela necessária. Afinal, não se pode admitir que o Poder Público lance mão de expediente inconstitucional para reduzir o seu passivo com a sociedade brasileira. Aqui não há qualquer violação à segurança jurídica.

Contudo, quanto à declaração de inconstitucionalidade do § 15 do art. 100 da CF e do art. 97 do ADCT, ambos incluídos pela Emenda Constitucional n. 62/09, deve sim ter a modulação temporal dos efeitos de tal decisão, sob o fundamento de que: a) a satisfação imediata de todos os credores do Estado poderia impactar sobremaneira a consecução dos demais misteres constitucionais, afetando a esfera jurídica de inúmeros cidadãos que nada tem a ver com a recalcitrância do Poder Público em pagar suas dívidas, embora fosse desejável que os entes públicos honrassem suas dívidas pontualmente; bem como b) o exercício de 2013 encontra-se próximo do fim e boa parte do planejamento orçamentário de 2014 foi realizada com base na sistemática prevista pela Emenda recentemente declarada inconstitucional pelo STF.

Desse modo, o Relator entende necessária e episódica a manutenção temporária do regime jurídico especial por cinco anos. Esclareceu que a proposição inicial que formulou, logo depois da conclusão do julgamento de mérito, foi estabelecendo o prazo de um ano. Contudo, ouvindo diferentes partícipes do processo objetivo, inclusive a Autora, chegou a flexibilizar a fórmula inicial (deslocando o termo para cinco anos). Antecipa também que a partir do pedido de vista formulado pelo Ministro Roberto Barroso, o processo de maturação pode levar a uma fórmula intermediária melhor.

A forma da modulação que propôs foi com a observância das seguintes regras:

1) consideram-se válidos os pagamentos dos precatórios realizados até o trânsito em julgado das ações diretas, nas modalidades leilão e quitação por acordo, porquanto ficarão declarados nulos apenas com eficácia *ex nunc*, sendo certo que não poderão ser usados doravante;

2) mantêm-se os percentuais mínimos da receita corrente líquida vinculados ao pagamento de precatórios (art. 97, §§ 1º e 2º), permitindo aos entes federados dar continuidade ao pagamento de suas dívidas sem comprometer os serviços básicos de relevante interesse público;

3) até o final do exercício financeiro de 2018, os entes federados que estiverem realizando o pagamento de acordo com o regime especial aqui modulado não poderão sofrer sequestro de valores, exceto no caso de não liberação tempestiva dos recursos de que tratam o inciso II e os §§ 1º e 2º do art. 97 do ADCT *ex vi* do art. 97, § 13, do ADCT;

4) na forma do art. 97, § 10, do ADCT, no caso de não liberação tempestiva de tais recursos vinculados ao pagamento de precatórios, haverá: a) sequestro da quantia nas contas dos entes federados na forma do § 4º até o limite do valor não liberado; b) constituir-se-á alternativamente por ordem dos Tribunais em favor dos credores direito líquido e certo autoaplicável, independente de regulamentação, à compensação automática com débitos líquidos lançados por esta contra aqueles; c) e, havendo saldo em favor do credor, o valor terá automaticamente poder liberatório do pagamento de tributos dos entes federados devedores até onde se compensarem; d) e o Chefe do Poder Executivo responderá na forma da Lei de Responsabilidade Fiscal e de Improbidade Administrativa.

Além disso, o Relator esclareceu que o entendimento exposto aplica-se tanto aos precatórios pendentes de expedição como também aos que venham a surgir no futuro até o final do exercício financeiro de 2018.

Por fim, registrou que a proposta de modulação já incorpora as concessões máximas que se pode admitir em nome da segurança jurídica. Qualquer passo além desses implicaria, na prática, em fazer prevalecer o voto vencido no julgamento das ações diretas, no sentido de que seria constitucional a criação do regime especial afinal rechaçado pela maioria.

Em adendo final, o Relator expôs enorme preocupação com o adequado cumprimento da decisão do STF no prazo estabelecido (de cinco anos) pelos entes públicos destinatários. Nesse sentido, se concretizado o desrespeito ao prazo de cinco anos, defende a aplicação rigorosa e imediata do novo art. 100 da Constituição da República com o sequestro de valores no caso de descumprimento, bem como a responsabilidade civil e criminal do Presidente do Tribunal. Afinal, deixar de pagar precatórios não pode jamais voltar a ser uma opção para os governantes, disse.

Entende, ademais, que seria o momento oportuno para rever a orientação da Suprema Corte quanto à intervenção federal, quando motivado pelo descumprimento de decisão judicial pelo não pagamento de precatórios, estaria sujeita a comprovação do dolo e da atuação deliberada do gestor público de se furtar ao direito, com o esvaziamento do instituto. Com isso, propõe uma revisão na jurisprudência da Corte para que seja possível tornar efetiva a decisão adotada pelo STF (e, portanto, resguardando a sua credibilidade). Deixa a provocação para reflexão do Ministro Roberto Barroso.

A partir da proposta formulada pelo Ministro Luiz Fux e das relevantes questões que levantou no seu voto, cabe aguardar o voto do Ministro Roberto Barroso que, certamente, trará esclarecimentos adicionais para a solução dessa relevante questão jurídica problemática que tanto envergonha a gestão pública nacional. É confortante saber que há preocupação dos Ministros em relação à posição de conforto dos entes devedores, inclusive quanto ao resguardo da credibilidade da decisão do STF.

Ao final, a medida cautelar concedida anteriormente pelo Ministro Luiz Fux foi ratificada para que continue a ser cumprida ao menos a Emenda Constitucional n. 62/09 até que seja proclamado o resultado final do julgamento quanto ao tema específico da modulação de tal decisão.[20]

A questão dos precatórios e das modulações

Em março houve mais uma rodada no julgamento sobre como serão os termos da modulação que será empregada à decisão do STF que declarou a inconstitucionalidade de diversos dispositivos da chamada *Emenda do Calote* (EC 62/09), relacionados ao regime especial de pagamento dos precatórios (ADIs 4.357 e 4.425).

E o que está em discussão? Em realidade, o STF busca estabelecer regras de transição razoáveis que sejam cumpridas pelos entes federados. Com a declaração de inconstitucionalidade de parte da EC 62/09, a arquitetura desenhada para o regime especial de pagamento dos precatórios foi desmontada. E isso aconteceu a partir do julgamento pelo STF das ações diretas em referência. Por outro lado, os entes federados já tinham seus orçamentos comprometidos com a previsão nos moldes dos dispositivos afastados e as administrações vinham se programando com base nesses parâmetros. Desse modo, ao ver da Corte, na ponderação entre os diferentes interesses em jogo, torna-se necessário tolerar a inconstitucionalidade ainda por algum tempo até que seja possível extirpá-la completamente do mundo jurídico. Isso será feito através da modulação dos efeitos da decisão que declarou a inconstitucionalidade.

Inicialmente, o Min. Luiz Fux dedicou-se a elaborar a proposta que seria o ponto de partida da discussão com os seus pares. Buscou a observância das seguintes regras: 1) consideram-se válidos os pagamentos dos precatórios realizados até o trânsito em julgado das ações diretas, nas modalidades leilão e quitação por acordo, porquanto ficarão

---

20   O artigo foi publicado em: *Última Instância (Coluna)*. São Paulo, 08.11.2013. Disponível na internet: http://ultimainstancia.uol.com.br/ conteudo/colunas/67454/precatorios+e+modulacao.shtml. Acesso em: 08.11.2013.

declarados nulos apenas com eficácia *ex nunc*, sendo certo que não poderão ser usados doravante; 2) mantêm-se os percentuais mínimos da receita corrente líquida vinculados ao pagamento de precatórios (art. 97, §§ 1º e 2º), permitindo aos entes federados dar continuidade ao pagamento de suas dívidas sem comprometer os serviços básicos de relevante interesse público; 3) até o final do exercício financeiro de 2018, os entes federados que estiverem realizando o pagamento de acordo com o regime especial aqui modulado não poderão sofrer sequestro de valores, exceto no caso de não liberação tempestiva dos recursos de que tratam o inciso II e os §§ 1º e 2º do art. 97 do ADCT *ex vi* do art. 97, § 13, do ADCT; 4) na forma do art. 97, § 10, do ADCT, no caso de não liberação tempestiva de tais recursos vinculados ao pagamento de precatórios, haverá: a) sequestro da quantia nas contas dos entes federados na forma do § 4º até o limite do valor não liberado; b) constituir-se-á alternativamente por ordem dos Tribunais em favor dos credores direito líquido e certo autoaplicável, independente de regulamentação, à compensação automática com débitos líquidos lançados por esta contra aqueles; c) e, havendo saldo em favor do credor, o valor terá automaticamente poder liberatório do pagamento de tributos dos entes federados devedores até onde se compensarem; d) e o Chefe do Poder Executivo responderá na forma da Lei de Responsabilidade Fiscal e de Improbidade Administrativa.

O Min. Roberto Barroso propôs as seguintes regras: 1) a utilização compulsória, a partir de janeiro de 2015, de 70% do estoque da conta dos depósitos judiciais tributários para o pagamento de precatórios; 2) a abertura da possibilidade de negociação com os credores, seguindo a ordem cronológica, com deságio máximo de 25% do valor do precatório; 3) a possibilidade de compensação dos precatórios vencidos com débitos registrados em dívida ativa; e 4) o aumento em 1%, da receita corrente líquida de Estados e Municípios, sendo 0,5% a partir de 2015 e 0,5% a partir de 2016. Além disso, sugeriu que Estados e Municípios possam utilizar parte dos depósitos judiciais não tributários para pagamento de precatórios, posteriormente os restituindo, a exemplo da legislação do Estado do Rio de Janeiro.

Verifica-se, portanto, que o voto do Min. Barroso contém pontos que se aproximam e se distanciam do voto do Min. Fux. Convergiu com a prorrogação da validade da EC 62/09 até 2018. Divergiu na medida em que votou pela manutenção das compensações já feitas entre precatórios e créditos tributários dos contribuintes, considerando-as válidas, por entender que desfazê-las teria o efeito de restaurar créditos tributários extintos, resguardados os direitos de quem já tenham entrado com ação na Justiça ou de quem seja capaz de alegar lesão ocasionada pelos dispositivos questionados judicialmente. Quanto à aplicação da taxa de remuneração da caderneta de poupança (TR) para correção monetária dos precatórios, entendeu que deveria ter efeito *ex nunc*, ou seja, produzir efeito a partir de 14.03.2013, quando o Pleno concluiu o julgamento de mérito das ações diretas. Neste último ponto, o Min. Fux reajustou o seu voto para acompanhar o Min. Barroso.

O Min. Teori Zavascki acompanhou o Min. Luiz Fux. Resta saber por quanto tempo o pedido de vista do Min. Dias Toffoli se protrairá no tempo.[21]

Inconstitucionalidade do aumento da base de cálculo da COFINS/PIS-Importação não é para modular

Aguarda concluso ao Relator, Ministro Dias Toffoli, o exame dos embargos de declaração opostos pela Fazenda Nacional em face do acórdão nos autos do RE 559.937, que declarou a inconstitucionalidade da inclusão da parcela do ICMS e do PIS e da COFINS na base de cálculo dessas contribuições sociais, quando incidentes sobre a importação de bens e serviços, limitando-a apenas e tão somente ao valor aduaneiro, nos termos do art. 7º, inciso I, da Lei n. 10.865/04, como já tivemos oportunidade de informar nessa coluna semanal.

---

21   O texto foi disponibilizado em: *Última Instância (Coluna)*. São Paulo, 01.05.2014. Disponível na internet: http://ultimainstancia.uol.com.br/conteudo/colunas/70621/a+questao+dos+precatorios+e+das+modulacoes.shtml. Acesso em: 01.05.2014.

Na petição a Fazenda Nacional lembra que suscitou a questão referente a modulação dos efeitos da decisão quando do julgamento da questão de fundo, ocasião em que o pedido foi rejeitado sob o fundamento de que não foram apresentados elementos suficientes para a concessão excepcional. Esta é a razão de ser da oposição dos embargos: reiterar o pedido de modulação dos efeitos, na modalidade *ex nunc* ou prospectivos.

Nesse sentido, a Fazenda Nacional pretende que os efeitos da declaração de inconstitucionalidade somente tenham eficácia a partir ou da publicação do acórdão ou do julgamento, sem que lhe seja atribuído o natural efeito *ex tunc*.

Dentre os fundamentos para tanto, claudica quando classifica a decisão que declara a inconstitucionalidade de ato normativo como tendo caráter constitutivo. Justifica, ademais, nos requisitos legais previstos no art. 27 da Lei n. 9.868/99, ou seja, segurança jurídica (novamente em razão do caráter constitutivo da decisão declaratória de inconstitucionalidade) e excepcional interesse social (consistente no forte impacto negativo no orçamento da seguridade social, a exemplo do pleito formulado no RE 556.664, quando foi declarada a inconstitucionalidade dos artigos 45 e 46 da Lei n. 8.212/91), "haja vista os valores econômicos empolgados".

O apelo da Fazenda Nacional sustenta-se no argumento de que "os valores são gigantescos e desfalcarão substantivamente o 'caixa' da seguridade, ou seja, faltarão recursos para as políticas sociais nacionais, mormente nas áreas da Saúde, Previdência e Assistência".

Para tanto, a Fazenda Nacional junta aos autos a Nota CETAD/COEST n. 103/13 da Receita Federal, com a demonstração de que para o ano de 2013 estima-se perda de arrecadação no valor de R$ 3,23 bilhões de reais. Considerando o período entre 2008 e 2012, o impacto seria de R$ 14,29 bilhões de reais.

Por fim, reitera o apelo de que "em uma sociedade cheia de tantas pessoas carentes, o Estado não pode perder recursos que estavam validamente albergados por lei aprovada pelos representantes eleitos, que vigeu plenamente de 2004 a 2013".

A referida Nota elaborada pela Receita Federal tem uma única lauda. Curiosamente esclarece que: "Como os valores pagos de PIS/Cofins-Importação geravam créditos para apuração dessas contribuições no regime não cumulativo, as perdas ocorrerão somente nos casos de incidência de PIS/Cofins no regime cumulativo e no caso de importações efetuadas por pessoas físicas e por optantes pelo SIMPLES NACIONAL. Mesmo no caso das importações de produtos de alíquotas concentradas não ocorre perda, visto que o importador está sujeito à incidência das contribuições nas vendas dos produtos importados".

Adiante, prevê que para eliminar o efeito da redução da base de cálculo, as alíquotas de PIS/Cofins-Importação deveriam ser elevadas de 9,25% para 11,75%, que permitiria uma recuperação mensal no valor de R$ 268,77 milhões de reais.

Essas foram as breves razões que fundamentaram o apelo de modulação dos efeitos da declaração de inconstitucionalidade do dispositivo legal anteriormente referido. Nada mais claudicante e equivocado. Vejamos.

De início, cabe registrar que a posição doutrinária que classifica como constitutiva a decisão que declara a inconstitucionalidade de lei ou ato normativo sempre foi francamente minoritária dentre os juristas de escol que se dedicaram ao estudo do tema. Além disso, jamais serviu para fundamentar eventual pedido de modulação, que deve ser baseada em segurança jurídica e excepcional interesse social.

Tais requisitos legais, aliás, não são meras decorrências lógicas quando invocados. Ao contrário, carecem de nexo ou ligamento, no sentido de que não basta pura e simplesmente invocá-los para fazer jus ao pleito que limita a declaração de inconstitucionalidade. Devem ser justificados (e muito bem) com o por quê de tal pedido e como isso vem a promover a proteção da segurança jurídica e do excepcional interesse social.

Todavia, por serem conceitos jurídicos indeterminados, de caráter aberto e vago, observa-se na jurisprudência do STF acerca da matéria é que serve, a um só tempo, tanto para o pleito de modulação como também para a sua negação. Em realidade, faltam balizas claras que possam ser identificadas para conhecer os contornos sobre os quais tais requisitos repousariam suas bases. Tais balizas estão sendo paulatinamente construídas tanto pela jurisprudência do STF como também pela doutrina. Mas, isso certamente seria tema de outro artigo.

Voltando ao caso concreto sob análise, cabe registrar, ademais, que os números lançados como relevantes para o suposto impacto negativo decorrem de mera especulação da Receita Federal que sequer se deu ao trabalho de explicar e fundamentar a projeção que fez.

Ora, todo e qualquer caso que verse matéria tributária tende a lidar com cifras elevadas, vez que se trata necessariamente de discussão em torno de orçamento (composto pela destinação de alguns tributos em contrapartida aos gastos da máquina estatal), gestão da coisa pública (melhor ou pior), enfim, lida com uma série de temas que são, sem sombra de dúvida, sensíveis ao Poder Público.

Contudo, usar tal circunstância para, a partir dela, pretender construir um debate em torno da legitimidade ou não da aplicação do efeito total de uma declaração de inconstitucionalidade parece, até mesmo intuitivamente, distorção descabida.

Isso decorre também do efeito neutralizador que o argumento antagônico traz ao debate. Ora, imagine que a modulação, nos moldes ora analisados, retirará das empresas contribuintes que serão prejudicadas a possibilidade de se ressarcirem e, com isso, cumprir a sua função social (incrementar o lucro) ou expandir suas atividades (com reinvestimento do valor e/ou contratação de mais mão de obra). Além disso, o efeito pernicioso não se contém por aí. Imagine a desvantagem competitiva da empresa contribuinte prejudicada (em relação àquela que simplesmente deixou de pagar o tributo posteriormente declarado inconstitucional ou foi beneficiada com a decisão).

Essa é a razão pela qual argumento consequencialista de cunho econômico, como o pretenso "rombo" nas contas públicas, não devem ser levados em conta nos grandes julgamentos de causas tributárias. Afinal, a moeda necessariamente tem dois lados e um neutraliza o outro.

O entendimento no sentido contrário, pela admissão de pleito dessa natureza, tal como pretende a Fazenda Nacional no caso em foco, amesquinharia a função institucional da Suprema Corte que, no final das contas, se veria como uma segunda instância do governo, atuando como curadora de um ente incapaz, que não tem condições de planejar as suas atividades.

É perigosa também a mensagem pedagógica que seria transmitida com eventual orientação condescendente pela Suprema Corte de atos inconstitucionais emanados dos poderes legiferantes. Ora, se ao fim e ao cabo o STF "livrar a cara" do poder legiferante que claudicou com a elaboração do ato normativo declarado inconstitucional não haveria sequer a preocupação em cumprir a Constituição da República pelos parlamentares e pelo governo, encarregados de elaborar as leis e cumpri-las.

Afinal, os argumentos consequencialistas de cunho econômico não se prestam a fundamento como razões de Estado para excepcionar a grave declaração de inconstitucionalidade por capricho de maiorias ocasionais e necessidades momentâneas. Ao contrário, o instituto da modulação serve aos elevados interesses plasmados na Constituição da República nas hipóteses excepcionalíssimas em que a vontade constitucional se manifesta no sentido de tolerar, por tempo limitado, certa situação inconstitucional.

Exemplo disso é a declaração de inconstitucionalidade de lei que criou há alguns anos um Município ou a redução do número de seus vereadores. Essas situações complexas da vida quotidiana não encontram resposta na decisão que declara a inconstitucionalidade pura e simplesmente. Daí porque surgiu a necessidade de temperá-las.

Todavia, em matéria tributária a questão está longe de ser complexa ou de difícil solução. Não se trata de gerir recursos escassos ou fazer escolhas trágicas. A incompetência governamental na gestão da coisa pública jamais pode ser premiada com a tolerância por qualquer tempo que seja, razão pela qual o efeito às declarações de inconstitucionalidade deve ser, de modo geral, retroativo (*ex tunc*), exceto se houver hipóteses excepcionais que justifiquem a adoção do instituto da modulação.

Muitos outros argumentos poderiam ser acrescentados no sentido que sustentamos. Todavia, para não cansar o leitor limitamo-nos apenas a introduzir a ideia do contraponto para que a discussão não fique protagonizada por pseudo argumentos que, de modo geral, não se prestam à finalidade que se propõem.[22]

Modulação & TSE

Em 01.07.2014 foi concluído o julgamento pelo Plenário do Supremo Tribunal Federal – STF, que declarou inconstitucionais a Resolução n. 23.389/13 do TSE, que definiu o tamanho das bancadas dos Estados e do Distrito Federal na Câmara dos Deputados para as eleições de 2014 (com a alteração do número de deputados federais), e o art. 1º, parágrafo único, da Lei Complementar n. 78/93, que autorizou tal definição ao TSE.

A decisão foi tomada em julgamento conjunto iniciado em 11.06.2014, cujo tema foi discutido nas ADIs 4.947, 5.020, 5.028, 5.130 (Rel. Min. Gilmar Mendes) e 4.963 e 4.965 (Rel. Min. Rosa Weber). Além disso, o tema também foi versado na ADC 33 (Rel. Min. Gilmar Mendes), que buscou declarar válido o Decreto Legislativo 424/13 do Congresso Nacional, que sustou os efeitos da resolução do TSE.

Como resultado o Plenário declarou a inconstitucionalidade das referidas normas e julgou procedentes as ações diretas de inconstitucionalidade, por maioria, na forma do voto da Ministra Rosa Weber. No tocante à improcedência da ADC 33 a decisão foi unânime. Ao final, a proposta de modulação foi analisada e rejeitada pela Corte.

O entendimento majoritário reconheceu que a resolução do TSE invadiu competência do Congresso Nacional, na medida em que o número de deputados federais e as representações dos Estados devem ser estabelecidos por lei complementar, sendo vedada a sua delegação (cf. arts. 45, § 1º, c/c 68, § 1º, ambos da Lei Maior). A Lei Complementar 78/93 introduziu inovações legislativas para as quais não detinha competência. A competência do TSE limita-se a normatizar a legislação eleitoral, com a expedição de instruções e outras medidas adequadas para executar a legislação eleitoral.

A corrente de pensamento que foi vencida entendeu que a participação do TSE na fixação do número de cadeiras das bancadas estaduais na Câmara dos Deputados decorre da aplicação da Lei Maior, na medida em que elas devem ser proporcionais à população de cada Estado membro da federação. A norma eleitoral em questão teria se fiado nas informações do Censo 2010, que apontou significativas mudanças na população de diversos Estados. Com o estabelecimento do número máximo e mínimo de deputados, a Lei Complementar n. 78/93 determinou ao TSE a tarefa de fixar a representação por unidade da federação. De resto, seria inviável a edição de nova lei complementar a cada quatro anos para proceder à atualização das bancadas. Essa corrente foi iniciada pelo Ministro Gilmar Mendes, que foi seguido pelos Ministros Roberto Barroso e Dias Toffoli.

Quando foi concluído o julgamento sobre o mérito da questão, iniciou-se a análise quanto à modulação temporal dos efeitos da declaração de inconstitucionalidade então definida. Nesse ponto, novamente, criaram-se duas correntes distintas.

Segundo a primeira, capitaneada pela Ministra Rosa Weber, seria necessário contornar o vácuo jurídico criado pelo afastamento do dispositivo da Lei Complementar n. 78/93, razão pela qual propunha a declaração de inconstitucio-

---

22 O artigo foi publicado originalmente em: *Última Instância (Coluna)*. São Paulo, 29.05.2014. Disponível na internet: http://ultimainstancia.uol.com.br/conteudo/colunas/71178/inconstitucionalidade+do+aumento+da+base+de+calculo+da+cofinspis-importacao+nao+e+para+modular.shtml. Acesso em: 29.05.2014.

nalidade sem pronúncia de nulidade, com a adoção dos critérios estabelecidos na Resolução 23.389/13 do TSE enquanto não for editada nova lei complementar, com base no princípio da segurança jurídica e da anualidade. Isso equivaleria, na prática, a manter os critérios da resolução cuja inconstitucionalidade foi declarada em vigor até que o Congresso Nacional edite nova lei complementar. No mesmo sentido, com algumas ressalvas pontuais de entendimento, votaram os Ministros Gilmar Mendes, Dias Toffoli, Roberto Barroso, Cármen Lúcia, Celso de Mello e Ricardo Lewandowski.

De outro lado, os Ministros Marco Aurélio, Teori Zavascki, Luiz Fux e Joaquim Barbosa, entenderam que a decisão não promove vácuo jurídico. Desse modo, votaram no sentido de que, nas eleições de outubro, sejam adotados os mesmos critérios aplicados nas eleições de 2010.

Embora essa última corrente tenha sido minoritária (contando apenas com quatro votos) foi a prevalecente, na medida em que os adeptos da primeira não lograram alcançar os necessários oito votos (como determina o art. 27 da Lei n. 9.868/99, que prevê o *quorum* qualificado de dois terços de votos convergentes no mesmo sentido).

A expectativa recaiu sobre o voto do Ministro Joaquim Barbosa, que foi prolatado em 1º de julho, na última sessão antes do recesso e de sua carreira como Ministro (vez que anunciara sua precoce aposentadoria para essa data). Como faltou o seu voto, à maioria que acompanhou a Ministra Rosa Weber poderia ser somado o voto do Presidente. Contudo, no seu voto o Ministro Joaquim Barbosa se manifestou no sentido que seria bizarro entender que uma norma continue a produzir efeitos mesmo após o reconhecimento expresso pela Corte acerca da sua inconstitucionalidade. Nesse sentido, consignou também que é chegada a hora de colocar fim aos malabarismos interpretativos. O Tribunal declara a inconstitucionalidade de determinada lei e, ao mesmo tempo, modula o seu efeito, mantendo o estado atual (*status quo*), registrou.

Depois do seu voto, e como a maioria qualificada (de oito votos) não foi alcançada, então dois advogados se manifestaram da tribuna e a Ministra Cármen Lúcia defendeu novamente a importância da modulação dos efeitos no caso concreto, vez que no dia anterior teria expirado o prazo para a realização de convenções pelos partidos políticos, e que tais convenções foram realizadas considerando-se o número de deputados fixados na resolução afastada, motivo pelo qual todos os atos já praticados com esteio nela seriam prejudicados e não poderiam mais ser alterados até a eleição. Além disso, ela registrou que a Suprema Corte já promoveu a modulação em casos nos quais as consequências não eram tão gravosas.

O Plenário do TSE, por unanimidade, encampou a decisão do STF e decidiu manter para a eleição de outubro o mesmo número de deputados das bancadas dos Estados, vigente na eleição de 2010.

Resta saber quando o Congresso Nacional editará a nova lei complementar disciplinando o assunto que, depois da eleição de outubro, ficará sem regra válida.[23]

---

23 O artigo foi publicado em: *Última Instância (Coluna)*. São Paulo, 04.07.2014. Disponível na internet: http://ultimainstancia.uol.com.br/conteudo/colunas/ 71749/modulacao+%26+tse.shtml. Acesso em: 05.07.2014.

LEADING CASES TRIBUTÁRIOS

A Súmula n. 276 do STJ e a tese da especialidade

Questão relevante que atualmente aflige todas as sociedades civis de prestação de serviço diz respeito à incidência ou não da COFINS sobre a receita proveniente de suas atividades. Trata-se de exemplo emblemático do "vaivém do Judiciário" na solução de questões tributárias sobre "disputas milionárias", conforme matéria veiculada pelo Jornal Valor Econômico em 08.05.2006.

Em 14.03.2007, o Plenário do Supremo Tribunal Federal iniciou o julgamento dos Recursos Extraordinários n. 377.457 e n. 381.964 e decidiu no sentido de: "a) inexistência de hierarquia constitucional entre lei complementar e lei ordinária [...]" e "b) inexigibilidade de lei complementar para disciplina dos elementos próprios à hipótese de incidência das contribuições desde logo previstas no texto constitucional" (Informativo n. 459 do Supremo Tribunal Federal). Votaram neste sentido os Ministros Gilmar Mendes (Relator), Cármen Lúcia, Ricardo Lewandowski, Joaquim Barbosa, Carlos Britto, Cezar Peluso, Sepúlveda Pertence e Celso de Mello. O julgamento foi suspenso em virtude do pedido de vista do Ministro Marco Aurélio.

À luz desta decisão – repita-se: pendente de conclusão – o Superior Tribunal de Justiça necessariamente será chamado a se manifestar acerca da manutenção ou não da Súmula n. 276, cujo teor é o seguinte: "As sociedades civis de prestação de serviços profissionais são isentas da Cofins, irrelevante o regime tributário adotado".

Quando isso ocorrer, o Superior Tribunal de Justiça poderá: (a) cancelar a referida súmula, com fundamento na decisão do Supremo Tribunal Federal acima sintetizada; ou (b) manter a súmula, em razão de matéria infraconstitucional autônoma que seja capaz de lhe dar suporte suficiente.

Exemplo claro de matéria infraconstitucional autônoma capaz de suportar o teor da Súmula n. 276 refere-se ao critério da especialidade. O raciocínio é simples. A norma do art. 56 da Lei n. 9.430/96 não revogou explícita e tampouco implicitamente a norma contida no inciso II do art. 6º da Lei Complementar n. 70/91. Enquanto esta é norma de cunho especial, aquela que lhe sobreveio é de caráter eminentemente geral.

Com efeito, o art. 56 da Lei n. 9.430/96 se refere a "sociedades civis de prestação de serviços de profissão legalmente regulamentada" de maneira ampla e geral, com a ressalva ao final de seu texto de que as normas da Lei Complementar n. 70/91 deveriam ser observadas. Donde se conclui que a Lei Complementar n. 70/91 não foi revogada e, mais ainda, deve ser observada.

Pois bem, na Lei Complementar n. 70/91, o seu inciso II do art. 6º restringe a regra de isenção do amplo universo das "sociedades civis de prestação de serviço de profissão legalmente regulamentada" para contemplar apenas aquelas que preencham as seguintes condições cumulativas: (a) registradas no Registro Civil das Pessoas Jurídicas, (b) constituídas exclusivamente por pessoas físicas e (c) que sejam domiciliadas no País.

A especialidade do inciso II do art. 6º da Lei Complementar n. 70/91 em relação ao art. 56 da Lei n. 9.430/96 salta aos olhos. Esta norma não pretende e nunca pretendeu revogar aquela. Pelo contrário, ambas convivem harmonicamente no ordenamento jurídico.

A corroborar tal entendimento, basta verificar o teor do art. 55 da Lei n. 9.430/96, que dispõe sobre a revogação da isenção relativa ao IRPJ, o qual abrange, apenas neste caso, as condições cumulativas acima mencionadas.

Esta celeuma foi submetida à apreciação dos Ministros da Segunda Turma do Superior Tribunal de Justiça pela Ordem dos Advogados do Brasil – Seção do Estado do Rio de Janeiro. Trata-se do Agravo Regimental (no Recurso Especial n. 805.288-1/RJ) interposto de decisão que sobrestou o julgamento do recurso especial até que o Supremo Tribunal Federal decida o recurso extraordinário (prejudicial) concomitantemente interposto. Em 26.06.2007, a Ministra Eliana Calmon, acompanhada à unanimidade por seus pares, em voto muito bem fundamentado decidiu aplicar a Súmula 282 do STF, ao fundamento de que não havia prequestionamento da matéria no tribunal de origem. Esta decisão ainda está pendente de publicação.

Embora a Procuradoria da Fazenda Nacional tenha ajuizado a Ação Cautelar n. 1.717 junto ao Supremo Tribunal Federal e tenha obtido a liminar em 03.07.2007 para cobrar a COFINS dos escritórios de advocacia sediados no Rio de Janeiro, a tese da especialidade permanece em aberto no Superior Tribunal de Justiça e a Súmula n. 276 permanece em vigor.

A tese da especialidade constitui matéria eminentemente infraconstitucional e autônoma capaz de sustentar a manutenção da Súmula n. 276 do Superior Tribunal de Justiça e em perfeita consonância com o julgamento do Supremo Tribunal Federal. Esta controvérsia é de caráter intertemporal e de competência exclusiva do Superior Tribunal de Justiça na interpretação do § 2º do art. 2º da Lei de Introdução ao Código Civil.

O acolhimento desta tese, a um só tempo, harmonizaria: (a) a jurisprudência dos Tribunais Superiores envolvidos na solução desta questão; e (b) a aparente antinomia da legislação que rege a matéria, isto é, o art. 56 da Lei n. 9.430/96 e o inciso II do art. 6º da Lei Complementar n. 70/91.

O problema que deve ser superado em um primeiro passo é o pré-questionamento, já que a enorme maioria dos casos em trâmite hoje junto ao Superior Tribunal de Justiça traz nos seus argumentos a tese da hierarquia das leis, esta sim afastada pelo julgamento do Supremo Tribunal Federal.

Urge que o Superior Tribunal de Justiça defina claramente – na primeira oportunidade que tiver de apreciação da matéria – se acolhe a tese da especialidade e mantém o teor da Súmula n. 276 ou se não acolhe a tese e cancela a súmula. Somente com esta decisão claramente prolatada será possível descortinar o angustiante cenário de insegurança jurídica acerca da legitimidade ou não da cobrança da COFINS para as sociedades civis de prestação de serviços.[1]

As perspectivas tributárias para 2011

Com a recente Virada do Ano, é comum reforçarmos as promessas que antes foram das "segundas-feiras" para torná-las verdadeiros projetos de vida ou metas a serem alcançadas no Ano Novo. Isso acontece tanto no plano pessoal como também profissional. Na vida pessoal, é aquela promessa de mais exercício, menos trabalho, melhor alimentação, enfim, maior equilíbrio.

---

1   O artigo foi publicado originalmente em: *Gazeta Mercantil Online*. São Paulo, 26.07.2007. Disponível na internet: http://www.gazetamercantil.com.br (Artigos Especiais). Acesso em: 26.07.2007.

Na esfera profissional, a união faz a força, de modo que a busca pelo maior número de profissionais engajado na maximização do resultado da empresa, certamente convergirá durante o ano para refletir boas notícias, não só ao longo do ano que vem, como também dos próximos anos vindouros.

Para decisões gerenciais bem tomadas e com maior sucesso para a saúde da empresa, torna-se cada vez mais necessária a disponibilização de informações claras sobre o necessário binômio risco x oportunidade, que devem ser ponderadas pelo seu departamento jurídico e pela sua diretoria.

As oportunidades tributárias existentes hoje dependem da atividade operacional da empresa e de suas pretensões no curto e médio prazo, as quais devem ser esclarecidas por profissional especializado.

Exemplo disso é a possibilidade de uso de parte do montante destinado ao pagamento de impostos para investir diretamente em pesquisas e desenvolvimento, com a possibilidade de deduzi-la. De igual modo, dependendo da atividade da empresa e da visibilidade desejada para a sua marca, é possível vinculá-la ao patrocínio de espetáculos, filmes e peças de teatro, com incentivo à cultura no lugar do pagamento de apenas parte do seu imposto devido.

Além disso, cabe-lhe tratar eventuais fiscalizações da RFB com o acompanhamento diligente de profissionais terceirizados e especializados, com vistas a bem atender ao agente fiscal, bem como fazer a triagem mínima indispensável para o atendimento das sucessivas intimações.

Ainda na esfera operacional da empresa, com o abarrotamento do Judiciário, cabe focar interessante trabalho que, ao menos em tese, só depende dos seus documentos: a recuperação de créditos oriundos do pagamento indevido de tributos, especialmente nos âmbitos estadual e federal. Este trabalho pode levantar valores que foram esquecidos pela empresa no passado (de 5 anos para cá) e que podem retornar hoje como possíveis compensações com tributos a vencer.

No campo da Tributação Internacional, já que o risco de autuação fiscal é cada vez maior, torna-se ainda mais importante fundamentar as atividades da empresa no exterior com adequada substância econômica e permanente assessoria de profissional especializado, que deve trabalhar sempre em conjunto com os correspondentes locais.

Com o crescente afunilamento do Judiciário, especialmente junto aos Tribunais Superiores, com a adoção da repercussão geral e da súmula vinculante no âmbito do Supremo Tribunal Federal, e do regime dos recursos repetitivos junto ao Superior Tribunal de Justiça, o tempo de trâmite dos processos promete diminuir.

Por outro lado, com a tendência que se delineia de adoção do instituto da modulação temporal dos efeitos das decisões pelo STF em matérias tributárias, o que antes era atitude conservadora e justificável, hoje se transforma crescentemente em risco no caso de eventual julgamento favorável aos contribuintes, quando em jogo os argumentos pragmáticos e de cunho econômico do "rombo" de "X bilhões" de reais para o Erário.

A tendência de possível modulação temporal dos efeitos para situações específicas de inércia dos contribuintes obriga-lhes a ingressar com ações judiciais independente de sua maior confiança na tese jurídica subjacente à discussão eventualmente levada ao crivo do Poder Judiciário. É que, com a enorme flutuação jurisprudencial dos Tribunais Superiores e com o risco de aplicação da modulação temporal quando do julgamento de *leading case* sobre o tema, passa a ser dever da empresa (e portanto de seus gestores), na dúvida, litigar, quando antes muitas vezes no seu âmbito interno a diretoria optava por aguardar o pronunciamento definitivo pelo Pleno do Supremo Tribunal Federal.

A esse respeito, quando iniciar-se o ano judiciário de 2011, o Supremo Tribunal Federal, que se espera contará com a integralidade dos seus membros, se debruçará sobre relevante tema tributário cujo julgamento junto ao seu Pleno se arrasta desde 1999.

Trata-se do exame da inconstitucionalidade da inclusão da parcela do ICMS na base de cálculo da COFINS e do PIS. Quando isso ocorrer, com a manutenção da maioria absoluta dos votos no sentido favorável à tese defendida pelos contribuintes já alcançada em 2006, a Corte terá oportunidade ímpar de reverter essa tendência indesejável que tem levado ao aumento desnecessário da litigiosidade em matéria tributária.

Quando examinar a eventual modulação temporal dos efeitos de sua decisão, que se espera será no sentido da declaração da inconstitucionalidade da inclusão da parcela do ICMS na base de cálculo da COFINS e do PIS, caberá não aplicá-la, ao argumento de que razões de estado infundadas e puramente alarmistas não devem pautar o julgamento da Suprema Corte.[2]

As principais pendências no STF para 2011 em matéria tributária

No último dia 1º de fevereiro, foram abertos os trabalhos do ano judiciário de 2011 em sessão solene ocorrida no Plenário do Supremo Tribunal Federal. No discurso de seu Presidente, Ministro Cezar Peluso, a marca impressa foi bem clara quando elaborou breve balanço acerca da participação recente da Suprema Corte na vida democrática e institucional do País. De modo formal, ele lançou a ideia de firmar o III Pacto Republicano "para dar continuidade ao processo de aprimoramento da ordem jurídica e consolidar a modernização da máquina judiciária". As palavras de ordem que têm governado o órgão de cúpula do Judiciário são "modernização responsável e comprometimento com a cidadania". Nesse sentido, o STF tem-se empenhado na busca de lograr razoável duração das causas judiciais e restaurar a certeza do Direito e a credibilidade da Justiça.

Também naquele dia foi divulgada a notícia de que a Presidenta da República Dilma Rousseff indicaria para a 11ª vaga da Corte, aberta com a aposentadoria do Ministro Eros Grau em agosto de 2010, o jurista Luiz Fux, Ministro do Superior Tribunal de Justiça, professor e doutrinador, especialmente focado no último ano com a reforma processual civil. Refiro-me ao PLS n. 166/2010, que se originou de Anteprojeto de Código de Processo Civil elaborado por comissão presidida por ele.

Com isso, tão logo essa vaga seja confirmada com a sabatina no Senado Federal, então o Supremo Tribunal Federal estará a pleno vapor para o exercício de seu relevante mister de dar a palavra final nos casos que lhe são submetidos e, especialmente, continuar e finalizar os julgamentos já iniciados e ainda pendentes de conclusão.

Na seara tributária relacionaremos agora apenas duas dessas pendências que a comunidade jurídica aguarda breve desfecho, provavelmente ainda no 1º semestre do corrente ano, todas com enorme repercussão econômica e sobretudo jurídica tanto para as autoridades fiscais como também e especialmente para os contribuintes.

A ADC n. 18 é possivelmente a pendência mais aguardada no âmbito do STF atualmente. De fato, com a última prorrogação de sua medida liminar já expirada e com a subsequente retomada de julgamento do tema por outros tribunais, espera-se que tão logo a composição da Suprema Corte esteja completa o caso seja incluído em pauta. Trata-se da exclusão da parcela do ICMS da base de cálculo da COFINS e do PIS, que chegou ao Pleno do STF em 1999 e ainda não conta com definição.

A ADI n. 2.588 é a pendência de maior repercussão jurídica que se aguarda hoje em matéria de tributação internacional. A CNI pleiteia, em síntese, a declaração de inconstitucionalidade do art. 74, *caput* e parágrafo único, da MP n. 2.158-35/01, que trata do momento que deve ser considerado disponibilizado o lucro auferido no exterior pela empresa controladora ou coligada no Brasil.

No caso, a perplexidade que gira em torno da questão jurídica submetida ao exame do Pleno do STF é tão evidente que já se contabilizam quatro pedidos de vistas dos autos e foram proferidos seis votos em dois sentidos

---

2   O texto foi publicado originalmente em: *Jornal Gazeta de Notícias*. Rio de Janeiro, 2ª Fase, Ano II, n. 271, 15 a 17.01.2011, p. 6 (Análise Contábil).

contrários. De fato, desses seis votos, três deles foram proferidos no sentido de considerar inconstitucional o dispositivo inquinado, dada a indisponibilidade da renda auferida pela sociedade investida. Votaram nesse sentido os Ministros Marco Aurélio, Sepúlveda Pertence e Ricardo Lewandowski.

No sentido oposto, foram proferidos outros três votos, tendo a Relatora, Min. Ellen Gracie, afastado a incidência da norma impugnada somente no que se refere à tributação das coligadas, sendo acompanhada pelos Min. Nelson Jobim e Eros Grau, que ressalvaram o alcance dos resultados auferidos pelas coligadas e controladas. Desde 2007 o julgamento está interrompido em razão do pedido de vistas formulado pelo Min. Carlos Britto.

A relevância jurídica na solução dessa temática evidencia-se em razão da enorme repercussão econômica e especialmente jurídica que dela defluirá. Com efeito, incontáveis causas que tramitam no contencioso administrativo federal estão calcadas, em maior ou menor medida, sobre o dispositivo inquinado. Os órgãos de cúpula (CARF e CSRF) ainda não deram a palavra final, possivelmente aguardando o pronunciamento definitivo pelo STF. Além disso, a decisão muito contribuirá para definir e pacificar alguns pontos controvertidos sobre a interpretação do dispositivo questionado. Na semana que vem focaremos outras questões tributárias que estão pendentes de conclusão no STF.[3]

Outras pendências no STF para 2011 em matéria tributária

Na semana passada destacamos as principais pendências no STF para 2011 em matéria tributária: a ADC 18 e a ADI 2.588. Hoje, como prometemos naquela ocasião, ressaltaremos outras questões tributárias que estão pendentes de conclusão no STF, cujo pronunciamento definitivo é aguardado pela comunidade jurídica ou pelo empresariado.

Com a confirmação da nomeação do Ministro Luiz Fux pelo Senado Federal, quando for empossado no STF, ele já terá pendente o acervo herdado do Ministro Eros Grau, que se aposentou em agosto de 2010. Dentre tal estoque de processos, talvez o de maior repercussão jurídica e do ponto de vista prático é o julgamento em torno do art. 4º da Lei Complementar n. 118/05, que pretendeu atribuir efeito retroativo à suposta natureza interpretativa do art. 3º, pelo qual a extinção do crédito tributário ocorreria, no caso de tributo sujeito a lançamento por homologação, no momento do pagamento antecipado. A intenção do dispositivo foi estancar a interpretação que se consolidou no âmbito do STJ com a chamada "tese dos 5+5". Verifica-se, por conseguinte, que apesar do caráter processual do debate, o impacto de sua definição repercutirá no direito material pleiteado nos últimos anos pelos contribuintes. Quando o Min. Eros pediu vista, o resultado parcial já contabilizava com cinco votos favoráveis aos contribuintes e quatro contrários.

Além desta, várias outras questões relevantes de direito tributário aguardam desfecho no âmbito do Pleno do STF. Dentre os julgamentos já iniciados, destaca-se, por exemplo, a legitimidade da dedução da despesa com a CSLL da base de cálculo do IRPJ, com o afastamento da vedação do art. 1º da Lei n. 9.316/96, que conta com um voto do Ministro Joaquim Barbosa (favorável ao Fisco) e um voto do Ministro Marco Aurélio (favorável aos contribuintes).

No julgamento da questão em torno do IRPJ – Exportações incentivadas, na qual se busca reconhecer a inconstitucionalidade do art. 1º, inciso I, da Lei n. 7.988/89, que majorou a alíquota do imposto de renda incidente sobre o lucro decorrente das exportações incentivas de 6% para 18%, o resultado parcial é favorável aos contribuintes, que contabilizam em seu favor três votos contra dois contrários.

---

3   O texto foi publicado em: *Jornal Gazeta de Notícias*. Rio de Janeiro, 2ª Fase, Ano II, n. 285, 05 a 07.02.2011, p. 6 (Análise Financeira).

A respeito da revogação da isenção da COFINS para as sociedades de profissão regulamentada, a despeito da decisão desfavorável aos contribuintes já ter sido tomada pelo Pleno, aguarda-se o exame de embargos de declaração opostos pelo Conselho Federal da OAB, nos quais pleiteia o colhimento do voto faltante da Ministra Ellen Gracie para exame do pedido de modulação temporal dos efeitos da decisão (ausente na sessão de julgamento).

Destaca-se, ademais, a questão em torno da utilização do IPC como índice de correção monetária das demonstrações financeiras encerradas em 31.12.1989 (Plano Verão), que já conta com dois votos favoráveis e dois no sentido contrário. Além disso, contabilizando três votos para cada sentido e a despeito de decisão anterior do STF declarando a constitucionalidade da Lei n. 8.200/91, remanesce pendente de conclusão o exame sobre a inconstitucionalidade do expurgo na correção monetária das demonstrações financeiras encerradas em 31.12.1990 (perpetrado pela Lei n. 8.024/90 e Lei n. 8.088/90).

Com a repercussão geral reconhecida, mas ainda sem definição acerca do mérito, destacam-se as seguintes questões com relevante impacto para as empresas: a) o direito a não retenção do Imposto de Renda na Fonte sobre os valores decorrentes de operações de *hedge* exclusivamente destinadas à proteção das obrigações em moedas estrangeira, afastando-se as determinações do art. 5º da Lei n. 9.799/99; b) a inconstitucionalidade do regime não cumulativo da COFINS e do PIS instituídos, respectivamente, pela Lei n. 10.833/03 e Lei n. 10.637/02; e c) a inconstitucionalidade do PIS-Importação e da COFINS-Importação, instituída pela Lei n. 10.865/04.

Do elenco exemplificativo, observa-se que são variadas as questões tributárias colocadas sob exame no âmbito do STF. Algumas delas certamente serão concluídas ou, pelo menos, terão seus julgamentos iniciados. É importante que as empresas prestem atenção ao desenrolar de tais questões controvertidas e, antes mesmo de sua conclusão no STF, tomem a iniciativa de questionar em Juízo com o auxílio de profissional especializado, tomando as precauções necessárias para minimizar os riscos envolvidos. Assim, se no julgamento pelo STF sobre a questão tributária julgada em caráter definitivo no sentido favorável aos contribuintes houver eventual modulação temporal dos efeitos de sua decisão, a empresa estará, em princípio, resguardando o seu direito para reaver oportunamente o seu crédito junto a RFB.[4]

Pendências tributárias no STF

No início de fevereiro registramos nesse espaço semanal algumas pendências junto ao STF que reputamos mais relevantes em matéria tributária. Dentre elas, relacionamos a expectativa de início do julgamento da ADC 18, a continuação do julgamento da ADI 2.588, a conclusão do julgamento relacionado à constitucionalidade ou não da Lei Complementar n. 118/05 e o voto da Min. Ellen Gracie nos Embargos de Declaração opostos pelo Conselho Federal da OAB na questão específica acerca da necessidade ou não de *quorum* qualificado (maioria absoluta) para modulação temporal dos efeitos da decisão proferida no sentido da revogação da isenção da COFINS para as sociedades de profissão regulamentada, dentre outras.

Estamos nos aproximando do final desse 1º semestre, vez que restam apenas duas semanas de atividade regular do STF. Das questões relacionadas acima, nenhuma foi concluída. Não significa, de forma alguma, que o STF não esteja trabalhando. Está sim, e muito. Todos tiveram acesso às notícias referentes aos inúmeros julgamentos, das mais variadas matérias, e todos relevantes, ocorridos nesse 1º semestre. Como exemplo disso, para ficar apenas nos últimos, cabe mencionar: a questão da união homoafetiva, o Caso Cesare Battisti, a liberação da chamada

---

4   O texto foi publicado em: *Jornal Gazeta de Notícias*. Rio de Janeiro, 2ª Fase, Ano II, n. 290, 12 a 14.02.2011, p. 6 (Análise Financeira).

"Marcha da Maconha" e, no dia 16 de junho, o início do julgamento acerca da inconstitucionalidade da EC n. 62 ("Emenda do Calote"), com a suspensão do julgamento depois do relatório, das sustentações orais e do exame do Relator sobre as preliminares suscitadas.

Cuidando-se da questão em torno da constitucionalidade ou não da Lei Complementar n. 118/05, o voto do Min. Luiz Fux está pronto e o processo frequenta a pauta do Pleno há mais de um mês. Contudo, ainda não logrou encontrar uma brecha para que sua conclusão ocorra. É possível que seja concluído nessas próximas sessões ou nas primeiras de agosto, quando a Corte retomar sua atividade regular.

Tratando-se da ADC 18, que cuida da inconstitucionalidade da inclusão da parcela do ICMS na base de cálculo da COFINS e do PIS, a expectativa é de que o processo seja liberado pelo seu Relator, Min. Celso de Mello, nas primeiras semanas do segundo semestre.

Curiosamente, a bola da vez é, sem qualquer sombra de dúvida, a expectativa de imediata reinclusão em pauta da ADI 2.588, que versa sobre a inconstitucionalidade do art. 74 da MP n. 2.158-35/01. O tema é palpitante (lucros no exterior) e a comunidade jurídica aguarda desde 2007 a retomada do julgamento, que foi suspenso em razão de vista do Min. Carlos Britto. O caso foi devolvido com o voto-vista e, logo depois, incluído na pauta do dia 15 de junho. Na ocasião, contudo, a tarde foi tomada pelo julgamento da "Marcha da Maconha". Tudo indica que o caso será retomado nessas últimas sessões de junho ou nas primeiras de agosto.

Há quem diga que essa urgência deve-se ao rumor de aposentadoria prematura da Ministra Ellen Gracie, previsto para o final de junho. De um lado, parece haver certo movimento no Tribunal para levar a julgamento os casos nos quais a Ministra tem participação decisiva, como relatoria (ADI 2.588) ou voto faltante. De outro lado, não há qualquer confirmação sobre a veracidade de tal rumor. Há quem critique a decisão da Ministra que, depois de ver frustrada a sua indicação para a Corte de Haia e da OMC, estaria deixando o campo de batalha antes do tempo. Há inclusive aqueles que começam a especular quem ocuparia a sua cadeira, tendo virtualmente a indicação para uma mulher. Contudo, o fato é que a Ministra não fez qualquer anúncio oficial de sua saída da Corte e continua comparecendo normalmente às sessões.

Dentre os casos tributários que aguardam seu voto, evidente destaque merece o processo referente à conclusão do julgamento da revogação da isenção da COFINS para as sociedades de profissão regulamentada. Embora o mérito já tenha tido todos os votos necessários para a sua definição, pende o voto da Ministra Ellen Gracie sobre interessante aspecto acerca da necessidade ou não de *quorum* qualificado (dois terços de votos, igual a 8) para decidir no sentido da modulação temporal dos efeitos da referida decisão. Isso, na prática, pode implicar significativa economia para as sociedades de profissão regulamentada relacionada ao passado (últimos cinco anos) ou, no mínimo, daqueles que se defenderam socorrendo-se do Poder Judiciário. A prolação desse voto pode sinalizar de modo mais claro a intenção da Ministra, no sentido de deixar a Corte em data próxima.

Desse modo, verifica-se que, as últimas sessões do Pleno do STF no primeiro semestre prometem contar com pelo menos um dos temas acima relacionados. Caso isso não ocorra, o início do segundo semestre possivelmente será tomado por pautas que se dediquem a resolver essas – e tantas outras – pendências tributárias.[5]

---

5   O texto foi originalmente publicado em: *Jornal Gazeta de Notícias*. Rio de Janeiro, 2ª Fase, Ano II, n. 375, 18 a 20.06.2011, p. 6 (Análise Financeira).

A incidência da COFINS e do PIS sobre as vendas inadimplidas

Em sessão realizada no dia 23 de novembro, o Plenário do Supremo Tribunal Federal decidiu, no RE 586.482, por maioria de votos, que é constitucional a inclusão na base de cálculo da COFINS e da contribuição ao PIS dos valores referentes às vendas inadimplidas. O caso teve a sua repercussão geral reconhecida em 2008.

O pedido da empresa contribuinte buscava reaver os valores pagos a título de PIS e COFINS, levando em consideração não existir o abatimento da base de cálculo das receitas não recebidas devido à inadimplência dos compradores de mercadorias e/ou serviços. A empresa sustentou a violação aos arts. 195, I, b; 234; 238; 239; 145, § 1º; 150, I, II e IV; 153, IV, todos da Constituição da República.

A sustentação da Fazenda Nacional girou em torno do argumento de que a exclusão tributária pleiteada significaria verdadeira inovação positiva no ordenamento jurídico por parte do STF. É que a legislação não equiparou a venda inadimplida à venda cancelada. Ambas têm efeitos fiscais diversos. A venda inadimplida ainda não se tornou venda cancelada quando, aí sim, cai o fato gerador. A perspectiva é de que ela seja adimplida mais cedo ou mais tarde, razão pela qual se insere no conceito constitucional de faturamento ou receita.

O Relator, Ministro Dias Toffoli, prolatou voto no sentido de que o inadimplemento não descaracteriza o fato gerador da operação, como ocorre, por disposição legal, com a venda cancelada. Com o cancelamento da venda o negócio jurídico é desfeito, extinguindo-se as obrigações tanto do credor como também do devedor. A inadimplência importa em crédito para o vendedor, oponível ao comprador, até que resulte no efetivo cancelamento e devolução da mercadoria ou no adimplemento esperado. Além disso, o fato gerador da obrigação ocorre com o aperfeiçoamento do contrato de compra e venda (entrega do produto), e não com o recebimento do preço acordado. Desse modo, se a lei achou por bem tratar diferentemente o cancelamento da inadimplência, não cabe ao intérprete fazê-lo.

O Ministro Dias Toffoli foi acompanhado pela maioria dos Ministros da Suprema Corte. Os Ministros Marco Aurélio e Celso de Mello, no entanto, votaram pelo provimento do recurso da empresa contribuinte e ficaram vencidos. Decidiram que ante o inadimplemento não se aufere renda ou rendimento. Afinal, receita auferida é aquela que teve ingresso na contabilidade do sujeito passivo do tributo. De fato, os valores não recebidos não podem configurar receita, vez que essa deve ser efetivamente auferida, sob pena de violação ao princípio da capacidade contributiva. Em realidade, encara-se aqui um duplo prejuízo: o contribuinte não recebe e tem que recolher tributo.

Essa decisão tem impacto direto e relevante para as empresas que transacionam com grande público, como supermercados e lojas de departamentos, dentre outras, onde são comuns elevados índices de inadimplência.

Cabe registrar que no julgamento houve sustentação oral da Fazenda Nacional e não houve qualquer manifestação do representante da empresa contribuinte. É relevante assinalar que a Fazenda Nacional vem se especializando e evoluindo sobremaneira na gestão de sua carteira de temas tributários sensíveis. Os contribuintes, por outro lado, têm se notabilizado por retumbante inércia na atuação de relevantes matérias tributárias sob apreciação do Plenário da Suprema Corte.

Exemplo disso é claramente verificável na questão jurídica relacionada à sistemática de tributação brasileira dos lucros no exterior que, pendente de pronunciamento definitivo no Pleno do STF desde 2001, passou por diversas transformações no último decênio, todas favoráveis ao clamor arrecadatório do Fisco. Como resultado parcial da ADI 2.588, pendente apenas o voto do Ministro Joaquim Barbosa, verificamos situação distorcida que tende a se perpetuar nesse tema, como já manifestamos em outras ocasiões nessa coluna, com a expectativa de gerar mais ações para discutir aspectos tangenciais e subjacentes ao pleito submetido naquela ação direta que não estão sendo examinados.

Quando da publicação do acórdão, ainda sem data prevista, será possível à empresa contribuinte opor embargos de declaração buscando o exame dos demais argumentos que não foram considerados no julgamento do recurso extraordinário, para que todos sejam apreciados pela Suprema Corte nesse caso de evidente repercussão geral. Além disso, caberá, ainda em sede de embargos de declaração, pleitear a eventual modulação temporal dos efeitos de tal decisão.

Como na ADI 2.588, também aqui (RE 586.482), há um sopro de esperança para os contribuintes, crescentemente sufocados pela sanha arrecadatória do Fisco. São situações difíceis e que precisam de atuação altamente especializada e urgente.[6]

Grandes questões tributárias pendentes no STF

Com o retorno da atividade regular do Supremo Tribunal Federal (com o *quorum* completo dos seus integrantes) e o efetivo início do ano tipicamente produtivo pós-Carnaval (embora o retorno solene de sua atividade regular tenha ocorrido em 1º de fevereiro, inclusive com julgamentos relevantes nesse curto espaço de tempo, como o Caso Ficha Limpa) a comunidade jurídica, as empresas e o Fisco aguardam duas importantes decisões que estão pendentes do pronunciamento definitivo no âmbito da Suprema Corte.

A primeira refere-se à ADI 2.588, tida como a pendência de maior repercussão em matéria de Tributação Internacional, na qual se discute a legitimidade do momento que deve ser considerado disponibilizado o lucro auferido no exterior por empresa controladora ou coligada no Brasil. Suspenso desde 2007, o julgamento continuou em agosto de 2011. A decisão definiu-se, por enquanto, favorável ao Fisco. Falta colher o voto do Min. Joaquim Barbosa. A expectativa é grande em torno dos próximos passos. Aqui, o impacto atinge todas as multinacionais brasileiras, isto é, aquelas empresas nacionais que já internacionalizaram suas atividades para os diferentes países do globo terrestre em busca de uma posição junto ao mercado globalizado.

No direito doméstico, espera-se o início do julgamento da ADC 18, que cuida da inconstitucionalidade da inclusão da parcela do ICMS na base de cálculo da COFINS e do PIS. A ação atropelou o trâmite do RE 240.785, no qual se computaram seis votos favoráveis aos contribuintes e apenas um contrário como resultado parcial. A medida cautelar antes deferida na ADC 18 perdeu efeito e, em razão disso, pipocam decisões pelo País aplicando o entendimento superado do Superior Tribunal de Justiça (baseado nas súmulas 68 e 94).

Com efeito, embora tal orientação do STJ esteja sumulada, em múltiplas ocasiões o STF já sinalizou no sentido de que examinará a questão jurídica, seja quando iniciou o julgamento (parcialmente favorável aos contribuintes por seis votos contra um), seja quando examinou o cabimento da ADC 18 e, subsequentemente, o deferimento de sua medida cautelar. Com isso, o STF indica claramente que está examinando a questão jurídica, que será solucionada sob o ponto de vista eminentemente constitucional. Desse modo, limitar-se a aplicar a jurisprudência ultrapassada e superada do STJ (com suas súmulas) sob o enfoque infraconstitucional, com vistas apenas e tão somente ao atendimento de metas estabelecidas pelo CNJ é um enorme desserviço que juízes e tribunais de segunda instância estão a prestar para o Poder Judiciário nacional. Aqui, o impacto é evidente: atinge todas as empresas que recolhem o PIS e a COFINS na esfera federal e o ICMS na estadual (ou o ISS na municipal, vez que o resultado desta questão jurídica deve seguir a sorte daquela).

É razoável esperar que os dois casos sejam incluídos na pauta de julgamento do STF nas próximas semanas.[7]

---

6   O artigo foi publicado em: *Jornal Gazeta de Notícias*. Rio de Janeiro, 2ª Fase, Ano II, n. 484, 26 a 28.11.2011, p. 4 (Análise Financeira).

7   O texto foi veiculado no seguinte sítio eletrônico: *Última Instância (Coluna)*. São Paulo, 23.02.2012. Disponível na internet: http://ultimainstancia.uol.com.br/conteudo/colunas/55103/grandes+questoes+tributarias+pendentes+no+stf.shtml. Acesso em: 23.02.2012.

O que esperar do STF para 2012 (em matéria tributária)

Na última quinta-feira, dia 19 de abril, tomou posse na Presidência do Supremo Tribunal Federal o Ministro Ayres Britto, assumindo como Vice-Presidente o Ministro Joaquim Barbosa. Sempre que um ciclo se fecha outro necessariamente se abre (ou pelo menos assim deveria ser).

Com a motivação desse movimento (de saída da Presidência do Ministro Cezar Peluso e posse do Ministro Ayres Britto), surgem algumas questões que precisam ser pontuadas desde logo, especialmente em relação ao funcionamento da Suprema Corte no corrente ano, com impacto direto nas questões pendentes que versam sobre matéria tributária.

Com efeito, hoje constam dezenas de questões relacionadas à matéria tributária e/ou processual civil que pendem do pronunciamento definitivo da Suprema Corte, com impacto direto em milhares de ações distribuídas por todo o Brasil. A título meramente exemplificativo, cabe registrar as seguintes discussões jurídicas: a) a inconstitucionalidade da espúria inclusão da parcela do ICMS na base de cálculo da COFINS e do PIS, que frequenta o Pleno desde 1999, o julgamento que tinha sido iniciado nos autos do RE 240.785 será renovado do zero nos autos da ADC 18 que permanece aguardando a conclusão do voto do Relator para subsequente inclusão em pauta pela Presidência; b) a validade da sistemática brasileira em torno da tributação dos lucros no exterior, em pauta no Pleno com a conclusão da ADI 2.588 e com o recente reconhecimento da repercussão geral de tal questão nos autos do RE 611.586; e c) a inconstitucionalidade das alterações perpetradas na sistemática de pagamentos dos precatórios introduzidas pela Emenda Constitucional n. 62, pleiteada nas Ações Diretas de Inconstitucionalidade 4.372, 4.400, 4.425 e 4.357.

Em razão do impacto direto que o julgamento de tais questões tem junto às empresas brasileiras, de médio e grande porte, com atividade no âmbito apenas do território nacional como também internacionalizada no mercado globalizado, dá para imaginar o quanto é necessário que se definam os critérios e parâmetros relacionados aos temas assinalados, só para ficar em três exemplos pinçados de grande relevância.

Algumas dúvidas surgem nesse movimento de ciclo que se fecha e de ciclo que se inicia. Eis algumas: como será a Presidência conduzida pelo Ministro Ayres Britto? A reunião de casos na pauta temática será tão ambiciosa como foi com o Ministro Cezar Peluso (quando dezenas de casos eram incluídos na pauta e apenas poucos eram chamados a julgamento)? Ou talvez será mais comedida e focada? Será finalmente dada atenção às causas tributárias?

Essas e tantas outras perguntas só serão respondidas com o decorrer do tempo, ou seja, com o efetivo exercício pelo Ministro Ayres Britto na Presidência do Supremo Tribunal Federal. Mas, cabe registrar também que esse exercício será curto, na medida em que já no segundo semestre ele completará setenta anos, razão pela qual será compulsoriamente aposentado. Aí assumirá o cargo da Presidência o Ministro Joaquim Barbosa. Além disso, há rumores e boatos de que o Ministro Cezar Peluso antecipe a sua aposentadoria (prevista inicialmente para o segundo semestre) para os próximos dias ou, no máximo, para o final de julho (não retornando do recesso em agosto).

Ora, com isso, verifica-se claramente que o Plenário da Suprema Corte tende a ficar desfalcado de excelentes membros no segundo semestre (Ministros Cezar Peluso e Ayres Britto), razão pela qual possivelmente relevantes questões não serão incluídas em pauta para julgamento até a recomposição integral do *quorum* da Corte.

Assim, é possível antever com certa clareza que: ou o Tribunal pauta relevantes casos em matéria tributária (sejam eles os anteriormente indicados ou não) logo, isto é, nas próximas semanas (e ainda no primeiro semestre); ou não se verá um julgamento de relevância em matéria tributária até a recomposição integral do *quorum* da Corte, que pode comprometer tranquilamente a pauta do segundo semestre (ficando para o ano que vem).

Diante disso, pensamos no tema dessa coluna: o que esperar do STF para 2012 (em matéria tributária)? Como muitas respostas na área jurídica, podemos esclarecer com as nuances tênues do bom senso: tudo e nada!

A depender do viés que seja implementado pelo Ministro Ayres Britto na sua curtíssima Presidência, é possível que os casos anteriormente mencionados sejam pautados e julgados (ao menos parcialmente) ou, por outro lado, pode não dar tempo de realizar essa ambiciosa agenda, na medida em que o STF cuida de variados outros temas de igual importância para a sociedade brasileira, inclusive com questões jurídicas interessantíssimas e ricas do ponto de vista tanto do efeito prático como também teórico ou acadêmico.[8]

STJ: não incide IRRF sobre prestação de serviço sem transferência de tecnologia

Em 01.06.2012 foi publicado o acórdão do Recurso Especial n. 1.161.467, no qual a 2ª Turma do Superior Tribunal de Justiça, por unanimidade, negou provimento ao recurso da Fazenda Nacional. O julgamento é relevante sob variados aspectos.

Cuidava-se de saber se era legítima a pretensão da Fazenda Nacional de tributar, na fonte, a remessa de rendimentos oriundos da prestação de serviço a serem realizados no exterior sem transferência de tecnologia, especialmente à luz da Convenção para evitar a dupla tributação da renda firmada pelo Brasil com o Canadá e com a Alemanha.

A Receita Federal autuou a empresa contribuinte sob o argumento de que a renda enviada ao exterior como contraprestação por serviços prestados não se enquadraria no conceito de "lucro da empresa estrangeira", previsto no art. 7º das Convenções, vez que tal só aperfeiçoaria no fim do exercício financeiro, após as adições e deduções determinadas pela legislação pertinente. Segundo a Receita Federal, a renda deveria ser tributada no Brasil, ao entendimento de que se cuidaria de rendimento não expressamente mencionado nas duas Convenções (art. 21).

O art. 7º, que trata dos "lucros do negócio", estabelece que os lucros de um Estado Contratante só são tributáveis nesse Estado. Trata-se de um ato de soberania de cada um dos Estados signatários no qual pactuam que um deles abre mão do direito de tributar em razão da competência exclusiva do outro. Sob um ponto de vista prático, com a aplicação do art. 7º seria indevido o recolhimento do Imposto de Renda Retido na Fonte (IRRF).

O art. 21, quando cuida dos "outros rendimentos", se refere aqueles não contemplados na lista de rendimentos que o antecedem e prevê que: "Os rendimentos de um residente de um Estado Contratante provenientes do outro Estado Contratante e não tratados nos artigos precedentes da presente Convenção são tributáveis nesse outro Estado". Verifica-se, portanto, que não se trata de um tipo específico de "rendimento" (como ocorre com cada um daqueles previstos nos artigos antecedentes), mas de uma categoria residual, ou seja, há uma renda que não se enquadre em qualquer um dos artigos da Convenção que enumeram os seus diferentes tipos passíveis de tributação, aí o caso de aplicar o art. 21. Sob um ponto de vista prático, com a aplicação do art. 21 caberia à tomadora dos serviços a sua retenção na fonte.

A questão jurídica que se colocou no julgamento referiu-se a correta aplicação da Convenção: aplicar-se-ia o art. 7 (afastando a incidência do IRRF) ou o art. 21 (legitimando a referida incidência)? Se a tese ousada do Fisco viesse a prevalecer causaria enorme estranheza aos que militam na área da Tributação Internacional. O Brasil sinalizaria ao mundo que está, mais uma vez, na contramão! O STJ, com acerto, decidiu no sentido de rechaçar a cobrança equivocada e indevida da Receita Federal e defendida pela Fazenda Nacional.

Além disso, o STJ confirmou a orientação do Poder Judiciário no sentido de que a antinomia supostamente existente entre a norma da Convenção e a da legislação doméstica resolve-se pela regra da especialidade, ainda que essa

---

8   O texto foi publicado em: *Jornal Gazeta de Notícias*. Rio de Janeiro, 2ª Fase, Ano III, n. 583, 21 a 24.04.2012, p. 4 (Análise Financeira).

seja posterior aquela. Trata-se da aplicação do art. 98 do CTN à luz do princípio *lex specialis derrogat generalis*, havendo apenas a suspensão de eficácia que atinge as situações que envolvem as relações jurídicas abarcadas pela Convenção.

Consta na ementa que: "9. A norma interna perde a sua aplicabilidade naquele caso específico, mas não perde a sua existência ou validade em relação ao sistema normativo interno. Ocorre uma 'revogação funcional', na expressão cunhada por HELENO TORRES, o que torna as normas internas relativamente inaplicáveis àquelas situações previstas no tratado internacional, envolvendo determinadas pessoas, situações e relações jurídicas específicas, mas não acarreta a revogação stricto sensu, da norma para as demais situações jurídicas a envolver elementos não relacionadas aos Estados contratantes".

Nesse ponto, se prevalecesse a visão do Fisco, no sentido de que a legislação doméstica se sobreporia às normas do Tratado internacional firmado pelo Brasil, então com a sua sanha arrecadatória o efeito prático seria a inaplicação de tais instrumentos, em completa afronta à tendência atual experimentada em todo o mundo civilizado, com a celebração de cada vez mais Convenções por cada país, com vistas a ampliar a sua rede de países parceiros nas suas relações comerciais.

Felizmente, alinhando-se com o resto do mundo, o STJ decidiu que o art. 7º das Convenções Brasil-Alemanha e Brasil-Canadá deve prevalecer sobre a regra inserta no art. 7º da Lei n. 9.779/99, já que a norma internacional é especial e se aplica, exclusivamente, para evitar a bitributação entre o Brasil e os dois outros países signatários.[9]

O julgamento do Plano Verão no Supremo Tribunal Federal

Em 20.06.2012 o Pleno do Supremo Tribunal Federal continuou o julgamento dos RREE 208.526 e 256.304, que cuidam do expurgo inflacionário conhecido como "Plano Verão" quando, de modo artificial, o Governo divulgou taxa de correção monetária das demonstrações financeiras em patamar flagrantemente inferior ao que tinha sido observado pelos órgãos tradicionais de aferição da referida taxa mensal.

Antes de sabermos o resultado parcial da recente assentada, faz-se necessário um breve retrospecto sobre o caminho do tema na Corte. O julgamento foi iniciado junto ao Plenário do Supremo Tribunal Federal em 01.02.2001. Na ocasião, o Relator, Ministro Marco Aurélio, proferiu voto no sentido de reconhecer à empresa contribuinte "o direito à correção monetária considerada a inflação do período nos termos da legislação revogada pelo chamado Plano Verão, e para declarar a inconstitucionalidade do § 1º do art. 30 da Lei n. 7.730/89 e do art. 30 da Lei n. 7.799/89" (Informativo STF 215).

Com efeito, no seu voto, o Ministro Marco Aurélio entendeu que: "o valor fixado para a OTN, que decorreu de expectativa de inflação, além de ter sido aplicado de forma retroativa, em ofensa à garantia do direito adquirido (CF, art. 5º, XXXVI) e ao princípio da irretroatividade (CF, art. 150, III, a), ficou muito aquém daquele efetivamente verificado no período, implicando, por essa razão, majoração da base de incidência do imposto sobre a renda e a criação fictícia de renda ou lucro, por via imprópria. Além disso, considerou que não se utilizaram os meios próprios para afastar os efeitos inflacionários, ante a obrigação tributária, afrontando-se os princípios da igualdade (CF, art. 150, II) e da capacidade contributiva (CF, art. 145, § 1º). Por fim, asseverou que tal fixação ainda se fez sem observância da própria base de cálculo do aludido imposto" (Informativo STF 426).

Eis o teor dos referidos dispositivos para melhor compreensão: "*Art. 30.* No período-base de 1989, a pessoa jurídica deverá efetuar a correção monetária das demonstrações financeiras de modo a refletir os efeitos da des-

---

9   O artigo foi publicado originalmente em: *Jornal Gazeta de Notícias*. Rio de Janeiro, 2ª Fase, Ano III, n. 610, 02 a 04.06.2012, p. 4 (Análise Financeira).

valorização da moeda observada anteriormente à vigência desta Lei. § 1º. Na correção monetária de que trata este artigo a pessoa jurídica deverá utilizar a OTN de NCz$ 6,92 (seis cruzados novos e noventa e dois centavos)" (*Lei n. 7.730/89*); "*Art. 30*. Para efeito de conversão em número de BTN, os saldos das contas sujeitas à correção monetária, existentes em 31 de janeiro de 1989, serão atualizados monetariamente, tomando-se por bases o valor da OTN de NCz$ 6,92" (*Lei n. 7.799/89*).

Após o voto do Ministro Marco Aurélio, pediu vista o Ministro Nelson Jobim. Em 10.05.2006, em razão do transcurso do tempo e da significativa mudança na composição plenária da Suprema Corte, o julgamento foi renovado. Na ocasião, o Ministro Eros Grau proferiu o seu voto, no sentido de não conhecer do recurso, ao entendimento de que "o acórdão recorrido, ao decidir a matéria, fundara-se em interpretação de legislação infraconstitucional, o que ensejaria ofensa indireta à Constituição. Além disso, asseverou que não compete ao Poder Judiciário arbitrar, sem qualquer base científica ou econômica, um índice que melhor expresse a inflação ocorrida no mês de janeiro de 1989. Ressaltou, ainda, que a fixação de índice de correção da OTN no valor de NCz$ 10,50, consoante pleiteado pela recorrente, definido a partir de suposta inflação 'real' de 70,28%, beneficiaria injustificadamente o contribuinte, afetadas suas demonstrações financeiras por efeitos inflacionários meramente fictícios. Por fim, aduziu que as pessoas jurídicas não são titulares de direito à imutabilidade de índice de correção monetária" (Informativo STF 427).

Posteriormente, o Ministro Joaquim Barbosa acompanhou o Ministro Eros Grau e o Ministro Ricardo Lewandowski acompanhou o Ministro Marco Aurélio. Em seguida, pediu vista dos autos o Ministro Cezar Peluso. Desse modo, desde maio de 2006 o julgamento permaneceu empatado com dois votos favoráveis à pretensão da empresa contribuinte e dois votos contrários.

Em 20.06.2012 o julgamento foi finalmente retomado no âmbito do Supremo Tribunal Federal. Em substancioso e bem fundamentado voto, o Ministro Cezar Peluso abordou todas as questões submetidas ao exame da Suprema Corte. Reconheceu que a violação perpetrada contra a Constituição da República pelos dispositivos legais ocorreu de modo direto, e não reflexo. Além disso, rechaçou a alegação de que a Corte estaria atuando como "legislador positivo", na medida em que é inerente à declaração de inconstitucionalidade extirpar do ordenamento jurídico os dispositivos legais inquinados.

No mérito, decidiu no sentido da inconstitucionalidade dos dispositivos maculados e pela determinação do índice correto ao caso concreto. Reconheceu expressamente que o conceito de renda, cuja moldura é traçada pela Constituição da República, foi indevidamente extrapolado com a interferência arbitrária na própria base de incidência do Imposto de Renda da Pessoa Jurídica. Além disso, entendeu que tal expurgo viria a permitir – de modo inconstitucional – a incidência do IRPJ sobre patrimônio, e não sobre a renda. De igual modo, vislumbrou claramente a violação à capacidade contributiva e rechaçou a espúria retroatividade pretendida pela lei questionada, alinhando-se com o voto do Relator, Ministro Marco Aurélio.

Em seguida, a Ministra Rosa Weber proferiu voto acompanhando o robusto voto do Ministro Cezar Peluso e do Relator, no sentido de conhecer o recurso interposto pela empresa contribuinte e dar-lhe provimento, com o reconhecimento expresso de que não é proporcional e tampouco razoável permitir a introdução de tamanha distorção na base de incidência do IRPJ, como pretendeu a legislação declarada inconstitucional. Decidiu que, embora o legislador ordinário detenha ampla liberdade de conformação, isso não significa distorcer o molde estabelecido em sede constitucional. Em seguida, pediu vista dos autos o Ministro Dias Toffoli.

Nesse ponto, duas breves reflexões são necessárias. A primeira diz respeito à indagação sobre a possibilidade de que os contribuintes que não ajuizaram ação pleiteando a restituição em questão possam vir a fazê-lo, caso o resultado parcialmente favorável venha a se concretizar de modo definitivo no futuro.

De fato, está em trâmite perante a Suprema Corte a Arguição de Descumprimento de Preceito Fundamental – ADPF 248, pela qual a Confederação Nacional do Comércio de Bens, Serviços e Turismo – CNC pleiteia que "seja conferida interpretação conforme a Constituição ao art. 168, I, do Código Tributário Nacional (Lei n. 5.172/66), a fim de definir que o prazo prescricional para a repetição de tributo declarado inconstitucional por esse Eg. STF deve ser contado a partir da declaração dessa invalidade por essa Eg. Corte; [...]" (petição inicial da ADPF 248).

Em tal caso, já foram prestadas as informações necessárias, o Advogado-Geral da União – AGU já se manifestou nos autos e o caso está com vista ao Procurador-Geral da República – PGR. Em seguida, o Ministro Dias Toffoli examinará a sua admissão, não tendo sido analisada ainda a medida cautelar pleiteada.

Ora, diante do cenário de indefinição e de insegurança jurídica que se instala a partir do início do julgamento de relevantes casos pela Suprema Corte, sobretudo quando decorre mais de uma década até a sua conclusão, seria equânime, razoável e até justo, franquear tal acesso à Justiça aos jurisdicionados que ainda não se socorreram do Poder Judiciário (*in casu*, contribuintes que recolheram mais tributo do que deviam).

Relacionado a isso, cabe a segunda breve reflexão (que recorrentemente volta aos corações e mentes daqueles que acompanham os relevantes casos submetidos ao Supremo Tribunal Federal): até quanto tempo é razoável que um Ministro mantenha o pedido de vista dos autos?

De um lado, é certo que qualquer Ministro tem a faculdade de pedir vista dos autos para melhor estudar o caso e, por conseguinte, formar a sua convicção para proferir o voto devidamente esclarecido. De outro lado, é extremamente prejudicial à tentativa de imprimir maior racionalidade ao trabalho da Corte que tais pedidos se perpetuem indefinidamente (por vários anos a fio) ou mesmo sejam realizados quando as orientações em torno do tema já estão devidamente postas no debate e são conhecidas pelos Ministros. Ora, entre os dois extremos evidentemente há a enorme carga de trabalho de cada um dos Ministros, que são responsáveis por milhares de decisões e despachos por ano.

Cabe registrar que a regra em vigor dispõe que o Ministro que pedir vista dos autos deverá devolvê-lo no prazo de dez dias, contados da data que os receber em seu Gabinete. Não devolvidos os autos no referido prazo, fica o pedido de vista prorrogado automaticamente por mais dez dias, findos os quais a Presidência do Tribunal comunicará ao Ministro o seu vencimento. O julgamento prosseguirá na segunda sessão ordinária que se seguir à devolução, independentemente da publicação em nova pauta, consoante dispõe o art. 1º da Resolução do STF n. 278, de 15.12.2003, que regulamenta o art. 134 do Regimento Interno do Supremo Tribunal Federal – RISTF.

Cabe agora aguardar o tempo necessário para que o Ministro Dias Toffoli formule sua convicção e elabore o seu voto-vista para que o julgamento dessa questão, cujo início lá no Plenário ocorreu em 01.02.2001, seja concluído o quanto antes. Afinal, a incerteza que paira sobre o tema é prejudicial tanto aos contribuintes como também ao Fisco, na medida em que mantém a litigiosidade sobre questão tão antiga e pendente do pronunciamento definitivo pela Suprema Corte.

Resta saber: a) quanto tempo o Ministro Dias Toffoli levará para elaborar o seu voto-vista e devolver os autos para nova inclusão em pauta de julgamento; bem como b) se mais algum Ministro sentirá a necessidade de estudar melhor a questão jurídica, submetida há tanto tempo ao Plenário do STF.[10]

---

10   O estudo foi publicado em: *Revista Consultor Jurídico*. São Paulo, 26.06.2012. Disponível na internet: http://www.conjur.com.br/2012--jun-26/fabio-andrade-julgamento-plano-verao-supremo-tribunal-federal. Acesso em: 26.06.2012.

Plano Verão e Plano Collor voltam a pauta do Supremo Tribunal Federal

O RE 201.512, que cuida do chamado Plano Collor, com o questionamento sobre a devolução da diferença entre a variação do IPC e do BTNF em 1990, foi incluído na pauta de julgamento do Plenário do Supremo Tribunal Federal do dia 01.08.2012, quando o Ministro Cezar Peluso proferirá o seu voto-vista.

De fato, a questão jurídica submetida ao exame do STF diz respeito a inconstitucionalidade das Leis n. 8.088/90, 8.200/91 e 8.682/93, no que determina a alteração do índice de correção do balanço para fins de cálculo dos tributos incidentes sobre o lucro das pessoas jurídicas.

O Relator, Ministro Marco Aurélio, proferiu o seu voto no sentido da inconstitucionalidade da Lei 8.088/90: "A Lei 8.088/90, decorrente da conversão da Medida Provisória n. 237, de 1990, viabilizou a substituição do IPC pelo chamado IRVF – Índice de Reajuste de Valores Fiscais –, não correspondendo, este último, como acabou sendo admitido mediante a cabeça do artigo 3º da Lei n. 8.200/91, à efetiva inflação do período". O seu voto declarou ainda a inconstitucionalidade do inciso I do artigo 3º da Lei 8.200/91 e do artigo 11 da Lei n. 8.682/93 (que pretendeu restaurar o dispositivo anterior), ao argumento de que o parcelamento ali previsto afrontou o artigo 148 da Constituição Federal. O Ministro Marco Aurélio foi acompanhado pelos Ministros Ricardo Lewandowski e Ayres Britto.

No sentido oposto, o Ministro Eros Grau divergiu do entendimento do Relator, no que restou acompanhado pela Ministra Cármen Lúcia e pelo Ministro Joaquim Barbosa, ao argumento de que o Plenário do Supremo Tribunal Federal, quando do julgamento do RE 201.465, declarou a constitucionalidade do inciso I do artigo 3º da Lei n. 8.200/91, com a redação que lhe foi dada pelo artigo 11 da Lei n. 8.682/93. Na ocasião, foram afastadas as alegações de indevida majoração da base de cálculo do tributo, de empréstimo compulsório, de confisco, de ofensa aos princípios da anterioridade, da legalidade e da isonomia. "Assentou-se também que a dedução das diferenças resultantes da adoção do IPC em quatro períodos-base, a partir de 1993, como previsto na Lei n. 8.200/91, consubstancia benefício concedido ao contribuinte, de modo a tornar menos gravosa a carga tributária a que estava submetido em razão da substituição ou alteração de indexadores econômicos incidentes nas demonstrações financeiras".

Cabe registrar que o acórdão mencionado no voto do Ministro Eros Grau foi objeto de embargos de declaração, os quais estão pendentes de julgamento até hoje, não tendo ocorrido, desse modo, o trânsito em julgado do entendimento firmado pelo Supremo Tribunal Federal acerca da suposta constitucionalidade do inciso I do art. 3º da Lei 8.200/91. O caso aguarda julgamento pelo atual Relator, Ministro Luiz Fux.

Outro tema tributário parecido, mas que com ele não se confunde, refere-se ao Plano Verão, cuja continuação do julgamento pelo Pleno do STF ocorreu recentemente na sessão de 20.06.2012, quando o Ministro Cezar Peluso trouxe o seu voto no RE 208.526, o qual discute a inconstitucionalidade do expurgo da correção monetária determinado pelos artigos 30, § 1º, da Lei n. 7.730/89 e 30 da Lei n. 7.799/89.

Nesse caso, o Ministro Marco Aurélio (Relator) foi acompanhado pelos Ministros Ricardo Lewandowski, Cezar Peluso e Rosa Weber, no sentido da inconstitucionalidade dos artigos 30, § 1º, da Lei 7.730/89 e 30 da Lei 7.799/89. Em breve síntese, o argumento central é de que: "em que pese a expressão exata, nesse preceito, do objetivo colimado, o legislador veio a abandoná-lo, ao prever, no artigo 30, a consideração de fator de indexação – a OTN – em valor que implicou desprezo à inflação de janeiro de 1989 e, o que é pior, de forma retroativa no que estabeleceu que seria adotada a quantia de Cz$ 6,92 como a representar a OTN e a incidir sobre o balanço efetuado em 31 de dezembro de 1988". Em outras palavras, "o que cumpre perquirir é se, adotado o mecanismo previsto no artigo 30 da Lei n. 7.799/89, tem-se observado o próprio tributo, como previsto na Carta da República e, mais do que isso, se respeitados os princípios da irretroatividade, da isonomia e da capacidade contributiva".

No sentido oposto, o Ministro Eros Grau, votou no sentido de não conhecer do recurso (por entender que a matéria é de índole infraconstitucional). Foi acompanhado pelo Ministro Joaquim Barbosa.

Os dois casos estavam com o pedido de vista do Ministro Cezar Peluso desde longa data. No Plano Verão, o voto que proferiu foi robusto e bem fundamentado, tendo sido acompanhado pela Ministra Rosa Weber. O caso, contudo, foi novamente suspenso em razão do pedido de vista do Ministro Dias Toffoli. Quanto ao Plano Collor, cabe acompanhar para ver o que ocorre no dia 01.08.2012.[11]

Plano Collor aguarda para a continuação do julgamento

Com a abertura do regular trabalho do Supremo Tribunal Federal no segundo semestre, a pauta de julgamentos do dia 1º de agosto continha interessantes questões jurídicas que aguardavam (e algumas seguem aguardando) o seu pronunciamento definitivo.

Uma delas refere-se ao julgamento do Recurso Extraordinário 201.512, no qual se discute a inconstitucionalidade do famigerado Plano Collor, isto é, saber se a sistemática de correção monetária das demonstrações financeiras, relacionadas ao ano de 1990, foi arbitrariamente estabelecida em afronta ao Texto Constitucional.

Tal sistemática foi composta pela edição de sucessivas leis, que serão agora lembrados. Inicialmente, no exercício de 1990, o BTNF, que servia de base à correção monetária das demonstrações financeiras, era indexado em consonância com a variação do IPC do IBGE (cf. art. 3º da Lei 7.700/89 c/c o art. 5º, § 2º, da Lei 7.777/89).

Com o advento da Lei 8.024/90 (Plano Collor I), sucessivas alterações legislativas foram promovidas, com a substituição do indexador do BTNF pelo IRVF. Além disso, foi delegado ao Ministro da Economia, Fazenda e Planejamento, poderes para determinar a metodologia de tal cálculo, nos termos do art. 1º da Lei 8.088/90.

Tal metodologia foi estabelecida e aplicada em 26.06.1990, quando a então Ministra responsável editou a Portaria 368 que, em síntese, manteve a aplicação do IPC, mas procedeu à alteração do período referente à coleta das informações suprimindo uma quinzena (art. 2º).

Em 28.06.1991, foi publicada a famigerada Lei 8.200/91, a qual dispôs sobre a correção monetária das demonstrações financeiras para efeitos fiscais e societários.

Por fim, a Lei 8.682/93, no seu art. 11, veio a revigorar o inciso I do art. 3º da Lei 8.200/91, com a seguinte redação: "Poderá ser deduzida, na determinação do lucro real, em seis anos-calendário, a partir de 1993, à razão de 25% em 1993 e de 15% ao ano, de 1994 a 1998, quando se tratar de saldo devedor". É curioso notar que a Lei 8.682/93 resultou da conversão da Medida Provisória 325/92, a qual no seu art. 13 expressamente revogava a Lei 8.200/91.

Levando em conta esse arcabouço legislativo, remanesce a relevante dúvida sobre a sua inconstitucionalidade, vez que se verificam relevantes afrontas aos dispositivos constitucionais, como violação aos princípios da irretroatividade e da anterioridade tributárias e a criação de empréstimo compulsório sem as condições previstas no art. 148 da Constituição.

Dentro de tal sistemática criada com as sucessivas edições de leis e atos normativos, cabe registrar que o art. 3º, inciso I, da Lei 8.200/91, foi reconhecido como constitucional pelo STF quando do julgamento do Recurso Extraordinário 201.465. Nesse caso, foram opostos embargos de declaração, que aguardam julgamento (Relator – Ministro Luiz Fux). Assim, aguarda-se o pronunciamento definitivo tanto da Lei 8.200/91 como também em relação a Lei 8.088/90 e a Lei 8.682/93 (esta deu nova redação ao art. 3º, inciso I, da Lei 8.200/91).

---

11   O texto foi publicado em: *Jornal Gazeta de Notícias*. Rio de Janeiro, 2ª Fase, Ano III, n. 640, 21 a 23.07.2012, p. 4 (Análise Financeira).

No caso em pauta, é curioso notar que o Ministério Público, nas três oportunidades que se manifestou nos autos, isto é, antes da prolação da sentença, antes do acórdão e antes do início do julgamento no STF, manifestou-se de modo expressamente contrário aos interesses da Fazenda Nacional. Com efeito, na sua última manifestação no caso, opinou pelo não conhecimento do RE interposto pela Fazenda Nacional, ao robusto argumento de que a manipulação do expurgo inflacionário perpetrada pela sistemática estabelecida pelos dispositivos legais anteriormente referidos constitui evidente violação aos ditames constitucionais.

Para que se possa ter ideia do atual panorama sobre o caso e do tempo transcorrido, cabe registrar algumas datas relevantes. O início do julgamento do caso junto ao Plenário do Supremo Tribunal Federal ocorreu em 10.11.2004, quando o Relator, Ministro Marco Aurélio, conheceu e negou provimento ao recurso interposto pela Fazenda Nacional. Em seguida, o Ministro Eros Grau pediu vista dos autos. Em 03.08.2006, o Ministro Eros Grau prolatou o seu voto-vista, no sentido de dar provimento ao recurso, no que foi acompanhado pela Ministra Cármen Lúcia e pelo Ministro Joaquim Barbosa. Na ocasião, os Ministros Ricardo Lewandowski e Ayres Britto acompanharam o voto anteriormente proferido pelo Relator. Em seguida, o julgamento foi suspenso em razão do pedido de vista do Ministro Cezar Peluso, que liberou o seu voto-vista no último dia 28.06.2012. Com a previsão de sua aposentadoria compulsória no início de setembro e a previsão do julgamento do Caso Mensalão durante o mês de agosto, resta a expectativa de que o julgamento continue nas sessões extraordinárias que deverão ocorrer durante o mês de agosto.[12]

Breve balanço de 2012 em matéria tributária no STF

Nesses dias, que medeiam o Natal e o Ano Novo, compartilho breve frustração sobre a atuação do STF em matéria tributária em 2012. De fato, dois temas de extrema relevância e impacto para as empresas que atuam no País e que já lograram se internacionalizar em busca de sua fatia no mercado global continuam aguardando o pronunciamento definitivo da Suprema Corte, por mais um ano.

Refiro-me a ADC 18 e a ADI 2.588. A ADC 18, como já tivemos oportunidade de escrever nessa coluna em outras ocasiões, foi manobra articulada pela União com vistas a começar do zero uma votação que, no âmbito do RE 240.785 em trâmite no Plenário do STF desde 1999, já contabilizava sete votos (sendo seis favoráveis ao contribuinte e apenas um contrário).

A tese jurídica gira em torno da inconstitucionalidade da inclusão da parcela do ICMS na base de cálculo da COFINS e do PIS, com evidente impacto para todas as empresas que atuam no Brasil. A Relatoria é do Ministro Celso de Mello.

A outra relevante questão jurídica que depende do pronunciamento definitivo do STF e que não foi concluída nesse ano está posta na ADI 2.588, com evidente impacto para todas as empresas brasileiras que se internacionalizaram e brigam por sua fatia no mercado global.

A questão jurídica, nesse caso, versa sobre a inconstitucionalidade do art. 74 da Medida Provisória 2.158-35/01, que dispõe sobre a sistemática de apuração dos lucros obtidos pelas controladas e coligadas no exterior na pessoa jurídica brasileira (investidora).

Ajuizada em 2001, a ADI 2.588 aguarda a sua conclusão com o voto do Ministro Joaquim Barbosa. Devido a uma série de peculiaridades, dentre as quais cito apenas o fato de que sete Ministros (dos nove) que prolataram

---

12   O texto foi veiculado em: *Última Instância (Coluna)*. São Paulo, 02.08.2012. Disponível na internet: http://ultimainstancia.uol.com.br/conteudo/colunas/57179/plano+collor+aguarda+para+a+continuacao+do+julgamento.shtml. Acesso em: 03.08.2012.

seus votos já se aposentaram, razão pela qual tudo indica que seria recomendável submeter a julgamento novo caso (Coamo), de Relatoria do mesmo Ministro Joaquim Barbosa.

Levando em consideração as recentes declarações do Ministro Joaquim Barbosa, atual Presidente do STF, no sentido de que em 2013 a Corte terá como prioridade desvendar o nó de casos relevantes no Tribunal, é de se esperar que os dois casos acima sejam pautados e o seus julgamentos concluídos. Vale acompanhar.[13]

Questões tributárias à espera de uma decisão do STF

O tão polêmico, aguardado, acompanhado, televisionado e quase concluído Caso Mensalão indica chegar ao fim nos próximos dias. Ao menos no que toca à rodada de dosimetria das penas atribuídas a cada um dos réus condenados. No âmbito recursal, ainda caberá a oposição de embargos de declaração, junto ao próprio STF e, em alguns casos específicos, o protocolo de petição perante a Comissão Interamericana de Direitos Humanos, levando em conta alguns excessos e algumas possíveis violações do Pacto de San José de Costa Rica perpetrados pela Suprema Corte durante o longo julgamento.

De um modo ou de outro o caso se encerrará em breve no âmbito do STF. Ao longo do seu trâmite, os Ministros Cezar Peluso e Ayres Britto se aposentaram compulsoriamente e a Presidência foi assumida pelo Ministro Joaquim Barbosa.

A comunidade jurídica aguarda com certa apreensão como será a Presidência Barbosa. Isso porque, durante o seu trajeto na Suprema Corte, já se notabilizou pelos comentários ríspidos e pela falta de traquejo com seus pares. Nesse sentido, basta recordar discussões ásperas que já travou com os Ministros Gilmar Mendes, Marco Aurélio e, mais recentemente, com o Ministro Ricardo Lewandowski.

Além disso, cabe acrescentar que a matéria tributária não está dentre aquelas preferidas do Ministro Joaquim Barbosa. Levando em consideração que ele é proveniente do Ministério Público Federal, torna-se fácil verificar que há outros temas de maior interesse na sua esfera de atuação.

Em matéria tributária, alguns temas crescentemente ganham relevância perante o STF, seja com o reconhecimento expresso da repercussão geral, seja com o início – ou continuação – do julgamento.

Dentre tais temas, dois merecem especial destaque. O primeiro se refere à inconstitucionalidade da inclusão da parcela do ICMS na base de cálculo da COFINS e do PIS. Esse tema encontra-se em trâmite no Plenário do STF desde 1999, já contou com 7 votos proferidos (6 a favor dos contribuintes e apenas 1 contrário) no RE 240.785, o julgamento suspenso pelo pedido de vista do Ministro Gilmar Mendes foi preterido pelo Pleno em relação ao começo do julgamento da ADC 18, a sua medida cautelar foi deferida e prorrogada quatro vezes até perder eficácia, quando então todos e cada juiz e tribunal do Brasil voltou a julgar a questão de acordo com a sua livre convicção (cuja suspensão tinha motivado o deferimento da medida cautelar, em prejuízo da continuação do RE 240.785, então com sete votos já proferidos).

Há quem indague como será a orientação firmada pelos Ministros originários do Superior Tribunal de Justiça (Ministros Luiz Fux e Teori Albino), que já conta com súmulas sobre o tema. A comunidade jurídica espera que eles julguem o caso à luz da Constituição da República, com a visão focada no aspecto constitucional do debate, e não se limitem a reiterar que a matéria é de índole infraconstitucional e está sumulada no STJ. Afinal, essa fase já foi superada, tanto pelo início do julgamento do RE 240.785, como também do início do julgamento da ADC 18, como ainda pelo reconhecimento expresso da repercussão geral da matéria.

---

13   O texto foi veiculado em: *Última Instância (Coluna)*. São Paulo, 27.12.2012. Disponível na internet: http://ultimainstancia.uol.com.br/conteudo/colunas/59596/breve+balanco+de+2012+em+materia+tributaria+no+stf.shtml. Acesso em: 27.12.2012.

Nesse tema, espera-se que a manobra engendrada pela Presidência da República – e do então Advogado-Geral da União Dias Toffoli, que está impedido nesse julgamento por ter assinado a petição inicial da ADC 18 – não prospere junto ao elevado órgão de cúpula do Poder Judiciário nacional (STF) e que a Justiça (ainda que tardia) seja proclamada no resultado do julgamento desse tema que aguarda desde 1999 o pronunciamento definitivo do STF. Afinal, acreditar que o STF poderia ser ludibriado pela manobra engendrada pela AGU em relação ao tema seria amesquinhar sobremaneira o seu papel no processo democrático brasileiro.

Outro tema que merece muita atenção pelo impacto que provoca nas empresas multinacionais brasileiras diz respeito à legitimação (ou não) da atual sistemática de tributação dos lucros no exterior, especialmente quanto à inconstitucionalidade do art. 74 da MP 2.158-35/01.

Nesse caso, a ADI 2.588 tramita perante o Pleno do STF desde 2001 e foi ajuizada logo depois da edição da referida medida provisória. Após vários pedidos de vistas dos autos e continuações do julgamento, o caso aguarda apenas o voto do Ministro Joaquim Barbosa, com a constrangedora peculiaridade de que a maior parte dos Ministros que votaram no caso já se aposentou e há três possíveis resultados a serem proclamados a partir dos votos prolatados durante o processo.

Como se não bastasse, há ainda o resultado em razão do que os votos não dirão. De fato, levando-se em conta que o julgamento dura mais de dez anos e que o foco de cada Ministro no seu voto contemplou um, dois ou mais aspectos da sistemática de tributação internacional da renda atualmente em vigor, então facilmente se verifica que há pontos de intersecção e pontos de choque entre os diferentes votos prolatados.

Recentemente, um caso teve a sua repercussão geral reconhecida e o Relator também é o Ministro Joaquim Barbosa, de modo que tudo indica que o pronunciamento definitivo do STF a respeito do tema versará sobre um, poucos ou alguns, de seus variados aspectos.

Apesar de adotada a sistemática da tributação em bases universais em 1995, a sua regulamentação legal foi concluída em 2011 com o referido art. 74. Desde então, em razão da pendência do julgamento da ADI 2.588 – e agora do recurso extraordinário com repercussão geral – tanto o Fisco como também os contribuintes aguardam uma definição sobre a matéria para que possam pautar suas ações, atuações e autuações em conformidade com a decisão.

O traço comum dos dois casos é o longo tempo (mais de uma década) que vem transcorrendo entre o início do trâmite perante o Plenário do STF e o julgamento definitivo. Isso acarreta evidente insegurança jurídica e instabilidade nas relações institucionais e na pacificação social, sobretudo entre o Fisco e os contribuintes.[14]

Grande expectativa para 2013 no STF

Em 06 de fevereiro acontece a primeira sessão de julgamento no Plenário do Supremo Tribunal Federal do ano. Na pauta três questões com a repercussão geral reconhecida. Dentre elas, destaca-se, em matéria tributária, a questão sobre a constitucionalidade da alíquota progressiva do ITCD.

Na retomada dos trabalhos da Corte, no entanto, especial atenção merece a perspectiva de grandes acontecimentos para o ano de 2013. Sob a Presidência do Ministro Joaquim Barbosa, extrai-se de rumores e notícias que: a) o acórdão do Caso Mensalão será publicado com extrema brevidade, talvez já em fevereiro; b) o STF consolidará ainda mais a sua missão institucional de ser o guardião da Constituição da República, com declarações expressas do

---

14 O texto foi disponibilizado em: *Revista Consultor Jurídico*. São Paulo, 28.11.2012. Disponível na internet: http://www.conjur.com.br/2012-nov-28/fabio-andrade-questoes-tributarias-espera-decisao-stf. Acesso em: 28.11.2012.

Presidente no sentido de que a última palavra sobre matéria constitucional é do Tribunal, desde que judicializada a lide; c) o ano será dedicado a pautar e julgar casos estratégicos para o País, com prioridade declarada aos casos com repercussão geral reconhecida, sobretudo considerando-se que no segundo semestre do ano passado a pauta ficou trancada em razão do julgamento do Mensalão gerando o represamento na solução de diversas questões relevantes; d) a intenção dos Ministros será no sentido de pautar e julgar os casos, com início, meio e fim, ao invés da comum postergação na conclusão em razão de sucessivos pedidos de vista, os quais prolongam a solução do caso por anos a fio; e e) não será postergada a inclusão em pauta em razão da vaga na Casa em razão da aposentadoria compulsória do Ministro Ayres Britto (ocorrida no ano passado).

Certamente há muitas matérias relevantes que aguardam a definição da Suprema Corte. Dentre elas, a título meramente exemplificativo, destacamos apenas duas que impactam diretamente a atividade operacional das empresas brasileiras.

A primeira refere-se a discussão sobre a inconstitucionalidade da inclusão da parcela do ICMS na base de cálculo da COFINS e do PIS. Em trâmite no Pleno desde 1999, essa relevante questão constitucional-tributária aguarda solução com evidente impacto para todas as empresas brasileiras. Nesse sentido, espera-se que o voto do Relator da ADC 18, Ministro Celso de Mello, seja liberado logo para que o caso seja incluído em pauta o quanto antes.

A segunda questão relevante refere-se a discussão em torno da inconstitucionalidade do art. 74 da Medida Provisória n. 2.158-35/01 (tributação dos lucros obtidos no exterior por controlada e coligada de investidora brasileira), com evidente impacto para todas as multinacionais brasileiras que já lograram (ou pensam em) internacionalizar as suas atividades empresariais para competir no mercado globalizado. No Pleno desde 2001, com o ajuizamento da ADI. 2.588, o caso aguarda o voto do Ministro Joaquim Barbosa, que também é Relator de um recurso extraordinário com repercussão geral reconhecida sobre o mesmo tema.

A solução desses dois casos, sozinhos, pode representar enorme impacto para a atividade empresarial, o plano de investimento e o plano estratégico de importantes empresas brasileiras na gestão dos seus negócios, especialmente se considerarmos o atual estágio de absoluta falta de clareza quanto às regras do jogo e, consequentemente, insegurança jurídica em torno de tais temas, tanto para os contribuintes como também para o Fisco.[15]

A inconstitucionalidade da "Emenda do Calote"

A Emenda Constitucional 62 foi publicada em 10.12.09 e promoveu significativas modificações no regime de pagamento dos precatórios previsto no art. 100 da Constituição Federal e acresceu o art. 97 ao Ato das Disposições Constitucionais Transitórias-ADCT.

Dentre as regras que a "Emenda do Calote" traz destacam-se a faculdade de limitação do orçamento que será dedicado ao pagamento dos precatórios pelo ente devedor, a ampliação do prazo de pagamento para quinze anos e a possibilidade de compensação de débitos tributários que o credor do precatório tiver junto à Fazenda Pública.

A respeito da compensação, previu que: "No momento da expedição dos precatórios, independentemente de regulamentação, deles deverá ser abatido, a título de compensação, valor correspondente aos débitos líquidos e certos, inscritos ou não em dívida ativa e constituídos contra o credor original pela Fazenda Pública devedora,

---

15 O texto foi disponibilizado em: *Última Instância (Coluna)*. São Paulo, 07.02.2013. Disponível na internet: http://ultimainstancia.uol.com.br/conteudo/colunas/60449/grande+expectativa+para+ 2013+no+stf.shtml. Acesso em: 07.02.2013.

incluídas parcelas vincendas de parcelamentos, ressalvados aqueles cuja execução esteja suspensa em virtude de contestação administrativa ou judicial".

É relevante assinalar que, previamente à expedição dos precatórios, o tribunal competente deverá dar oportunidade de manifestação à Fazenda Pública acerca dos débitos pertinentes ao caso. Tal manifestação deverá ocorrer no prazo de 30 dias, sob pena de perda do direito ao abatimento. As atualizações monetárias pertinentes observarão os índices aplicados à caderneta de poupança.

A Lei 12.431 foi publicada em 27.06.11 e, dentre as alterações que promoveu na legislação tributária, trouxe expressa regulamentação aos §§ 9º e 10 do art. 100 da Constituição. Criou o contraditório no procedimento que será seguido. Depois de ouvida a Fazenda Pública sobre a existência dos débitos compensáveis, o juiz intimará o beneficiário do precatório para se manifestar no prazo de 15 dias, quando deverá conter na sua impugnação: I – erro aritmético; II – suspensão da exigibilidade; III – suspensão da execução; ou IV – extinção do débito. Outras exceções, no entanto, somente poderão ser arguidas pelo beneficiário em ação autônoma. Depois de nova intimação da parte contrária em 30 dias, o juiz proferirá decisão em 10 dias, da qual caberá a interposição de eventual Agravo de Instrumento.

A regulamentação infra legal que disciplina os procedimentos a serem adotados pelos órgãos de execução da Procuradoria-Geral Federal quando da expedição de precatório é, basicamente, a Portaria PGF 861 (DOU 28.10.10) e a Portaria PGF 690 (DOU 18.08.11).

Toda a previsão e a regulamentação acerca do tema são absolutamente esdrúxulas. Entendemos, contudo, que a lei trouxe dispositivos sobre o procedimento a ser adotado para a compensação, inclusive com o contraditório e os prazos, onde antes havia tão somente a previsão constitucional genérica introduzida pela malfadada EC, a qual seria aplicável independentemente de regulamentação. Se não existisse a previsão legal, certamente eventuais arbítrios e abusos no "procedimento" que seria adotado a critério de cada juiz seria maior.

Desse modo, o foco para eventual declaração de inconstitucionalidade deve ser indubitavelmente o teor da própria EC, que efetivamente promoveu as inclusões ilegítimas. Além disso, se ela vier a ser declarada inconstitucional, no todo ou em parte, também cairá a sua regulamentação como decorrência lógica e natural.

Com efeito, em razão das diversas inconstitucionalidades verificadas na EC 62/09, o Conselho Federal da OAB, a ANAMAGES, a ANAMATRA e a CNI, respectivamente, ajuizaram as ADIs 4.357, 4.372, 4.400 e 4.425, nas quais pleiteiam a declaração de inconstitucionalidade de diversos dispositivos da EC, bem como de todo o seu teor.

Em 16.06.2011, o Pleno do Supremo Tribunal Federal iniciou o julgamento conjunto das 4 ADIs, quando o Relator, Ministro Ayres Britto, rejeitou as preliminares suscitadas. Em seguida, o julgamento foi suspenso. Em **07.10.2011**, o Relator proferiu robusto voto no qual declara a inconstitucionalidade de diversos dispositivos da EC 62/09, dentre eles os §§ 9º e 10 do art. 100 da Constituição e todo o art. 97 do ADCT. Em seguida, pediu vista dos autos o Ministro Luiz Fux.

Como esse julgamento é de extrema relevância para a aplicação (ou não) da regra, por exemplo, referente à possível compensação de débitos tributários do credor do precatório junto à Fazenda Pública, consoante dispõe os §§ 9º e 10 do art. 100 da Constituição, recomendamos máxima atenção para que esse e outros procedimentos previstos na EC 62/09, inclusive já regulamentados minuciosamente, como mencionamos acima, não sejam adotados nos processos judiciais e ofícios requisitórios da empresa, especialmente sob o argumento de que pende de pronunciamento definitivo 4 ADIs que versam exatamente sobre o tema em foco.[16]

---

16 O texto foi publicado em: *Jornal Gazeta de Notícias*. Rio de Janeiro, 2ª Fase, Ano II, n. 456, 15 a 17.10.2011, p. 4 (Análise Financeira).

STF declara inconstitucional a parcela do ICMS sobre a base de cálculo do PIS e da COFINS-Importação

Em 20.03.2013, o Plenário do Supremo Tribunal Federal declarou inconstitucional a inclusão da parcela do ICMS, bem como do PIS/Pasep e da COFINS, na base de cálculo dessas contribuições sociais, quando incidentes sobre a importação de bens e serviços, nos termos do art. 7°, inciso I, 2ª parte, da Lei n° 10.865/04 (RE 559.937).

Nesse sentido, eis o teor do referido trecho: "*o valor do Imposto sobre Operações Relativas à Circulação de Mercadorias e sobre Prestação de Serviços de Transporte Interestadual e Intermunicipal e de Comunicação – ICMS incidente no desembaraço aduaneiro e do valor das próprias contribuições*".

O julgamento foi rápido e a decisão unânime. O julgamento foi retomado em razão do voto-vista do Ministro Dias Toffoli. Ao final, tanto ele como os demais Ministros acompanharam o voto da Relatora, Ministra Ellen Gracie.

Em resumo, os Ministros entenderam que o conceito de valor aduaneiro contido na lei deve ser aquele fixado no "Acordo Geral sobre Tarifas e Comércio em 1994" (GATT), conforme anexo do Decreto n° 1.355/94, segundo o qual valor aduaneiro é "o valor de transação, isto é, o preço efetivamente pago ou a pagar pelas mercadorias, em uma venda para exportação para o país de importação".

Com efeito, os votos dos Ministros na sessão foram breves, cabendo destacar dentre eles que:

- o Ministro Teori Zavascki mencionou que por se tratar de base de cálculo, uma lei não pode majorá-la além do que está na Constituição da República. Isso porque no seu art. 149, § 2°, inciso III, alínea "a", há previsão de que o "valor aduaneiro" poderá ser base de cálculo para contribuições incidentes na importação. Assim, o conceito de "valor aduaneiro" deve ser de acordo com o referido Acordo. Como a Lei n° 10.865/054 acrescentou ao conceito a parcela referente ao ICMS e ao PIS/COFINS, é inconstitucional;

- no mesmo sentido, o Ministro Luiz Fux decidiu que a lei não pode ferir norma ou conceito veiculado por acordo internacional, como é o caso de "valor aduaneiro";

- o Ministro Gilmar Mendes citou o julgamento da base de cálculo da Lei n° 9.718/98, para registrar que a norma tributária não pode alterar conceito de direito privado (art. 110 CTN);

- o Ministro Marco Aurélio também decidiu que a Lei n° 10.865/04 conceituou "valor aduaneiro" além daquela disposição da CF;

- os Ministros Celso de Mello e Joaquim Barbosa apenas acompanharam a maioria então formada pela inconstitucionalidade.

Ao final do julgamento, o Procurador da Fazenda Nacional, Dr. Luiz Carlos Martins Alves Jr., requereu a modulação temporal dos efeitos da decisão, para que o resultado do julgamento venha a se aplicar apenas e tão somente para as ações ajuizadas até o dia do julgamento. Em resposta, o Ministro Dias Toffoli registrou que não consta nos autos qualquer pedido nesse sentido, razão pela qual entendeu que caberia à Procuradoria da Fazenda Nacional apresentá-lo mediante a oposição de embargos de declaração oportunamente.

Com isso, pavimenta-se um importante caminho rumo à definição pendente desde 1999 no Plenário do STF em tema semelhante, qual seja, declarar a inconstitucionalidade da inclusão da parcela do ICMS na base de cálculo da COFINS e do PIS. Essa discussão foi posta inicialmente no RE 240.785 (que logrou alcançar 6 votos favoráveis aos contribuintes e apenas um contrário) e, posteriormente, na ADC 18 (assinada pelo Presidente da República e pelo então Advogado-Geral da União, hoje Ministro Dias Toffoli).[17]

---

17   O texto foi disponibilizado em: *Última Instância (Coluna)*. São Paulo, 28.03.2013. Disponível na internet: http://ultimainstancia.uol.com.br/conteudo/colunas/61652/stf+declara+inconstitucional+a+parcela+do+icms+sobre+a+base+de+calculo+do+pis+e+da+cofins-importacao.shtml. Acesso em: 30.03.2013.

STF decide causa a favor dos exportadores

Em 23.05 o Plenário do Supremo Tribunal Federal decidiu, com repercussão geral reconhecida e por unanimidade, que as receitas de exportação decorrentes da variação cambial não devem ser tributadas pelo PIS/COFINS (RE 627.815).

A alegação da União foi de que tais receitas seriam de natureza financeira, e não decorrentes da exportação, razão pela qual não deveria incidir a imunidade assegurada constitucionalmente e comporiam a base de cálculo das referidas contribuições.

A Relatora, Ministra Rosa Weber, decidiu que tais receitas são decorrentes da exportação, sujeitando-se, portanto, à imunidade prevista na Constituição da República (art. 149, § 2º, inciso I).

Em 22.05 o Plenário do Supremo Tribunal Federal decidiu, com repercussão geral reconhecida e por maioria, que não incide PIS/COFINS sobre os créditos de ICMS obtidos por empresas exportadoras (RE 606.107).

A alegação da União foi de que os valores obtidos por meio da transferência dos referidos créditos de ICMS a terceiros constituem receita da empresa que não estaria abrangida pela imunidade constitucionalmente assegurada às exportações.

A Relatora, Ministra Rosa Weber, decidiu que tais valores estão abrangidos pela imunidade da Constituição da República, que também assegura o aproveitamento do imposto cobrado nas operações anteriores. A finalidade é incentivar as exportações, desonerando os produtos nacionais. Do contrário, seria impedido o aproveitamento do imposto cobrado nas operações anteriores, em violação ao art. 155, § 2º, X, da CF, e as empresas brasileiras estariam exportando tributos. Tais valores são mera recuperação do ônus econômico advindo da incidência do ICMS sobre suas operações. Trata-se de uma recuperação de custo ou despesa tributária. Nesse caso, ficou vencido o Ministro Dias Toffoli.

Verifica-se, portanto, que o Pleno da Suprema Corte mantém-se coerente com o seu permanente esforço de limitar os exagerados transbordes da noção de faturamento perpetrada pela legislação ou pela interpretação fiscalista, como base de cálculo da COFINS/PIS, ao modelo constitucionalmente estabelecido.

Nessa linha, espera-se que no julgamento da ADC 18, que discute a inconstitucionalidade da inclusão da parcela do ICMS na base de cálculo da COFINS/PIS, a solução do caso seja favorável aos contribuintes, no sentido de que o recolhimento da parcela do ICMS pelo contribuinte constitui mera técnica de arrecadação em favor do Estado-membro, e não faturamento ou receita, passível de ser tributado pelas contribuições em foco.[18]

STF: Balanço dos julgamentos tributários no primeiro semestre

Com o término dos trabalhos regulares no âmbito do Supremo Tribunal Federal durante o primeiro semestre, é possível traçarmos breve balanço dos principais julgamentos tributários ocorridos.

O saldo é desanimador, na medida em que nenhuma causa foi efetivamente concluída com o pronunciamento definitivo da Corte. É ainda mais desanimador se verificamos que a própria atenção do Tribunal a tais questões foi reduzidíssima. Por outro lado, levando em conta a peculiaridade dos casos tributários (mais relevantes) que foram submetidos ao Pleno para a continuação de seu julgamento, entendemos que há uma intenção da Corte no sentido de resolvê-los, a despeito da enorme carga de trabalho a que são massacrados os seus Ministros com milhares de casos que cuidam dos mais variados assuntos e dependem da Suprema Corte para dar a última palavra.

---

18 Texto publicado em: *Última Instância (Coluna)*. São Paulo, 30.05.2013. Disponível na internet: http://ultimainstancia.uol.com.br/conteudo/colunas/63447/stf+decide+causa+a+favor+dos+exportadores.shtml. Acesso em: 30.05.2013.

De fato, outros temas frequentaram a pauta da Suprema Corte no primeiro semestre, mas pouquíssimas relacionadas à matéria tributária.

No campo da Tributação Internacional, cabe registrar que em 08 e 15.03.2012 constou na pauta de julgamento do Supremo Tribunal Federal a inclusão da ADI 2.588 e do RE 541.090 (Embraco). A primeira, ajuizada em 2001, cuida da análise acerca da constitucionalidade do regime brasileiro de tributação das controladas e coligadas no exterior, consoante dispõe o art. 74 da Medida Provisória 2.158-35/01, aguarda o voto do Ministro Joaquim Barbosa. O recurso extraordinário aborda questão específica da não aplicação do referido dispositivo atacado em situações que envolvam controladas e coligadas domiciliadas nos vinte e nove países com os quais o Brasil tenha firmado Convenção para evitar a dupla tributação da renda. Contudo, os casos não foram chamados e não voltaram a ser incluídos nas pautas seguintes.

Em 16.03.2012, o Ministro Joaquim Barbosa submeteu aos seus pares a análise da repercussão geral do RE 611.586 (Coamo), que trata exclusivamente da inconstitucionalidade da exação. A repercussão geral foi reconhecida através do Plenário Virtual, mas os casos não voltaram a ser incluídos na pauta durante o primeiro semestre.

Embora não seja julgamento, cabe destacar que o Supremo Tribunal Federal submeteu, em 24.04.2012, a consulta pública a Proposta de Súmula Vinculante 69, com o seguinte teor: "Qualquer isenção, incentivo, redução de alíquota ou de base de cálculo, crédito presumido, dispensa de pagamento ou outro benefício relativo ao ICMS, concedido sem a prévia aprovação em convênio celebrado no âmbito do CONFAZ, é inconstitucional".

Diversas empresas, associações, entidades e profissionais interessados atenderam ao edital e protocolaram suas considerações a respeito da referida proposta. Em seguida, houve um rumor de que o assunto seria resolvido no âmbito do CONFAZ ou até do Poder Legislativo e, recentemente, volta-se a especular que a solução do tema ficará ao cargo do Supremo Tribunal Federal (com a edição da referida súmula vinculante).

Em 20.06.2012, o Pleno do Supremo Tribunal Federal retomou o julgamento dos RREE 208.526 e 256.304, que pugnam pela inconstitucionalidade do expurgo inflacionário do Plano Verão sobre a correção monetária das demonstrações financeiras do ano-base de 1989.

Em robusto e bem fundamentado voto, o Ministro Cezar Peluso decidiu pelo conhecimento do recurso extraordinário interposto pela empresa contribuinte e pela inconstitucionalidade, tendo sido acompanhado pela Ministra Rosa Weber. Em seguida, o Ministro Dias Toffoli pediu vista.

Hoje, o julgamento está assim: os Ministros Marco Aurélio, Ricardo Lewandowski, Cezar Peluso e Rosa Weber votaram favorável aos contribuintes; os Ministros Eros Grau e Joaquim Barbosa foram contrários.

Em resumo, dentre as relevantes causas tributárias pendentes do pronunciamento definitivo pela Suprema Corte a única que caminhou no primeiro semestre foi essa última, referente ao Plano Verão, com a prolação de dois votos e um pedido de vista.

Certamente outras causas tributárias foram julgadas pelo Supremo Tribunal Federal, tanto pelo Pleno como também através de suas Turmas. Exemplo disso é o reconhecimento da repercussão geral da questão referente a aplicação de diferencial de alíquota do ICMS à empresa optante pelo SIMPLES NACIONAL (RE 632.783).

Contudo, elegemos como realmente relevantes as questões jurídicas que trouxemos anteriormente, cujo impacto e alcance atinge um enorme número de empresas e empresários.

A perspectiva para o segundo semestre é igualmente desanimadora se levarmos em conta que o julgamento do Mensalão já está previsto para começar no dia 02.08.2012 e a expectativa generalizada é de que deve ocupar algumas semanas de trabalho da Corte.

Além disso, há o fato inexorável da aposentadoria compulsória do Ministro Cezar Peluso, que deixará de integrar a Corte até, no máximo, o dia 03.09.2012. Acresça-se a isso o fato, igualmente inexorável, da aposentadoria compulsória do Ministro Ayres Britto, que ocorrerá até, no máximo, o dia 18.11.2012. A aposentadoria de tais Ministros certamente será sentida por aqueles que acompanham a rotina da Suprema Corte. Esperemos que a Presidenta da República tenha discernimento para indicar pessoa de elevado jaez para ocupar tais cadeiras (e que não tarde demasiadamente para fazer a escolha do nome).

Ora, tal fato, por si só, já é promissor de um segundo semestre atribulado e relativamente apertado para o julgamento de grandes questões tributárias, na medida em que serão esperadas duas indicações para novos Ministros ocuparem cadeiras na Suprema Corte. Além disso, no final do ano, verificar-se-á a passagem da Presidência do Supremo Tribunal Federal do Ministro Cezar Peluso ao Ministro Ayres Britto e, em seguida, ao Ministro Joaquim Barbosa. Embora os trabalhos de cada um deles certamente se agreguem ao de seu antecessor com marcas próprias, serão três maneiras diferentes de conduzir a Suprema Corte e, dentre tais atribuições, organizar a pauta de julgamentos.

Desse modo, se o primeiro semestre não foi dos melhores se pensarmos no julgamento das questões tributárias de maior impacto para as empresas e a Fazenda Pública, tudo indica que o segundo semestre também não transcorrerá com a análise de relevantes temas tributários.

Se isso realmente vier a se concretizar perde o País, na medida em que perdura a incerteza e a insegurança jurídica em torno de questões jurídicas que têm impacto direto na atuação das empresas nacionais e internacionalizadas, bem como no tocante à arrecadação da Fazenda Pública. Vamos acompanhar e ver o que ocorre.[19]

Breve balanço dos principais julgamentos tributários no primeiro semestre no STJ

Em 04.06.2012 foi publicado o acórdão de caso julgado no Superior Tribunal de Justiça – STJ, no qual a Primeira Seção superou o entendimento anteriormente firmado, no sentido de que o art. 3º da Lei Complementar n. 118/05 teria efeito prospectivo, podendo o prazo para a repetição de indébito de cinco anos alcançar apenas os pagamentos efetuados a partir de 09.06.2005. Com efeito, passou a entender que o referido dispositivo aplicar-se-ia para as ações ajuizadas a partir de tal marco temporal, e não mais aos pagamentos efetuados.

Tal decisão foi objeto da oposição de embargos de declaração, os quais alegam, em breve síntese, que: o julgado tido como referência (do Supremo Tribunal Federal) e ao qual supostamente o STJ estaria se adequando falece de legitimidade, na medida em que não se atingiu a maioria dos votos do Plenário para a proclamação do resultado que restou consignada na sua ementa; se o STJ realmente decidir no sentido de mudar a sua jurisprudência (até então) mansa e pacífica, que tal decisão contemple a modulação temporal dos seus efeitos (para que só possa valer a partir de certo momento em diante).

Em 01.06.2012, foi publicado o acórdão da Segunda Turma do STJ no caso que trata da questão referente a incidência do Imposto de Renda Retido na Fonte – IRRF sobre remessas de recursos ao exterior para pagamento dos serviços lá prestados sem transferência de tecnologia, nas hipóteses em que o Brasil firmou Convenções para evitar a dupla tributação da renda. A discussão girou em torno da qualificação de tais remessas como rendimentos previstos no artigo 7 (lucros dos prestadores de serviço) ou no artigo 21 (outros rendimentos não expressamente mencionados) do Tratado para evitar a dupla tributação da renda.

---

19   O texto foi disponibilizado em: *Última Instância (Coluna)*. São Paulo, 28.06.2012. Disponível na internet: http://ultimainstancia.uol.com.br/conteudo/colunas/56755/stf+breve+balanco+dos+julgamentos+tributarios+no+primeiro+semestre.shtml. Acesso em: 28.06.2012.

O julgamento foi iniciado em 28.02.2012. O Relator, Ministro Castro Meira, decidiu pela manutenção do acórdão recorrido e negou provimento ao recurso da Fazenda Nacional para afastar a exigência do IRRF pela legislação brasileira, tendo sido acompanhado pelos Ministros Cesar Asfor Rocha. Em seguida, o Ministro Humberto Martins pediu vista. Proferiu o seu voto na sessão de 17.05.2012, tendo sido acompanhado pelos Ministros Herman Benjamin e Mauro Campbell Marques (decisão unânime).[20]

STF – Retrospecto dos principais julgamentos em matéria tributária (1º semestre)

Em 01.07.2013 a última sessão do Supremo Tribunal Federal – STF antes do recesso de julho durou menos de cinco minutos em razão da falta de *quorum* mínimo, vez que apenas cinco Ministros compareceram (Ministros Joaquim Barbosa, Gilmar Mendes, Rosa Weber, Cármen Lúcia e Luiz Fux).

Finalizado o semestre forense de regular funcionamento do STF, cabe lembrar em retrospecto os principais julgamentos em matéria tributária ocorridos no Plenário (utilizando como fonte os informativos que circulam com o resumo das decisões, vez que os correspondentes acórdãos não foram publicados).

Logo no início do retorno aos trabalhos, em 06.02.2013, foi finalizado o julgamento que reconheceu a constitucionalidade do sistema progressivo de alíquotas para o Imposto sobre a Transmissão *Causa Mortis* e Doação – ITCD, sob o fundamento de que todos os impostos, independentemente de sua classificação como de caráter real ou pessoal, estariam sujeitos ao princípio da capacidade contributiva, previsto no § 1º do art. 145 da Constituição da República.

Além disso, restou decidido que a progressividade de alíquotas do imposto: não descambaria para o confisco, na medida em que há o controle do teto das alíquotas pelo Senado Federal (na forma do art. 155, § 1º, IV, da Constituição); é compatível com a Súmula n. 668 do STF, que se refere à inconstitucionalidade de lei municipal que tenha estabelecido alíquotas progressivas para o IPTU antes da Emenda Constitucional n. 29/00; não necessitaria de emenda constitucional, diferentemente do que ocorreria com o IPTU. Foram vencidos os Ministros Ricardo Lewandowski (Relator) e Marco Aurélio (RE 562.045, Rel. Min. Ricardo Lewandowski, red. p/ ac. Min. Cármen Lúcia).

Em 28.02.2013 foi concluído o julgamento de caso da Empresa Brasileira de Correios e Telégrafos – ECT, no qual foi decidido que os serviços que presta estão abrangidos pela imunidade recíproca (CF, art. 150, VI, a, e §§ 2º e 3º). Dentre os argumentos que serviram como fundamento da decisão, consta que a extensão do regime de imunidade tributária se justificaria na medida em que a empresa seria *longa manus* da União, em exercício de atividade absolutamente necessária à integração nacional e à fruição do direito básico de se comunicar das pessoas, sob pena de desorganização do serviço no caso de tributação pelos Municípios, que a tributariam de modo distinto. Nesse caso, foram vencidos os Ministros Joaquim Barbosa, Luiz Fux, Cármen Lúcia, Cezar Peluso e Marco Aurélio (RE 601.392, Rel. Min. Joaquim Barbosa, red. p/ ac. Min. Gilmar Mendes).

Nos dias 13 e 14.03.2013 foi concluído o julgamento de ações diretas ajuizadas pelo Conselho Federal da OAB e pela CNI contra diversos dispositivos inseridos pela chamada "Emenda do Calote" (Emenda Constitucional n. 62/09), com a expressa declaração de inconstitucionalidade: a) da expressão "na data de expedição do precatório", contida no § 2º do art. 100 da CF; b) dos §§ 9º e 10 do art. 100 da CF; c) da expressão "índice oficial de remuneração básica da caderneta de poupança", constante no § 12 do art. 100 da CF, do inciso II do § 1º e do § 16, ambos do art. 97 do ADCT; d) do fraseado "independentemente de sua natureza", inserido no § 12 do art. 100 da CF, para que

---

20 O texto foi disponibilizado em: *Última Instância (Coluna)*. São Paulo, 20.07.2012. Disponível na internet: http://ultimainstancia.uol.com.br/conteudo/colunas/57026/breve+balanco+dos+julgamentos+tributarios+no+primeiro+semestre+no+stj.shtml. Acesso em: 20.07.2012.

aos precatórios de natureza tributária se apliquem os mesmos juros de mora incidentes sobre o crédito tributário; e) por arrastamento, do art. 5º da Lei n. 11.960/09; e f) do § 15 do art. 100 da CF e de todo o art. 97 do ADCT. Na ocasião, deliberou-se apreciar questão relativa a eventual modulação de efeitos da decisão oportunamente (ADIs 4.357 e 4.425, Rel. Min. Ayres Britto, red. p/ ac. Min. Luiz Fux).

Em 21.03.2013 foi encerrado o julgamento referente à questão do PIS/Cofins-Importação (valor aduaneiro), com a expressa declaração de inconstitucionalidade da parte que pretendeu alargar a noção de "valor aduaneiro" contida no art. 7º, I, da Lei n. 10.865/04, pelo qual a base de cálculo das referidas contribuições incidentes sobre a importação "será o valor aduaneiro, assim entendido, para os efeitos desta Lei, o valor que servir ou que serviria de base para o cálculo do imposto de importação, *acrescido do valor do Imposto sobre Operações Relativas à Circulação de Mercadorias e sobre Prestação de Serviços de Transporte Interestadual e de Comunicação – ICMS incidente no desembaraço aduaneiro e do valor das próprias contribuições, na hipótese do inciso I do art. 3º desta Lei*".

Desse modo, a parte sublinhada foi declarada inconstitucional por violação ao art. 149, § 2º, III, a, da Constituição da República, introduzido pela Emenda Constitucional n. 33/01. Depois de resistir aos sucessivos testes no escrutínio acerca da legitimidade do dispositivo legal antes referido, o texto declarado inconstitucional sucumbiu em razão da infeliz inovação perpetrada com o estabelecimento de alíquotas *ad valorem* com base no valor aduaneiro para o caso da importação. Em outras palavras, as contribuições sociais sobre a importação, quando tivessem alíquota *ad valorem*, deveriam ser calculadas com base apenas no valor aduaneiro. Todavia, o dispositivo legal dispôs de modo expresso que as referidas contribuições fossem calculadas sobre esse valor e também sobre o valor do ICMS-Importação e o das próprias contribuições instituídas.

Nesse caso, ao final do julgamento foi rejeitada questão de ordem suscitada pela Fazenda Nacional, para que fossem modulados os efeitos da decisão, sob o fundamento de que o tema poderia ser analisado oportunamente, em sede de embargos de declaração (RE 559.937, Rel. Min. Ellen Gracie, red. p/ ac. Min. Dias Toffoli).

Em 10.04.2013 finalmente foi proclamado o resultado do julgamento da ADI 2.588, ajuizada pela CNI contra o § 2º do art. 43 do CTN e o art. 74, *caput* e parágrafo único, da MP 2.158-35/01. A este dispositivo foi dada interpretação conforme a Constituição, com eficácia *erga omnes* e efeito vinculante, no sentido de que não se aplicaria às empresas coligadas localizadas em países sem tributação favorecida (não "paraísos fiscais"), e que se aplicaria às empresas controladas localizadas em países de tributação favorecida ou desprovidos de controles societários e fiscais adequados ("paraísos fiscais", assim definidos em lei), bem como se afastou a aplicação do referido parágrafo único de modo retroativo. Observou-se empate no tocante à situação de empresas coligadas em "paraísos fiscais" e controladas fora de "paraísos fiscais" (ADI 2.588, Rel. Min. Ellen Gracie, red. p/ ac. Min. Joaquim Barbosa).

Em seguida, e na esteira desse julgamento, foi concluído o julgamento de dois recursos extraordinários em que se discutia a constitucionalidade do art. 74 da MP 2.158-35/01, que estabelece que os lucros auferidos por controlada ou coligada no exterior serão considerados disponibilizados para a controladora no Brasil na data do balanço no qual tiverem sido apurados.

O primeiro seguiu a mesma sorte da decisão contida na referida ADI 2.588, tendo o Tribunal negado provimento ao recurso extraordinário do contribuinte, vez que restou consignado que a empresa seria controlada e situada em "paraíso fiscal", de modo que o dispositivo legal seria aplicável ao caso (RE 611.586, Rel. Min. Joaquim Barbosa).

O segundo cuidava de recurso extraordinário interposto pela União e contra empresas controladas fora de "paraíso fiscal", mas restou decidido que os autos retornassem à origem para que houvesse pronunciamento acerca de eventual vedação de bitributação baseada em tratados internacionais. Considerou-se, naquela ocasião, que a temática, embora suscitada, não teria sido debatida na origem, que decidira apenas quanto à inconstitucionalidade do dispositivo legal, questão prejudicial em relação aos tratados. Foi reconhecida a aplicação irretroativa do dispositivo legal, na linha do que restou decidido na referida ADI 2.588 (RE 541.090, Rel. Min. Joaquim Barbosa, red. p/ o ac. Min. Teori Zavascki).

Naquele mesmo dia 10.04.2013, o Plenário referendou medida acauteladora em ação cautelar na qual concedia eficácia suspensiva ativa a recurso extraordinário referente à sistemática de tributação dos lucros no exterior. Com a conclusão do julgamento da ADI 2.588, do RE 611.586 e do RE 541.090, restou clara a fumaça do bom direito e o perigo na demora, sobretudo levando-se em consideração que o caso trataria de empresas controladas em países não considerados "paraísos fiscais", em que existente tratado internacional (AC 3.141, Rel. Min. Marco Aurélio).

Ainda no dia 10.04.2013, o Pleno decidiu que não incide ICMS sobre o serviço de fornecimento de água encanada. Nesse caso, foi reconhecida a violação ao art. 155, II, da Constituição da República, que prevê a materialidade do ICMS. Com efeito, restou consignado que as águas públicas derivadas de rios ou mananciais seriam qualificadas juridicamente como bem de uso comum do povo (CF, arts. 20, III, e 26, I), não equiparáveis a uma espécie de mercadoria, isto é, o tratamento químico necessário ao consumo não teria o condão de descaracterizar a água como bem público de uso comum de todos. Nesse sentido, faltariam os seguintes elementos necessários a caracterizar o aspecto material da hipótese de incidência do ICMS: circulação e mercadoria. Ficaram vencidos os Ministros Marco Aurélio e Ricardo Lewandowski (RE 607.056, Rel. Min. Dias Toffoli).

Em 25.04.2013 foi decidido pelo Pleno que a contribuição destinada ao Sebrae possui natureza de contribuição de intervenção no domínio econômico e não necessita de edição de lei complementar para ser instituída. Desse modo, foi reconhecida a sua constitucionalidade, tendo sido afastados argumentos no sentido de que: fora instituída por lei ordinária e a identidade de seu fato gerador e de sua base de cálculo com outras contribuições. Ficou vencido o Ministro Marco Aurélio (RE 635.682, Rel. Min. Gilmar Mendes).

Em 09.05.2013, foi concluído o julgamento sobre a impossibilidade de dedução do valor equivalente à CSLL de sua própria base de cálculo, bem como da base de cálculo do IRPJ, nos termos previstos no art. 1º, parágrafo único, da Lei n. 9.316/96. Foi decidido que o valor devido a título de CSLL não deveria ser tratado como despesa operacional ou necessária (aquela que deve ser direta, intrínseca ou intimamente ligada à atividade empresarial) para fins de apuração do IRPJ e, portanto, dedutível. Ficou vencido o Ministro Marco Aurélio (RE 582.525, Rel. Min. Joaquim Barbosa).

Em 22.05.2013 o Pleno deu provimento a recurso ordinário em mandado de segurança coletivo que pretendia a declaração de ilegalidade da Portaria n. 1.135/01, editada pelo Ministro de Estado da Previdência e Assistência Social, sob o fundamento de que aumentou a base de cálculo da contribuição social incidente sobre as remunerações ou retribuições pagas ou creditadas a transportador autônomo pelo frete, carreto ou transporte de passageiros realizado por conta própria, prevista no art. 22, III, da Lei n. 8.212/91. A alteração perpetrada pela Portaria n. 1.135/01 foi afastada, por violação ao princípio da legalidade, para restabelecer os parâmetros constantes na redação original do Decreto n. 3.048/91, que previa a alíquota de 11,71%. Ficaram vencidos os Ministros Eros Grau e Gilmar Mendes (RMS 25.476, Rel. Min. Eros Grau, red. p/ ac. Min. Marco Aurélio).

No mesmo dia o Pleno decidiu que a cassação de registro especial para a fabricação e comercialização de cigarros, em virtude de descumprimento de obrigações tributárias por parte da empresa, não constitui sanção política. Nesse sentido, é válida a norma que prevê a interdição de estabelecimento, por meio de cancelamento de registro especial, em caso do não cumprimento de obrigações tributárias (art. 2º, II, do Decreto-Lei n. 1.593/77). Foram vencidos os Ministros Gilmar Mendes, Marco Aurélio e Celso de Mello (RE 550.769, Rel. Min. Joaquim Barbosa).

Ainda em 22.05.2013 foi declarada a inconstitucionalidade da incidência da contribuição para o PIS e a Cofins não cumulativas sobre os valores recebidos por empresa exportadora em razão da transferência a terceiros de créditos de ICMS. Desse modo, foi reconhecido que os valores correspondentes à transferência de créditos de ICMS não integram a base de cálculo do PIS/Cofins.

A finalidade de incentivar as exportações seria frustrada e a imunidade prevista na Constituição Federal (art. 155, § 2º, X, a) seria ofendida porque restaria obstaculizado o aproveitamento dos créditos, com a indesejada exportação de tributos, tendo em conta que o ônus econômico seria acrescido ao valor das mercadorias postas à venda no mercado internacional, com evidente impacto negativo nas empresas nacionais. Registrou-se que o aproveitamento dos créditos de ICMS por ocasião da saída imune para o exterior não geraria receita tributável. Seria mera recuperação do montante pago a título de ICMS na cadeia antecedente, a fim de desonerar a exportadora. Além disso, as receitas oriundas da cessão a terceiros, por empresa exportadora, de créditos do ICMS, seria enquadradas como "receitas decorrentes de exportação", na forma do art. 149, § 2º, I, da Constituição da República. Ficou vencido o Ministro Dias Toffoli (RE 606.107, Rel. Min. Rosa Weber).

Em 23.05.2013 foi declarada inconstitucional a incidência da contribuição para PIS e Cofins sobre a receita decorrente da variação cambial positiva obtida nas operações de exportação. No caso, concluiu-se que eventual variação da taxa de câmbio entre o fechamento e a liquidação do contrato configuraria receita decorrente de exportação, sempre que fosse favorável ao exportador. Desse modo, as receitas cambiais relativas à exportação estariam abrangidas pela imunidade prevista no art. 149, § 2º, I, da Constituição da República (RE 627.815, Rel. Min. Rosa Weber).

Em junho não encontramos qualquer julgamento relevante em matéria tributária que tenha sido veiculado nos informativos referentes às decisões do Plenário do STF.

Desse apanhado selecionado de decisões, verifica-se que a Corte tem se preocupado realmente com o potencial multiplicador das demandas tributárias ajuizadas perante o Poder Judiciário. Sob a Presidência do Ministro Joaquim Barbosa, começou intenso trabalho de julgar matérias submetidas ao regime da repercussão geral e concluir os julgamentos pendentes (com pedidos de vista).

Nesse sentido, cabe mencionar possíveis casos que serão levados a julgamento no próximo semestre, a partir de 1º de agosto, com o retorno do semestre forense. São eles:

a) a Ação Declaratória de Constitucionalidade – ADC n. 18, que versa sobre a inconstitucionalidade da espúria inclusão da parcela do ICMS na base de cálculo do PIS/Cofins, matéria que chegou no Plenário do STF há mais de uma década e em agosto de 2006 contabilizou seis votos favoráveis aos contribuintes e um contrário (nos autos do RE n. 240.785, que posteriormente foi preterido em razão do ajuizamento da referida ação declaratória);

b) a publicação do acórdão referente à declaração de inconstitucionalidade de boa parte da chamada "Emenda do Calote" para que seja deliberado acerca da eventual modulação temporal dos efeitos de tal decisão (ADIs 4.357 e 4.425);

c) a publicação do acórdão referente à declaração de inconstitucionalidade do espúrio alargamento da noção de "valor aduaneiro" como base de cálculo do PIS/Cofins-Importação (RE 559.937);

d) o julgamento da legitimidade da própria instituição do PIS/Cofins-Importação (o tópico anterior é tido como parte deste, que discute a legitimidade da instituição das contribuições sociais mediante lei ordinária), cuja repercussão geral já foi reconhecida no RE n. 565.886 (Rel. Min. Marco Aurélio);

e) a conclusão do julgamento do RREE n. 256.304 e n. 208.526, que versam sobre a inconstitucionalidade do art. 30, § 1º, da Lei n. 7.730/89, e do art. 30 da Lei n. 7.799/89 (uso do IPC como índice de correção monetária das demonstrações financeiras encerradas em 31.12.1989 – Plano Verão), por manifesta violação a diversos preceitos constitucionais e que está com pedido de vistas feito pelo Min. Dias Toffoli desde 20.06.2012 (contando com a manifestação dos Ministros Marco Aurélio, Ricardo Lewandowski, Cezar Peluso e Rosa Weber pela inconstitucionalidade e dos Ministros Eros Grau e Joaquim Barbosa pelo não conhecimento do recurso);

f) a conclusão do julgamento do RE 201.512, que pleiteia a inconstitucionalidade do expurgo perpetrado pelas Leis n. 8.024 e 8.088, ambas de 1990, na correção monetária das demonstrações financeiras encerradas em 31.12.1990 e que também já contabiliza seis votos prolatados (sendo os Ministros Marco Aurélio, Ricardo Lewandowski e Ayres Britto pela inconstitucionalidade e os Ministros Eros Grau, Cármen Lúcia e Joaquim Barbosa pela constitucionalidade);

g) a Arguição de Descumprimento de Preceito Fundamental – ADPF n. 165, ajuizada em 2009 pela Confederação Nacional do Sistema Financeiro – Consif e que versa sobre os expurgos inflacionários veiculados pelos sucessivos planos econômicos na era inflacionária, como os Planos Bresser, Verão, Collor 1 e Collor 2; e

h) as oito ações diretas ajuizadas pelo Governador de São Paulo em 18.06.2013, sendo sete contra leis e decretos do Estado do Rio de Janeiro e uma contra leis e decretos do Estado do Mato Grosso do Sul, todas que concedem benefícios fiscais supostamente irregulares, incorrendo na chamada "Guerra Fiscal" (ADIs 4.993, 4.994, 4.995, 4.996, 4.997, 4.998, 4.999 e 5.000).

Verifica-se, portanto, que a depender da relevância das questões tributárias submetidas ao exame da Suprema Corte, o trabalho será árduo e permanente. Além disso, cabe registrar a importância de que sejam concluídos os julgamentos que já se arrastam por muitos anos, e até mais de década.

Isso, nesse momento de especial efervescência da sociedade civil organizada, seria capaz de trazer um pouco de estabilidade e segurança jurídica, elementos indispensáveis ao bom funcionamento do sistema constitucional tributário e da pacificação entre o Fisco e os contribuintes.[21]

STJ – Principais julgados em matéria tributária (1º semestre)

Com o recesso forense de julho no Superior Tribunal de Justiça – STJ cabe breve retrospecto dos seus principais julgados no 1º semestre em matéria tributária, especialmente à luz das compilações veiculadas nos informativos de jurisprudência.

Em 04.02.2013, a 1ª Seção pacificou que não se aplica à prestação de serviços de registros públicos cartorários e notariais a sistemática de recolhimento de ISS prevista no § 1º do art. 9º do Decreto-Lei n. 406/68, que dispõe sobre a prestação de serviços sob a forma de trabalho pessoal do próprio contribuinte, e na hipótese não há necessária intervenção pessoal do notário ou do oficial de registro. Nesse sentido, o art. 236 da Constituição da República prevê a formação de uma estrutura economicamente organizada para a prestação do serviço de registro público, com natureza jurídica privada e sem qualquer caráter de unipessoalidade. Além disso, o art. 20 da Lei n. 8.935/94 autoriza, de forma expressa, o responsável a contratar escreventes, dentre eles escolhendo os substitutos, e auxiliares como empregados (RESp. 1.328.384, Rel. Min. Napoleão Nunes Maia Filho, Rel. p/ ac. Min. Mauro Campbell Marques).

No dia seguinte, a 1ª Turma julgou que não é cabível o ajuizamento de demanda judicial na qual se pleiteie a restituição de contribuição previdenciária indevidamente arrecadada em face do sujeito que apenas arrecada o tributo em nome do sujeito ativo da relação jurídico-tributária. Nesse sentido, o julgado estabeleceu que pertence ao sujeito ativo da relação jurídico-tributária, e não ao sujeito que apenas arrecada a contribuição previdenciária em nome do sujeito ativo, a legitimidade para figurar no polo passivo de demanda em que se pleiteie a restituição do tributo indevidamente arrecadado (AREsp. 199.089, Rel. Min. Arnaldo Esteves Lima).

---

21   O texto foi publicado originalmente em: *Jus Navigandi*. Teresina, ano 18, n. 3.677, 26 jul 2013. Disponível na internet: <http://jus.com.br/artigos/25001>. Acesso em 26.07.2013.

No mesmo dia, a 1ª Turma decidiu que não é abusiva a cobrança de tarifa de energia elétrica com base em demanda de potência. Nesse sentido, consignou que é possível a cobrança da tarifa binômia, composta pelo efetivo consumo de energia elétrica e pela demanda disponibilizada, dos consumidores enquadrados no Grupo A da Resolução n. 456/2000 da Aneel (AgRg no RESp. 1.110.226, Rel. Min. Napoleão Nunes Maia Filho).

Ainda em 05.02.2013, a 1ª Turma julgou questão sobre o creditamento do ICMS apurado na importação de equipamento cedido em comodato. Na ocasião, decidiu que o contribuinte não tem o dever de estornar crédito de ICMS apurado na importação de equipamento destinado ao ativo permanente da empresa na hipótese em que o bem seja, posteriormente, cedido em comodato a terceiro, conforme interpretação sistemática do art. 20, § 3º, inciso I, e art. 21, inciso I, ambos da Lei Complementar n. 87/96 (RESp. 1.307.876, Rel. Min. Herman Benjamin).

Nesse mesmo dia, a 2ª Turma decidiu que o portador de cardiopatia grave não tem direito à isenção do imposto de renda sobre seus vencimentos no caso em que, mesmo preenchendo os requisitos para a aposentadoria por invalidez, opte por continuar trabalhando, sob o fundamento de que não há previsão legal, consoante determinam o art. 150, § 6º, da Constituição da República, e o art. 111, inciso II, do CTN, c/c o art. 6º, inciso XIV, da Lei n. 7.713/88, que exige a cumulação sobre a natureza dos rendimentos (aposentadoria, pensão ou reforma) e que a pessoa física seja portadora de uma das doenças ali elencadas (RMS 31.637, Rel. Min. Castro Meira).

Em 07.02.2013, a 1ª Turma decidiu que é possível ao empregador deduzir as despesas relacionadas ao pagamento de férias de empregado na declaração do IRPJ correspondente ao ano do exercício em que o direito às férias foi adquirido pelos empregados (RESp. 1.313.879, Rel. Min. Herman Benjamin).

Em 19.02.2013, a 2ª Turma julgou que é possível a inclusão de multa moratória de natureza tributária na classificação dos créditos de falência decretada na vigência da Lei n. 11.101/2005, ainda que a multa seja referente a créditos tributários anteriores à vigência da lei mencionada (RESp. 1.223.792, Rel. Min. Mauro Campbell Marques).

Em 26.02.2013, a 1ª Turma julgou que não incide ICMS sobre a operação de venda, promovida por agência de automóveis, de veículo usado objeto de consignação pelo proprietário. No caso restou decidido que a mera consignação do veículo, cuja venda deverá ser promovida por agência de automóveis, não representa circulação jurídica da mercadoria, porquanto não induz à transferência da propriedade ou da posse da coisa, inexistindo, dessa forma, troca de titularidade a ensejar o fato gerador do ICMS. Em verdade, a consignação do veículo significa mera detenção precária da mercadoria para exibição, facilitando, dessa forma, a realização do serviço de intermediação contratado (RESp. 1.321.681, Rel. Min. Benedito Gonçalves).

Em 07.03.2013, a 2ª Turma julgou que incide o Imposto de Renda sobre o ganho de capital ou lucro oriundo da diferença positiva entre o preço de aquisição e o preço de venda de Título da Dívida Agrária – TDA (RESp. 1.124.133, Rel. Min. Mauro Campbell Marques).

Em 19.03.2013, a 1ª Turma julgou que a autoridade fiscal não pode condicionar a liberação de mercadoria importada à prestação de garantia no caso em que a retenção da referida mercadoria decorra da pretensão da Fazenda de efetuar reclassificação tarifária (AgRg no RESp. 1.227.611, Rel. Min. Arnaldo Esteves Lima).

Em 09.04.2013, a 2ª Turma decidiu que no caso de benefício previdenciário pago em atraso e acumuladamente, não é legítima a cobrança de imposto de renda com parâmetro no montante global pago extemporaneamente, vez que as tabelas e alíquotas devidas são aquelas vigentes na época em que os valores deveriam ter sido adimplidos (AgRg no AREsp. 300.240, Rel. Min. Humberto Martins).

No mesmo dia, a mesa 2ª Turma julgou que as isenções de imposto de importação e de imposto sobre produtos industrializados previstas no art. 2º, II "j", e no art. 3º, I, da Lei 8.032/1990 (restabelecidas pelo art. 1º, IV, da Lei 8.402/1992) aplicam-se às importações de peças e componentes de reposição, reparo e manutenção necessárias ao funcionamento de plataformas petrolíferas, sendo indiferente a revogação que o art. 13 da Lei 8.032/1990 trouxe em relação ao Decreto-lei 1.953/1982 (RESp. 1.341.077, Rel. Min. Mauro Campbell Marques).

No dia seguinte, em 10.04.2013, a 1ª Seção pacificou que incide correção monetária sobre o valor relativo a créditos de IPI na hipótese de mora da Fazenda Pública para apreciar pedido administrativo de ressarcimento em dinheiro ou mediante compensação com outros tributos. Na ocasião, a Corte entendeu que a lógica é simples: se há pedido de ressarcimento de créditos de IPI (em dinheiro ou via compensação com outros tributos) e esses créditos são reconhecidos pela Receita Federal com mora, essa demora no ressarcimento enseja a incidência de correção monetária, uma vez que caracteriza também a chamada "resistência ilegítima" exigida pela Súmula 411 do STJ (EAg 1.220.942, Rel. Min. Mauro Campbell Marques).

Em 11.04.2013, a 1ª Turma julgou que o Fisco, verificando a divisão de imóvel preexistente em unidades autônomas, pode proceder às novas inscrições de IPTU, ainda que não haja prévio registro das novas unidades em cartório de imóveis. Contudo, é desnecessária a prévia inscrição de unidades autônomas no registro de imóveis para a cobrança de IPTU individualizado, bastando a mera configuração da posse do bem imóvel para dar ensejo à exação (RESp. 1.347.693, Rel. Min. Benedito Gonçalves).

Ainda no mesmo dia, a 1ª Turma julgou que é possível a cessão dos créditos decorrentes de empréstimo compulsório sobre energia elétrica (AgRg no RESp. 1.090.784, Rel. Min. Arnaldo Esteves Lima).

Em 22.05.2013, a 1ª Seção pacificou que incidem IRPJ e CSLL sobre os juros remuneratórios devidos na devolução dos depósitos judiciais efetuados para suspender a exigibilidade do crédito tributário. A partir da flexibilização da natureza jurídica da taxa Selic (como juros compensatórios, juros moratórios e/ou correção monetária), a conjugação do art. 1º, § 3º, da Lei n. 9.703/98, c/c o art. 39, § 4º, da Lei n. 9.250/95, prevê que há acréscimo patrimonial que compõe a esfera de disponibilidade do contribuinte (RESp. 1.138.695, Rel. Min. Mauro Campbell Marques).

No mesmo sentido, ainda naquele dia a 1ª Seção pacificou que incidem IRPJ e CSLL sobre os juros decorrentes da mora na devolução de valores determinada em ação de repetição do indébito tributário. O STJ entende que, embora os juros de mora na repetição do indébito tributário decorrente de sentença judicial configurem verbas indenizatórias, eles possuem natureza jurídica de lucros cessantes, constituindo evidente acréscimo patrimonial, razão pela qual é legítima a tributação pelo IRPJ, salvo a existência de norma específica de isenção ou a constatação de que a verba principal a que se referem os juros é isenta ou está fora do campo de incidência do imposto, situação na qual o acessório segue o principal (RESp. 1.138.695, Rel. Min. Mauro Campbell Marques).

Além dos julgados acima, que versam especificamente sobre temas tributários, cabe registrar alguns precedentes que se limitaram ao campo processual ou tangenciaram a temática tributária, especialmente em razão da novidade sobre o funcionamento do recurso repetitivo e dos seus possíveis desdobramentos.

Em 05.02.2013, a 1ª Turma julgou que a Fazenda Pública não goza de isenção quanto ao pagamento dos emolumentos cartorários. Em realidade, seu pagamento é diferido para o final do processo, quando deverá ser suportado se for vencido (AgRg no RESp. 1.276.844, Rel. Min. Napoleão Nunes Maia Filho).

No mesmo dia, a 4ª Turma decidiu que não é cabível a interposição de agravo, ou de qualquer outro recurso, dirigido ao STJ, com o objetivo de impugnar decisão, proferida no Tribunal de origem, que tenha determinado o sobrestamento de recurso especial com fundamento no art. 543-C do CPC, referente aos recursos representativos de controvérsias repetitivas. Com efeito, além da existência de recursos se subordinar à expressa previsão legal (de modo taxativo), não é cabível: a) o agravo previsto no art. 544 do CPC a partir da inadmissão do recurso especial ao caso do seu sobrestamento com fundamento no art. 543-C do CPC; b) o agravo, simples petição ou medida cautelar, com base no art. 542, § 3º, do CPC, usualmente admitido pelo STJ na hipótese de retenção do recurso especial; e c) reclamação constitucional (AREsp. 214.152, Rel. Min. Luis Felipe Salomão).

Em 21.02.2013, a 2ª Turma julgou que é irregular a notificação de lançamento que vise constituir crédito tributário referente à taxa de controle e fiscalização ambiental – TCFA na hipótese em que não conste, na notificação, prazo para a apresentação de defesa administrativa (REsp. 1.352.234, Rel. Min. Humberto Gomes Martins).

Em 26.02.2013, a mesma 2ª Turma julgou que na cobrança de contribuições previdenciárias realizada com base na redação original do art. 31 da Lei n. 8.212/1991, não é lícita a autuação da tomadora de serviços sem que antes tenha havido a fiscalização da contabilidade da prestadora de serviços executados mediante cessão de mão de obra. A existência de responsabilidade solidária entre o tomador e o prestador de serviços pelas contribuições previdenciárias incidentes sobre a cessão de mão de obra, reconhecida pela redação original do art. 31 da Lei n. 8.212/91, ocorre na fase de cobrança do tributo. Desse modo, pressupunha a regular constituição do crédito tributário, cuja ocorrência demandava a fiscalização da contabilidade da empresa prestadora dos serviços de mão de obra, devedora principal da contribuição previdenciária, pelo menos até o advento da Lei n. 9.711/98, que deu nova redação ao dispositivo anteriormente citado (AgRg no REsp. 1.194.485, Rel. Des. Fed. Conv. Diva Malerbi).

No dia seguinte, em 27.02.2013, a 2ª Seção pacificou a orientação de que é irrecorrível o ato do presidente do tribunal de origem que, com fundamento no art. 543-C, § 1º, do CPC, determina a suspensão de recursos especiais enquanto se aguarda o julgamento de outro recurso encaminhado ao STJ como representativo da controvérsia. Levando em consideração que tal ato não ostenta conteúdo decisório (cuidando-se de mero despacho sujeito à regra do art. 504 do CPC), só há possibilidade de interposição de agravo regimental, depois de julgado o recurso representativo da controvérsia, no tribunal de origem contra eventual equívoco no juízo de admissibilidade efetivado na forma do art. 543-C, § 7º, do CPC (AgRg na Rcl 6.537, Rel. Min. Maria Isabel Gallotti).

Em 13.03.2013, a 3ª Seção pacificou que o reconhecimento da repercussão geral pelo STF não implica, necessariamente, a suspensão de mandado de segurança em trâmite no STJ, mas unicamente o sobrestamento de eventual recurso extraordinário interposto em face de acórdão proferido pelo STJ ou por outros tribunais (MS 11.044, Rel. Min. Og Fernandes).

Em 09.04.2013, a 2ª Turma julgou que no caso em que a data de vencimento do precatório comum seja anterior à data de vencimento do precatório de natureza alimentar, o pagamento daquele realizado antes do pagamento deste não representa, por si só, ofensa ao direito de precedência constitucionalmente estabelecido. A única interpretação razoável é no sentido de que a ordem cronológica estabelecida em sede constitucional deve seguir cada uma das classes de precatório, de modo que a ordem dos precatórios de natureza alimentar não se compara com aqueles comuns (RMS 35.089, Rel. Min. Eliana Calmon).

Verifica-se, portanto, que a jurisprudência do STJ é riquíssima quanto às idas-e-vindas e no tocante aos entendimentos que adota, com a demonstração frequente de relativa flexibilidade, a depender do tema jurídico que lhe é submetido, do caso concreto e da composição do órgão julgador.

Por essas, e outras razões, é importante acompanhar a jurisprudência do STJ sobre a legislação infraconstitucional, de modo a antecipar possíveis gargalos nas questões jurídicas pendentes de solução, bem como perspectivas de prováveis sucessos e eventuais derrotas acerca das questões jurídicas debatidas perante o Poder Judiciário.

Contudo, para que a esperada segurança jurídica seja efetivamente parte do dia-a-dia dos jurisdicionados, torna-se cada vez mais fundamental que a jurisprudência consolidada seja seguida pela Corte, seja porque:

a) deve ser respeitada a coerência interna e tradicional dos precedentes sobre questões semelhantes (sem prejuízo de revisitá-los de tempos em tempos para confirma-los ou superá-los à luz de novas circunstâncias e com respeito à segurança jurídica);

b) deve ser respeitado o princípio da colegialidade, pelo qual o Tribunal emite opinião quando expressada pela maioria dos seus membros (ou de seus órgãos julgadores), razão pela qual essa opinião não deve ser revista em cada (e todas) oportunidade(s) apenas e tão somente em virtude da troca de uma (ou poucas mais) cadeira(s); e

c) por fim, cabe ao STJ dirimir dúvida e unificar/pacificar a jurisprudência a respeito de matéria infraconstitucional, de modo que deve se pronunciar em caráter definitivo sobre temas que não seguirão ao STF para solução final.

Assim, a comunidade jurídica espera que o STJ seja capaz, nesse próximo 2º semestre, de fomentar o bom debate sobre as relevantes questões jurídico-tributárias que lhe são submetidas a exame, bem como delimitar e explicitar pontos comuns de consenso, com o objetivo de alcançar maior pacificação social na tão conturbada relação entre o Fisco e os contribuintes.[22]

STF conclui o julgamento do Plano Verão

Em 20.11.2013 o Pleno do Supremo Tribunal Federal concluiu o julgamento dos RREE 208.526 e 256.304, que cuidavam do expurgo inflacionário conhecido como "Plano Verão" quando, de modo artificial, o Governo divulgou taxa de correção monetária das demonstrações financeiras em patamar flagrantemente inferior ao que tinha sido observado pelos órgãos tradicionais de aferição da referida taxa mensal.

Antes da assentada de 20.11.2013 e levando em conta o tempo transcorrido desde o início do julgamento, faz-se necessário o breve retrospecto sobre o longo caminho do tema na Corte. Iniciado em 01.02.2001, o Relator, Ministro Marco Aurélio, proferiu voto no sentido de reconhecer à empresa contribuinte "o direito à correção monetária considerada a inflação do período nos termos da legislação revogada pelo chamado Plano Verão, e para declarar a inconstitucionalidade do § 1º do art. 30 da Lei n. 7.730/89 e do art. 30 da Lei n. 7.799/89" (Informativo STF 215).[23]

Com efeito, no seu voto, o Ministro Marco Aurélio entendeu que: "o valor fixado para a OTN, que decorreu de expectativa de inflação, além de ter sido aplicado de forma retroativa, em ofensa à garantia do direito adquirido (CF, art. 5º, XXXVI) e ao princípio da irretroatividade (CF, art. 150, III, a), ficou muito aquém daquele efetivamente verificado no período, implicando, por essa razão, majoração da base de incidência do imposto sobre a renda e a criação fictícia de renda ou lucro, por via imprópria. Além disso, considerou que não se utilizaram os meios próprios para afastar os efeitos inflacionários, ante a obrigação tributária, afrontando-se os princípios da igualdade (CF, art. 150, II) e da capacidade contributiva (CF, art. 145, § 1º). Por fim, asseverou que tal fixação ainda se fez sem observância da própria base de cálculo do aludido imposto" (Informativo STF 426).

Após o voto do Ministro Marco Aurélio, pediu vista o Ministro Nelson Jobim. Em 10.05.2006, em razão do transcurso do tempo e da significativa mudança na composição plenária da Suprema Corte, o julgamento

---

22   O texto foi publicado em: *Última Instância (Coluna)*. São Paulo, 12.07.2013. Disponível na internet: http://ultimainstancia.uol.com.br/conteudo/colunas/64602/stj+%96+principais+julgados+em+materia+tributaria+%281%BA+semestre%29.shtml. Acesso em: 14.07.2013.

23   Eis o teor dos referidos dispositivos para melhor compreensão: "*Art. 30*. No período-base de 1989, a pessoa jurídica deverá efetuar a correção monetária das demonstrações financeiras de modo a refletir os efeitos da desvalorização da moeda observada anteriormente à vigência desta Lei. § 1º. Na correção monetária de que trata este artigo a pessoa jurídica deverá utilizar a OTN de NCz$ 6,92 (seis cruzados novos e noventa e dois centavos)" (*Lei n. 7.730/89*); "*Art. 30*. Para efeito de conversão em número de BTN, os saldos das contas sujeitas à correção monetária, existentes em 31 de janeiro de 1989, serão atualizados monetariamente, tomando-se por bases o valor da OTN de NCz$ 6,92" (*Lei n. 7.799/89*).

foi renovado. Na ocasião, o Ministro Eros Grau proferiu o seu voto, no sentido de não conhecer do recurso, ao entendimento de que "o acórdão recorrido, ao decidir a matéria, fundara-se em interpretação de legislação infraconstitucional, o que ensejaria ofensa indireta à Constituição. Além disso, asseverou que não compete ao Poder Judiciário arbitrar, sem qualquer base científica ou econômica, um índice que melhor expresse a inflação ocorrida no mês de janeiro de 1989. Ressaltou, ainda, que a fixação de índice de correção da OTN no valor de NCz$ 10,50, consoante pleiteado pela recorrente, definido a partir de suposta inflação 'real' de 70,28%, beneficiaria injustificadamente o contribuinte, afetadas suas demonstrações financeiras por efeitos inflacionários meramente fictícios. Por fim, aduziu que as pessoas jurídicas não são titulares de direito à imutabilidade de índice de correção monetária" (Informativo STF 427).

Posteriormente, o Ministro Joaquim Barbosa acompanhou o Ministro Eros Grau e o Ministro Ricardo Lewandowski acompanhou o Ministro Marco Aurélio. Em seguida, pediu vista dos autos o Ministro Cezar Peluso. Em assentada de 20.06.2012, com substancioso e bem fundamentado voto, o Ministro Cezar Peluso abordou todas as questões submetidas ao exame da Suprema Corte. Inicialmente, reconheceu que a violação perpetrada contra a Constituição da República pelos dispositivos legais ocorreu de modo direto. Além disso, rechaçou a alegação de que a Corte estaria atuando como "legislador positivo", na medida em que é inerente à declaração de inconstitucionalidade extirpar do ordenamento jurídico os dispositivos legais inquinados.

No mérito, decidiu no sentido da inconstitucionalidade dos dispositivos maculados e pela determinação do índice correto ao caso concreto. Reconheceu expressamente que o conceito de renda, cuja moldura é traçada pela Constituição da República, foi indevidamente extrapolado com a interferência arbitrária na própria base de incidência do Imposto de Renda da Pessoa Jurídica. Além disso, entendeu que tal expurgo viria a permitir – de modo inconstitucional – a incidência do IRPJ sobre o patrimônio, e não sobre a renda. De igual modo, vislumbrou claramente a violação à capacidade contributiva e rechaçou, ademais, a espúria retroatividade pretendida pela lei questionada, alinhando-se com o voto do Relator, Ministro Marco Aurélio.

Em seguida, a Ministra Rosa Weber proferiu voto acompanhando o robusto voto do Ministro Cezar Peluso e do Relator, no sentido de conhecer o recurso interposto pela empresa contribuinte e dar-lhe provimento, com o reconhecimento expresso de que não é proporcional e tampouco razoável permitir a introdução de tamanha distorção na base de incidência do IRPJ, como pretendeu a legislação maculada por inconstitucional. Decidiu que, embora o legislador ordinário detenha ampla liberdade de conformação, isso não significa distorcer o molde estabelecido em sede constitucional. Em seguida, pediu vista dos autos o Ministro Dias Toffoli.

Levando em conta que o julgamento foi iniciado junto ao Plenário do STF em 01.02.2001 e o pedido de vista formulado pelo Ministro Dias Toffoli já ultrapassava um ano, os patronos do caso pleitearam junto à Presidência da Corte a imediata liberação de voto daquele Ministro, o que ocorreu poucos meses depois. Uma vez liberado o voto do Ministro Dias Toffoli, o Presidente, Ministro Joaquim Barbosa, logo colocou o caso na pauta de julgamentos.

O voto do Ministro Dias Toffoli foi no sentido de conhecer os recursos extraordinários, na medida em que a discussão (ausência de atualização monetária) poderia sim ser passível de se relacionar ao conceito constitucional de renda.

Quanto ao mérito, o Ministro Dias Toffoli inaugurou divergência no sentido da constitucionalidade dos dispositivos inquinados, fundamentando-se em julgado que reconheceu a constitucionalidade do art. 3º da Lei n. 8.200/91 (RE 201.465). Em seu voto, limitou-se a veicular o entendimento adotado pelo Ministro Nelson Jobim no sentido de que se tratava de mero favor legal ditado por opção política legislativa e, portanto, não haveria qualquer direito e/ou violação a ser analisada. Em resumo, entendeu que inexiste uma indexação constitucional, isto é, não há imposição ou obrigação constitucional de indexação dos balanços das empresas. A alteração de índices indexadores para as demonstrações financeiras das empresas não ofenderia a moldura básica de renda esboçada em linhas gerais na Constituição. Além disso, entendeu que não cabe ao Poder Judiciário atuar como legislador positivo, sob pena de influenciar de maneira ativa na política econômica do Governo (via adequação dos índices aplicáveis).

O Ministro Dias Toffoli buscou fundamentar o seu voto na decisão anterior prolatada pelo Ministro Nelson Jobim em matéria diversa (Lei n. 8.200/91) daquela submetida ao seu julgamento no caso concreto (Plano Verão). Além disso, buscou fundamento também em trecho específico que foi pinçado do voto do Ministro Sepúlveda Pertence naquele caso. Apartado de seu sentido geral deu a entender que o argumento corroboraria o seu voto, mas cabe lembrar que o Ministro Sepúlveda Pertence foi vencido naquele julgamento (e, portanto, sustentou tese oposta àquela esposada pelo Ministro Dias Toffoli no julgamento do Plano Verão).

Logo depois do voto do Ministro Dias Toffoli, o Ministro Marco Aurélio ressaltou a importância do tema em questão e a demora no curso do julgamento. Esclareceu alguns pontos que foram confundidos ou embaralhados no voto do Ministro Toffoli. Retomou a noção constitucional de renda inerente ao debate posto e reiterou os pontos que suscitou no seu voto como Relator (como o "passe de mágica" que atribuiu valor inferior ao devido como correção monetária e, com isso, escamoteando-se a real inflação do período e de modo retroativo). Com a criação do lucro fictício, alcançou-se o patrimônio dos contribuintes para saciar a sanha arrecadatória do Fisco. Essas premissas constitucionais e essa realidade subjacente deveriam ser consideradas para que a análise verse sobre o conceito constitucional de renda, no sentir do Relator. Do contrário, de imposto sobre a renda não se trataria, vez que seria uma apropriação indevida pelo Estado do patrimônio dos contribuintes.

O Ministro Marco Aurélio reconheceu o direito de as empresas contribuintes que recorreram procederem à correção monetária na forma pleiteada. Assim, busca atribuir maior concretude à Lei Maior no sentido de assegurar segurança jurídica aos contribuintes e à sociedade (de modo geral).

Nesse ponto e no mesmo sentido, o patrono das empresas contribuintes recorrentes pediu a palavra para esclarecer questão de fato relacionada ao objeto da demanda, consistente no reconhecimento da violação ao conceito constitucional de renda, sem qualquer pretensão de que a Suprema Corte pró-ativamente determinasse qual índice seria aplicável.

Com efeito, isso seria decorrência lógica da própria declaração de inconstitucionalidade, com o efeito repristinatório do dispositivo anterior (revogado pela regra que foi afastada pela declaração de inconstitucionalidade), como reconhecido pelos Ministros na sequência do julgamento.

Em seguida, o Ministro Roberto Barroso proferiu voto no sentido da inconstitucionalidade, alinhado ao voto do Relator, com o reconhecimento do aumento artificial (inchando a base de cálculo e, pior, retroativamente). Além disso, em contraposição ao voto do Ministro Eros Grau (vencido), o Ministro Roberto Barroso registrou que entende se tratar de questão constitucional (e não meramente infra), bem como não há qualquer invasão judicial na esfera própria do Poder Legislativo.

O Ministro Luiz Fux, que inicialmente estava impedido de votar porque o seu antecessor (Ministro Eros Grau) votou por não conhecer os recursos em razão de ser matéria infraconstitucional, foi chamado a votar quanto ao mérito da questão. No mérito, buscou seguir a linha de raciocínio das decisões do STJ em recursos repetitivos, complementando, assim, o voto anterior do seu antecessor.

A Ministra Cármen Lúcia proferiu voto acompanhando o Relator, com os ajustes necessários e apontados pelos Ministros Ricardo Lewandowski e Roberto Barroso.

Em seguida, o Ministro Gilmar Mendes prolatou voto acompanhando a divergência aberta quanto ao mérito pelo Ministro Dias Toffoli.

ARTIGOS JURÍDICOS

O Ministro Celso de Mello conheceu dos recursos interpostos, inclusive ressaltando a importância do tema submetido ao julgamento. Quanto ao mérito, prolatou bem fundamentado voto que acompanhou o voto do Relator no que tange ao abuso perpetrado pela União no dever de legislar, com o acréscimo indevido da noção constitucional de renda, inclusive com base em estudos técnicos e dados econômicos.

Por último, o Presidente, que tinha proferido voto no sentido de que preliminarmente a matéria seria de índole infraconstitucional, no tocante ao mérito da questão, acompanhou sem mais delongas o voto do Relator, engrossando a maioria convergente.

Desse modo, com oito votos convergentes, restou declarada a inconstitucionalidade dos dispositivos questionados, vencidos os Ministros Luiz Fux, Dias Toffoli e Gilmar Mendes.

Concluído o julgamento dos RREE 208.526 e 256.304, foram chamados os demais casos sobre o tema (RREE 215.142 e 221.142). Depois de lido o relatório pelo Ministro Marco Aurélio, tanto o patrono das empresas contribuintes recorrentes como também a representante da Fazenda Nacional, de comum acordo, abriram mão do tempo de sustentação oral, vez que o tema replicava aquele cuja conclusão ocorrera momentos antes no Plenário. Tal gesto foi bem recebido pela Corte e recebeu congratulação expressa do Ministro Ricardo Lewandowski.

Em seguida, o voto do Relator, Ministro Marco Aurélio, foi acompanhado de modo unânime, ainda que feitas algumas ressalvas de entendimentos pessoais (Ministros Luiz Fux, Dias Toffoli e Gilmar Mendes) que restaram superados com a conclusão do julgamento anteriormente referido.

Ao final, por proposta do Ministro Gilmar Mendes, foi aplicado aos casos o efeito do instituto da repercussão geral, vez que é Relator do RE 242.689 e que versa sobre o mesmo tema, com o encerramento dinâmico e imediato dos casos pendentes no Poder Judiciário.

Por um lado diz-se que a Justiça tarda, mas não falha. Por outro, a demora exagerada na solução de questão constitucional (como ocorreu no caso concreto, com doze anos de trâmite só no Pleno do STF) gera a prestação jurisdicional tardia, com distorções insuperáveis no mundo fático (como desistências e adesões aos diferentes programas de parcelamento – REFIS que foram sucessivamente oferecidos pelo Governo e as situações consolidadas pelo transcurso inexorável do tempo). Por isso, o tema não é tido pela Fazenda Nacional como de grande reverberação econômica. A partir de agora, os casos que versam sobre Plano Verão serão concluídos nas instâncias inferiores, com o encerramento imediato das ações e a pacificação de mais essa questão tributária pela nossa Suprema Corte.[24]

STJ inicia o julgamento do Caso Vale

Em 26.11.2013, a 1ª Turma do Superior Tribunal de Justiça iniciou o julgamento do RESp. 1.325.709 (Caso Vale). Nessa sessão de julgamento, foi submetida à apreciação da Corte a legitimidade da sistemática brasileira de tributação sobre o lucro de empresas estrangeiras, situadas na Bélgica, na Dinamarca e em Luxemburgo, que são controladas ou coligadas à pessoa jurídica brasileira (investidora).

O foco central girou em torno do alcance da proteção conferida pelos tratados celebrados, consoante o art. 7º do modelo da Organização para a Cooperação e Desenvolvimento Econômico – OCDE, o qual determina a competência exclusiva do país de fonte para tributar os lucros originados no seu território, exceto se produzidos por estabelecimento permanente. Em outras palavras, a questão jurídica resume-se em determinar o lugar adequa-

---

24 O artigo foi publicado em: *Jus Navigandi*. Teresina, ano 18, n. 3.796, 22 nov 2013. Disponível na internet: <http://jus.com.br/artigos/25942>. Acesso em: 22.11.2013.

do para oferecer à tributação o lucro auferido no exterior (país com o qual o Brasil celebrou tratado para evitar a dupla tributação da renda e evitar a evasão fiscal).

É certo que se houver a dupla incidência tributária, tanto no Brasil como também no exterior, sem qualquer alívio fiscal, isso prejudicaria muito a competitividade das empresas multinacionais brasileiras nas suas atividades desenvolvidas no exterior em busca de maior fatia do mercado globalizado. Pelo tratado celebrado, como regra geral, a competência tributária é exclusiva do país de fonte, isto é, onde o lucro foi gerado (no exterior). A legislação brasileira, por outro lado, entende tributável no Brasil essa fatia de lucro originada do exterior, ao frágil argumento sustentado pela Fazenda Nacional de que se trata de receita brasileira de empresa brasileira (esquecendo-se de que é indubitavelmente originada no exterior, e não no território nacional). Dessa divergência surge a questão jurídica a ser resolvida.

No âmbito do CARF já houve julgamentos favoráveis aos contribuintes nessa questão (que, de resto, é relativamente simples na jurisprudência internacional e estrangeira). No STJ, a questão já foi julgada de modo tangencialmente favorável aos contribuintes, com o reconhecimento da prevalência do tratado sobre a legislação doméstica e o necessário respeito às suas cláusulas. No âmbito do STF, de igual modo, há indicações e sinalizações favoráveis à obediência do tratado internacional de direito tributário, em detrimento da legislação doméstica.

Contudo, no âmbito do STF essa questão específica foi submetida ao seu Plenário nos autos do RE 541.090 (Caso Embraco) em sessão de julgamento de 10.04.2013. Na ocasião, em que concluía o julgamento da ADI 2.588 (que versou sobre a inconstitucionalidade do art. 74 da Medida Provisória n. 2.158-35/01) a Suprema Corte decidiu pela devolução do caso ao tribunal de origem para que houvesse manifestação sobre a questão referente aos tratados. É que o acórdão recorrido concluiu pela inconstitucionalidade do referido dispositivo legal, razão pela qual restou prejudicado o exame sobre a prevalência dos tratados em relação à legislação doméstica.

Sobre o tema, cabe registrar, ademais, que em 29.11.2013 terminará o prazo dado pela legislação para a opção pelas empresas contribuintes de adesão ao programa de parcelamento especial instituído inicialmente pelo art. 40 da Lei n. 12.865/13 e, posteriormente, modificado pelo art. 92 da Medida Provisória n. 627/13. Tal informação assume especial importância se levarmos em conta que o débito estimado da Vale em cobranças fiscais sobre esse tema gira em torno da monta de trinta bilhões de reais, de acordo com as notícias reiteradamente veiculadas pelos órgãos da mídia.

Inicialmente, o Relator, Ministro Napoleão Nunes Maia Filho, prolatou robusto voto no sentido da ilegalidade da cobrança pretendida pela Fazenda Nacional, especialmente em razão da internalização, no Brasil, dos tratados celebrados com aqueles países que buscam evitar a dupla tributação. Apesar de não ser país-membro da OCDE, o Brasil segue o seu modelo. Além disso, a 2ª Turma já decidiu pela prevalência dos tratados tributários internacionais sobre a legislação doméstica, em razão do critério da especialidade. Reconheceu, ademais, que os países em questão não são paraísos fiscais e a dupla tributação prejudica a concorrência e pode trazer sérios problemas para a internacionalização das empresas brasileiras.

Abrindo a divergência, o Ministro Sérgio Kukina decidiu, de maneira breve, no sentido de negar provimento ao recurso da Vale, sob o fundamento de que não haveria conflito entre a legislação nacional e os tratados firmados pelo Brasil para evitar a dupla tributação com aqueles países.

Por fim, o Ministro Ari Pargendler pediu vista dos autos para melhor análise. Não há data para a continuação do julgamento, mas pode ocorrer na próxima terça-feira (dia 03.12.2013). Em seguida, votará o Ministro Arnaldo Esteves Lima. O Ministro Benedito Gonçalves não vota porque declarou suspeição, por motivo de foro íntimo.

Ao fim e ao cabo, dada a proximidade do prazo fatal para adesão ao programa de parcelamento especial veiculado especificamente para incrementar o caixa do Governo Federal (dia 29.11.2013), resta incômoda a posição da empresa para a sua tomada de decisão gerencial. Se aderir ao referido programa, necessariamente desistirá do seu recurso.

Hoje, à véspera de tal prazo, os Tribunais Superiores não contam com qualquer jurisprudência mansa e pacífica a respeito do tema, que não é novo no Brasil. No âmbito do STF, o Caso Embraco será devolvido para análise pelo tribunal de origem. Além disso, o acórdão com a proclamação do resultado final da ADI 2.588 ainda não foi publicado (cabendo a eventual oposição de embargos de declaração no tocante à definição dessa questão a respeito dos tratados, conforme ressalva expressa feita pelo Ministro Ayres Britto no seu voto). No STJ, o julgamento iniciou-se e foi interrompido pelo pedido de vista formulado pelo Ministro Ari Pargendler (com o empate de um a um até o momento e sem qualquer sinalização de como terminará, sendo virtualmente possível inclusive terminar empatado em dois a dois).

O problema não é exclusivo da Vale. Essa orientação jurisprudencial era esperada por diversas empresas multinacionais brasileiras que estavam na mesma situação e aguardavam uma definição clara sobre o tema. Na sua falta, decidirão sobre a referida adesão ao programa de parcelamento sem o quadro completo quanto à sinalização acerca da procedência ou não de seus pleitos nas diversas instâncias de julgamento, tanto no âmbito administrativo como também na seara judicial.[25]

STF – Retrospecto dos principais julgamentos de 2013 em matéria tributária

Com a conclusão dos trabalhos no corrente ano judiciário é possível traçar retrospecto com os principais julgamentos ocorridos (iniciados, retomados e/ou concluídos) no Supremo Tribunal Federal em matéria tributária.

Quebrando um jejum dos anos anteriores, 2013 foi rico, com a conclusão de julgamentos que se prolongavam por mais de década, ou aguardavam o pronunciamento definitivo da Suprema Corte com impacto em um sem número de outros processos em trâmite junto ao Poder Judiciário (dado o efeito multiplicador de alguns temas).

Muito do que foi alcançado se deve ao empenho pessoal do Presidente do STF, Ministro Joaquim Barbosa, que desde o primeiro instante empenhou-se publicamente no sentido de reduzir o enorme volume de casos represados em razão de julgamentos intermináveis e, mais recentemente, do reconhecimento de repercussão geral.

Com isso, o objetivo de aplicar os precedentes aos demais casos que versam sobre a matéria decidida é alcançado em menor tempo. Em médio prazo, proporcionará a efetiva redução dos recursos que chegam ao STF, com maior pacificação social nos demais tribunais, superiores ou de segunda instância.

Quando for atingido esse objetivo, espera-se que o STF assuma o relevante papel que lhe foi destacado pela Lei Maior, como seu guardião máximo, e passe a atuar cada vez mais exclusivamente como uma Corte Constitucional.

Voltando ao retrospecto do corrente ano, vejamos quais foram os principais julgamentos ocorridos no *Plenário do STF* (utilizando como fonte os informativos que circulam com o resumo das decisões).

Logo no início do retorno aos trabalhos, em 06.02.2013, foi finalizado o julgamento que reconheceu a constitucionalidade do sistema progressivo de alíquotas para o Imposto sobre a Transmissão *Causa Mortis* e Doação – ITCD, sob o fundamento de que a progressividade de alíquotas do imposto: não descambaria para o confisco, na medida em que há o controle do teto das alíquotas pelo Senado Federal (na forma do art. 155, § 1º, IV, da Cons-

---

25 O artigo foi publicado em: *Última Instância (Coluna)*. São Paulo, 28.11.2013. Disponível na internet: http://ultimainstancia.uol.com.br/conteudo/colunas/67751/stj+inicia+o+julgamento+do+caso+vale.shtml. Acesso em: 28.11.2013.

tituição); é compatível com a Súmula n. 668 do STF, que se refere à inconstitucionalidade de lei municipal que tenha estabelecido alíquotas progressivas para o IPTU antes da Emenda Constitucional n. 29/00; e não necessitaria de emenda constitucional, diferentemente do que ocorreria com o IPTU. Foram vencidos os Ministros Ricardo Lewandowski (Relator) e Marco Aurélio (RE 562.045, Rel. Min. Ricardo Lewandowski, red. p/ ac. Min. Cármen Lúcia, j. 06.02.2013, DJe 26.11.2013).

No final de fevereiro foi concluído o julgamento de caso da Empresa Brasileira de Correios e Telégrafos – ECT, no qual foi decidido que os serviços que presta estão abrangidos pela imunidade recíproca (CF, art. 150, VI, a, e §§ 2º e 3º). Dentre os argumentos que fundamentaram a decisão, consta que a extensão do regime de imunidade tributária se justificaria na medida em que a empresa seria *longa manus* da União, em exercício de atividade absolutamente necessária à integração nacional e à fruição do direito básico de se comunicar das pessoas, sob pena de desorganização do serviço no caso de tributação pelos Municípios, que a tributariam de modo distinto. Nesse caso, foram vencidos os Ministros Joaquim Barbosa, Luiz Fux, Cármen Lúcia, Cezar Peluso e Marco Aurélio (RE 601.392, Rel. Min. Joaquim Barbosa, red. p/ ac. Min. Gilmar Mendes, j. 28.02.2013, DJe 05.06.2013).

Nos dias 13 e 14.03.2013 foi concluído o julgamento de ações diretas ajuizadas pelo Conselho Federal da OAB e pela CNI contra diversos dispositivos inseridos pela chamada "Emenda do Calote" (Emenda Constitucional n. 62/09) com a expressa declaração de inconstitucionalidade: a) da expressão "na data de expedição do precatório", contida no § 2º do art. 100 da CF; b) dos §§ 9º e 10 do art. 100 da CF; c) da expressão "índice oficial de remuneração básica da caderneta de poupança", constante no § 12 do art. 100 da CF, do inciso II do § 1º e do § 16, ambos do art. 97 do ADCT; d) do fraseado "independentemente de sua natureza", inserido no § 12 do art. 100 da CF, para que aos precatórios de natureza tributária se apliquem os mesmos juros de mora incidentes sobre o crédito tributário; e) por arrastamento, do art. 5º da Lei n. 11.960/09; e f) do § 15 do art. 100 da CF e de todo o art. 97 do ADCT. Na ocasião, deliberou-se apreciar questão relativa a eventual modulação de efeitos da decisão oportunamente (ADIs 4.357 e 4.425, Rel. Min. Ayres Britto, red. p/ ac. Min. Luiz Fux).

Em 24.10.2013, o referido julgamento foi retomado e na ocasião o Relator levantou questão de ordem na qual propôs a modulação temporal dos efeitos da decisão, nos termos do art. 27 da Lei n. 9.868/99. A forma da modulação que propôs foi com a observância das seguintes regras: 1) consideram-se válidos os pagamentos dos precatórios realizados até o trânsito em julgado das ações diretas, nas modalidades leilão e quitação por acordo, porquanto ficarão declarados nulos apenas com eficácia *ex nunc*, sendo certo que não poderão ser usados doravante; 2) mantêm-se os percentuais mínimos da receita corrente líquida vinculados ao pagamento de precatórios (art. 97, §§ 1º e 2º), permitindo aos entes federados dar continuidade ao pagamento de suas dívidas sem comprometer os serviços básicos de relevante interesse público; 3) até o final do exercício financeiro de 2018, os entes federados que estiverem realizando o pagamento de acordo com o regime especial aqui modulado não poderão sofrer sequestro de valores, exceto no caso de não liberação tempestiva dos recursos de que tratam o inciso II e os §§ 1º e 2º do art. 97 do ADCT *ex vi* do art. 97, § 13, do ADCT; 4) na forma do art. 97, § 10, do ADCT, no caso de não liberação tempestiva de tais recursos vinculados ao pagamento de precatórios, haverá: a) sequestro da quantia nas contas dos entes federados na forma do § 4º até o limite do valor não liberado; b) constituir-se-á alternativamente por ordem dos Tribunais em favor dos credores direito líquido e certo auto-aplicável, independente de regulamentação, à compensação automática com débitos líquidos lançados por esta contra aqueles; c) e, havendo saldo em favor do credor, o valor terá automaticamente poder liberatório do pagamento de tributos dos entes federados devedores até onde se compensarem; d) e o Chefe do Poder Executivo responderá na forma da Lei de Responsabilidade Fiscal e de Improbidade Administrativa. Em seguida, pediu vista o Ministro Roberto Barroso (ADI 4.357-QO, ADI 4.425-QO, Rel. Min. Luiz Fux, j. 24.10.2013).

Em 21.03.2013 foi encerrado o julgamento referente à questão do PIS/Cofins-Importação, com a expressa declaração de inconstitucionalidade da parte que pretendeu alargar a noção de "valor aduaneiro", contida no art. 7º, I, da Lei n. 10.865/04, pelo qual a base de cálculo das referidas contribuições incidentes sobre a importação "será o valor aduaneiro, assim entendido, para os efeitos desta Lei, o valor que servir ou que serviria de base para o cálculo do imposto de importação, *acrescido do valor do Imposto sobre Operações Relativas à Circulação de Mercadorias e sobre Prestação de Serviços de Transporte Interestadual e de Comunicação – ICMS incidente no desembaraço aduaneiro e do valor das próprias contribuições, na hipótese do inciso I do art. 3º desta Lei*".

Desse modo, a parte sublinhada foi declarada inconstitucional por violação ao art. 149, § 2º, III, a, da Constituição da República, introduzido pela Emenda Constitucional n. 33/01. O texto declarado inconstitucional sucumbiu porque as contribuições sociais sobre a importação, quando tivessem alíquota *ad valorem*, deveriam ser calculadas com base apenas no valor aduaneiro, e não com quaisquer outros acréscimos que fossem.

Nesse caso, ao final do julgamento foi rejeitada questão de ordem suscitada pela Fazenda Nacional, para que fossem modulados os efeitos da decisão, sob o fundamento de que o tema poderia ser analisado oportunamente, em sede de embargos de declaração (RE 559.937, Rel. Min. Ellen Gracie, red. p/ ac. Min. Dias Toffoli, j. 20.03.2013, DJe 17.10.2013). Da oposição de embargos de declaração pela Fazenda Nacional os autos foram conclusos ao Gabinete do Ministro Dias Toffoli.

Em 10.04.2013 finalmente foi proclamado o resultado do julgamento da ADI 2.588, ajuizada pela CNI contra o § 2º do art. 43 do CTN e o art. 74, *caput* e parágrafo único, da MP 2.158-35/01. A este dispositivo foi dada interpretação conforme a Constituição, com eficácia *erga omnes* e efeito vinculante, no sentido de que não se aplicaria às empresas coligadas localizadas em países sem tributação favorecida (não "paraísos fiscais"), e que se aplicaria às empresas controladas localizadas em países de tributação favorecida ou desprovidos de controles societários e fiscais adequados ("paraísos fiscais", assim definidos em lei), bem como se afastou a aplicação do referido parágrafo único de modo retroativo. Observou-se empate no tocante à situação de empresas coligadas em "paraísos fiscais" e controladas fora de "paraísos fiscais" (ADI 2.588, Rel. Min. Ellen Gracie, red. p/ ac. Min. Joaquim Barbosa).

Em seguida, e na esteira do resultado proclamado na ADI 2.588, foram chamados a julgamento outros dois recursos extraordinários em que se discutia a inconstitucionalidade do art. 74 da MP 2.158-35/01, que estabelece que os lucros auferidos por controlada ou coligada no exterior serão considerados disponibilizados para a controladora no Brasil na data do balanço no qual tiverem sido apurados.

O primeiro (Caso Coamo) seguiu a mesma sorte da decisão contida na ADI 2.588, tendo o Tribunal negado provimento ao recurso extraordinário do contribuinte, vez que restou consignado que a empresa seria controlada e situada em "paraíso fiscal", de modo que o dispositivo legal seria aplicável ao caso (RE 611.586, Rel. Min. Joaquim Barbosa).

O segundo (Caso Embraco) cuidava de recurso extraordinário interposto pela União e contra empresas controladas fora de "paraíso fiscal". Nesse caso, restou decidido que os autos retornassem ao tribunal de origem para que houvesse pronunciamento acerca de eventual vedação de bitributação baseada em tratados internacionais (RE 541.090, Rel. Min. Joaquim Barbosa, red. p/ o ac. Min. Teori Zavascki).

Ainda naquele dia, o Plenário referendou medida acauteladora em ação cautelar ajuizada pela Vale na qual concedia eficácia suspensiva ativa a recurso extraordinário referente à sistemática de tributação dos lucros no exterior. Com a conclusão do julgamento da ADI 2.588, do RE 611.586 e do RE 541.090, restou clara a fumaça do bom direito e o perigo na demora, sobretudo levando-se em consideração que o caso tratava de empresas controladas em países não considerados "paraísos fiscais", em que existente tratado internacional (AC 3.141, Rel. Min. Marco Aurélio, j. 10.04.2013, DJe 30.09.2013).

Ainda naquele dia, o Pleno decidiu que não incide ICMS sobre o serviço de fornecimento de água encanada. Nesse caso, foi reconhecida a violação ao art. 155, II, da Constituição da República, que prevê a materialidade do ICMS. Ficaram vencidos os Ministros Marco Aurélio e Ricardo Lewandowski (RE 607.056, Rel. Min. Dias Toffoli, j. 10.04.2013, DJe 16.05.2013).

No final de abril foi decidido pelo Pleno que a contribuição destinada ao Sebrae possui natureza de contribuição de intervenção no domínio econômico e não necessita de edição de lei complementar para ser instituída. Desse modo, foi reconhecida a sua constitucionalidade. Ficou vencido o Ministro Marco Aurélio (RE 635.682, Rel. Min. Gilmar Mendes, j. 25.04.2013, DJe 24.05.2013).

Em 09.05.2013, foi concluído o julgamento sobre a impossibilidade de dedução do valor equivalente à CSLL de sua própria base de cálculo, bem como da base de cálculo do IRPJ, nos termos previstos no art. 1º, parágrafo único, da Lei n. 9.316/96. Foi decidido que o valor devido a título de CSLL não deveria ser tratado como despesa operacional ou necessária (dedutível) para fins de apuração do IRPJ. Ficou vencido o Ministro Marco Aurélio (RE 582.525, Rel. Min. Joaquim Barbosa).

Em 22.05.2013 o Pleno deu provimento a recurso ordinário em mandado de segurança coletivo que pretendia a declaração de ilegalidade da Portaria n. 1.135/01, editada pelo Ministro de Estado da Previdência e Assistência Social, sob o fundamento de que aumentou a base de cálculo da contribuição social incidente sobre as remunerações ou retribuições pagas ou creditadas a transportador autônomo pelo frete, carreto ou transporte de passageiros realizado por conta própria, prevista no art. 22, III, da Lei n. 8.212/91. A alteração perpetrada pela Portaria n. 1.135/01 foi afastada, por violação ao princípio da legalidade, para restabelecer os parâmetros constantes na redação original do Decreto n. 3.048/91, que previa a alíquota de 11,71%. Ficaram vencidos os Ministros Eros Grau e Gilmar Mendes (RMS 25.476, Rel. Min. Eros Grau, red. p/ ac. Min. Marco Aurélio).

No mesmo dia o Pleno decidiu que a cassação de registro especial para a fabricação e comercialização de cigarros, em virtude de descumprimento de obrigações tributárias por parte da empresa, é válida e não constitui sanção política. Foram vencidos os Ministros Gilmar Mendes, Marco Aurélio e Celso de Mello (RE 550.769, Rel. Min. Joaquim Barbosa, j. 22.05.2013).

Ainda naquela tarde foi declarada a inconstitucionalidade da incidência da contribuição para o PIS e a Cofins não cumulativas sobre os valores recebidos por empresa exportadora em razão da transferência a terceiros de créditos de ICMS. Desse modo, foi reconhecido que os valores correspondentes à transferência a terceiros de créditos de ICMS não integram a base de cálculo do PIS/Cofins. Ficou vencido o Ministro Dias Toffoli (RE 606.107, Rel. Min. Rosa Weber, j. 22.05.2013, DJe 25.11.2013).

No dia seguinte foi declarada inconstitucional a incidência da contribuição para PIS e Cofins sobre a receita decorrente da variação cambial positiva obtida nas operações de exportação. No caso, concluiu-se que eventual variação da taxa de câmbio entre o fechamento e a liquidação do contrato configuraria receita decorrente de exportação, sempre que favorável ao exportador. Desse modo, as receitas cambiais relativas à exportação estariam abrangidas pela imunidade prevista no art. 149, § 2º, I, da Constituição da República (RE 627.815, Rel. Min. Rosa Weber, j. 23.05.2013, DJe 01.10.2013).

Em junho, o Plenário acolheu parcialmente embargos de declaração sobre Crédito-Prêmio do IPI para assentar a extensão da declaração de inconstitucionalidade do art. 1º do Decreto-Lei n. 1.724/79 no ponto em que conferia delegação ao Ministro de Estado da Fazenda para extinguir os incentivos fiscais concedidos pelos arts. 1º e 5º do Decreto-Lei n. 491/69 (RE 208.260, Rel. Min. Marco Aurélio, j. 12.06.2013, DJe 11.11.2013).

Ainda naquele mês, o Tribunal decidiu, com repercussão geral, que a contribuição para o Finsocial, incidente sobre o faturamento das empresas, não está abrangida pela imunidade constitucional sobre livros, jornais, periódicos e o papel destinado a sua impressão. O Finsocial tem a natureza jurídica de imposto (de competência residual da União). Caracterizando-se como tributo pessoal, não leva em conta a capacidade contributiva do comprador de livros, mas sim a do vendedor. Assim, a imunidade recairia sobre o livro (objeto tributado) e não sobre o livreiro ou sobre a editora. Restou vencido o Ministro Marco Aurélio, que conferia interpretação mais ampla à imunidade constitucionalmente estabelecida (RE 628.122, Rel. Min. Gilmar Mendes, j. 19.06.2013, DJe 30.09.2013).

Logo no início da volta aos trabalhos depois do recesso de julho, o Pleno decidiu que é inconstitucional a majoração, sem edição de lei em sentido formal, do valor venal de imóveis para efeito de cobrança do IPTU, acima dos índices oficiais de correção monetária. A correção monetária com base nos índices anuais de inflação não constitui aumento de tributo (art. 97, § 1º, do CTN), razão pela qual não se submete à reserva legal imposta pelo art. 150, inciso I, da Lei Maior. No caso em julgamento, a majoração pretendida por decreto foi afastada (RE 648.245, Rel. Min. Gilmar Mendes, j. 01.08.2013).

Em setembro não encontramos qualquer julgamento relevante em matéria tributária que tenha sido veiculado nos informativos referentes às decisões do Plenário do STF.

Em 20.09.2013, o Plenário Virtual decidiu pela existência de repercussão geral da questão sobre o alcance da imunidade tributária, prevista no art. 149, § 2º, I, da Lei Maior, para incluir os exportadores que vendem no mercado externo por meio de *trading companies* (empresas que atuam como intermediárias na exportação). O que está em jogo na aplicação da referida imunidade é tanto o princípio da legalidade como também o da isonomia à luz da distinção entre os exportadores diretos e indiretos (RE 759.244, Rel. Min. Roberto Barroso).

Em 18.10.2013, o Plenário Virtual, por unanimidade, reputou constitucional a questão relacionada à incidência ou não do PIS e da Cofins sobre a receita decorrente da locação de bens móveis (RE 659.412, Rel. Min. Marco Aurélio).

Em 30.10.2013 foi reconhecida a constitucionalidade da exigência contida no art. 17, inciso V, da Lei Complementar n. 123/06, pela qual: "Não poderão recolher os impostos e contribuições na forma do Simples Nacional a microempresa ou a empresa de pequeno porte [...] que possua débito com o INSS, ou com as Fazendas Públicas Federal, Estadual ou Municipal, cuja exigibilidade não esteja suspensa".

Após lembrar o tratamento constitucional propositadamente diferenciado às microempresas e às empresas de pequeno porte, a relevância do setor na geração de emprego e renda no País, enfim, as razões que culminaram com a criação do Simples, bem como a edição da Emenda Constitucional n. 42/03, o Relator assinalou que seria regime especial de tributação de caráter opcional por parte dos contribuintes, mas de observância obrigatória pelos entes federados. Restou vencido o Ministro Marco Aurélio, que provia o recurso por reputar inconstitucional o preceito em questão, que configuraria coação política (RE 627.543, Rel. Min. Dias Toffoli, j. 30.10.2013).

Em 31.10.2013, o STF reafirmou a sua jurisprudência consolidada, no sentido de garantir a imunidade tributária prevista no art. 150, inciso VI, alínea "c", da Constituição da República, aos imóveis pertencentes a instituições de educação e de assistência social sem fins lucrativos quanto ao IPTU. A repercussão geral da matéria foi reconhecida por unanimidade. No mérito, o debate girou em torno do vínculo do imóvel às atividades essenciais da entidade assistencial, vez que se encontrava vago. A Corte decidiu que a imunidade aplica-se também aos bens imóveis alugados (na forma da Súmula n. 724), bem como àqueles temporariamente vagos, "desde que atendidos os requisitos legais necessários ao enquadramento nessa categoria", nas palavras do Relator (RE 767.332, Rel. Min. Gilmar Mendes, j. 31.10.2013, DJe 22.11.2013). Ficou vencido o Ministro Marco Aurélio.

Em 06.11.2013, o Tribunal decidiu que, após a Emenda Constitucional n. 33/01, é constitucional a instituição do ICMS incidente sobre a importação de bens, sendo irrelevante a classificação jurídica do ramo de atividade da empresa importadora. A incidência do tributo depende da observância das regras de anterioridade e irretroatividade e a validade da constituição do crédito tributário depende da existência de lei complementar sobre normas gerais e de legislação local de instituição do ICMS. Não se poderia falar em constitucionalidade superveniente para legitimar legislação local anterior à referida emenda constitucional ou à Lei Complementar n. 114/02, com o único objetivo de validar crédito tributário constituído em momento no qual não haveria permissão constitucional, inclusive lembrando-se da orientação firmada pelo STF sobre o tema nos RREE 346.084 e 390.849. Desse modo, o Pleno negou provimento ao recurso interposto pela Fazenda Pública e deu provimento ao recurso interposto pelo contribuinte (RREE 439.796 e 474.267, Rel. Min. Joaquim Barbosa, j. 06.11.2013).

Em 20.11.2013, o Pleno concluiu o julgamento dos RREE 208.526 e 256.304, que cuidavam do expurgo inflacionário conhecido como "Plano Verão" em *leading case* patrocinado pelo nosso escritório, quando, de modo artificial, o Governo divulgou taxa de correção monetária das demonstrações financeiras em patamar flagrantemente inferior ao que tinha sido observado pelos órgãos oficiais de aferição da referida taxa mensal.

Desse modo, com oito votos convergentes, restou declarada a inconstitucionalidade do § 1º do art. 30 da Lei n. 7.730/89 e do art. 30 da Lei n. 7.799/89,[26] vencidos os Ministros Luiz Fux, Dias Toffoli e Gilmar Mendes (RREE 208.526 e 256.304, Rel. Min. Marco Aurélio, j. 20.11.2013).

Concluído o julgamento dos RREE 208.526 e 256.304, que se iniciara em 01.02.2001, foram chamados os demais casos sobre o tema (RREE 215.142 e 221.142, Rel. Min. Marco Aurélio, j. 20.11.2013). Depois de lido o relatório, tanto o patrono das empresas contribuintes recorrentes como também a representante da Fazenda Nacional, de comum acordo, abriram mão do tempo de sustentação oral, vez que o tema replicava aquele cuja conclusão ocorrera momentos antes no Plenário. Tal gesto foi bem recebido pela Corte e recebeu congratulação expressa dos Ministros Ricardo Lewandowski e Roberto Barroso. Em seguida, o voto do Relator, Ministro Marco Aurélio, foi acompanhado de modo unânime.

Ao final, por proposta do Ministro Gilmar Mendes, foi aplicado aos casos o efeito do instituto da repercussão geral, vez que é Relator do RE 242.689 e que versa sobre o mesmo tema, com o encerramento dinâmico e imediato dos casos pendentes no Poder Judiciário.

No próprio dia 20.11.2013, o Pleno também concluiu o julgamento que, por maioria, reputou procedente pedido formulado em ação direta para declarar a inconstitucionalidade de lei do Estado de Santa Catarina, que dispõe sobre o cálculo do valor adicionado, para fins de partilha do produto arrecadado com a incidência do ICMS, relativo à energia elétrica, sob o fundamento de ofensa aos arts. 161, inciso I, 158, parágrafo único, inciso I, ambos da Constituição da República. Restou vencido o Ministro Marco Aurélio, que julgava improcedente o pedido, por entender que o Estado-membro poderia tratar da matéria por lei local, vez que não havia reserva à lei complementar (ADI 3.726, Rel. Min. Joaquim Barbosa, j. 20.11.2013).

Ainda no mesmo dia, o Tribunal retomou julgamento de recurso em que se discute a constitucionalidade da incidência do ICMS na importação de bem móvel realizada mediante operação de arrendamento mercantil (*leasing*). O Presidente, Ministro Joaquim Barbosa, em voto-vista, em tese, considerou possível a referida incidência. Todavia, registrou que um dos obstáculos a ser enfrentado seria a lesão da capacidade contributiva (art. 145, § 1º,

---

26 Eis o teor dos referidos dispositivos para melhor compreensão: "*Art. 30*. No período-base de 1989, a pessoa jurídica deverá efetuar a correção monetária das demonstrações financeiras de modo a refletir os efeitos da desvalorização da moeda observada anteriormente à vigência desta Lei. § 1º. Na correção monetária de que trata este artigo a pessoa jurídica deverá utilizar a OTN de NCz$ 6,92 (seis cruzados novos e noventa e dois centavos)" (*Lei n. 7.730/89*); "*Art. 30*. Para efeito de conversão em número de BTN, os saldos das contas sujeitas à correção monetária, existentes em 31 de janeiro de 1989, serão atualizados monetariamente, tomando-se por bases o valor da OTN de NCz$ 6,92" (*Lei n. 7.799/89*).

da Lei Maior) pela ausência de normas gerais adequadas a mensurar o aspecto econômico da operação, vez que a pretensa tributação não poderia absorver integralmente a utilidade econômica do fato tributado a ponto de torná-lo inviável. Além disso, vários outros pontos foram suscitados no voto do Presidente, como a citação de precedente em que a Corte fixou entendimento pelo qual o arrendamento mercantil não se confunde com a locação ou com simples compra e venda, a distinção de tratamento no tocante ao ISS e ao ICMS, a competência da União para criar tributos de fins extrafiscais regulatórios e a necessidade de observar o ambiente competitivo de mercado, dentre outros. Em seguida, pediu vista o Ministro Teori Zavascki (RE 226.899, Rel. Min. Ellen Gracie, j. 20.11.2013).

Na sequência, ainda no mesmo dia, o Pleno retomou o julgamento de recurso sobre tema afim: a incidência do ICMS no *leasing* internacional. Nesse caso, a Ministra Cármen Lúcia proferiu voto-vista que acompanhou a divergência, no qual aduziu que os fatos narrados no processo teriam ocorrido antes das alterações perpetradas pela Emenda Constitucional n. 33/01, cabendo aplicar o direito à espécie, pouco importando o reconhecimento prévio da repercussão geral. Além disso, propôs interpretação sistemática dos dispositivos constitucionais envolvidos. Consignou, ademais, que não haveria circulação econômica quando não houvesse aquisição de mercadoria, mas mera posse decorrente do arrendamento, cabendo à Fazenda Pública examinar o contrato de arrendamento para verificar a incidência ou não de ICMS. Em seguida, pediu vista o Ministro Teori Zavascki (RE 540.829, Rel. Min. Gilmar Mendes, j. 20.11.2013).

Em 27 e 28.11.2013, o Pleno iniciou o julgamento conjunto de casos que discutem o direito a diferenças de correção monetária de depósitos em cadernetas de poupança em razão de expurgos inflacionários decorrentes de diversos planos econômicos (Cruzado, Bresser, Verão, Collor I e Collor II). De início, o Tribunal deliberou, por maioria, começar o julgamento com a leitura dos relatórios e as sustentações orais para, logo depois, suspendê-lo para prosseguimento em data a ser agendada no início do ano judiciário de 2014, com sessões contínuas. Em seguida, o julgamento foi suspenso (ADPF 165, Rel. Min. Ricardo Lewandowski; RREE 591.797 e 626.307, Rel. Min. Dias Toffoli).

Desse apanhado selecionado de decisões, verifica-se que a Corte, sob a Presidência do Ministro Joaquim Barbosa, tem se preocupado realmente com o potencial multiplicador das demandas tributárias ajuizadas perante o Poder Judiciário. Nesse sentido, vem desenvolvendo intenso trabalho para julgar matérias submetidas ao regime da repercussão geral e racionalizar a conclusão dos julgamentos pendentes (com pedidos de vista).

Sob a Presidência do Ministro Joaquim Barbosa, começou intenso trabalho de julgar matérias submetidas ao regime da repercussão geral e concluir os julgamentos pendentes (com pedidos de vista).

Além disso, cabe registrar que se verifica maior concentração de julgamentos em dias específicos nos quais predomina a pauta dos casos em matéria tributária. Verifica-se maior produtividade no julgamento de tais casos, com a definição de relevantes precedentes e a conclusão de *leading cases* importantes para a pacificação social na relação entre o Fisco e os contribuintes.

Levando em conta declarações recentes, quando do encerramento do ano judiciário, o Presidente continuará no mesmo caminho, priorizando a conclusão de julgamentos que tramitam há muitos anos (em razão dos pedidos de vista) e deixando fluir os casos de repercussão geral reconhecida.

Nesse sentido, cabe mencionar possíveis casos que serão levados a julgamento no próximo ano, com o retorno dos trabalhos a partir de fevereiro. São eles:

a) a Ação Declaratória de Constitucionalidade – ADC n. 18, que versa sobre a inconstitucionalidade da espúria inclusão da parcela do ICMS na base de cálculo do PIS/Cofins, matéria que chegou no Plenário do STF há mais de uma década e em agosto de 2006 contabilizou seis votos favoráveis aos contribuintes e um contrário (nos autos do RE n. 240.785, que posteriormente foi preterido em razão do ajuizamento da referida ação declaratória);

b) a conclusão do julgamento referente à modulação temporal dos efeitos da decisão que declarou a inconstitucionalidade de boa parte da chamada "Emenda do Calote" a partir da proposta do Ministro Luiz Fux (ADIs 4.357 e 4.425);

c) o julgamento da legitimidade da instituição do PIS/Cofins-Importação, cuja repercussão geral já foi reconhecida no RE n. 565.886 (Rel. Min. Marco Aurélio);

d) a publicação do acórdão dos RREE n. 256.304 e n. 208.526, que declarou a inconstitucionalidade do art. 30, § 1º, da Lei n. 7.730/89, e do art. 30 da Lei n. 7.799/89 (Plano Verão);

e) a continuação do julgamento da Arguição de Descumprimento de Preceito Fundamental – ADPF n. 165, ajuizada em 2009 pela Confederação Nacional do Sistema Financeiro – Consif e que versa sobre os expurgos inflacionários veiculados pelos sucessivos planos econômicos na era inflacionária, como os Planos Bresser, Verão, Collor 1 e Collor 2; e

f) a publicação do acórdão referente à ADI 2.588, que deu interpretação conforme à Constituição ao art. 74 da MP 2.158-35/01, conforme decisão relatada anteriormente. Nesse caso, possivelmente a CNI oporá embargos de declaração para esclarecer pontos que restaram omissos durante o julgamento. O tema é tão relevante e estratégico tanto para o Governo Federal como também para o empresariado que, recentemente, foi objeto de programa de parcelamento específico e generoso, com o objetivo de incrementar a receita tributária.

Verifica-se, portanto, que o próximo ano reserva à Suprema Corte árduo trabalho no sentido de iniciar, retomar e/ou concluir relevantes casos em matéria tributária que certamente terão aplicação em centenas de milhares de processos que tramitam pela vacilante jurisprudência das instâncias inferiores do Poder Judiciário. Isso, nesse momento de especial efervescência da sociedade civil organizada, seria capaz de trazer um pouco de estabilidade e segurança jurídica, elementos indispensáveis ao bom funcionamento do sistema constitucional tributário e da pacificação entre o Fisco e os contribuintes.[27]

Retrospecto de 2013 (em matéria tributária)

Com o Ano Novo sempre dedicamos algum tempo, ainda que breve, para reflexões sobre o ano findo, como um balanço de fatos e eventos que marcaram as nossas vidas nos diferentes campos, como referente à nossa saúde, às oportunidades profissionais e às conquistas acadêmicas, dentre tantas outras. Geralmente é também o momento em que realizamos algumas resoluções de Ano Novo, com promessas de melhoria e maior foco para o ano vindouro.

Focando exclusivamente em matéria tributária, podemos assinalar alguns fatos e eventos dignos de nota, que merecem a nossa lembrança. A título exemplificativo, pinçamos apenas aqueles que consideramos mais relevantes, sem prejuízo de outros que talvez merecessem também destaque e venham à cabeça do leitor no decorrer do presente retrospecto.

Em janeiro, foram publicados os atos regulamentares referentes à mudança nas regras de preços de transferência (IN RFB 1.321 e 1.322). Com a retomada do ano forense no início de fevereiro, cabe registrar o resultado favorável do julgamento das ações diretas ajuizadas em face da "Emenda do Calote" e o resultado parcialmente favorável na ADI 2.588 ajuizada pela CNI contra o famigerado art. 74 da MP 2.158-35/01.

Foi publicado o polêmico Parecer PGFN/CAT 202, pelo qual o Fisco se manifesta de modo restritivo em relação à isenção da distribuição de dividendos prevista no art. 10 da Lei n. 9.249/95.

---

27   O texto foi publicado em: *Jus Navigandi*. Teresina, ano 18, n. 3.830, 26 dez 2013. Disponível na internet: <http://jus.com.br/artigos/26243>. Acesso em: 26.12.2013.

Verificou-se, de modo muito mais claro do que nos anos anteriores, em razão da crescente política de desonerações tributárias pontuais e paliativas, a necessidade de as grandes empresas brasileiras realizarem *lobby* estritamente técnico junto aos órgãos competentes do Governo Federal levando em conta o cenário de alguns setores específicos e estratégicos.

Foi editada a tão esperada MP 615, que promoveu a reabertura do prazo do Refis IV e instituiu o programa de parcelamento referente aos débitos relacionados ao referido art. 74 da MP 2.158-35/01, posteriormente convertida na Lei 12.865. No fim do ano, foi publicada a MP 627, que introduz profundas mudanças na legislação tributária, especialmente no tocante à sistemática de tributação dos lucros no exterior (arts. 72 a 91).

Aliás, especialmente sobre o tema da Tributação Internacional, tão estratégico para o País hoje, no plano internacional, cabe mencionar as últimas regulamentações do IRS norte-americano sobre o FATCA, o relatório especial veiculado pelo prestigioso *The Economist* sobre a perda de arrecadação com a sonegação fiscal no mundo (estimada em US$ 20 trilhões), a crescente celebração de tratados por Hong Kong, a divulgação do *General Anti-Abuse Rule Guidance* pelo Tesouro britânico, o Plano de Ação da OCDE sobre o BEPS (*Base Erosion and Profit Shifting*), o 67º Congresso Anual da IFA e o Decreto 2.193 que foi publicado na Colômbia e que relaciona as 44 jurisdições consideradas "paraísos fiscais".

No Brasil, além da publicação da MP 627 antes referida, cabe mencionar o tratado firmado pelo País com a Turquia, bem como os últimos passos dados pelo Brasil no sentido de buscar maior Transparência Fiscal. Exemplo disso foi a atenção dada ao acordo bilateral para troca de informações fiscais firmado com os EEUU. Foi dado o parecer contrário emitido pelo Senador Francisco Dornelles no PDL 30/10, ocorreu a publicação do Decreto Legislativo e do Decreto 8.003 que promulgou o acordo.

Durante 2013, o Supremo Tribunal Federal pautou e decidiu casos tributários como não fazia há muito tempo. Nesse sentido, finalmente pronunciou-se no caso dos Lucros no Exterior, com a interpretação conforme a Constituição do art. 74 da MP 2.158-35/01, bem como concluiu pela inconstitucionalidade do expurgo contido no Plano Verão, em *leading case* patrocinado pelo nosso escritório. Além disso, também decidiu favoravelmente aos contribuintes nos casos relacionados ao PIS/Cofins-Importação (valor aduaneiro), decidiu que as receitas de exportação decorrentes da variação cambial positiva não devem ser tributadas pelo PIS/Cofins, bem como a sua não incidência sobre os créditos de ICMS transferidos a terceiros por empresas exportadoras. Ademais, cabe mencionar o reconhecimento da repercussão geral da imunidade de exportação via *trading* e referente à incidência do PIS/Cofins sobre a locação de bens móveis (este em caso sob o patrocínio do nosso escritório).

De igual modo, no âmbito do Superior Tribunal de Justiça, cabe registrar decisão da sua 1ª Seção sobre a isenção do IRRF nos mútuos *intercompanies*, bem como de que a mercadoria dada em bonificação não se inclui na base de cálculo do ICMS, além da continuação do julgamento sobre o aviso prévio indenizado e o 1/3 constitucional de férias.

Na seara administrativa, a título meramente ilustrativo, cabe registrar o julgamento favorável no CARF de tema referente à incidência da Contribuição Previdenciária sobre a Participação nos Lucros e Resultados, bem como a não incidência de IOF sobre as movimentações financeiras referentes ao contrato de "conta-corrente" contábil firmado entre a empresa autuada e sua controladora.

Em breves linhas, esses foram alguns fatos e eventos relevantes ocorridos durante o ano findo de 2013. Muitos outros poderiam ser acrescidos a eles, mas propositadamente optamos pinçá-los a título meramente exemplificativo.

Levando em conta o cenário legislativo, com a recente publicação da referida MP 627 (e sua conversão em lei esperada para os próximos meses), bem como a dedicação do Presidente do Supremo Tribunal Federal, no sentido de priorizar colocar em pauta casos antigos e/ou de repercussão geral que dependem de definição pela Corte, além da providência recente do CARF, no sentido de que não aguardará a conclusão dos julgamentos do STF, então podemos prever (sem qualquer medo de errar) que 2014 será um ano repleto de novos fatos e eventos relevantes em matéria tributária.

Nesse sentido, esperamos que seja ainda mais passível de pacificar as relações conflituosas existentes entre o Fisco e os contribuintes, com o incremento, ainda que modesto, da previsibilidade e da segurança jurídica por todos almejada. Bom Ano Novo e um 2014 repleto de realizações![28]

Grandes temas frequentaram a pauta do STF em 2013

Com o encerramento de 2013 os diversos tribunais do País dedicam-se a contabilizar as estatísticas relacionadas a cada atividade jurisdicional, com o número total de despachos, decisões e acórdãos proferidos no período. De modo geral, tais números sempre impressionam pelo enorme volume em jogo.

Recentemente, o sítio eletrônico do Supremo Tribunal Federal divulgou os seus dados estatísticos, nos quais relatou que foram julgados 46 temas com repercussão geral e que teriam aplicação sobre outros 116.449 processos sobrestados em 15 tribunais.

De um lado, verifica-se que foi um ano de muito empenho engendrado pelo Presidente da Corte, Ministro Joaquim Barbosa, no sentido de finalizar julgamentos antigos já iniciados e com pedido de vista pendente, além de concluir casos de repercussão geral reconhecida, justamente pelo potencial multiplicador nas instâncias inferiores. O julgamento de todo esse acervo é salutar, necessário e oportuno.

Nesse rol, a título meramente exemplificativo, cabe reiterar o registro que já fizemos nessa coluna em outras oportunidades, sobre os relevantíssimos casos tributários que foram concluídos em 2013, dentre os quais vale lembrar as seguintes definições: a) a constitucionalidade da exigência de regularidade fiscal perante o Fisco para que as pequenas e médias empresas possam aderir ao regime tributário diferenciado do Simples (RE 627.543); b) a constitucionalidade de cobrança progressiva do ITCD (RE 562.045); c) a inconstitucionalidade da inclusão de ICMS, PIS e COFINS na base de cálculo dessas contribuições sociais incidentes sobre a importação por extrapolar a noção de "valor aduaneiro" (RE 559.937); d) o ICMS não pode incidir no fornecimento de água canalizada (RE 607.056); e) a interpretação conforme com a procedência parcial da ADI 2.588 ajuizada em face do art. 74 da MP 2.158-35/01; f) a inconstitucionalidade de boa parte da famigerada "Emenda do Calote" (ADI 4.357 e 4.425); g) e, por último, mas não menos importante, a inconstitucionalidade do expurgo do Plano Verão nas demonstrações financeiras de 1989.

Ora, matéria tributária é naturalmente vocacionada ao enorme potencial multiplicador, exatamente em razão de seu amplo alcance no espectro de contribuintes, sobretudo se considerarmos os pilares do Sistema Tributário Nacional insculpidos na Constituição da República com a solenidade e rigidez que o caracterizam.

Questão de menor impacto em razão do potencial multiplicador se verifica no âmbito penal. Ainda assim, alguns julgamentos importantes foram concluídos, como a confirmação de requisito para progressão de regime prisional em condenações por crimes hediondos antes de 2007 (RE 579.167), bem como a definição de que as circunstâncias relativas à natureza e à quantidade de drogas apreendidas com um condenado por tráfico de entorpecentes só podem ser usadas, na fase da dosimetria da pena, na primeira e na terceira etapa do cálculo, e sempre de forma não cumulativa (HC 112.776 e 109.193).

---

28 O texto foi publicado em: *Última Instância (Coluna)*. São Paulo, 02.01.2014. Disponível na internet: http://ultimainstancia.uol.com.br/conteudo/colunas/68355/retrospecto+de+2013+%28em+materia+tributaria%29.shtml. Acesso em: 02.01.2014.

Além disso, depois das 53 sessões que ocuparam todo o 2º semestre de 2012, o Caso Mensalão voltou a protagonizar na pauta do STF, quando foram julgados 26 embargos de declaração, 10 segundos embargos de declaração, 6 agravos regimentais e uma questão de ordem, bem como pelo cabimento dos embargos de divergência, desde que o condenado tenha tido pelo menos quatro votos no sentido da absolvição (AP 470).

De outro lado, o amplo leque de competências atribuídas ao STF faz com que ele extrapole de sua função ordinária e precípua de guardião máximo da Lei Maior como Corte Constitucional e seja também responsável pela solução de casos que poderiam ser deslocados para outros tribunais ou órgãos.

Exemplo pálido disso pode ser verificado no julgamento que vedou a incorporação de quintos ao vencimento de magistrados (RE 587.371). Ora, sem qualquer demérito a essa prestigiosa classe de bravos trabalhadores, essa é uma questão administrativa que poderia, ao menos em tese, ser resolvida no âmbito do STJ e eventualmente até mesmo perante o CNJ.

Exemplo bem ilustrativo do tempo, energia e dedicação que são deslocados do elevado mister de atuar como efetiva (e exclusiva) Corte Constitucional pode ser verificado no julgamento permanente – e até reiterado – de matérias eleitorais. Nesse sentido, cabe registrar as seguintes decisões pinçadas do elenco de 2013: a) a inconstitucionalidade do art. 5º da Lei n. 12.034/09, que instituiu o voto impresso a partir das eleições de 2014 (ADI 4.543); b) o Ministério Público Eleitoral pode questionar registro de candidatura mesmo sem impugnar o pedido inicial (ARE 728.188); c) o início de julgamento referente ao financiamento das campanhas eleitorais (ADI 4.650); d) e a manutenção do trâmite do PLC 14/13, que estabelece restrições para a criação de novos partidos políticos (MS 32.033).

Em uma jovem Democracia como a nossa, com apenas 25 anos completos, é louvável, recomendável e até mesmo necessário que haja um permanente controle jurisdicional sobre os assuntos relacionados à matéria eleitoral, com vistas a coibir fraudes, evitar golpes, preservar a segurança jurídica, assegurar a diplomação dos candidatos vitoriosos, rechaçar o inconformismo do candidato derrotado, enfim, satisfazer as demandas que giram em torno das eleições.

Muitas das demandas políticas que são judicializadas perante o STF em matéria eleitoral poderiam ser solucionadas em última instância perante o TSE, com a admissão de hipóteses excepcionalíssimas de recurso ao STF em situações de flagrantes violações de direitos fundamentais.

Dada a característica das eleições no Brasil, que ocorrem alternadamente a cada dois anos, todos os anos se marcam como pré-eleitoral ou eleitoral, com constante recrudescimento das demandas surgidas em torno das eleições (para Prefeito, Governador, Presidente, Deputado Federal, Deputado Estadual, Senador e Vereador). Em razão disso, é de se indagar se seria conveniente, oportuno e desejável perenizar os atuais cargos da Justiça Eleitoral transformando-os de modo permanente, com o respeito à especialização que a matéria reclama e a constância de juízes e Ministros que se dedicasse ao mister com exclusividade, e não na condição de mero acumulador de diferentes funções.[29]

O que esperar do STF em 2014 em matéria tributária

Com o início do ano forense a partir da 1ª sessão ordinária que será realizada no Supremo Tribunal Federal no dia 04 de fevereiro, será retomada a sua rotina de processar e julgar casos relevantes para o Brasil, inclusive aqueles que versam sobre a temática tributária.

Levando em consideração a atuação pessoalmente esforçada do Presidente, Ministro Joaquim Barbosa, é possível predizer que certamente a Corte continuará a se dedicar aos temas mais relevantes, variando entre ações

---

[29] O texto foi disponibilizado em: *Última Instância (Coluna)*. São Paulo, 09.01.2014. Disponível na internet: http://ultimainstancia.uol.com.br/conteudo/colunas/68447/grandes+temas+frequentaram+a+ pauta+do+stf+em+2013.shtml. Acesso em: 09.01.2014.

diretas e com repercussão geral já reconhecida, no sentido de entregar o pronunciamento definitivo de tais questões constitucionais, todas com um potencial multiplicador assombroso pelo País afora.

Nesse sentido, tema que merece atenção da Suprema Corte (há vários anos, diga-se de passagem), refere-se à inconstitucionalidade da inclusão de parcela do ICMS na base de cálculo da COFINS e do PIS. O tema frequenta o Pleno do STF há mais de década e atualmente tramita pela via da ADC 18, cujo pronunciamento definitivo aguarda-se favorável aos contribuintes (levando-se em conta o início do julgamento deste tema que contabilizou a maioria absoluta dos membros da Corte em 2006 nos autos do RE 240.785).

Aqui, com a liberação do voto do Relator, Ministro Celso de Mello, tudo indica que o Presidente levaria brevemente o caso a julgamento. É recomendável esforço também para que o julgamento seja encerrado e eventual pedido de vista não se prolongue indefinidamente no tempo.

Outro tema que merece atenção cuida do necessário julgamento da legitimidade da instituição do PIS e da COFINS-Importação, cuja repercussão geral foi reconhecida no RE 565.886. Cabe lembrar que o alargamento indevido do conceito de "valor aduaneiro" no PIS/COFINS-Importação já foi expressamente declarado inconstitucional pelo Pleno do STF (RE 559.937), restando agora saber se a própria instituição do tributo é ou não legítima.

Além disso, aguarda-se a continuação do julgamento das ADI 4.357 e ADI 4.425, com vistas ao Ministro Roberto Barroso para que se manifeste acerca da proposta de modulação temporal dos efeitos da decisão que declarou a inconstitucionalidade de diversos dispositivos da famigerada "Emenda do Calote" (EC 62/09).

Outro tema que aguarda a continuação do julgamento se refere aos casos que discutem o direito a diferenças de correção monetária de depósitos em cadernetas de poupança em razão dos expurgos inflacionários decorrentes de diversos planos econômicos (Cruzado, Bresser, Verão, Collor I e Collor II – ADPF 165, RREE 591.797 e 626.307).

De igual modo, os temas relacionados ao ICMS na importação por *leasing* e do ICMS no *leasing* internacional, em trâmite respectivamente nos RREE 226.899 e 540.829, ambos com pedido de vistas ao Ministro Teori Zavascki, também deve voltar à pauta do Plenário para que o julgamento tenha prosseguimento.

Ademais, há alguns acórdãos que devem ser publicados ainda no 1º trimestre, como, por exemplo, aquele referente ao julgamento que deu interpretação conforme a Constituição quanto ao art. 74 da MP 2.158-35/01 na ADI 2.588 ajuizada pela CNI, bem como ao julgamento dos casos que versaram sobre o expurgo inflacionário conhecido como "Plano Verão" em que foi declarada a inconstitucionalidade do § 1º do art. 30 da Lei n. 7.730/89 e do art. 30 da Lei n. 7.799/89 (com o reconhecimento de repercussão geral, cf. RREE 208.526 e 256.304 c/c o RE 242.689).

Como se verifica de tais casos pinçados a título meramente ilustrativo, esperamos que a pauta do STF seja de importantes casos em matéria tributária, com a solução de controvérsias que, por vezes, perduram por mais de uma década na Corte até o seu pronunciamento definitivo.

É que tal demora, muitas vezes, acabam por abrir as portas do Poder Judiciário nas instâncias inferiores para as decisões e os acórdãos mais discrepantes – e até mesmo estapafúrdios – com o amesquinhado objetivo de meramente cumprir metas de produtividade estabelecidas pelo CNJ.

Desse modo, certamente o órgão de cúpula do Poder Judiciário nacional conseguiria alinhar com os órgãos das instâncias inferiores uma maior racionalização produtiva na entrega da prestação jurisdicional sobre temas tão relevantes e com profundos impactos na vida dos contribuintes.[30]

---

30   O texto foi veiculado em: *Última Instância (Coluna)*. São Paulo, 30.01.2014. Disponível na internet: http://ultimainstancia.uol.com.br/conteudo/colunas/68882/o+que+esperar+do+stf+em+2014+em+materia+tributaria.shtml. Acesso em: 30.01.2014.

Pontos omissos na inconstitucionalidade da Emenda do "Calote"

Em 03.02.2014 foram opostos embargos de declaração em face do acórdão que decidiu pela inconstitucionalidade da Emenda Constitucional n. 62/09 nos autos da ADI 4.425, publicado em 19.12.2013, pelo Conselho Federal da OAB, que ajuizou a ADI 4.357 tratando sobre o mesmo tema. Além disso, o Estado do Pará protocolou manifestação a respeito da publicação do referido acórdão.

Com efeito, em sua manifestação, o Procurador do Estado do Pará lembra que a inconstitucionalidade da Emenda do "Calote" foi suscitada através das ações diretas 4.357, 4.372, 4.400 e 4.425, cujo julgamento ocorreu em conjunto em 16.06.2011. Na ocasião, as ADI 4.372 e ADI 4.400 foram extintas, por ilegitimidade da iniciativa. Desde então, as ações diretas remanescentes (ADI 4.357 e 4.425) permanecem sempre atreladas.

Em 14.03.2013, o Procurador do Estado do Pará alega que desde logo suscitou questão de ordem relativa à modulação. Tal requerimento não foi submetido a julgamento em razão da falta de quórum naquela sessão. O redator para o acórdão, Ministro Luiz Fux, ficou de levar a questão de ordem ao Plenário quando tivesse quórum qualificado.

De fato isso ocorreu, quando em 24.10.2013 ele explicitou a proposta de modulação temporal dos efeitos da decisão que declarou a inconstitucionalidade dos dispositivos elencados da Emenda do "Calote". Em seguida, pediu vistas dos autos o Ministro Roberto Barroso, que certamente trará voto equilibrado e inovador.

Na ocasião, o Ministro Luiz Fux ratificou a medida liminar anteriormente concedida, no sentido de "que os Tribunais de Justiça de todos os Estados e do Distrito Federal deem imediata continuidade aos pagamentos de precatórios, na forma como já vinham realizando até a decisão proferida pelo STF em 14/03/2013, segundo a sistemática vigente à época..." (transcrição constante na petição do Procurador do Estado do Pará).

Levando em conta o destino díspar dos casos em foco (enquanto a ADI 4.357 permanece sem a publicação do acórdão, com o levantamento da questão de ordem pelo Ministro Luiz Fux e com vistas ao Ministro Roberto Barroso, a ADI 4.425 teve o seu acórdão publicado sem contemplar nada disso), aquele Estado pleiteia "pelo chamamento do processo à ordem para tornar sem efeito a publicação, senão até a definição do julgamento da modulação iniciada na sessão do dia 24/10/2013".

Corroborando o pleito do Procurador do Estado do Pará, subscreveram também representantes do Estado do Amazonas, do Espírito Santo, de Goiás, do Mato Grosso, do Mato Grosso do Sul, de Minas Gerais, da Paraíba, do Paraná, do Piauí, do Rio de Janeiro, do Rio Grande do Sul, de Rondônia e de São Paulo.

Quanto aos embargos de declaração opostos pelo Conselho Federal da OAB, na qualidade de *amicus curiae*, levantaram, em síntese, os seguintes pontos omissos:

a) buscando garantir a efetividade do princípio constitucional da isonomia nas atualizações de precatórios decorrentes de condenações de natureza tributária com a observância do mesmo percentual de juros utilizado pela Fazenda Pública nas execuções fiscais (conforme dispõe o inciso I do art. 161 do CTN), requer que fique consignado expressamente que tanto para créditos como também para débitos de natureza não tributária há de se aplicar o percentual de 1% ao mês, a teor da aplicação do art. 406 do Código Civil c/c o art. 161, inciso I, do CTN;

b) levando em conta que a mesma lesão causada à garantia constitucional da propriedade pela utilização de um índice que não reflete a real desvalorização da moeda também é perpetrada quando se exclui a aplicação dos juros compensatórios dos cálculos atualizados do precatório, deve ser também declarada inconstitucional a previsão constante no § 12 do art. 100 da Constituição de exclusão da aplicação dos juros compensatórios; e

c) considerando que não restou consignada qualquer modulação temporal dos efeitos da decisão embargada, requer que a Corte explicite de forma clara e textual o termo inicial a partir do qual será tida como obrigatória a identidade entre as práticas moratórias, a fim de evitar discrepâncias interpretativas em torno do que restou decidido.

Neste ponto específico, "requer-se a manifestação expressa desse e. STF no que tange à obrigatoriedade retroativa de respeito à paridade de juros nas demandas que envolvam a Fazenda, estejam estas em curso ou já findadas, as quais vêm sendo ou foram corrigidas por meio de critérios moratórios não isonômicos, uma vez que a Fazenda Pública jamais consentiu que seus débitos fossem atingidos por juros moratórios no patamar daquele que esta aplica aos seus créditos" (petição em foco).

Em razão da petição protocolada tanto em sede de aclaratórios do Conselho Federal da OAB como também de manifestação do Procurador do Estado do Pará, explicita-se situação curiosa sobre o tema dos precatórios.

De um lado, a parte vitoriosa, que viu seu pleito atendido, no sentido de declarar a inconstitucionalidade de diversos dispositivos absurdamente inseridos na Lei Maior por força da Emenda do "Calote" busca o imediato cumprimento da decisão, com a correção de ligeiros pontos omissos, como destacado anteriormente.

Além disso, é importante registrar que, diante do pronunciamento definitivo do Pleno do STF, foi necessária decisão do Ministro Luiz Fux, determinando que não se parassem os pagamentos (já tão atrasados) dos precatórios, ainda que na forma declarada inconstitucional pela Corte.

Isso equivale, na prática, a uma modulação temporal dos efeitos da decisão, sem prazo certo. É que a definição do corte temporal seria trazida posteriormente pelo Ministro Luiz Fux. Isso ocorreu na sessão de 24.10.2013 nos autos da ADI 4.357, seguido de pedido de vistas formulado pelo Ministro Roberto Barroso, como já tivemos oportunidade de escrever nessa coluna semanal (artigo de 08.11.2013, intitulado "Precatórios e Modulação").

Por outro lado, a parte sucumbente a quem aproveitava os dispositivos que foram efetivamente declarados inconstitucionais (isto é, a Fazenda Pública, nos diferentes níveis de Governo), requer a postergação do cumprimento da decisão e que se aguarde a solução da questão de ordem suscitada na ADI 4.357 sobre a modulação temporal dos efeitos da decisão.

Através da integração dos dois casos e do pano de fundo fático da situação que se apresentou logo depois do julgamento, quando a Fazenda Pública pretendeu interromper o (já atrasado) pagamento de precatórios a pretexto de aguardar a definição do STF sobre a modulação temporal dos efeitos da decisão, percebe-se que a publicação do acórdão tem o condão de explicitar os termos em que a questão foi definitivamente julgada, espancando dúvidas e interpretações tergiversantes.

Todavia, se considerarmos a boa técnica e a boa-fé de todas as partes envolvidas, especialmente da Fazenda Pública, então talvez fosse melhor aguardar a definição a respeito da modulação temporal dos efeitos da decisão (que já conta com a proposta do Ministro Luiz Fux e aguarda o voto do Ministro Roberto Barroso, que pediu vistas dos autos) para então publicá-las semelhantes e com maior coerência.

O fato inegável a essa altura é que foi publicado o acórdão da ADI 4.425, com os detalhes do complexo julgamento em relação à declaração de inconstitucionalidade de diversos dispositivos trazidos pela Emenda Constitucional n. 62/09 (Emenda do "Calote"). Além disso, em termos práticos, a decisão tomada pela Suprema Corte já foi modulada no tempo (em "caráter liminar" com a decisão do Ministro Luiz Fux antes mencionada), restando decidir até quando será o corte temporal (na ADI 4.357).[31]

---

31 O artigo foi publicado em: *Última Instância (Coluna)*. São Paulo, 06.02.2014. Disponível na internet: http://ultimainstancia.uol.com.br/conteudo/colunas/69012/pontos+omissos+na+inconstitucionalidade+da+emenda+do+%93calote%94.shtml. Acesso em: 06.02.2014.

STJ seguirá decisão do STF sobre Plano Verão

Em 20.11.2013 o Pleno do Supremo Tribunal Federal concluiu o julgamento dos RREE 208.526 e 256.304, que cuidavam do expurgo inflacionário conhecido como "Plano Verão" quando, de modo artificial, o Governo divulgou taxa de correção monetária das demonstrações financeiras em patamar flagrantemente inferior ao que tinha sido observado pelos órgãos oficiais de aferição da referida taxa mensal.

Iniciado em 01.02.2001, o Relator, Ministro Marco Aurélio, proferiu voto no sentido de reconhecer à empresa contribuinte "o direito à correção monetária considerada a inflação do período nos termos da legislação revogada pelo chamado Plano Verão, e para declarar a inconstitucionalidade do § 1º do art. 30 da Lei n. 7.730/89 e do art. 30 da Lei n. 7.799/89" (Informativo STF 215).[32]

Em 10.05.2006, em razão do transcurso do tempo e da significativa mudança na composição plenária da Suprema Corte, o julgamento foi renovado. Na ocasião, o Ministro Eros Grau proferiu o seu voto, no sentido de não conhecer do recurso, ao entendimento de que "o acórdão recorrido, ao decidir a matéria, fundara-se em interpretação de legislação infraconstitucional, o que ensejaria ofensa indireta à Constituição".[33]

Posteriormente, o Ministro Joaquim Barbosa acompanhou o Ministro Eros Grau e o Ministro Ricardo Lewandowski acompanhou o Ministro Marco Aurélio. Em seguida, pediu vista dos autos o Ministro Cezar Peluso. Em assentada de 20.06.2012, com substancioso e bem fundamentado voto, o Ministro Cezar Peluso abordou todas as questões submetidas ao exame da Suprema Corte. Inicialmente, reconheceu que a violação perpetrada contra a Constituição da República pelos dispositivos legais ocorreu de modo direto. Além disso, rechaçou a alegação de que a Corte estaria atuando como "legislador positivo", na medida em que é inerente à declaração de inconstitucionalidade extirpar do ordenamento jurídico os dispositivos legais inquinados. No mérito, decidiu no sentido da inconstitucionalidade dos dispositivos maculados e pela determinação do índice correto ao caso concreto.[34]

---

32 Eis o teor dos referidos dispositivos para melhor compreensão: "*Art. 30*. No período-base de 1989, a pessoa jurídica deverá efetuar a correção monetária das demonstrações financeiras de modo a refletir os efeitos da desvalorização da moeda observada anteriormente à vigência desta Lei. § 1º. Na correção monetária de que trata este artigo a pessoa jurídica deverá utilizar a OTN de NCz$ 6,92 (seis cruzados novos e noventa e dois centavos)" (*Lei n. 7.730/89*); "*Art. 30*. Para efeito de conversão em número de BTN, os saldos das contas sujeitas à correção monetária, existentes em 31 de janeiro de 1989, serão atualizados monetariamente, tomando-se por bases o valor da OTN de NCz$ 6,92" (*Lei n. 7.799/89*). Com efeito, no seu voto, o Ministro Marco Aurélio entendeu que: "o valor fixado para a OTN, que decorreu de expectativa de inflação, além de ter sido aplicado de forma retroativa, em ofensa à garantia do direito adquirido (CF, art. 5º, XXXVI) e ao princípio da irretroatividade (CF, art. 150, III, a), ficou muito aquém daquele efetivamente verificado no período, implicando, por essa razão, majoração da base de incidência do imposto sobre a renda e a criação fictícia de renda ou lucro, por via imprópria. Além disso, considerou que não se utilizaram os meios próprios para afastar os efeitos inflacionários, ante a obrigação tributária, afrontando-se os princípios da igualdade (CF, art. 150, II) e da capacidade contributiva (CF, art. 145, § 1º). Por fim, asseverou que tal fixação ainda se fez sem observância da própria base de cálculo do aludido imposto" (Informativo STF 426). Após o voto do Ministro Marco Aurélio, pediu vista o Ministro Nelson Jobim.

33 Além disso, "asseverou que não compete ao Poder Judiciário arbitrar, sem qualquer base científica ou econômica, um índice que melhor expresse a inflação ocorrida no mês de janeiro de 1989. Ressaltou, ainda, que a fixação de índice de correção da OTN no valor de NCz$ 10,50, consoante pleiteado pela recorrente, definido a partir de suposta inflação 'real' de 70,28%, beneficiaria injustificadamente o contribuinte, afetadas suas demonstrações financeiras por efeitos inflacionários meramente fictícios. Por fim, aduziu que as pessoas jurídicas não são titulares de direito à imutabilidade de índice de correção monetária" (Informativo STF 427).

34 Reconheceu expressamente que o conceito de renda, cuja moldura é traçada pela Constituição da República, foi indevidamente extrapolado com a interferência arbitrária na própria base de incidência do Imposto de Renda da Pessoa Jurídica. Além disso, entendeu que tal expurgo viria a permitir – de modo inconstitucional – a incidência do IRPJ sobre o patrimônio, e não sobre a renda. De igual modo, vislumbrou claramente a violação à capacidade contributiva e rechaçou, ademais, a espúria retroatividade pretendida pela lei questionada, alinhando-se com o voto do Relator, Ministro Marco Aurélio.

Em seguida, a Ministra Rosa Weber proferiu voto acompanhando o robusto voto do Ministro Cezar Peluso e do Relator, no sentido de conhecer o recurso interposto pela empresa contribuinte e dar-lhe provimento, com o reconhecimento expresso de que não é proporcional e tampouco razoável permitir a introdução de tamanha distorção na base de incidência do IRPJ, como pretendeu a legislação maculada por inconstitucional. Decidiu que, embora o legislador ordinário detenha ampla liberdade de conformação, isso não significa distorcer o molde estabelecido em sede constitucional. Em seguida, pediu vista dos autos o Ministro Dias Toffoli.[35]

O voto do Ministro Dias Toffoli foi no sentido de conhecer os recursos extraordinários, na medida em que a discussão (ausência de atualização monetária) poderia sim ser passível de se relacionar ao conceito constitucional de renda. Quanto ao mérito, o Ministro Dias Toffoli inaugurou divergência no sentido da constitucionalidade dos dispositivos inquinados, fundamentando-se em julgado que reconheceu a constitucionalidade do art. 3º da Lei n. 8.200/91 (RE 201.465). Em seu voto, limitou-se a veicular o entendimento adotado pelo Ministro Nelson Jobim no sentido de que se tratava de mero favor legal ditado por opção política legislativa e, portanto, não haveria qualquer direito e/ou violação a ser analisada.[36]

O Ministro Marco Aurélio ressaltou a importância do tema e reconheceu o direito de as empresas contribuintes que recorreram procederem à correção monetária na forma pleiteada. Assim, busca atribuir maior concretude à Lei Maior no sentido de assegurar segurança jurídica aos contribuintes e à sociedade (de modo geral).[37]

Em seguida, o Ministro Roberto Barroso proferiu voto no sentido da inconstitucionalidade, alinhado ao voto do Relator, com o reconhecimento do aumento artificial (inchando a base de cálculo e, pior, retroativamente). Além disso, em contraposição ao voto do Ministro Eros Grau (vencido), o Ministro Roberto Barroso registrou que entende se tratar de questão constitucional (e não meramente infra), bem como não há qualquer invasão judicial na esfera própria do Poder Legislativo.

O Ministro Luiz Fux, que inicialmente estava impedido de votar porque o seu antecessor (Ministro Eros Grau) votou por não conhecer os recursos em razão de ser matéria infraconstitucional, foi chamado a votar quanto ao mérito da questão. No mérito, buscou seguir a linha de raciocínio das decisões do STJ em recursos repetitivos, complementando, assim, o voto anterior do seu antecessor.

A Ministra Cármen Lúcia proferiu voto acompanhando o Relator e o Ministro Gilmar Mendes acompanhou a divergência aberta pelo Ministro Dias Toffoli (quanto ao mérito).

O Ministro Celso de Mello conheceu dos recursos interpostos, inclusive ressaltando a importância do tema submetido ao julgamento. Quanto ao mérito, prolatou bem fundamentado voto que acompanhou o voto do Relator

---

35 Levando em conta que o julgamento foi iniciado junto ao Plenário do STF em 01.02.2001 e o pedido de vista formulado pelo Ministro Dias Toffoli já ultrapassava um ano, os patronos do caso pleitearam junto à Presidência da Corte a imediata liberação de voto daquele Ministro, o que ocorreu poucos meses depois. Uma vez liberado o voto do Ministro Dias Toffoli, o Presidente, Ministro Joaquim Barbosa, logo colocou o caso na pauta de julgamentos.

36 Em resumo, entendeu que inexiste uma indexação constitucional, isto é, não há imposição ou obrigação constitucional de indexação dos balanços das empresas. A alteração de índices indexadores para as demonstrações financeiras das empresas não ofenderia a moldura básica de renda esboçada em linhas gerais na Constituição. Além disso, entendeu que não cabe ao Poder Judiciário atuar como legislador positivo, sob pena de influenciar de maneira ativa na política econômica do Governo (via adequação dos índices aplicáveis).

37 Nesse ponto e no mesmo sentido, o patrono das empresas contribuintes recorrentes pediu a palavra para esclarecer questão de fato relacionada ao objeto da demanda, consistente no reconhecimento da violação ao conceito constitucional de renda, sem qualquer pretensão de que a Suprema Corte pró-ativamente determinasse qual índice seria aplicável. Com efeito, isso seria decorrência lógica da própria declaração de inconstitucionalidade, com o efeito repristinatório do dispositivo anterior (revogado pela regra que foi afastada pela declaração de inconstitucionalidade), como reconhecido pelos Ministros na sequência do julgamento.

no que tange ao abuso perpetrado pela União no dever de legislar, com o acréscimo indevido da noção constitucional de renda, inclusive com base em estudos técnicos e dados econômicos.

Por último, o Presidente, que tinha proferido voto no sentido de que preliminarmente a matéria seria de índole infraconstitucional, no tocante ao mérito da questão, acompanhou sem mais delongas o voto do Relator.

Depois de demorado trâmite perante o Plenário da Suprema Corte, com sucessivos pedidos de vistas dos autos, por diferentes Ministros, o resultado final foi proclamado com oito votos convergentes, com a declaração de inconstitucionalidade dos dispositivos questionados, vencidos os Ministros Luiz Fux, Dias Toffoli e Gilmar Mendes.

Concluído o julgamento dos RREE 208.526 e 256.304, foram chamados os demais casos sobre o tema (RREE 215.142 e 221.142). O voto do Relator, Ministro Marco Aurélio, foi acompanhado de modo unânime, ainda que feitas algumas ressalvas de entendimentos pessoais (Ministros Luiz Fux, Dias Toffoli e Gilmar Mendes) que restaram superados com a conclusão do julgamento anteriormente referido.

Ao final, por proposta do Ministro Gilmar Mendes, foi aplicado aos casos o efeito do instituto da repercussão geral, vez que é Relator do RE 242.689 e que versa sobre o mesmo tema, com o encerramento dinâmico e imediato dos casos pendentes no Poder Judiciário.[38]

Verifica-se, por conseguinte, que a questão jurídica pacificou-se com o pronunciamento definitivo (ainda que tardio) do Supremo Tribunal Federal.[39] Com o pronto alinhamento da jurisprudência do STJ aos termos do pronunciamento definitivo do STF, enfim a questão jurídica encontra a segurança jurídica depois de tantos anos de litígio.

Posteriormente ao pronunciamento definitivo pelo STF, todos os recursos extraordinários que foram interpostos e que estavam sobrestados na Vice-Presidência do STJ estão seguindo o mesmo resultado: "Com efeito, o Exmo. Sr. Min. Gilmar Mendes, em 20/11/2013, considerando que o Plenário do STF, no julgamento do RE 208.526/RS, declarou a inconstitucionalidade do artigo 30, § 1º, da Lei n. 7.730/89, e do artigo 30, *caput*, da Lei n. 7.799/89, deu provimento ao RE n. 242.689/PR, a fim de reconhecer o direito da parte recorrente à correção monetária nos termos da legislação revogada. Tal decisão, inclusive, já transitou em julgado". Em razão disso, tem-se determinado a remessa dos autos aos respectivos Relatores, para fins do § 3º do art. 543-B do Código de Processo Civil.[40]

Para a finalidade de alinhar a jurisprudência do STJ ao pronunciamento definitivo do STF, aquela Corte já selecionou o caso que será julgado sob o regime dos recursos repetitivos.[41]

Com efeito, diante do pronunciamento definitivo do STF, inclusive sob o regime da repercussão geral, caberá ao STJ adequar a sua jurisprudência, preferencialmente através do julgamento de caso submetido ao rito dos

---

38 Aqui, a particularidade é que se cuida do expurgo inflacionário sobre as demonstrações financeiras das pessoas jurídicas no ano-base de 1990 (Plano Collor).

39 Nesse sentido, cabe registrar algumas decisões monocráticas que estão aplicando o resultado do julgamento, antes mesmo da publicação do acórdão nos *leading cases*: STF, AI 521.288, Rel. Min. Cármen Lúcia, j. 23.02.2014, DJe 27.02.2014; RE 586.097, Rel. Min. Dias Toffoli, j. 12.12.2013, DJe 03.02.2013; AI 613.618, Rel. Min. Marco Aurélio, j. 06.12.2013, DJe 19.12.2013;

40 A título meramente exemplificativo, cabe registrar as decisões monocráticas prolatadas pelo Vice-Presidente, Min. Gilson Dipp nos seguintes casos: RE no REsp. 261.205, j. 06.02.2014, DJe 13.02.2014; RE nos ED no REsp. 961.399, j. 06.02.2014, DJe 13.02.2014; RE nos ED no AgRg nos EREsp. 258.249, j. 12.02.2014, DJe 20.02.2014; RE nos ED no AgRg no REsp. 738.265, j. 25.02.2014, DJe 06.03.2014; RE nos ED no AgRg no REsp. 753.654, j. 25.02.2014, DJe 06.03.2014; RE nos ED no AgRg no REsp. 1.034.589, j. 25.02.2014, DJe 06.03.2014. No mesmo sentido: RE nos ED no AgRg no REsp. 439.172, j. 27.02.2014, DJe 06.03.2014; RE nos ED no AgRg no REsp. 505.179, j. 26.02.2014, DJe 06.03.2014; RE nos ED no AgRg no REsp. 723.128, j. 27.02.2014, DJe 06.03.2014; RE nos ED no REsp. 724.663, j. 26.02.2014, DJe 06.03.2014; RE nos ED no AgRg no REsp. 730.047, j. 27.02.2014, DJe 06.03.2014; RE nos ED no AgRg no REsp. 1.056.574, j. 28.02.2014, DJe 10.03.2014, dentre tantas outras.

41 REsp. 1.355.431, Rel. Min. Og Fernandes, j. 22.11.2013, DJe 29.11.2013.

recursos repetitivos. Aliás, essa é a regra geral, como se verifica do alinhamento da jurisprudência do STJ à luz dos precedentes emanados pela Suprema Corte em outras questões tributárias, como na interpretação e aplicação da Lei Complementar n. 118/05 e no reconhecimento da revogação da isenção da COFINS incidente sobre as sociedades profissionais legalmente regulamentadas. Nos dois casos o STJ promoveu de modo expresso a adequação de sua jurisprudência ao pronunciamento definitivo do STF.[42]

Levando-se em conta que a questão jurídica sobre o expurgo da correção monetária das demonstrações financeiras das pessoas jurídicas no ano-base de 1989 foi definitivamente julgada em 20.11.2013, espera-se que o STJ não tarde a promover a expressa adequação de sua jurisprudência ao *leading case* oriundo da Suprema Corte. Isso deverá ocorrer nas próximas semanas, com o objetivo de promover a necessária pacificação entre o Fisco e os contribuintes, ao menos sobre esse tema, cuja importância foi se esvaindo durante o transcurso do tempo e com a crescente adesão dos contribuintes aos sucessivos programas de parcelamento.[43]

Oportunidade tributária com o julgamento do Plano Verão pelo STF

Em 20.11.2013 o Pleno do Supremo Tribunal Federal concluiu o julgamento dos RREE 208.526 e 256.304, que cuidavam do expurgo inflacionário conhecido como "Plano Verão". Ao fixar impositivamente a OTN em índice inferior ao da inflação medida pelo IBGE, o Governo criou expurgo inflacionário sobre a correção monetária das demonstrações financeiras das pessoas jurídicas no ano-base de 1989, que terminou por acarretar também o aumento indevido nas bases de cálculo do imposto de renda e da contribuição social sobre o lucro líquido, mediante a subavaliação do ativo imobilizado. Essa distorção impactou negativamente todas as empresas ao longo do tempo, gerando perdas significativas em decorrência da majoração artificial da base de tributação. Diante desse quadro, várias empresas ajuizaram ações visando a recomposição do índice fixado pelo IBGE e a recuperação dos tributos pagos a maior.

Quando o caso recém-concluído se iniciou, em 01.02.2001, o Relator, Ministro Marco Aurélio, proferiu voto no sentido de reconhecer à empresa contribuinte "o direito à correção monetária considerada a inflação do período nos termos da legislação revogada pelo chamado Plano Verão, e para declarar a inconstitucionalidade do § 1º do art. 30 da Lei n. 7.730/89 e do art. 30 da Lei n. 7.799/89" (Informativo STF 215).[44]

---

42   O primeiro caso cuidou da revogação do inciso II do art. 6º da Lei Complementar n. 70/91 pelo art. 56 da Lei n. 9.430/96, que foi considerada legítima em razão de não existir hierarquia constitucional entre ambas (RREE 377.457 e 381.964). Com o precedente do STF, logo depois o STJ promoveu a adequação de sua jurisprudência à nova orientação, inclusive com o cancelamento expresso da sua Súmula n. 276 (AR 3.761, Rel. Min. Eliana Calmon, Revisor Min. Francisco Falcão, j. 12.11.2008, DJU 01.12.2008). No segundo caso, o STJ revisitou a sua jurisprudência até então pacífica, que consagrou a tese dos "5+5", e promoveu a sua adequação ao pronunciamento definitivo do STF nos autos do RE 566.621 (STJ – 1ª Seção – REsp. 1.269.570, Rel. Min. Mauro Campbell Marques, j. 23.05.2012, DJe 04.06.2012).

43   O artigo foi publicado originalmente em: *Última Instância (Coluna)*. São Paulo, 27.03.2014. Disponível na internet: http://ultimainstancia.uol.com.br/conteudo/colunas/69974/stj+seguira+ decisao+do+stf+sobre+plano+verao.shtml. Acesso em: 27.03.2014.

44   Eis o teor dos referidos dispositivos para melhor compreensão: "*Art. 30.* No período-base de 1989, a pessoa jurídica deverá efetuar a correção monetária das demonstrações financeiras de modo a refletir os efeitos da desvalorização da moeda observada anteriormente à vigência desta Lei. § 1º. Na correção monetária de que trata este artigo a pessoa jurídica deverá utilizar a OTN de NCz$ 6,92 (seis cruzados novos e noventa e dois centavos)" (Lei n. 7.730/89); "*Art. 30.* Para efeito de conversão em número de BTN, os saldos das contas sujeitas à correção monetária, existentes em 31 de janeiro de 1989, serão atualizados monetariamente, tomando-se por bases o valor da OTN de NCz$ 6,92" (Lei n. 7.799/89). Com efeito, no seu voto, o Ministro Marco Aurélio entendeu que: "o valor fixado para a OTN, que decorreu de expectativa de inflação, além de ter sido aplicado de forma retroativa, em ofensa à garantia do direito adquirido (CF, art. 5º, XXXVI) e ao princípio da irretroatividade (CF, art. 150, III, a), ficou muito aquém daquele efetivamente verificado

Depois de demorado trâmite perante o Plenário da Suprema Corte, com sucessivos pedidos de vistas dos autos, por diferentes Ministros, o resultado final foi proclamado com oito votos convergentes, com a declaração de inconstitucionalidade dos dispositivos questionados, vencidos os Ministros Luiz Fux, Dias Toffoli e Gilmar Mendes.

Concluído o julgamento dos RREE 208.526 e 256.304, foram chamados os demais casos sobre o tema (RREE 215.142 e 221.142). O voto do Relator, Ministro Marco Aurélio, foi acompanhado de modo unânime, ainda que feitas algumas ressalvas de entendimentos pessoais (Ministros Luiz Fux, Dias Toffoli e Gilmar Mendes) que restaram superados com a conclusão do julgamento anteriormente referido.

Ao final, por proposta do Ministro Gilmar Mendes, foi aplicado aos casos o efeito do instituto da repercussão geral, vez que é Relator do RE 242.689 e que versa sobre o mesmo tema, com o encerramento dinâmico e imediato dos casos pendentes no Poder Judiciário.[45]

Verifica-se, por conseguinte, que a questão jurídica pacificou-se com o pronunciamento definitivo (ainda que tardio) do Supremo Tribunal Federal.[46] Com o pronto alinhamento da jurisprudência do STJ aos termos do pronunciamento definitivo do STF, enfim a questão jurídica encontra a segurança jurídica depois de tantos anos de litígio.

Posteriormente ao pronunciamento definitivo pelo STF, todos os recursos extraordinários que foram interpostos e que estavam sobrestados na Vice-Presidência do STJ estão seguindo o mesmo resultado: "Com efeito, o Exmo. Sr. Min. Gilmar Mendes, em 20/11/2013, considerando que o Plenário do STF, no julgamento do RE 208.526/RS, declarou a inconstitucionalidade do artigo 30, § 1º, da Lei n. 7.730/89, e do artigo 30, *caput*, da Lei n. 7.799/89, deu provimento ao RE n. 242.689/PR, a fim de reconhecer o direito da parte recorrente à correção monetária nos termos da legislação revogada. Tal decisão, inclusive, já transitou em julgado". Em razão disso, tem-se determinado a remessa dos autos aos respectivos Relatores, para fins do § 3º do art. 543-B do Código de Processo Civil.[47]

Levando em conta o transcurso de tempo desde o início do julgamento (em 2001), muitos contribuintes desistiram de seus recursos, com a adesão aos diferentes programas de parcelamento que foram periodicamente disponibilizados a cada dois ou três anos. Desse modo, o impacto econômico para a Fazenda Nacional é pequeno, alcançando apenas algumas empresas que mantiveram a discussão ativa nos seus processos.

---

no período, implicando, por essa razão, majoração da base de incidência do imposto sobre a renda e a criação fictícia de renda ou lucro, por via imprópria. Além disso, considerou que não se utilizaram os meios próprios para afastar os efeitos inflacionários, ante a obrigação tributária, afrontando-se os princípios da igualdade (CF, art. 150, II) e da capacidade contributiva (CF, art. 145, § 1º). Por fim, asseverou que tal fixação ainda se fez sem observância da própria base de cálculo do aludido imposto" (cf. Informativo STF 426).

45   Aqui, a particularidade é que se cuida do expurgo inflacionário sobre as demonstrações financeiras das pessoas jurídicas no ano-base de 1990 (Plano Collor).

46   Nesse sentido, cabe registrar algumas decisões monocráticas que estão aplicando o resultado do julgamento, antes mesmo da publicação do acórdão nos *leading cases*: STF, AI 521.288, Rel. Min. Cármen Lúcia, j. 23.02.2014, DJe 27.02.2014; RE 586.097, Rel. Min. Dias Toffoli, j. 12.12.2013, DJe 03.02.2013; AI 613.618, Rel. Min. Marco Aurélio, j. 06.12.2013, DJe 19.12.2013;

47   A título meramente exemplificativo, cabe registrar as decisões monocráticas prolatadas pelo Vice-Presidente, Min. Gilson Dipp nos seguintes casos: RE no REsp. 261.205, j. 06.02.2014, DJe 13.02.2014; RE nos ED no REsp. 961.399, j. 06.02.2014, DJe 13.02.2014; RE nos ED no AgRg nos EREsp. 258.249, j. 12.02.2014, DJe 20.02.2014; RE nos ED no AgRg no REsp. 738.265, j. 25.02.2014, DJe 06.03.2014; RE nos ED no AgRg no REsp. 753.654, j. 25.02.2014, DJe 06.03.2014; RE nos ED no AgRg no REsp. 1.034.589, j. 25.02.2014, DJe 06.03.2014. No mesmo sentido: RE nos ED no AgRg no REsp. 439.172, j. 27.02.2014, DJe 06.03.2014; RE nos ED no AgRg no REsp. 505.179, j. 26.02.2014, DJe 06.03.2014; RE nos ED no AgRg no REsp. 723.128, j. 27.02.2014, DJe 06.03.2014; RE nos ED no REsp. 724.663, j. 26.02.2014, DJe 06.03.2014; RE nos ED no AgRg no REsp. 730.047, j. 27.02.2014, DJe 06.03.2014; RE nos ED no AgRg no REsp. 1.056.574, j. 28.02.2014, DJe 10.03.2014, dentre tantas outras. Para a finalidade de alinhar a jurisprudência do STJ ao pronunciamento definitivo do STF, aquela Corte já selecionou o caso que será julgado sob o regime dos recursos repetitivos (REsp. 1.355.431, Rel. Min. Og Fernandes, j. 22.11.2013, DJe 29.11.2013).

Nesse momento, é possível ao contribuinte potencialmente favorecido com a decisão obtida nos *leading cases* antes referidos buscar a recuperação do que foi pago indevidamente, desde que tenha pagado, à vista ou em parcelas, nos últimos anos, esteja pagando parcelas vincendas ou não tenha utilizado no passado o IPC para efeitos da correção monetária de 1989 e 1990. Em princípio, estariam excluídas de tal oportunidade as empresas que, tendo litigado, obtiveram decisão contrária ao pronunciamento definitivo do STF transitada em julgado há mais de dois anos.[48]

O que esperar em 2014 dos Tribunais Superiores no âmbito tributário?

O corrente ano suscita expectativa. De um lado, estamos às vésperas da Copa do Mundo e, em seguida, da corrida eleitoral. De outro, há uma série de assuntos tributários que estão em andamento e sendo definidos.

No âmbito do Supremo Tribunal Federal – STF, alguns pontos merecem destaque. Inicialmente, cabe registrar que seria oportuno o julgamento da Ação Declaratória de Constitucionalidade – ADC 18, ajuizada em 2007 e que busca rediscutir matéria que (virtualmente) já contabilizou a maioria absoluta dos votos.

A questão jurídica versa sobre a inconstitucionalidade da inclusão da parcela do ICMS na base de cálculo da COFINS e do PIS. Em trâmite no Pleno desde 1999, chegou a alcançar seis votos favoráveis aos contribuintes (e apenas um contra) nos autos do RE 240.785, que teve o seu andamento interrompido com o ajuizamento da ADC 18, que aguarda julgamento. Considerando que os tribunais regionais claudicam na interpretação do tema, com acórdãos tanto para um lado como também para o outro (alguns influenciados por antigas súmulas editadas pelo STJ sobre o aspecto legal da inclusão), seria importante nesse momento um pronunciamento definitivo da Suprema Corte sobre o assunto quanto aos seus aspectos constitucionais.

Além disso, aguarda-se a continuação do julgamento das ADIs 4.357 e 4.425, que foi suspenso em 19 de março por pedido de vista do Min. Dias Toffoli e versa sobre os termos da modulação que será empregada à decisão da Corte que declarou a inconstitucionalidade de diversos dispositivos da chamada "Emenda do Calote" (EC 62/09), relacionados ao regime especial de pagamento de precatórios. Em realidade, o STF busca estabelecer regras de transição razoáveis que sejam cumpridas pelos entes federados. Os Ministros Luiz Fux, Roberto Barroso e Teori Zavascki proferiram voto e a questão parece estar longe do fim.

Em 31 de março foi disponibilizada a manifestação do Procurador-Geral da República sobre a Proposta de Súmula Vinculante – PSV 69, que versa sobre a inconstitucionalidade da concessão de benefício fiscal relativo ao ICMS sem prévia aprovação em convênio celebrado no âmbito do CONFAZ. Opinou pela sua aprovação integral. A PSV 69 busca evitar a chamada "Guerra Fiscal" entre os Estados e se originou no STF a partir do julgamento de diversas ações diretas contra incentivos concedidos por alguns Estados ao arrepio da aprovação unânime pelo CONFAZ. Diversas manifestações chamaram a atenção para aspectos singulares que poderiam ser aprimorados na redação da proposta. Como exemplo, a situação da Zona Franca de Manaus pode suscitar dúvidas e questões desnecessárias se a sua redação for mantida. Além disso, muitas manifestações pleitearam a modulação temporal dos efeitos da súmula vinculante, para que valesse a partir de sua aprovação em diante (com efeito *ex nunc*). Com isso, seriam tolerados os incentivos veiculados no período anterior.

Por fim, no âmbito do STF aguarda-se também a publicação do acórdão que declarou a inconstitucionalidade dos dispositivos legais que criaram o expurgo inflacionário do Plano Verão quando, de modo artificial, o Governo divulgou taxa de correção monetária das demonstrações financeiras para o ano-base de 1989 em patamar inferior ao que tinha sido observado pelos órgãos oficiais de aferição (RREE 208.526, 256.304, 215.142, 221.142 e 242.689).

---

48   O artigo foi publicado originalmente em: *Revista Jurídica Consulex*. Brasília, ano XVIII, n. 413, 01.04.2014, p. 38-39 (matéria de capa).

Levando em conta o transcurso de tempo desde o início do julgamento (em 2001), muitos contribuintes desistiram de seus recursos, com a adesão aos diferentes programas de parcelamento. Nessas situações, e atendidas algumas circunstâncias, o contribuinte poderia buscar a recuperação do que foi pago indevidamente, desde que tenha quitado a dívida, à vista ou em parcelas, nos últimos anos, ou ainda, esteja pagando parcelas mensais, bem como não tenha utilizado no passado o IPC para efeitos da correção monetária de 1989. O impacto econômico estimado para a Fazenda Nacional é pequeno.

Ao STJ caberá alinhar prontamente a sua jurisprudência ao pronunciamento definitivo do STF. Isso ocorrerá nos autos do REsp. 1.355.431, que logo depois do julgamento pelo STF foi submetido ao rito dos recursos repetitivos e deverá ser julgado a qualquer momento.

O STJ assume maior independência e se coloca como protagonista no julgamento do Caso Vale (REsp. 1.325.709), que cuida da ilegitimidade da sistemática brasileira de tributação sobre o lucro de controladas situadas em países com os quais o Brasil firmou tratado para evitar a dupla tributação da renda e prevenir a evasão fiscal. Considerando que o STF não alcançou a maioria de votos sobre o tema na ADI 2.588, incumbirá ao STJ definir a questão que, hoje, contabiliza dois votos favoráveis e apenas um contrário.

Verifica-se, por conseguinte, que o corrente ano promete ser agitado, pelo menos no que concerne ao julgamento de relevantes causas tributárias nos Tribunais Superiores. Resta saber como será a Copa do Mundo![49]

Caso Vale – Publicação do acórdão

Em 20.05.2014 foi publicado o acórdão do Caso Vale (REsp. 1.325.709, Rel. Min. Napoleão Nunes Maia Filho, j. 24.04.2014, DJe 20.05.2014) julgado pela 1ª Turma do Superior Tribunal de Justiça, que cuida da sistemática de tributação dos lucros obtidos por empresas controladas localizadas em países com os quais o Brasil firmou tratado para evitar a dupla tributação da renda.

Com a conclusão do julgamento o resultado consagra, na linha do que restou decidido por seis Ministros na ADI 2.588, que: a) o tratado tributário prevalece sobre o famigerado art. 74 da MP n. 2.158-35/01 (afastando a sua aplicação); e b) o referido art. 74 se aplica na hipótese de empresa controlada sediada em paraíso fiscal (aplicando-se como disponibilização dos lucros para a empresa controladora nacional a data do balanço no qual tiverem sido apurados, excluído o resultado da contrapartida do ajuste do valor do investimento pelo método da equivalência patrimonial).

O resultado foi alcançado por maioria, com a convergência dos votos dos Ministros Napoleão Nunes Maia Filho (Relator), Ari Pargendler e Arnaldo Esteves Lima. Foi vencido o Ministro Sérgio Kukina e o Ministro Benedito Gonçalves estava impedido.

O acórdão é importante porque consolida no âmbito dos Tribunais Superiores a definição de que o tratado para evitar a dupla tributação da renda prevalece sobre o art. 74, razão pela qual a sua aplicação cede diante da proteção do art. 7º dos acordos que seguem a linha da Convenção Modelo da OCDE (no caso brasileiro, todos os trinta hoje em vigor).

Com efeito, quando do julgamento da ADI 2.588, a Suprema Corte, mediante a aplicação do critério do voto médio, logrou alcançar a maioria absoluta de seis votos nesse sentido, a saber: Ministros Sepúlveda Pertence, Marco Aurélio, Ricardo Lewandowski e Celso de Mello (que votaram pela inconstitucionalidade integral do art. 74), Mi-

---

[49] O texto foi disponibilizado em: *Última Instância (Coluna)* São Paulo, 24.04.2014. Disponível na internet:http://ultimainstancia.uol.com.br/conteudo/colunas/70496/o+que+ainda+esperar+em+2014+dos+tribunais+superiores+no+ambito+tributario.shtml. Acesso em: 24.04.2014.

nistro Joaquim Barbosa (que votou pela inconstitucionalidade parcial nas situações de controladas em países ditos de tributação normal, gênero que inclui a espécie do país com tratado) e Ministro Ayres Britto (que votou pela constitucionalidade, mas ressalvou expressamente a situação dos tratados tributários, que devem ser respeitados).

Agora também no âmbito do Superior Tribunal de Justiça o tema alcança o mesmo resultado, com maior segurança jurídica tanto aos contribuintes como também ao Fisco, especialmente levando-se em consideração que a questão aguarda desfecho desde 2001, quando a famigerada MP 2.158-35 foi editada e a ADI 2.588 foi ajuizada.

Vejamos alguns aspectos relevantes do precedente recentemente publicado no STJ, especialmente a partir da análise da ementa do acórdão proferido. A título de curiosidade, cabe registrar que restou consignado que o valor pecuniário envolvido nas causas tributárias não deve ser levado em conta pelo órgão julgador, sob pena de se confundir com as atividades administrativas fiscais. Nesse sentido, a norma tributária deve se harmonizar ao arcabouço da matéria jurídica por ela regulada, inclusive por seus princípios e regras, com vistas a dotá-la da necessária absorção e efetivação.

O precedente ratificou novamente a prevalência dos tratados tributários sobre as regras domésticas do sistema tributário em razão do princípio da especialidade, nos termos do art. 98 do Código Tributário Nacional, consoante decisão anterior no Caso Copesul (RESp. 1.161.467, Rel. Min. Castro Meira, j. 17.05.2012, DJe 01.06.2012).

Quanto à aplicação do tratado, reconheceu que o art. 7º do Modelo de Acordo Tributário da OCDE disciplina que os lucros de uma empresa de um Estado Contratante só são tributáveis nesse mesmo Estado, a não ser que a empresa exerça sua atividade no outro Estado Contratante, por meio de um estabelecimento permanente (dependência, sucursal ou filial). Além disso, a Convenção de Viena, vigente na ordem nacional, dispõe que uma parte não pode invocar as disposições de seu direito interno para justificar o inadimplemento de um tratado (art. 27), em cumprimento ao princípio basilar da boa-fé.

Em realidade, cuidando-se de empresa controlada, dotada de personalidade jurídica própria e distinta da controladora, nos termos dos tratados internacionais, os lucros por ela auferidos são lucros próprios e assim passíveis de tributação somente no País do seu domicílio (Estado de fonte, onde foram gerados ou auferidos).

Desse modo, a sistemática adotada pelo art. 74 de adicioná-los ao lucro da empresa controladora brasileira termina por ferir os tratados internacionais tributários e infringir o princípio da boa-fé nas relações exteriores.

Além disso, o precedente em foco reconheceu que o art. 7º, § 1º, da IN/SRF n. 213/02 extrapolou os limites impostos pela legislação nacional (art. 25 da Lei n. 9.249/95 e art. 74 da MP n. 2.158-35/01), de modo que permanece em vigor o regime fiscal estabelecido pelo art. 23 do Decreto-Lei n. 1.598/77, que prevê a não inclusão, na determinação do lucro real, dos métodos resultantes de avaliação dos investimentos no exterior, pelo método de equivalência patrimonial, isto é, das contrapartidas de ajuste do valor do investimento em sociedades estrangeira controladas.

No tocante aos lucros auferidos por controlada localizada em país com o qual o Brasil não firmou acordo para evitar a dupla tributação da renda, devem ser considerados disponibilizados para a controladora na data do balanço no qual tiverem sido apurados, com a aplicação do *caput* do art. 74 da MP n. 2.158-35/01.

Com a pacificação da questão nos Tribunais Superiores, resta agora a conformação pela Fazenda Nacional e Receita Federal do Brasil, de modo que passem a respeitar os tratados firmados para evitar a dupla tributação da renda, e não ignorá-los como vinha sendo feito rotineiramente. Desse modo, a pacificação chegou tarde, mas pelo menos promete promover maior segurança jurídica a partir de agora em tema tão sensível para as empresas brasileiras que internacionalizaram as suas atividades operacionais.[50]

---

50 O texto foi disponibilizado em: *Última Instância (Coluna)*. São Paulo, 22.05.2014. Disponível na internet: http://ultimainstancia.uol.com.br/conteudo/colunas/71043/vale+%96+publicacao +do+acordao.shtml. Acesso em: 22.05.2014.

EXCLUSÃO DO ICMS DA BASE DE CÁLCULO DA COFINS E DO PIS

O ICMS na base de cálculo da COFINS e do PIS. RISTF (art. 138) x CF (inciso LXXVIII do art. 5º)

No dia 14 de maio do corrente ano, o Pleno do STF enfrentou relevante questão processual-tributária no julgamento acerca da inconstitucionalidade da inclusão do ICMS na base de cálculo da COFINS e do PIS.[1]

De um lado, o RE n. 240.785 teve seu julgamento iniciado em 08.09.1999 no Plenário da Suprema Corte e fora suspenso em virtude do pedido de vista formulado pelo Ministro Gilmar Mendes. Neste caso, o resultado parcial do julgamento já computa seis votos no sentido da referida inconstitucionalidade e apenas um no sentido contrário, totalizando sete votos já proferidos. De outro lado, e aproveitando-se da aposentadoria do Ministro Sepúlveda Pertence (que já havia antecipado o seu voto favoravelmente à tese sustentada pelos contribuintes) e nomeação do Ministro Menezes Direito para assumir o cargo na Corte Suprema, o Presidente da República, representado pelo Advogado-Geral da União, ajuizou a ADC n. 18 pleiteando a declaração de constitucionalidade da inclusão do ICMS na base de cálculo das contribuições em tela.

O Tribunal vinha iniciando o exame da ADC n. 18, que necessariamente implicaria exame acerca do cabimento e da apreciação da medida liminar pleiteada (suspensão dos processos em trâmite nas instâncias inferiores até a decisão final), quando o Ministro Marco Aurélio suscitou questão de ordem no sentido de primeiro continuar com o julgamento do RE n. 240.785 (que já havia se iniciado e permanecia pendente de conclusão desde 1999). Foi suscitado o art. 138 do RISTF ("Preferirá aos demais, na sua classe, o processo, em mesa, cujo julgamento tenha sido iniciado"). O Tribunal, contudo, por maioria, decidiu no sentido de precedência do julgamento da ADC n. 18 em relação ao RE n. 240.785, ao fundamento de que o dispositivo regimental apontado faz menção à preferência entre processos da mesma classe, o que inocorria *in casu*.

Acerca desta questão de ordem levantada, o Tribunal decidiu, por maioria, vencido o Ministro Marco Aurélio, prestigiar o início do julgamento da ADC n. 18 em detrimento da continuação do julgamento do RE n. 240.785 (iniciado em 1999) com base tão somente no referido art. 138 do RISTF. De fato, já que este dispositivo regimental faz menção à preferência entre processos da mesma classe, evidenciou-se que ambos distinguiam-se e que a natureza, a extensão e a vinculatividade inerente ao resultado da ADC n. 18 deveria prevalecer sobre o caso concreto e subjetivo submetido no RE.

---

1   O presente artigo foi publicado no *150º Boletim da APET*. São Paulo, ano 5, 12.08.2008. Texto inserido na Academia Brasileira de Direito. Disponível na internet: http://www.abdir.com.br/doutrina/ ver.asp?art_id=1648&categoria=Tributario [13.08.2008].

Ocorre que, ao STF incumbe precipuamente a guarda da Constituição da República. Vale dizer que o parâmetro para exame e julgamento das questões submetidas à apreciação da Suprema Corte deve ser sempre a partir do olhar constitucional e da análise da adequação de X, Y ou Z com o texto constitucional.

Neste sentido, foi expressamente destacado na sustentação oral do patrono da Confederação Nacional do Transporte – CNT que "se existe um *periculum in mora* a se consumar nessa tarde de hoje, ele é em relação aos contribuintes que aguardam o pronunciamento desta Casa há oito anos nos autos daquele RE n. 240.785".

É que, na situação que se apresentou naquela tarde outra decisão poderia apontar para a precedência da continuação do julgamento do RE n. 240.785, iniciado em 1999 e que já computava sete votos, e não da ADC n. 18. Esta foi a questão de ordem suscitada pelo Ministro Marco Aurélio.

O sistema de controle de constitucionalidade brasileiro é misto, isto é, adota tanto o modelo difuso como também concentrado de controle. Do ponto de vista prático, caso esteja pendente de julgamento um RE e uma ADI ou ADC, parece possível que o exame destas preceda àquele, desde que o seu julgamento não se tenha iniciado. Se o julgamento do RE se iniciara, então não deveria ser cabível apreciar ADI ou ADC que versem sobre o mesmo assunto.

O problema jurídico do julgamento da referida questão de ordem não diz respeito necessariamente ao exame da situação à luz do RISTF (art. 138). Na realidade, havia claro e evidente parâmetro no texto constitucional que poderia justificar a precedência do RE n. 240.785 de acordo com outra decisão possível. Trata-se do inciso LXXVIII, inserido no art. 5º da Constituição da República pela EC n. 45/2004: "a todos, no âmbito judicial e administrativo, são assegurados a razoável duração do processo e os meios que garantam a celeridade de sua tramitação".

Diante deste preceito constitucional explícito, não há qualquer preceito normativo (legal ou regimental) que justifique a precedência do início do julgamento da ADC n. 18 em detrimento do RE n. 240.785. Contudo, quando o parâmetro não é constitucional, então a atuação do Tribunal distancia-se da legitimidade que dele se espera. Foi precisamente o que ocorreu.

Ainda que não houvesse o preceito constitucional explícito da "razoável duração do processo", ele é também expresso no art. 8º(1) do Pacto de São José da Costa Rica, o qual o Brasil aderiu e ratificou em 1992 e promulgou por intermédio do Decreto n. 678, de 09.11.1992.

Ainda que o preceito da "razoável duração do processo" não fosse explícito na Constituição e tampouco no Pacto de São José da Costa Rica, ainda assim, na visão da doutrina, ele estaria implícito em outros direitos e garantias assegurados pela própria Constituição, como é o direito de petição previsto no art. 5º, inciso XXXIV, alínea *a*, na garantia de inafastabilidade do Poder Judiciário (art. 5º, inciso XXXV), no devido processo legal (art. 5º, inciso LIV) e nos princípios da legalidade e eficiência os quais devem ser observados pelo Poder Público (art. 37, *caput*).

Verifica-se, por conseguinte, que abundam sólidas razões jurídicas para que a continuação do julgamento do RE n. 240.785 (iniciado em 1999 e que já computa sete votos) preceda ao início do julgamento da ADC n. 18 (com análise sobre o cabimento e procedência ou não da medida liminar pleiteada).

Espera-se que o julgamento da ADC n. 18, que está pautado para continuar em sessão plenária que se aproxima, retome seu trâmite de acordo com os elevados ditames constitucionais, que estão fixados no vértice superior da pirâmide normativa do ordenamento pátrio, como estrelas a guiar o rumo da navegação que se pretende na consolidação do nosso sofrido Estado Democrático de Direito.

O argumento consequencialista de cunho econômico (*ad terrorem*) na ADC 18

Em recente sessão, ocorrida em 13 de agosto, o Pleno do STF, em continuação ao julgamento da ADC 18, que examina a (in)constitucionalidade da inclusão do ICMS na base de cálculo do PIS e da COFINS, decidiu no sentido de deferir a medida cautelar para suspender o trâmite dos processos que discutem o tema, pelo prazo de cento e oitenta dias, nos termos do art. 21 da Lei n. 9.868/99.

Aqui, um aspecto específico da questão merece destaque. Trata-se do pleito promovido pela UF/FN de aplicação do efeito prospectivo, caso seja, ao final, proclamada a inconstitucionalidade da inclusão do ICMS na base de cálculo do PIS e da COFINS.

Os argumentos trazidos pela UF/FN para este pleito são todos *ad terrorem*. Sustentam que esta decisão pode produzir "efeitos perversos nas contas públicas da União", já que gerará uma "crise na execução orçamentária federal" da monta de doze bilhões de reais por ano. Ademais, apela de maneira quase emotiva para o relato de que "a perda de receita da União estará vinculada ao orçamento da Seguridade Social, o que prejudicará inevitavelmente o financiamento dos serviços de saúde e da assistência social". Por fim, explicita a seguinte ameaça: "a perda de receita deverá ser compensada por novas majorações de alíquotas, o que acabará prejudicando os pequenos contribuintes, os consumidores e a sociedade como um todo" (petição inicial).

É emblemática a subversão de valores que se pretende com a manipulação do argumento apontado, que destaca o grave prejuízo para os cofres públicos em razão de decisão que será proferida pelo Pleno do STF: sessenta bilhões de reais, contadas as repetições e compensações dos últimos cinco anos. Ora, o reconhecimento do prejuízo que será gerado aos cofres públicos com a referida decisão traz ínsito o seu contraponto: a apropriação indébita que serviu para financiar as atividades estatais nos demais anos anteriores não abrangidos pelo último quinquênio.

Parece trivial que diversos tipos de decisões que tomamos no quotidiano levam em consideração as suas consequências (prós e contras). Isto ocorre o tempo todo e nas mínimas esferas. Também ocorre no âmbito governamental, que precisa estudar a conveniência e oportunidade de gerir recursos "escassos" destinados a uma multiplicidade de possíveis investimentos e promoções de diferentes políticas públicas. Tanto o Executivo como o Legislativo têm condições de examinar estas consequências previamente à tomada de suas decisões. Para isso, contam com uma infinidade de órgãos, conselhos, agências, comissões e funcionários que colaboram neste sentido. Além disso, o governante deve estar sempre em busca do cumprimento de seu projeto de governo e que interessou aos seus eleitores.

No Judiciário, ao revés, a sistemática da tomada de decisões deve ser distinta. É que, neste caso, os parâmetros que fundamentam a decisão são diversos. Cuidando-se do STF, guardião máximo da CF, o seu único parâmetro possível é o próprio texto constitucional. Suas decisões devem partir da Lei Maior e, a partir daí, examinar as múltiplas situações concretas que lhe são submetidas à apreciação.

Verifica-se que a consequência fundada no argumento econômico, que para a esfera governamental é um dos parâmetros na tomada de decisões relevantes, não funciona do mesmo modo para o Judiciário, que deve permanecer sempre fiel à CF. Do contrário, promover-se-ia à seguinte inversão de valores: os cálculos (quando existentes) formulados por técnicos e burocratas do governo prevaleceriam em detrimento da máxima efetividade do texto constitucional. Ora, parece evidente que esta subversão em prol de interesses momentâneos e circunstanciais de caráter meramente especulativo não seria uma leitura constitucionalmente adequada do argumento consequencialista de cunho econômico em matéria tributária.

E qual seria esta leitura constitucionalmente adequada? Ela existe? Certamente ela não passa pela consideração do argumento consequencialista de cunho econômico *ad terrorem* em matéria tributária. Diferente dos ramos políticos do governo, o Judiciário não detém os dados e informações necessários à tomada de sua decisão nestes termos. Mesmo que os detivessem, ainda assim não deveria considerá-los, já que seu parâmetro é diferente da conveniência e oportunidade política. Com efeito, pauta-se única e exclusivamente pelo respeito à Constituição.

Uma leitura constitucionalmente adequada de eventual argumento de cunho econômico em matéria tributária conduz à ideia central do neoconstitucionalismo. Cuida-se da centralidade da Constituição na ordem jurídica e da promoção de sua máxima efetividade. Neste sentido, este tipo de argumento *ad terrorem* frequentemente levantado pelo governo não deve ser computado na decisão judicial acerca da constitucionalidade (ou não) de certa lei.

Se a necessidade de planejar as atividades econômicas incumbe aos contribuintes, por meio de provisões, por exemplo, incumbe também – e com muito mais razão – ao Estado quando promove os gastos públicos. No primeiro caso, o rombo da empresa redunda em menos investimentos, geração de empregos e circulação de riqueza, inclusive com a incidência esperada dos tributos pertinentes. No segundo, o rombo nas contas públicas pode conduzir à suposta redução dos investimentos públicos em certas áreas importantes de cobertura estatal. A não prorrogação da CPMF comprovou que este tipo de argumento é falacioso e especulativo, já que nos primeiros meses do corrente ano, mesmo sem o seu recolhimento, a arrecadação cresceu, e não diminuiu.

Espera-se que o Pleno do STF, quando retomar o julgamento da ADC 18 ainda neste 2º semestre, examine a questão posta com vistas à máxima efetividade dos enunciados normativos constitucionais, e não às conveniências oportunistas e momentâneas patrocinadas pelo governo de modo especulativo em detrimento da construção do Estado Democrático de Direito que queremos e merecemos![2]

A inclusão do ICMS na Cofins e o argumento econômico da Fazenda

Em recente sessão, ocorrida em 13 de agosto, o pleno do Supremo Tribunal federal (STF), em continuação ao julgamento da Ação Declaratória de Constitucionalidade (ADC) n. 18, que examina a constitucionalidade da inclusão do ICMS na base de cálculo do PIS e da Cofins, decidiu no sentido de deferir a medida cautelar para suspender o trâmite dos processos que discutem o tema, pelo prazo de 180 dias, nos termos do artigo 21 da Lei n. 9.868, de 1999. Aqui, um aspecto específico da questão merece destaque. Trata-se do pleito promovido pela União e pela Fazenda Nacional de aplicação do efeito prospectivo, caso seja, ao fim do julgamento, proclamada a inconstitucionalidade da inclusão do ICMS na base de cálculo do PIS e da Cofins.

Os argumentos trazidos pela Fazenda Nacional para este pleito são todos *ad terrorem*. Sustentam que essa decisão pode produzir "efeitos perversos nas contas públicas da União", já que gerará uma "crise na execução orçamentária federal" da monta de R$ 12 bilhões ao ano. Ademais, apela de maneira quase emotiva para o relato de que "a perda de receita da União estará vinculada ao orçamento da Seguridade Social, o que prejudicará inevitavelmente o financiamento dos serviços de saúde e da assistência social". Por fim, explicita a seguinte ameaça: "a perda de receita deverá ser compensada por novas majorações de alíquotas, o que acabará prejudicando os pequenos contribuintes, os consumidores e a sociedade como um todo", conforme constante na petição inicial da ADC n. 18.

É emblemática a subversão de valores que se pretende com a manipulação do argumento apontado, que destaca o grave prejuízo para os cofres públicos em razão de decisão que será proferida pelo pleno do Supremo: R$ 60 bilhões, contadas as repetições e compensações dos últimos cinco anos. Ora, o reconhecimento do prejuízo que será gerado aos cofres públicos com a referida decisão traz ínsito seu contraponto: a apropriação indébita que serviu para financiar as atividades estatais nos demais anos anteriores não abrangidos pelo último quinquênio.

---

2   Este artigo foi publicado em: *Jus Navigandi*. Teresina, ano 12, n. 1.868, 12 ago 2008. Disponível na internet: http://jus2.uol.com.br/doutrina/texto.asp?id=11591 [12.08.2008].

Parece trivial que diversos tipos de decisões que tomamos no cotidiano levam em consideração suas consequências, ou seja, seus prós e contras. Isso ocorre o tempo todo e nas mínimas esferas. Também ocorre no âmbito governamental, que precisa estudar a conveniência e oportunidade de gerir recursos "escassos" destinados a uma multiplicidade de possíveis investimentos e promoções de diferentes políticas públicas. Tanto o Executivo como o Legislativo têm condições de examinar essas consequências previamente à tomada de suas decisões. Para isso, contam com uma infinidade de órgãos, conselhos, agências, comissões e funcionários que colaboram nesse sentido. Além disso, o governante deve estar sempre em busca do cumprimento de seu projeto de governo e que interessou aos seus eleitores.

No Judiciário, ao revés, a sistemática da tomada de decisões deve ser distinta. É que, nesse caso, os parâmetros que fundamentam a decisão são diversos. Cuidando-se do Supremo, guardião máximo da Constituição Federal, seu único parâmetro possível é o próprio texto constitucional. Suas decisões devem partir da lei maior e, a partir daí, examinar as múltiplas situações concretas que lhe são submetidas à apreciação.

Verifica-se que a consequência fundada no argumento econômico, que para a esfera governamental é um dos parâmetros na tomada de decisões relevantes, não funciona do mesmo modo para o Judiciário, que deve permanecer sempre fiel à Constituição Federal. Do contrário, promover-se-ia à seguinte inversão de valores: os cálculos (quando existentes) formulados por técnicos e burocratas do governo prevaleceriam em detrimento da máxima efetividade do texto constitucional. Ora, parece evidente que essa subversão em prol de interesses momentâneos e circunstanciais de caráter meramente especulativo não seria uma leitura constitucionalmente adequada do argumento consequencialista de cunho econômico em matéria tributária.

E qual seria esta leitura constitucionalmente adequada? Ela existe? Certamente ela não passa pela consideração do argumento consequencialista de cunho econômico *ad terrorem* em matéria tributária. Diferente dos ramos políticos do governo, o Judiciário não detém os dados e informações necessários à tomada de sua decisão nesses termos. Mesmo que os detivesse, ainda assim não deveria considerá-los, já que seu parâmetro é diferente da conveniência e oportunidade política. Com efeito, pauta-se única e exclusivamente pelo respeito à Constituição.

Uma leitura constitucionalmente adequada de um eventual argumento de cunho econômico em matéria tributária conduz à ideia central do neoconstitucionalismo. Cuida-se da centralidade da Constituição na ordem jurídica e da promoção de sua máxima efetividade. Nesse sentido, esse tipo de argumento *ad terrorem* frequentemente levantado pelo governo não deve ser computado na decisão judicial acerca da constitucionalidade ou não de certa lei.

Se a necessidade de planejar as atividades econômicas incumbe aos contribuintes, por meio de provisões, por exemplo, incumbe também – e com muito mais razão – ao Estado quando promove os gastos públicos. No primeiro caso, o rombo da empresa redunda em menos investimentos, geração de empregos e circulação de riqueza, inclusive com a incidência esperada dos tributos pertinentes. No segundo, o rombo nas contas públicas pode conduzir à suposta redução dos investimentos públicos em certas áreas importantes de cobertura estatal. A não prorrogação da CPMF comprovou que esse tipo de argumento é falacioso e especulativo, já que nos primeiros meses do corrente ano, mesmo sem seu recolhimento, a arrecadação cresceu, e não diminuiu.

Espera-se que o pleno do Supremo, quando retomar o julgamento da ADC n. 18 ainda neste segundo semestre, examine a questão posta com vistas à máxima efetividade dos enunciados normativos constitucionais, e não às conveniências oportunistas e momentâneas patrocinadas pelo governo de modo especulativo em detrimento da construção do Estado democrático de direito que queremos e merecemos![3]

---

3   O artigo foi publicado no seguinte jornal: *Jornal Valor Econômico*. São Paulo, ano 9, n. 2.074, Legislação & Tributos/SP, p. E 4, 19.08.2008 (Terça-feira).

A ADC 18, a modulação e o dilema do STF

Na sessão plenária do Supremo Tribunal Federal (STF) do último dia 22 de abril os Ministros debruçaram-se sobre duas questões umbilicalmente relacionadas: o argumento consequencialista na tomada de decisão judicial e a possível aplicação da modulação dos seus efeitos. Na ocasião, a profundidade de tal debate foi obnubilado por áspera discussão que prevaleceu entre os Ministros Gilmar Mendes e Joaquim Barbosa.

A respeito daquela discussão e do pano de fundo daquela disputa jurídica já tecemos alguns breves comentários na ocasião. De fato, através da recondução daquele debate travado entre os dois Ministros ao patamar jurídico no qual se inseriu, pretendemos demonstrar a grande seriedade do que, de fato e de direito, esteve por trás daquela contenda. Afirmamos que, na realidade, se tratava de verdadeiro dilema a ser enfrentado pelo STF.

Com o retorno da atividade jurisdicional ordinária do STF no início do mês de agosto, algumas preocupações sobre tal dilema permanecem latentes na comunidade jurídica. É inegável que o argumento consequencialista pode (e deve) ser levado em conta na tomada das decisões judiciais. A depender da área jurídica e das particularidades de cada situação submetida ao exame do Judiciário – e do STF – diferentes graus de importância podem ser atribuídos a tais argumentos. De qualquer modo, sempre terão um peso menor e servirão para corroborar ou reforçar os argumentos jurídicos centrais sobre os quais o debate se alicerça.

A sua possível aplicação deve ser cogitada somente em situações excepcionalíssimas, quando a atribuição do tradicional efeito *ex tunc* (retroativo) à declaração de inconstitucionalidade conduz a uma situação ainda mais afastada da "vontade constitucional" em razão do vácuo que pode ser criado em alguns casos.

Estes casos são situações específicas que evidenciam a necessidade de solução menos tradicional. Como exemplos, pensem na declaração de inconstitucionalidade de dispositivo normativo: (i) que criou mais cargos de vereadores do que deveria, (ii) que criou certo Município, (iii) que nomeou um grupo de servidores públicos e (iv) que aumentou o vencimento de uma categoria deles. Estes exemplos são rotineiramente examinados pelo STF. São casos delicados onde a aplicação do efeito retroativo (*ex tunc*) pura e simples poderia gerar gravíssimas consequências, tanto do ponto de vista fático como também (e especialmente) jurídico. Para tais situações, a aplicação da modulação dos efeitos é plenamente viável, cabível e até recomendável. Observando estas e outras situações de diferentes áreas jurídicas, verificamos que a modulação dos efeitos pode ser salutar em alguns casos. Em outros não!

Em razão da expiração da prorrogação do prazo da liminar, analisada em questão de ordem do último dia 04 de fevereiro, esperamos que o julgamento da ADC n. 18, que discute a ilegitimidade da inclusão da parcela do ICMS na base de cálculo da COFINS e do PIS, venha a ocorrer finalmente neste mês de agosto. É que esta decisão é esperada pelos contribuintes há DEZ anos, quando teve o seu julgamento iniciado, nos autos de um RE que agora está relegado ao segundo plano em virtude da precedência desta ação.

Verificamos, por conseguinte, que aquele dilema do qual falamos anteriormente será trazido no julgamento desta questão. Mantida a expectativa de que a maioria dos votos proferidos será favorável aos contribuintes, restará ao Pleno do STF o exame do pleito formulado pelo Fisco no sentido de aplicar tal decisão dali pra frente (*ex nunc*).

É aqui que o dilema enfrentado pelo STF se repete: esta é uma situação excepcional que efetivamente merece a aplicação da modulação dos efeitos ou não? Entendemos que não. Seis votos dos atuais integrantes do Pleno já são conhecidos e o julgamento desta questão se iniciou há exatos dez anos. Se o argumento consequencialista de cunho econômico pode (im)pressionar em favor da pretensão fazendária, vejamos o reverso da moeda. Contraposto ao tal "rombo" que a decisão favorável aos contribuintes acarretaria, temos o rombo já embolsado pelo Fisco de toda aquela quantia que já foi paga, não foi questionada, cujo direito de repetir decaiu e prescreveu.

Além disso, não há qualquer tipo de "surpresa" que possa ser alegado no caso. Como se não bastassem os seis votos proferidos em 2006, eles seguiram a esteira do julgamento que declarou a inconstitucionalidade do alargamento da base de cálculo da COFINS e do PIS, cujo julgamento foi concluído em novembro de 2005.

Ademais, temos a função pedagógica do recado que será deixado pelo STF, que se mostrará atento às manobras e "pegadinhas" manejadas pelo Fisco caso module os efeitos de uma reconhecida inconstitucionalidade na cobrança de tributos. Não há de caber ao Estado locupletar-se ilicitamente à custa dos tributos, ainda mais no cenário da elevadíssima carga tributária que o País vem suportando nas últimas décadas. Com a crise financeira internacional esta situação agrava-se ainda mais por razões óbvias. Por fim, os tais bilhões de reais alardeados como o possível rombo pelo Fisco parecem cobrir apenas os últimos cinco anos. O julgamento no Pleno do STF foi iniciado em 1999 e permaneceu até 2006 no gabinete do então Min. Nelson Jobim, que preparava o seu voto-vista.

Neste caso, parece que o Estado-juiz (STF) tem variados motivos para finalmente decidir esta questão jurídica sem a aplicação do novel instituto da modulação de efeitos, tendo em vista que: i) a ideia subjacente à possível modulação é aproximar-se da "vontade constitucional", e não afastar-se ainda mais; (ii) contraposto ao argumento consequencialista de cunho econômico em favor do Fisco há de prevalecer o argumento da verdadeira "apropriação indébita" que prevalecerá nas últimas décadas, em razão da decadência e prescrição, mesmo com a declaração de inconstitucionalidade (com efeito *ex tunc*); (iii) é importante a mensagem pedagógica que o STF deixará para a sociedade e para o governo na questão; (iv) se se passaram sete anos entre um julgamento e outro, em razão do pedido de vista do Ministro Jobim, então não cabe ao STF levar em conta as consequências daí ocasionadas, sob pena de evidenciar-se manifesta e indesejável parcialidade em julgamento de tamanho relevo na seara tributária. A modulação temporal não pode, em nenhuma hipótese, agravar a situação dos cidadãos, especialmente em casos que resultam da inércia do Poder Público (demora de legislar e morosidade na prestação jurisdicional).

O dilema com que se defrontou – e voltará a se defrontar neste mês – a Suprema Corte é algo no qual deve participar toda a sociedade. Como já alertamos no passado, é hora de definir se a modulação temporal dos efeitos das decisões judiciais vai ser utilizada como um instrumento efetivo de proteção dos direitos fundamentais dos cidadãos ou se vai servir a interesses específicos, nem sempre de caráter republicano.[4]

O STF e a ADC 18

Com a retomada das atividades regulares do Supremo Tribunal Federal, muitas questões jurídicas que foram submetidas ao Plenário e aguardam pronunciamento definitivo voltam à baila.

Dentre estas, destaca-se a que discute a inconstitucionalidade da inclusão da parcela do ICMS na base de cálculo da COFINS e do PIS. Esse tema chegou ao Plenário da Suprema Corte em 1999 através de um recurso extraordinário (RE 240.785), teve seu julgamento iniciado e contabilizou sete votos proferidos. Em 2008, em razão de manobra processual engendrada pela Advocacia-Geral da União com o ajuizamento da ADC 18, a Corte decidiu pela precedência dessa ação sobre aquele recurso e atualmente é aguardado o (re)início do seu julgamento de mérito.

O Ministro Celso de Mello, que recentemente herdou a relatoria da ação em virtude do prematuro falecimento do Ministro Menezes Direito, propôs em 25 de março do corrente ano a terceira e última questão de ordem referente à prorrogação por mais 180 dias da eficácia da medida liminar anteriormente deferida nos autos da ADC 18. Na ocasião, assinalou que buscaria julgar a causa, em caráter definitivo, antes mesmo do esgotamento do prazo

---

4   O artigo foi publicado no seguinte jornal: *Jornal Valor Econômico*. São Paulo, ano 10, n. 2.318, Legislação & Tributos/SP, p. E 2, 10.08.2009 (segunda-feira).

que então fora ampliado. O Ministro Celso de Mello foi acompanhado pelos seus pares, exceto pelo Ministro Marco Aurélio que, mantendo-se rigorosamente coerente com a sua orientação nesse caso, decidiu que não caberia nova prorrogação.

Diante do cenário exposto, há fundada expectativa de que a ADC 18 seja pautada e julgada nas próximas semanas. A despeito da eventual complexidade que o tema possa abrigar, é certo que seis votos já foram proferidos anteriormente – pelos Ministros Marco Aurélio, Cármen Lúcia, Ricardo Lewandowski, Carlos Britto, Cezar Peluso e Sepúlveda Pertence, que antecipou o seu voto e se aposentou em seguida – no sentido favorável aos contribuintes e apenas um no sentido contrário (do Ministro Eros Grau), quando do julgamento do RE 240.785.

Levando-se em conta que a composição plena da Corte se mantém praticamente inalterada, à exceção do Min. Sepúlveda Pertence (que foi substituído atualmente pelo Min. Dias Toffoli, de resto impedido por ter sido o AGU que assinou a petição inicial da ADC 18), é legítima a expectativa de que os cinco votos já proferidos nos autos do RE 240.785 em favor dos contribuintes sejam integralmente mantidos no julgamento de mérito da ADC 18.

A corroborar essa expectativa, cabe lembrar que, no exame da medida liminar de tal ação, os Min. Marco Aurélio, Ricardo Lewandowski e a Ministra Cármen Lúcia, todos foram enfáticos no sentido de que já haviam proferido voto a respeito do tema no passado (referindo-se ao julgamento do RE). Quanto aos Min. Carlos Britto e Cezar Peluso, é razoável esperar que se mantenham firmes no sentido que já votaram, sobretudo se recordarmos o histórico de ambos de total independência em relação aos interesses fazendários.

Espera-se, assim, que aquela tendência virtualmente consagrada no julgamento parcial do RE 240.785 seja confirmada quando do julgamento de mérito da ADC 18. A confirmar-se esse resultado de julgamento, será necessário ao Pleno examinar a questão relacionada ao pleito já formulado pela Fazenda Nacional da eventual modulação temporal prospectiva dos efeitos desta decisão.

O argumento retórico em que se funda tal pedido calca-se principalmente no tom pragmático ou consequencialista que se preocupa sobremaneira com o suposto "rombo" de X reais, que seria subtraído dos combalidos orçamentos da Saúde, Previdência e Seguridade Social. O argumento do suposto "desfalque" é o principal levantado para sustentar a posição fazendária no sentido da eventual modulação.

Os argumentos contrapostos, no entanto, são capazes de neutralizar e desqualificar esse argumento *ad terrorem*, superando-o em todos os seus aspectos. Dentre tantos argumentos, cabe mencionar, como exemplo, a doutrina frequentemente defendida pelo Ministro Celso de Mello no sentido de que o Estatuto do Contribuinte assegurado pelos ditames constitucionais não deve ser flexibilizado face às momentâneas necessidades governamentais, especialmente quando invocadas como razões de Estado, sob pena de sucumbir o Estado Democrático de Direito que pretendemos construir e a integridade da ordem constitucional. Por isso, é razoável esperar que a decisão que será tomada nesse caso não se submeterá ao arbitramento da modulação temporal dos seus efeitos.[5]

A ADC 18 não é caso para modular

Quando o Ministro Luiz Fux completar a composição do Pleno do Supremo Tribunal Federal, espera-se a inclusão em pauta da ADC 18 para as sessões de julgamento seguintes, já que a comunidade jurídica aguarda com ansiedade o pronunciamento definitivo acerca da questão da inconstitucionalidade da inclusão da parcela do ICMS na base de cálculo da COFINS e do PIS. Levando em conta que o tema chegou ao Pleno do STF em 1999 e já che-

---

5   O artigo foi publicado em: *Correio Braziliense*. Brasília, 06.09.2010 (Direito & Justiça), p. 02.

gou a contabilizar sete votos (nos autos do RE 240.785), a expectativa legítima de todos é que o seu julgamento seja encerrado na própria sessão que for (re)iniciado.

Espera-se também que a tendência virtualmente consagrada no resultado parcial do julgamento do RE 240.785 seja confirmada na apreciação do mérito da ADC 18. A confirmar-se essa tendência, será necessário ao STF examinar a questão relacionada ao pleito já formulado pela Fazenda Nacional sobre a eventual necessidade de aplicar a modulação temporal prospectiva dos efeitos desta decisão para aqueles que não ingressaram em juízo pleiteando o reconhecimento de seu direito.

O argumento retórico que pretensamente funda tal pedido se calca no tom consequencialista, preocupando-se com o suposto "rombo" de X bilhões de reais para os cofres públicos, golpeando ainda mais os orçamentos da Saúde e Seguridade Social, com claro viés *ad terrorem*. Os argumentos contrapostos, contudo, são capazes de neutralizar e desqualificar esse argumento falacioso, superando-o em todos os seus aspectos. Em caráter meramente exemplificativo, citamos brevemente alguns desses argumentos.

Em primeiro lugar, decorre logicamente da declaração de inconstitucionalidade a legitimidade para aqueles prejudicados ingressarem em juízo, limitada pela prescrição. Disso decorre que há efetiva "apropriação indébita" que serviu para financiar parte das atividades estatais e que são anteriores aos últimos 5 anos (e, portanto, irrecuperáveis para aqueles que não ingressaram em juízo mesmo com a declaração de inconstitucionalidade).

Além disso, a temida ameaça de aumento da carga tributária em razão da "derrota" imposta ao Fisco (com a declaração de inconstitucionalidade) é um vetor constante no jogo democrático e rigorosamente nada comprova que o resultado favorável em certa demanda judicial levaria ao decréscimo de tal carga que, aliás, só se tem elevado ultimamente.

É inerente às disputas tributárias que grande contingente em dinheiro esteja em jogo, tanto para os cofres públicos como também para os contribuintes. Afinal, há o outro lado da moeda, já que a imposição de certas "derrotas" judiciais pode levar as empresas, por exemplo: a demitir funcionários, rever seu plano estratégico de crescimento, estancar alguns investimentos produtivos, como eventual necessidade de desembolso ou provisão.

Cabe registrar, ademais, que os montantes crescentemente astronômicos que são alardeados pelo Fisco às vésperas do julgamento de relevante questão tributária são números mágicos e meramente especulativos, sem qualquer comprovação.

No plano doutrinário, juristas de escol têm defendido que a modulação temporal dos efeitos em matéria tributária só deve ser usada em favor dos contribuintes, e jamais em benefício do Fisco, já que materializa e dá concretude aos princípios da proteção da confiança legítima dos contribuintes e da boa-fé objetiva, que são subjacentes ao princípio da segurança jurídica, a garantir o contribuinte na sua desigual relação com o Fisco.

Como se não bastasse, a permissividade da Suprema Corte em questões sensíveis ao governo pode gerar uma indesejável percepção do legislador ordinário no sentido de que ela funcione como espécie de "segunda instância" do governo, o que seria inaceitável.

Cabe registrar que o parâmetro maior do Poder Judiciário é a Constituição da República, especialmente cuidando-se da Suprema Corte, que tem o elevado mister de guardá-la.

Por fim, cabe invocar a doutrina frequentemente defendida pelo Ministro Celso de Mello no sentido de que o Estatuto do Contribuinte assegurado pelos ditames constitucionais não deve ser flexibilizado face às momentâneas necessidades governamentais, dentre os quais pinçamos os seguintes: a Constituição da República delineia verdadeiros limites aos Poderes do Estado (ADI 447); "[...] os desvios inconstitucionais do Estado, no exercício do seu poder de tributar, geram, na ilegitimidade desse comportamento do aparelho governamental, efeitos perversos, que, projetando-se nas relações jurídico-fiscais mantidas com os contribuintes, deformam os princípios que estruturam a ordem jurídica, subvertem as finalidades do sistema normativo e comprometem a integridade e a supremacia da própria Constituição da República" (Pet. 1.466); "Nada compensa a ruptura da ordem constitucional. Nada recompõe os gravíssimos efeitos que derivam do gesto de infidelidade ao texto da Lei Fundamental" (ADI 2.010); "Razões de Estado não podem ser invocadas para justificar o descumprimento da Constituição" (AI 244.578).

De fato, além de não ceder às necessidades governamentais momentâneas, o Poder Judiciário de modo geral, e particularmente a Suprema Corte, tem a elevada missão de não sucumbir ou se deixar levar pelas convenientes razões de Estado, sob pena de ruir também o projeto de Estado Democrático de Direito que temos logrado construir e a integridade da ordem constitucional que temos mantido há mais de vinte anos.[6]

O ICMS "por dentro" e a ADC 18

Em sessão de 18 de maio, o Pleno do Supremo Tribunal Federal – STF decidiu, por maioria, no sentido da constitucionalidade da inclusão do ICMS em sua própria base de cálculo. Na ocasião, foi desprovido o recurso extraordinário interposto pelo contribuinte do tributo, que sustentava, em síntese: a) a ocorrência de dupla tributação e afronta ao princípio da não cumulatividade; b) o não cabimento da taxa Selic na atualização do débito tributário, sob pena de majoração do imposto; e c) a natureza confiscatória da multa moratória fixada em 20% sobre o valor do débito.

No mérito, quanto ao método de cálculo "por dentro" do ICMS, a Corte reafirmou orientação fixada anteriormente no julgamento do RE 212.209, segundo a qual a quantia relativa ao ICMS faz parte do conjunto que representa a viabilização jurídica da operação e, por isso, integra a sua própria base de cálculo. Com efeito, em julgamento ocorrido em 23.06.1999, o Pleno do STF decidiu que é constitucional a inclusão no valor da operação ou da prestação de serviço somado ao próprio ICMS.

Na sessão de 18 de maio, foram vencidos os Ministros Marco Aurélio e Celso de Mello. Para o Min. Celso de Mello, a consideração de valores estranhos à materialidade da hipótese de incidência do ICMS seria incompatível com o ordenamento constitucional, bem como extensível às obrigações acessórias o princípio da não confiscatoriedade. O Min. Marco Aurélio proferiu voto no sentido de que o cálculo "por dentro", no que o vendedor não fatura o ICMS, discreparia do modelo constitucional, em transgressão ao princípio da não cumulatividade. Aduziu que essa forma de cálculo, uma vez afirmada relativamente ao ICMS, poderia vir a ser transportada para qualquer outro tributo.

Ao final, o Min. Cezar Peluso apresentou proposta de redação de súmula vinculante com o seguinte teor: "É constitucional a inclusão do valor do Imposto sobre Circulação de Mercadorias e Serviços – ICMS na sua própria base de cálculo" (RE 582.461, Rel. Min. Gilmar Mendes, acórdão pendente de publicação, Informativo STF 627).

Quanto ao debate em torno da inconstitucionalidade da inclusão da parcela do ICMS na base de cálculo da COFINS, no julgamento iniciado no RE 240.785, em 08.09.1999, o Min. Marco Aurélio proferiu voto no sentido de que a base de cálculo da COFINS somente pode incidir sobre a soma dos valores obtidos nas operações de venda ou de prestação de serviços, ou seja, sobre a riqueza obtida com a realização da operação, e não sobre ICMS, que constitui ônus fiscal e não faturamento, consoante dispõe o inciso I do art. 195 da Constituição da República.

Em seguida, o Min. Nelson Jobim pediu vista e o julgamento recomeçou no mérito em 24.08.2006, quando o Min. Marco Aurélio foi acompanhado pelos Ministros Cármen Lúcia (que sucedeu o Min. Jobim), Ricardo

---

6   O artigo foi publicado no seguinte jornal: *Jornal Valor Econômico*. São Paulo, ano 11, n. 2.696, Legislação & Tributos/SP, p. E 2, 15.02.2011 (terça-feira).

Lewandowski, Carlos Britto, Cezar Peluso e Sepúlveda Pertence. No sentido contrário, o Min. Eros Grau proferiu voto divergente, no qual considerou que o montante do ICMS integra a base de cálculo da COFINS, porque está incluído no faturamento, haja vista que é imposto indireto que se agrega ao preço da mercadoria. Na sequência, o julgamento foi novamente suspenso em razão do pedido de vista do Min. Gilmar Mendes.

Em manobra processual engendrada pela AGU, em 10.10.2007 foi protocolada a ADC 18, que pleiteia a declaração da validade formal e material da regra contida no art. 3º, § 2º, inciso I, da Lei n. 9.718/98, a fim de se legitimar a inclusão na base de cálculo da COFINS e do PIS/PASEP dos valores pagos a título de ICMS e repassados aos consumidores no preço dos produtos ou serviços, desde que não se trate de substituição tributária.

Em sessão de 14.05.2008, a Corte decidiu questão de ordem no sentido da precedência do controle concentrado (ADC 18) em relação ao controle difuso (RE 240.785). Em 13.08.2008, foi deferida a medida cautelar para suspender os processos em curso que versassem sobre o mesmo tema. Com o transcurso do tempo no final do último ano em relação a última prorrogação de tal medida cautelar, os juízes e tribunais voltaram a examinar a questão jurídica.

Tem-se verificado, por conseguinte, decisões contraditórias e discrepantes. Os juízes menos criativos e os tribunais têm julgado o tema à luz de súmulas superadas oriundas do STJ, que reconheceram no passado a legitimidade da espúria inclusão. Hoje, contudo, a matéria encontra-se pendente de julgamento perante o STF, razão pela qual, por si só, a questão deveria ser julgada apenas e tão somente em relação ao seu aspecto constitucional, e jamais deveria à luz da orientação antiga do STJ.

Há expectativa de que a questão de fundo seja finalmente levada a julgamento no Pleno durante o início do segundo semestre do corrente ano, quando o STF retomará suas atividades regulares.[7]

A necessidade de imediato julgamento da ADC 18 pelo STF

A ADC 18 foi ajuizada pelo Presidente da República em outubro de 2007 com o objetivo de tentar reverter decisão parcial anterior que se configurou virtualmente favorável aos contribuintes. Na discussão junto ao Plenário do STF sobre a inconstitucionalidade da inclusão da parcela do ICMS na base de cálculo da COFINS e do PIS, em agosto de 2006, seis Ministros votaram no sentido favorável aos contribuintes e apenas o Ministro Eros Grau proferiu voto em favor do Fisco (RE 240.785). Naquela ocasião, o Ministro Gilmar Mendes pediu vista. Ajuizada a ADC 18 e reconhecida a sua precedência em relação ao RE, sua medida cautelar foi deferida para suspender os processos em trâmite no Brasil sobre o tema.

Contudo, em outubro de 2010, a medida cautelar anteriormente deferida perdeu sua eficácia, por ter sido prorrogada expressamente pela última vez no STF. Ocorre que, desde então, o restante do Poder Judiciário voltou a decidir a respeito do tema.

Em um primeiro momento, esse movimento de retomada dos julgamentos dessa questão jurídica foi iniciado junto ao STJ, que retomou sua antiga linha de entendimento, no sentido de aplicação das Súmulas 68 e 94, nas quais expressamente reconhece a legitimidade da inclusão do ICMS na base de cálculo da COFINS e do PIS.

Além disso, no primeiro semestre desse ano, verificou-se enorme quantidade de julgamentos, proferidos tanto em primeira instância como também nos 5 Tribunais Regionais Federais voltando a decidir a questão. Em sua grande maioria, as decisões que têm sido proferidas são no sentido de pura e simplesmente aplicar as referidas súmulas (que hoje perderam qualquer sentido e servem como mero registro histórico jurisprudencial).

---

7   Publicado em: *Jornal Gazeta de Notícias*. Rio de Janeiro, 2ª Fase, Ano II, n. 383, 02 a 04.07.2011, p. 3 (Análise Financeira).

Ocorre que, com isso, o Poder Judiciário vem aplicando entendimento do STJ que é antigo e está fadado inexoravelmente à superação. De fato, independentemente do pronunciamento definitivo do STF sobre a questão jurídica, é certo dizer que o entendimento do STJ está superado pela decisão que se aguarda do STF. É que, aqui, a questão é analisada sob o ponto de vista constitucional, e no STJ foi examinada sob o enfoque legal ou infraconstitucional. De qualquer modo, na ordem jurídica a decisão do STF se sobreporá integralmente àquela do STJ.

Cabe lembrar que a fase processual adequada para levantamento de eventuais questões preliminares já foi superada tanto no RE 240.785 como também na ADC 18 e sempre a questão jurídica foi reconhecida como de índole eminentemente constitucional. Além disso, cabe mencionar que no RE 574.706/PR, o STF reconheceu expressamente a repercussão geral da questão constitucional relativa à inclusão do ICMS na base de cálculo da COFINS e do PIS (julgado em 24.04.2008 e DJU de 16.05.2008).

Portanto, adotando a posição já superada do STJ, o Poder Judiciário está contribuindo para multiplicar desnecessariamente o número de recursos interpostos nos processos que já tramitam, vez que passa a ser necessária a interposição de recurso especial rigorosamente desnecessário ao deslinde da causa, inclusive em obediência ao teor da Súmula do STF 283 ("É inadmissível o recurso extraordinário, quando a decisão recorrida assenta em mais de um fundamento suficiente e o recurso não abrange todos eles").

Em realidade, essa posição de acomodação e aplicação acrítica de jurisprudência superada do STJ pelas instâncias inferiores tem gerado transtornos para os contribuintes, que por vezes têm decisões monocráticas contrárias aplicando o art. 557 do CPC e são obrigados a recorrer para o STJ de modo desnecessário, gerando, consequentemente, crescente insegurança jurídica em torno do tema.

Verifica-se grande paradoxo em torno da atual racionalidade judiciária adotada pelo STF, como órgão de cúpula do Poder Judiciário nacional, e seguido pelos demais tribunais e juízes: a) a precedência da ADC 18 sobre o RE 240.785, que foi justificada pela maior abrangência da decisão e possível suspensão dos processos em curso mediante adoção da medida cautelar, provou-se com o tempo não se justificar; b) o princípio da celeridade processual e a garantia da razoável duração do processo foram flagrantemente violados, especialmente se considerarmos que o tema encontra-se no Pleno do STF aguardando pronunciamento definitivo desde 1999 (quando por lá chegou o RE 240.785); c) atualmente, os recursos se multiplicam em razão da demora no julgamento da questão pelo STF, vez que os tribunais das instâncias inferiores insistem na aplicação do entendimento sumulado superado do STJ.

Nesse momento, mais do que nunca, torna-se crucial que o STF leve o caso a julgamento para encerrar a discussão jurídica, sob pena de criar um efeito pernicioso de multiplicação desnecessária de recursos, petições, decisões e despachos, com vistas à sua manutenção no enfoque eminentemente constitucional.[8]

O paradoxo entre eficiência e produtividade no Judiciário

Hoje há relevante questão tributária que se relaciona com questão processual que lhe é subjacente nas instâncias ordinárias. O caso nos parece emblemático do paradoxo que se estabeleceu no Poder Judiciário no tocante à eficiência e produtividade.

Trata-se da inconstitucionalidade da inclusão da parcela do ICMS na base de cálculo da COFINS e do PIS, com evidente impacto para grande parte das empresas brasileiras que são contribuintes de tais contribuições (COFINS e PIS). Inicialmente examinado pelo Pleno do Supremo Tribunal Federal nos autos de um recurso extraordinário, o julgamento contabilizou a prolação de sete votos, sendo seis no sentido favorável aos contribuintes (igual a maioria absoluta que a

---

8   O texto foi publicado em: *Jornal Gazeta de Notícias*. Rio de Janeiro, 2ª Fase, Ano II, n. 408, 06 a 08.08.2011, p. 6 (Análise Financeira).

Constituição da República exige para a declaração de inconstitucionalidade) e apenas um no sentido favorável ao Fisco. Em razão de um pedido de vista do Ministro Gilmar Mendes, o julgamento foi suspenso e jamais foi concluído. É que em manobra facultada pela ordem jurídica, a Presidência da República ajuizou ação declaratória de constitucionalidade (ADC 18), a qual depois de ter sua medida cautelar deferida, prorrogada e vencida, encontra-se aguardando o início do julgamento, que será precedente ao recurso extraordinário anteriormente mencionado.

Ocorre que há milhares de ações em curso na Justiça Federal versando o tema em foco. Apesar de juízes e desembargadores federais conhecerem todo esse pano de fundo acima explicitado, submetem-se a outra realidade (quase paralela). De um lado, há as metas do CNJ para cumprir, com o claro objetivo de reduzir o estoque de ações antigas em curso perante o Poder Judiciário (que é um esforço louvável e desejável). De outro lado, há o entendimento consagrado (inclusive por súmula) pelo Superior Tribunal de Justiça a respeito do tema editadas em 1992 e 1994, no sentido de que sim, a parcela do ICMS integra a base de cálculo da COFINS e do PIS de modo legítimo.

O resultado disso é sentido com frequência nas sentenças e decisões monocráticas que cuidam do tema: para cumprir metas estabelecidas pelo CNJ, os juízes e desembargadores decidem pela aplicação das súmulas do STJ! Ora, esse seria o desfecho naturalmente esperado por todos se a questão jurídica não estivesse submetida ao crivo do Supremo Tribunal Federal.

Todavia, uma vez que o Plenário da Suprema Corte já sinalizou no sentido de que examinará a questão jurídica, inclusive já tendo iniciado o seu julgamento, em recurso extraordinário que foi preterido pelo ajuizamento da ADC 18, não é razoável ou mesmo lógico que as instâncias ordinárias se limitem a "distribuir justiça" ou provimentos jurisdicionais aplicando entendimento que fatal e necessariamente será superado quando do julgamento que se aguarda.

De fato, não se trata de expectativa otimista, caso os contribuintes venham finalmente a triunfar sobre o Fisco no caso específico. Ainda que o Fisco saia vencedor no litígio, mesmo assim verificar-se-á que o julgamento foi tomado sob enfoque completamente diverso daquele anterior (antigo e superado do STJ).

É que o STF analisará o caso essencialmente à luz dos dispositivos e preceitos constitucionais envolvidos, e não sob o viés infraconstitucional. Em outras palavras, independentemente de qual for o resultado final do julgamento da questão jurídica, a orientação do STF prevalecerá sobre o entendimento do STJ que, justamente por isso, já é antigo e superado. Como decorrência lógica disso, não pode – e não deve – ser aplicado aos casos em curso.

Os juízes e desembargadores deveriam se preocupar em entregar o provimento jurisdicional adequado ao pedido formulado pela parte envolvida no litígio, e não focar na observância indiscriminada de metas de produtividade, sob pena de comprometer sobremaneira a eficiência de suas decisões. É curioso como isso gera um círculo vicioso de oposição de embargos de declaração, interposição de recursos especial e extraordinário e interposição de agravos, tudo de modo rigorosamente desnecessário, na medida em que a questão será resolvida brevemente. Parece que o tiro está saindo pela culatra! E o pior, e que quem está atirando sequer sabe disso, salvo raras exceções. Ora, a situação seria diversa se o julgamento nas instâncias ordinárias ocorresse à luz da Constituição da República, desde que seus dispositivos e violações constassem como causa de pedir nos casos concretos.

Embora a questão jurídica esteja frequentando o Plenário da Suprema Corte desde 1999, ela remanesce sem o seu pronunciamento definitivo. A notícia boa é que se espera que o Relator, Ministro Celso de Mello, conclua o seu voto nos próximos dias e, com isso, o Presidente, Ministro Cezar Peluso, inclua o feito em pauta para julgamento nas próximas semanas.[9]

---

9   O texto foi publicado em: *Jornal Gazeta de Notícias*. Rio de Janeiro, 2ª Fase, Ano III, n. 559, 17 a 19.03.2012, p. 4 (Análise Financeira).

Ainda a ADC 18 no STF

A ADC 18 foi ajuizada pelo Presidente da República em outubro de 2007 com o objetivo de tentar reverter decisão parcial anterior que se configurou virtualmente favorável aos contribuintes (6 x 1) nos autos do RE 240.785, com a declaração de inconstitucionalidade da inclusão da parcela do ICMS na base de cálculo da COFINS e do PIS, em agosto de 2006.

Contudo, em outubro de 2010, a medida cautelar anteriormente deferida na ADC 18 perdeu sua eficácia, por ter sido prorrogada expressamente pela última vez no STF. Ocorre que, desde então, o restante do Poder Judiciário voltou a decidir a respeito do tema.

Em um primeiro momento, esse movimento de retomada dos julgamentos foi iniciado pelo STJ, que retomou sua antiga linha de entendimento e passou a aplicar indiscriminadamente as Súmulas 68 e 94, nas quais expressamente reconhece a legitimidade da inclusão do ICMS na base de cálculo da COFINS e do PIS.

Em seguida, verificou-se enorme quantidade de julgamentos, proferidos tanto em primeira instância como também nos 5 Tribunais Regionais Federais voltando a decidir a questão. Em sua grande maioria, as decisões que têm sido proferidas são no sentido de pura e simplesmente aplicar as referidas súmulas.

Ocorre que, hoje, tais súmulas perderam qualquer sentido e servem apenas como mero registro histórico jurisprudencial. Em outras palavras, o Poder Judiciário vem aplicando entendimento do STJ que é antigo e está fadado inexoravelmente à superação. De fato, independentemente do pronunciamento definitivo do STF sobre a questão jurídica, é certo dizer que o entendimento do STJ está superado pela decisão que se aguarda do STF. É que, aqui, a questão é analisada sob o ponto de vista constitucional, e no STJ foi examinada sob o enfoque legal ou infraconstitucional. De qualquer modo, na ordem jurídica a decisão do STF se sobreporá integralmente àquela do STJ.

Cabe lembrar que a fase processual adequada para levantamento de eventuais questões preliminares já foi superada tanto no RE 240.785 como também na ADC 18 e sempre a questão jurídica foi reconhecida como de índole eminentemente constitucional. Além disso, cabe mencionar que no RE 574.706/PR, o STF reconheceu expressamente a repercussão geral da questão constitucional relativa à inclusão do ICMS na base de cálculo da COFINS e do PIS (julgado em 24.04.2008 e DJU de 16.05.2008).

Nesse sentido, cabe lembrar a seguinte situação semelhante que ocorreu recentemente: o STJ editou a Súmula 276, pela qual "As sociedades civis de prestação de serviços profissionais são isentas da Cofins, irrelevante o regime tributário adotado". Com o julgamento, no âmbito do STF, dos RREE 377.457 e 381.964, reconheceu-se a legitimidade da revogação pelo art. 56 da Lei n. 9.430/96 da isenção concedida pelo art. 6º, inciso II, da Lei Complementar n. 70/91. Como decorrência, a súmula deixou de ser aplicada até que foi expressamente cancelada.

Com a adoção indiscriminada da posição já superada do STJ, o Poder Judiciário está contribuindo para multiplicar desnecessariamente o número de recursos interpostos nos processos que já tramita, vez que passa a ser necessária a oposição de embargos de declaração, a interposição de recurso especial (e até de agravo de despacho denegatório).

Em realidade, essa posição de acomodação e aplicação acrítica de jurisprudência superada do STJ pelas instâncias inferiores tem gerado transtornos para os contribuintes, que por vezes têm decisões monocráticas contrárias aplicando o art. 557 do CPC e são obrigados a recorrer para o STJ de modo desnecessário, gerando, consequentemente, crescente insegurança jurídica em torno do tema.

Verifica-se grande paradoxo em torno da atual racionalidade judiciária adotada pelo STF, como órgão de cúpula do Poder Judiciário nacional, e seguido pelos demais tribunais e juízes: a) a precedência da ADC 18 sobre o

RE 240.785, que foi justificada pela maior abrangência da decisão e possível suspensão dos processos em curso mediante adoção da medida cautelar, provou-se com o tempo não se justificar; b) o princípio da celeridade processual e a garantia da razoável duração do processo foram flagrantemente violados, especialmente se considerarmos que o tema encontra-se no Pleno do STF aguardando pronunciamento definitivo desde 1999 (quando por lá chegou o RE 240.785); c) atualmente, os recursos se multiplicam em razão da demora no julgamento da questão pelo STF, vez que os tribunais das instâncias inferiores insistem na aplicação do entendimento sumulado superado do STJ.

Hoje, o esforço junto às instâncias inferiores é fazer com que o aspecto constitucional do debate seja apreciado, vez que com as metas de produtividade em jogo todos os julgadores limitam-se apenas e tão somente a aplicar o entendimento sumulado do STJ como se fosse suficiente para concluir a discussão posta sob exame (e que ainda pende de pronunciamento definitivo pelo STF).

E pior ainda, isso muitas vezes ocorre até com a aplicação equivocada do art. 557 do CPC, o que leva a interposição de mais uma série de recursos (como agravo regimental e embargos de declaração).

Aqui, parece claramente que há um paradoxo entre o esperado desejo de uma Justiça mais célere, eficiente e "produtiva" (com números cada vez mais impressionantes de julgamentos no menor tempo possível) e a distribuição da prestação jurisdicional (especialmente aos jurisdicionados que bateram à porta em socorro do Poder Judiciário).

Cabe ao STF assumir a sua vocação de órgão de cúpula do Poder Judiciário e levar, sem mais delongas, a matéria ao seu Plenário para conhecimento e julgamento, com vistas à necessária pacificação social, ao invés de aumentar a litigiosidade nos casos em trâmite.[10]

Refis para débitos na discussão do ICMS na base da COFINS/PIS não vale a pena

Em 10.10.2013 foi publicada a Lei n. 12.865/13, originada a partir da conversão da Medida Provisória n. 615/13. A MP 615, quando publicada, veiculou regras autorizando o pagamento de subvenção econômica aos produtores da safra 2011/2012 de cana-de açúcar e de etanol da região Nordeste e outros assuntos afins, além de dar outras providências. Durante o processo legislativo de conversão da referida MP, que contava com apenas 16 artigos, sofreu intensos debates e acréscimos, de modo que a lei foi publicada com nada menos do que 43 artigos, no melhor estilo de contrabando legislativo tupiniquim. Além do que dispunha a MP, a lei também disciplina o documento digital no Sistema Financeiro Nacional, a transferência do direito de utilização privada de área pública por equipamentos urbanos do tipo quiosque, trailer, feira e banca em caso de falecimento, altera a incidência do PIS/COFINS na cadeia de produção e comercialização da soja e de seus subprodutos, além de várias outras mudanças na legislação tributária, em absoluto desrespeito aos ditames da Lei Complementar n. 95/98.

Dentre as diversas mudanças, cabe registrar que reabriu o prazo do REFIS IV, instituído pela Lei n. 11.941/09, até o dia 31.12.2013, nas condições que especifica. Além disso, criou programas de parcelamento específicos referentes aos débitos para com a Fazenda Nacional: a) relativos ao IRPJ e à CSLL, decorrentes da aplicação do art. 74 da MP 2.158-35/01, vencidos até 31.12.2012 (art. 40); b) relativos à COFINS/PIS, de que trata o Capítulo I da Lei n. 9.718/98, devidos por instituições financeiras e companhias seguradoras, vencidos até 31.12.2012 (art. 39, *caput*); e c) objeto de discussão judicial relativos à não inclusão do ICMS da base de cálculo da COFINS/PIS (art. 39, § 1º). Para esses três casos, o pedido de pagamento ou parcelamento deve ser efetuado até 29.11.2013.

---

10 O texto foi veiculado em: *Última Instância (Coluna)*. São Paulo, 24.05.2012. Disponível na internet: http://ultimainstancia.uol.com.br/conteudo/colunas/56313/ainda+a+adc+18+no+stf.shtml. Acesso em: 25.05.2012.

Nosso comentário se restringe ao último item, que versa sobre a criação do programa de parcelamento específico referente aos débitos para com a Fazenda Nacional objeto de discussão judicial relativos à não inclusão do ICMS da base de cálculo da COFINS/PIS.

Hoje o tema é amplamente discutido por milhares de ações em trâmite na Justiça Federal, com entendimentos opostos que alternam entre a posição conservadora (com a aplicação do entendimento ultrapassado, inclusive sumulado do STJ, sobre a legalidade da inclusão do ICMS na base de cálculo das referidas contribuições – favorável ao Fisco) e a orientação progressista (com a aplicação do entendimento consagrado pelo STF no RE 240.785 quando o Plenário somou seis votos no sentido da ilegitimidade da inclusão do ICMS na base de cálculo das referidas contribuições – favorável aos contribuintes).

O atual cenário de absoluta insegurança jurídica quanto ao tema se deve a manobra engendrada pelo Advogado-Geral da União, hoje Ministro (do STF) Dias Toffoli, quando ajuizou a Ação Declaratória de Constitucionalidade – ADC n. 18 com o desesperado intuito de recomeçar o julgamento da matéria objeto do RE 240.785 (que já contabilizava seis votos contrários ao Fisco e apenas um favorável), que à época estava com pedido de vistas formulado pelo Ministro Gilmar Mendes.

Absorvida a manobra pela Suprema Corte quanto à precedência de julgamento da ADC 18, cuja decisão teria maior alcance aos jurisdicionados em comparação ao RE 240.785 (sessão de 14.05.2008), o caso remanesce concluso ao Relator, Ministro Celso de Mello.

Desde então, de tempos em tempos, a Fazenda Nacional busca (im)pressionar com números mágicos que são expostos pelos jornais de grande circulação, chegando a cifra estimada em discussão ao valor de alguns bilhões de reais. Trata-se da tentativa desesperada de fazer com que o argumento consequencialista de cunho econômico venha a prevalecer sobre os robustos argumentos jurídicos que apontam no sentido da ilegitimidade da espúria inclusão da parcela do ICMS na base de cálculo das contribuições sociais em foco (aliás, como já reconhecido pelo Plenário do STF com a maioria absoluta de votos).

Hoje todo o País acompanha o hercúleo esforço do Governo Federal para manter a expectativa de superávit primário até o fim do ano. Adepto de medidas pontuais e paliativas, ao invés de implementar efetivas reformas urgentes e necessárias, o Governo Federal busca aqui e acolá melhorar os índices com a ajuda do câmbio, da contabilidade criativa e, agora, com a participação privada.

Nesse sentido, escolheu as três discussões judiciais mais vultosas (ainda pendentes de solução definitiva) perante o Pleno do STF, segundo os seus cálculos mágicos, e instituiu os programas de parcelamentos anteriormente mencionados (referentes à sistemática de tributação dos lucros no exterior pelo IRPJ/CSLL, ao PIS/COFINS incidente sobre as atividades de instituições financeiras e companhias seguradoras e à não inclusão da parcela do ICMS das referidas contribuições sociais).

O objetivo de "fazer caixa" é evidente, inclusive pela sistemática de pagamento parcelado previsto: "enquanto não consolidada a dívida, o contribuinte deve calcular e recolher mensalmente parcela equivalente ao montante dos débitos objeto do parcelamento, dividido pelo número de prestações pretendidas" (art. 39, § 8º, exceto quanto à regra ref. aos lucros no exterior, cf. art. 40, §§ 9º e 10).

Em todo caso, os últimos parágrafos de cada artigo (39 e 40) estabelecem que a SRFB e a PGFN, no âmbito de suas competências, editarão os atos necessários à execução do parcelamento em questão. Tais atos são esperados para os próximos dias e serão importantes para elucidar algumas possíveis dúvidas.

Com efeito, um ponto que merece elucidação pelo ato regulamentar diz respeito à conversão dos depósitos e eventual levantamento de saldo remanescente. Pela dicção da regra, o depósito será automática e integralmente convertido em pagamento definitivo e as reduções previstas na lei serão aplicadas apenas e tão somente ao saldo remanescente a ser pago ou parcelado. Assim, não teria qualquer redução o contribuinte que tiver depositado a integralidade de seus débitos.

De toda maneira, é bom ter presente que esse programa específico de parcelamento foi instituído exclusivamente para as empresas que discutem passivo tributário, oriundo de cobranças e autuações fiscais, tanto no âmbito administrativo como também na seara judicial. A lei não se dirige àquelas empresas que discutem judicialmente possível oportunidade com o reconhecimento da ilegitimidade da espúria inclusão da parcela do ICMS da base de cálculo da COFINS/PIS (com a obtenção de medida liminar, a realização mensal de depósitos e até a manutenção do recolhimento normal).

Cuidando-se dos débitos materializados no passivo, aí sim cabe uma decisão gerencial da empresa, que leve em conta os cálculos na ponta do lápis depois da regulamentação cabível, bem como a possibilidade de êxito da discussão posta na esfera administrativa ou judicial, especialmente à luz de eventuais especificidades de cada caso concreto.

Melhor ainda seria se nesse interregno, até o dia 29.11.2013, o Relator da ADC 18 liberasse o seu voto, o Presidente colocasse o caso em pauta para julgamento e o Pleno decidisse a questão. Uma vez posta a questão sob julgamento, levando em conta que a matéria não é complexa e os argumentos favoráveis e contrários são conhecidos, é provável que a Suprema Corte decida a questão sem que haja pedido de vistas.[11]

ADC 18 deveria ser pautada logo no STF

Superadas as intempéries pelas quais a ADC 18 atravessou no âmbito do STF, como a falta de *quorum* completo, troca de Relatoria, conclusão do julgamento da AP 470, impõe-se a liberação do voto pelo eminente Ministro Celso de Mello, com o consequente prosseguimento do seu trâmite e julgamento.

É que as duas principais correntes esgrimiram argumentos em torno da inconstitucionalidade da espúria inclusão da parcela do ICMS na base de cálculo da COFINS e do PIS quando do julgamento do RE 240.785, ocasião em que a maioria absoluta foi alcançada no Pleno. Em seguida, o julgamento foi suspenso por pedido de vistas do Ministro Gilmar Mendes.

Com efeito, a matéria em foco foi submetida ao Pleno do STF desde 1999 e até hoje a prestação jurisdicional não foi entregue, com o pronunciamento definitivo acerca da inconstitucionalidade da espúria inclusão da parcela do ICMS na base de cálculo da COFINS e do PIS.

Ocorre que desde a perda de vigência da medida cautelar nos autos da ADC 18 a matéria tem submergido em intensa insegurança jurídica perante o Poder Judiciário. Nesse sentido, os magistrados de primeira instância, os cinco tribunais regionais e o Superior Tribunal de Justiça, claudicam na interpretação e aplicação da referida inclusão, com decisões e acórdãos contraditórios e até antagônicos.

Ou seja, devido à indefinição que paira sobre o tema, uma mesma situação é tratada de maneira diversa pelos diferentes órgãos competentes para entregar a prestação jurisdicional aos que se socorrem do Poder Judiciário.

Como decorrência disso, enorme desgaste e desnecessário volume de trabalho tem sido suportada pelo Poder Judiciário especificamente no trâmite de casos que versem esse tema. É que, apesar de a C. Suprema Corte ter-se manifestado inequivocamente no sentido de que a questão jurídica em foco é eminentemente constitucional (seja

---

11   O estudo foi publicado originalmente em: *Jus Navigandi*. Teresina, ano 18, n. 3.760, 17 out 2013. Disponível na internet: <http://jus.com.br/artigos/25533>. Acesso em: 17.10.2013.

com sete votos proferidos nos autos do RE 240.785 quanto ao mérito, seja pela superação das questões preliminares nos autos da ADC 18), alguns órgãos jurisdicionais se limitam a aplicar súmulas ultrapassadas do STJ, quando analisou a questão sob o mero enfoque da legalidade. Isso tem gerado uma série de recursos, como embargos de declaração, recursos especiais, agravos de instrumentos e agravos regimentais, por exemplo, todos vinculados ao desfecho comum ao que será decidido nos autos da presente ADC n. 18.

Por tais razões, bem como pela relevância e urgência da discussão jurídica versada e do que dispõe o artigo 5º, inciso LXXVIII, da Carta Magna, que estabelece a razoável duração do processo judicial, espera-se a imediata liberação de voto pelo Ministro Celso de Mello, com prosseguimento no trâmite do caso no sentido do pronunciamento definitivo pelo STF sobre o tema.[12]

RE 240.785 – Amigo da Corte pede a retomada do julgamento

Em 02.06.2014 um dos amigos da Corte que atua nos autos da ADC 18 protocolou petição suscitando questão de ordem na qual pleiteia a imediata retomada do julgamento do RE 240.785, que alcançou a maioria de votos e versa sobre a inconstitucionalidade da inclusão da parcela do ICMS na base de cálculo da COFINS/PIS.

De fato, no RE 240.785 falta colher o voto de apenas quatro Ministros (todos atualmente componentes da Corte): Gilmar Mendes (que já elaborou o seu voto antes de devolver a vista que pediu nos autos), Celso de Mello (Relator da ADC 18 há alguns anos), Rosa Weber e Joaquim Barbosa.

A motivação do pedido partiu da notícia amplamente veiculada nos órgãos da mídia de que o Presidente, Ministro Joaquim Barbosa, antecipará a sua aposentadoria para o final de junho, quando o Tribunal inicia o recesso por um mês.

O RE 240.785 encontra-se aguardando o pronunciamento do Pleno do STF desde 1999. Em 2006, após a superação de diversos obstáculos, o caso logrou alcançar sete votos proferidos (seis pela inconstitucionalidade e um pela constitucionalidade). Na ocasião, o Ministro Gilmar Mendes pediu vista dos autos e o Ministro Dias Toffoli, então Advogado-Geral da União (cargo que ocupou antes da cadeira de Ministro da Corte), ajuizou a ADC 18, objetivando declaradamente reiniciar o julgamento do tema desde o início.

A manobra processual engendrada pelo Ministro Dias Toffoli atingiu o objetivo almejado. Nesse sentido, em 2008, o Pleno decidiu pela precedência da ADC 18 (cujo julgamento sequer tinha sido iniciado) em relação ao RE 240.785 (que já contabilizava com sete votos proferidos), sob a justificativa de que o modelo concentrado de controle de constitucionalidade preferiria ao difuso (este com alcance limitado).

A novidade, contudo, é que desde então a situação subjacente a tal decisão se modificou significativamente, inclusive e especialmente em razão da jurisprudência do próprio STF sobre temas procedimentais.

Com efeito, desde então, o modelo difuso tem experimentado paulatina e crescente objetivação, com a consolidação de institutos como a repercussão geral e a súmula vinculante. Isso avançou a tal ponto que, atualmente, pouco importa em que modelo será prolatada a decisão do STF. Afinal, o pronunciamento definitivo em recurso extraordinário com a edição de súmula vinculante ou resolução do Senado Federal, tem o mesmo alcance daquela decisão em ADI ou ADC: efeito contra todos e eficácia vinculante. Além disso, a decisão tomada em recurso extraordinário, com repercussão geral reconhecida, logra alcançar o Poder Judiciário com o poder obrigatório do precedente.

---

12 O texto foi disponibilizado em: *Última Instância (Coluna)*. São Paulo, 20.03.2014. Disponível na internet: http://ultimainstancia.uol.com.br/conteudo/colunas/69816/adc+18+deveria+ser+pautada+logo+ no+stf.shtml. Acesso em: 20.03.2014.

Isso é o resultado de intensos esforços levados a cabo pelo STF através de suas últimas Presidências, no sentido de racionalizar o trabalho da Corte e definir as questões constitucionais que lhe são submetidas quando de seu julgamento, independente da forma e por meio da qual chegou ao conhecimento do Pleno (RE, ADI ou ADC).

Muitos exemplos poderiam ser citados sobre situações no Pleno em que o RE precedeu a ADI, evidenciando que não há qualquer sentido jurídico ou prático para que o processo subjetivo (difuso) aguarde o pronunciamento no processo objetivo (concentrado).

Nesse sentido, cabe registrar o recente exemplo destacado na referida petição: "destaca-se recente julgado em Plenário (23.04.2014) do RE 595.838, que, em momento imediatamente anterior ao início das sustentações orais, ensejou a tomada da Tribuna por advogado representante da CNI alegando que a ADI 2.594, que trata do mesmo assunto em discussão no RE 595.838, deveria ser julgada antes mesmo, ou, ao menos, em conjunto com o RE em pauta naquela assentada, haja vista a sua tramitação no STF por mais de dez anos, ou seja, desde 01.02.2002 (assim como as ADIs 5.036 e 5.102 então apensadas)". Em seguida, concluiu que: "Diante de tal 'preliminar', o Tribunal não só rechaçou veementemente o pedido da sustentação oral pleiteada pelo pretendido *amicus curiae*, como também verbalizou enfaticamente com a afirmativa de que, por se tratar do mesmo tema, nada impediria que o STF julgasse o RE e depois aplicasse o decidido nas ADIs que aguardavam julgamento".

Não tão recente, mas na mesma linha, cabe recordar ainda a situação decorrente dos julgamentos dos RREE nºs 377.457 e 381.964, que veicularam discussão acerca da COFINS das sociedades prestadoras de serviços, julgados em 17.09.2008, e que acabaram por prejudicar o julgamento da ADI 4.071, em 08.10.2008, que tratava do mesmo tema.

Diante desse contexto, e levando em conta que o Presidente antecipará a sua aposentadoria, então nada mais lógico do que concluir agora o julgamento da questão constitucional que aguarda o pronunciamento definitivo do STF desde 1999.

A robustez jurídica do pleito evidencia-se pela situação concreta verificada com o julgamento desse tema. A exagerada demora na sua conclusão viola flagrantemente diversos preceitos constitucionais, como a razoável duração do processo, a razoabilidade, a proporcionalidade, a moralidade e a própria efetividade jurisdicional, dentre outros.

Apesar do caráter passional que a discussão eventualmente pode tomar, vez que é interessantíssima, releva nesse momento não submetê-la a aspectos tangenciais ou até mesmo periféricos. Em verdade, com a prolação conhecida de votos nos dois sentidos opostos, cabe esperar do Tribunal que não prolongue ainda mais o julgamento com novos (e sucessivos) pedidos de vistas dos autos.

Nesse momento é importante que a comunidade jurídica acompanhe atentamente os próximos passos na solução de tema tão importante tanto para o Fisco como também para os contribuintes, de aguardam a decisão desde 1999.[13]

A exclusão do ICMS do cálculo da COFINS

A questão em torno da não inclusão da parcela do ICMS na base de cálculo da COFINS/PIS aguarda o pronunciamento definitivo pelo Plenário do Supremo Tribunal Federal desde 1999. Em agosto de 2006 o julgamento chegou a contabilizar, nos autos do RE 240.785, sete votos proferidos (seis em um sentido e apenas um no sentido contrário). Na ocasião, o Ministro Gilmar Mendes pediu vistas dos autos.

---

13   O artigo foi publicado originalmente em: *Última Instância (Coluna)*. São Paulo, 05.06.2014. Disponível na internet: http://ultimainstancia.uol.com.br/conteudo/colunas/71297/re+240.785+%96+ amigo+da+corte+pede+a+retomada+do+julgamento.shtml. Acesso em: 05.06.2014.

Em seguida, a Advocacia-Geral da União ajuizou a ADC 18, versando sobre o mesmo assunto, na tentativa de recomeçar o julgamento desde o início (portanto, com o desprezo dos sete votos já proferidos).

Em 2008 o Pleno decidiu que a ADC 18 teria precedência sobre o RE 240.785, vez que a decisão que seria tomada naquele processo objetivo teria maior alcance (efeito vinculante e eficácia contra todos).

Desde então, a Relatoria da ADC 18 mudou (em razão do falecimento do Ministro Menezes Direito), a sua medida cautelar foi deferida, prorrogada algumas vezes e caducou, e a questão não foi novamente submetida ao Plenário. Por outro lado, nas instâncias inferiores, em cumprimento das metas estabelecidas pelo CNJ, muitos magistrados e tribunais julgavam aplicando cegamente as antigas súmulas do STJ sobre o tema (Súmulas 68 e 94).

Equivocado tal entendimento, vez que desde 1999 a questão já está submetida ao Plenário do Supremo Tribunal Federal que certamente decidirá sobre o tema. Desse modo, caminhões de recursos, como embargos de declaração, recurso especial, agravo de despacho denegatório de recurso especial e agravo regimental, dentre outros, têm sido interpostos por contribuintes sem qualquer utilidade a solução da matéria que, repita-se, será decidida no âmbito do Pleno da Suprema Corte.

Assim, o atual estado de coisas tem gerado enorme insegurança jurídica tanto para o Fisco como também para as empresas em questão relativamente simples, na medida em que as posições antagônicas já são conhecidas desde 2006 (de modo simplificado, a parcela do ICMS transita pela conta do contribuinte, mas por ser mera técnica arrecadatória não integra o faturamento da empresa ou, ao contrário, integra-se no preço e compõe o faturamento).

Em 02.06.2014, a CNT que atua como *amicus curiae* na ADC 18, protocolou petição suscitando questão de ordem na qual pleiteou a imediata retomada do julgamento do RE 240.785. A novidade é que desde 2008 a situação subjacente a decisão de preferência da ADC 18 sobre o RE 240.785 se modificou significativamente, inclusive e especialmente em razão da jurisprudência do próprio STF sobre temas procedimentais. A robustez jurídica do pleito evidencia-se pela situação concreta verificada com o julgamento desse tema. A exagerada demora na sua conclusão viola flagrantemente diversos preceitos constitucionais, como a razoável duração do processo, a razoabilidade, a proporcionalidade, a moralidade e a própria efetividade jurisdicional, dentre outros.

Em 20.06.2014, o Relator, Ministro Celso de Mello, proferiu despacho concordando expressamente com a petição então protocolada. Nesse sentido, entendeu que o pleito deveria ser formulado diretamente à Presidência da Suprema Corte.

Em 23.06.2014, a CNT formulou novamente o pleito direcionando-o ao (então) Presidente, Ministro Joaquim Barbosa, a partir do despacho do Ministro Celso de Mello. O Presidente, em razão de sua aposentadoria, achou por bem arquivá-la.

Em 04.08.2014, a CNT reiterou o pedido, agora perante o atual Presidente, Ministro Ricardo Lewandowski. Tal petição aguarda despacho.

Paralelamente, em 06.06.2014, os colegas que patrocinam o Caso Auto Americano também protocolaram petição pleiteando a retomada do julgamento do RE 240.785. Em 01.07.2014, protocolaram nova petição reiterando as razões para que o RE 240.785 seja julgado com preferência em relação à ADC 18, inclusive esclarecendo que o pedido de vista do Min. Gilmar Mendes já havia sido devolvido. Em 22.08.2014, o Ministro Marco Aurélio proferiu despacho no qual encaminha o pedido formulado ao atual Presidente ("3. Encaminhem cópia deste despacho, com as homenagens sempre merecidas, ao atual Presidente do Supremo que, detendo sensibilidade por todos reconhecida, certamente adotará providências voltadas à imediata solução da pendência").

Com isso, temos que os dois Ministros mais antigos da Suprema Corte, Celso de Mello e Marco Aurélio, concordam expressamente com a retomada do julgamento dessa relevante questão tributária. Caberá ao Presidente,

Ministro Ricardo Lewandowski definir a pauta para que tal questão retorne ao Pleno para, finalmente, ser decidida em caráter definitivo. Sensível ao enorme desgaste que tal pendência ocasiona na relação – já conturbada – entre o Fisco e os contribuintes, provavelmente o Presidente colocará o tema em pauta nas próximas semanas.[14]

STF deu mais um passo rumo a pacificação entre contribuinte e Fisco

Em 12.09.2014 publicamos artigo no Valor Econômico no qual traçamos breve evolução histórica de toda a celeuma processual envolvendo o RE 240.785 e o ajuizamento da ADC 18. Na ocasião, registramos o árduo trabalho que foi desenvolvido pela Confederação Nacional do Transporte – CNT para retomar o julgamento do RE 240.785 (que contabilizava sete votos já prolatados desde 2006), ao invés de se aguardar o início do julgamento da ADC 18.

Esse árduo trabalho, que também contou com a colaboração de outros colegas, culminou com a inclusão do RE 240.785 na pauta de hoje (12/09/2014) do Plenário do Supremo Tribunal Federal. Isso significa relevante conquista, na medida em que o processo iniciou o seu julgamento em 1999 no Pleno e se encontrava estacionado desde 2006 (e sem qualquer perspectiva de julgamento em um horizonte próximo).

Não obstante, a Fazenda Nacional, inconformada com a continuação do julgamento que se avizinhava, protocolou petição em 06.10.2014, na qual sustentou que: os autos do RE 240.785 "encontra-se sob a custódia do Ministro Gilmar Mendes, em face de pedido de vista"; o tema em questão também está submetido ao Pleno nos autos do RE 574.706 e da ADC 18, razão pela qual os três processos deveriam ser pautados conjuntamente; a ADC 18 teria preferência de julgamento, "tendo em vista o caráter concentrado do referido feito"; em 14.05.2008 o Pleno resolveu Questão de Ordem nos autos da ADC 18, na qual restou consagrada a precedência desse processo objetivo sobre o RE 240.785; e dos dez votos necessários ao deslinde do caso, faltariam sete, considerando a composição atual da Suprema Corte.

Contudo, entendemos que a petição da Fazenda Nacional claudicou. Vejamos. Em realidade, o pedido de vista do Ministro Gilmar Mendes nos autos do RE 240.785 foi formulado na sessão de 24.08.2006 e foi devolvido em 04.12.2007, como se verifica na relação de processos com vistas devolvidas no sítio eletrônico do STF. Precisamente nesse entretempo, em 10.10.2007, a AGU procedeu a manobra processual de ajuizar a ADC 18, com o escopo declarado de renovar o julgamento desde o seu início (e, portanto, com o pretenso desprezo dos sete votos proferidos anteriormente).

Se é verdade que o tema em foco está submetido ao Pleno do STF tanto nos autos do RE 240.785, como também da ADC 18 e do RE 574.706 (com repercussão geral), é igualmente verdade que na sessão de hoje estes últimos jamais poderiam ser chamados a julgamento. É que na ADC 18 o Ministro Celso de Mello (Relator) ainda não liberou o seu voto, o que inviabiliza pautá-lo. Por sua vez, o RE 574.706 não poderia ser incluído porque a Ministra Cármen Lúcia (Relatora) encontra-se em viagem internacional representando a Corte (até o dia 09.10.2014 em Berlim, onde participa de um grupo de estudos sobre justiça transicional, organizado pela Fundação Konrad Adenauer, e nos dias 10 e 11.10.2014 em Roma, para a 100ª sessão plenária da Comissão de Veneza).

Desse modo, não seria razoável e tampouco proporcional que a retomada do julgamento fosse postergada ainda mais, depois de quinze anos aguardando a sua conclusão, como pretendeu a Fazenda Nacional.

Quanto a Questão de Ordem pela qual se decidiu pela precedência da ADC 18 sobre o RE 240.785, na medida em que o controle concentrado precederia o controle difuso, cuida-se, em realidade, de entendimento superado no âmbito da jurisprudência recente da própria Suprema Corte. De fato, entre o ajuizamento da ADC 18 – e a tal

---

14   O artigo foi originalmente publicado em: *Valor Econômico*. São Paulo, ano 15, n. 3.590, 12.09.2014, p. E3(Legislação & Tributos).

Questão de Ordem – e os dias atuais, a jurisprudência evoluiu no sentido oposto ao do fundamento que naquela ocasião acabou por interromper o julgamento do RE 240.785.

Nesse sentido, cabe registrar o recente exemplo destacado nos autos de petição protocolada pela CNT em 02.06.2014 nos autos da ADC 18: "destaca-se recente julgado em Plenário (23.04.2014) do RE 595.838, que, em momento imediatamente anterior ao início das sustentações orais, ensejou a tomada da Tribuna por advogado representante da CNI alegando que a ADI 2.594, que trata do mesmo assunto em discussão no RE 595.838, deveria ser julgada antes mesmo, ou, ao menos, em conjunto com o RE em pauta naquela assentada, haja vista a sua tramitação no STF por mais de dez anos, ou seja, desde 01.02.2002 (assim como as ADIs 5.036 e 5.102 então apensadas)". Em seguida, concluiu que: "Diante de tal 'preliminar', o Tribunal não só rechaçou veementemente o pedido da sustentação oral pleiteada pelo pretendido *amicus curiae*", como também verbalizou enfaticamente com a afirmativa de que, por se tratar do mesmo tema, nada impediria que o STF julgasse o RE e depois aplicasse o decidido nas ADIs que aguardavam julgamento".

O despacho do Ministro Celso de Mello, Relator da ADC 18, reconheceu expressamente que: "[…] a existência de ações diretas ou de ações declaratórias de constitucionalidade, […] não impede que se julguem recursos extraordinários (como o RE 240.785/MG) ou outras causas em cujo âmbito tenha sido instaurado idêntico litígio constitucional" (DJe de 25.06.2014).

Por fim, a petição fazendária trouxe que dos dez votos que seriam proferidos supostamente faltaria colher sete oriundos da composição atual. Ora, nada mais equivocado. Em realidade, no RE 240.785 faltava colher os votos apenas e tão somente dos Ministros Gilmar Mendes (que já devolveu a vista em 2007), do Ministro Celso de Mello (Relator da ADC 18 que não está em pauta) e da Ministra Rosa Weber. Os demais estavam devidamente representados por seus antecessores nos votos anteriores.

Aliás, verifica-se que se o julgamento do RE 240.785 demorou tanto para ser concluído pela Corte Suprema, isso ocorreu exclusivamente em razão da manobra processual engendrada pela própria União, quando do ajuizamento da ADC 18.

Não fosse isso, a questão jurídica em tela provavelmente não permaneceria aberta até os dias atuais, pois o Ministro Gilmar Mendes devolveu o seu pedido de vista em 2007. Ora, o mero pedido de vista formulado por Ministro que pretende analisar melhor a questão jurídica submetida ao crivo do Plenário jamais deveria ensejar o desprezo dos votos já proferidos no julgamento, com o seu subsequente recomeço na composição mais atual (como pretendeu a União com o ajuizamento da ADC 18).

Tal entendimento, a toda evidência, significaria flagrante descrédito e permanente desgaste da instituição que é o STF. Nesse sentido, cabe registrar o seguinte trecho do despacho do Ministro Marco Aurélio no RE 240.785, recentemente publicado no DJe de 03.09.2014: "O quadro gera enorme perplexidade e desgasta a instituição que é o Supremo. A apreciação do processo teve início em 8 de setembro de 1999, ou seja, na data de hoje, há catorze anos, onze meses e catorze dias. Após incidente que resultou em declarar-se insubsistente o que deliberado no início do julgamento, considerada a passagem do tempo, na sessão de 24 de agosto de 2006, veio à baila pronunciamento conhecendo do recurso extraordinário e, quanto ao mérito, houve a formalização de seis votos favoráveis à contribuinte. Mas, fadado o processo a incidentes, a sequência do exame foi interrompida, a pretexto de aguardar-se o atinente a processo objetivo – Ação Declaratória de Constitucionalidade n. 18".

Por fim, impõe-se mencionar que o Ministro Marco Aurélio, no início da sessão de hoje, informou ao Pleno sobre decisão que tomou mais cedo, no sentido de indeferir o pleito da União. Em seguida, o caso foi apregoado pelo Presidente e, finalmente, continuou o seu julgamento.

Inicialmente, alguns Ministros debateram sobre a possibilidade de se atribuir ao RE 240.785 os efeitos próprios da repercussão geral (situação corriqueira com os recursos interpostos antes da vigência da lei que criou o instituto), lembraram-se da manobra engendrada pela União quando do ajuizamento da ADC 18 e registraram o enorme desconforto com a evidente demora na prestação jurisdicional. Como registrou o Ministro Maro Aurélio no despacho anteriormente referido: "Urge proceder à entrega da prestação jurisdicional às partes".

A conclusão alcançada naquele momento inicial, contudo, foi no sentido de que o resultado do julgamento se aplicaria apenas ao caso concreto, sobretudo levando-se em conta a expressiva mudança na composição do STF desde 2006 até os dias atuais.

Em seguida, o Ministro Gilmar Mendes prolatou substancioso voto-vista concluindo pela constitucionalidade da espúria inclusão, trazendo alguns argumentos nos quais fundamentou o seu raciocínio.

A Ministra Rosa Weber, cujo voto é por todos desconhecido no caso, decidiu não decidir, na medida em que lançou mão de dispositivo regimental que lhe facultava não se manifestar no julgamento quando não tiver participado do seu início (na fase de relatório e sustentações orais) e não se sentir apta a prolatar o voto. Lembrando que ela não participou da última sessão referente a esse processo, ocorrida em 2006, achou por bem não decidir, até porque o seu voto não faria diferença no resultado, vez que já tinha alcançado a maioria absoluta necessária, bem como aguarda a nova inclusão em pauta do RE 574.706 (com repercussão geral) para as próximas semanas, registrou a Ministra.

Por fim, o Ministro Celso de Mello prolatou o seu voto sintetizando as suas elaboradas razões, dado o adiantado da hora. Em breves linhas, rechaçou as razões de Estado para justificar o poder de tributar (e destruir) do Estado quando exercido em desrespeito ao Estatuto do Contribuinte insculpido na Lei Maior. Alinhou o seu voto ao do Relator, Ministro Marco Aurélio.

Ao final do julgamento o resultado que foi proclamado contabilizou, em apertado resumo: 7 votos pela inconstitucionalidade x 2 (pela constitucionalidade) + 1 (deixou de votar regimentalmente) + 1 (cargo vago).

No último instante do julgamento, o patrono que atua na ADC 18 e no RE 574.706 buscou submeter ao Pleno uma Questão de Ordem para lançar ao tema o manto da repercussão geral (com a consequente aplicação a todos os casos na mesma situação). Todavia, o Presidente da Corte entendeu que não seria pertinente naquele momento.

Com o pronunciamento definitivo pelo Pleno do STF no RE 240.785, consagrou-se finalmente a tese jurídica defendida pelos contribuintes, no sentido de que é inconstitucional a espúria inclusão da parcela do ICMS na base de cálculo da COFINS e do PIS. Embora o resultado só se aplique, em princípio, ao caso concreto cujo julgamento foi concluído, aguarda-se a partir de agora, com enorme expectativa, para que o RE 574.706 (com repercussão geral) seja incluído em pauta logo nas próximas semanas, quando será iniciado novo julgamento sobre o tema (com a composição atual da Corte). Cabe registrar que este caso já foi incluído na pauta do Plenário em abril, mas não foi apregoado, podendo retornar a qualquer momento.

Hoje foi dado mais um passo rumo à pacificação social entre contribuintes e Fisco sobre o tema. Com o pronunciamento definitivo do STF em caso de repercussão geral (e a sua consequente aplicação na ADC 18), então certamente a questão jurídica, que foi levada ao Pleno em 1999, será finalmente concluída.[15]

---

15   O artigo foi publicado em: *Revista Consultor Jurídico*. São Paulo, 09.10.2014. Disponível na internet: http://www.conjur.com.br/2014--out-09/fabio-andrade-stf-deu-passo-rumo-pacificacao-fisco. Acesso em: 09.10.2014.

LUCROS NO EXTERIOR

A tributação universal da renda no Brasil e a ADI 2.588

Já tive oportunidade de escrever nessa coluna semanal sobre o trâmite da ADI 2.588, que pleiteia a declaração de inconstitucionalidade do art. 74 da MP 2.158-35/01, cuja redação dispõe que para fim de determinação da base de cálculo do IRPJ e da CSLL, os lucros auferidos por controlada ou coligada no exterior serão considerados disponibilizados para a controladora ou coligada no Brasil na data do balanço no qual tiverem sido apurados na forma do regulamento. Além disso, o parágrafo único complementa que os lucros apurados por controlada ou coligada no exterior até 31 de dezembro de 2001 serão considerados disponibilizados em 31 de dezembro de 2002, salvo se ocorrida, antes desta data, qualquer das hipóteses de disponibilização previstas na legislação em vigor.

Os principais fundamentos jurídicos da petição inicial são baseados, sinteticamente, no conceito constitucional de renda e nos princípios constitucionais da irretroatividade e da anterioridade. Ademais, alega violação ao art. 62 da Constituição, por carecer a Medida Provisória em foco de relevância e urgência no ponto que interessa.

A ADI 2.588 foi ajuizada em 21.12.2001, poucos meses depois da edição da MP 2.158-35/01, de 24.08.2001. O principal objetivo mediato da ação busca o diferimento da tributação em bases universais no Brasil. Além disso, cabe registrar que depois de quase uma década tramitando, a tendência natural da ação é estagnar-se face ao movimento que lhe foi posterior, na medida em que os fundamentos jurídicos da petição inicial e o pedido estão postos (desde 2001).

Com efeito, desde então, observamos no País uma crescente e auspiciosa internacionalização das empresas brasileiras que estão competindo no mercado mundial. Em resumo, podemos dizer que a ADI 2.588 está ficando cada vez mais anacrônica. O pleito de diferimento da tributação em bases universais pode vir a livrar da tributação os lucros auferidos em paraísos fiscais pelas empresas brasileiras, por exemplo. E não resolve outro problema muito mais sério, inclusive com repercussões no cenário internacional, como veremos.

Isso viria na contramão do atual movimento assistido em todo o mundo civilizado, capitaneado pela OCDE que tem cada vez mais pugnado por maior transparência e fechando o cerco contra paraísos fiscais.

No STF há dez votos possíveis na ADI 2.588, já que o Ministro Gilmar Mendes está impedido por ter atuado quando era AGU. Restam apenas quatro votos (dos Ministros Carlos Britto, Joaquim Barbosa, Celso de Mello e Cezar Peluso).

Já votaram, no sentido da integral procedência da ADI 2.588, o Ministro Marco Aurélio, acompanhado pelos Ministros Ricardo Lewandowski e Sepúlveda Pertence. No sentido contrário ao pleito da ADI já votaram a Ministra Ellen Gracie (Relatora) e o Ministro Nelson Jobim, este acompanhado pelo Ministro Eros Grau.

O grande problema que se coloca, a essa altura, não é o que o STF dirá nesse julgamento, mas, ao contrário, o que ele não dirá. De fato, além da questão referente aos paraísos fiscais, que não está posta até agora no julgamento em curso, outra questão, antagônica e importante remanesce sem qualquer menção até o momento. Trata-se da necessidade incondicional de observância dos tratados firmados pelo Brasil para evitar a dupla tributação da renda incidente sobre as empresas brasileiras que internacionalizaram suas atividades e operações.

Com efeito, tal como a questão está submetida hoje ao STF, cabe por parte da Suprema Corte atentar para as consequências jurídicas que advirão de sua decisão nesse complexo tema. Filiamo-nos à proposta de interpretação conforme a Constituição, sem redução de texto, do art. 74 da MP 2.158-35/01, pela qual essa regra: seria ela legítima quando incidente sobre lucros auferidos em paraísos fiscais; mas, não seria legítima nas situações oriundas de países com tributação considerada no Brasil "normal" e para os países com os quais o Brasil tenha firmado tratado para evitar a dupla tributação da renda.

Com isso, toda a bagunça legislativa que impera nesse tema seria recolocado no seu devido lugar, de modo que a regra do art. 74 poderia, finalmente, ser considerada como legislação CFC, e portanto, a renda oriunda do paraíso fiscal se submeteria a tributação automática. Ao contrário, a renda oriunda do país com tributação normal seria tributada de maneira diferida e aquelas dos países com tratados observariam o que dispõem referidos tratados (examinados caso a caso). Aliás, isso não implica em qualquer novidade! Ao contrário, é o que ocorre em todo o globo terrestre. O voto do Ministro Carlos Britto está pronto e o caso deve retornar à pauta do STF para continuação do julgamento a partir de agosto. Para quem tiver interesse em aprofundar o assunto, consulte www.netinternacional.org.

A tributação dos lucros no exterior (ADI 2.588)

Em outras oportunidades, já registramos nesse espaço semanal a importância de maior clareza e certeza quanto à sistemática brasileira de tributação dos lucros obtidos no exterior, especialmente como mecanismo de política econômica para fomentar ou inibir a internacionalização das empresas brasileiras no atual cenário globalizado da economia. De fato, são múltiplos os reflexos e as consequências de tal definição no cenário nacional.

Com esse pano de fundo, é de extremo relevo o resultado – que se aguarda desde 2001 – do julgamento da ADI 2.588, que pleiteia, em síntese, a declaração de inconstitucionalidade do art. 74 da Medida Provisória 2.158-35/01, que trata do momento quando deve ser considerado disponibilizado o lucro auferido no exterior pela empresa controladora ou coligada no Brasil.

Desde 2007, quando o Ministro Carlos Britto pediu vista, o resultado parcial que se verificou nesse julgamento foi o seguinte: os Ministros Marco Aurélio, Sepúlveda Pertence e Ricardo Lewandowski, decidiram pela procedência da ação ajuizada pela CNI e declararam a inconstitucionalidade pleiteada; a Ministra Ellen Gracie (Relatora) afastou a incidência da regra impugnada somente no que se refere à tributação de coligadas; e os votos dos Ministros Nelson Jobim e Eros Grau, reconhecendo a constitucionalidade das regras impugnadas e, portanto, negando provimento à ação direta.

Na sessão de 17 de agosto, o julgamento foi retomado e o Ministro Carlos Britto proferiu o seu voto, julgando improcedente a ação direta, no que foi acompanhado pelo Ministro Cezar Peluso (Presidente). No sentido contrário, declarando a inconstitucionalidade da regra do art. 74 e julgando pela procedência da ação votou o Ministro Celso de Mello. Além disso, o julgamento foi suspenso para colher o voto do Ministro Joaquim Barbosa (licenciado).

Desse modo, o julgamento que até semana passada contabilizava três votos para cada lado (pró-contribuintes e pró-Fisco), agora se encontra com cinco votos favoráveis ao Fisco e apenas quatro votos favoráveis ao contribuinte. Algumas colocações se impõem nesse momento.

A despeito do otimismo de alguns estudiosos e militantes da área, é fato que o Ministro Joaquim Barbosa não vota – ou pelo menos jamais votou em julgamentos relevantes – em favor das teses jurídicas encampadas pelos contribuintes. Ao contrário, sempre se manifesta no sentido favorável ao Fisco.

Ainda que assim não fosse, considerando que o Ministro Joaquim Barbosa prolatasse o seu voto no sentido favorável aos contribuintes nessa ação específica, pela sua procedência e no sentido da inconstitucionalidade pleiteada, então o resultado final que seria alcançado chegaria a cinco votos de um lado e outros cinco de outro. Cabe registrar que, nesse julgamento, o Ministro Gilmar Mendes está impedido, vez que se manifestou nos autos enquanto ocupava o cargo de AGU.

Com o empate da questão, em cinco a cinco, não seria possível declarar a inconstitucionalidade pleiteada (que precisa de, pelo menos, seis votos convergentes) e nem reconhecer, com efeito vinculante e eficácia contra todos, a constitucionalidade do art. 74 da MP 2.158-35/01. Logo, depois de dez anos de trâmite, o resultado final do julgamento seria no sentido de que o Pleno aguardaria o julgamento de um novo caso (em recurso extraordinário) para que pudesse se pronunciar definitivamente sobre o tema. Cabe registrar, ademais, que quatro dos Ministros que votaram nessa ação direta já se aposentaram, de modo que teríamos quatro votos completamente diferentes dos que já existem na ADI 2.588.

Contudo, se o Ministro Joaquim Barbosa votar acompanhando os Ministros que decidiram pela constitucionalidade do art. 74, então a questão estará definitivamente resolvida pelo Supremo Tribunal Federal. Restará a definição, no futuro, pela Suprema Corte, de uma série de outras questões que gravitam em torno e ao seu lado, como por exemplo, o tratamento específico que deve ser dado à interpretação e aplicação dos tratados para evitar a dupla tributação da renda firmados pelo Brasil com outros países.

Verifica-se, por conseguinte, a importância da solução dessa ação direta, que se aguarda para as primeiras semanas de setembro, quando o Ministro Joaquim Barbosa retornar de sua licença. Para quem é importante o resultado? Para todas as empresas brasileiras que detenham no exterior empresa controlada e/ou coligada. O que se discute é exatamente a sistemática de tributação dos lucros auferidos no exterior. Qual é o resultado prático? A prevalecer o cenário existente hoje, a tributação se dá na controladora quando da apuração no balançado da controlada e/ou coligada, que via presunção legal é tida como fato gerador a ensejar a tributação pelo IRPJ e pela CSLL.[1]

A tributação dos lucros no exterior e a modulação temporal dos efeitos da ADI 2.588

Na última oportunidade que escrevemos nessa coluna, registramos a continuação do julgamento da ADI 2.588, que pleiteia, em síntese, a declaração de inconstitucionalidade do art. 74 da Medida Provisória 2.158-35/01, que cuida do momento quando deve ser considerado disponibilizado o lucro auferido no exterior pela empresa controladora ou coligada no Brasil.

---

1   O artigo foi publicado originalmente em: *Jornal Gazeta de Notícias*. Rio de Janeiro, 2ª Fase, Ano II, n. 418, 20 a 22.08.2011, p. 6 (Análise Financeira).

Depois de quatro anos, no dia 17 de agosto, o Ministro Carlos Britto prolatou o seu voto, tendo sido acompanhado pelo Ministro Cezar Peluso (Presidente), ambos julgando pela improcedência da ação direta e no sentido da constitucionalidade da regra acima e, no sentido contrário, proferiu voto o Ministro Celso de Mello (pela inconstitucionalidade).

Em análise dos possíveis desdobramentos decorrentes dos novos votos recentemente prolatados, especialmente levando em consideração as posições que ainda podem ser adotadas pelo Ministro Joaquim Barbosa, chega-se, em resumo, ao seguinte quadro: a) diferimento da tributação dos lucros relacionados às coligadas (na linha do voto da Ministra Ellen Gracie); b) diferimento da tributação dos lucros acumulados até 2001 (na linha do voto do Ministro Cezar Peluso); ou c) tributação imediata para a controladora brasileira quando apurado o lucro pela controlada no exterior (com o reconhecimento da constitucionalidade da regra apontada anteriormente).

Considerando a tendência, ao menos virtual, de que o Ministro Joaquim Barbosa prolate o seu voto no sentido da tributação imediata referida acima (com o afastamento do diferimento), restará à autora da ação direta – a CNI – pleitear, ainda que pela primeira vez em sede de embargos de declaração depois de publicado o acórdão, a modulação temporal dos efeitos de tal decisão.

Com efeito, razões não faltam àquela entidade para postular junto ao STF a referida modulação. Inicialmente, cabe registrar que logo depois do advento da regra impugnada na ordem jurídica nacional, a CNI ajuizou a ação direta cabível (ADI 2.588), a qual ainda não foi concluída depois do transcurso de nada menos do que dez anos! Ora, se é certo que o socorro ao Poder Judiciário não tem o condão de garantir pronta e imediata resposta ao pleito formulado, por outro lado, é igualmente certo que a insegurança gerada e, *in casu*, perpetuada, a partir da indefinição do cenário relacionado ao funcionamento da sistemática acerca da tributação dos lucros no exterior durante todo esse tempo, pode ter consolidado algumas situações concretas no período (que agora devem ser respeitadas).

Acresça-se a isso, o louvável fato de que no último decênio ocorreu vigorosa ampliação da internacionalização das empresas brasileiras no cenário mundial globalizado. Elas cresceram, investiram e estão ganhando o mundo em diferentes segmentos estratégicos, como siderurgia, mineração, celulose e papel, petróleo e bebidas (para mencionar apenas algumas). Além disso, cabe destacar que também aumentou muito o investimento estrangeiro no Brasil.

Todo esse cenário jurídico converge para um único ponto de inegável clareza: é preciso alcançar o mínimo de segurança jurídica sobre o tema dos lucros no exterior. Isso impacta diretamente na atuação e no resultado das empresas brasileiras que já se internacionalizaram no passado, que estão se expandindo e ganhando o mundo, bem como que almejam ainda se internacionalizar nos próximos anos como parte do seu plano estratégico de expansão.

Como se não bastasse, a necessidade de maior segurança jurídica pode ainda ter efeito positivo sobre o movimento inverso, isto é, dos investimentos que chegam ao País. Hoje, paira completa insegurança e indefinição sobre variados aspectos, que certamente provocam enorme desgaste e impactam negativamente em relação às empresas multinacionais que pensam investir por aqui, decidem nesse sentido ou já estão aqui.

Cabe lembrar, nesse ponto, que um dos requisitos autorizadores do exame sobre a viabilidade da modulação temporal dos efeitos de eventual decisão do STF é justamente a "segurança jurídica". Todavia, esse não é o único. Além deste, de natureza material, há outro, de índole eminentemente procedimental, qual seja, a convergência de oito votos no mesmo sentido. Embora tamanha convergência de votos seja de difícil alcance na Suprema Corte, certamente ela não é impossível (e já foi obtida no passado).

Cuidando-se, no entanto, de decisão que reconhece a constitucionalidade de certa lei ou ato normativo, então a modulação temporal dos seus efeitos não se submete à maioria qualificada (de oito votos), bastando para aplicá-la a maioria absoluta (de seis votos) convergente no mesmo sentido. É que, em seu favor, milita a presunção da constitucionalidade das leis e atos normativos.[2]

ADI 2.588 e mutação jurisprudencial

Ao dar sequência ao julgamento da ADI 2.588, em que a CNI pleiteia seja declarada a inconstitucionalidade da tributação sobre os lucros de controladas e coligadas no exterior quando de sua mera apuração em balanço (art. 74, MP 2.158-35/01), o STF deparou-se com situações singulares a desafiar a criatividade de seus ilustres membros na incessante busca por soluções estáveis e seguras, essenciais à administração da Justiça.

Em 17.08.2011 delineou-se tendência majoritária da Corte no sentido de rejeitar a ação, dando pela constitucionalidade da regra fiscal. Neste sentido o voto-vista do Min. Britto bem como o do Presidente, Min. Peluso, que, somados aos votos antes proferidos pela Ministra Ellen, como Relatora (que ressalvou a inconstitucionalidade da tributação somente para as coligadas), e pelos Mins. Eros Grau e Nelson Jobim, alcançaram a maioria de cinco votos. No sentido contrário, votaram os Mins. Marco Aurélio, Pertence, Lewandowski, e, na referida sessão, o Min. Celso de Mello.

Ocorre que a situação atual de 5 a 4 contra o pleito dos contribuintes poderá ser confirmada pelo voto do Min. Joaquim Barbosa, hipótese em que se configuraria a maioria absoluta de seis votos, de que resultaria o reconhecimento da constitucionalidade da norma impugnada. Poderia, ainda, configurar empate (5 a 5), no qual o *quorum* para a declaração de constitucionalidade / inconstitucionalidade não terá sido atingido, e a norma tende a prevalecer, sem, contudo, que a decisão tenha efeito vinculante junto ao Judiciário, podendo o pleito vir a ser renovado no STF, seja em RE, seja em nova ADI. Focando o que interessa à sociedade civil: após 10 anos de tramitação da ADI 2.588 estaremos todos na estaca zero.

Todavia, o efeito mais perverso que se vislumbra no deslinde deste tema ocorrerá na hipótese de o voto faltante do Min. Joaquim Barbosa vir a dar pela constitucionalidade da tributação da sociedade controladora brasileira quando da apuração do lucro da controlada estrangeira sem atentar para o fato de que tal decisão envolve efetiva e verdadeira mutação jurisprudencial por parte do STF, em tudo e por tudo equiparável à edição de nova legislação, e, portanto, aplicável só aos fatos futuros, e nunca às situações pretéritas.

É que no julgamento do RE 172.058 (Rel. Min. Marco Aurélio) a Corte proclamou na composição plena, contra o voto de apenas um Ministro, a inconstitucionalidade de dispositivo legal que pretendia tributar como disponibilidade de renda do sócio investidor a mera apuração de lucros pela sociedade investida. Foi com fulcro neste precedente quase unânime da Corte que os Mins. Marco Aurélio, Pertence, Celso de Mello e Lewandowski (tendo os três primeiros participado do julgamento do RE) acolheram a alegada inconstitucionalidade de norma produtora de idênticos efeitos, no que tange à tributação internacional.

A corrente hoje majoritária, que não vislumbrou a identidade de situações entre o RE 172.058 e a ADI 2.588, aferrou-se ao argumento de que a investidora brasileira reconhece acréscimo patrimonial pela via do método contábil da equivalência (regime de competência, como bem explicitado no voto do Min. Nelson Jobim, acompanhado pelos Mins. Eros Grau, Britto e Peluso). Olvidaram-se os Ministros (nenhum deles tendo participado do julgamento do RE 172.058) que, àquela época, já vigorava há quase 20 anos o referido regime contábil da equivalência patrimonial.

Ora, se o mero registro escritural reflexo por parte da sociedade investidora do ganho auferido por controlada ou coligada constituísse situação suficiente a caracterizar a aquisição de disponibilidade econômica ou jurídica

---

2   O artigo foi publicado em: *Jornal Gazeta de Notícias*. Rio de Janeiro, 2ª Fase, Ano II, n. 428, 03 a 05.09.2011, p. 6 (Análise Financeira).

da renda, caberia ao STF tê-lo declarado já no âmbito do julgamento daquele RE. Não o fez. Muito pelo contrário: decidiu naquele precedente que o mero acréscimo patrimonial escritural *não* configuraria disponibilidade econômica nem jurídica da renda para a sociedade investidora. Cabe registrar, ademais, que a declaração de inconstitucionalidade do texto que pretendia tributar o investidor pela mera apuração de lucros por parte da sociedade investida, adquiriu efeito *erga omnes* com a edição da Resolução do Senado Federal 82/96.

Por isso, caso venha a prevalecer a orientação hoje majoritária no julgamento da ADI 2.588 estar-se-á diante de clara MUTAÇÃO JURISPRUDENCIAL, em que o STF, seja em virtude da alteração de sua composição, seja pela modificação da orientação de um ou mais de seus membros, decide em sentido diametralmente oposto ao que decidiu no passado.

Neste contexto, impõe-se como medida de cristalina Justiça, em homenagem ao princípio da segurança jurídica, a modulação dos efeitos de decisão que venha a consagrar a posição hoje majoritária do STF, visto que oposta a precedente consagrado pela quase unanimidade dos membros de seu Pleno em julgamento proferido em junho de 1995 (RE 172.058), e não alterado desde então.

Assim, é de se esperar que, na hipótese de filiar-se à corrente hoje majoritária, o Min. Joaquim Barbosa, ao proferir seu voto, reconheça explicitamente a ocorrência de MUTAÇÃO JURISPRUDENCIAL, suscitando questão de ordem quanto à modulação dos efeitos da decisão, que, por ser pela constitucionalidade do texto impugnado, submeter-se-á à deliberação da maioria absoluta, afastada a qualificação de *quorum* requerida para as declarações de inconstitucionalidade. Em não o fazendo, caberá à CNI suscitar a modulação em embargos de declaração.[3]

Uma oportunidade Suprema

A questão tributária de maior complexidade e enorme relevância que hoje tramita no STF refere-se ao pronunciamento definitivo que se aguarda acerca da sistemática brasileira de tributação dos lucros no exterior promovida pelo art. 74 da MP 2.158-35/01, especialmente à luz das variadas implicações e dos profundos impactos que reverberarão a partir de tal conclusão.

O dispositivo em foco teve a sua constitucionalidade desafiada pela CNI com o ajuizamento de ação direta (ADI 2.588), a qual aguarda o voto faltante do Min. Joaquim Barbosa. Levando em consideração que o caso voltou a frequentar a pauta do Pleno no dia 08 de março, é razoavelmente certo que o julgamento será concluído nas próximas sessões de julgamento. Outro indicativo que sinaliza nesse sentido é o fato de que foi incluído na mesma pauta o RE 541.090, de relatoria do mesmo Ministro, versando sobre o mesmo tema, porém sob o enfoque específico da aplicação dos tratados para evitar a dupla tributação.

É precisamente nesse ponto que reside oportunidade ímpar para que o STF possa, a um só tempo, resolver tormentosa questão jurídica e livrar-se de alguns constrangimentos experimentados no julgamento da ADI 2.588. É também a ocasião para a Corte promover alguns temperamentos de modo a firmar a excepcionalidade de algumas situações fáticas concretas que são colocadas na realidade operacional das empresas brasileiras que se internacionalizaram nos últimos anos.

De fato, em 17.08.2011 delineou-se tendência majoritária da Corte no sentido de rejeitar a ADI 2.588, dando pela constitucionalidade da regra fiscal. Neste sentido o voto-vista do Min. Britto bem como o do Presidente, Min. Peluso, que, somados aos anteriormente proferidos (Min. Rel. Ellen, e Mins. Jobim e Eros Grau),

---

3   O artigo foi publicado originalmente no seguinte jornal: *Jornal Valor Econômico*. São Paulo, ano 12, n. 2.835, Legislação & Tributos/SP, p. E 2, 05.09.2011 (segunda-feira).

alcançaram a maioria de cinco votos. No sentido contrário, votaram os Mins. Marco Aurélio, Pertence, Lewandowski e Celso de Mello.

Ocorre que o transcurso de mais de uma década desde o ajuizamento da ADI 2.588 impôs alguns embaraços ao julgamento da questão. O primeiro refere-se ao impedimento do Min. Gilmar Mendes, sendo virtualmente possível verificar-se empate de 5 votos para cada lado, a exemplo do que ocorreu em casos recentes. Ademais, dos dez Ministros votantes no caso, quatro já se aposentaram até agora, inclusive a Relatora. Levando em conta a variedade dos argumentos que fundamentaram os votos que foram proferidos, poderá haver dificuldade na proclamação do resultado final do julgamento.

Em razão disso, a despeito da maioria que se formou na sessão de 17.08.2011 em relação à tributação das controladas no exterior, o Min. Celso de Mello suscitou naquela ocasião a possibilidade de que o STF viesse a definir o tema com o julgamento concomitante de um recurso extraordinário, em que se examinariam questões específicas não postas no âmbito da ADI 2.588, tais como as que envolvem a aplicação dos tratados.

De fato, de suma importância no caso é o cuidado que se deve ter ante as especificidades das situações fáticas, que refogem à formulação contida na petição inicial da ADI 2.588, inteiramente focada na alegação de inconstitucionalidade material do referido art. 74. Com efeito, no pleito em questão não se faz qualquer distinção entre as três situações concretas mais comuns de atuação internacionalizada das empresas brasileiras que podem se situar em: (i) paraíso fiscal ou regime fiscal privilegiado; (ii) país com tributação à alíquota "normal"; ou (iii) país com o qual o Brasil tenha firmado tratado para evitar a dupla tributação da renda.

O julgamento da ADI 2.588 sem atenção a tais especificidades pode resultar na aplicação do texto normativo atacado de modo indiscriminado às três situações, a despeito de o próprio STF já ter reconhecido seu caráter antielisivo.

Também, cabe à Suprema Corte compatibilizar o regime de tributação internacional com as demais normas que compõem o sistema tributário, especialmente o art. 43, § 2º, alínea "c", do Decreto-Lei n. 5.844/43, e o art. 70 da Lei n. 3.470/58 ambos com guarida no art. 379, § 1º, do RIR (Decreto n. 3.000/99), que estabelecem que os rendimentos de participações societárias "*serão excluídos do lucro líquido, para efeito de determinar o lucro real, quando estiverem sujeitos à tributação nas firmas ou sociedades que os distribuíram*" (art. 379, § 1º do RIR).

Diante desse cenário em que grassa a insegurança jurídica, o julgamento do RE 541.090 pode ter o condão de literalmente "separar o joio do trigo" reconhecendo a constitucionalidade da tributação imediata (art. 74 da MP n. 2.158-35/01) às situações em que a atuação da empresa brasileira se dá em países considerados paraísos fiscais ou regimes fiscais privilegiados, mas afastando a eficácia do dispositivo nas situações em que a empresa opere em países submetidos à incidência de alíquota "normal" ou em países que tivessem firmados tratados para evitar a dupla tributação com o Brasil.

Isso colocaria a atabalhoada legislação brasileira em alinhamento com a prática internacional de todos os países conhecidos do mundo civilizado, promovendo a aplicação de legislação que tem natureza antielisiva em conformidade com as circunstâncias prevalecentes em cada uma das três situações diferentes, em estrita compatibilização da sistemática brasileira de tributação internacional com a Constituição da República.

Com isso, os constrangimentos apontados anteriormente seriam superados, razão pela qual se impõe máxima atenção ao julgamento que se avizinha. Eis porque o STF está diante de uma oportunidade suprema.[4]

---

[4] O artigo foi publicado originalmente em: *Jornal Valor Econômico*. São Paulo, ano 12, n. 2.964, Legislação & Tributos/SP, p. E 2, 13.03.2012 (terça-feira).

A questão sobre lucros no exterior pode ter reviravolta no STF

Em 08 e 15 de março constou na pauta de julgamento do Supremo Tribunal Federal a inclusão da ADI 2.588 e do RE 541.090 (Embraco). A primeira, velha conhecida, cuida da análise acerca da constitucionalidade do regime brasileiro de tributação das controladas e coligadas no exterior, consoante dispõe o art. 74 da Medida Provisória 2.158-35/01. Remanesce o voto do Ministro Joaquim Barbosa e o atual cenário aponta para uma decisão onde o dispositivo em foco se manterá em vigor, salvo se algum Ministro que já tenha proferido voto pela sua constitucionalidade voltar atrás.

O recurso extraordinário aborda questão específica da não aplicação do referido dispositivo atacado em situações que envolvam controladas e coligadas domiciliadas nos vinte e nove países com os quais o Brasil tenha firmado Convenção para evitar a dupla tributação da renda. Contudo, os casos não foram chamados a julgamento. Na pauta das sessões seguintes eles não foram incluídos.

É que a Confederação Nacional da Indústria-CNI pretende renovar o julgamento acerca da inconstitucionalidade da tributação imediata dos lucros de controladas e coligadas no exterior perpetrado pelo referido art. 74 diante da nova composição plenária do STF. Nesse sentido, o Ministro Joaquim Barbosa submeteu, em 16 de março, aos seus pares a análise da repercussão geral do RE 611.586 (Coamo), que trata exclusivamente da inconstitucionalidade da exação. Com previsão de conclusão em 05 de abril, já consta manifestação favorável (no sentido do reconhecimento da repercussão geral) dos seguintes Ministros: Joaquim Barbosa, Cezar Peluso, Luiz Fux, Marco Aurélio, Dias Toffoli, Celso de Mello, Gilmar Mendes e Ricardo Lewandowski.

Com isso, em princípio, o julgamento do RE 541.090 fica postergado para outro momento, caso seja reconhecida a constitucionalidade do dispositivo (art. 74).

Cabe registrar que a alteração na composição plenária da Suprema Corte presumivelmente beneficia a tese da inconstitucionalidade, se mantidos os votos dos Ministros que participaram do julgamento da ADI 2.588, ao garantir três votos favoráveis aos contribuintes (Ministros Marco Aurélio, Ricardo Lewandowski e Celso de Mello) contra somente dois em favor da União (Ministros Ayres Britto e Cezar Peluso), ambos com aposentadoria prevista para o ano em curso.

Além disso, há notícias veiculadas na mídia no sentido de que a comunidade empresarial vem se mobilizando para exercer legítima pressão junto à Administração Federal no sentido de promover uma alteração legislativa que coíba as inúmeras distorções inerentes à atual sistemática de tributação do lucro em bases universais. Recomendamos máxima atenção das empresas para os próximos passos.[5]

STF conclui o julgamento da ADI 2.588

Em 03.04.2013 foi concluído o julgamento pelo Plenário do Supremo Tribunal Federal em torno da constitucionalidade da atual sistemática de tributação dos lucros no exterior. O art. 74 da Medida Provisória 2.158-35/01 foi desafiado pela ADI 2.588 ajuizada pela CNI e com o voto do Presidente, Ministro Joaquim Barbosa, o julgamento do caso foi concluído.

Dado o "nuancismo" dessa complexa questão, dos dez votos proferidos, verifica-se: 4 pela inconstitucionalidade integral (Ministros Sepúlveda Pertence, Celso de Mello, Marco Aurélio e Ricardo Lewandowski); 1 pela inconstitucionalidade parcial, apenas e tão somente com relação às coligadas (Min. Ellen Gracie); 1 pela incons-

---

5 O texto foi veiculado em: *Última Instância (Coluna)*. São Paulo, 05.04.2012. Disponível na internet: http://ultimainstancia.uol.com.br/conteudo/colunas/55661/a+questao+sobre+lucros+no+exterior+pode+ter+reviravolta+no+stf.shtml. Acesso em: 05.04.2012.

titucionalidade parcial, apenas e tão somente com relação às empresas situadas em países com tributação normal (Min. Joaquim Barbosa); 3 pela constitucionalidade integral (Min. Nelson Jobim, Eros Grau e Cezar Peluso) através de corrente que deu provimento parcial, mediante interpretação conforme à Constituição para submeter ao art. 74 as empresas controladas e coligadas no exterior submetidas ao MEP que, de acordo com a legislação, alcança todas, equivalendo, na prática, à constitucionalidade integral; e 1 pela constitucionalidade parcial, com a expressa ressalva para as situações que envolvam empresas situadas em países com os quais o Brasil celebrou tratado para evitar a dupla tributação da renda (Min. Ayres Britto).

Em razão da dificuldade em proclamar o resultado, somente na sessão de 10.04.2013 foi proclamado que: com efeito vinculante e eficácia contra todos, o art. 74 é constitucional quando se cuidar de controlada que se situar em paraíso fiscal, é inconstitucional quando se cuidar de coligada que se situar em país com tributação normal e é inconstitucional em relação ao seu parágrafo único; sem efeito vinculante em razão do empate no julgamento, restou indefinida a constitucionalidade do art. 74 quando se cuidar de coligada em situada em paraíso fiscal, de controlada situada em país com tributação normal e naqueles em que o Brasil tenha firmado tratado para evitar a dupla tributação.

Nesse particular, os contribuintes perderam importante chance de obter mais uma vitória na proclamação do resultado através do cômputo da ressalva expressa do Min. Ayres Britto sobre tratados que parece ter passado despercebida, razão pela qual não alcançou a maioria absoluta de seis votos (para ter efeito vinculante e eficácia contra todos). Certamente esperamos que essa omissão seja sanada pela CNI com a oposição dos embargos de declaração quando da publicação do acórdão.

Recomendamos atenção para a publicação do acórdão, já que muitas ações em curso aguardam tal resultado para que sejam apreciadas nas diferentes instâncias judiciais e administrativas.[6]

STF conclui o julgamento sobre lucros no exterior

Em 03.04.2013 foi (finalmente) retomado o julgamento pelo Plenário do Supremo Tribunal Federal em torno da inconstitucionalidade da atual sistemática de tributação dos lucros no exterior. O art. 74 da Medida Provisória 2.158-35/01 dispõe que será considerado, como momento da disponibilização da renda para efeito do IRPJ da empresa brasileira, a data do balanço da sua coligada ou controlada no exterior, mesmo que não tenha ocorrido ainda a distribuição dos lucros. Tal dispositivo foi desafiado pela ADI 2.588, ajuizada em 2001 pela CNI, e teve o seu deslinde com a prolação do último voto faltante (do Presidente, Ministro Joaquim Barbosa).

O impacto do resultado do julgamento do tema atinge todas as empresas brasileiras que lograram internacionalizar parte de suas atividades operacionais e passaram a competir para aumentar a sua penetração no mercado globalizado. Em razão disso, tal resultado foi aguardado desde 2001.

Ocorre que naquela sessão não foi possível ao Presidente da Corte proclamar o resultado final do julgamento. Diversos fatores contribuíram para isso, como o fato de que seis (dos dez) Ministros que votaram no caso se aposentaram desde o início do julgamento. Além disso, o "nuancismo" dessa complexa questão jurídica levou a Corte a se dividir em cinco orientações diferentes. Daí porque ficou difícil chegar ao resultado do julgamento. De fato, embora inconclusivo em parte dos temas submetidos ao seu escrutínio no processo objetivo, restou definitivamente concluído o julgamento em alguns aspectos. Vejamos.

---

6   O texto foi disponibilizado em: *Última Instância (Coluna)*. São Paulo, 18.04.2013. Disponível na internet: http://ultimainstancia.uol.com.br/conteudo/colunas/62169/stf+conclui+o+julgamento+da+ adin+2.588.shtml. Acesso em: 18.04.2013.

Inicialmente, cabe lembrar que a Corte está desfalcada de uma cadeira, vez que o Ministro Ayres Britto se aposentou compulsoriamente em 2012 e a vaga que deixou ainda não foi preenchida. Nesse sentido, a comunidade jurídica e principalmente os jurisdicionados aguardam a indicação da Presidenta da República.

Dos dez votos proferidos na ADI 2.588, verifica-se cinco linhas principais que exsurgiram dos argumentos que os fundamentaram, a saber: 1ª) pela inconstitucionalidade integral do texto normativo impugnado (posição sustentada pelos votos dos Ministros Sepúlveda Pertence, Celso de Mello, Marco Aurélio e Ricardo Lewandowski); 2ª) pela inconstitucionalidade parcial, apenas e tão somente com relação às coligadas, consoante o voto proferido pela Ministra Ellen Gracie; 3ª) pela inconstitucionalidade parcial, apenas e tão somente com relação às empresas situadas em países com tributação normal (e, portanto, constitucional em relação aos chamados paraísos fiscais e regimes fiscais privilegiados), consoante o voto do Ministro Joaquim Barbosa; 4ª) pela constitucionalidade integral, consoante votaram os Ministros Nelson Jobim, Eros Grau e Cezar Peluso (em verdade, essa corrente deu provimento parcial, mediante interpretação conforme à Constituição para submeter ao art. 74 as empresas controladas e coligadas no exterior submetidas ao Método de Equivalência Patrimonial que, de acordo com a legislação societária, alcança todas, o que, na prática, equivale à constitucionalidade integral); e 5ª) pela constitucionalidade parcial, com a expressa ressalva para as situações que envolvam empresas situadas em países com os quais o Brasil celebrou tratado para evitar a dupla tributação da renda, consoante voto do Ministro Ayres Britto.

Verifica-se, por conseguinte, que se destacam cinco diferentes orientações (que se intercalam ou se repelem em diferentes cenários de colidências e/ou aproximações) em dez votos proferidos. Ora, soa até intuitiva a dificuldade enfrentada pelo Presidente, Ministro Joaquim Barbosa, para encontrar e proclamar o resultado do julgamento.

A técnica de decisão adequada para aferir o resultado em situações como essa, nas quais o cômputo dos votos deve ser fracionado para que se chegue aos pontos comuns majoritários (se existentes), dá-se através do critério chamado "voto médio".

Desse modo, foi proclamado, com efeito vinculante e eficácia contra todos, o resultado no sentido de que a incidência do art. 74 da Medida Provisória n. 2.158-35/01: a) é constitucional quando se cuidar de controlada de empresa multinacional brasileira que se situar em paraíso fiscal (o voto dos Ministros Joaquim Barbosa, Nelson Jobim, Ellen Gracie, Cezar Peluso, Ayres Britto e Eros Grau); b) é inconstitucional quando se cuidar de coligada de empresa multinacional brasileira que se situar em país com tributação normal e/ou tratado para evitar a dupla tributação da renda (o voto dos Ministros Joaquim Barbosa, Celso de Mello, Sepúlveda Pertence, Marco Aurélio, Ellen Gracie e Ricardo Lewandowski); e c) é inconstitucional em relação ao seu parágrafo único (o voto proferido pelos Ministros Joaquim Barbosa, Celso de Mello, Sepúlveda Pertence, Marco Aurélio, Cezar Peluso e Ricardo Lewandowski).

Cabe registrar que a ressalva feita pelo Ministro Cezar Peluso quanto à inconstitucionalidade restrita e limitada ao parágrafo único do art. 74 foi percebida e debatida entre os Ministros durante a sessão do dia 10.04.2013.

Além desses resultados, com efeito vinculante e eficácia contra todos, também foram alcançados resultados que chegaram ao empate de votos, sem qualquer vinculação. Nesses casos, o pronunciamento definitivo da Suprema Corte ocorrerá em outro caso, a ser analisado quando submetido ao seu crivo.

Nesse sentido, interessa saber como se pronunciará o STF sobre a (in)constitucionalidade da incidência em foco quando: a) se cuidar de coligada de empresa multinacional brasileira situada em paraíso fiscal (o voto proferidos pelos Ministros Joaquim Barbosa, Nelson Jobim, Cezar Peluso, Ayres Britto e Eros Grau vs. o voto dos Ministros Celso de Mello, Sepúlveda Pertence, Marco Aurélio, Ricardo Lewandowski e Ellen Gracie); e b) se tratar de controlada de empresa multinacional brasileira situada em país com tributação normal e naqueles em que o Brasil tenha firmado tratado para evitar a dupla tributação da renda (os votos dos Ministros Joaquim Barbosa, Celso de Mello, Sepúlveda Pertence, Marco Aurélio e Ricardo Lewandowski vs. os votos dos Ministros Nelson Jobim, Ellen Gracie, Cezar Peluso, Eros Grau e Ayres Britto).

Aquela diligência e percepção que se verificou no cômputo do voto do Ministro Cezar Peluso a respeito do parágrafo único do art. 74 não houve em relação à expressa ressalva feita pelo Ministro Ayres Britto quanto às situações que envolvessem empresas situadas em países com os quais o Brasil firmou tratado para evitar a dupla tributação da renda e evitar a evasão fiscal.

Isso pode, em tese, se justificar pela complexidade do julgamento específico (com cinco diferentes posições em dez votos) e até mesmo pela vacância da cadeira do Ministro Ayres Britto, de modo que a sua ressalva específica a respeito dos tratados não foi percebida e computada na proclamação do resultado do julgamento da ADI 2.588.

Caso o seu voto tivesse sido oportunamente percebido, quando da sessão de 10.04.2013, que proclamou o resultado da ADI 2.588, então também nessa situação específica (qual seja, da inconstitucionalidade do art. 74 quando aplicável às controladas situadas em países com os quais o Brasil firmou tratado para evitar a dupla tributação da renda e a evasão fiscal) seria alcançada a maioria absoluta de seis votos. Aplicar-se-ia, portanto, com efeito vinculante e eficácia contra todos.

Percebe-se que seria mais um tema que seria resolvido pela proclamação do resultado do julgamento da ADI 2.588, mas que passou despercebido pelos Ministros que participaram do julgamento, especialmente pelos Ministros Teori Zavascki e Dias Toffoli, que conduziram a referida proclamação (curiosamente ambos não votaram naquela ação direta).

Nesse sentido, destacamos o resultado proclamado em tempo real pelo Núcleo de Estudos da Tributação Internacional – NETI, fórum de debate cibernético do qual fazemos parte, tanto no dia 03.04.2013 como também no dia 10.04.2013. Todos os resultados disponibilizados foram coincidentes, exceto aquele referente ao país com tratado para controladas de empresas multinacionais brasileiras.

Com a proclamação do resultado foi encerrado o julgamento da ADI 2.588. Em seguida, segundo a pauta estabelecida pelo Presidente, a Suprema Corte passou ao exame do RE 611.586 (com repercussão geral e que versa sobre controlada que encabeça a lista de paraíso fiscal – Aruba).

Naquele caso específico, levando em consideração que versa sobre situação que foi definida, com efeito vinculante e eficácia contra todos na ADI 2.588, então foi, por maioria, prontamente negado provimento ao recurso extraordinário da empresa contribuinte, vencido apenas o Ministro Marco Aurélio.

Quanto ao terceiro caso de interesse geral para a comunidade jurídica, o RE 541.090 cuidava especificamente sobre controlada de empresa multinacional brasileira situada em países com os quais o Brasil firmou o acordo para evitar a dupla tributação da renda (China e Itália).

Nesse caso, o Tribunal deu parcial provimento ao recurso extraordinário da União para considerar ilegítima a tributação retroativa, nos termos do parágrafo único do art. 74, vencidos os Ministros Joaquim Barbosa, Ricardo Lewandowski, Marco Aurélio e Celso de Mello (que negavam provimento integral).

Em seguida, foi determinado o retorno dos autos ao Tribunal de origem para que se pronuncie sobre a questão atinente à vedação da bitributação baseada em tratados internacionais, vencido o Ministro Dias Toffoli. Redigirá o acórdão o Ministro Teori Zavascki, que reajustou o seu voto, anteriormente prolatado todo no sentido da constitucionalidade.

Houve intenso e surpreendente debate em torno do necessário prequestionamento da matéria pelo recorrido (e, portanto, vencedor no tribunal de segunda instância), consoante a sistemática processual hoje vigente. No caso concreto, a empresa contribuinte recorrida suscitou, desde a petição inicial, a inconstitucionalidade do art. 74 e, em caráter subsidiário, o seu afastamento à luz da existência de tratado para evitar a dupla tributação da renda, firmado entre o Brasil e a China e o Brasil e a Itália, como bem registrado pela Ministra Rosa Weber. Ora, como o acórdão recorrido declarou a inconstitucionalidade do referido art. 74, por óbvio não analisou a situação específica (e subsidiária) referente aos tratados.

Os Ministros Celso de Mello, Gilmar Mendes, Marco Aurélio e Ricardo Lewandowski manifestaram-se expressamente no sentido de proclamar o pronunciamento definitivo da Suprema Corte acerca da questão jurídica pendente. A maioria, contudo, chegou à conclusão de que os autos deveriam ser baixados para a análise dessa questão específica pelo Tribunal (por falta de prequestionamento).

Com isso, o STF decidiu não decidir. E pior, numa situação que já estava decidida, inclusive com efeito vinculante e eficácia contra todos. De fato, contabilizando a expressa ressalva feita pelo Ministro Ayres Britto no seu voto (e que foi ignorada pelo Plenário no cômputo do resultado final da ADI 2.588), o assunto versado no RE 541.090 teria sido resolvido pela aplicação do resultando do processo objetivo ao subjetivo, com o ganho de causa imediato para a empresa contribuinte e o desprovimento do recurso extraordinário da União (Fazenda Nacional).

Tal omissão, flagrantemente perpetrada pelo Pleno do STF, ainda que sem a percepção de que tal distorção ocorrera, poderá ser corrigida mediante a oposição dos competentes embargos de declaração pela CNI quando da publicação do acórdão omisso, que se espera ocorra nas próximas semanas.

Se isso ocorrer quando da oposição dos embargos de declaração pela CNI, então certamente a sorte do RE 541.090 no Tribunal Regional Federal de segunda instância será no sentido que for decidida a ADI 2.588 (dado o seu efeito vinculante e eficácia contra todos).

Colhidos todos os dez votos, resta saber se todos os Ministros integrantes da atual composição proferirão voto ou apenas aqueles que ainda não foram sucedidos desde o início do julgamento (Ministros Joaquim Barbosa, Celso de Mello, Marco Aurélio e Ricardo Lewandowski).

Em resumo, o julgamento do RE 611.586 (onde TODOS os Ministros profeririam seus votos) não ocorreu diante da aplicação do precedente firmado na ADI 2.588 a respeito da situação versada naqueles autos, isto é, empresa controlada de multinacional brasileira situada em paraíso fiscal (Aruba). De acordo com a aplicação do precedente contido na ADI 2.588, o recurso da empresa contribuinte foi improvido.

Quanto ao resultado do RE 541.090, verifica-se situação duplamente curiosa porque: 1º) exigiu-se um prequestionamento da empresa contribuinte recorrida acerca de pedido subsidiário que jamais foi questionada, especialmente levando em conta que ela (vencedora na demanda) foi RECORRIDA; 2º) tudo indica, pelos votos já proferidos e pela proporcionalidade e razoabilidade da posição, que os tratados internacionais serão respeitados no acórdão do STF.

Com efeito, ignorar a existência de tais tratados colocaria o Brasil em posição ainda mais lamentável acerca do necessário respeito à segurança jurídica, ao ambiente de negócios e à estabilidade institucional, sobretudo aos olhos do investidor estrangeiro.

Nesse sentido, cabe registrar que o tratado firmado com a Alemanha em 1976 foi denunciado por aquele país (a partir de 01.01.2006) em razão do reiterado descumprimento em relação a algumas cláusulas que, no ambiente civilizado e evoluído, gozam de interpretação relativamente estável (sem a criatividade tupiniquim). Em razão disso, há enorme atenção da Europa voltada ao Brasil no que se refere ao cumprimento dos tratados internacionais.

Não obstante, se o pronunciamento definitivo do Plenário do STF for pela constitucionalidade da incidência do art. 74 em relação às controladas de empresas brasileiras situadas em países com tributação normal e/ou com os quais o Brasil tenha firmado tratado para evitar a dupla tributação da renda, então caberá a modulação temporal dos efeitos de tal decisão, na medida em que terá cambiado radicalmente em relação ao precedente anteriormente estabelecido no julgamento acerca da inconstitucionalidade do ILL (RE 172.058).

Em processo objetivo, a modulação temporal dos efeitos da decisão pode ser pleiteada tanto em sede de embargos de declaração como também em questão de ordem em qualquer momento, desde que antes de proclamado o resultado final do julgamento. Na situação específica das empresas multinacionais brasileiras que detêm investimento no exterior não houve o pedido expresso até o presente momento.

De tudo o que foi exposto, de modo resumido no presente artigo, verifica-se que ainda resta para as empresas multinacionais brasileiras alguma perspectiva acerca do julgamento pelo Pleno do STF de empresas controladas situadas em países com tributação normal e em países com os quais o Brasil mantenha tratado para evitar a dupla tributação, bem como para empresas coligadas situadas em paraísos fiscais.

Ora, nessa última hipótese, levando em conta os votos já proferidos, chega-se à conclusão de que seguirá a mesma sorte dos casos com controladas em paraíso fiscal, especialmente cotejando os votos dos Ministros Joaquim Barbosa e Ellen Gracie.

Contudo, levando-se em conta os votos já proferidos, tudo indica que tanto os países com tributação normal como também aqueles com os quais o Brasil tenha firmado tratado para evitar a dupla tributação da renda e a evasão fiscal, serão ressalvados pela Suprema Corte quando do pronunciamento definitivo acerca da aplicação do art. 74 da Medida Provisória n. 2.158-35/01 (não incidente em tais situações).[7]

Resultado da ADI 2.588 – Distinções necessárias

Em 03.04.2013 foi concluído o julgamento pelo Plenário do Supremo Tribunal Federal em torno da inconstitucionalidade da atual sistemática de tributação dos lucros no exterior. A ADI 2.588, ajuizada pela CNI em 2001, desafiou o art. 74 da Medida Provisória 2.158-35/01.

Ocorre que o julgamento teve tantas particularidades que naquela sessão não foi possível ao Presidente da Corte proclamar o seu resultado final. Diversos fatores contribuíram para isso, como o "nuancismo" dessa complexa questão jurídica que levou a Corte a se dividir em cinco orientações diferentes.

Dos dez votos proferidos na ADI 2.588, verifica-se cinco linhas principais que exsurgiram dos argumentos que os fundamentaram, a saber: 1ª) pela inconstitucionalidade integral do texto normativo impugnado (posição sustentada pelos votos dos Ministros Sepúlveda Pertence, Celso de Mello, Marco Aurélio e Ricardo Lewandowski); 2ª) pela inconstitucionalidade parcial, apenas e tão somente com relação às coligadas, consoante o voto proferido pela Ministra Ellen Gracie; 3ª) pela inconstitucionalidade parcial, apenas e tão somente com relação às empresas situadas em países com tributação normal (e, portanto, constitucional em relação aos chamados paraísos fiscais e regimes fiscais privilegiados), consoante o voto do Ministro Joaquim Barbosa; 4ª) pela constitucionalidade integral, consoante votaram os Ministros Nelson Jobim, Eros Grau e Cezar Peluso (em verdade, essa corrente deu provimento parcial, mediante interpretação conforme à Constituição, para submeter ao art. 74 as empresas controladas e coligadas no exterior submetidas ao Método de Equivalência Patrimonial que, de acordo com a legislação societária, alcança todas, o que, na prática, equivale à constitucionalidade integral); e 5ª) pela constitucionalidade parcial,

---

7   O estudo foi publicado originalmente em: *Jus Navigandi*, Teresina, ano 18, n. 3.628, 07 jun 2013. Disponível na internet: http://jus.com.br/revista/texto/24644. Acesso em: 07.06.2013.

com a expressa ressalva para as situações que envolvam empresas situadas em países com os quais o Brasil tenha celebrado tratado para evitar a dupla tributação da renda, consoante voto do Ministro Ayres Britto.

Verifica-se, por conseguinte, que se destacam cinco diferentes orientações (que se intercalam ou se repelem em diferentes cenários de aproximações e/ou colidências) em dez votos proferidos. Ora, soa até intuitiva a dificuldade enfrentada pelo Presidente para encontrar e proclamar o resultado do julgamento.

A técnica de decisão adequada para aferir o resultado do julgamento em situações semelhantes, nas quais o cômputo dos votos deve ser fracionado para que se chegue aos pontos comuns majoritários (se existentes), dá-se através do chamado "voto médio".

Desse modo, foi proclamado, com efeito vinculante e eficácia contra todos, o resultado no sentido de que a incidência do art. 74 da Medida Provisória n. 2.158-35/01: a) é *constitucional* quando se cuidar de controlada de empresa multinacional brasileira que se situar em *paraíso fiscal* (o voto dos Ministros Joaquim Barbosa, Nelson Jobim, Ellen Gracie, Cezar Peluso, Ayres Britto e Eros Grau); b) é *inconstitucional* quando se cuidar de *coligada* de empresa multinacional brasileira que se situar em país com tributação normal e/ou tratado para evitar a dupla tributação da renda (cf. o voto dos Ministros Joaquim Barbosa, Celso de Mello, Sepúlveda Pertence, Marco Aurélio, Ellen Gracie e Ricardo Lewandowski); e c) é *inconstitucional* em relação ao seu *parágrafo único* (o voto proferido pelos Ministros Joaquim Barbosa, Celso de Mello, Sepúlveda Pertence, Marco Aurélio, Cezar Peluso e Ricardo Lewandowski).

Além desses resultados, com efeito vinculante e eficácia contra todos, também foram alcançados resultados que chegaram ao empate de votos, sem qualquer vinculação. Nesses casos, o pronunciamento definitivo da Suprema Corte ocorrerá em outro caso, a ser analisado quando submetido ao seu crivo.

Nesse sentido, interessa saber como se pronunciará o STF sobre a (in)constitucionalidade da incidência em foco quando: a) se cuidar de *coligada* de empresa multinacional brasileira situada em *paraíso fiscal* (o voto proferidos pelos Ministros Joaquim Barbosa, Nelson Jobim, Cezar Peluso, Ayres Britto e Eros Grau x o voto dos Ministros Celso de Mello, Sepúlveda Pertence, Marco Aurélio, Ricardo Lewandowski e Ellen Gracie); e b) se tratar de *controlada* de empresa multinacional brasileira situada em país com *tributação normal* e naqueles em que o Brasil tenha firmado *tratado* para evitar a dupla tributação da renda (os votos dos Ministros Joaquim Barbosa, Celso de Mello, Sepúlveda Pertence, Marco Aurélio e Ricardo Lewandowski x os votos dos Ministros Nelson Jobim, Ellen Gracie, Cezar Peluso, Eros Grau e Ayres Britto).

Com a proclamação do resultado foi encerrado o julgamento da ADI 2.588 na sessão de 10.04.2013. Em seguida, segundo a pauta estabelecida pelo Presidente, a Suprema Corte passou ao exame do RE 611.586 (com repercussão geral e que versa sobre controlada que encabeça a lista de paraíso fiscal – Aruba).

Naquele caso específico, levando em consideração que versa sobre situação que foi definida, com efeito vinculante e eficácia contra todos na ADI 2.588, então foi, por maioria, prontamente negado provimento ao recurso extraordinário da empresa contribuinte, vencido apenas o Ministro Marco Aurélio.

Desse modo, embora restem algumas definições que não foram esclarecidas com a proclamação do resultado final da ADI 2.588, a situação específica de controlada de empresa multinacional brasileira que se situar em paraíso fiscal foi decidida (por maioria absoluta e, portanto, com efeito vinculante e eficácia contra todos).

Há quem indague sobre a distinção perpetrada pela Suprema Corte no julgamento, com a diferença na aplicação (ou não) da regra de acordo com o país de onde emerge o lucro (paraíso fiscal ou com tributação normal), na linha do voto proferido pelo Ministro Joaquim Barbosa.

Ora, em sede de controle abstrato de constitucionalidade das leis não só é recomendável que a análise pelo STF seja ampla como também é necessário. Ademais, levando em conta o transcurso do tempo desde o ajuizamento da ação, a evolução da situação das principais empresas multinacionais brasileiras cada vez mais como *players* que competem no mercado mundial globalizado e a complexidade do tema, certamente não caberia *in casu* uma decisão verdadeiramente minimalista.

Além disso, a legislação é precária. Em outros países o tema é regulado por dezenas e até centenas de dispositivos legais e regulamentares. Aqui, o governo procurou resolver tudo com a edição de um único artigo de medida provisória. Como não poderia deixar de ser, isso suscita dúvida, questionamento e muita insegurança jurídica, que leva um fator complicador a mais para a empresa multinacional brasileira que compete no mercado mundial globalizado.

Como se não bastasse, em razão de algumas peculiaridades do caso, por muito tempo tanto o Fisco como os contribuintes nutriam esperança de que o resultado final lhes fosse integralmente favorável. De um lado, o Fisco esperava que a regra fosse reconhecida constitucional e sua aplicação automática alcançaria todas as controladas e coligadas de multinacionais brasileiras no exterior, independente de onde elas se situassem. De outro lado, os contribuintes esperavam que o Pleno declarasse a inconstitucionalidade fulminando a regra do ordenamento e todos os lucros oriundos das controladas e coligadas de multinacionais brasileiras no exterior só seriam tributáveis por aqui quando submetidas às hipóteses enumeradas no art. 1º da Lei n. 9.532/97.

Conjugando esses fatores, sem prejuízo de outros que possam ser acrescidos, verifica-se que é até natural que o STF ocupe mais esse espaço vazio deixado pela legislação brasileira lacunosa e deficitária em matéria de regulamentação, de modo que é necessário que amplie o escopo da análise, especialmente cuidando-se de processo objetivo, para abarcar e resolver o maior número de situações com vistas a pacificar a tão conturbada relação Fisco-contribuinte.

Não chega a ser nem o preconizado ativismo judicial, vez que foi expressamente provocado a se manifestar sobre o tema no RE 611.586. E ainda que não tivesse sido, por se tratar de processo objetivo, caberia um aprofundamento natural do tema, não se limitando ao mero exame sobre se seria ou não constitucional a regra do art. 74. De igual modo, também não se trata de legislar positivamente, na medida em que apenas e tão somente limitou o campo de incidência da regra normativa. Não foi além do que ela previa.

Nesse sentido, andou bem o STF em promover a distinção colocada pelo Ministro Joaquim Barbosa. Afinal, o primeiro passo para colocar o Brasil alinhado com os demais países do mundo em matéria de Tributação Internacional passa necessariamente pela efetiva distinção das seguintes situações diferentes em relação ao local de onde os lucros são auferidos pelas controladas de multinacionais brasileiras: a) se de paraíso fiscal, então em linha com todo o enorme esforço que tem sido promovido pelo G-20, OCDE e União Europeia, seria devida a tributação automática (com a aplicação do art. 74, independente da disponibilização efetiva da renda na forma da Lei n. 9.532/97); se de país com tributação normal, então seria justo afastar a aplicação do art. 74 para fazer incidir a regra do diferimento previsto na Lei n. 9.532/97; e se de país com o qual o Brasil tenha celebrado tratado para evitar a dupla tributação, então caberia reconhecer a sua prevalência e a sua análise caso a caso em razão do necessário respeito à sua regra especial.

Ora, o primeiro ponto foi esclarecido de modo expresso pelo STF no julgamento da ADI 2.588. Os dois últimos permanecem em aberto, especialmente levando em conta o desfecho do RE 541.090, que cuidava especificamente de tratado e foi determinada a sua baixa ao tribunal de origem para exame dessa questão, ocasião em que o STF decidiu não decidir sobre o tema.

Contudo, com a publicação do acórdão, caberá à CNI opor embargos de declaração suscitando diversas omissões e contradições que ocorreram no julgamento, algumas das quais podem ser capazes de modificar o resultado para assegurar o correto cômputo dos votos em relação ao aspecto específico dos tratados internacionais e buscar o reconhecimento da flagrante mutação jurisprudencial em relação ao entendimento anteriormente estabelecido no julgamento acerca da inconstitucionalidade do ILL (RE 172.058), com o pleito de modulação temporal dos efeitos da decisão. Além desses, há alguns outros aspectos do julgamento que merecem melhor esclarecimento.

Com efeito, levando em conta as graves consequências que advirão com a publicação do acórdão, cabe registrar antes do seu trânsito em julgado, variados aspectos referentes ao julgamento, não apenas sobre o que restou efetivamente decidido pelo STF na ADI 2.588, mas também o alcance do que não foi decidido. Precisamente tais omissões, e até algumas contradições, verificadas no julgamento poderão ser sanadas com a oposição dos embargos de declaração pela CNI.

Quanto à modulação temporal dos efeitos dessa decisão, por diversas razões jurídicas entendemos que é cabível, especialmente se levarmos em conta a enorme insegurança jurídica que seria ocasionada com a mutação jurisprudencial da Corte em relação ao precedente do ILL e o longo transcurso de tempo decorrido entre o ajuizamento da ADI 2.588 e a sua efetiva conclusão, estimada ainda para esse ano.

Isso tudo que cuidamos nesse limitado espaço diz respeito ao período pretérito. Com a publicação do acórdão e a conclusão do julgamento, será clara a perspectiva em relação ao futuro. Tal perspectiva pode ser mitigada ou até mesmo esvaziada a depender de acordos e propostas legislativas que têm sido frequentemente noticiadas pelos órgãos da mídia, contando inclusive com a participação de representantes de grandes empresas e do governo.

Nesse campo que corre paralelo, na esfera legislativa ou regulamentar, recomenda-se cuidado e atenção no acordo e na proposta que será discutida e levada a efeito, sobretudo para que não padeça de vícios e inconsistências capazes de deixar a atual situação (que já é complexa) ainda mais complicada.

Desse modo, a comunidade jurídica, os empresários que representam as grandes empresas multinacionais brasileiras, os representantes do Fisco e o Poder Judiciário nacional (que de modo geral têm aguardado a definição do tema pelo STF) acompanha o desfecho final dessa batalha para colocar o Brasil em linha com os demais países do mundo em matéria de Tributação Internacional, com o crescente aprimoramento das regras atualmente em vigor, sobretudo a partir da decisão do STF na ADI 2.588, seja com maiores esclarecimentos em embargos de declaração, seja pela edição de lei nova sobre o tema.[8]

ADI 2.588 – Publicado o acórdão. E agora?

Em 10 de fevereiro finalmente foi publicado o acórdão que decidiu (em parte) a questão controvertida e complexa posta nos autos da ADI 2.588, que foi ajuizada pela CNI em 2001 e questionava a constitucionalidade da atual sistemática perpetrada pelo art. 74 da MP 2.158-35/01 de tributação das controladas e coligadas situadas no exterior, como já tivemos oportunidade de escrever em ocasiões passadas.

Apesar de julgada parcialmente procedente, o resultado final da ADI 2.588, se permanecer como hoje se encontra, impingirá mais derrota do que vitória aos contribuintes. Mas, nem tudo está perdido. No bojo dos votos proferidos, sobretudo dos Ministros que ainda hoje compõe a Suprema Corte, há sinalizações importantes sobre temas específicos que foram versados durante o julgamento (em maior ou menor medida).

Com efeito, diante dos variados entendimentos esposados pelos Ministros desde o início do julgamento, no total de dez em razão do impedimento do Ministro Gilmar Mendes (que atuou como AGU quando do ajuizamento

---

8   O artigo foi publicado originalmente em: *Revista Eletrônica de Direito Tributário*. Rio de Janeiro, Associação Brasileira de Direito Financeiro – ABDF, ano 3, n. 24, junho 2013, p. 12-14.

da ação), alguns temas alcançaram a maioria absoluta de (seis) votos, aplicando-se, portanto, com eficácia *erga omnes* e efeito vinculante. Outros não, permanecendo o tema em aberto e vigente o referido art. 74.

Há quatro diferentes posições que foram adotadas pelos Ministros nos votos que proferiram. São elas: 1) inconstitucionalidade total (4 votos: Ministros Sepúlveda Pertence, Marco Aurélio, Ricardo Lewandowski e Celso de Mello); 2) constitucionalidade total (4 votos: Ministros Nelson Jobim, Eros Grau, Ayres Britto e Cezar Peluso); 3) inconstitucionalidade parcial ref. apenas às coligadas (1 voto: Ministra Ellen Gracie); e 4) constitucionalidade parcial ref. apenas aos paraísos fiscais (1 voto: Ministro Joaquim Barbosa).

Verifica-se, portanto, à luz desses diferentes votos, que nenhuma corrente sagrou-se majoritária com o acúmulo de maioria absoluta de votos, consoante estabelece o art. 97 da Constituição da República. A rigor, pode-se dizer que o resultado seria de 4+4+1+1 (=10 votos).

Ocorre que, nesses casos, a Suprema Corte se utiliza da técnica do "voto médio", logrando agrupar votos parcialmente convergentes. Assim, por exemplo, temos os seguintes elementos que foram objeto de apreciação expressa durante o julgamento: constitucionalidade, inconstitucionalidade, coligada e controlada (distinção inaugurada pela Ministra Ellen Gracie) e paraísos fiscais *versus* países com tributação dita "normal" (distinção realizada no último voto proferido, pelo Ministro Joaquim Barbosa).

Conjugando aos quatro votos pela inconstitucionalidade total a coligada e os países com tributação "normal" (hipóteses cuja incidência do art. 74 foi declarada também inconstitucional), alcançamos seis votos convergentes nesse sentido. Desse modo, tem-se que a aplicação do art. 74 é inconstitucional quando pretender atingir empresa coligada de multinacional brasileira situada em país de tributação "normal".

Ao contrário, se a conjugação for ao reverso a aritmética também funciona. Vejamos. Somando-se aos quatro votos pela constitucionalidade total a controlada e os paraísos fiscais (hipóteses cuja incidência do art. 74 foi reconhecida como constitucional), tem-se que a aplicação do art. 74 é legítima quando aplicável a empresa controlada de controladora brasileira situada em paraíso fiscal.

Com a aplicação da técnica do "voto médio", esses dois resultados foram alcançados por maioria absoluta e, portanto, com eficácia *erga omnes* e efeito vinculante.

Aqui, cabe um ligeiro parêntese. Levando em conta que o tema sobre o respeito aos tratados firmados pelo Brasil para evitar a dupla tributação sobre a renda e prevenir a evasão fiscal foi expressamente ressalvado pelo Ministro Ayres Britto no seu voto, verifica-se que ele deveria se somar ao voto do Ministro Joaquim Barbosa (que decidiu pela inconstitucionalidade para os países com tributação "normal", situação na qual se inserem todos os trinta tratados hoje vigentes), bem como ao conjunto de quatro votos no sentido da inconstitucionalidade, que chegaria ao total de seis.

Assim, a aplicação do art. 74 seria afastada nas hipóteses que contemplassem controladas e coligadas de multinacionais brasileiras situadas em países com os quais o Brasil tenha firmado tratado para evitar a dupla tributação da renda e prevenir a evasão fiscal. Nessas situações, caberia analisar o teor do tratado caso a caso. Tal decisão, como vimos anteriormente, teria eficácia *erga omnes* e efeito vinculante, em razão da maioria absoluta de (seis) votos alcançados.

Todavia, devido à enorme complexidade do julgamento ocorrido, isso passou despercebido pelos Ministros, de modo que não constou no resultado final proclamado no acórdão da ADI 2.588. Resta saber se será lembrado pelos patronos da causa em tempo hábil ou se a questão permanecerá aberta.

Cabe lembrar que a Fazenda Nacional e a Receita Federal têm se empenhado em paulatinamente minar a proteção inerente à aplicação dos tratados, sobretudo ao art. 7º, com diferentes argumentos e de variadas maneiras.

Exemplo disso pode ser observado na Solução de Consulta Interna n. 18 – COSIT (da RFB) e, de certa forma, no Parecer PGFN/CAT n. 2.363/13 (da Fazenda Nacional).

Nesse sentido, agora (ainda no âmbito da ADI 2.588) seria uma excelente oportunidade para pacificar o tema tão litigioso entre o Fisco e os contribuintes, referente ao respeito dos tratados firmados pelo Brasil. Se isso não ocorrer nesse momento, a questão permanecerá aberta e os contribuintes sujeitar-se-ão cada vez mais à interpretação franca e declaradamente restritiva do Fisco sobre a proteção dos tratados.

Aliás, não é só essa questão que remanesce aberta com o resultado da ação. Por terem alcançado apenas cinco votos para cada lado do debate, ficou sem definição as seguintes situações inversas àquelas explicadas anteriormente: coligadas em paraíso fiscal e controladas em país com tributação "normal". Não tendo alcançado maioria pela inconstitucionalidade, preserva-se a constitucionalidade da regra do art. 74 nessas situações, até que próximo julgamento sobre o tema ocorra e essas questões específicas sejam julgadas mediante pronunciamento definitivo do STF.

Há ainda outra questão que merece atenção. Trata-se da última oportunidade cabível da CNI para pleitear a modulação temporal dos efeitos da decisão na parte que foi derrotada na ação.

Tal pleito de modulação pode ser fundamentado pela demonstração da identidade das situações fáticas subjacentes ao cenário posto na ADI 2.588 e o RE 172.058 (que declarou a inconstitucionalidade do ILL). Identificadas ambas as situações, verifica-se clara hipótese de mutação jurisprudencial em relação às controladas. Nesse sentido, é possível socorrer-se de diversas obras, artigos e pareceres da doutrina nacional sobre o tema.

Para corroborar esse argumento, cabe registrar que tanto o Procurador-Geral da República como também o voto do Ministro Nelson Jobim adotaram premissa equivocada, no sentido de que o recurso extraordinário teria versado sobre hipótese diversa (sócio pessoa física).

Além disso, pode ser também alegado que devido ao longo transcurso do tempo (13 anos), desde o ajuizamento da ação até a publicação do seu acórdão, muitas situações fáticas se consolidaram e a aplicação retroativa da decisão pode significar intolerável modificação nesse cenário, sem que o contribuinte tenha colaborado de qualquer modo para essa exagerada demora.

Enfim, verifica-se que ainda há tempo hábil para buscar reverter a parte do resultado desfavorável proclamado na ADI 2.588. Todavia, o tempo urge. Essa decisão, dependendo de como for transitada em julgado, terá o condão de encerrar pelo menos uma parte (ainda que pequena) do debate sobre a sistemática de tributação dos lucros no exterior. Daí a importância de que todas as potencialidades sejam explicitadas. Por menor que seja o acréscimo de segurança jurídica sobre a conflituosa relação entre o Fisco e os contribuintes, muito se ganhará de ambos os lados com a clareza das regras do jogo e a evolução dos debates sobre a sistemática de tributação dos lucros no exterior das controladas e coligadas de multinacionais brasileiras para níveis ainda mais profundos.

Esse debate rumo à maior segurança jurídica é importante e necessário. Afinal, as multinacionais brasileiras se aventuram no voraz mercado globalizado em franca desvantagem competitiva, levando-se em conta o Custo Brasil, o excesso de burocracia, o exagero de obrigações tributárias acessórias e, por fim, a pesada carga tributária, se compararmos com outros países emergentes ou desenvolvidos.

A esse respeito, cabe registrar que o Ato CN n. 01, publicado em 12.02.2014, prorroga o prazo de vigência da MP 627/13, que versa sobre o tema, inclusive com a revogação expressa do famigerado art. 74 a partir de 1º de janeiro de 2015 (ou 1º de janeiro de 2014 para quem optar por antecipar os efeitos da referida medida provisória). Nesse processo legislativo de conversão da MP 627 em lei, há enorme *lobby* técnico das empresas, requerimentos de audiência pública para esclarecer os parlamentares, 513 emendas já apresentadas e muita preocupação com o resultado do texto final. Ao que tudo indica, esse diploma legal suscitará ainda mais dúvidas e questões controvertidas na conturbada relação entre o Fisco e os contribuintes.

Em resumo: finalmente foi publicado o acórdão da ADI 2.588, que foi ajuizada em 2001, sobre tema tão complexo quanto importante para as multinacionais brasileiras que internacionalizaram suas atividades pelo mundo globalizado. E agora, o que fazer? Bem, o prazo para a oposição de embargos de declaração está aberto para a CNI, autora da ação. Resta saber se recorrerá e, nesse caso, seguindo que linha de raciocínio. Levando em conta matéria veiculada hoje (13.02.2014) em respeitado periódico de circulação nacional (Valor Econômico), há indicação expressa de que a CNI está sensível a tais argumentos. Resta saber como serão abordados. Vale a pena acompanhar.[9]

---

9   O artigo foi publicado em: *Última Instância (Coluna)*. São Paulo, 14.02.2014. Disponível na internet: http://ultimainstancia.uol.com.br/conteudo/colunas/69161/adi+2.588+%96+publicado+o+acordao.+e+agora.shtml. Acesso em: 18.02.2014.

TRIBUTAÇÃO INTERNACIONAL

A tributação dos lucros no exterior na ótica do STJ

Em sessão de julgamento ocorrida em 05.04.2011, a 2ª Turma do Superior Tribunal de Justiça – STJ manifestou-se de modo inédito em relevante precedente acerca de complexo tema em matéria tributária. Trata-se da sistemática brasileira de tributação dos lucros no exterior e, mais especificamente, a decretação da ilegalidade pelo STJ da incidência do IRPJ e da CSLL sobre o resultado positivo da equivalência patrimonial, como preconizado pelo art. 7º, § 1º, da IN SRF n. 213/02.

A despeito de tal tema já ter sido objeto de vários julgamentos perante os diferentes Tribunais Regionais Federais do País, o STJ decidiu, finalmente, sobre tão relevante tema e, por unanimidade de votos, negou provimento ao recurso especial da Fazenda Nacional, que pleiteava a violação (por "negação de vigência") dos principais dispositivos que atualmente embasam a sistemática brasileira de tributação dos lucros no exterior. Além disso, sustentou que o art. 74 da MP n. 2.158-35/01 teria derrogado o art. 389, § 1º, do RIR/99, no tocante ao IRPJ, e o art. 2º, § 1º, c, 1, da Lei n. 7.869/88, referente a CSLL, por estabelecer o "regime de competência", e não mais o "regime de caixa", como forma de se identificar a disponibilidade dos lucros auferidos por controlada ou coligada no exterior.

O acórdão resultante do julgamento, ainda pendente de revisão e publicação, nos autos do Recurso Especial n. 1.211.882/RJ, traz em sua ementa textualmente que: "É ilícita a tributação, a título de IRPJ e CSLL, pelo resultado positivo da equivalência patrimonial, registrado na contabilidade da empresa brasileira (empresa investidora), referente ao investimento existente em empresa controlada ou coligada no exterior (empresa investida), previsto no art. 7º, § 1º, da Instrução Normativa SRF n. 213/2002, somente no que exceder a proporção a que faz jus a empresa investidora no lucro auferido pela empresa investida", na forma do art. 1º, § 4º, da Instrução Normativa SRF n. 213/02.

O leitor menos habituado com as terminologias técnico-jurídicas próprias do Direito Tributário Internacional e do campo societário pode estranhar, à primeira vista, os dispositivos e termos utilizados. Cabe destacar nesse momento a relevância dessa decisão tomada pelo STJ na semana passada.

Com efeito, estudiosos do complexo e rico tema da tributação internacional já alertaram que a invocação do art. 7º da referida IN como fundamento à incidência do IRPJ e da CSLL sobre a equivalência patrimonial de investimento de empresas brasileiras no exterior constitui uma das falácias mais propaladas nessa área.

De fato, o art. 7º do diploma regulamentar jamais poderia servir como fundamento autônomo de lançamento *ex officio* relacionado ao regime brasileiro da tributação em bases universais. Ao contrário, a tributação, via equivalência patrimonial, só se justifica como parcela integrante dos lucros auferidos no exterior por controlada ou coligada de pessoa jurídica brasileira.

A decisão que destacamos nesse espaço semanal logrou alinhar-se com essa orientação, que é rigorosamente contrária ao raciocínio retrógrado das autoridades fiscais que, por variados motivos, dentre os quais o interesse evidente da crescente arrecadação, sustenta que a equivalência patrimonial é capaz de alcançar até o patrimônio das sociedades investidas refletidos na pessoa jurídica brasileira investidora.

Na decisão, o STJ entendeu que a equivalência patrimonial permitiria, ao menos em tese, a tributação na pessoa jurídica brasileira investidora do lucro obtido com o investimento em empresas investidas no exterior, desde que seja considerada como lucro tributável da investidora a variação positiva do valor do seu investimento. Reconhece que, embora possível carece de previsão legal, já que foi vedada pelo art. 23 do Decreto-lei n. 1.598/77 (IRPJ) e pelo art. 2º, § 1º, c, 4, da Lei n. 7.689/88, mediante artifício contábil que elimina o seu impacto na determinação do lucro real.

Depois de reconstituir o escorço histórico dos principais diplomas legislativos que cuidaram dessa temática, desde 1964, o STJ reconheceu que o art. 7º em comento "é claro em permitir que a variação positiva ou negativa do valor do investimento em empresa coligada ou controlada no exterior influencie na apuração do lucro real e na base de cálculo da CSLL devidos pela empresa investidora", razão pela qual decidiu que: "a variação positiva ou negativa do valor do investimento, muito embora tenha impacto sobre o lucro líquido da empresa investidora, não adentra a base de cálculo do IRPJ e da CSLL, por força de lei".

Para aprofundamento desse tema tão importante para as empresas brasileiras que estão se internacionalizando, recomendamos que o leitor acesse o seguinte sítio eletrônico: www.netinternacional.org.[1]

A importância do Direito Tributário Internacional para as empresas

Com a estabilização da moeda nacional e o controle da inflação, passamos a viver cada vez mais o fenômeno da globalização. Nesse cenário, é notável a quantidade de empresas e o volume de negócios que estão se internacionalizando ou já se internacionalizaram nos últimos anos e estão ganhando o mundo, competindo com outras empresas de igual porte ou ainda maior em busca de conquistar cada vez mais uma fatia maior do mercado mundial.

De fato, vivemos em um momento auspicioso de crescente e promissora pujança da economia brasileira. O que antes se resumia a uma promessa longínqua e indefinida, hoje começa a se concretizar para as mais variadas camadas da população, com reflexo imediato na produção e no consumo.

Esta novidade que experimentamos nos dias atuais já foi vivida em outras sociedades do mundo, particularmente a norte-americana e europeia que, há alguns anos, contam com empresas nacionais internacionalizadas, com presença e atuação operacional em variados países do globo terrestre.

É importante registrar que os países que já estiveram no limiar desse processo de internacionalização de suas empresas optaram, em dado momento, no sentido de estimular, incentivar e até mesmo facilitar a realização de negócios entre países aliados, com maiores afinidades em determinados segmentos da economia (complementares ou simbióticos) e aqueles considerados estratégicos para o seu desenvolvimento.

É também auspicioso notar que nos últimos anos os Presidentes da nossa República preocuparam-se sobremaneira com essa parte comercial e industrial. Nesse sentido, basta lembrar a enorme quantidade de viagens que os Presidentes FHC e Lula fizeram, cada um, em seus dois mandatos. Como decorrência disso, o Brasil firmou vários tratados e convenções de cooperação econômica e acordos comerciais, dentre outros.

---

1   Publicado em: *Jornal Gazeta de Notícias*. Rio de Janeiro, 2ª Fase, Ano II, n. 327, 09 a 11.04.2011, p. 6 (Análise Financeira).

Nesse cenário específico, destacam-se os tratados bilaterais para evitar a dupla tributação da renda, que objetivam a criação de regras claras para que os dois países que o firmaram respeitem em prol de maior incentivo à intensificação das relações comerciais entre eles. Soa até intuitivo que a celebração de um tratado internacional firmado por um país só faz sentido se for para cumpri-lo.

Não obstante, o Brasil parece patinar na definição de uma política econômica clara no sentido de estimular a internacionalização das empresas brasileiras. Por um lado, há a intenção do governo, como por exemplo, na recente viagem da Presidenta Dilma à China, com excelentes e imediatos resultados para a relação comercial entre os dois países. Por outro, há clara tergiversação por parte das autoridades administrativas e fiscais a respeito de que paradigma seguir: estímulo à internacionalização ou manutenção a qualquer preço das grandes empresas brasileiras no território nacional (com a sensação da geração de maior riqueza no âmbito doméstico, a criação de empregos diretos e indiretos no Brasil e o desestímulo à internacionalização)?

A essa pergunta, o governo parece ainda não ter uma resposta claramente definida. E isso é ruim para os negócios. E pior ainda quando gera insegurança e desconforto. É o que ocorre, por exemplo, quando uma autoridade fiscal lavra um auto de infração desconsiderando certo tratado para evitar a dupla tributação da renda eventualmente existente entre o Brasil e o país onde a pessoa jurídica brasileira opera, direta ou indiretamente.

De fato, com o elevado nível de informatização e o aperfeiçoamento técnico do pessoal dos órgãos arrecadadores, é inaceitável que a cultura da arrecadação "a qualquer custo" ainda permeie esses funcionários, especialmente quando estão na linha de frente, responsáveis pela fiscalização e, eventualmente, autuação de contribuintes que tenham praticado qualquer ato infracional à legislação tributária.

Nesse momento que vivemos, urge delinear-se um ponto chave para todo o processo: ou vamos tomar as decisões certas e aproveitar a excelente maré que tem soprado a favor dos nossos ventos e entrar no mercado mundial com todas as armas possíveis, ou vamos tomar as decisões equivocadas (ou até mesmo deixar de tomar as decisões certas) e ali na frente amargar a dura realidade de que o bonde passou e o país não pegou.

Para isso, é necessário que o governo defina, conjuntamente com a sociedade civil organizada, que política econômica implementará nos próximos anos, qual será o foco no mercado externo e na internacionalização das empresas brasileiras, celebre mais tratados para evitar a dupla tributação da renda, respeite os que já foram firmados, simplifique o caótico sistema tributário nacional e seja capaz de atrair mais investimentos de países mais variados. Aqui certamente está um dos gargalos que pode levar o país rumo ao futuro.[2]

O aproveitamento do crédito fiscal no Brasil de imposto pago no exterior

O arcabouço legislativo e regulamentar que compõe a sistemática de aproveitamento do crédito fiscal no Brasil de imposto de renda pago no exterior perpassa os dispositivos que serão brevemente mencionados nessa coluna.

O art. 25 da Lei 9.249/95 inovou na ordem jurídica brasileira introduzindo a tributação do lucro em bases universais. Estabeleceu como regra-matriz que os lucros, rendimentos e ganhos de capital auferidos no exterior serão computados na determinação do lucro real das pessoas jurídicas correspondente ao balanço levantado em 31 de dezembro de cada ano. Os parágrafos seguintes estabelecem as regras que devem ser observadas para o cômputo dos rendimentos e ganhos de capital auferidos no exterior, bem como para o cômputo dos lucros auferidos por filiais, sucursais, controladas e coligadas no exterior, no balanço das pessoas jurídicas domiciliadas no Brasil.

---

2   Publicado em: *Jornal Gazeta de Notícias*. Rio de Janeiro, 2ª Fase, Ano II, n. 340, 30.04 a 02.05.2011, p. 3 (Análise Financeira).

O art. 26 dispõe que: "A pessoa jurídica poderá compensar o imposto de renda incidente, no exterior, sobre os lucros, rendimentos e ganhos de capital computados no lucro real, até o limite do imposto de renda incidente, no Brasil, sobre os referidos lucros, rendimentos ou ganhos de capital". Para efeito de determinação de tal limite, o imposto incidente, no Brasil, correspondente aos lucros, rendimentos ou ganhos de capital auferidos no exterior, será proporcional ao total do imposto e adicional devidos pela pessoa jurídica no Brasil.

Para efeito da compensação de imposto pago no exterior, a pessoa jurídica brasileira deverá apresentar as demonstrações financeiras correspondentes com relação aos lucros; ou o documento de arrecadação apresentado, quando comprovar que a legislação do país de origem do lucro, rendimento ou ganha de capital prevê a incidência do imposto de renda que houver sido pago, nos termos do § 2º do art. 16 da Lei 9.430/96.

Os créditos de imposto de renda relativos aos lucros, rendimentos e ganhos de capital auferidos no exterior, somente serão compensados com o imposto de renda devido no Brasil se eles forem computados na base de cálculo do imposto, no Brasil, até o final do segundo ano-calendário subsequente ao de sua apuração (art. 1º, § 4º, da Lei 9.532/97). Os dispositivos mencionados até o momento foram reproduzidos nos parágrafos do art. 395 do RIR.

O parágrafo único do art. 21 da MP 2.158-35/01 estabelece que o saldo do imposto de renda pago no exterior, que exceder o valor compensável com o imposto de renda devido no Brasil, poderá ser compensado com a CSLL devida em virtude da adição, à sua base de cálculo, dos lucros oriundos do exterior, até o limite acrescido em decorrência dessa adição. Essa regra é regulamentada pelo art. 15 da IN SRF 213/02.

O art. 14 da IN SRF 213/02 regulamenta, nos seus parágrafos, o pagamento do imposto no exterior e a sua compensação com o imposto de renda devido no Brasil. Dentre as principais regras que estabelecem a compensação do imposto pago no exterior com o imposto de renda devido no Brasil, cabe destacar que o tributo pago no exterior, passível de compensação, será sempre proporcional ao montante dos lucros, rendimentos e ganhos de capital que houverem sido computados na determinação do lucro real, não sendo permitido o aproveitamento de crédito de tributo decorrente de qualquer benefício fiscal e tampouco exceder o montante do imposto de renda e adicional, devidos no Brasil.

Além disso, a compensação do imposto será efetuada, de forma individualizada, por controlada, coligada, filial ou sucursal, vedada a consolidação dos valores de impostos correspondentes a elas, que consolidarão os tributos pagos correspondentes aos lucros, rendimentos e ganhos de capital auferidos no exterior por meio de outras pessoas jurídicas nas quais tenha participação societária.

Feito o panorama acima, cabe registrar que, dentre as regras que devem ser observadas para o aproveitamento do crédito fiscal no Brasil do imposto sobre os lucros, rendimentos e ganhos de capital pagos no exterior pelas controladas, coligadas, filiais ou sucursais de pessoas jurídicas brasileiras, a sistemática revela-se por vezes complexa e ambígua. É que, há ainda várias regras que versam sobre o uso do método da equivalência patrimonial, da taxa de câmbio para conversão da moeda estrangeira ao Real e da vedação da compensação dos prejuízos oriundos do exterior com os lucros auferidos pela pessoa jurídica no Brasil, dentre outras.

A conjugação de tais regras gera dúvida em variadas situações relativamente rotineiras da prática empresarial, sobretudo no atual cenário em que as pessoas jurídicas brasileiras crescentemente internacionalizam suas atividades. Assim, é necessária atenção aos próximos passos legislativos, regulamentares e da jurisprudência para melhor compreensão do tema.[3]

---

[3] Publicado em: *Jornal Gazeta de Notícias*. Rio de Janeiro, 2ª Fase, Ano II, n. 345, 07 a 09.05.2011, p. 03 (Análise Financeira).

O crédito tributário como medida unilateral para evitar a bitributação da renda

Na coluna passada, explicitamos os principais dispositivos legais e regulamentares que cuidam do crédito tributário como medida unilateral para evitar a bitributação da renda no Brasil. Na ocasião, destacamos os artigos vigentes que compõem o sistema de aproveitamento do crédito fiscal decorrente do pagamento de tributos no exterior.

Nos dias 11 a 13 de maio de 2011, ocorreu em Bogotá, na Colômbia, o III Encontro Regional Latino-americano de Tributação Internacional. Dentre diversos temas relevantes e atuais nesse cenário, participamos de painel dedicado ao crédito tributário na América Latina. Dentre os aspectos que ressaltamos em nossa exposição, registraremos aqui alguns pontos de interesse para as empresas brasileiras.

A partir da definição do crédito tributário decorrente do pagamento de tributo no exterior (*foreign tax credit*), releva notar que o seu reconhecimento pela autoridade fiscal não depende de qualquer discricionariedade, ou seja, preenchidos os requisitos estabelecidos por lei, então o contribuinte (sujeito passivo) passa a credor do Fisco, fazendo jus ao pleito de abatimento.

Em razão disso, entendemos, preliminarmente, que não se trata de mero benefício fiscal concedido pela autoridade administrativa. Antes disso, a medida unilateral para evitar a bitributação é um mecanismo que implica numa renúncia fiscal por parte do País, com a finalidade de viabilizar a neutralidade fiscal à exportação (*capital export neutrality principle*), pelo qual os sujeitos residentes que produzem renda apenas ou também no exterior devem ter o mesmo tratamento tributário daqueles que só produzem renda no País.

Quanto aos limites constantes no sistema brasileiro, a partir das lições do Professor Heleno Torres, destacamos os seguintes. O limite material cuida da qualificação do imposto como tributo pago, indagando acerca da natureza do tributo como imposto sobre os rendimentos, lucros e ganhos de capital. O subjetivo busca a identidade do contribuinte, isto é, aquele que pagou o imposto. O limite espacial trata da compartimentalização das rendas da mesma categoria, divididas na legislação nacional entre (a) os rendimentos e ganhos de capital obtidos por atos isolados em atuações diretas; (b) os lucros auferidos no exterior, através de filiais ou sucursais; e (c) os lucros auferidos no exterior, através de controladas e coligadas. O limite temporal prevê que o pagamento do tributo no exterior deve ter-se dado em caráter definitivo, bem como o momento para requerer a sua compensação, ou seja, foca no limite máximo de dois anos para usar lançar mão do mecanismo, previsto no art. 1º, § 4º, da Lei n. 9.532/97. Ademais, há toda a regulamentação sobre a data para fechamento do câmbio. Quanto ao limite formal, destacamos a reciprocidade e o chamado *subject-to-tax requirement*, através do qual o contribuinte deve comprovar documentalmente o imposto efetivamente pago e que há reciprocidade no tratamento com o outro país (que hoje ocorre com os Estados Unidos, a Grã-Bretanha e a Alemanha). Como limite quantitativo, cabe registrar que a restrição vai até o total do imposto devido internamente.

Ainda como principais pontos de interesse, destacamos aquela que é dada a partir da esfera judicial. Mencionamos como exemplo a atual situação gerada a partir do julgamento da ADI 2.588, no qual já foram computados três votos favoráveis à pretensão da CNI, um voto favorável somente para as coligadas e 2 votos contrários, com um pedido de vista formulado desde 2007. Em 14.04.2011, foi publicado acórdão do STJ no qual foi reconhecida a ilegitimidade de dispositivo da IN SRF 213/02 que estabelecia a incidência tributária sobre o resultado positivo da avaliação do investimento no exterior pelo método da equivalência patrimonial, vez que tal dispositivo teria extrapolado a legislação de regência. Com esse julgamento do STJ, de certa forma fica neutralizada a orientação expressada nos dois votos até agora integralmente contrários à pretensão da CNI.

Ao lado da questão de fundo, contudo, o caso conta com severas críticas da doutrina especializada, que já vislumbra na sua solução um resultado desastroso porque, por exemplo, a questão sobre os tratados para evitar a dupla tributação da renda não está sequer contemplada.

Finalizamos a apresentação registrando a realidade brasileira atual, na qual temos um país com estabilidade econômica, política e institucional, com considerável mobilidade social nos últimos anos e crescente investimento estrangeiro, além de algumas dúvidas sobre aspectos da Tributação Internacional. A solução perpassa necessariamente um maior esclarecimento de tais pontos, a simplificação do sistema tributário e mais especialização e investimento.[4]

Subcapitalização

Na coluna passada registramos um tipo de "fotografia" do panorama tributário do momento. Na ocasião, mencionamos as principais novidades no cenário a respeito do tema, tanto no campo legislativo e regulamentar como também na seara jurisprudencial, bem como alguns pontos específicos na área da Tributação Internacional. Dentre eles, destacamos que em 13 de maio foi publicada a IN RFB 1.154, que regulamenta as regras de dedutibilidade dos juros pagos ou creditados por fonte situada no Brasil à pessoa física ou jurídica residente ou domiciliada no exterior, considerada vinculada ou residente em país ou dependência com tributação favorecida ou regime fiscal privilegiado, bem como sobre a dedutibilidade de despesas gerais incorridas por fonte situada no Brasil à pessoa física ou jurídica residente ou domiciliada em país ou dependência com tributação favorecida ou regime fiscal privilegiado.

Esse ato regulamentar foi aguardado desde a Lei 12.249, publicada em 14.06.10 que, por sua vez, foi a conversão da MP 472/09. Esse diploma legal, nos arts. 24 a 26, criou no Brasil as regras de subcapitalização (*thin capitalization rules*).

Quanto ao ato regulamentar recentemente publicado, divide-se inicialmente em 2 capítulos: I—Da subcapitalização; e II—Da dedutibilidade dos valores pagos à pessoa residente em país com tributação favorecida. O Capítulo I, por sua vez, compreende 3 Seções: I—Do Endividamento com Pessoa Vinculada; II—Do Endividamento com Pessoa Residente em País com Tributação Favorecida ou sob Regime Fiscal Privilegiado; e III—Das Operações de Repasse.

Dentre tais regras, o art. 2º, ao regulamentar a regra matriz do art. 24 da Lei n. 12.249/10, prevê o endividamento com pessoa vinculada, pela qual, os juros pagos ou creditados por fonte situada no Brasil à pessoa física ou jurídica residente ou domiciliada no exterior, somente serão dedutíveis, para fins de determinação do lucro real e da base de cálculo da CSLL, quando se verifique constituírem despesa necessária à atividade, ou seja, se for comprovada a sua necessidade ao exercício da atividade da empresa.

Ademais, o dispositivo prevê os seguintes requisitos alternativos e cumulativos: I – no caso de endividamento com pessoa jurídica vinculada no exterior que tenha participação societária na pessoa jurídica residente no Brasil, o valor do endividamento com a pessoa vinculada no exterior, verificado por ocasião da apropriação dos juros, não seja superior a duas vezes o valor da participação da vinculada no patrimônio líquido da pessoa jurídica residente no Brasil; *ou* II – no caso de endividamento com pessoa jurídica vinculada no exterior que não tenha participação societária na pessoa jurídica residente no Brasil, o valor do endividamento com a pessoa vinculada no exterior, verificado por ocasião da apropriação dos juros, não seja superior a duas vezes o valor do patrimônio líquido da pessoa jurídica residente no Brasil; *e*, em qualquer caso, III – o valor do somatório dos endividamentos com pessoas vinculadas no

---

[4] Publicado em: *Jornal Gazeta de Notícias*. Rio de Janeiro, 2ª Fase, Ano II, n. 350, 14 a 16.05.2011, p. 6 (Análise Financeira).

exterior, verificado por ocasião da apropriação dos juros, não seja superior a duas vezes o valor do somatório das participações de todas as vinculadas no patrimônio líquido da pessoa jurídica residente no Brasil.

O art. 4º estabelece elenco de dez incisos do que será considerada vinculada à pessoa jurídica domiciliada no Brasil, como por exemplo, a sua matriz, filial ou sucursal, controladora, controlada, coligada.

A regra acima não vale se a pessoa física ou jurídica residente ou domiciliada no exterior for constituída em país ou dependência com tributação favorecida ou sob regime fiscal privilegiado. Nesse caso, somente serão dedutíveis quando se verifique constituírem despesa necessária à atividade, no período de apuração, atendendo cumulativamente ao requisito de que o valor total do somatório dos endividamentos com todas as entidades situadas em país ou dependência com tributação favorecida ou sob regime fiscal privilegiado não seja superior a 30% do valor do patrimônio líquido da pessoa jurídica residente no Brasil, nos termos do art. 5º. Considera-se no cálculo do total do endividamento todas as formas e prazos de financiamento, independentemente de registro do contrato no Banco Central do Brasil.

Os limites previstos nos arts. 2º e 5º não se aplicam às operações de captação feitas no exterior por bancos comerciais, de investimento, de desenvolvimento, caixas econômicas, e outras sociedades afins, na forma do art. 6º.

O ato regulamentar dirime algumas dúvidas que pairavam no ar desde a edição de sua matriz legal, esclarecendo, v.g., a apuração dos valores de endividamento e os excessos considerados indedutíveis. Pela relevância de tais regras e o possível impacto nas operações de empresas brasileiras internacionalizadas, recomendamos seu exame com profissionais especializados no tema.[5]

O debate sobre a Tributação Internacional pelo mundo afora

Nos dias 11 a 15 de setembro ocorreu em Paris, na França, o 65º Congresso Anual da Associação Fiscal Internacional (IFA), no qual especialistas de todo o mundo discutiram os principais temas referentes à Tributação Internacional. Os dois temas centrais que foram examinados no plenário repleto foram: "A reestruturação de negócios transnacionais" e "Questões práticas importantes para eliminar a dupla tributação do rendimento do negócio".

Participamos do evento e atestamos, novamente, a qualidade dos temas e a seriedade dos palestrantes que discutiram e levantaram as questões necessárias ao debate.

Acerca do primeiro tema, cabe registrar que, desde a década de 90, a reestruturação dos negócios além-fronteiras se tornou uma preocupação para as autoridades fiscais do mundo todo. Como forma de repreender tal movimento, as autoridades fiscais dedicaram especial atenção à legislação com foco específico nas reestruturações fora do país indesejadas e/ou na maior fiscalização (de modo sistemático) de tais reorganizações. O painel discutiu, com base em estudos de casos, (i) a questão central sobre o maior preço de transferência / alocação de lucros pelas reestruturações de negócio no exterior, (ii) os instrumentos disponíveis para que as autoridades fiscais possam fiscalizar tais reorganizações, como o desempenho de diferentes fiscalizações no âmbito de várias jurisdições; e (iii) a conveniência dos procedimentos de acordo mútuo para resolver potenciais casos de dupla tributação.

O segundo tema partiu de exemplos reais de dupla tributação para examinar: a) a extensão de até onde os governos devem se preocupar com tal fenômeno; b) a efetividade de vários sistemas para aliviá-la; e c) se há questões subjacentes que resultam na falha sistemática da referida eliminação. Aqui, inclui-se o tratamento inconsistente de como, quando e se o rendimento tributável é reconhecido, a alocação adequada das despesas, a proibição para dedução doméstica dos prejuízos no exterior, a complexidade das regras que limitam o uso de crédito tributário no exterior e variações de classificação da entidade.

---

5   O artigo foi publicado em: *Jornal Gazeta de Notícias*. Rio de Janeiro, 2ª Fase, Ano II, n. 360, 28 a 30.05.2011, p. 3 (Análise Financeira).

Dentre os dez seminários com assuntos atuais e relevantes, destacaram-se os seguintes. O seminário sobre a base de cálculo do tributo sobre as sociedades ("*corporate tax*"), no qual foram examinadas as suas principais bases alternativas e suas consequências internacionais, dedicando-se a explicar que atualmente um número considerável de países tem rompido a base de cálculo do rendimento ou até mesmo aplicado técnicas simplificadas de contabilidade para chegar à base tributável. Afinal, é cada vez mais necessário simplificar procedimentos tributários, contraposto à contínua necessidade de preencher os inúmeros formulários relacionados à tributação. Nesse cenário, foram consideradas as novas fontes de tributação usadas pelos países, algumas bases específicas que servem como alternativas, bem como a natureza dos tributos envolvidos. Objetivou-se avaliar os impactos financeiros alcançados.

Em complemento ao segundo tema central, em seminário específico discutiram-se as diferenças entre a aplicação dos critérios de crédito e de isenção. O painel focou especificamente recentes reformas promovidas ou seus projetos em trâmite em países como o Reino Unido, o Japão e os Estados Unidos da América do Norte, e as correspondentes motivações políticas de cada um, como as perdas de receita, a erosão da base de cálculo tributável e a elisão fiscal, dentre outros.

Como todo ano acontece, houve a pontuação dos principais aspectos referentes às recentes atividades da IFA e da União Europeia, especialmente no tocante à dupla tributação e ao direito comunitário. Além disso, cuidou-se também, como todo ano ocorre, dos recentes desenvolvimentos no âmbito da IFA e da OCDE na temática da Tributação Internacional.

Ademais, cabe registrar o seminário específico acerca do papel das decisões fiscais ("*tax rulings*") no cenário internacional. Aqui, o foco dedicou-se às suas aplicações a partir do ponto de vista de outros países. Depois de compatibilizar a sua prática com as recomendações de transparência constantes no Relatório OCDE de 1998 que tratou do tema, o exame recaiu sobre se as autoridades fiscais podem questionar a produção dos de tais decisões ("*rulings*") internacionais diretamente dos seus contribuintes ou através do método de troca de informações e, nesse caso, sob quais condições.

Por fim, cabe registrar o crescente sucesso da renovação da IFA que vem sendo promovida pela YIN ("*Young IFA Network*"). Para quem tiver interesse sobre o tema da Tributação Internacional e não conhece a IFA e, no Brasil, a sua filial, a ABDF, recomendamos que acesse a seção de *links* do seguinte *website*: www.netinternacional.org.[6]

A aplicação de tratados tributários na visão do STF

O tema da tributação internacional dos lucros é complexo e está em franco desenvolvimento no Brasil. Com o desenvolvimento nacional e a crescente internacionalização das empresas brasileiras, variadas questões surgem sobre a sua sistemática de aplicação. Nesse cenário, sobressai relevante caso levado ao exame da Suprema Corte (RE 460.320 – Caso Volvo).

Em 31 de agosto foi iniciado o julgamento no STF de recurso extraordinário no qual se discute a obrigatoriedade, ou não, da retenção na fonte e do recolhimento de imposto de renda, no ano-base de 1993, quanto a dividendos enviados por pessoa jurídica brasileira ao sócio residente na Suécia.

Com o provimento do recurso especial da empresa pelo STJ, com a concessão do tratamento isonômico em relação aos residentes ou domiciliados nos mencionados Estados, a União interpôs recurso extraordinário, no qual defende a manutenção da tributação aos contribuintes residentes ou domiciliados fora do Brasil. Para tanto, alega

---

[6] O texto foi publicado em: *Jornal Gazeta de Notícias*. Rio de Janeiro, 2ª Fase, Ano II, n. 437, 17 a 19.09.2011, p. 5 (Análise Financeira).

ofensa ao art. 97 da Constituição, já que o STJ, ao afastar a aplicação dos preceitos legais pertinentes (arts. 75 e 77 da Lei n. 8.383/91 e RIR/94), teria declarado, por órgão fracionário, sua inconstitucionalidade. Além disso, argumenta que a incidência do art. 98 do Código Tributário Nacional, na situação concreta, quando confere superioridade hierárquica aos tratados internacionais em relação à lei ordinária, ofende os artigos 2º; 5º, II e § 2º; 49, I; 84, VIII, todos da Constituição da República (Informativo do STF n. 638).

O Ministro Gilmar Mendes, Relator, proveu o recurso extraordinário da União e afastou a concessão da isenção de imposto de renda retido na fonte para os não residentes. No tocante à violação dos dispositivos constitucionais apontados anteriormente, o Ministro decidiu que, no âmbito tributário, a cooperação internacional viabilizaria a expansão das operações transnacionais que impulsionam o desenvolvimento econômico, o combate à dupla tributação internacional e à evasão fiscal internacional, e contribuiria para o estreitamento das relações culturais, sociais e políticas entre as nações.

Contudo, o Ministro explicitou relevantes aspectos subjacentes à celebração e aplicação dos tratados internacionais para evitar a dupla tributação da renda. Frisou que, dadas as suas peculiaridades próprias, os tratados internacionais em matéria tributária tocam em pontos sensíveis da soberania dos Estados. Demandam extenso e cuidadoso processo de negociação, com a participação de diplomatas e de funcionários das respectivas administrações tributárias, de modo a conciliar interesses e a permitir que esse instrumento atinja os objetivos de cada nação, com o menor custo possível para a receita tributária de cada qual. Essa complexa cooperação internacional é garantida essencialmente pela cláusula *pacta sunt servanda*. Registrou, ademais, que a possibilidade de afastamento da incidência de normas internacionais tributárias por meio de legislação ordinária (*treaty override*), está defasada com relação às exigências de cooperação, boa-fé e estabilidade do atual panorama internacional. Desse modo, o entendimento no sentido do predomínio dos tratados internacionais não viola os dispositivos constitucionais anteriormente referidos.

Decidiu que o acórdão recorrido do STJ tornou equivalentes situações incomparáveis, ao misturar critérios distintos como a residência e a nacionalidade. O art. 24 da Convenção Brasil-Suécia traz como elemento de conexão a nacionalidade. O art. 75 da Lei n. 8.383/91 utiliza como critério a residência. Assim, enquanto os residentes no Brasil foram isentos dessa exação por lucros e dividendos apurados em 1993, os residentes no exterior foram tributados, independentemente da nacionalidade do contribuinte.

Em síntese, o Ministro Gilmar Mendes decidiu que: a) a cláusula da reserva de plenário (art. 97 da Constituição) não foi violada pelo STJ; b) o art. 98 do CTN é compatível com a nova ordem constitucional e sua subsunção, no caso, não transgrediu os dispositivos constitucionais anteriormente referidos; e c) a extensão concedida pelo STJ ofende o art. 150, inciso II, da CF, por ampliar, aos súditos suecos, tratamento não concedido aos nacionais brasileiros. Em seguida, o Ministro Dias Toffoli pediu vista.

Levando em consideração a robustez do voto prolatado pelo Ministro Gilmar Mendes, inclusive com minuciosa revisão da evolução jurisprudencial da Suprema Corte no âmbito da aplicação dos acordos internacionais em face da legislação interna, tudo indica que os próximos debates da Corte devem girar em torno de suas considerações. Desse modo, o caso em foco pode ser um verdadeiro divisor de águas quanto à aplicação, pelo Brasil, de tratados internacionais sobre matéria tributária.[7]

---

[7] O artigo foi publicado em: *Jornal Gazeta de Notícias*. Rio de Janeiro, 2ª Fase, Ano II, n. 447, 01 a 03.10.2011, p. 4 (Análise Financeira).

O papel do Brasil no cenário internacional globalizado

Estamos chegando ao final do primeiro ano do Governo Dilma. O atual cenário no qual o Brasil se insere em relação ao mundo globalizado é auspicioso. Participei de três diferentes seminários e congressos internacionais durante o ano, respectivamente, em Bogotá, Paris e Luxemburgo. Em todas as ocasiões, via-se florescente interesse de investidores originários de variados países do mundo (europeu, asiático e americano) sobre como investir no Brasil.

Pode-se dizer que o Brasil se mantém como "bola da vez" no cenário internacional. Alguns eventos foram especialmente felizes nesse ano como, por exemplo, a oferta que fizemos para emprestar dinheiro ao Fundo Monetário Internacional – FMI, desde que seja dada maior atenção aos países emergentes na tomada de decisões.

No plano interno, algumas reformas continuam a tramitar no Congresso Nacional, ainda sem previsão para conclusão, como a reforma do Código de Processo Civil e do Código de Processo Penal. Certas propostas de ligeiras modificações na legislação concretizaram-se, como os incentivos fiscais focados para a Copa 2014 e as Olimpíadas 2016. Além disso, propostas paliativas e fragmentadas tem pautado o ambiente doméstico, como a desoneração provisória em relação ao IOF e as notícias de simplificação da sistemática do PIS e da COFINS. Outras proposições lograram criar algumas mudanças na sistemática anterior, como ocorreu com as novas regras do processo administrativo fiscal e de consulta, bem como a nova estrutura do sistema brasileiro de defesa da concorrência.

As reformas estruturais, no entanto, não lograram caminhar nesse ano. Exemplo disso foi a reforma política. Outro exemplo foi a reforma tributária. De fato, nesse campo é necessário simplificar e reduzir: (i) o cumprimento das obrigações tributárias acessórias; (ii) a quantidade de tributos que devem ser recolhidos; e (iii) a carga tributária incidente sobre a produção de bens e a prestação de serviços.

O enorme custo gerado com o cumprimento das obrigações tributárias, o grande número de tributos e a alta carga tributária têm levado investidores estrangeiros a desistir de aportar seus investimentos no Brasil para deslocá-los a outros países, como o Paraguai, o Chile, a Colômbia e o México, por exemplo. Isso decorre, em grande medida, do ambiente de insegurança jurídica e negocial que paira sobre as operações aqui desenvolvidas.

Basta lembrar o esperado desfecho da ADI 2.588, que cuida do julgamento pela Suprema Corte da sistemática de tributação dos lucros no exterior, pendente de pronunciamento definitivo desde 2001, gerando impacto direto para todas as empresas brasileiras que já internacionalizaram suas atividades.

Toda essa sensação de insegurança jurídica se reflete na atuação do Fisco que, carente de uma orientação vertical uniforme sobre o tema tributário, acaba por criar diferentes graus de dificuldades para as empresas brasileiras, tanto no campo internacional (com autuações inconsistentes) como também na seara nacional (com o uso extorsivo das certidões de regularidade fiscal).

Além disso, não existe uma política nacional tributária ou fiscal levada a cabo pelo Governo que seja compatível com o aumento da segurança jurídica, da competitividade das empresas brasileiras internamente e no exterior, enfim, com a criação de ambiente saudável.

Em resumo, a um só tempo, essa flutuação governamental, legislativa e jurisprudencial gera insegurança jurídica e negocial, insatisfação com o enorme custo e pouco retorno, e principalmente perda de competitividade para as empresas brasileiras. É urgente definir uma política tributária coerente e voltada ao futuro, modificar a cultura arrecadatória do Fisco e definir quais são as regras do jogo.

A continuar nesse passo, é fácil prever que a "bola da vez" no cenário internacional logo deixará de ser o Brasil. De um lado, outros países desviarão cada vez mais investimentos estrangeiros que deveriam ser vocacionados para o Brasil. De outro, a internacionalização das empresas brasileiras tem sido cada vez mais desafiada pelo Fisco, sob argumentos incoerentes e contraditórios que, mais cedo ou mais tarde, cairão junto aos tribunais competentes.

Quem perde com tudo isso? As empresas brasileiras (que devem atuar em cenário incerto e inseguro), o Fisco (que deixa de arrecadar mais tributos em razão do maior desenvolvimento que ainda não tivemos oportunidade de experimentar), o Governo (que não logra definir claramente a política nacional tributária), o Poder Judiciário (que se vê obrigado a decidir questão altamente complexa e da qual não é especializado), e por fim, os cidadãos (que sentem rotineiramente no bolso o necessário repasse de toda essa situação quanto aos tributos).[8]

A internacionalização das empresas brasileiras

Nos últimos anos ocorreu saudável internacionalização das empresas brasileiras por uma conjugação de variados fatores, como a estabilidade política e monetária que o Brasil experimenta desde 1995, a nossa maior credibilidade junto aos demais países do globo, a intensificação das relações comerciais internacionais com os parceiros tradicionais e o início de novas relações em diferentes áreas do globo, dentre outros.

Com o recrudescimento das relações comerciais internacionais é comum se verificar, na seara tributária, a ocorrência da pluritributação da renda, quando mais de um dos Estados envolvidos, em razão da relação com as empresas em certa atividade, pretendem submeter o lucro gerado ou o rendimento distribuído à sua jurisdição e, com isso, tributá-la consoante as suas leis internas.

Isso naturalmente acarretaria a indesejável dupla (ou até múltipla) tributação da renda que, se mantida sem qualquer limite, poderia até inviabilizar a atividade operacional de certo empreendimento em determinados países.

Para evitar que isso ocorra, ou ao menos reduzir ou amenizar tal efeito nefasto para os negócios no âmbito internacional e globalizado, sobressaem as medidas para evitar a dupla tributação da renda em nível internacional. Tais medidas podem se concretizar mediante mecanismos unilaterais, que se limitam a alguns dispositivos da legislação interna tendente a evitar a ocorrência da bitributação geralmente através da concessão do crédito no país de residência do contribuinte do imposto pago no país de origem da fonte; ou ainda através de medidas bilaterais, com a celebração de Convenções firmadas entre dois ou mais Estados, por exemplo.

Tais mecanismos engendrados para evitar ou reduzir o grave problema da dupla tributação da renda internacional devem-se alinhar à Política Econômica e Fiscal de cada país. Tais políticas podem assumir duas direções antagônicas: uma no sentido de estimular a internacionalização das empresas nacionais para a crescente conquista de novos espaços no mundo globalizado; ou outra no sentido de evitar a referida internacionalização com o objetivo de fechar a economia nacional e, com isso, concentrar toda a circulação de bens e serviços provenientes do país dentro do seu território nacional.

A importância de tal alinhamento decorre da necessária coerência que deve reger a adoção de mecanismos e métodos para evitar a dupla tributação da renda, que é sempre desejável e esperada quando a relação de parceria entre os países envolvidos (no caso das medidas unilaterais) como também dos países signatários (dos tratados para evitar a dupla tributação e a evasão fiscal).

Qual é a posição do Brasil a respeito das medidas unilaterais que provê a redução ou eliminação da dupla tributação da renda? A mais confusa possível, de modo que não condiz com a atual posição do país no mundo. De fato, estabelece requisitos burocráticos e limites para a concessão do crédito do imposto pago no exterior, muitas vezes inviabilizando o seu aproveitamento, o que enseja crescente sensação de insegurança junto aos investidores brasileiros e estrangeiros.

---

8   O texto foi publicado em: *Jornal Gazeta de Notícias*. Rio de Janeiro, 2ª Fase, Ano II, n. 494, 10 a 12.12.2011, p. 4 (Análise Financeira).

E qual é a posição do Brasil a respeito das medidas adotadas nas Convenções para reduzir ou eliminar a dupla tributação da renda com os países com quem firma seus tratados? A pior possível, na medida em que frequentemente desrespeita o teor dos tratados (que estabelecem a repartição das competências tributárias entre exclusivas e concomitantes para cada um dos Estados Contratantes), seja pelo conflito de qualificação (de qual item de rendimento está submetido à tributação), seja pela recente adoção de interpretação equivocada no sentido de que se trata de tributar renda de empresa brasileira no Brasil ou no exterior, descabendo pretender aplicar o tratado.

Ora, quando uma Convenção Tributária sobre o Rendimento é firmada por dois diferentes Estados que pretendem se aproximar comercialmente e estimular a fluente troca de bens e serviços entre ambos, especificamente quando se trata do Brasil, geralmente segue o Modelo elaborado pela OCDE.

Ocorre que a criatividade tupiniquim pode levar o Brasil a um crescente descrédito junto aos países desenvolvidos em razão de interpretações equivocadas e sem razões jurídicas capazes de sustentá-las. Isso, com o tempo, poderá ser capaz de minar o terreno onde será pavimentado o nosso caminho para o pleno desenvolvimento, na medida em que tal rota pressupõe necessariamente o recebimento de investimentos estrangeiros e também a remessa de rendimentos, bem como a exportação e internacionalização de diferentes *expertises* que temos tido capacidade de criar e desenvolver nos últimos anos, como mineração, petróleo e gás, siderurgia, dentre tantos outros.[9]

Breve Nota ao Atestado de Residência Fiscal disciplinado na IN/RFB 1226/11

As autoridades fiscais brasileiras disciplinaram, através da IN RFB nº 1.226, publicada no DOU de 26.12.2011, de forma mais pormenorizada o fornecimento de informações sobre a situação fiscal de pessoa física ou jurídica, residente ou domiciliada no Brasil ou no exterior de interesse da administração tributária brasileira ou estrangeira, neste caso, de países com os quais o Brasil tenha firmado acordo para evitar a dupla tributação da renda, ou de interesse da própria pessoa física ou jurídica.

O objetivo dos três atestados previstos na IN (Residência Fiscal no Brasil, Rendimentos Auferidos no Brasil por Não Residentes e Residência Fiscal no Exterior), em contraposição ao Modelo Único anteriormente em vigor (IN SRF n. 244/02, que foi expressamente revogada), é o de propiciar a utilização dos créditos fiscais relacionados aos pagamentos de impostos na outra jurisdição, além de outros direitos eventualmente previstos em cada um dos 29 tratados para evitar a dupla tributação da renda atualmente em vigor no Brasil.

É preocupante, no entanto, o tom utilizado pelo diploma regulamentar, quando no seu art. 4º dispõe que o direito ao crédito, instituído pelo art. 26 da Lei n. 9.249/95, cuida de "benefício". Eis a sua dicção: "Para fazer jus aos benefícios previstos nas convenções internacionais destinadas a evitar a dupla tributação da renda, firmadas pelo Brasil, o interessado, residente no exterior, ou seu representante legal devidamente autorizado, deverá apresentar à fonte pagadora dos rendimentos no Brasil o 'Atestado de Residência Fiscal no Exterior', conforme Anexo III a esta Instrução Normativa, ou documento oficial que comprove a sua residência fiscal, emitido pela administração tributária do país estrangeiro".

Quando for solicitado o Atestado de Residência Fiscal no Brasil, o interessado automaticamente concordará em se submeter à tributação no País com base na renda mundial no período em questão, consoante dispõe o art. 2º, § 2º.

Enquanto a sistemática anterior restringia os procedimentos à iniciativa das administrações tributárias dos países envolvidos, a inovação ora introduzida passa a admitir a iniciativa do próprio contribuinte, pessoa física ou jurídica, na obtenção dos documentos pertinentes. Tais procedimentos, por conseguinte, consagram e consolidam

---

9   O texto foi publicado em: *Jornal Gazeta de Notícias*. Rio de Janeiro, 2ª Fase, Ano III, n. 549, 03 a 05.03.2012, p. 4 (Análise Financeira).

a prevalência dos tratados sobre o direito interno, constituindo uma importante medida de alinhamento do País com o que vem ocorrendo no resto do mundo em matéria de tributação internacional da renda.[10]

O repatriamento de recursos depositados no exterior

Em 05.06.2012, tivemos a oportunidade de acompanhar a audiência pública realizada pela Comissão de Constituição e Justiça e de Cidadania da Câmara dos Deputados, sobre o repatriamento de recursos depositados no exterior ou a anistia fiscal sobre a legalização de tais recursos não declarados, na forma do PL 113/2003 e do PL 5.228/2005.

O encontro contou com a participação de doze especialistas, representativos dos principais setores da sociedade que atuam diretamente com as questões jurídicas submetidas ao crivo dos ilustres Deputados Federais relacionadas ao repatriamento, dentre eles: magistrados, Procurador da República, agentes da Receita Federal, do Ministério da Justiça, do Banco Central e advogados.

Os principais temas variaram em torno dos aspectos criminal, tributário e cambial da questão jurídica relacionada ao repatriamento de recursos depositados no exterior. É interessante notar o espectro das diferentes posições, que variaram desde um extremo (que ressaltou a pertinência e a urgente necessidade de medida de tal natureza, especialmente à luz do emaranhado legislativo criado em torno do tema para as chamadas "pessoas de bem") até o extremo oposto (de negação e rechaço absoluto dos projetos em razão de suposta "legalização do dinheiro sujo").

De um lado, as principais críticas, todas levantadas pelos representantes dos diferentes setores da Administração Pública, que foram dirigidas contra o projeto cuidaram de impugná-lo de inconstitucionalidade em razão de suposta violação ao princípio da isonomia, previsto no inciso II do art. 150 da Constituição da República, na medida em que os contribuintes "beneficiados" pelo diploma legislativo teria tratamento "privilegiado" em relação aos demais cidadãos "ordeiros e de bem" (que são obrigados a declarar seus bens e direitos ao Fisco em determinado momento e se submetem às penalidades cabíveis quando assim não procedem).

Além disso, severas críticas foram levantadas quanto a possibilidade de extinção da punibilidade para aqueles que aderirem aos termos da anistia proposta. Aqui, a principal justificativa gira em torno do argumento de que se estaria permitindo "limpar o dinheiro sujo" oriundo dos piores crimes catalogados pela legislação penal, como o tráfico de pessoas, de órgãos, de drogas, o contrabando, a pornografia, o terrorismo e aqueles relacionados ao conhecido Direito Penal Econômico, dentre outros.

Outra crítica, igualmente à isonomia, refere-se ao incentivo para os maus contribuintes com a redução de alíquota do tributo que incidiria no montante declarado, vez que para ser "atrativo" deve ser reduzido em relação à incidência ordinária (dos tributos que são recolhidos nas situações normais).

Exemplo do levantamento dos argumentos que atendem a posição contrária à aprovação do projeto pode ser encontrado na Nota Técnica n. 15, referente "A Injusta Repatriação de Bens e Direitos: Análise dos Projetos de Lei em Trâmite no Congresso Nacional", elaborado pelo Departamento de Estudos Técnicos do Sindifisco Nacional, em maio de 2010 (disponível na internet a partir do seguinte endereço: http://www.sindifisconacional.org.br).

De outro lado, os advogados que defenderam a pertinência e a urgente necessidade da anistia e do repatriamento dos depósitos mantidos no exterior destacaram relevantes e corriqueiros aspectos da atuação profissional nas áreas tributária e criminal.

---

10   O texto foi veiculado em: *Última Instância (Coluna)*. São Paulo, 12.04.2012. Disponível na internet: http://ultimainstancia.uol.com.br/conteudo/colunas/55766/breve+nota+ao+atestado+de+residencia+fiscal+disciplinado+na+in+rfb+1.22611.shtml. Acesso em: 12.04.2012.

De fato, o principal fundamento de legitimidade do projeto é que a inserção institucional do País no âmbito internacional em termos da regulação (e tributação) do fluxo de capitais tem sido claudicante. O problema, em realidade, tem quarenta anos. A Lei n. 4.131/62 disciplinou o tema nos arts. 17 a 19. Pouco tempo depois, a Lei n. 4.506/64 suspendeu tal disciplina (art. 83). O art. 14 do Decreto-Lei n. 94/66 revogou a disciplina anterior (arts. 17 a 19 da Lei n. 4.131/62). Em 1969, o Decreto-Lei n. 1.060 restabelece a obrigação de declaração, mas pende de regulamentação. Em 1970, a Resolução n. 139 prevê a delegação ao Ministro da Fazenda, que remanesce pendente de regulamentação. Passados onze anos, em 1981, a ADN n. 07 dispõe que para a pessoa física basta a DIPF. Em 1986, a Lei n. 7.492, que dispõe sobre os crimes do sistema financeiro nacional, criminaliza a falta de declaração em relação aos depósitos no exterior. Em 2001, chegou a regulamentação esperada com a Resolução n. 2.911 e a Medida Provisória n. 2.244.

Enfim, a criminalização da falta de declaração de depósitos mantidos no exterior como crime permanente e, ademais, a circunstância de que até o final dos anos 80 o País experimentou regime cambial extremamente rígido (com pouca mobilidade de capitais), foram suficientes para que uma miríade de situações triviais e corriqueiras viesse ao conhecimento dos advogados tributaristas e criminalistas. Com efeito, exemplo disso é o recebimento de montante no exterior pelos incautos, seja em razão de estudo, profissão, herança e prêmio, dentre outras tantas possíveis.

Além disso, o repatriamento e o ingresso de tais montantes no sistema financeiro nacional permitiria incrementar a arrecadação tributária (já que se cuida de dinheiro difícil de ser rastreado e, ainda mais difícil de ser repatriado pela via coercitiva) e criar maior transparência, como instrumento a serviço do combate a corrupção (flagelo endêmico e permanente da sociedade brasileira).

Ademais, os advogados tributaristas que sustentaram a pertinência da proposta registraram que a experiência internacional é francamente favorável à sua realização. De fato, projetos parecidos foram levados a cabo em países como Portugal, Espanha, Itália, África do Sul, Argentina, México, Bélgica, Alemanha e os Estados Unidos da América do Norte.

É curioso notar que os resultados alcançados foram diferentes. Quando as alíquotas aplicáveis foram altas, houve pouco êxito em relação ao dinheiro esperado e efetivamente repatriado. Ao revés, quando as alíquotas aplicáveis foram menores e, por conseguinte, mais "atrativas" aos contribuintes, então o montante repatriado foi muito maior. De fato, a definição da alíquota depende de conveniência política, a ser calibrada consoante a intenção do legislador: repatriar o maior número de depósitos mantidos no exterior e incrementar a arrecadação tributária com montantes até então inesperados (e que passam a fazer parte do sistema de modo legítimo). Exemplo do levantamento dos principais argumentos que atendem a posição favorável à aprovação do projeto pode ser encontrado na apresentação do advogado convidado Dr. André Martins de Andrade (disponível na internet a partir do seguinte endereço: http://www.netinternacional.org).

De todo o debate promovido naquela tarde, alguns pontos parecem ter ficado suficientemente claros. São eles: a) de certa forma é dívida do Poder Legislativo criar um mecanismo que permita as "pessoas de bem" repatriar seus recursos depositados no exterior, em condições relativamente facilitadas (que levará a sua regularização fiscal e ao incremento da arrecadação tributária); b) não é desejável, e muito menos esperado, que a anistia que se busca seja capaz de abranger todo e qualquer depósito mantido no exterior, ou seja, é necessário que se cuide da origem lícita do montante repatriado, sob pena de permitir legitimamente a "lavagem de dinheiro sujo", que não parece ser a intenção de ninguém que participou da referida audiência pública; c) a extinção da punibilidade deve-se limitar aos primeiros casos referidos anteriormente; e d) há ajustes que precisam ser discutidos, compreendidos e aprimorados no âmbito do trâmite legislativo restante, tanto na Câmara dos Deputados como também no Senado Federal.

Parece ter ficado claro que a polêmica do projeto é muito menor do que a sua necessidade; as chamadas "pessoas de bem" devem ser abrangidas pela anistia e o chamado "dinheiro sujo" (oriundo de crimes "pesados") não pode entrar (ou pelo menos, não com a extinção da punibilidade) e o atual cenário de crise internacional é mais do que oportuno para incrementar a arrecadação tributária (a depender de como será a sua disciplina e regulamentação).

Cabe agora aos nossos nobres parlamentares equacionar essas questões de modo a viabilizar o projeto que, no entender de todos, é pertinente para as "pessoas de bem" e que estão sofrendo com a impossibilidade de resolver problemas corriqueiros e triviais em razão do emaranhado legislativo atualmente em vigor. Uma coisa é certa: a questão está madura e pronta para ser examinada e votada na Câmara dos Deputados. Vamos acompanhar e ver o que virá do nosso Congresso Nacional.[11]

A Tributação Internacional no CARF

No início do ano, o CARF editou a sua Portaria 01, que modificou o seu Regimento Interno. Na ocasião, sinalizava-se que o CARF não aguardaria o julgamento pelo Poder Judiciário para a solução dos casos pendentes de apreciação administrativa na sua esfera, como ocorre no que tange a Tributação Internacional.

Desde então, relevantes decisões têm sido prolatadas pelo CARF no tema da Tributação Internacional, como o julgamento dos Embargos de Declaração do Caso Refratec (ocorrido em 12.04). Na ocasião, o CARF manteve a decisão no sentido de que o art. 1º da Lei 9.532/97 teria revogado o art. 25 da Lei 9.249/95, passando a tributação a incidir sobre os dividendos, e não mais sobre os lucros (e, portanto, aplicável o art. 10 dos tratados, e não mais o art. 7º).

Além disso, em 17.07, o Recurso Especial interposto pela Fazenda Nacional no Caso Sofisa foi provido pela Câmara Superior de Recursos Fiscais, ao argumento de que: não se aplica a proteção do art. 7º do Tratado Brasil-Portugal em favor do contribuinte; e o teor da IN 38/96 é totalmente legal, vez que se limitou a reproduzir o que a Lei 9.249/95 já havia previsto.

Nessa semana, conforme notícia veiculada em respeitado jornal de circulação nacional, o Caso São Carlos foi suspenso pelo CARF para aguardar o pronunciamento do STF acerca da legitimidade ou não do art. 74 da MP 2.158-35/01, em discussão tanto na ADI 2.588 (falta o voto do Min. Joaquim Barbosa) como também no RE 611.586 (Caso Coamo, com repercussão geral reconhecida e da relatoria do Min. Joaquim Barbosa).

A perspectiva no STF, no entanto, não é animadora. O Caso Mensalão deve ocupar as próximas semanas, em 03.09 o Ministro Cezar Peluso se aposenta (compulsoriamente) e em 18.11 é a vez do Ministro Ayres Britto.

Há duvida sobre se o sobrestamento será a tendência no CARF. Por lá, relevantes casos continuam a ser julgados, como Yolanda e Gerdau, que foram incluídos na pauta dessa semana e foram suspensos em razão do pedido de vista.

O tema da Tributação Internacional interessa e impacta diretamente a todas as empresas brasileiras que lograram internacionalizar as suas atividades e operações.[12]

---

11   O texto foi veiculado em: *Última Instância (Coluna)*. São Paulo, 10.06.2012. Disponível na internet: http:// ultimainstancia.uol.com.br/conteudo/colunas/56505/o+repatriamento+de+recursos+depositados+no+exterior.shtml. Acesso em: 11.06.2012.

12   O texto foi veiculado em: *Última Instância (Coluna)*. São Paulo, 10.08.2012. Disponível na internet: http://ultimainstancia.uol.com.br/conteudo/colunas/57280/a+tributacao+internacional+no+carf.shtml. Acesso em: 11.08.2012.

O TRF da 3ª Região e a Tributação Internacional

Enquanto o tema da Tributação Internacional não é resolvido no STF, os demais tribunais do País estão se adiantando. Já foi a vez do STJ, do CARF, e agora é a vez do TRF/3ª Região.

A sua 3ª Turma aceitou Arguição de Inconstitucionalidade questionando o art. 74 da MP 2.158-35/01 e enviou o Caso Duratex ao Órgão Especial da Corte para analisar se há violação aos artigos 146, III, a, e 153, III, ambos da Constituição da República.

Segundo o voto-vencedor, do Desembargador Federal Carlos Muta, o dispositivo inquinado decorre de uma interpretação da Receita Federal, pela qual o Fisco pretende tributar o lucro da empresa estrangeira coligada ou controlada de pessoa jurídica brasileira no momento da apuração, isto é, considerando disponibilizado na data do balanço em que for apurado, independente de ter sido distribuído ou nacionalizado.

Há, contudo, razões legítimas para evitá-la, como a formação de reservas e capitalização ou a aquisição de novos negócios. Em tais casos, a incidência tributária recairia sobre mera expectativa de lucro, admite o Relator.

Desse modo, o acórdão reconhece que o dispositivo inquinado busca cobrar o tributo (IRPJ/CSLL) a partir de presunção ou ficção de disponibilidade jurídica ou econômica, sem considerar destinação diversa licitamente dada aos recursos, inserida dentro do campo da livre gestão empresarial.

Vale acompanhar esse caso que, se bem trabalhado no Órgão Especial, pode neutralizar o precedente equivocado do Caso Vale, oriundo do TRF/2ª Região.[13]

O Caso Gerdau no CARF

O CARF segue pautando e julgando os casos que se encontram sob o seu exame relacionados a Tributação Internacional, a despeito de notícias veiculadas na mídia de que aguardaria o pronunciamento do Pleno do Supremo Tribunal Federal acerca do tema nos autos da ADI 2.588 e do RE 611.586 (Caso Coamo).

Em 02.10.2012 foi julgado o Caso Gerdau, no qual foi provido o Recurso Voluntário e negado o Recurso de Ofício. Com a decisão, validou-se a criação de *holding* do Grupo na Espanha, país com o qual o Brasil tem tratado para evitar a dupla tributação da renda, que controla diversas outras empresas em países sem tratado com o Brasil.

Na autuação o Fisco defendeu que a reestruturação societária realizada pela empresa teve o intuito de burlar a legislação brasileira, vez que: a) há tratado firmado entre o Brasil e a Espanha; b) a Espanha seria considerada um paraíso fiscal, vez que sua legislação não prevê tributo sobre a renda; e c) a *holding* (controlada direta) não teria qualquer atividade operacional ou estrutura.

A um só tempo, a decisão entendeu que: a) não era o caso de sobrestamento do feito, vez que não houve determinação do STF nesse sentido no RE 611.586 (de repercussão geral); b) as alegações do Fisco não eram suficientes para afastar a aplicação do tratado firmado entre o Brasil e a Espanha, vez que é inerente à *holding* não ter atividade operacional, bem como a legislação brasileira não proíbe que uma empresa seja controladora de uma *holding*; e c), ainda que se afastasse a aplicação do referido tratado, não seria possível a tributação dos lucros das controladas indiretas, pois a legislação brasileira não prevê tal possibilidade. O acórdão ainda não foi formalizado.

O resultado do julgamento, se mantido em caso de interposição de eventual recurso, impacta diretamente as multinacionais brasileiras que internacionalizaram as suas atividades através de reestruturações societárias no

---

13 O texto foi veiculado em: *Última Instância (Coluna)*. São Paulo, 28.09.2012. Disponível na internet: http://ultimainstancia.uol.com.br/conteudo/colunas/57955/o+trf+da+3%AA+regiao+e+a+tributacao+internacional.shtml. Acesso em: 28.09.2012.

exterior. Vale a pena acompanhar os desdobramentos futuros dessa decisão e as próximas manifestações do CARF sobre o tema.[14]

Organização para a Cooperação e Desenvolvimento Econômico

A Organização para a Cooperação e Desenvolvimento Econômico (OCDE) dedica-se a promover e fomentar políticas com o objetivo de aumentar o bem estar social e econômico através de fórum no qual os diversos governos podem trabalhar em conjunto para trocar experiências e buscar soluções para os problemas comuns.

O órgão trabalha aliado aos governos para compreender o que leva às mudanças econômicas, sociais e ambientais. Além disso, mede regularmente a produtividade e o fluxo mundial de comércio e investimento. Analisa e compara dados para prever tendências futuras, bem como estabelece padrões internacionais em um nível abrangente de temas, desde agricultura e tributação até a segurança de produtos químicos. Esta é a missão declarada da OCDE (que se encontra na sua *homepage*).

Dentre os diversos comitês e grupos de trabalho que compõem a OCDE, importa destacar parte do trabalho que vem sendo realizado pelo Comitê de Assuntos Fiscais que, dentre outras atividades, promove permanente atualização do Modelo de Convenção Tributária sobre o Rendimento e o Capital que, na prática, serve de modelo para os tratados para evitar a dupla tributação da renda, que geralmente são firmados de modo bilateral entre diferentes países. A título de exemplo, o Brasil hoje conta com 29 tratados desse tipo firmados e plenamente vigente.

No âmbito desse trabalho de permanente atualização do seu Modelo de Convenção Tributária, o Comitê de Assuntos Fiscais, frequentemente, submete minutas para discussões e propostas de revisões à consulta pública, ocasião em que convida os interessados a comentá-las sobre determinado aspecto, seja ligado a um artigo específico, seja relacionado aos seus comentários ao artigo ou, ainda, a ambos.

Levando-se em consideração que a última atualização divulgada do Modelo de Convenção Tributária sobre o Rendimento e o Capital da OCDE ocorreu em julho de 2010 e como o Comitê de Assuntos Fiscais têm trabalhado permanentemente no aprimoramento tanto de alguns artigos do seu Modelo de Convenção, como também nos seus Comentários sobre tais artigos, é fácil prever que a próxima atualização, prevista para 2014, conterá relevantes mudanças.

A relevância de tais modificações é percebida a partir do crescente consenso alcançado pelos países desenvolvidos e em desenvolvimento, tanto que fazem parte da OCDE, como também daqueles que apesar de não integrar o órgão participam como não membros (observadores e convidados).

Ao longo do tempo, a OCDE trabalha para uniformizar e padronizar diferentes orientações em torno de variadas questões relacionadas, *in casu*, à interpretação e aplicação dos tratados bilaterais para evitar a dupla tributação da renda.

Evidentemente, o apego, o comprometimento e a maturidade, em torno da adoção do Modelo de Convenção Tributária da OCDE, e de seus Comentários, dependerão do grau de independência do país, de desenvolvimento de sua economia, de investimento no recurso humano da Receita Federal e na parceria existente entre o Governo e o empresariado (setor produtivo).

De fato, subjacente a toda essa questão relacionada à Tributação Internacional consta a decisão política do Governo Federal no sentido de preferir estimular a internacionalização das empresas multinacionais brasileiras

---

14   O texto foi disponibilizado em: *Última Instância (Coluna)*. São Paulo, 18.10.2012. Disponível na internet: http://ultimainstancia.uol.com.br/ conteudo/colunas/58305/o+caso+gerdau+no+carf.shtml. Acesso em: 20.10.2012.

(com a crescente conquista de espaços no mercado globalizado) ou, ao revés, inibi-la com a manutenção do parque industrial e comercial limitada ao território nacional.[15]

Orientações da OCDE podem evitar dupla tributação

A Organização para a Cooperação e Desenvolvimento Econômico (OCDE) dedica-se a promover e fomentar políticas com o objetivo de aumentar o bem estar social e econômico através de fórum no qual os diversos governos podem trabalhar em conjunto para trocar experiências e buscar soluções para os problemas comuns.

O órgão trabalha aliado aos governos para compreender o que leva às mudanças econômicas, sociais e ambientais. Além disso, mede regularmente a produtividade e o fluxo mundial de comércio e investimento. Analisa e compara dados para prever tendências futuras, bem como estabelece padrões internacionais em um nível abrangente de temas, desde agricultura e tributação até a segurança de produtos químicos. Esta é a missão declarada da OCDE (que se encontra na sua *homepage*).

Dentre os diversos comitês e grupos de trabalho que compõem a OCDE, importa destacar parte do trabalho que vem sendo realizado pelo Comitê de Assuntos Fiscais que, dentre outras atividades, promove permanente atualização do Modelo de Convenção Tributária sobre o Rendimento e o Capital que, na prática, serve de modelo para os tratados para evitar a dupla tributação da renda, que geralmente são firmados de modo bilateral entre diferentes países. A título de exemplo, o Brasil hoje conta com 29 tratados desse tipo firmados e plenamente vigente.

No âmbito desse trabalho de permanente atualização do seu Modelo de Convenção Tributária, o Comitê de Assuntos Fiscais, frequentemente, submete minutas para discussões e propostas de revisões à consulta pública, ocasião em que convida os interessados a comentá-las sobre determinado aspecto, seja ligado a um artigo específico, seja relacionado aos seus comentários ao artigo ou, ainda, a ambos.

Nesse sentido, em 12.10.2011, a OCDE divulgou uma minuta para discussão relacionada à interpretação e aplicação do artigo 5 do Modelo de Convenção Tributária, que trata dos estabelecimentos permanentes. Recebidos os comentários dos interessados, em 19.10.2012, a OCDE submeteu à consulta pública a proposta revista, a qual contempla desde os comentários recebidos quando da divulgação da minuta para discussão até as ideias levantadas na discussão ocorrida na consulta pública de 07.09.2012.

Agora o Grupo de Trabalho 1, que cuida das Convenções Tributárias e Questões Relacionadas, está encarregado de finalizar tais propostas para incluir as modificações na próxima atualização do Modelo de Convenção Tributária, previsto para 2014. Desse modo, a consulta pública em questão está aberta até *31.01.2013*, que é a data limite para que o órgão receba os comentários dos interessados, com especial ênfase nas recomendações.

De igual modo, também em 19.10.2012, a OCDE submeteu à consulta pública para comentários a proposta de revisão relacionada ao significado de "beneficiário efetivo" contido nos Artigos 10 (dividendo), 11 (juros) e 12 (*royalties*) do Modelo de Convenção. De fato, em 29.04.2011, a OCDE submeteu a minuta para discussão sobre o esclarecimento de tal significado e a versão que agora foi submetida ao público interessado contempla diversos ajustes em razão das colaborações então recebidas.

Nesse caso, o Comitê de Assuntos Fiscais convida para comentários sobre a proposta de revisão até o dia *15.12.2012*, com foco específico nos pontos controvertidos rascunhados.

---

15   O texto foi disponibilizado em: *Última Instância (Coluna)*. São Paulo, 01.11.2012. Disponível na internet: http://ultimainstancia.uol.com.br/conteudo/colunas/58553/organizacao+para+a+cooperacao+e+desenvolvimento+economico.shtml. Acesso em: 01.11.2012.

Por último, também no dia 19.10.2012, a OCDE submeteu à consulta pública a minuta para discussão revisada sobre questões relacionadas às licenças e créditos de emissões de dióxido de carbono e outros gases do efeito estufa. A análise objetiva submeter à aplicação dos dispositivos do Modelo de Convenção Tributária as licenças de emissões no comércio internacional.

Nesse sentido, em 31.05.2011, a OCDE submeteu à discussão pública uma minuta para discussão sobre as questões relacionadas às licenças de emissões no comércio à luz dos tratados. Na ocasião, os poucos comentários recebidos incluíram a sugestão de alargar o escopo da discussão para abarcar também as questões relacionadas aos créditos de Redução Certificada de Emissão e às Unidades de Redução de Emissão, bem como questões referentes à expedição de licenças sobre tais créditos e emissões, especialmente à luz dos tratados.

A minuta para discussão revisada agora submetida ao público interessado pela OCDE compõe-se de três seções: a primeira que fornece um panorama explicando a natureza das licenças de emissões, os créditos de Redução Certificada de Emissão e as Unidades de Redução de Emissão; a segunda, que analisa as questões de tais instrumentos à luz dos tratados; e a terceira, que inclui algumas mudanças propostas a partir da análise contida na segunda seção aos Comentários do Modelo de Convenção Tributária da OCDE.

Nesse caso, o Comitê de Assuntos Fiscais convida para comentários sobre a proposta revista até o dia 15.01.2013.

Em relação aos três temas anteriormente mencionados, a expectativa é de que o Grupo de Trabalho 1 promova um encontro para analisar as colaborações recebidas em fevereiro de 2013.

Levando-se em consideração que a última atualização divulgada do Modelo de Convenção Tributária sobre o Rendimento e o Capital da OCDE ocorreu em julho de 2010 e como o Comitê de Assuntos Fiscais têm trabalhado permanentemente no aprimoramento tanto de alguns artigos do seu Modelo de Convenção, como também nos seus Comentários sobre tais artigos, é fácil prever que a próxima atualização, prevista para 2014, conterá relevantes mudanças.

A relevância de tais modificações é percebida a partir do crescente consenso alcançado pelos países desenvolvidos e em desenvolvimento, tanto que fazem parte da OCDE, como também daqueles que apesar de não integrar o órgão participam como não membros (observadores e convidados).

Ao longo do tempo, a OCDE trabalha para uniformizar e padronizar diferentes orientações em torno de variadas questões relacionadas, *in casu*, à interpretação e aplicação dos tratados bilaterais para evitar a dupla tributação da renda.

Evidentemente, o apego, o comprometimento e a maturidade em torno da adoção do Modelo de Convenção Tributária da OCDE, e de seus Comentários, dependerão do grau de independência do país, de desenvolvimento de sua economia, de investimento no recurso humano da Receita Federal e na parceria existente entre o Governo e o empresariado (setor produtivo).

De fato, subjacente a toda essa questão relacionada à Tributação Internacional consta a decisão política do Governo Federal no sentido de preferir estimular a internacionalização das empresas multinacionais brasileiras (com a crescente conquista de espaços no mercado globalizado) ou, ao revés, inibi-la com a manutenção do parque industrial e comercial limitada ao território nacional.

Há um consenso no mundo civilizado de que tal arcabouço, normativo no caso dos artigos dos tratados bilaterais para evitar a dupla tributação da renda e doutrinário na situação relacionada aos seus comentários (ambos fornecidos pela OCDE), dirige-se, de modo geral, às diversas Administrações Tributárias para que procedam com certa harmonização e uniformidade. Afinal, o problema da dupla tributação da renda é indesejado de todos (governos e empresários). No Brasil, no entanto, a sanha arrecadatória é tão grande que frequentemente é possível utilizar tal arcabouço em favor das pretensões dos contribuintes e contra as cobranças arbitrárias do Fisco.[16]

Mudanças nas regras de preço de transferência

Recentemente verificamos a nova regulamentação das regras do preço de transferência no âmbito legislativo, com a edição da Lei 12.715 e da Lei 12.766, respectivamente, publicadas em 19.09.2012 e 28.12.2012. Além do arcabouço legal que rege o tema, a IN RFB 1.312, que regulamenta o tema, foi publicada em 31.12.2012.

Dentre as principais mudanças, destacamos: o regime aplicável às operações com *commodities* e a aplicação das regras de preço de transferência para os empréstimos *intercompanies*, inclusive aquelas transações com contratos registrados no Bacen e nas operações *back-to-back*.

Em 18.01.2013 foram publicados 2 novos atos regulamentares sobre a matéria. A IN RFB 1.321, que dispõe sobre mecanismo de ajuste para fins de comprovação de preços de transferência na exportação para o ano-calendário de 2012. Nesse ponto, a regulamentação dirige-se ao teor do art. 58-A da IN RFB 1.312/12, acrescentado pela IN RFB 1.322/13 (que mencionaremos em seguida). O art. 58-A dispõe que até 31.12.2012 a pessoa jurídica que comprovar haver apurado lucro líquido decorrente das receitas das vendas nas exportações para pessoas jurídicas vinculadas, em valor equivalente a, no mínimo, 5% do total dessas receitas, considerando a média anual do período de apuração e dos 2 anos precedentes, poderá comprovar a adequação dos preços praticados nas exportações exclusivamente com os documentos relacionados com a própria operação.

A IN RFB 1.322/13 acrescenta novos artigos na IN RFB 1.312, publicada em 31.12.2012. Dentre elas, acrescenta o referido art. 58-A, que foi regulamentado pela IN RFB 1.321/13 (como referimos anteriormente) e acrescenta o art. 38-A, o qual dispõe que: "A partir de 01.01.2013 os juros pagos ou creditados a pessoa vinculada somente serão dedutíveis para fins de determinação do lucro real até o montante que não exceda ao valor calculado com base em taxa determinada conforme este artigo, acrescida de margem percentual a título de *spread*, a ser definida por ato do Ministro de Estado da Fazenda com base na média de mercado, proporcionalizados em função do período a que se referirem os juros". Esta redação, aliás, foi trazida pela Lei 12.766/12 ao art. 22 da Lei 9.430/96.

Além disso, a IN RFB 1.322/12 promove alterações na redação originária da IN RFB 1.312/12. Dentre elas, cabe registrar mudanças nos arts. 9º, 12, 22, 38, 48 e 58.

Verifica-se, portanto, que as regras relacionadas ao preço de transferência está em franco processo de regulamentação tanto pelo Poder Legislativo como também pelo Executivo, razão pela qual recomendamos a máxima atenção das empresas, inclusive com análises frequentes sobre o impacto de tais mudanças na sistemática operacional das principais atividades empresariais.[17]

A universalidade na tributação da renda à luz da capacidade contributiva e da isonomia

A União, após tentar justificar a tributação dos lucros de controladas e coligadas no exterior com base no conceito de *renda ficta*, e posteriormente, com fulcro na noção de equivalência patrimonial, vem mais recentemen-

---

16 O texto foi disponibilizado em: *Revista Consultor Jurídico*. São Paulo, 05.11.2012. Disponível na internet: http://www.conjur.com.br/2012-nov-05/fabio-andrade-orientacoes-ocde-podem-evitar-dupla-tributacao. Acesso em: 05.11.2012.

17 O texto foi disponibilizado em: *Última Instância (Coluna)*. São Paulo, 24.01.2013. Disponível na internet: http://ultimainstancia.uol.com.br/conteudo/colunas/60108/mudancas+nas+regras+de+preco+de+transferencia.shtml. Acesso em: 24.01.2013.

te pretendendo sustentar a alegada constitucionalidade do art. 74 da MP n. 2.158-35/01 nos princípios da universalidade, da capacidade contributiva e da isonomia.

Para tanto, parte de premissa duplamente equivocada ao pretender, de um lado, restringir o alcance do precedente contido no RE n. 172.058 a situações em que os sócios seriam exclusivamente pessoas físicas, em oposição às situações em que os sócios fossem, eles também, pessoas jurídicas, e, de outro lado, ao segregar de maneira absolutamente rígida os métodos de apuração da base de cálculo na tributação sobre a renda, a saber, o regime de "caixa" para as pessoas físicas e de "competência" para as pessoas jurídicas.

Com efeito, a Fazenda Nacional, em memorial acostado aos autos da Arguição de Inconstitucionalidade n. 2003.61.00.000024-5, em trâmite perante o Tribunal Regional Federal da 3ª Região, afirma expressamente:

> e) não é aplicável no caso o precedente do Supremo Tribunal Federal tomado no julgamento do RE 172.058, eis que ali se examinada a disponibilidade da renda para a pessoa física, que segue o regime de caixa para fins de apuração do tributo, hipótese em que é curial o efetivo ingresso do recurso para que ocorra a tributação. *Nesse sentido, cabe transcrever trecho do parecer da lavra do douto Procurador da República, da Procuradoria Regional da República da 3ª Região, Dr. Osório Barbosa, acostado aos autos*: 'Já para as pessoas físicas, prevalece o regime de caixa, já que não há a complexidade como ocorre no caso das pessoas jurídicas. Tal entendimento foi aplicado ao RE 172.058 citado pelo D. Relator, o que se coaduna, naquele caso concreto, já que se tratava de sócios de empresa individual, e desta forma, correto o afastamento do art. 74 da MP n. 2.158-35/01. Porém, tal precedente do STF não merece aplicabilidade ao presente caso, como foi demonstrado anteriormente, por se tratar de tributação de sócios de empresa individual, ou seja, pessoas físicas sujeita ao regime de caixa' (sic, destaque no original – fl. 412).

Ao pretender restringir às pessoas físicas investidoras o alcance do precedente estabelecido pela quase unanimidade do Plenário do Supremo Tribunal Federal no RE n. 172.058,[18] a União labora em equívoco manifesto.

Em verdade, ao julgar a inconstitucionalidade material do art. 35 da Lei n. 7.713/88 em relação ao caso concreto das sociedades anônimas, o Plenário do Supremo Tribunal Federal entendeu que, nesses casos, a titularidade dos lucros da sociedade investida não se transmitiria à sociedade investidora pela simples razão de que "a distribuição de lucros, segundo as leis comerciais, é dependente principalmente da manifestação da assembleia geral",[19] sendo inadmissível cogitar-se da ocorrência de fato gerador da tributação dos lucros quando da mera apuração de resultados por parte da sociedade anônima objeto do investimento, independentemente de tal investimento ser feito por pessoas físicas ou jurídicas.

Reversamente, em se tratando da firma individual a distribuição de lucros operar-se-ia automaticamente, tendo o tribunal julgado constitucional a exação incidente quando da apuração de seus lucros. No que tange às limitadas, a distribuição automática ou subordinada dos lucros, com a respectiva constitucionalidade ou inconstitucionalidade da incidência, estaria a depender do que estabelecesse o respectivo contrato social a respeito da matéria, independentemente de quem fossem os sócios quotistas, se pessoas físicas ou jurídicas.

Equívoco monstruoso, portanto, se não tergiversação dolosa, comete a União, ao pretender que o alcance da decisão proferida no âmbito do RE n. 172.058 ter-se-ia restringido às situações em que os investidores fossem apenas e tão somente pessoas físicas. Nunca o discrimen utilizado naquele julgamento foi a qualidade do investidor, mas sim a automaticidade ou subordinação da distribuição dos lucros.

---

18 O único voto contrário à tese da inconstitucionalidade foi do Min. Ilmar Galvão.

19 Voto do Min. Carlos Velloso no RE n. 172.058-1/SC.

À época a incidência tributária no âmbito do investidor recaía sobre a disponibilização dos lucros tanto para os investidores pessoas físicas quanto para os investidores pessoas jurídicas, não tendo a natureza do investidor, se pessoa física ou jurídica, sequer sido cogitada quando daquele julgamento (Leis nºs 8.849/94 e 9.064/95).

O que o art. 35 da Lei n. 7.713/88 pretendeu fazer, naquele contexto, foi substituir a tributação que recaía sobre a distribuição de lucros, sendo, portanto, diferida até o momento da disponibilização, por uma incidência imediata a recair quando da mera apuração do lucro líquido pela sociedade investida, exatamente nos moldes do que pretende o atual art. 74 da MP n. 2.158-35/01.

A nova disciplina pretendeu alcançar as firmas individuais, e as sociedades limitadas e anônimas. O Supremo Tribunal Federal entendeu constitucional a nova incidência sobre os resultados apurados pelas firmas individuais, alcançando, portanto, as pessoas físicas investidoras, ao contrário do que vem alegando a União e o próprio Ministério Público.

No que concerne às sociedades anônimas, independentemente de o acionista ser pessoa física ou jurídica o dispositivo foi afastado, inclusive por Resolução do Senado Federal. Com respeito às limitadas, caberia o exame caso a caso, considerando-se inconstitucional aquelas situações em que os contratos sociais não implicassem na distribuição automática dos lucros aos sócios quotistas.

Neste sentido, por conseguinte, foi proclamada a inconstitucionalidade plena do art. 35 da Lei n. 7.713/88 em relação aos acionistas de sociedades anônimas, tendo sido, inclusive, editada a competente Resolução do Senado Federal para a suspensão da execução da expressão "o acionista" do texto normativo em questão.[20]

Tendo em vista que, à época do julgamento do RE n. 172.058 o MEP (Método da Equivalência Patrimonial) já se encontrava em vigor por quase duas décadas, é evidente que o Plenário da Corte Suprema não julgou o critério contábil que envolve um registro reflexo de acréscimo patrimonial fundamento suficiente para caracterizar a disponibilização da renda empresarial.

Esse o sentido e o substrato da decisão proferida pela quase unanimidade do Plenário do Supremo Tribunal Federal no RE n. 172.058. Naquele julgamento ficou assentado que não bastava haver acréscimo patrimonial para atrair a tributação sobre a renda. Decidiu-se que o conceito constitucional de renda estava vinculado à ocorrência de *acréscimo patrimonial disponível*.

Tudo com base no conceito constitucional de renda, moldado na conformidade com o princípio constitucional da capacidade contributiva.

Traduz-se tal princípio na capacidade econômica de o contribuinte arcar com a porção que lhe é atribuída no financiamento dos gastos públicos através da tributação. Uma exação tributária que exceda a capacidade contributiva torna-se confiscatória, por consequência contrária ao balizamento constitucional. A capacidade contributiva é conceito aberto, cujo alcance há de ser preenchido pelo intérprete à luz de fatos e circunstâncias específicas. Mas seu conteúdo é inegavelmente de natureza econômica.

É por esta razão que a aplicação dos regimes de "caixa" e de "competência" para a apuração da renda, respectivamente da pessoa física e jurídica, há de se fazer sem a rigidez absoluta pretendida pela União, mas com as mitigações que impõe a realidade dos fatos envolvidos em cada uma das situações jurídicas examinadas pelo intérprete.

Assim, se é verdade que a "renda virtual" a que se referia o eminente jurista Bulhões Pedreira pode caracterizar acréscimo patrimonial,[21] não é menos verdade que na tributação desta renda, em homenagem ao princípio

---

20   RSF n. 82, de 18/11/96, Ementa: Suspende, em parte, a execução da Lei 7.713, de 29 de dezembro de 1988, no que diz respeito a expressão "o acionista" contida no seu artigo 35.

21   PEDREIRA, José Luiz Bulhões. *Imposto Sobre a Renda: Pessoas Jurídicas*. 1ª. ed. Rio de Janeiro: ADCOAS JUSTEC, 1979, p. 197.

da capacidade contributiva, há de se aplicar a técnica do diferimento. Vale dizer, constitui decorrência lógica deste princípio constitucional, a regra de que a cobrança do tributo deve atrelar-se à efetiva possibilidade de o contribuinte realizar a renda tributada.

Neste diapasão, se o recebimento do preço, traduzido em documento que torna o contribuinte titular de direito de crédito, há de se fazer em curto prazo, considera-se ocorrida de imediato a venda para fins tributários, visto que o contribuinte pode a seu talante converter tal direito de crédito em espécie, gozando, desse modo, do direito de dispor da renda, elemento indispensável à configuração da capacidade contributiva.

Se, ao revés, trata-se de um contrato de longo prazo, em excesso ao período de um ano, é dado ao contribuinte o diferimento do pagamento do tributo ao longo do período do contrato. Vale dizer, o tributo será pago à medida que forem recebidas (realizadas) as parcelas contratuais.

O conceito de renda virtual a que se referiu o saudoso jurista carioca sempre esteve ligado à aquisição do poder de dispor da moeda e só será passível de tributação quando se constatar que "já ocorreram todos os fatos que são requisitos essenciais para que a pessoa jurídica venha a obter o poder de dispor da moeda".[22] Na lição lapidar do mestre: "A disponibilidade virtual da renda pressupõe que a pessoa já tenha adquirido o direito ao rendimento e já se tenham verificado todas as demais condições necessárias para que venha a adquirir o poder de dispor da moeda, de modo que as circunstâncias de fato indiquem que ela deverá, a qualquer momento ou em futuro próximo, adquirir efetivamente a disponibilidade de moeda".[23]

Não é por outra razão que, quando da nova avaliação de ativos, seja pelo antigo mecanismo da reavaliação, seja pelos modernos mecanismos contábeis de ajuste a valor presente (Leis nºs 11.638/07 e 11.941/09), a despeito do registro de acréscimo patrimonial pelo contribuinte (renda virtual) em obediência ao regime de competência, os efeitos tributários ficam diferidos para o momento da efetiva realização do valor atribuído ao bem objeto de nova avaliação.

E se assim não fosse estar-se-ia tributando uma renda de natureza puramente escritural, sem que o detentor desta renda tivesse meios de solver a obrigação tributária, que é sempre em dinheiro, em manifesta afronta à sua capacidade contributiva.

Imagine-se uma sociedade imobiliária pertencente a uma viúva e filhos cujos ativos se limitassem a alguns imóveis no Rio de Janeiro, a gerar rendas locatícias. Em virtude da extraordinária valorização naquela praça, a sociedade deveria reajustar o valor de seus ativos, refletindo a nova realidade de mercado. A cobrança de tributo sobre tal acréscimo patrimonial constituiria flagrante violação ao princípio da capacidade contributiva, pois obrigaria os controladores da sociedade a segregar não uma parcela da renda locatícia para pagamento do imposto, mas uma parte do próprio patrimônio, visto que a solução da obrigação tributária os obrigaria à venda de parte dos ativos societários que, em virtude da nova avaliação, teriam produzido o acréscimo patrimonial tributável. Tal situação constituiria, à toda vista, flagrante violação ao princípio da capacidade contributiva, assim como aos postulados da razoabilidade e da proporcionalidade.[24]

É exatamente para evitar tal descalabro que as rendas virtuais a que se refere Bulhões Pedreira são objeto de tributação diferida, vale dizer postergada para o momento da realização financeira do acréscimo patrimonial por elas representado, qual seja o momento de sua disponibilização em favor de seu titular.

---

22   PEDREIRA, José Luiz Bulhões. *Imposto Sobre a Renda: Pessoas Jurídicas*. 1ª. ed. Rio de Janeiro: ADCOAS JUSTEC, 1979, p. 199.

23   *Op. cit.* p. 199/200.

24   SANTOS, João Victor Guedes. Lucros no Exterior Direito Comparado e o Princípio da Proporcionalidade, *in: Revista Dialética de Direito Tributário* n. 145, 2007, p. 71-85; e Luís Eduardo Schoueri, *Transparência Fiscal Internacional, Proporcionalidade e Disponibilidade: Considerações acerca do art. 74 da Medida Provisória n. 2.158-35, in: Revista Dialética de Direito Tributário* n. 142, 2007, p. 40-50.

Assim é que a receita de equivalência patrimonial, ainda que possa representar renda virtual para a pessoa jurídica titular do investimento, não poderá ser objeto de tributação como renda dela própria, visto tratar-se de renda reflexa, de caráter meramente escritural, a corresponder a uma nova avaliação do ativo "investimentos", a promover mero espelhamento dos resultados produzidos na sociedade investida sobre o ativo representativo do referido investimento.

É curial que a disponibilidade de moeda sobre tal acréscimo patrimonial virtual só ocorrerá ordinariamente na hipótese de alienação do investimento, em que se há de apurar ganho ou perda de capital submetidos às inferências tributárias que lhe são próprias, ou de creditamento dos lucros, seja como dividendo, seja a título de participação de qualquer tipo nos resultados da sociedade investida. Extraordinariamente a disponibilidade de moeda poderá verificar-se em operações específicas como a de liquidação da sociedade investida, de sua reorganização societária pela via de incorporação, fusão ou cisão, ou ainda, por meio da permuta com outros ativos, e coisas do gênero.

Mas nunca, em nenhuma hipótese, poderá a tributação da renda recair sobre o mero registro contábil correspondente à nova avaliação do ativo "investimento" pela agregação à conta representativa do montante inicialmente despendido na aquisição do ativo da parcela de lucros que caberia à sociedade investidora nas hipóteses ordinárias e/ou extraordinárias acima referidas.

Malferindo o princípio da capacidade contributiva, a eventual tributação de resultados da sociedade controlada ou coligada como renda disponível da pessoa jurídica investidora, de igual modo, ofende a toda vista a isonomia.

É que em situações equivalentes em que as sociedades objeto do investimento se situam no âmbito do território nacional os lucros dessas não são adicionados aos lucros das sociedades investidoras para efeito de tributação. E mais: na hipótese de novas avaliações de ativos geradoras de rendas virtuais as sociedades investidoras gozam da regra do diferimento, a mitigar a aplicação do regime de competência à luz dos postulados jurídicos da razoabilidade e da proporcionalidade e com fulcro no princípio da capacidade contributiva.

A tributação de resultados da sociedade controlada ou coligada como renda disponível da pessoa jurídica investidora, nos moldes em que pretende o art. 74 da MP n. 2.158-35/01, como bem enunciou a 3ª Turma do Tribunal Regional Federal da 3ª Região ao suscitar a referida Arguição de Inconstitucionalidade, serve apenas a um propósito: "majorar o resultado de arrecadação". E isto, é de se frisar, em detrimento da moldura constitucional e do entendimento jurisprudencial mansa e pacificamente firmado pelo STF, quando do julgamento do RE n. 172.058.

E a consequência é inexorável: ao servir ao propósito único arrecadatório, ignora as consequências de seus efeitos nas relações internacionais, distanciando-se da prática dos países que, com acerto, adotam a tributação imediata na hipótese de comprovada prática de ação fraudulenta, como a remessa a paraísos fiscais, sem o retorno do caráter produtivo.

Nessa toada é que se deve prestigiar o acórdão proferido pela 3ª Turma do Tribunal Regional Federal da 3ª Região, segundo o qual:

> A extraterritorialidade tributária deve estar voltada, em virtude de seus efeitos nas relações internacionais, a uma finalidade maior do que o mero incremento da arrecadação; deve ser dirigida ao esforço não apenas nacional, mas de todo o concerto de Nações, de coibir práticas fraudulentas, como remessa de lucros a paraísos fiscais, sem o retorno produtivo, promovendo, por meios indevidos, a nacionalização, com fraude e sem oferecer a riqueza à tributação, não apenas elidindo, mas suprindo e sonegando legítima tributação devida ao Estado. Não pode, porém, ser técnica como forma de punir ou atingir legítimas opções econômicas, financeiras e comerciais das empresas com atuação no mercado internacional.

O direito comparado revela que tributação de forma extraterritorial exige requisitos específicos, relacionados ao *uso indevido e abusivo* do poder de controle empresarial para frustrar interesse tributário do país de origem do capital investido, e não uso da extraterritorialidade como técnica de aprimoramento da arrecadação fiscal, como se fez no caso em análise.

Diante disso, com fundamento nos princípios constitucionais da capacidade contributiva e da isonomia, bem assim no robusto precedente firmado pelo Supremo Tribunal Federal (RE 172.058), é pertinente tornar ineficaz, por inconstitucional, a regra contida no caput do art. 74 da MP 2.158-35/01, na esteira do entendimento prolatado pelo Tribunal Regional Federal da 3ª Região (3ª Turma) no julgamento *per saltum* que deu origem à Arguição de Inconstitucionalidade retro mencionada:

> 8. A cobrança de IRPJ/CSL, conforme o artigo 74 da MP 2.158-35/2001, nasce de presunção ou ficção de disponibilidade jurídica ou econômica, ao reputar que o lucro teria sido pago, creditado, nacionalizado e distribuído a favor da controladora ou coligada, a partir da mera apuração contábil na controlada ou coligada no exterior, sem considerar destinação diversa licitamente dada aos recursos, inserida dentro do campo da livre gestão empresarial. Embora, economicamente, a apuração de lucros no exterior, por controlada ou coligada, possa eventualmente produzir efeito patrimonial positivo na controladora ou coligada brasileira, a valorização cogitada, se efetivamente existir, será resultado não de fato jurídico relacionado à disponibilidade econômica ou jurídica de lucro, mas de avaliação feita pelo mercado e fundada em critério econômico, sem compromisso algum com parâmetros jurídico-constitucionais.

Na hipótese de não vir a prevalecer tal entendimento, o que se admite para argumentar, cabe cogitar da interpretação conforme a Constituição, sem redução de texto, com o reconhecimento da integral aplicação do texto normativo no caso de controladas constituídas em países de tributação favorecida, e com o acatamento de sua ineficácia nas situações que não envolvam a utilização de controladas em países de tributação favorecida, ressalvadas em ambos os casos as situações de controladas constituídas em países com os quais o Brasil tenha firmado tratado para evitar a dupla tributação, situações estas em que as regras aplicáveis devem ser perquiridas à luz dos tratados correspondentes, dada a sua natureza de *lex specialis*.[25]

Tributação Internacional no STF

Em 20.02.2013 foram pautados quatro relevantes casos que tramitam no Plenário do STF e que versam sobre a Tributação Internacional. São eles: a ADI 2.588 (voto faltante do Min. Joaquim Barbosa), o RE 611.586 (Caso Coamo-Rel. Min. Joaquim Barbosa), RE 541.090 (Caso Embraco-Rel. Min. Joaquim Barbosa) e AC 3.141 (Caso Vale – Rel. Min. Marco Aurélio).

Naquele dia o Pleno dedicou toda a tarde ao julgamento dos RREE 586.453 e 583.050, quando assentou a competência da Justiça Comum (e não da Justiça do Trabalho) para processar e julgar os casos decorrentes de contrato de previdência complementar privada. Na ocasião, o Tribunal aplicou a modulação temporal dos efeitos de sua decisão para ressalvar os casos que já tenham sido decididos (com sentença de mérito) pela Justiça do Trabalho até o dia 20.02.2013, quando então ali permaneceriam. Os demais casos seriam deslocados para a Justiça Comum.

Cabe acompanhar quando os casos relacionados à Tributação Internacional serão novamente incluídos na pauta do Pleno. A questão é sensível para as empresas brasileiras que operam no exterior e o atual cenário de indefinição carece de segurança jurídica.

---

25   O estudo foi elaborado em coautoria com André Martins de Andrade e publicado originalmente em: *Jus Navigandi*. Teresina, ano 18, n. 3.499, 29.01.2013. Disponível em: http://jus.com.br/revista/texto/23581/a-universalidade-na-tributacao-da-renda-a-luz-da-capacidade-contributiva-e-da-isonomia. Acesso em: 29.01.2013.

Há recentes notícias veiculadas pelos órgãos da mídia dando conta de que a retomada do julgamento sobre o tema ocorrerá ainda nesse primeiro semestre, inclusive com a indicação que confirma a expectativa de que a matéria será retomada em novo caso, sobretudo levando-se em consideração que seis dos nove Ministros que já proferiram votos nos autos da ADI 2.588 já se aposentaram e não compõem o STF atualmente.

Enquanto isso, nas instâncias inferiores, o Tribunal Regional Federal da 2ª Região prolatou acórdão fortemente contrário aos interesses dos contribuintes no Caso Vale, que desde então tem sido usado pelos demais tribunais e juízes para decisões contrárias, inclusive de São Paulo, onde aguarda julgamento no Tribunal Regional Federal da 3ª Região uma Arguição de Inconstitucionalidade sobre o tema (Caso Duratex).[26]

Encontro discute Tributação Internacional na América Latina

Nos dias 15 a 17 de maio foi realizado na Cidade do México o 5º Encontro Tributário Regional Latino-americano. O evento reuniu advogados especialistas em Tributação Internacional de toda a região e contou com interessantes temas, tais como: as empresas *holding* na América Latina, o uso de prejuízo fiscal intragrupo, a retenção de impostos quando não há tratado para evitar a dupla tributação da renda, a reestruturação pós-compra, tópicos de interesse recente relacionados aos novos precedentes judiciais relevantes e a interpretação dos tratados para evitar a dupla tributação da renda. Dentre os palestrantes, especial destaque mereceu o painel formado pelo Jacques Sasseville e o Manuel Tron.

O painel sobre as empresas *holding* na América Latina contou com a colaboração de palestrantes do México, Uruguai, Chile, Espanha, Peru e Argentina. Dentre as apresentações, mereceu destaque aquela referente às possibilidades relacionadas ao estabelecimento de *holding* no Chile, sobretudo com subsidiárias no exterior. Além disso, o Uruguai também pareceu atraente sobre vários aspectos (ainda submetido ao regime territorial). Quanto ao México, releva assinalar a sólida rede de tratados para evitar a dupla tributação da renda que já firmou (conta com mais de 45). O Peru pareceu caminhar na direção certa, inclusive com a sua economia em expansão, de modo que em breve pode ser uma boa alternativa de investimento. A Argentina não pareceu uma boa oportunidade de investimento, na medida em que tem elevada carga tributária, muito controle e restrições, bem como está exposta à inflação. No tocante à Espanha, o apresentador explicou o regime relacionado aos requisitos da ETVE.

O painel relacionado ao uso de prejuízo fiscal intragrupo contou com a participação de palestrantes da Argentina, Brasil, Colômbia, Costa Rica e Venezuela.

O painel sobre a retenção de impostos na ausência de tratados para evitar a dupla tributação da renda contou com as palestras que cuidaram dos principais aspectos dos seguintes países: Colômbia, México, Venezuela, Costa Rica e República Dominicana. Na Colômbia, cabe assinalar que em 2012 houve Reforma Tributária e a legislação referente ao IRPJ foi bastante modificada. Quanto ao México, cabe registrar que há regras antiabuso que se aplicam tanto às pessoas físicas, quando mudam de domicílio fiscal para país de baixa tributação, como também para pessoas jurídicas, quando promovem a chamada "liquidação ficta" (migra o domicílio exclusivamente para fins fiscais). Na Venezuela, a situação fiscal do estrangeiro (não residente) é drasticamente mais onerosa do que o nacional (residente). A Costa Rica ainda adota o regime territorial de tributação. A República Dominicana conta apenas com um tratado firmado com o Canadá. Há um assinado com a Espanha, mas que ainda não está em vigor.

---

26   O texto foi veiculado em: *Última Instância (Coluna)*. São Paulo, 14.03.2013. Disponível na internet: http://ultimainstancia.uol.com.br/conteudo/colunas/61255/tributacao+internacional+no+stf.shtml. Acesso em: 14.03.2013.

O painel sobre a reestruturação pós-venda contou com a colaboração de expositores do México, Argentina, Peru e Uruguai.

Jacques Sasseville e Manuel Tron expuseram sobre os recentes casos julgados envolvendo tratado pelo mundo afora. Dentre eles, explicaram de modo detalhado os seguintes casos: Sanofi Pasteur Holding AS x Departamento do Tesouro, Ministério de Finança, julgado pela Corte Superior de Andhra Pradesh (India), em 15.02.2013; União x Copesul, julgado pelo nosso STJ em 17.05.2012; ADIT x Mediterranean Shipping Co., julgado em Mumbai (India) em 06.11.2012 (considerado fascinante pelo enorme número de questões que abordou na decisão); Dysert (e outros) x a Rainha, julgado pelo Tribunal de Tributos do Canadá em 21.02.2013; Mills x Comissário de Tributação, julgado pela Corte Superior da Austrália em 14.11.2012; e, por fim, Sergio Garcia x Secretário da Receita Federal, julgado pelo Tribunal de Tributos dos Estados Unidos da América do Norte, em 14.03.2013.

O bloco sobre os tópicos de interesse recente relacionados aos novos precedentes judiciais relevantes explanou sobre variados assuntos. Acerca da abordagem sobre a interpretação dos tratados no caso de conceitos não regulados pela legislação interna dos países contratantes, especialmente cuidando-se dos estabelecimentos permanentes, o ponto de vista da palestrante do Peru foi no sentido da prevalência do tratado sobre a lei interna. Cuidando-se da visão a partir da Bolívia, o tema colocado referiu-se aos beneficiários do exterior. O palestrante do Chile cuidou de temas relacionados ao crédito tributário do imposto pago no exterior, ao IVA e a um caso específico de reorganização societária. O palestrante do Uruguai tratou da dicotomia entre evasão tributária e planejamento fiscal, sendo que em ambos é necessário que sejam coibidos os abusos perpetrados de lado a lado, tanto pela autoridade fiscal como também pelos contribuintes. A exposição relacionada à Colômbia explicitou como a Reforma Tributária de 2012 tem permitido aos contribuintes começarem a mudar a sua percepção de risco, passando da mera visão legalista para a necessária prova de substância na relação econômica. Além disso, a atual legislação define o estabelecimento permanente. Foi a única exposição que não cuidou especificamente de nenhum caso, sob a justificativa de crescente especialização da autoridade fiscal. Por fim, o palestrante o Brasil comentou o Recurso Especial 1.161.467 do STJ (Caso Copesul, anteriormente mencionado na palestra do Jacques Sasseville).

O painel sobre a interpretação dos tratados para evitar a dupla tributação da renda foi capitaneado por Manuel Hallivis Pelayo, que explicou a sua metodologia para chegar a uma interpretação comum ou concordante quanto aos termos que não estão definidos no tratado ou estão definidos apenas parcialmente. A partir da aplicação da Convenção de Viena através da sequencia lógica dos dispositivos contidos no seu art. 31, propôs um caminho a percorrer de quatro etapas. Além disso, lembrou do art. 3(2) da Convenção Modelo da OCDE, que nada mais é do que uma regra especial de interpretação de termos não definidos. Os demais participantes da mesa debateram em torno de diferentes aspectos relacionados a cada legislação interna correspondente, versando sobre particularidades da Argentina, Chile, Brasil e México.

Por fim, como de praxe no seminário da YIN houve a simulação de um julgamento sobre as implicações derivadas da transmissão de diversos direitos de crédito em uma operação de financiamento, com a exposição dos fatos, os dispositivos legais aplicáveis, as questões controvertidas e a solução do juiz.

Em apertada síntese, esses foram os principais temas colocados e debatidos no referido Encontro que certamente logrou manter – e até aperfeiçoar – a qualidade dos anteriores. Para maiores informações sobre os temas, os palestrantes e o programa, basta acessar o seguinte *link*: www.ifamexico2013.org. No próximo ano será em Santa Cruz de la Sierra, na Bolívia.[27]

---

27 O texto foi veiculado em: *Última Instância (Coluna)*. São Paulo, 23.05.2013. Disponível na internet: http://ultimainstancia.uol.com.br/conteudo/colunas/63232/encontro+discute+tributacao+internacional+na+america+latina.shtml. Acesso em: 23.05.2013.

Parceria promove Curso sobre Tributação Internacional

A parceria firmada entre a FIPECAFI e a ABDF (representante brasileira da IFA) logrou trazer renomado Professor para ministrar o Curso "Aplicação dos Tratados Internacionais em Matéria Tributária", ocorrido nos dias 19 e 21 de agosto, das 19:00 às 23:00 horas (com carga de oito horas de duração).

O curso foi ministrado por uma das maiores autoridades mundiais em matéria de Tributação Internacional, Prof. Jacques Malherbe, Professor Emérito da Universidade de Louvain, com diversos estudos técnicos e participações em seminários e congressos internacionais sobre o tema.

O curso, que pretendeu inicialmente contar com conteúdo programático de nível básico, trouxe interessantes exemplos e diferentes situações que enriqueceram a exposição sobre o tema a partir dos casos relatados pelo experiente Professor.

A partir do panorama sobre os principais dispositivos contidos na Convenção Modelo da OCDE, o Professor logrou explicitar as definições mais importantes e a divisão sistematizada da tributação sobre a renda.

Inicialmente, consignou a dificuldade relacionada ao tema da Tributação Internacional, que conta com várias fontes, como os princípios gerais básicos de Direito Tributário Internacional, as leis tributárias nacionais, os tratados tributários firmados entre dois países, o direito comunitário no âmbito da União Europeia e as diretrizes internacionais (como o material da OCDE).

Registrou que ocorre o choque entre leis tributárias internacionais a partir das diferentes variações em torno de três conceitos básicos: soberania, jurisdição e responsabilidade.

Através das múltiplas possibilidades de aplicação dos conceitos de soberania e responsabilidade, chega-se à dupla tributação internacional da renda, que ocorre quando um ou dois contribuintes (jurídica ou econômica, respectivamente) é ou são cobrado(s) em dois Estados sobre o mesmo tributo que incide sobre o mesmo objeto (rendimento).

A dupla tributação é distorção que deve ser evitada por todos, inclusive pelos diferentes governos, no intuito de estimular que suas empresas (não só campeãs nacionais, mas também médias e até pequenas) internacionalizem as suas atividades e alcancem cada vez mais uma fatia maior do mercado global. Nesse cenário, o indesejável fenômeno da dupla tributação desencoraja o investimento no exterior.

Dentre as possíveis variações referidas acima para conter esse fenômeno reconhecidamente nocivo, especial relevo assume a distinção entre residência e fonte na partilha de competência tributária entre os Estados que firmam um tratado para evitar a dupla tributação da renda. Como regra geral, o chamado Estado de Residência (local da investidora) cede ao Estado de Fonte (local onde a atividade operacional é efetivamente desempenhada) a competência para tributar a renda que ali surge. Essa concessão ajustada pelo tratado pode ser total, como no caso da proteção pelo art. 7º da Convenção Modelo (que prevê a competência exclusiva do Estado de Fonte), ou parcial, como no caso da repartição prevista no art. 10 da Convenção Modelo (que prevê a competência concorrente, mas com a redução da retenção na fonte pelo Estado de Residência).

Os tratados são medidas bilaterais para evitar a dupla tributação da renda, que surgem a partir do acordo de dois países que decidem firmá-lo. Além disso, há também as medidas unilaterais para evitar a dupla tributação da renda, que independem da existência dos tratados e, no âmbito da legislação doméstica de cada país, se limitam a promover a compensação do tributo pago no exterior.

Há seis regras que servem como características principais dos tratados: 1) se fundamentam em duas noções centrais quanto às regras distributivas (Estado de Residência e Estado de Fonte), 2) os tratados restringem a aplicação da legislação doméstica tanto no Estado de Residência como também no Estado de Fonte, 3) a imposição tributária é sempre baseada no direito tributário nacional (e não no tratado), 4) os termos podem assumir diferente significados quando utilizados no âmbito do tratado e na legislação doméstica (de modo que o tratado passa a ter efeito relativo apenas e tão somente no tocante a sua aplicação), 5) geralmente os tratados promovem uma melhoria na situação dos contribuintes, e 6) de modo geral o tratado prevalece sobre a legislação doméstica do país (como lei especial).

Superada a fase inicial relacionada às noções básicas, o Professor seguiu a Convenção Modelo e analisou artigo por artigo, com maior ou menor detalhe em razão da importância de cada um. Paralelamente, sempre que possível ilustrou a explicação de cada dispositivo com exemplos de casos concretos que foram julgados pelo mundo afora sobre o tema específico, inclusive com a posição expressa do Brasil e o regramento da União Europeia a respeito.

Em relação ao art. 9º da Convenção Modelo, que cuida das empresas associadas, trouxe aprofundado parêntese referente às regras de preços de transferência, com os diversos problemas que cada método de aplicação suscita, sendo certo que para comprovar o *"arm's lenght standard"* é necessário que o contribuinte esteja municiado dos documentos adequados que o levaram a adotar o método escolhido (para o caso de eventual fiscalização).

Além disso, especificamente sobre a consequência da existência de estabelecimento permanente, o Professor trouxe uma série de considerações acerca da atribuição e cálculo dos lucros a ele atribuíveis na atividade desempenhada pela empresa no território do Estado de Fonte.

O Professor destacou a importância e a aplicação de cada dispositivo (e suas principais variações) constante na Convenção Modelo com as regras distributivas da renda, que a dividem em oriundas de: propriedade imóvel, lucros das empresas, transporte marítimo, fluvial interno e aéreo, dividendos, juros, royalties, ganhos de capital, relação de emprego, diretoria, artistas e desportistas, pensões, funções públicas, estudantes e outros rendimentos. Como soa intuitivo, esse último dispositivo, referente aos outros rendimentos é de aplicação subsidiária, quando nenhum anterior se encaixe na situação específica.

Ademais, ele registrou a importância do regramento relacionado ao uso do prejuízo fiscal na legislação interna de cada país (vez que não é tema versado nos tratados), destacou a importância do termo "beneficiário efetivo" para o escopo dos dispositivos da Convenção Modelo relacionados aos dividendos, juros e *royalties*.

O art. 23 versa sobre os métodos para eliminação da dupla tributação e pode se dividir entre isenção (total ou progressiva) e crédito (total ou ordinário). Aqui, explicou, é onde se verifica a mentalidade imperialista ou liberal de cada país. A mentalidade liberal tende a aplicar o método da isenção, cujo objetivo subjacente é pela neutralidade na importação de capital onde o tratamento é igual tanto para os investidores locais como também estrangeiros no mercado exterior. A mentalidade imperialista tende a aplicar o método do crédito, cujo objetivo é pela neutralidade na exportação de capital onde o tratamento no Estado de Residência é dado de modo que não encoraja e nem desencoraja o investimento no exterior. Além disso, é curioso notar que a isenção costuma ser aplicada para as rendas decorrentes do trabalho e o crédito costuma ser aplicado para as rendas de capital.

Por fim, constam nos últimos dispositivos as previsões de não discriminação, procedimento de acordo mútuo (e arbitragem), troca de informações (que cuida da evasão fiscal) e colaboração na arrecadação tributária, dentre outros.[28]

---

28 O texto foi disponibilizado em: *Última Instância (Coluna)*. São Paulo, 22.08.2013. Disponível na internet: http://ultimainstancia.uol.com.br/conteudo/colunas/65662/parceria+promove+curso+sobre+tributacao+internacional.shtml. Acesso em: 23.08.2013.

Tributação Internacional – Oportunidade legislativa à vista

Nos últimos dias se intensificaram as notícias veiculadas pelos órgãos da mídia sobre a nova (e o que parece caminhar para ser a última) rodada de negociações entre o Governo Federal e o empresariado nacional para equacionar a turbulenta questão sobre a tributação das multinacionais brasileiras sobre os seus lucros gerados no exterior.

Embora a atual sistemática tenha sido instituída em 2001, com a edição do famigerado art. 74 da MP 2.158-35, em razão do subsequente ajuizamento da ADI 2.588 pela CNI, o fato é que desde então a incerteza e a dúvida remanescem pairando sobre o tema. De um lado, pairam sobre as autuações fiscais elaboradas com base naquele dispositivo legal, desde o primeiro instante desafiado por uma ação direta de inconstitucionalidade e cujo resultado final foi proclamado no dia 10.04.2013 em acórdão que sequer foi publicado. De outro, sobre as diversas decisões gerenciais tomadas pelas empresas de grande porte quanto a estratégia de internacionalizar as suas atividades operacionais em busca de uma fatia no mercado globalizado.

Nesse ambiente de dúvida e incerteza, certamente todos já perderam muito. De um lado o Fisco que, apesar de lavrar centenas de autuações fiscais, tanto na esfera administrativa como também judicial não tem logrado manter a coerência e o fundamento de muitas delas, além de não ter efetivamente arrecadado um real com a tributação sobre os lucros no exterior (em razão da pendência no julgamento da ADI 2.588). De outro, os contribuintes se veem limitados em seu campo de tomada de decisão sobre a internacionalização de suas atividades operacionais e societárias, vez que a indefinição gerada desde 2001 (e ainda não solucionada) se reflete diretamente no ambiente de negócios no qual regularmente se movimentam os empresários. Desse modo, a dúvida, a incerteza e a indefinição tornaram-se a tônica nessa matéria.

Esse quadro, por si só, já se apresenta trágico, com uma série de desdobramentos nefastos tanto para os contribuintes como também para os órgãos arrecadadores. Mas não para por aí. Há também a percepção de como o mundo enxerga o Brasil. Ora, convenhamos que o Brasil sempre foi visto com reservas pelos países centrais. Exemplo que ilustra isso é a denúncia pela Alemanha do tratado então firmado com o Brasil para evitar a dupla tributação da renda. É tradicional a percepção de que a alta carga tributária incidente sobre a operação nacional, aliada à excessiva burocracia no cumprimento das obrigações tributárias, eleva o Custo Brasil a ponto de retirar boa parte da competitividade do produto brasileiro no mercado globalizado. Além disso, com a paulatina recuperação dos países centrais (como Estados Unidos da América do Norte e a Europa) aquela "febre" em torno do Brasil (que parecia ser a bola da vez) já se arrefeceu ao mesmo tempo em que muitos investidores estrangeiros afugentaram-se devido às dificuldades rotineiras enfrentadas pela empresa brasileira.

No arriscado jogo de "tudo ou nada" que foi levado a cabo pelas partes envolvidas em razão da elevada expectativa de êxito que cada uma atribuía ao desfecho da Adi 2.588, muito deixou de ser feito pelo Brasil, tanto pelo governo como também pelo empresariado.

O Governo Federal errou ao jogar suas fichas no sentido de que a legislação "Frankenstein" criada resolveria todos os seus problemas relacionados à tributação dos lucros no exterior (hoje reconhecidamente "sui generis" pela generalidade dos países e mantendo a tradição tupiniquim de dar uma pitada tropical no que por aqui aparece). O contribuinte, compreendido como o empresariado composto pelas multinacionais brasileiras, errou ao jogar as suas fichas no sentido de que poderia alcançar no âmbito da ADI 2.588 a declaração integral de inconstitucionalidade do referido art. 74 (que, diga-se de passagem, com ligeiros ajustes ficaria em linha com o que a generalidade dos países pratica pelo mundo afora).

A paulatina radicalização da posição de cada um desses jogadores em torno do resultado esperado da ADI 2.588 levou ao atual estágio de indefinição máxima: a ação ainda não foi concluída (vez que o seu acórdão está pendente de publicação e será possível a oposição de embargos de declaração pela Autora, se entender cabível), sob qualquer aspecto que se veja a questão em torno da decisão que será prolatada ela certamente não esgotará todas as possibilidades (até porque não foram endereçadas na petição inicial e não foram suscitadas durante o julgamento), as partes contabilizam uma cifra de um passivo potencial em torno de R$ 70 bilhões em autuações fiscais sobre o tema (sendo só a Vale com aproximadamente metade desse montante), a legislação nacional sobre o tema permanece gerando confusão, dúvida e incerteza (o que dificulta muito o ambiente de negócios para as multinacionais brasileiras e até mesmo investidores estrangeiros) e, o pior de tudo, tal situação se arrasta desde 2001.

No plano internacional, nessa quinta-feira (dia 05 de setembro) começou a reunião da cúpula do G20 em São Petesburgo (Rússia). Dentre os diversos temas da pauta, consta o manuseio de instrumentos para fechar os buracos e as brechas existentes na legislação tributária dos países, de modo a dar efetividade às quinze recomendações do chamado "*Base Erosion and Profits Shifting Action Plan*" (elaborado pela OCDE). Isso, com vistas a provocar um realinhamento tributário a partir de novos padrões globais para a futura neutralização de vantagens fiscais.

Na semana passada, especialistas em Direito Tributário do mundo inteiro estiveram reunidos entre os dias 25 a 30 de agosto em Copenhagen (Dinamarca) para discutir o que tem ocorrido nos diferentes países quanto ao fenômeno da erosão da base tributável, como evitar que ocorra o deslocamento artificial de lucros e ganhos e quais caminhos seguir nos próximos passos.

Ao mesmo tempo em que os países centrais buscam manter (e até aumentar) a sua arrecadação com a crescente proibição do deslocamento de lucros e ganhos de empresas de modo artificial para países periféricos de menor (ou até nenhuma) tributação, eles se preocupam em não asfixiar os seus principais campeões nacionais que competem por fatias cada vez maiores no mercado globalizado nos diversos setores que atuam.

O ponto almejado é a tributação justa e equilibrada, na qual o recolhimento do tributo é feito de acordo com a capacidade contributiva do contribuinte. Nesse sentido, não é justo e nem desejável que verdadeiras gigantes (como o Facebook, a Microsoft e a Apple, dentre tantas outras) recolham tributos a alíquotas ínfimas sobre as suas operações. Também não é justo que haja a dupla tributação a onerar demasiadamente o custo do produto que possivelmente inviabilizaria a sua comercialização considerando a concorrência mundial atual. Aqui, a pedra de toque é o equilíbrio.

Voltando ao Brasil, a preocupação central tanto do Fisco como também dos contribuintes parece ser com a operacionalização e alguns aspectos secundários na regulamentação da sistemática de tributação das multinacionais brasileiras dos lucros gerados no exterior. Todavia, levando em conta que a disciplina conta com diversas lacunas no Brasil, a sua regulamentação tardia pode suprir algumas, esclarecer certos pontos que permanecem ambíguos há décadas e até sinalizar para que direção a política econômica vá caminhar nos próximos anos (internacionalização das multinacionais brasileiras ou concentração territorial da atividade empresarial). Isso sem dúvida é salutar.

Nesse sentido, as notícias veiculadas pelos órgãos da mídia dão conta dos seguintes pontos que estão sendo discutidos e negociados entre o governo e o empresariado para a nova legislação: parcelamento dos débitos (que parece ter passado de até cinco anos para até dez anos), desconto sobre multas e juros de mora, criação de um regime de tributação com o pagamento de um piso mínimo de imposto de 20% no exterior (ao invés de 22%, como anteriormente noticiado), diferimento para o pagamento de tributo quando a empresa se situar em país com tributação normal em até oito anos e tributação imediata quando ela se situar em país considerado paraíso fiscal.

Há notícias de que remanesce controvertida na negociação a questão específica da consolidação vertical dos resultados no exterior com a possibilidade de compensação cruzada de prejuízos entre controlada e coligadas do mesmo grupo empresarial. De um lado o Governo teme o desconto de prejuízos "fabricados" com as atividades não operacionais. De outro, algumas empresas oferecem abrir suas contas e exclui-los, consoante notícia veiculada pelo jornal O Estado de S. Paulo.

De tudo o que tem sido divulgado pelos órgãos da mídia, parece que perderemos (nós, o Brasil, tanto o Fisco como também os contribuintes) uma excelente oportunidade de corrigir algumas distorções que foram geradas no passado e cristalizadas com o passar dos anos.

Desse modo, eventual legislação sobre a sistemática de tributação dos lucros das multinacionais brasileiras geradas no exterior poderia versar sobre a diferença inerente às diversas situações, de acordo com o país onde se situar a sua controlada: se em paraíso fiscal, então em consonância com o que restou decidido na ADI 2.588 a sua tributação no Brasil seria automática, na linha do voto do Ministro Joaquim Barbosa (e aí sim o art. 74 da MP 2.158-35/01 exerceria autêntico papel de regra CFC, como na generalidade dos países que a adotam); se em país com tributação normal, com o diferimento para quando a renda fosse efetivamente disponibilizada para o investidor no Brasil (ou no prazo de até oito anos, como tem sido especulado pelas notícias sobre a legislação que se debate); ou se em país com o qual o Brasil tenha firmado tratado para evitar a dupla tributação da renda e prevenir a evasão fiscal, quando a situação concreta deveria ser subsumida a disciplina ali prevista (com a tributação exclusiva dos lucros ou concorrente dos dividendos, por exemplo).

Isso lograria colocar o Brasil alinhado com o restante dos países desenvolvidos do mundo que geralmente adotam essa tripartição no tratamento das rendas oriundas das controladas no exterior de suas investidoras multinacionais. Resta saber se há vontade política e, pelo menos, clareza de parte a parte para saber se esse é o real foco do debate nesse momento, se há estratégia melhor ou diferente a seguir e, nesse caso, se a chance de êxito em alcançá-la é significativa... ou não. De qualquer modo, nesse tema urge que o Fisco e os contribuintes comecem a colaborar e cooperar, ao invés de assumirem posições antagônicas e insuperáveis em busca de um jogo de "tudo ou nada" que já não tem qualquer razão de ser, considerando o atual estágio de coisas, o cenário mundial hoje e a necessária e urgente recolocação do Brasil no cenário internacionalizado com mais força para competir no mercado globalizado.

Nesse sentido, vamos esperar para ver se a oportunidade legislativa de corrigir os equívocos e as falhas do passado se concretizará rumo a maior pacificação na relação entre o Fisco e os contribuintes... ou não, acirrando ainda mais o ânimo de parte a parte com a renovação de novas rodadas de discussões tanto na esfera administrativa como também na seara judicial, contabilizando mais alguns longos anos de indefinição, dúvida, incerteza e muita insegurança jurídica.[29]

G20 dá mais um passo contra a evasão fiscal

Nos dias 05 e 06 de setembro ocorreu a reunião de cúpula do G20 em São Petersburgo (Rússia). Dentre os diversos temas da pauta, constou o manuseio de instrumentos para fechar os buracos e as brechas existentes na legislação tributária dos países, de modo a dar efetividade às quinze recomendações do chamado "*Base Erosion and Profits Shifting – BEPS Action Plan*" (elaborado pela OCDE). Isso, com vistas a provocar um realinhamento tributário a partir de novos padrões globais para a futura neutralização de vantagens fiscais.

---

29   O texto foi veiculado em: *Última Instância (Coluna)*. São Paulo, 05.09.2013. Disponível na internet: http://ultimainstancia.uol.com.br/conteudo/colunas/66011/tributacao+internacional+%96+oportunidade+legislativa+a+vista.shtml. Acesso em: 05.09.2013.

O fato de que certos grupos empresariais multinacionais têm recolhido pouco (ou nenhum) tributo nos seus países de residência é motivo suficiente para muita preocupação entre os países desenvolvidos. Com efeito, através de mecanismos de planejamento tributário agressivo, essas empresas logram deslocar artificialmente boa parte da base tributável de seus rendimentos para jurisdições de baixa tributação (paraísos fiscais).

Em tempos de crise internacional, esse tema tem frequentado a agenda dos encontros do G20 (com a busca de mecanismos capazes de aumentar a arrecadação), da OCDE (com a elaboração do "*BEPS Action Plan*") e da comunidade jurídica internacional (com estudos e colaborações sobre o tema, como no 67º Congresso da "*International Fiscal Association* – IFA", ocorrido em Copenhagen entre os dias 25 e 30 de agosto).

De um lado, as administrações tributárias buscam meios para coibir práticas que levam a uma distorção na relação razoável de capacidade contributiva de super contribuintes que a despeito de faturarem cifras astronômicas, recolhem valores ínfimos aos cofres públicos, geralmente fora do seu país de residência. Nesse sentido, é frequentemente utilizado pelos governos nacionais, sob o pretexto de justificar a adoção de medidas (mais) drásticas no âmbito da legislação doméstica, o expediente de apelar para a notícia sensacionalista e falaciosa de que esse tipo de planejamento tributário agressivo poderia aumentar a carga tributária incidente sobre os pequenos negócios e às pessoas físicas.

De outro lado, há dentre as funções inerentes à liberdade de iniciativa privada e a gestão do negócio o intuito de gerar lucro e pagar dividendos aos acionistas (razão de existir de qualquer empresa privada). Se a estrutura foi montada com foco nas atividades operacionais das diversas empresas que compõem o grupo econômico (de modo que haja inegável substância e não seja mero esquema de fachada), não viola a lei sob nenhum aspecto objetivo e acarreta algum ganho tributário, então, em princípio, deveria ser permitido. O problema surge justamente na linha tênue que separa o planejamento tributário agressivo, que redunda no recolhimento de pouco tributo (ou nenhum).

Ora, o atendimento ao princípio basilar da capacidade contributiva, insculpido na Constituição da República preceitua que o ônus fiscal deve ser na medida da capacidade do contribuinte e, ainda que implicitamente, ele não deve ser sobrecarregado e nem completamente aliviado de tal ônus sem uma justificativa razoável. Em resumo: deve recolher corretamente (igual a fatia justa) o tributo uma única vez (nem mais e nem menos).

No âmbito internacional dos grandes grupos multinacionais, a distorção ocorre em duas principais situações. Na esdrúxula situação em que o contribuinte se vê submetido à dupla (ou múltipla) tributação em diferentes jurisdições em que opera (situação esta que pode ser resolvida com a adoção de medidas unilaterais ou bilaterais para evitar a dupla tributação da renda), como também na situação em que se vê livre de qualquer tributo com a adoção de planejamento tributário agressivo com a dupla não tributação (situação que pode ser remediada com a adoção de regras CFC, a celebração de acordos para a troca de informação e a crescente cooperação entre as diferentes administrações tributárias).

Como resultado do encontro do G20 e na linha dos encontros anteriores, a declaração que foi divulgada endossou o "*BEPS Action Plan*" da OCDE, com o comprometimento de seus membros de buscar tanto no âmbito individual como também coletivo os meios para levar a cabo as quinze recomendações ali contidas em prol de uma tributação mais justa. Além disso, saudaram o progresso recente que tem sido atingido na área da transparência fiscal internacional, com a crescente celebração de acordos de troca de informação entre os países pelo mundo afora. Nesse sentido, o grupo endossou o desenvolvimento de um novo padrão tributário global: a troca automática de informação.

Em leitura perfunctória da referida declaração resultante do encontro, seu anexo tributário e o "*press release*" conjunto com o Conselho Europeu, sinaliza no sentido único de que o G20, a União Europeia e a OCDE continuarão trabalhando para promover o deslocamento da discussão sobre a sistemática de tributação de lucros no exterior pelo mundo afora para paradigmas voltados à justiça fiscal, com o expresso endosso dos quinze instrumentos veiculados pelo "*BEPS Action Plan*", bem como aproximando cada vez mais as diferentes administrações tributárias em atividade cooperativa no sentido de que a tributação se dê onde a riqueza oriunda da atividade econômica ocorreu e o valor foi criado.

Nesse cenário, cabe acrescentar interessante fenômeno que tem sido divulgado pelos órgãos da mídia em razão da campanha dos diferentes governos nacionais. Consiste na crescente responsabilização social dessas empresas multinacionais de grupos econômicos perante o público consumidor que passa a vê-las como "sonegadoras" (e, portanto, com valoração negativa que tem um custo).

A exemplo do que ocorreu no passado em relação a consciência ambiental, ao respeito pelo consumidor e ao trabalho beneficente, parece que a sociedade civil organizada começa a cobrar dessas empresas o recolhimento justo dos tributos em razão dos enormes ganhos auferidos.

Resta saber se a cobrança desse porte é legítima. Se for, quais seriam os critérios (preferencialmente objetivos) para que a empresa atendesse ao seu naco de responsabilidade social nesse campo, especialmente levando em conta que a relação dialética e contraposta entre os contribuintes e o Fisco está longe de se pacificar? Essas certamente são perguntas difíceis de serem respondidas nesse momento, mas cabe acompanhar os próximos passos dos referidos órgãos internacionais e refletir sobre elas.[30]

MP 627 muda a sistemática de tributação dos lucros no exterior

Em 12.11.2013 foi publicada a MP 627, que promove profundas alterações na legislação tributária, incorporando definitivamente o novo padrão contábil e regulando a tributação das controladas no exterior. Destacamos a seguir os principais aspectos da nova roupagem relacionada à tributação dos lucros das empresas multinacionais brasileiras originados no exterior por controladas e coligadas (artigos 72 a 91, que contemplam as disposições gerais e o novo regime jurídico).

O nosso escritório foi pioneiro em realizar dez dias após a edição da MP a primeira palestra sobre o tema, de interesse tanto das pessoas jurídicas como também das pessoas físicas. O evento ocorreu na Associação Brasileira de Direito Financeiro – ABDF e contou com expressivo número de participantes interessados.

Cabe registrar as principais novidades perpetradas pela MP 627:

a) o diferimento opcional do imposto incidente sobre o resultado das controladas localizadas em países de tributação normal (>20%),

b) a consolidação opcional até 2017 das rendas ativas próprias de controladas em países com tributação normal e acordo para a troca de informações tributárias ou tratados para evitar a dupla tributação,

c) a sistematização do uso dos prejuízos fiscais e dos impostos pagos no exterior,

d) a ampliação do conceito de controle societário para fins tributários, por equiparação, através da noção de pessoas vinculadas, alcançando em especial o controle indireto,

e) a introdução do conceito de renda ativa própria (abordagem transacional) a par do aprimoramento dos conceitos de país de tributação favorecida e regime fiscal privilegiado através da noção de subtributação (abordagem jurisdicional), e

f) a tributação da pessoa física e pessoas vinculadas, isolada ou conjuntamente, controladoras de investimentos em paraíso fiscal (em sentido lato) ou sem transparência fiscal.

---

30 O texto foi publicado em: *Última Instância (Coluna)*. São Paulo, 12.09.2013. Disponível na internet: http://ultimainstancia.uol.com.br/conteudo/colunas/66187/g20+da+mais+um+passo+contra+a+evasao+fiscal.shtml. Acesso em: 12.09.2013.

Permanecem na nova legislação diversas questões a serem suscitadas perante o Poder Judiciário em prol das pessoas jurídicas e/ou físicas atingidas.

É importante que as empresas que têm parte de suas atividades internacionalizadas acompanhem – e tentem mesmo influir – nos próximos passos (processo legislativo de conversão da MP em lei e regulamentações necessárias à execução das mudanças perpetradas). Cabe atentar para as possíveis oportunidades relacionadas à nova sistemática de tributação dos lucros das controladas no exterior.[31]

MP 627 e possíveis oportunidades relacionadas à tributação de lucros no exterior

Em 12.11.2013 foi publicada a MP 627, que promove profundas alterações na legislação tributária. Dentre elas, destacamos nesse mesmo espaço da semana passada os principais aspectos das novidades perpetradas em relação à tributação dos lucros das empresas multinacionais brasileiras originados no exterior por controladas e coligadas (artigos 72 a 91, que contemplam as disposições gerais e o novo regime jurídico).

Cabe lembrar que são elas: a) o diferimento opcional do imposto incidente sobre o resultado das controladas localizadas em países de tributação normal (>20%), b) a consolidação opcional até 2017 das rendas ativas próprias de controladas em países com tributação normal e acordo para a troca de informações tributárias ou tratados para evitar a dupla tributação, c) a sistematização do uso dos prejuízos fiscais e dos impostos pagos no exterior, d) a ampliação do conceito de controle societário para fins tributários, por equiparação, através da noção de pessoas vinculadas, alcançando em especial o controle indireto, e) a introdução do conceito de renda ativa própria (abordagem transacional) a par do aprimoramento dos conceitos de país de tributação favorecida e regime fiscal privilegiado através da noção de subtributação (abordagem jurisdicional), e f) a tributação da pessoa física e pessoas vinculadas, isolada ou conjuntamente, controladoras de investimentos em paraíso fiscal (em sentido lato) ou sem transparência fiscal.

Na coluna dessa semana, focaremos as possíveis oportunidades relacionadas às mudanças perpetradas pela MP 627, com especial ênfase na sistemática de tributação dos lucros no exterior.

Permanecem na nova legislação diversas questões a serem suscitadas perante o Poder Judiciário em prol das pessoas jurídicas e/ou físicas atingidas. Dentre elas, cabe destacar, em caráter meramente exemplificativo:

a) a tributação imediata da controladora brasileira independente da possibilidade da opção pelo diferimento em cinco anos, pode ser inquinada de inconstitucionalidade em países de tributação normal;

b) a competência exclusiva em relação a controladas em países com os quais o Brasil tenha firmado tratado para evitar a dupla tributação da renda e a evasão fiscal;

c) a tributação das rendas passivas superiores a 20% nas coligadas localizadas em países com tributação normal (ADI 2.588);

d) a tributação imediata na pessoa física brasileira sobre lucros da controlada no exterior pode ser inquinada de inconstitucionalidade com base na jurisprudência consolidada pelo próprio STF;

e) as desistências de processos pode violar acesso à Justiça;

f) a personificação de filiais e sucursais ou controladas no exterior, para fins tributários;

g) o aumento de capital da coligada como critério da disponibilização de resultados, atraindo a tributação do lucro no exterior, com base em orientação jurisprudencial do STF; e

h) o questionamento da regra do art. 74 da MP n. 2.158-35/01 em relação ao ano de 2013.

---

31 O texto foi disponibilizado em: *Última Instância (Coluna)*. São Paulo, 06.12.2013. Disponível na internet: http://ultimainstancia.uol.com.br/conteudo/colunas/67917/mp+627+muda+a+sistematica+de+tributacao+dos+lucros+no+exterior.shtml. Acesso em: 06.12.2013.

Reiteramos a nossa recomendação da semana passada, no sentido de que é importante que as empresas que têm parte de suas atividades internacionalizadas acompanhem – e tentem mesmo influir – nos próximos passos (processo legislativo de conversão da MP em lei e regulamentações necessárias à execução das mudanças perpetradas). Além disso, acrescentamos que cabe também atentar para as possíveis oportunidades relacionadas à nova sistemática de tributação dos lucros das controladas e coligadas no exterior.[32]

MP 627: inconstitucionalidades e necessário *lobby* técnico

A MP 627 promoveu profundas modificações na legislação tributária, como já tivemos oportunidade de registrar nessa coluna semanal. Dentre elas, merece especial atenção a nova disciplina sobre a tributação da pessoa jurídica domiciliada no Brasil com relação aos lucros auferidos no exterior por controlada e coligada, bem como de lucros auferidos por pessoa física residente no Brasil por intermédio de investimento em pessoa jurídica controlada no exterior.

Analisando os dispositivos contidos na MP 627 sobre o tema (artigos 72 a 91), verifica-se que diversos são passíveis de questionamento perante o Poder Judiciário, com sólidos argumentos para afastá-los, como por exemplo, a necessidade de desistência de processos administrativos e judiciais sobre a "matéria" para a controlada situada em país de tributação normal que optar pelo diferimento por 5 anos, a tributação imediata da controladora brasileira, a tributação imediata da pessoa física residente no Brasil sobre lucros auferidos por controlada no exterior e a tributação imediata das rendas passivas superiores a 20% nas coligadas situadas em países de tributação normal. Além disso, há muitas outras regras passíveis de questionamento, cujo aprofundamento não cabe nesse nosso canal de comunicação.

Questão interessante que se coloca diz respeito a saber como deve a empresa atuar em relação ao ano-calendário de 2013 (e também 2014 apenas para aquelas que não optarem pela antecipação dos efeitos da MP). Ora, cuidando-se de companhia aberta brasileira, com controlada no exterior situada em país de tributação normal cabe registrar a obrigação moral (e quiçá também legal) de questionar judicialmente a incidência tributária na forma do art. 74 da MP 2.158-35/01. É que diante do empate (5 vs. 5) verificado no resultado do julgamento da ADI 2.588 (em 10.04.2013) é concreta a probabilidade de êxito em relação a sua inconstitucionalidade, especialmente levando-se em conta que 4 Ministros que atualmente integram o STF já se pronunciaram nesse sentido.

Além disso, levando em conta o elevado número de emendas apresentadas no processo de conversão da MP 627 em lei, é necessária a máxima atenção ao seu trâmite, inclusive com a possibilidade de influenciar com *lobby* técnico de profissional especializado junto aos parlamentares. De igual modo, também cabe acompanhar de perto as diversas regulamentações que são esperadas da Receita Federal e demais órgãos do Poder Executivo.[33]

MP 627 começa a ser modificada no processo legislativo de conversão em lei

Em 19.02.2014, o Relator, Deputado Federal Eduardo Cunha, apresentou o seu relatório, que conclui pela relevância e urgência, constitucionalidade, juridicidade e boa técnica legislativa da Medida Provisória n. 627.

A MP n. 627 foi publicada em 12.11.2013 e promove significativas alterações na legislação tributária relativa ao IRPJ, à CSLL, ao PIS e à Cofins, revoga o Regime Tributário de Transição – RTT e dispõe sobre a tributação da

---

[32] O texto foi veiculado em: *Última Instância (Coluna)*. São Paulo, 12.12.2013. Disponível na internet: http://ultimainstancia.uol.com.br/conteudo/colunas/68032/mp+627+e+possiveis+oportunidades+relacionadas+a+tributacao+de+lucros+no+exterior.shtml. Acesso em: 12.12.2013.

[33] O texto foi disponibilizado em: *Última Instância (Coluna)*. São Paulo, 23.01.2014. Disponível na internet: http://ultimainstancia.uol.com.br/conteudo/colunas/68746/mp+627+inconstitucionalidades +e+necessario+lobby+tecnico.shtml. Acesso em: 24.01.2014.

pessoa jurídica domiciliada no Brasil, com relação ao acréscimo patrimonial decorrente de participação em lucros auferidos no exterior por controladas e coligadas e de lucros auferidos por pessoa física residente no Brasil por intermédio de pessoa jurídica controlada no exterior, dentre outras providência. Em 12.02.2014, foi publicado o Ato CN n. 01/2014, que prorroga a vigência da MP n. 627 por 60 dias.

No relatório, após revisitar a Exposição de Motivos que explicitou os objetivos da MP n. 627, o Deputado Relator proferiu voto manifestando-se pela admissibilidade, relevância, urgência, constitucionalidade, juridicidade, técnica legislativa e compatibilidade e adequação orçamentária e financeira.

Quanto ao mérito, o Deputado teceu considerações críticas sobre os principais dispositivos, inclusive incorporando no seu texto diversas emendas que foram apresentadas no âmbito do Congresso Nacional.

Cuidando-se da Tributação em Bases Universais (TBU), o objetivo foi buscar "encontrar o ponto de equilíbrio na negociação do Fisco com as empresas [...]", isto é, procurou ao máximo o equilíbrio entre a vontade e necessidade da RFB de arrecadar e a preservação da competitividade das empresas. Desse modo, chegou ao enfrentamento de questões relevantes e específicas, como "o regime de apuração, a adoção do método de equivalência patrimonial, da respeitabilidade ou não de tratados internacionais, da consolidação dos resultados no exterior, do prazo de diferimento do imposto apurado e ainda sobre o conceito de renda ativa e passiva".

Em curtas linhas, o Relator registra que: "Optou-se por manter o regime de apuração, não mencionar tratados, deixar a discussão do método de equivalência patrimonial, além de alterar o prazo e regras da consolidação, que passará para 2020". "Além disso, restabeleceu-se o acordo público do governo do prazo de diferimento de oito anos", arremata.

Em conclusão, arrola todas as emendas apresentadas que foram acolhidas integral e parcialmente. Cabe aos profissionais especializados da área se dedicar ao cotejo entre o texto constante no relatório e aquele inicialmente veiculado pela medida provisória.

Dada a complexidade do tema e a multiplicidade de interesses envolvidos, foi designada audiência pública, a se realizar com onze convidados no dia 26.02.2014, que palestrarão sobre diferentes aspectos da MP n. 627. Dentre os convidados, encontram-se representantes do Ministério da Fazenda, da Receita Federal do Brasil, da CNI, da CNF, da CFC, do Confaz e o tributarista especialista na matéria, Dr. André Martins de Andrade, dentre outros.

Em razão da inversão do trâmite ordinário do processo legislativo, a intenção do Relator foi incorporar algumas ideias e sugestões já veiculadas nas emendas, de modo que os convidados para a audiência pública possam se debruçar sobre os temas de interesse a partir do relatório apresentado.

O tema é palpitante e merece acompanhamento próximo pela comunidade jurídica interessada, sobretudo em razão do impacto nas empresas nacionais de médio e grande porte, especialmente aquelas que internacionalizaram as suas atividades.[34]

Regra Geral AntiElisiva

Em 11.03.2014, especialistas se reuniram em Londres para discutir as regras gerais antielisivas (em inglês: *General Anti-Avoidance Rules* – GAAR). A partir da palestra de James Quarmby, diversos aspectos relevantes sobre o tema foram destacados.

Inicialmente, foram arrolados como instrumentos viáveis do arsenal de combate à elisão fiscal os que surgiram nos seguintes passos experimentados em diferentes fases da relação entre o Fisco e os contribuintes. Em

---

34 O texto foi disponibilizado em: *Última Instância (Coluna)*. São Paulo, 20.02.2014. Disponível na internet: http://ultimainstancia.uol.com.br/conteudo/colunas/69279/mp+627+comeca+a+ser+ modificada+no+processo+legislativo+de+conversao+em+lei.shtml. Acesso em: 20.02.2014.

um primeiro momento, surgiram as regras antielisivas provenientes do Poder Judiciário, na medida em que casos abusivos eram desafiados pelas autoridades fiscais e culminavam com a tentativa de regras relativamente objetivas de aferição do propósito elisivo. Daí começaram a surgir as regras específicas antielisivas, cada vez mais utilizadas na legislação e muitas vezes elaboradas com endereço certo (para alcançar certas operações carimbadas pelas autoridades fiscais como necessariamente de caráter elisivo). Em seguida, vieram as GAARs, que funcionam como um conjunto de regras baseadas em princípios amplos cunhados para neutralizar a busca pela elisão fiscal. Recentemente, surgiram regras com escopo mais estrito que as GAARs, como ocorreu com as novas regras britânicas (do inglês *General Anti-Abuse Rules* – GAAbR).

As diferentes medidas antielisivas descritas sinteticamente acima não são excludentes. Ao contrário, são complementares e, ao longo do tempo, somaram-se na luta contra a elisão fiscal perniciosa. A pedra de toque é a necessidade de arrecadação tributária e o combate à elisão tributária. Além disso, como soa até intuitivo, trata-se de instrumental à disposição das autoridades administrativas na luta de "gato e rato" que travam (e travarão sempre) com os contribuintes na permanente busca de fechar as brechas, possibilidades e permissões decorrentes da legislação tributária, sobretudo para o planejamento tributário considerado agressivo (o qual deve ser legitimamente combatido).

Cabe acrescentar que a complexidade das operações empresariais hoje em dia galopa em velocidade muito superior do que as frequentes regulamentações legislativas e governamentais, inclusive como decorrência da globalização e do incremento da concorrência fiscal mundial. Além disso, relevantes organismos internacionais, como a OCDE e o G20 promovem constante campanha no sentido de mobilizar os governos e principalmente a opinião pública sobre os efeitos deletérios para cada país resultante da elisão fiscal. Nesse sentido, recentemente, tem-se verificado certa reprovação no tocante à "responsabilidade social" àqueles conglomerados transnacionais que se utilizam de brechas permitidas pela legislação para não recolher tributos ou recolhê-los a alíquotas irrisórias, a despeito dos lucros astronômicos conhecidos por todos (como é o caso da Apple, do Facebook e da Microsoft, dentre outras).

De outro lado, tais regras, quando estabelecidas, sempre chegam com o pretexto de, ao menos em teoria, proteger os contribuintes dos abusos dos fiscos na desqualificação das operações, justamente para coibir os excessos e não penalizar as empresas legítimas (operacionais). A realidade, todavia, costuma chegar de modo diferente.

Nesse sentido, cabe destacar que a adoção de regras gerais antielisivas implica na introdução de certo grau de insegurança que, naturalmente, tende a refrear o comércio e o investimento internacional, na medida em que coloca muito poder nas mãos das autoridades administrativas (geralmente órgãos vinculados ao Ministério de Estado da Fazenda do Poder Executivo – Governo).

Diante de tal cenário, cabe indagar sobre a legitimidade de tais regras gerais antielisivas, unilateralmente editadas por vontade do Governo, se sobreporem às obrigações assumidas pelo País no âmbito internacional, como por exemplo, os tratados para evitar a dupla tributação da renda e prevenir a evasão fiscal.

Ademais, se for pobremente planejada ou deficitariamente administrada, a aplicação das regras gerais antielisivas conduzem à redução da arrecadação, e não ao seu incremento, na medida em que limitam o investimento do (e para o) exterior.

Por fim, cabe registrar que em certos casos as autoridades administrativas, e até mesmo o Poder Judiciário (sobretudo nas instâncias ordinárias), logram violar alguns Direitos Humanos dos contribuintes a pretexto de aplicar a tal regra geral antielisiva (pelas razões acima mencionadas), especialmente quando o País se compromete perante a comunidade internacional com a adesão aos tribunais de defesa dos direitos humanos. Exemplos de possíveis violações são a proporcionalidade, a razoabilidade, a legalidade, o processo justo, o devido processo legal e a ampla defesa, dentre outros. No caso do Brasil, concordou em se submeter à jurisdição da Corte Interamericana de Direitos Humanos, que vela pela correta aplicação do Pacto de San José de Costa Rica.

A arquitetura inerente à estrutura de interpretação e aplicação da regra geral antielisiva se calça sobre a necessidade de identificar transações que são potencialmente abusivas provenientes de planejamento tributário agressivo. Como não existe um padrão único no mundo, cada país adota diferentes regras na sua legislação. Desse modo, é intuitivo que um problema sério a respeito de tais regras refere-se à necessária harmonização entre a legislação de diferentes países, inclusive com o potencial fantasma a dupla tributação da renda (evento odioso e indesejado tanto pelos governos como também pelas empresas transnacionais).

Como ponto de partida para deflagrar a atração de tais regras é necessário verificar se houve algum benefício fiscal. Nesse ponto, surge um problema grave: como definir "benefício"? Quais operações ou transações podem ser potencialmente consideradas abusivas? A critério de quem? Com ou sem recurso (inclusive judicial)?

Essas (e muitas outras) questões são fundamentais para a correta interpretação e aplicação das regras gerais antielisivas, mas de modo geral acabam por se perder ao longo do caminho trilhado pelas autoridades administrativas desde a sua adoção, com a preferência generalizada pela via mais fácil (de viés eminentemente subjetivo).

Exemplo disso foi a construção da noção em torno do teste de propósito, de índole essencialmente subjetiva, no qual o contribuinte deve ter um propósito substancial para justificar o ingresso na transação ou na operação.

A par do teste de propósito subjetivo (referido anteriormente), é possível também verificar o teste de propósito objetivo, no qual a transação ou operação deve modificar a posição econômica do contribuinte de modo significativo.

A maior parte dos países que adotam a regra geral antielisiva tem uma espécie de teste de propósito. Em geral, deve ter sustentáculo no propósito comercial ou econômico. Em qualquer caso, o propósito deve ser diverso de pura e simplesmente economizar o recolhimento de tributos.

No Brasil, a jurisprudência do Conselho Administrativo de Recursos Fiscais – CARF tem consagrado fartamente a necessidade do chamado "propósito negocial" para que a substância da transação ou operação seja justificada para além da mera intenção de evitar ou reduzir o recolhimento de tributos.

O delicado ônus da prova, em princípio, deve recair sobre as autoridades administrativas que alegam o propósito elisivo do contribuinte à luz da situação específica em foco (que foi objeto de fiscalização, autuação fiscal e/ou defesa administrativa).

No Brasil, sob um ponto de vista prático, o ônus da prova de que a intenção que motivou o contribuinte para participar de certa operação ou transação não se limitou a reduzir ou economizar a carga tributária nela incidente recai sobre o contribuinte, quando prestar esclarecimentos durante a fiscalização e/ou durante a defesa administrativa (depois de lavrado o auto de infração).

Subjacente a toda essa discussão cabe a indagação quanto ao propósito do Governo em relação às empresas multinacionais do País: ou bem se quer estimular a sua expansão pelo mundo afora, com a crescente conquista de cada vez mais fatias do concorrido mercado globalizado; ou bem se deseja manter a circulação de riqueza e produção de bens limitada única e tão somente ao território nacional, com limitada ou pouca penetração no mercado global. As escolhas são antagônicas e não podem coexistir.

Levando em conta o atual momento experimentado pelo Brasil, com a conclusão do julgamento da ADI 2.588, a discussão no âmbito do processo legislativo de conversão em lei da MP 627, a recente publicação de diversos atos regulamentares emitidos pela Receita Federal e pela Fazenda Nacional relacionado sobre o tema da Tributação Internacional (ou lucros no exterior), cabe registrar qual é (ou será) o modelo seguido pelo Governo. Caminharemos para trás ou estamos prontos para dar um passo adiante? Vale a pena acompanhar.[35]

---

35 O artigo foi publicado em: *Última Instância (Coluna)*. São Paulo, 14.03.2014. Disponível na internet: http://ultimainstancia.uol.com.br/conteudo/colunas/69668/regra+geral+antielisiva.shtml. Acesso em: 15.03.2014.

O Brasil na contramão do mundo

Em 07.04.2014 foi remetido ao Senado Federal o ofício da Câmara dos Deputados que encaminhou o PLV 02/14 (Projeto de Lei de Conversão da MP 627/13), que traz profundas modificações na legislação tributária nacional.

O diploma legal que daí resultar pode se colocar como um marco, verdadeiro divisor de águas entre o modo arcaico de fazer "política" tributária e o atual modelo que privilegia o permanente diálogo com a sociedade através dos setores econômicos competentes envolvidos.

De fato, cuida-se de momento oportuno para aproveitar a enorme mobilização da comunidade jurídica e dos setores econômicos envolvidos para promover amplo debate em torno das mudanças pretendidas, possíveis e desejáveis.

Todavia, antes mesmo de fomentar o debate em torno das diversas questões jurídico-tributárias trazidas pela Medida Provisória n. 627/13, torna-se indispensável que o Governo Federal elabore de maneira clara uma Política (com "P" maiúsculo) Tributária e Fiscal capaz de racionalizar o atual sistema tributário e definir os próximos passos necessários no curto, médio e longo prazo.

Trata-se da necessidade urgente de elaborar um Plano de Ação, com metas concretas e factíveis, tanto de arrecadação para o Fisco, como também de expansão das empresas nacionais, mas que traria como novidade a direção e o sentido firmes rumo ao ponto desejado que se busca no futuro (próximo, mediano e longínquo). Funcionaria como um plano estratégico que contemple onde estamos e onde queremos chegar e quando. Verifica-se, portanto, que tal escopo foge do espectro meramente eleitoreiro de qualquer governo.

Isso certamente seria o antídoto à contraproducente tergiversação hoje existente entre as políticas meramente arrecadatórias (que, por vezes, sufocam as empresas brasileiras, inclusive os nossos conglomerados multinacionais) e as políticas opostas que buscam pontualmente algum tipo de alívio de tempos em tempos (como as sucessivas desonerações que ocorreram no ano passado e os tradicionais programas de parcelamento que são disponibilizados a cada dois ou três anos).

Por serem perfunctórias e pontuais, tais políticas se amontoam na ordem jurídica e não acrescentam qualquer solução no cenário conflituoso hoje existente entre o Fisco e os contribuintes. Ao revés, dão azo a permanente questionamento judicial em virtude dos reiterados abusos e arbítrios que seus regulamentos frequentemente esbarram.

Dois breves exemplos podem ilustrar o problema. Em 2008, com a crise econômica mundial que se instalou no Globo, o Governo brasileiro, sensível ao problema que seria enfrentado pelas empresas nacionais, veiculou um programa de parcelamento que, segundo os escalões mais altos do Ministério da Fazenda, seria diferente dos demais (anteriores). O Refis IV (ou Refis da Crise) fora concebido com ofertas atrativas para adesão, com o objetivo de que as empresas, grandes e médias, conseguissem se livrar de seus passivos, limpar suas contas contábeis, finalmente enterrar o esqueleto de grandes discussões tributárias nas quais saíram (ou sairiam) sucumbentes e focar na atividade produtiva. Pelo menos foi isso que ouvimos mais de uma vez de representantes da Fazenda Pública.

Mas, os sucessivos atos regulamentares que pretenderam disciplinar os aspectos pormenores do programa de parcelamento estabelecido pela Lei n. 11.941/09 foram extremamente restritivos e colocaram dúvida em questões que antes pareciam tranquilas. O resultado foi uma enxurrada de petições, novas ações e recursos protocolados junto ao Poder Judiciário, com o objetivo de esclarecer a situação.

Outro exemplo refere-se à sistemática de tributação dos lucros no exterior. O tema tem sido tratado no Brasil prioritariamente por meio de medidas provisórias (artigo 74 da MP 2.158-35/01 e artigos 72 a 91 da MP 627). Ora, dada a relevância do assunto e o profundo impacto para as multinacionais brasileiras, por óbvio cuida-se de matéria que deveria se submeter ao amplo debate público inerente ao processo legislativo próprio do Congresso Nacional, a exemplo do que ocorre com um código que compila leis de determinado ramo do direito.

É relevante consignar que o Congresso Nacional está funcionando nesse importante momento como efetivo porta-voz dos diferentes setores envolvidos, capitaneando a discussão e o debate em torno de assuntos tão cruciais para o Brasil.

Contudo, levando-se em conta a enorme ingerência do Poder Executivo no processo legislativo inaugurado através de medida provisória, não é assim que se faz. Prefere-se a negociação direta entre representantes do Governo e do empresariado que, a portas fechadas, decidem o que seria aceitável ceder ou conceder. O resultado é que o cobertor acaba sendo curto para atender às necessidades de todos os envolvidos (resumido de modo muito simplificado entre a sanha arrecadatória imediata contra postergação indefinida do pagamento).

Ainda no campo da sistemática da tributação dos lucros oriundos do exterior, seria uma excelente oportunidade para colocar em prática uma realidade que tem sido experimentada por diferentes países do globo. Almejam, em maior ou menor medida, não só atrair investimento estrangeiro para seus territórios. Mais do que isso, buscam também se transformar paulatinamente em uma espécie de plataforma regional (e até mundial) de investimentos estrangeiros. Isso pode ser verificado em países como o México (para a América do Norte e Latina), a África do Sul (em relação ao continente africano), a Áustria (em relação ao continente europeu) e Singapura ou Hong Kong (para os países asiáticos), dentre outros.

Para concretizar essa Política de Investimentos, cada país enfoca uma série de medidas tributárias e fiscais que objetivam a facilitar a vida do investidor no seu território nacional, e não dificultá-la ao máximo. Dentre tais medidas, cabe registrar a teia de acordos bilaterais de troca de informações e tratados para evitar a dupla tributação da renda, dentre tantas outras, com a demonstração clara aos parceiros comerciais da boa-fé nas relações internacionais entre os nacionais de cada país.

Voltando ao mercado disponível na América latina, o Brasil poderia rivalizar a posição de plataforma de investimentos com o México. Mas, definitivamente não é o que ocorre. Como estampado na capa da *The Economist*, o Brasil estragou tudo, ao invés de manter o voo quando anunciava decolar alguns anos antes. O lançamento do foguete tem-se mostrado, em verdade, como o "voo de galinha".

Nesse sentido, basta lembrar os permanentes decréscimos na expectativa de crescimento econômico do Brasil que, desde os últimos anos, se mantém aquém da meta do Governo, do que tem sido praticado pelos países emergentes e até do que se espera em nível mundial, como de tempos em tempos informa o Banco Mundial.

Além disso, temos insistido em defeitos atávicos que já deveriam ter sido superados, como por exemplo, a falta de mão de obra especializada (inclusive com a importação em algumas situações), o excessivo custo que onera a folha de pagamento (com os custos trabalhistas), a enorme burocracia que envolve o cumprimento de obrigações tributárias acessórias (quando o sistema deveria – e a essa altura já poderia – ser simplificado) e a falta de investimento em infraestrutura (mesmo com oportunidades batendo à porta, como a Copa do Mundo de 2014 e as Olimpíadas de 2016).

De fato, a preocupação generalizada deveria girar em torno de maior saúde financeira das multinacionais brasileiras (campeãs nacionais ou de médio porte), como fomentar o desenvolvimento tecnológico (com financiamento e incentivo), corrigir a defasagem na educação (com crescente qualificação da mão de obra) e aumentar o investimento na infraestrutura do nosso país continental (com a melhoria dos meios de transporte e circulação).

A preocupação não deveria – e nem poderia – se limitar a satisfazer a sanha arrecadatória gerada pela má gestão da coisa pública, que encontra ano a ano dificuldade em fechar as contas, com gastos maiores do que a receita (que curiosamente bate recorde mês a mês). A continuar assim, é grande a chance de que o Fisco venha a asfixiar as empresas produtivas do país, dando fim às galinhas dos ovos de ouro.

Nesse sentido, já se ouve, seja em tom jocoso, seja em cogitações mais sérias, a possibilidade de que multinacionais brasileiras mudem a localização de suas sedes para outros países que sejam mais acessíveis no trato da questão tributária e fiscal. Isso provocaria lamentável esvaziamento no crescimento econômico do país e definitivamente levaria o Brasil para a outra ponta de onde hoje o México tem-se posicionado, ou seja, voltaríamos onde estávamos há quinze ou vinte anos atrás.

Urge nesse momento que o Brasil coloque às claras e de modo uníssono a definição sobre que Política Tributária e Fiscal pretende adotar: fomentar a expansão da indústria nacional para consolidar-se crescentemente no competitivo mercado globalizado ou cerrar as portas do país e buscar concentrar em seu território toda a atividade empresarial produtiva? Expandir ou retrair? Incentivar com espírito de parceria ou limitar colocando obstáculos?

Enfim, o recente amadurecimento do Brasil, que já atingiu o 25º aniversário de sua Constituição da República, traz questões que devem suscitar maior análise, debate, aprofundamento e informação. O objetivo deve ser de que as escolhas adotadas sejam acertadas ou, pelo menos, representem os anseios da maior parte da população, no sentido de implementar maior Justiça Social, e não mero paternalismo partidário.

O câmbio deve se dar de tal forma que o serviço público não seja visto e tratado como um enorme cabide de emprego impagável, mas deveria congregar a elite dos jovens mais bem preparados do País prontos para servi-lo e com a prestação de serviços em condições dignas dos elevados tributos que são cobrados de todos.

Concluindo, é necessário que o Poder Legislativo se descole de eventuais subserviências em relação ao Poder Executivo em relação às maiorias ocasionais alcançadas e exerçam a vocação que naturalmente lhe cabe na discussão sobre os novos rumos do Brasil. Cabe ao eleitor acompanhar atento a tudo isso e, na próxima eleição que se avizinha, responder nas urnas com a preferência de suas opções.[36]

O necessário respeito aos tratados tributários

Sob o ponto de vista brasileiro, podemos dizer que os últimos meses foram bastante agitados no tocante aos desdobramentos relacionados à Tributação Internacional (sistemática de tributação dos lucros auferidos no exterior por controladas e coligadas de multinacionais brasileiras), especialmente no que tange ao necessário respeito dos tratados para evitar a dupla tributação da renda e prevenir a evasão fiscal firmados pelo Brasil.

Em 10.04.2013 foi concluído o julgamento da ADI 2.588, que pleiteava a inconstitucionalidade do art. 74 da MP 2.158-35/01, cuja proclamação final resultou na interpretação conforme a Constituição, no sentido de que o referido dispositivo legal não se aplica às empresas coligadas localizadas em países ditos de tributação normal, e que o referido dispositivo se aplica às empresas controladas localizadas em países de tributação favorecida ou desprovidos de controles societários e fiscais adequados (paraísos fiscais), com efeito vinculante e eficácia contra todos (*erga omnes*).

Naquela ocasião, também foram julgados dois recursos extraordinários. O RE 611.586 (Caso Coamo), que versava sobre controlada localizada em paraíso fiscal (Aruba), seguiu sumariamente a sorte da ADI 2.588, aplicando-se a regra do art. 74 da MP 2.158-35/01. O RE 541.090 (Caso Embraco) cuidava de controlada localizada em país com o qual o Brasil firmou tratado para evitar a dupla tributação da renda. Nesse caso, a Suprema Corte achou por bem determinar a baixa do processo ao tribunal de origem para que proceda ao julgamento dessa questão es-

---

36   O artigo foi publicado em: *Última Instância (Coluna)*. São Paulo, 10.04.2014. Disponível na internet: http://ultimainstancia.uol.com.br/conteudo/colunas/70255/o+brasil+na+contramao+do+mundo.shtml. Acesso em: 10.04.2014.

pecífica (que não ocorrera no passado em razão de ter sido declarada a inconstitucionalidade do art. 74, razão pela qual a questão do tratado restou prejudicada).

Ocorre que no âmbito da própria ADI 2.588 a aplicação do critério do voto médio leva ao cômputo de seis votos no sentido de afastar a regra do art. 74 da MP 2.158-35/01 para as situações que contemplem controlada localizada em país com o qual o Brasil firmou tratado. Foram eles: os Ministros Sepúlveda Pertence, Ricardo Lewandowski, Marco Aurélio e Celso de Mello (que votaram no sentido da inconstitucionalidade do dispositivo impugnado), o Ministro Joaquim Barbosa (que dividiu o seu voto entre os países ditos de tributação normal, nos quais se incluem as trinta jurisdições que firmaram tratado com o Brasil, em contraposição aos chamados "paraísos fiscais") e o Ministro Ayres Britto (que apesar de votar pela constitucionalidade do dispositivo legal expressamente ressalvou a questão dos tratados). Com seis votos convergentes, quanto a questão dos tratados, a maioria absoluta foi alcançada e o pronunciamento do STF deve ter efeito vinculante e eficácia contra todos.

Nessa linha, em 24.05.2014, a 1ª Turma do STJ concluiu o julgamento de questão especificamente atinente à aplicação dos tratados para evitar a dupla tributação da renda, celebrados pelo Brasil, decidindo pela inaplicabilidade do art. 74 da MP n. 2.158-35/2001: "8. No caso de empresa controlada, dotada de personalidade jurídica própria e distinta da controladora, nos termos dos Tratados Internacionais, os lucros por ela auferidos são lucros próprios e assim tributados somente no País do seu domicílio; a sistemática adotada pela legislação fiscal nacional de adicioná-los ao lucro da empresa controladora brasileira termina por ferir os Pactos Internacionais Tributários e infringir o princípio da boa-fé nas relações exteriores" (voto proferido pelo Relator, Ministro Napoleão Nunes Maia Filho, cujo acórdão pende de publicação).

Com o encerramento do julgamento da ADI n. 2.588, o Órgão Especial do Tribunal Regional Federal da 3ª Região, em observância ao art. 481 do CPC, declarou prejudicada a Arguição de Inconstitucionalidade nº 0000024-37.2003.4.03.6100, e determinou o retorno dos autos à Relatora originária, para que a Turma prossiga com o julgamento do feito.

Tal entendimento foi acolhido também no âmbito do Congresso Nacional. De fato, com a publicação em 14.05.2014 da Lei n. 12.973 (conversão da MP 627), que instituiu novo regime de tributação em bases universais, além de promover profundas modificações na legislação tributária, cabe lembrar que durante o seu processo legislativo a questão foi ventilada nos debates parlamentares. Contudo, dada a obviedade do necessário respeito aos tratados firmados pelo Brasil, na ocasião, optou-se por não contemplar tal assunto no texto normativo.

Nesse sentido, vejamos o que se extrai de notas taquigráficas relativas à sessão da Comissão Mista que emitiu parecer sobre a MP n. 627: "A gente entende, como Parlamentar, que um tratado é soberano e está acima da legislação que a gente pode fazer, se o tratado for aprovado pelo Congresso Nacional. Isso não precisa estar disposto em nenhuma norma específica. Ele já está acima. Se ele já está acima, e se a norma aviltar qualquer tratado, certamente ele será afastado para o país em que houver o tratado com a norma específica. Então, nós não pretendemos tratar de tratados" (Dep. Eduardo Cunha, Relator da Comissão Mista; 19/02/2014. Disponível em: http://www.senado.gov.br/atividade/comissoes/sessao/escriba/notas.asp?cr=2324. Acesso em: 22.04.2014).

Verifica-se, portanto, que a questão vem se pacificando no âmbito do Poder Judiciário. Com as recentes decisões nos Tribunais Superiores, o Brasil se aproxima à prática adotada pelos demais países do mundo, tanto desenvolvidos como também em desenvolvimento. Com isso, o Fisco logra a tributação imediata para as situações específicas que envolvam indícios de evasão fiscal através do manejo artificial em paraísos fiscais e o contribuinte logra a proteção dos tratados que, geralmente, dispõe que o lucro auferido na jurisdição de um Estado Contratante será por ele tributado (em verdadeira repartição de competência tributária).

Resta saber como se dá a tributação em relação às controladas localizadas em países ditos de tributação normal. Levando em conta que a parte vinculante do resultado da ADI 2.588 não contemplou essa hipótese (na medida em que foram somados apenas cinco votos para cada lado), então vale o que restou disciplinado no art. 77 (para as controladas) e no art. 81 (para as coligadas), ambos da Lei n. 12.973, publicada em 14.05.2014. Como regra geral, trata-se de tributação imediata com a possibilidade de diferimento por tempo certo e desde que atendidos certos requisitos. Em realidade, o diferimento não deveria ser condicional e tampouco limitado no tempo. Deveria, ao contrário, ser incondicional e sem prazo certo, isto é, a regra tributária incidiria quando da internalização no País dos recursos oriundos do exterior.

Quanto às controladas localizadas em país dito de tributação normal, apesar de não ter alcançado seis votos convergentes no julgamento da ADI 2.588, logrou alcançar cinco (quatro dos quais permanecem na Suprema Corte atualmente: Ministros Joaquim Barbosa, Ricardo Lewandowski, Marco Aurélio e Celso de Mello). Desse modo, são robustas as possibilidades de êxito em demanda que impune a constitucionalidade da incidência tributária para tais situações.

Ademais, cuidando-se de coligada localizada em país dito de tributação normal, de certo a disciplina legal é inconstitucional, na medida em que situação semelhante alcançou seis votos convergentes quando do pronunciamento definitivo do STF na ADI 2.588, na linha da distinção realizada pelo Ministro Joaquim Barbosa (que, pelo critério do voto médio, convergiu com os votos da Ministra Ellen Gracie e dos quatro Ministros antes referidos que votaram pela inconstitucionalidade integral). Mas isso é tema para outro artigo.[37]

Anotações ao art. 23 dos tratados para evitar a bitributação da renda

Nos últimos anos ocorreu saudável internacionalização das empresas brasileiras por uma conjugação de variados fatores, como a estabilidade política e monetária que o Brasil experimenta desde 1995, a nossa maior credibilidade junto aos demais países do globo, a intensificação das relações comerciais internacionais com os parceiros tradicionais e o início de novas relações em diferentes áreas do globo, dentre outros.[38]

Com o recrudescimento das relações comerciais internacionais é comum se verificar, na seara tributária, a ocorrência da pluritributação da renda, quando mais de um dos Estados envolvidos, em razão da relação com as empresas em certa atividade, pretendem submeter o rendimento à sua jurisdição e, com isso, tributá-la consoante as suas leis internas.

Isso naturalmente acarretaria a indesejável dupla (ou até múltipla) tributação da renda que, se mantida sem qualquer limite, poderia até inviabilizar a atividade operacional de certo empreendimento em determinados países.

Para evitar que isso ocorra, ou ao menos reduzir ou amenizar tal efeito nefasto para os negócios no âmbito internacional e globalizado, sobressaem as medidas para evitar a dupla tributação da renda em nível internacional, que pode se concretizar mediante mecanismos unilaterais (que se limitam a alguns dispositivos da legislação inter-

---

37 O artigo foi publicado originalmente em: *Última Instância (Coluna)*. São Paulo, 15.05.2014. Disponível na internet: http://ultimainstancia.uol.com.br/conteudo/colunas/70900/o+necessario+respeito+aos+tratados+tributarios.shtml. Acesso em: 15.05.2014.

38 Como registro histórico, cabe observar que: "Em fase anterior à superação das divergências entre os interesses dos países em desenvolvimento e dos países desenvolvidos, constituíram os tratados de bitributação o fórum no qual, mediante concessões recíprocas, buscou-se a harmonização dos interesses em jogo, com vistas à neutralidade fiscal. A neutralidade, do ponto de vista do investidor, pode ser definida como a situação em que o fator tributário não pesa na balança da decisão em favor de uma ou outra jurisdição". É relevante salientar que: "Claro está que, quando da negociação desses tratados, os países em desenvolvimento se encontram em flagrante posição de desvantagem dada a antinomia naturalmente existente entre o desejo de atrair capitais e a necessidade de tributar a produção de rendimentos para gerar receitas públicas" (ANDRADE, André Martins de. *A Tributação Universal da Renda Empresarial: Uma proposta de sistematização e uma alternativa inovadora*. Belo Horizonte: Editora Fórum, 2008, p. 183-184).

na tendente a evitar a ocorrência da bitributação) ou através de medidas bilaterais (com a celebração de Convenções firmadas entre dois ou mais Estados, por exemplo).[39]

Quando uma Convenção Tributária sobre o Rendimento é firmada por dois diferentes Estados que pretendem se aproximar comercialmente e estimular a fluente troca de bens e serviços entre ambos,[40] especificamente quando se trata do Brasil, geralmente segue o Modelo elaborado pela OCDE, o qual dedica um capítulo específico para os chamados "Métodos de Eliminação da Dupla Tributação" no Artigo 23.

O Professor Alberto Xavier explica que na esteira das normas de reconhecimento de competência a um ou ambos os Estados Contratantes surge o problema logicamente subsequente que se suscita quando, determinado um caso de competência cumulativa, se torna necessário limitar o exercício de tal competência com vista a eliminar ou reduzir o efeito do concurso de pretensões em que a dupla tributação consiste. Daí porque a Convenção estabelece normas de limitação de competência que se dirigem tanto ao Estado de residência como também ao Estado da fonte.[41]

Sob outra perspectiva, o Professor Heleno Taveira Tôrres registra que o Estado pode assumir o princípio da neutralidade fiscal interna, isto é, neutralidade fiscal à exportação (*capital export neutrality principle*), "pelo qual aos sujeitos residentes que produzem rendimentos *também* no exterior, ou *apenas* no exterior, deve ser consentido o mesmo tratamento tributário que é dado aos residentes que produzem renda exclusivamente no interior do Estado, nem mais nem menos favorável"; ou o princípio da neutralidade fiscal externa, ou seja, neutralidade fiscal à importação, "pelo qual aos sujeitos residentes que produzem rendimentos também no

---

39 Com efeito, na esteira de Giuliani Fonrouge, Gilberto de Castro Moreira Junior lembra que há outras medidas bilaterais ou multilaterais que podem ser aplicadas para evitar a dupla tributação internacional da renda, como a busca de princípios gerais suscetíveis de adquirir o caráter de lei uniforme internacional, papel que hoje pode ser desempenhado pela Convenção de Viena (Lei dos Tratados), a qual recentemente foi internalizada pelo Brasil, bem como através da crescente harmonização das legislações. Para aprofundamento, ver: MOREIRA JUNIOR, Gilberto de Castro. *Bitributação Internacional e Elementos de Conexão*. São Paulo: Aduaneiras, 2003, p. 65-67. A respeito das possibilidades e dos limites contidos nas Convenções como instrumento hábil para eliminar ou reduzir a dupla tributação da renda no plano internacional, cabe registrar que: "Realmente, as convenções bilaterais nem sempre eliminam completamente a dupla tributação, considerando-se os seus aspectos quantitativos. Frequentemente, apenas atenuam os seus efeitos, sendo que, em determinadas circunstâncias, implícita ou expressamente, deixam que ela subsista, mormente em se tratando de matérias não consideradas básicas, sobre as quais os Estados não entram em acordo. Ademais, os dispositivos da convenção destinados a eliminar a dupla tributação internacional podem ser aplicados de forma incorreta. Neste caso, o contribuinte prejudicado não dispõe de uma autoridade judiciária internacional a que se possa dirigir para lograr a eliminação da dupla tributação. As autoridades judiciárias internas nem sempre têm competência para solucionar questões oriundas da má interpretação e aplicação das convenções internacionais, especialmente se praticadas por ambos os Estados contratantes. Assim, persistindo a dupla tributação em desacordo com a convenção internacional, o único remédio disponível para o contribuinte poderá ser o procedimento amigável, geralmente previsto pelas convenções sobre dupla tributação internacional, por meio do qual as autoridades competentes dos Estados contratantes tentam resolver as dificuldades ou as dúvidas provenientes da interpretação ou da aplicação da convenção, podendo, todavia, não chegar a qualquer acordo" (BORGES, Antônio de Moura. *Possíveis soluções para o problema da dupla tributação internacional*. Revista Fórum de Direito Tributário – RFDT. Belo Horizonte: Editora Fórum, ano 5, n. 27, maio/jun. 2007, p. 46).

40 Em verdade, tal aproximação comercial entre dois países requer o cumprimento de certas finalidades e funções: "As convenções contra a dupla tributação internacional têm como finalidade precípua a prevenção ou a eliminação da dupla tributação internacional ou dos seus efeitos, embora atualmente exerçam também outras funções, como combater a evasão e a elisão tributária internacional, proteger os contribuintes, estabelecer a cooperação entre as administrações tributárias e facilitar os investimentos, dispondo, assim, de regras destinadas a implementar essas funções" (BORGES, Possíveis soluções..., *op. cit.*, p. 45-46).

41 XAVIER, Alberto. *Direito Tributário Internacional do Brasil*. 6ª ed. Rio de Janeiro: Forense, 2007, p. 811; XAVIER, Alberto. *Direito Tributário Internacional do Brasil*. 7ª ed. Rio de Janeiro: Forense, 2010, p. 639.

exterior ou tão-somente no exterior deve ser prestado o mesmo tratamento fiscal que vigora no Estado dentro do qual tais rendimentos são produzidos, aplicável aos sujeitos que operam exclusivamente no âmbito daquele ordenamento".[42]

Em linhas gerais e levando em consideração o Comentário da OCDE sobre o Artigo 23 da sua Convenção Modelo, Alberto Xavier pontua o problema: "É hoje opinião geral que o ônus da eliminação da dupla tributação incumbe basicamente ao país da residência. O país da fonte deve limitar-se, além da redução de alíquotas em casos especiais (dividendos, juros e *royalties*), respeitar escrupulosamente o princípio da territorialidade, na sua acepção de princípio da fonte e adotar definições claras dos elementos de conexão, sobretudo a de estabelecimento permanente, que não contribuam para a formação de cúmulos de pretensões".[43]

Em regra, cabe ao Estado de residência eliminar ou reduzir o grave problema da dupla tributação quando existir Convenção firmada: "A obrigação do Estado de residência de aplicar os métodos da isenção ou da imputação existe em todos os casos em que um dado rendimento 'possa ser tributado pelo Estado da fonte de acordo com as disposições da Convenção'".[44] [45]

---

[42] Em seguida, complementa: "Enquanto a *neutralidade fiscal à exportação* procura resguardar os sujeitos residentes de um mesmo Estado que produzem rendas dentro e fora deste, ou apenas fora, o *princípio da neutralidade fiscal à importação*, ao contrário, busca garantir aos residentes de um Estado, que produzem rendas externamente, o mesmo tratamento que o país da fonte concede aos seus residentes, e aos sujeitos não-residentes o mesmo tratamento concedido aos seus residentes, que produzem rendas internamente" (TÔRRES, Heleno Taveira. *Pluritributação Internacional sobre as Rendas de Empresas*. 2. ed. São Paulo: Revista dos Tribunais, 2001, p. 427).

[43] Em seguida, complementa indicando os dois principais métodos em exame: "E como pode o país da residência proceder para esse efeito? Essencialmente por dois métodos distintos: o método da isenção (tradicionalmente adotado pelos países do continente europeu) e o método de imputação (da preferência dos países anglo-saxônicos)" (XAVIER, *op.cit.*, 2007, p. 811-812; XAVIER, *op.cit.*, 2010, p. 639).

[44] Frequentemente, o problema relaciona-se à interpretação e à aplicação das Convenções pelos dois Estados Contratantes: "Esta obrigação pode suscitar, porém, *conflitos de qualificação*. Se tais conflitos resultam de uma qualificação dada a um rendimento pela lei interna do Estado da fonte distinta da que lhe daria o Estado da residência, este último deve respeitar a qualificação do primeiro, considerando que o rendimento foi tributado 'de acordo com as disposições da Convenção'. Mas já assim não sucede se o conflito de qualificação resulta de o Estado de residência entender que o Estado da fonte interpretou equivocadamente uma disposição convencional, tributando um rendimento que não estaria autorizado a tributar, caso em que o Estado da residência não é obrigado a aplicar os métodos do art. 23, por considerar que o rendimento em causa não foi tributado 'de acordo com as disposições da Convenção'" (XAVIER, *op.cit.*, 2007, p. 813; XAVIER, *op.cit.*, 2010, p. 640-641).

[45] O artigo foi publicado em: *Última Instância (Coluna)*. São Paulo, 31.07.2014. Disponível na internet: http://ultimainstancia.uol.com.br/conteudo/colunas/72210/anotacoes+ao+art.+23+dos+tratados+para+evitar+a+bitributacao+da+renda.shtml. Acesso em: 31.07.2014.

DIREITO TRIBUTÁRIO E LEGISLAÇÃO INTERNA

REFIS IV: Panorama da consolidação

Foi publicada no DOU de 04.02.2011 a Portaria Conjunta PGFN/RFB n° 2, que dispõe sobre os procedimentos a serem observados pelo sujeito passivo para a consolidação dos débitos nas modalidades de pagamento e de parcelamento de que tratam os arts. 1° a 13 da Lei n° 11.941, de 27 de maio de 2009.

O diploma regulamentar divide-se em 6 capítulos: I-Do cronograma da consolidação e da retificação de modalidades; II-Dos procedimentos prévios à consolidação; III-Da consolidação das modalidades; IV-Da revisão; V-Das disposições gerais; e VI-Das disposições finais.

O cronograma estabelecido no art. 1°, que especifica as seguintes etapas que deverão ser seguidas pelo sujeito passivo, vai do dia 1° de março até 29 de julho:

I – no período de 01 a 31.03.2011, consultar os débitos parceláveis em cada modalidade e retificar modalidades de parcelamento, se for o caso;

II – no período de 04 a 15.04.2011, prestar as informações necessárias à consolidação, no caso de pessoa jurídica optante por modalidade de pagamento à vista com utilização de créditos decorrentes de prejuízo fiscal ou de base negativa da CSLL;

III – no período de 02 a 25.05.2011, prestar as informações necessárias à consolidação de todas as modalidades de parcelamento, no caso de pessoa física e da modalidade de parcelamento de débitos decorrentes do aproveitamento indevido de créditos do IPI, no caso de pessoa jurídica;

IV – no período de 07 a 30.06.2011, prestar as informações necessárias à consolidação das demais modalidades de parcelamento, no caso de pessoa jurídica submetida ao acompanhamento econômico tributário diferenciado e especial no ano de 2001 ou de pessoa jurídica que optou pela tributação do IRPJ e da CSLL no ano-calendário de 2009 com base no Lucro Presumido, cuja DIPJ do exercício de 2010 tenha sido apresentada até 30.09.2010;

V – no período de 06 a 29.07.2011, prestar as informações necessárias à consolidação das demais modalidades de parcelamento, para as demais pessoas jurídicas.

O art. 2° estabelece o regime da migração dos pedidos efetuados na forma dos arts. 1° a 3° da Medida Provisória n. 449/08, esclarecendo que tais opções validadas serão automaticamente habilitadas para consolidação nas modalidades da Lei n. 11.941/09.

O art. 3º prevê a possibilidade de retificação de modalidade de parcelamento, seja alterando (com o cancelamento da anterior requerida e substituindo-a por nova modalidade), desde que não existam débitos a serem parcelados na modalidade a ser cancelada, a modalidade esteja aguardando consolidação e existam débitos a serem parcelados, seja incluindo nova modalidade.

Dentre os procedimentos prévios à consolidação das modalidades de pagamento à vista ou de parcelamento com uso dos créditos decorrentes de prejuízo fiscal e base negativa, o art. 4º dispõe sobre a necessidade das informações anteriores ao início da consolidação e a indicação dos montantes disponíveis a serem indicados. Se tais montantes confirmados pela RFB forem inferiores aos indicados pela pessoa jurídica, será adotada a ordem de prioridade do art. 6º para confirmação dos créditos solicitados. É vedado que tais montantes, solicitados para utilização em determinada modalidade, sejam alterados após a conclusão da consolidação, ainda que rescindida a respectiva modalidade. O art. 8º dispõe sobre a baixa dos referidos montantes na escrituração fiscal do sujeito passivo.

O art. 9º estabelece a prestação das informações pelo sujeito passivo, necessárias à consolidação de modalidade de parcelamento ou de pagamento à vista com o uso de crédito de prejuízo fiscal e de base negativa da CSLL, esclarecendo o seguinte como se dará a conclusão da consolidação.

O art. 12 dispõe que se considera deferido o parcelamento na data em que o sujeito passivo concluir a apresentação das informações necessárias à consolidação. Esclarece, ademais, que os efeitos do deferimento retroagem à data do requerimento de adesão. Quanto aos débitos com exigibilidade suspensa, o art. 13 reabre o prazo para desistência de impugnação ou de recurso administrativo ou de ação judicial até o último dia útil do mês subsequente à ciência do deferimento da respectiva modalidade de parcelamento ou da conclusão da consolidação, observadas as condições necessárias. Os arts. 14 e 15 dispõem sobre a revisão da consolidação, que importará recálculo das prestações devidas a partir da data original de conclusão da prestação das informações necessárias à consolidação.

O art. 16 prevê a apresentação de manifestação de inconformidade quando os montantes de prejuízo fiscal e base negativa, confirmados pela RFB, sejam inferiores aos montantes solicitados para utilização pelo sujeito passivo, com decisão definitiva.[1]

Os Investimentos Pré-Olímpicos

Nos próximos anos o Rio de Janeiro terá uma agitada agenda de eventos esportivos, com a 5ª Edição dos Jogos Mundiais do Conselho Internacional de Esporte Militar (2011), a Copa das Confederações da FIFA (2013), a Copa do Mundo da FIFA (2014), os Jogos Olímpicos (2016) e, por fim, os Jogos Paraolímpicos (2016).

Além de auspicioso para o incremento do turismo na Cidade Maravilhosa, todo o fluxo de pessoas em torno de tais eventos promete deixar como legado relevante desenvolvimento na infraestrutura da cidade. Para que isso realmente ocorra é necessário que sejam estimulados os investimentos e as oportunidades de negócios para a construção e a reforma de estádios de futebol e para o setor de transporte público urbano, enfim, é preciso aproveitar o momento para focarmos na reforma urbana do Rio. A estimativa inicial dos gastos com os investimentos indicados excede trinta bilhões de reais.

Quanto ao projeto referente aos Jogos Olímpicos, as principais áreas cariocas que receberão tais investimentos são: a Barra da Tijuca, a Lagoa Rodrigo de Freitas, a Praia de Copacabana, o Parque do Flamengo, as regiões do Maracanã e do Estádio João Havelange e a região de Deodoro.

---

1   Artigo publicado em: *Jornal Gazeta de Notícias*. Rio de Janeiro, 2ª Fase, Ano II, n. 295, 19 a 21.02.2011, p. 6 (Análise Financeira).

Nos dias 22 e 23 de fevereiro, a *International Bar Association* – IBA, promoveu interessante seminário sobre a envergadura necessária aos investimentos pré-olímpicos. Com conteúdo multidisciplinar e trazendo a experiência das cidades-sede anteriores, o evento contou com a inscrição de aproximadamente cento e oitenta profissionais de variadas áreas do Direito, discutindo relevantes temas, como os desafios que serão enfrentados: na criação de um modelo de energia eficiente e sustentável, com a necessidade de repensar as atuais políticas energéticas, objetivando desenvolver e implementar política voltada à energia renovável; na busca do legado ambiental que pode ser deixado com um projeto sustentável e consciente da manutenção da cidade "verde"; com o impacto no setor prestador de serviços em razão dos eventos; e, por fim, no preparo da cidade com as construções necessárias para suportar com conforto o fluxo estimado de pessoas (com o aprimoramento do transporte urbano, a construção de mais hotéis, a reforma de portos e aeroportos, o recapeamento de ruas e rodovias e a qualificação da mão de obra necessária para a consecução dessas e outras atividades).

Nesse sentido, assume especial relevo, requerendo o envolvimento direto de profissionais especializados, o seguinte ponto relacionado ao desafio para financiar a infraestrutura, com a indicação do que deve e do que não deve ser feito, observando-se algumas diferentes visões sob a ótica dos financiadores (como o BNDES e o setor privado dos bancos), bem como o desafio regulatório referente aos projetos de infraestrutura no Brasil, especialmente à luz das oportunidades no mercado de capitais geradas a partir dos projetos.

Além disso, alguns aspectos devem ser abordados desde logo no tocante à necessária otimização dos processos de resolução de disputas, já que a morosidade da Justiça Comum poderia, em tese, inviabilizar o rígido cronograma e, consequentemente, a consecução das construções necessárias e cujo compromisso foi assumido pela cidade quando se tornou vitoriosa dentre as demais candidatas. Com a "corrida contra o tempo" que se estabelece até o momento dos eventos, é preciso que eventuais conflitos e disputas sejam devidamente equacionados no menor tempo possível, razão pela qual devem ser consideradas alternativas, como a arbitragem e a mediação, dentre outras.

Ademais, cumpre notar desde logo a importância das questões aduaneiras e de importação/exportação, devendo-se considerar a livre troca de bens e serviços, em consonância com a nossa Constituição de 1988, as regras da WTO, a Convenção sobre Contratos para a Venda Internacional de Bens e as questões aduaneiras do Mercosul.

Por fim, mas não menos importante, cabe destacar os desafios e os incentivos dos projetos de infraestrutura sob o enfoque eminentemente tributário, isto é, os obstáculos tributários e os incentivos fiscais que devem ser considerados quando da contratação de financiamento e construção, especialmente sob a perspectiva dos investidores.

Quanto aos aspectos tributários envolvidos nesses projetos até o momento, abordaremos o tema nessa coluna de modo específico em outra oportunidade.

Há muito trabalho duro pela frente. De um lado, é preciso que a sociedade civil se organize e acompanhe o cronograma e a execução das obras necessárias. De outro, é necessário que o Estado organize-se e firme as parcerias e contratos para cumprir as metas almejadas. Afinal, o objetivo almejado com essas oportunidades é também promover a tão esperada reurbanização de nossa Cidade Maravilhosa.[2]

Utilização de crédito acumulado do ICMS

No final do ano passado foi publicado no DOE-RJ o Decreto do Estado do Rio de Janeiro n. 42.646, de 05.10.2010, que disciplina a utilização ou transferência de saldos credores acumulados do ICMS para liquidação de débito tributário relativo a fato gerador ocorrido até 30.06.2010, cuja solicitação deve ocorrer até *31.03.2011*.

---

2   Publicado originalmente em: *Jornal Gazeta de Notícias*. Rio de Janeiro, 2ª Fase, Ano II, n. 300, 26 a 28.02.2011, p. 6 (Análise Financeira).

A permissão prevê a utilização ou transferência dos saldos credores acumulados do ICMS decorrentes de: I – operações que destinem mercadorias para o exterior ou serviços prestados a destinatários no exterior; II – operação de saída interestadual ou prestação de serviço realizada a contribuinte localizado em outra unidade federada, com alíquotas diferenciadas; III – operação de saída interna realizada com o benefício fiscal referente à isenção de ICMS nas operações e prestações internas, relativas a aquisição de bens, mercadorias ou serviços por órgãos da Administração Pública Estadual (Convênio Confaz n. 26/03 e Resolução SEFAZ-RJ n. 47/03).

A utilização pode dar-se para pagamento de Autos de Infração próprios com a liquidação de débitos tributários do ICMS que se encontrem: I – constituídos ou não; II – inscrito ou não em dívida ativa, considerado isoladamente, mesmo em fase de execução fiscal já ajuizada; III – que tenham sido objeto de parcelamento anterior, não integralmente quitado e cujo parcelamento não tenha sido efetuado com benefício de anistia total ou parcial.

A utilização ou a transferência limita-se, no máximo, a 80% do débito tributário integral, devendo, no mínimo, os 20% restantes serem pagos a vista (DARJ). Além disso, a adesão aos termos do decreto implica confissão irrevogável e irretratável do débito fiscal, bem como expressa renúncia a qualquer defesa ou recurso administrativo ou judicial, relativamente aos débitos incluídos na referida solicitação.

Em 03.03.2011, foi publicada no DOE-RJ a Resolução Conjunta SEFAZ/PGRJ-RJ n. 105, que regulamenta o decreto acima. O diploma regulamentar contém 18 artigos e se divide estruturalmente da seguinte maneira: I – Da formalização do pedido; II – Da homologação do saldo credor e sua utilização; II.1 – Da utilização dos créditos para quitação de débitos próprios do requerente; II.2 – Da transferência de créditos; III – Das disposições finais.

Quando da formalização do pedido, o contribuinte solicitará à repartição fiscal de sua circunscrição o reconhecimento da legitimidade dos saldos credores acumulados do ICMS, indicando o montante do débito a liquidar, com a informação do número do Auto de Infração, da Nota de Lançamento ou da inscrição em Dívida Ativa, se for o caso, bem como atenderá aos demais requisitos cabíveis do art. 1º, no prazo previsto até 31.03.2011.

Em seguida, a repartição fiscal dará forma processual ao pedido e verificará a regularidade e legitimidade dos créditos, no prazo de 60 dias contado do protocolo da solicitação. Após a legitimação do montante dos saldos credores apontados pelo contribuinte, a repartição fiscal encaminhará o processo para homologação ou não do crédito. Homologado o crédito, será dada ciência ao requerente. Não homologado, a decisão será fundamentada, será dada ciência ao requerente e serão adotadas as demais providências cabíveis, na forma do art. 5º.

Quando solicitar a utilização dos créditos para quitação de débitos próprios, o requerente apresentará, no prazo de 10 dias da ciência da homologação: petição formalizando a confissão irrevogável e irretratável do débito tributário; DARJ correspondente ao pagamento de, no mínimo, 20% do débito; e o livro RUDFTO para lavratura do termo de ocorrência. Recebida a documentação, o processo será encaminhado à Secretaria Adjunta de Fiscalização – SAF, que submeterá o pedido para decisão do Secretário de Estado de Fazenda. Autorizada a utilização, será providenciada a quitação do débito tributário nos sistemas do Estado.

Se a opção for no sentido de transferir os créditos homologados, aplica-se a Seção II do Capítulo II (arts. 9º ao 15). O saldo credor acumulado será utilizado primeiramente para compensação de débitos tributários existentes contra qualquer estabelecimento do mesmo titular que o detenha, sendo vedada a transferência a terceiro caso exista débito tributário do titular não compensado, salvo se ele estiver com sua exigibilidade suspensa na data do pedido.

Dentre as disposições finais, o art. 16 estabelece o prazo de 60 dias, contado da data do pagamento do DARJ, para o requerente comprovar perante a Procuradoria responsável a desistência das ações e recursos cabíveis. Por fim, cabe o alerta de que a Contadoria Geral do Estado deve editar, no prazo de 15 dias após a publicação da resolução, normas relativas aos aspectos contábeis destinados ao correto registro da baixa das inscrições por compensação.[3]

A exclusão dos sócios nas execuções fiscais

A inclusão e a manutenção dos sócios (representantes legais) da empresa no pólo passivo de execuções fiscais já foi prática largamente difundida no ordenamento jurídico nacional. Contudo, recentemente, essa situação modificou-se completamente no campo legislativo, seguindo orientações que se consolidaram na seara jurisprudencial.

O art. 13 da Lei n. 8.620/93 dispunha que "os sócios das empresas por cotas de responsabilidade limitada respondem solidariamente com seus bens pessoais, pelos débitos junto à Seguridade Social".

No campo legislativo, o dispositivo foi expressamente revogado pela Medida Provisória n. 449/08, convertida, posteriormente, na Lei n. 11.941/09 (art. 79, VII). A Lei n. 11.941/09, nos termos do seu artigo 80, entrou em vigor na data de sua publicação, razão pela qual o dispositivo perdeu sua vigência e eficácia a partir de 28.05.2009.

A Procuradoria-Geral da Fazenda Nacional, para continuar aplicando o artigo revogado, em 26.02.2010, baixou a Portaria PGFN n. 180, que trata sobre como a Procuradoria deve atuar no tocante à responsabilização de codevedor. Preceitua, no art. 3º, que se tratando de débito junto à Seguridade Social, cujo fato gerador tivesse ocorrido antes da entrada em vigor da Medida Provisória n. 449/08, convertida na Lei n. 11.941/09, o sócio de pessoa jurídica deveria ser incluído na Certidão de Dívida Ativa – CDA.

Entretanto, o mencionado art. 3º da Portaria PGFN n. 180/10 foi expressamente revogado pela Portaria PGFN n. 1.242, publicada em 02.12.2010. O próprio órgão reconheceu que a inclusão dos sócios em execução fiscal que cobra débitos da Seguridade Social não pode ser realizada mesmo em casos anteriores à revogação do artigo 13 da Lei n. 8.620/93.

No âmbito jurisprudencial, o Plenário do Supremo Tribunal Federal julgou inconstitucional o malogrado artigo 13, tanto sob o aspecto formal como também material (STF – RE 562.276/PR, Rel. Min. Ellen Gracie, j. 03.11.2010, DJe 10.02.2011). Insta ressaltar que a Relatora, Ministra Ellen Gracie, asseverou que, independentemente da revogação do artigo 13 pela Medida Provisória n. 449/08, convertida na Lei n. 11.941/09, o julgamento da questão se fazia necessário, na medida em que "o dispositivo questionado vigorou por quase 16 anos, havendo milhares de processos sobre a matéria aguardando o julgamento definitivo da questão por este STF, os quais vêm sendo represados já há mais de dois anos. Daí a urgência para que este Tribunal defina a questão e promova assim o encerramento dessa miríade de controvérsias repetitivas que sobrecarregam o sistema judiciário".

Ademais, cabe registrar que a exclusão dos sócios de execuções fiscais impõe-se necessária, inclusive diante de eventual fundamento de sua manutenção em razão da aplicação do inciso III do art. 135 do Código Tributário Nacional – CTN. Isto porque, a orientação pacífica do Superior Tribunal de Justiça, inclusive com julgamento sob o rito de recurso repetitivo, é no sentido de que a simples falta de pagamento do tributo não configura, por si só, nem em tese, circunstância que acarreta a responsabilidade solidária dos sócios da empresa (STJ – REsp. 1.101.728/SP, Rel. Min. Teori Albino Zavascki, j. 11.03.2009, DJe 23.03.2009).

Nesse precedente, o STJ reiterou seu entendimento anterior, no sentido de que a ausência de recolhimento do tributo não gera, necessariamente, a responsabilidade solidária do sócio-gerente, sem que se tenha prova de que agiu com excesso de poderes ou infração à lei, ao contrato social ou ao estatuto da empresa" (STJ – EREsp. 374.139, Rel. Min. Castro Meira, j. 10.11.2004, DJU 28.02.2005).

---

3   Publicado em: *Jornal Gazeta de Notícias*. Rio de Janeiro, 2ª Fase, Ano II, n. 312, 19 a 21.03.2011, p. 6 (Análise Financeira).

Verifica-se, por conseguinte, que na seara legislativa e regulamentar, por força das limitações postas pela orientação jurisprudencial dos Tribunais Superiores, as portarias da Fazenda Nacional estabelecem critérios cada vez mais delimitados para efetuar a inclusão dos sócios para responsabilização com aplicação do inciso III do artigo 135, do CTN, isto é, somente ocorrerá após a declaração fundamentada da autoridade competente da Receita Federal do Brasil (RFB), do Ministério do Trabalho e Emprego (MTE) ou da PGFN acerca da ocorrência de, pelo menos, uma das seguintes situações: (a) excesso de poderes; (b) infração à lei; (c) infração ao contrato social ou estatuto; ou (d) dissolução irregular da pessoa jurídica.

Se uma ou mais das condições acima não for(em) comprovada(s), então o Procurador da Fazenda Nacional responsável, não sendo o caso de prosseguimento da execução fiscal contra o devedor principal ou outro codevedor, deverá requerer a suspensão do feito por noventa dias e diligenciar para produção de provas necessária à inclusão do responsável solidário na Certidão de Dívida Ativa – CDA da União.[4]

Mudanças recentes no regime tributário dos consórcios de empresas

Em 12.04.2011 foi encaminhado pelo Congresso Nacional à sanção da Presidenta da República o Projeto de Lei de Conversão n. 06/11, que no seu art. 1º regula o cumprimento de obrigações tributárias por consórcios de empresas.

Em breve retrospecto de tal mudança legislativa, cabe mencionar que em 29.10.2010 foi publicada a Medida Provisória n. 510, que regula o cumprimento de obrigações tributárias por consórcios que realizem negócios jurídicos em nome próprio. Na ocasião, a Exposição de Motivos que acompanhou o diploma justificou a novidade trazida pela maior agilidade que seria conferida aos consórcios para cumprir diretamente as obrigações tributárias principais e acessórias.

Além disso, o diploma trouxe a solidariedade tributária das empresas consorciadas no cumprimento das obrigações tributárias por consórcios que realizem negócios jurídicos em nome próprio, sob a justificativa de que o consórcio não tem personalidade jurídica, não integra relação jurídico-tributária e não possui patrimônio próprio, o que poderia inviabilizar a execução de créditos tributários decorrentes de operações do consórcio.

Assim, a redação da MP 510 previa que os consórcios cumpririam as respectivas obrigações tributárias, principais e acessórias, sempre que realizassem negócios jurídicos em nome próprio, inclusive nas contratações. Além disso, estabelecia que seriam solidariamente responsáveis pelas obrigações tributárias decorrentes dos negócios jurídicos referidos as empresas consorciadas, com expresso afastamento do § 1º art. 278 da Lei n. 6.404/76, o qual dispõe que o consórcio não tem personalidade jurídica e as consorciadas somente se obrigam nas condições previstas no respectivo contrato, respondendo cada uma por suas obrigações, sem presunção de solidariedade.

Ora, a mudança trazida pela MP 510 deu-se no sentido de que, ao menos na prática, se reconhecesse no consórcio um ente capaz de cumprir as obrigações tributárias principais e acessórias, e com responsabilidade solidária das empresas que o integram. Assim, sob o ponto de vista prático, seria equiparado a uma pessoa jurídica, embora permanecesse sem a personalidade jurídica. O intuito era dar maior agilidade ao consórcio no trato dos negócios jurídicos que realiza em nome próprio e, principalmente, conferir maior facilidade ao fisco na hipótese de execução de créditos tributários decorrentes de suas operações.

Durante o processo legislativo de conversão em lei da MP 510, a dicção dos dispositivos foi simplificada. Nesse sentido, o projeto que aguarda sanção da Presidenta dispõe que as empresas integrantes de consórcio consti-

---

4 Publicado em: *Jornal Gazeta de Notícias*. Rio de Janeiro, 2ª Fase, Ano II, n. 322, 02 a 04.04.2011, p. 6 (Análise Financeira).

tuído nos termos dos arts. 278 e 279 da Lei n. 6.404/76, respondem pelos tributos devidos, em relação às operações praticadas pelo consórcio na proporção de sua participação no empreendimento. Além disso, prevê que o consórcio que realizar contratações, poderá efetuar a retenção de tributos e o cumprimento das respectivas obrigações acessórias, ficando as empresas consorciadas solidariamente responsáveis. Tal solidariedade aplica-se também se a retenção de tributos ou o cumprimento das obrigações acessórias relativos ao consórcio forem realizados por sua empresa líder. A retenção de tributos abrange o recolhimento das contribuições previdenciárias patronais, inclusive a incidente sobre a remuneração dos trabalhadores avulsos, e das contribuições destinadas a outras entidades e fundos, além da multa por atraso no cumprimento das obrigações acessórias.

Verifica-se, portanto, que o consórcio permanece sem personalidade jurídica, o afastamento do § 1º art. 278 da Lei n. 6.404/76 caiu durante o trâmite legislativo, as empresas integrantes do consórcio respondem pelos tributos devidos na proporção de sua participação no empreendimento, a retenção de tributos e o cumprimento das respectivas obrigações acessórias são faculdades (permissivas), situação na qual as empresas consorciadas ficam solidariamente responsáveis.

Tais modificações aplicam-se somente aos tributos administrados pela Secretaria da Receita Federal do Brasil, entram em vigor na data de publicação da referida lei e produzem efeitos a partir de 29.10.2010 (data de publicação da MP 510).

Resta acompanhar nos próximos dias se a Presidenta da República vai sancionar ou vetar o projeto de lei de conversão, na forma do art. 66 da Constituição da República, especialmente no que tange às mudanças recentes no regime tributário dos consórcios de empresas. Afinal, grandes empreendimentos são realizados e geridos através dos consórcios de empresas, especialmente no Rio de Janeiro, onde se esperam enormes investimentos na infraestrutura para que a Cidade Maravilhosa receba a Copa do Mundo em 2014 e as Olimpíadas em 2016.[5]

Panorama tributário do momento

Superado o período de Festas que se prolongou até o Carnaval, ou a Semana Santa, como pensam alguns, podemos ver claramente a agitação do ambiente no que toca ao Direito Tributário.

No cenário legislativo, em 20.05.2011, foi publicada a Lei n. 12.407, que promove modificações no regime de incentivos fiscais e fruição de benefícios para o desenvolvimento regional.

Em 03.05.2011, foi publicada a Lei n. 12.402 (conversão da MP 510) que, dentre outras providências, regula o cumprimento de obrigações tributárias por consórcios que realizarem contratações de pessoas jurídicas ou físicas, assunto que já tivemos oportunidade de explorar nesse espaço semanal.

Na seara infralegal, em 17.05.2011, foi publicada a IN RFB 1.157, que regulamentou a Lei n. 12.350/2010, prevendo a suspensão do PIS e da COFINS nas operações com aves e suínos, bem como na produção de insumos utilizados na fabricação de seus alimentos. Tal desoneração é específica para o segmento alimentício relacionado às aves e aos suínos.

Além disso, em 13.05.2011, foi publicada a IN RFB 1.154, que dispõe sobre a dedutibilidade dos juros pagos ou creditados por fonte situada no Brasil à pessoa física ou jurídica residente ou domiciliada no exterior, considerada vinculada ou residente em país ou dependência com tributação favorecida ou regime fiscal privilegiado, e sobre a dedutibilidade de despesas gerais incorridas por fonte situada no Brasil à pessoa física ou jurídica residente ou domiciliada em país ou dependência com tributação favorecida ou regime fiscal privilegiado.

---

5   Publicado em: *Jornal Gazeta de Notícias*. Rio de Janeiro, 2ª Fase, Ano II, n. 332, 16 a 18.04.2011, p. 7 (Análise Financeira).

Esse ato regulamentar foi aguardado desde a publicação da Lei n. 12.249/2010 que, por sua vez, foi a conversão da MP 472. Esse diploma legal criou no Brasil as chamadas regras de subcapitalização (*thin capitalization rules*). Cabe registrar, no entanto, que com a criação de tais regras no ordenamento nacional, o Brasil caminha rumo ao patamar dos países mais desenvolvidos em matéria de Tributação Internacional. Verifica-se, portanto, a relevância de tal regulamentação, a qual se espera que esclareça situações que ficaram, no mínimo, ambíguas ou nebulosas quando da instituição de tais regras.

Ainda no campo da Tributação Internacional, cabe mencionar relevante atividade iniciada pela OCDE. Até 15.07.2011 submeteu ao público uma minuta para discussão sobre o esclarecimento do sentido de "beneficiário efetivo" na sua Convenção Modelo Tributária. Tais contribuições serão examinadas pelo órgão competente em setembro de 2011. O resultado disso será importante para os artigos 10, 11 e 12, da Convenção Modelo, que poderão sofrer modificações na sua próxima revisão.

No campo jurisprudencial, nas últimas semanas julgamentos de grande relevo para o cenário tributário nacional. Em 18.05.2011, o Plenário do STF decidiu manter a constitucionalidade da inclusão do valor do ICMS na sua própria base de cálculo. A decisão foi tomada no julgamento do RE 582.461 e ratificou jurisprudência antiga, já firmada em 1999, quando do julgamento do RE 212.209. A decisão torna-se ainda mais relevante porque foi tomada sob o regime da repercussão geral e, após a sua conclusão, foi proposta a edição de Súmula Vinculante sobre o tema, que possivelmente virá no futuro.

Cabe aqui um breve esclarecimento. A despeito do que alguns apressados possam pensar, o julgamento de tal questão não tem qualquer relação com o exame do mérito posto na ADC 18, que cuida da legitimidade (ou não) da inclusão da parcela de ICMS sobre a base de cálculo da COFINS e do PIS. As discussões são distintas e não se relacionam, sendo certo que esse não é o momento oportuno para explorar tais diferenças.

Na semana passada, a 2ª Turma do STJ entendeu que a fiança bancária, já aceita pela Fazenda para garantir uma execução fiscal, pode ser substituída pela penhora de dinheiro. Isso pode ocorrer, por exemplo, com o bloqueio de distribuição de dividendos ou JCP aos acionistas da empresa. Na prática, tal situação constrangedora e com impactos difusos e profundos já tem sido experimentada pela Fazenda contra as empresas por ela executada. Com isso, o STJ sinaliza no sentido da legitimidade de tal procedimento.

No âmbito administrativo, foi publicado em 18.05.2011 o Acórdão 1402-00217, no qual o CARF reconheceu a dedutibilidade das despesas compartilhadas por empresas de um mesmo grupo: "Tratando-se de coligadas, uma vez reconhecido que os serviços contratados em conjunto são relacionados às atividades ou à manutenção de sua fonte produtora de ambas, e foram devidamente comprovados, correta a dedutibilidade mediante rateio". Além disso, também recentemente, o CARF tomou decisão que afeta diversas empresas que compraram, com deságio, participações acionárias. Entendeu que a amortização dessa diferença não integra a base de cálculo do PIS e da COFINS.[6]

Ainda o parcelamento

Nos últimos anos, após a instituição de alguns programas de parcelamentos excepcionais, adveio o REFIS IV (Refis da Crise). Foi criado com escopo amplo de carona no cenário da crise financeira internacional e com a promessa de ajudar os contribuintes a sanear seus balanços, com baixas de provisões e contingências.

Tal como idealizado pelos altos escalões dos órgãos que compõem a administração tributária, e como foi alardeado publicamente por seus representantes, a sua "intenção" parecia ter sido a busca pela estabilidade da si-

---

6   Publicado em: *Jornal Gazeta de Notícias*. Rio de Janeiro, 2ª Fase, Ano II, n. 355, 21 a 23.05.2011, p. 3 (Análise Financeira).

tuação fiscal dos contribuintes que ocasionalmente se viam devedores. Pugnava-se, como tive a oportunidade de ouvir em palestra, como ponto central a regularidade fiscal, que seria encarada sob uma perspectiva prospectiva. A palavra-chave parecia ser o diálogo proposto pela administração tributária com os contribuintes.

Ocorre que, por diversos fatores essa realidade parece ter cambiado em algum momento do passado recente, tais como: a imediata recuperação do País frente à crise financeira internacional; a retomada do crescimento das grandes empresas; o despreparo dos recursos humano e tecnológico dos órgãos da administração tributária nos escalões inferiores; como decorrência da anterior, o descontrole durante o procedimento de adesão, deferimento, indicação dos débitos, desistências/renúncias das discussões judiciais e administrativas dos débitos, dentre outros; enfim, a distância abismal entre a operacionalização rotineira do complexo programa de parcelamento que foi instituído e a sua idealização inicial pelos altos escalões do governo federal.

Independentemente de qualquer juízo de valor que seja atribuído a qualquer um (ou mais) de tais fatores, a complexa sistemática do programa de parcelamento instituído pela Lei n. 11.941/09 criou dúvidas e gerou insegurança, tanto nos operadores dos órgãos da administração tributária como também, e principalmente, nos contribuintes.

Estamos às vésperas de mais uma relevante etapa para a consolidação, que ocorrerá de 07 a 30 de junho, para as pessoas jurídicas optantes pelas modalidades de parcelamento previstas nos arts. 1º ou 3º da Lei n. 11.941/09 e que estejam submetidas ao acompanhamento econômico-tributário diferenciado e especial em 2011 ou que optaram pela tributação do IRPJ e da CSLL no ano-calendário com base no Lucro Presumido, quando deverão: a) indicar os montantes disponíveis de créditos decorrentes de prejuízo fiscal ou de base negativa da CSLL; b) confessar demais débitos não previdenciários em relação aos quais o contribuinte esteja desobrigado à entrega de Declaração; e c) prestar informações necessárias à consolidação, tais como: selecionar os débitos parceláveis e indicar o número das prestações, na forma da Portaria Conjunta PGFN/RFB n. 2/2011.

Temos lido na mídia especializada e nos sítios eletrônicos de notícias tributárias, além de vivenciarmos na prática, o levantamento por parte da Procuradoria da Fazenda Nacional de variados (e insubsistentes) óbices à adequada adesão e/ou conclusão referente ao programa de parcelamento de diferentes contribuintes. Em realidade, consoante informações obtidas por diferentes fontes, o sistema operacional que deveria viabilizar na prática todas as possibilidades facultadas pela Lei n. 11.941/09 não foi concluído com êxito, isto é, deixou lacunas e campos abertos que não poderão ser solucionados administrativamente pelo sistema implementado.

Em razão disso, a Procuradoria da Fazenda Nacional tem-se dedicado a levantar óbices de ordem procedimental ou formal, com o objetivo de excluir certos débitos (os mais problemáticos para a operacionalização do sistema defeituoso) do programa de parcelamento. Isso ocorre, por exemplo, pela leitura obtusa de que a conversão do depósito realizado nos autos de processo judicial com o levantamento do saldo remanescente cuidaria necessariamente da hipótese de pagamento à vista, e não de parcelamento, a despeito do atendimento das exigências impostas para essa categoria específica de adesão.

A consequência prática disso, na visão obtusa desses (des)operadores é que o prazo para desistência das ações judiciais e/ou defesas administrativas submetia-se ao limite de 30.11.09, não se prolongando até o dia 1º.03.10, como ocorreu com os demais casos, inclusive com a indicação equivocada dos dispositivos legais e regulamentares. Donde se conclui, (i)logicamente, que a conversão do depósito em renda deve-se dar de modo integral, sem qualquer saldo remanescente a ser levantado pelo contribuinte com as reduções previstas pela Lei n. 11.941/09. Como sempre, o "presente" recebido pelos contribuintes foi de grego! Recomendamos às pessoas, físicas e jurídicas, envolvidas no parcelamento, máxima atenção nos próximos passos desse procedimento.[7]

---

7   Publicado em: *Jornal Gazeta de Notícias*. Rio de Janeiro, 2ª Fase, Ano II, n. 365, 4 a 6.06.2011, p. 3 (Análise Financeira).

A inconstitucionalidade da guerra fiscal

No dia 1º de junho, o Pleno do Supremo Tribunal Federal julgou o mérito de diversas ações diretas de inconstitucionalidades (ADIs), que versaram sobre a legitimidade ou não da concessão de benefícios fiscais no âmbito do ICMS sem a prévia deliberação do Conselho Nacional de Política Fazendária (CONFAZ) ou ao arrepio da Constituição da República (CF), concedidos por alguns Estados em detrimento de outros. É a chamada "Guerra Fiscal" dos Estados.

Além de declarar inconstitucionais atos legais e regulamentares publicados pelo Estado do Rio de Janeiro, o STF também invalidou diplomas provenientes dos seguintes Estados: Paraná, Mato Grosso do Sul, São Paulo, Espírito Santo, Pará e o Distrito Federal (ADIs 2.906/RJ, 2.376/RJ, 3.674/RJ, 3.413/RJ, 4.457/PR, 2.688/PR, 3.794/PR, 3.664/RJ, 4.152/SP, 3.803/PR, 2.352/ES, 1.247/PA, 3.702/ES e 2.549/DF).

Os principais dispositivos constitucionais em jogo no julgamento foram os seguintes: "Qualquer subsídio ou isenção, redução de base de cálculo, concessão de crédito presumido, anistia ou remissão, relativos a impostos, taxas ou contribuições, só poderá ser concedido mediante lei específica, federal, estadual ou municipal, que regule exclusivamente as matérias acima enumeradas ou o correspondente tributo ou contribuição, [...]" (CF, art. 150, § 6º); Compete aos Estados instituir o ICMS, que depende de lei complementar para regular a forma como, mediante deliberação dos Estados e do Distrito Federal, isenções, incentivos e benefícios fiscais serão concedidos e revogados (CF, art. 155, § 2º, XII, g).

No âmbito específico do Rio de Janeiro, foram julgados ilegítimos os seguintes benefícios concedidos pelo Estado, ou seja, aquele que: desonerou do pagamento do ICMS as operações internas com insumos, materiais, máquinas e equipamentos destinados a emprego em plataformas de petróleo e as embarcações utilizadas na prestação de serviços marítimos e de navegação; que reduziu o ICMS nas operações internas com querosene de aviação; dispôs sobre a concessão de incentivos fiscais para a importação de equipamentos esportivos de caráter olímpico; e instituiu regime especial para as operações envolvendo refino de sal para alimentação. Especial atenção merece a declaração de inconstitucionalidade de lei que regularizou a situação das empresas que tiveram suspenso o benefício de prazo especial de pagamento do ICMS por lei que fora anteriormente declarada inconstitucional pelo STF.

Os acórdãos correspondentes ainda não foram publicados, razão pela qual não nos parece pertinente, nesse momento, examinar ou destacar qualquer um dos fundamentos que embasou os votos dos Ministros do STF. Parece-nos muito mais proveitoso destacar algumas consequências que poderão advir do resultado do julgamento em foco, algumas das quais têm sido noticiadas na grande mídia especializada.

De fato, declarada a inconstitucionalidade do ato normativo que concedeu benefícios fiscais, remanesce pendente o julgamento subsequente de processos penais eventualmente promovidos contra as empresas e os contribuintes que obtiveram esses benefícios. Isso seria uma situação desconfortável na qual a "Guerra Fiscal" promovida entre os diferentes Estados da Federação poderia atingir diretamente os contribuintes, o que soa intuitivamente injusto.

Além disso, como ficam as empresas que usaram os créditos quando eram válidos? Poderão agora ser cobradas? De um lado, como não houve nenhum tipo de modulação de efeitos da decisão, em princípio, entendemos que sim. Aqui, uma alternativa seria pleiteá-la com a oposição de embargos de declaração tão logo sejam publicados os acórdãos. De outro lado, cria-se a seguinte situação delicada: o mesmo Estado que deu no passado, agora terá que cobrar. Em razão disso, é possível que a disputa continue, agora entre os Estados que tiveram seus atos normativos declarados inconstitucionais e os contribuintes que, na ocasião, agiram de boa-fé.

De todo modo, a reafirmação do STF nos julgamentos do dia 1º de junho, no sentido de que os Estados não podem conceder qualquer tipo de benefício fiscal envolvendo ICMS sem Convênio prévio do CONFAZ, sinaliza que o STF continuará a derrubar tais benefícios, quando instado a se pronunciar a respeito. Houve, inclusive, proposta do Ministro Gilmar Mendes para que a Corte encontre uma nova forma de encaminhar ações desse tipo, objetivando não permitir tão largo transcurso de tempo até o julgamento de mérito, como ocorreu em alguns dos casos julgados na sessão do dia 1º.

Nesse sentido, recomendamos que as empresas que usaram ou vêm usando benefícios concedidos nessas condições revejam suas situações atuais e futuras à luz dos julgamentos do STF em foco, com vistas a minimizar eventuais riscos a que estejam submetidas.[8]

Os atuais desafios para o desenvolvimento

Nos últimos dias tivemos algumas notícias interessantes. Uma delas esclarece que os consórcios interessados na licitação pública para a construção do "trem-bala" que ligará Campinas, São Paulo e Rio de Janeiro não depositaram suas propostas e manifestaram desinteresse às condições estabelecidas no edital divulgado. Como essa, outras notícias relacionadas ao esforço que deverá ser empreendido pelo País e, principalmente, pelos Estados e Municípios envolvidos com os vultosos projetos que se avizinham, como a Copa do Mundo 2014 e as Olimpíadas 2016, têm ganhado cada vez mais destaque na grande mídia.

Isso faz lembrar um problema antigo do Brasil e que ainda não contou com a "vontade política" necessária para se tornar realidade. Refiro-me à Reforma Tributária que, depois do advento do Código Tributário Nacional jamais veio de forma séria e permanente. Ao contrário, repetidas vezes durante diferentes governos, buscou-se "passar" o que foi "possível" (de acordo com o capital político de cada governo) de modo fragmentado, pontual e claramente paliativo.

É rotineira a crítica do empresariado (que produz, emprega e circula riqueza no País) no sentido de questionar, com legitimidade, a enorme e desnecessária burocracia no cumprimento das obrigações tributárias (principais e acessórias), a excessiva oneração da folha de salários, a elevada carga tributária (especialmente quando comparada com o pífio retorno dos investimentos públicos, por exemplo, em saúde e educação), a desmesurada sanha arrecadatória dos órgãos públicos competentes e a insegurança jurídica criada nesse cenário de tamanha incerteza.

De fato, no tocante à burocracia, basta pensarmos na quantidade de dias necessários para cumprir todas as incontáveis obrigações tributárias. Isso certamente poderia ser simplificado com a redução do número dos tributos e maior concentração das obrigações.

A necessidade de desonerar a folha de salários é uma reivindicação antiga de variados setores da sociedade civil. Por vezes, alguns programas de governo, em épocas eleitorais, contemplam algumas saídas (mais ou menos) criativas a respeito disso, mas o fato é que o movimento necessário para essa mudança ainda não se iniciou.

Chega a ser corriqueiro o comentário lamuriante dos contribuintes no sentido de que, se o País fosse desenvolvido, então seria justa a elevada carga tributária a que estão submetidos. É que deixa a desejar no oferecimento dos serviços básicos e triviais, como é a saúde e a educação, aí de certa forma a crítica passa a ser irrespondível. Com efeito, hoje é cobrado muito tributo para pouco serviço (e de péssima qualidade).

A sanha arrecadatória dos órgãos públicos competentes merece destaque. Já foi responsável pela criação de algumas distorções lamentáveis no sistema tributário nacional. Exemplo disso é o uso deletério que

---

8   Publicado em: *Jornal Gazeta de Notícias*. Rio de Janeiro, 2ª Fase, Ano II, n. 370, 11 a 13.06.2011, p. 3 (Análise Financeira).

foi feito das contribuições sociais pela União que, em pouco mais de uma década, logrou transformar instrumento excepcional de arrecadação no mais burocrático e permanente meio arrecadatório, como fez com a COFINS e o PIS.

Além disso, outra distorção flagrante que se verificou no passado e que perdura até hoje é a verdadeira "chantagem" que o Poder Público faz com as empresas no tocante à concessão de certidões (negativas ou positivas com efeitos de negativas). O que era para ser um meio de pressionar maus contribuintes para que regularizassem suas situações fiscais passou a ser um entrave no funcionamento de qualquer empresa hoje, por mais correto que seja o desempenho de suas atividades.

Distorção semelhante e atualíssima se refere à possibilidade (esdrúxula) de compensação compulsória no caso de empresa com débito em aberto com a Fazenda Pública, tanto para que esta deixe de pagar os precatórios como também na hipótese de levantamento dos depósitos efetuados durante o processo judicial.

Quanto à insegurança jurídica gerada nesse cenário, onde já se cunhou que "no Brasil tudo é tão possível que até o passado é incerto", leva a um caminho que afugenta o empresariado e repele a circulação de riqueza e criação de mais empregos.

Ninguém ignora o desgaste político necessário para uma obra grandiosa como essa (levar a cabo a tão esperada Reforma Tributária no País). Aí entramos em outro campo, referente à Reforma Política. O feito, contudo, certamente agigantaria o currículo do governante que lograsse êxito em projeto de tal envergadura.

É crucial nesse ponto do nosso caminho que as decisões certas sejam tomadas e que o rumo do País seja compromissado no sentido do pleno desenvolvimento. A hora do País do Futuro chegou. Precisamos de máxima atenção às decisões estratégicas do governo, especialmente quanto ao sistema tributário nacional, com vistas a não perdermos o bonde, já que o "trem-bala" ainda está longe de chegar.[9]

A regulamentação dos consórcios de empresas

A constituição do consórcio de empresas realiza-se pela celebração de um contrato por duas ou mais entidades, com vistas a executar grandes obras e projetos, na forma dos arts. 278 e 279 da Lei n. 6.404/76 (LSA) e, recentemente, do art. 1º da Lei n. 12.402/11. Em 17 de outubro foi publicada a IN RFB n. 1.199, que regulamenta os procedimentos fiscais dispensados aos consórcios.

A recente regulamentação revoga expressamente a anterior, contida nas IN RFB n. 834/08, n. 917/09 e n. 1.057/10, tornando-se a atual disciplina regulamentar acerca do tema. Cabe registrar a entrada em vigor de suas regras, já que parte se deu na data de sua publicação e outra parte a partir de 29.10.2010. Ela aplica-se às contribuições previdenciárias, às destinadas a outras entidades e fundos, bem como à multa por atraso no cumprimento das obrigações acessórias, observadas as regras específicas constantes da IN RFB n. 971/09.

A IN RFB n. 1.199/11 manteve o regulamento anterior. De fato, a grande maioria das regras então existentes foi compilada e consolidada em consonância com a novel matriz legal. Ficou mantida a regra geral de que as empresas integrantes de consórcio respondem pelos tributos devidos, em relação às operações praticadas pelo consórcio, na proporção de sua participação no empreendimento.

Quando realizar contratação em nome próprio, contudo, poderá efetuar a retenção de tributos e o cumprimento das respectivas obrigações acessórias, inclusive quando realizada pela empresa líder, ficando as empresas consorciadas solidariamente responsáveis. Desse modo, cada pessoa jurídica participante do consórcio deverá

---

9   O texto foi publicado em: *Jornal Gazeta de Notícias*. Rio de Janeiro, 2ª Fase, Ano II, n. 398, 23 a 25.07.2011, p. 6 (Análise Financeira).

apropriar suas receitas, custos e despesas incorridos, proporcionalmente à sua participação no empreendimento e observado o seu regime tributário.

Manteve a determinação de que a empresa líder deverá manter registro contábil das operações do consórcio por meio de escrituração segregada na sua contabilidade. O § 3º do art. 3º trouxe a seguinte novidade: na ausência de empresa líder, ou se não houver disposições legais exigindo a indicação de uma líder, deverá ser eleita uma das consorciadas para a finalidade de manter o registro contábil. Tais registros das operações no consórcio, deverão corresponder ao somatório dos valores das receitas, custos de despesas das pessoas jurídicas consorciadas, podendo tais valores serem individualizados proporcionalmente à participação de cada consorciada no empreendimento. Além disso, cada pessoa jurídica consorciada deverá efetuar a escrituração segregada das operações relativas à sua participação no consórcio em seus próprios livros contábeis, fiscais e auxiliares, que deverão ser mantidos até que ocorra a prescrição dos créditos tributários decorrentes de tais operações.

Ficou mantida a regra pela qual o faturamento correspondente às operações do consórcio será efetuado pelas pessoas jurídicas consorciadas, mediante a emissão de Nota Fiscal própria, proporcionalmente à participação de cada uma no empreendimento. A seguinte novidade foi trazida pelo § 1º do art. 4º: na hipótese de uma ou mais das consorciadas executar partes distintas do objeto do contrato de consórcio, bem como realizar faturamento direto e isoladamente para a contratante, a consorciada remeterá à empresa líder ou à consorciada eleita, mensalmente, cópia dos documentos comprobatórios de suas receitas, custos e despesas incorridas.

O art. 6º estabelece que nos pagamentos decorrentes das operações do consórcio sujeitos à retenção na fonte, a retenção, o recolhimento e o cumprimento das respectivas obrigações acessórias, devem ser efetuados em nome de cada pessoa jurídica consorciada, proporcionalmente à sua participação no empreendimento. O § 1º traz o seguinte esclarecimento: na hipótese de o consórcio realizar a contratação em nome próprio, a responsabilidade pela retenção e demais obrigações acessórias, caberá (a) às consorciadas, mediante o uso do CNPJ próprio de cada pessoa jurídica, se o consórcio apenas efetuar as contratações, ficando a responsabilidade pelos pagamentos à conta das consorciadas, beneficiárias das contratações; ou (b) ao consórcio, mediante o uso do seu próprio CNPJ, se este também efetuar os pagamentos relativos às contratações. Se a empresa líder ou eleita assumir a responsabilidade pela contratação e pagamento, a retenção de tributos e o cumprimento das respectivas obrigações acessórias deverão ser por ela efetuados, mediante seu próprio CNPJ. Estas opções não poderão ser aplicadas concomitantemente entre si. Todavia, a opção escolhida deve prevalecer para todo o ano-calendário, manifestando-se de forma irretratável mediante o primeiro recolhimento referente a tributos retidos realizado no ano-calendário.[10]

As Zonas de Processamento de Exportação

As Zonas de Processamento de Exportação se caracterizam como áreas de livre comércio de importação e exportação, destinadas à instalação de empresas voltadas para a produção de bens a serem comercializados no exterior, sendo consideradas zonas primárias para efeito de controle aduaneiro.

Poderá instalar-se em ZPE a pessoa jurídica que assuma o compromisso de auferir e manter, por ano-calendário, receita bruta decorrente de exportação para o exterior de, no mínimo, 80% de sua receita bruta total de venda de bens e serviços. Os interessados devem requerer a instalação da empresa em ZPE, mediante apresentação de projeto à sua administradora legal para manifestação acerca da aceitação do empreendimento. Com a sua aceita-

---

10   O texto foi publicado em: *Jornal Gazeta de Notícias*. Rio de Janeiro, 2ª Fase, Ano II, n. 466, 29 a 31.10.2011, p. 4 (Análise Financeira).

ção, o interessado precisará submeter o projeto à apreciação do Conselho Nacional das ZPEs, vinculado ao MDIC, órgão competente para a análise final.

O início do funcionamento das ZPEs fica condicionado ao prévio alfandegamento da respectiva área, entendido como a autorização, pela RFB, para: i) estacionamento ou trânsito de veículos procedentes do exterior ou a ele destinados; ii) embarque, desembarque ou trânsito de viajantes procedentes do exterior ou a ele destinados; iii) movimentação, armazenagem e submissão a despacho aduaneiro de mercadorias procedentes do exterior, ou a ele destinadas, inclusive sob regime aduaneiro especial; iv) bens de viajantes procedentes do exterior, ou a ele destinados; e v) remessas postais internacionais, nos locais e recintos onde tais atividades ocorram sob controle aduaneiro.

As ZPEs têm como escopo: i) atrair investimentos estrangeiros; ii) criar empregos; iii) reduzir desequilíbrios regionais; iv) promover a difusão tecnológica e o desenvolvimento econômico e social do País; e v) aumentar a competitividade das exportações brasileiras.

Operar em ZPE traz as seguintes vantagens: i) para aquisição de bens e serviços, a empresa contará com a suspensão de IPI, COFINS e PIS (no mercado interno), bem como de II, IPI, COFINS-Importação, PIS-Importação e AFRMM (na importação); ii) a simplificação das operações; iii) a redução dos custos operacionais pelo fato de não haver necessidade de licenças e estar em uma área alfandegada, com desembaraço aduaneiro no próprio local; iv) a flexibilização nos procedimentos de importação de máquinas, aparelhos, instrumentos e equipamentos, inclusive usados; v) não há exigência de prazo máximo para efetivação de exportações e não há exigência de Licenças de Importação; vi) não se sujeita à revogação e alteração, com o prazo mínimo de 20 anos.

Possíveis desvantagens para as empresas que se instalarão em ZPE: i) ficam restritas aos benefícios previstos na Lei 11.508, impedidas de obter outros incentivos; ii) não são adequadas àqueles que objetivam a venda ao mercado interno; iii) eventuais custos operacionais relacionados à logística de escoamento dos produtos para o exterior.

Cabe registrar que há certos limites que devem ser observados sobre as ZPEs, como: i) é vedada a instalação de empresas cujos projetos evidenciem a simples transferência de plantas industriais já instaladas no País; ii) às empresas que se ali se instalarem não poderão constituir filial ou participar de outra pessoa jurídica localizada fora de ZPE; e iii) não serão autorizadas a produção, a importação ou a exportação de armas ou explosivos de qualquer natureza e de material radioativo, salvo com prévia autorização do Comando do Exército e da Comissão Nacional de Energia Nuclear, respectivamente.

Embora o ato legislativo que instituiu as ZPEs seja de 1988, até o momento não há notícia de que já exista alguma em fase efetivamente operacional. No dia 24.11, contudo, o Delegado da Receita Federal no Acre emitiu parecer favorável ao alfandegamento da ZPE do Acre (em Senador Guiomard). Esta constitui a última etapa para a sua consolidação. O parecer foi encaminhado à Superintendência Regional da Receita Federal, no Pará, para provável confirmação. Quando aprovado, será iniciada a seleção dos empreendimentos e instalação das indústrias na ZPE do Acre.

Hoje há outras 22 ZPEs em diferentes fases pré-operacionais. Como as ZPEs estão espalhadas estrategicamente pelos diferentes Estados-membros do País, é possível que as empresas examinem a melhor localização para que possam se instalar onde for mais interessante sob o ponto de vista de sua operação. No RJ há apenas a ZPE de Itaguaí.

É necessária especial atenção para a disciplina legal e regulamentar das ZPEs. Recentemente, a Lei 12.546, publicada em 15.12, modificou o art. 25 da Lei 11.508/07, prevendo que o ato de criação de ZPE já autorizada até 13.10.1994 caducará se até 31.12.2012 a administradora da ZPE não tiver iniciado, efetivamente, as obras de implantação. Cabe indagar: é clara a indicação de que a ZPE finalmente sairá do papel?[11]

---

11 O texto foi publicado em: *Jornal Gazeta de Notícias*. Rio de Janeiro, 2ª Fase, Ano II, n. 504, 24 a 26.12.2011, p. 4 (Análise Financeira).

O Estado do Rio de Janeiro dá nova anistia tributária

Em 29 de dezembro de 2011 foi publicada no Diário Oficial do Estado do Rio de Janeiro a Lei n. 6.136, que dispõe sobre a exclusão integral das multas e parte dos juros relativos a débitos inscritos em dívida ativa.

Fica concedida remissão integral das multas e parcial dos juros, relativamente aos débitos, tributários ou não, inscritos em Dívida Ativa, ajuizados ou não, que tenham por vencimento original data anterior a 30.11.2011. Quando o crédito público esteja limitado à aplicação da multa, será esta reduzida a 30% de seu valor. Cabe assinalar que tal remissão aplica-se ao saldo remanescente dos débitos consolidados de parcelamentos anteriores, mesmo que tenham sido excluídos dos respectivos programas e parcelamentos.

Além disso, a referida lei dispõe sobre a regularização dos débitos em foco mediante o pagamento à vista, o parcelamento em até 18 vezes ou a compensação com créditos de precatórios expedidos.

O optante dos benefícios da lei deverá indicar pormenorizadamente no requerimento quais débitos deverão ser nele incluídos e importa confissão irrevogável e irretratável dos débitos indicados, configurando confissão extrajudicial e implicando na renúncia irretratável a qualquer direito com vistas a provocação futura, em sede administrativa ou judicial, acerca de principal ou acessórios relativos aos créditos. Há expresso condicionamento do requerente à aceitação plena e irretratável de todas as condições estabelecidas na lei e em sua regulamentação. As reduções previstas na lei não são cumulativas com outras previstas na legislação vigente e serão aplicadas somente em relação aos saldos devedores dos débitos.

O pagamento à vista e o parcelamento do débito em até 18 vezes implica na redução de 50% dos juros de mora e a exclusão integral das multas. Cuidando-se de parcelamento, o seu requerimento suspende a exigibilidade do débito inscrito em dívida ativa, consoante determina o art. 151, inciso III, do CTN.

Com o intuito de acelerar o processo de liquidação dos precatórios ainda pendentes, o Estado do Rio de Janeiro reabriu, por prazo limitado, a possibilidade de que precatórios sejam utilizados para o pagamento de créditos inscritos em dívida ativa, a exemplo do que previu a Lei n. 5.647/10.

Fica o Poder Executivo autorizado a realizar a compensação dos débitos em tela com créditos representados por precatórios judiciais extraídos contra o Estado do Rio de Janeiro. Tal opção implica na exclusão integral das multas e redução de 50% dos juros de mora. O limite do débito inscrito em dívida ativa a ser compensado com precatório é de 95%, devendo a diferença de 5% ser objeto de pagamento em dinheiro nos 5 dias úteis seguintes à comunicação do deferimento do requerimento de compensação. Vencido tal prazo sem o correspondente pagamento, o despacho de deferimento será considerado nulo.

A compensação é condicionada a que o precatório, cumulativamente: I – já tenha sido incluído em orçamento para pagamento; II – não seja objeto de qualquer impugnação ou recurso judicial, salvo a hipótese de expressa renúncia ao valor controvertido; e III – seja de titularidade do requerente.

O requerimento de compensação será dirigido ao Procurador-Geral do Estado e será instruído com: I – certidão expedida pelo Tribunal competente, atestando: a) a titularidade e exigibilidade do crédito decorrente do precatório; b) o valor atualizado do crédito individualizado do requerente; II – renúncia expressa e irretratável a qualquer direito com vistas à provocação futura.

O requerimento para a realização da compensação suspende a exigibilidade do débito inscrito em dívida ativa, consoante dispõe o art. 151, inciso III, do CTN. Todavia, se for indeferido o requerimento de compensação, a exigibilidade do débito será imediatamente retomada.

Caso o débito ainda não esteja inscrito em Dívida Ativa, o devedor interessado deverá requerer, até o último dia útil do segundo mês subsequente à vigência da lei em questão, aos órgãos responsáveis pela administração dos respectivos débitos, seu imediato encaminhamento para inscrição em dívida ativa.

O requerimento de adesão às condições da remissão previstas na lei deve ser feito pelo interessado a partir do dia 01.02.2012, quando a lei entrará em vigor, até o dia 31.05.2012. O Poder Executivo do Estado regulamentará, por decreto, as demais condições e requisitos para a adesão aos termos da Lei n. 6.136/11.

Verifica-se, portanto, louvável esforço do Estado do Rio de Janeiro no sentido de acelerar o processo de liquidação dos precatórios ainda pendentes, especialmente se considerarmos a atual realidade brasileira, onde se encontra vigente a espúria Emenda do Calote (EC 62/09), que foi questionada por ação direta e aguarda a decisão do STF.[12]

Política tributária – O que esperar do governo para 2012?

Levando em consideração a conclusão do primeiro ano de governo da Presidenta Dilma, é possível traçar breve delineamento em torno de alguns aspectos de sua política tributária, especialmente se observarmos os últimos atos do ano passado.

Dentre eles, destaca-se o Regime Especial de Reintegração de Valores Tributários para as Empresas Exportadoras – REINTEGRA, instituído inicialmente pela Medida Provisória 540, posteriormente convertida na Lei 12.546, e regulamentado pelo Decreto 7.633, todos de 2011. A intenção inicial declarada era criar um estímulo para as empresas exportadoras, com a previsão de "reintegrar" valores referentes a custos tributários residuais existentes nas suas cadeias de produção. Com isso, objetiva-se aumentar a competitividade da indústria nacional. O valor do resíduo tributário será calculado mediante a aplicação do percentual de 3% sobre a receita decorrente da exportação de bens manufaturados no País por pessoa jurídica produtora (para fins de ressarcimento).

Além disso, a primeira Zona de Processamento de Exportação – ZPE foi colocada em prática no Acre, com a promessa de estimular a exportação com a suspensão de IPI, COFINS e PIS, a simplificação das operações, a redução dos custos operacionais (já que o desembaraço aduaneiro é feito no próprio local), a flexibilização nos procedimentos de importação de máquinas, aparelhos, instrumentos e equipamentos, inclusive usados e não se sujeita à revogação e alteração, com prazo mínimo de 20 anos.

O Decreto 7.631/11, que altera a TIPI, modifica as alíquotas do IPI incidentes sobre os eletrodomésticos que menciona e reduz a zero a alíquota do IPI incidente sobre papel sintético destinado à impressão de livros e periódicos.

O Decreto 7.603/11 regulamenta as condições para aprovação dos projetos considerados como prioritários na área de infraestrutura ou de produção econômica em pesquisa, desenvolvimento e inovação. Tais projetos serão geridos e implementados por Sociedade de Propósito Específico (SPE) constituídas para esse fim, que podem assumir fa forma de companhia aberta, e submetidos à aprovação do Ministério respectivo, que deve fiscalizá-la, podendo aplicar penalidades no caso de não implementação do projeto reputado prioritários (assim entendido o investimento nos setores de logística e transporte, mobilidade urbana, energia, telecomunicações, radiodifusão, saneamento básico e irrigação).

A IN RFB 1.211/11 estabelece procedimentos necessários para habilitação ao gozo dos benefícios fiscais referentes à realização, no Brasil, da Copa das Confederações FIFA 2013 e da Copa do Mundo FIFA 2014, de que

---

12   O texto foi publicado em: *Jornal Gazeta de Notícias*. Rio de Janeiro, 2ª Fase, Ano III, n. 518, 14 a 16.01.2012, p. 4 (Análise Financeira).

trata a Lei 12.350/10. Esta lei estabelece o Regime Especial de Tributação para Construção, Ampliação, Reforma ou Modernização dos Estádios de Futebol (RECOPA), que suspende a exigência: da contribuição ao PIS e à COFINS incidentes sobre a receita auferida pela pessoa jurídica decorrente da venda de máquinas, aparelhos, instrumentos e equipamentos novos, de materiais de construção, da prestação de serviços e da locação de máquinas para utilização nas obras; do IPI incidente na saída do estabelecimento industrial ou equiparado, quando a aquisição no mercado dos bens referidos anteriormente; da contribuição ao PIS-Importação e à COFINS-Importação, bem como do Imposto de Importação quando referidos bens ou materiais de construção forem importados por pessoa jurídica habilitada ao regime.

A Portaria RFB 3.778/11 estabelece parâmetros para a indicação das pessoas jurídicas a serem submetidas a acompanhamento econômico-tributário diferenciado e especial no ano de 2012.

Diante do cenário anteriormente destacado, cabe registrar que na atual política tributária há ligeiros estímulos voltados para setores e segmentos específicos da economia, especialmente à exportação, com vistas a aprimorar a competitividade dos produtos brasileiros no atual mundo globalizado. São alterações que buscam resolver problemas e situações pontuais e paliativas.

Falta ao governo estabelecer uma verdadeira Política Tributária que, juntamente com a Política Fiscal do País, o conduza à desejável aspiração de se deslocar de mero emergente para desenvolvido. Para tanto, é necessário que o governo defina com clareza o que pretende realmente. De um lado, é possível estimular o crescimento da indústria nacional e incentivá-lo a aprimorar a sua competição no exterior. De outro, é necessário que os atuais instrumentos à disposição dos órgãos arrecadadores e fiscalizadores sejam adequadamente geridos (de cima para baixo, verticalmente) para não tratar as empresas que criam empregos e renda, circulando riqueza, como enormes devedores e contumazes transgressores. Afinal, são elas que movimentam a nossa economia.[13]

RJ regulamenta serviços de compras coletivas

Em 10 de janeiro de 2012 foi publicada a Lei n. 6.161, que estabelece parâmetros para o comércio coletivo de produtos e serviços através de sítios eletrônicos no âmbito do Estado do Rio de Janeiro.

Há informações de que o índice de fraudes no *e-commerce* seja relativamente baixo no Brasil. Além disso, a maior parte das determinações que a lei estadual trouxe para este nicho específico já consta efetivamente no Código de Defesa do Consumidor (CDC). Contudo, é importante registrar que as explicitações contidas na regulamentação recém-publicada indica a clara necessidade de controle do mercado em foco.

Em realidade, a lei estadual traz um elenco de medidas que devem ser adotadas pelas empresas que exploram o comércio eletrônico de vendas coletivas, com vistas a disponibilizar mais informações e, com isso, assegurar maior garantia aos consumidores. Diversas medidas que foram arroladas já constam no CDC e devem ser levadas a sério por qualquer empresa que pretenda atuar no mercado de maneira respeitosa e séria. Vejamos as principais medidas estabelecidas pela lei estadual.

As empresas em questão devem: a) manter serviço telefônico de atendimento ao consumidor, gratuito e de acordo com o Decreto n. 6.523/08, que regulamenta o CDC para fixar normas gerais sobre o Serviço de Atendimento ao Consumidor – SAC; b) disponibilizar na sua página eletrônica as informações sobre a localização da sua sede física; c) informar acerca da quantidade mínima de compradores para a liberação da oferta; d) conter o prazo

---

13 O texto foi publicado originalmente em: *Jornal Gazeta de Notícias*. Rio de Janeiro, 2ª Fase, Ano III, n. 532, 04 a 06.02.2012, p. 4 (Análise Financeira).

para a utilização da oferta por parte do comprador, que deverá ser de, no mínimo, 3 meses; e) conter o endereço e o telefone da empresa responsável pela oferta; f) advertir sobre eventuais complicações alérgicas e outras complicações que o produto possa causar, quando se cuidar de alimentos; g) se a oferta consistir em tratamentos estéticos ou assemelhados, advertir acerca das contra indicações para sua utilização; h) informar a quantidade de clientes que serão atendidos por dia e a forma de agendamento para a utilização da oferta por parte dos compradores; i) esclarecer a quantidade máxima de cupons que poderão ser adquiridos por cliente, bem como o período do ano, os dias de semana e horários em que o cupom da oferta poderá ser utilizado.

A lei prevê expressamente que: "Caso o número mínimo de participantes para a liberação da oferta não seja atingido, a devolução dos valores pagos deverá ser realizada em até 72 horas" (art. 4º).

Para evitar o manejo indiscriminado de SPAM, que é a praga cibernética atual, a lei dispõe que as informações sobre ofertas e promoções somente poderão ser enviadas a clientes pré-cadastrados através do sítio eletrônico, contendo expressa autorização para o recebimento das informações em sua conta de correio eletrônico.

O art. 7º estabelece que: "O descumprimento do contrato, cuja compra tenha sido concluída com sucesso pelos consumidores, gerará obrigações para a empresa de compras coletivas ou para a empresa responsável pela oferta do produto ou do serviço".

Por fim, a lei determina que as empresas que exploram o comércio eletrônico de vendas coletivas terão o prazo de 90 dias para se adequarem às suas determinações, ou seja, encerrando-se no dia 09 de maio de 2012.

É louvável a tentativa do Governo do Rio de Janeiro no sentido de resgatar as principais determinações do Código de Defesa do Consumidor aplicado ao comércio coletivo de produtos e serviços através de sítios eletrônicos. Dado o espantoso crescimento desse tipo de atividade, seria recomendável que a regulamentação própria ocorresse no âmbito federal, através de lei própria ou decreto que regulamente o CDC para essa atividade específica.[14]

O Pacote de Incentivos Fiscais da MP 563

Em 04.04 foi publicada a MP 563 que, no intuito de desdobrar o plano de incentivos ao setor produtivo nacional "Brasil Maior", trouxe algumas novidades que merecem atenção.

A MP 563 trata de diversos assuntos concentrando-se: a) na instituição de novos programas de incentivo fiscal, como o Pronon, o Pronas, o Prouca, o Reicomp, o REPNBL-Redes e o Inovar-Auto; b) na alteração de programas de incentivos já estabelecidos, como o Reporto, o Padis, o Repes e o Recap; c) nas desonerações pontuais, como a prorrogação da suspensão do PIS e da COFINS para o setor de papel para a imprensa, o estímulo para as empresas exportadoras e a desoneração na folha de pagamentos, dentre outras; e d) os métodos de arbitramento e aplicação das regras dos preços de transferência.

Dentre as modificações, destaca-se a redução de alíquota do adicional da COFINS-Importação referente aos bens relacionados no anexo da Lei 12.546/11, que passou de 1,5% para 1%, com vigência a partir de 01.08.2012, beneficiando os seguintes setores: farmacêutico, produtos químicos, plásticos e suas obras, têxtil, obras de pedra, vidros e suas obras, ferro e aço, máquinas e equipamentos (inclusive aparelhos de telecomunicação, reprodução, gravação de som e imagem), veículos automotores, helicópteros e aviões, embarcações, artigos de relojoaria e construções pré-fabricadas, dentre outros.

---

14   O texto foi disponibilizado em: *Última Instância*. São Paulo, 09.02.2012. Disponível na internet: http://ultimainstancia.uol.com.br/conteudo/artigos/54920/rj+regulamenta+servicos+de+compras+coletivas.shtml. Acesso em: 10.02.2012.

Ademais, na linha das modificações trazidas pela Lei n. 12.546/11, a MP 563 aumentou o elenco das empresas que terão a contribuição previdenciária patronal deslocada de 20% sobre a folha de salários para um percentual sobre o valor da receita bruta, variando entre 1% e 2%, a depender do segmento da empresa. A despeito da intenção declarada de desonerar determinados setores produtivos da economia, cabe registrar que é necessária cautela com essa mudança. É que se a empresa operar com poucos funcionários ou empregados e uma receita bruta alta, então a desoneração significará, na prática, um aumento da carga tributária no caso específico.

Além disso, o percentual de receitas derivadas de exportação, que caracterizam uma empresa como preponderantemente exportadora, foi reduzido para 50% nas situações previstas pela MP 563 (arts. 50 a 52).

Dentre as variadas mudanças que foram introduzidas pela MP 563, muitas delas pendem de regulamentação infra legal, seja do Ministro da Fazenda seja da SRFB. Além disso, há notícias de centenas de propostas de emendas à referida MP no âmbito do seu trâmite de conversão em lei no Congresso Nacional. Por isso, é necessária a máxima atenção com os próximos passos no tema.[15]

Caminhando para a alíquota uniforme do ICMS

Recentemente diferentes medidas foram adotadas para terminar (ou reduzir) com a chamada "Guerra Fiscal" entre os Estados da Federação. O caminho para unificar as alíquotas do ICMS é longo, mas parece ter sido iniciado, sobretudo a partir da decisão do STF sobre o tema.

Nesse sentido, em 26.04 foi publicada a Resolução do Senado Federal nº 13, que fixa em 4% a alíquota do ICMS nas operações interestaduais com bens e mercadorias importados do exterior. Aplica-se aos referidos bens que, após seu desembaraço aduaneiro: I-não tenham sido submetidos a processo de industrialização; II--ainda que submetidos a qualquer processo de transformação, beneficiamento, montagem, acondicionamento, reacondicionamento, renovação ou recondicionamento, resultem em mercadorias ou bens com Conteúdo de Importação (é o percentual correspondente ao quociente entre o valor da parcela importada do exterior e o valor total da operação de saída interestadual da mercadoria ou bem) superior a 40%. A resolução entra em vigor em 01.01.2013 e não se aplica: I-aos bens e mercadorias importados do exterior que não tenham similar nacional, a serem definidos em lista a ser editada pelo Camex; II-aos bens produzidos em conformidade com os processos produtivos básicos de que tratam o Decreto-Lei 288/67 e as Leis 8.248/91, 8.387/91, 10.176/01 e 11.484/07.

Além disso, em 24.04.2012, o Supremo Tribunal Federal submeteu a consulta pública o edital de proposta de Súmula Vinculante 69, com o seguinte teor: "Qualquer isenção, incentivo, redução de alíquota ou de base de cálculo, crédito presumido, dispensa de pagamento ou outro benefício relativo ao ICMS, concedido sem prévia aprovação em convênio celebrado no âmbito do CONFAZ, é inconstitucional".

A respeito de tal orientação do STF sobre o tema, cabe lembrar que no dia 01.06.2011, o Pleno do STF julgou o mérito de diversas ADIs e decidiu no sentido da inconstitucionalidade da concessão de benefícios fiscais no âmbito do ICMS sem a prévia deliberação do CONFAZ ou ao arrepio da CF, concedidos por alguns Estados em detrimento de outros.

Na ocasião, a declaração de inconstitucionalidade abarcou atos legais e regulamentares publicados nos Estados do Rio de Janeiro, Paraná, Mato Grosso do Sul, São Paulo, Espírito Santo, Pará e Distrito Federal.

---

15   O texto foi publicado em: *Última Instância (Coluna)*. São Paulo, 19.04.2012. Disponível na internet: http://ultimainstancia.uol.com.br/conteudo/colunas/55851/o+pacote+de+incentivos+fiscais+da+mp+563.shtml. Acesso em: 19.04.2012.

Os principais dispositivos constitucionais em jogo no julgamento foram os seguintes: "Qualquer subsídio ou isenção, redução de base de cálculo, concessão de crédito presumido, anistia ou remissão, relativos a impostos, taxas ou contribuições, só pode ser concedido mediante lei específica, federal, estadual ou municipal, que regule exclusivamente as matérias acima enumeradas ou o correspondente tributo ou contribuição [...]" (CF, art. 150, § 6º); Compete aos Estados instituir o ICMS, que depende de lei complementar para regular a forma como, mediante deliberação dos Estados e do DF, isenções, incentivos e benefícios fiscais serão concedidos e revogados (CF, art. 155, § 2º, XII, g).

A reafirmação do STF nesses julgamentos, no sentido de que os Estados não podem conceder qualquer tipo de benefício fiscal envolvendo ICMS sem Convênio prévio do CONFAZ, já sinalizou que o STF continuaria a derrubar tais benefícios, quando instado a se pronunciar a respeito. Na ocasião, houve, inclusive, proposta do Min. Gilmar Mendes para que a Corte buscasse encontrar uma nova forma de encaminhar ações desse tipo, objetivando não permitir tão largo transcurso de tempo até o julgamento de mérito.

Com a recente proposta de súmula vinculante, é possível, ao menos em tese, que a modulação temporal seja adotada para resguardar o período passado. Com isso, evitar-se-iam situações de provável constrangimento, na medida em que o mesmo Estado que concedera o benefício no passado, agora teria a obrigação de cobrar. Isso poderia eventualmente gerar a perpetuação das disputas dessa natureza, agora entre os Estados que tiveram seus atos normativos declarados inconstitucionais e os contribuintes que, na ocasião, agiram de boa-fé.

Desse modo, com base no art. 4º da Lei n. 11.417/06, poderia nesse momento o Supremo Tribunal Federal, por decisão de dois terços dos seus membros (isto é, oito Ministros), restringir os efeitos vinculantes ou decidir que só tenha eficácia a partir de outro momento, tendo em vista razões de segurança jurídica ou de excepcional interesse público.

Verifica-se, portanto, que o esforço parece ser no sentido de caminhar rumo à alíquota uniforme do ICMS, de modo a evitar a chamada "Guerra Fiscal" entre os Estados do Brasil. Se a tão esperada Reforma Tributária, que promoverá mudanças efetivas e profundas no sistema tributário nacional, não vem, contentemo-nos por enquanto com as "reformas" pontuais e paliativas.[16]

MP 563 exige olhar mais atento

Com a publicação da Medida Provisória 563 muito já se disse (e escreveu) sobre os principais incentivos promovidos para alguns setores da economia, bem como as modificações introduzidas no controle dos preços de transferência. É necessário acompanhar o trâmite de conversão em lei dessa Medida Provisória. Quando isso ocorrer, será necessário realizar breve cotejo entre o texto inicial da MP e o texto ao final aprovado na lei de conversão, já que constam centenas de emendas ao seu teor. Além disso, é igualmente importante atentar para os atos regulamentares que serão baixados para integrar e dar efetividade às modificações introduzidas.

Aprofundando a análise em torno das referidas modificações logramos identificar algumas inconsistências que podem eventualmente distorcer os "incentivos" inicialmente pretendidos, de modo a onerar ainda mais as empresas em certas situações.

Exemplo disso é que a Contribuição Previdenciária Patronal (CPP), prevista nos arts. 7º e 8º da Lei 12.546/11, que foram modificados pelo art. 45 da MP 563, deixa de incidir à alíquota de 20% sobre a folha de salários (o art. 22 da Lei 8.212/91) e passa a incidir sobre o valor da receita bruta à alíquota de 2% ou 1%, dependendo do enquadramento da empresa.

---

16   Publicado em: *Jornal Gazeta de Notícias*. Rio de Janeiro, 2ª Fase, Ano III, n. 590, 05 a 07.05.2012, p. 4 (Análise Financeira).

Tal "desoneração" pode significar a majoração indevida da carga fiscal incidente sobre a atividade da empresa, na medida em que essa mudança é obrigatória, e não opcional. É que se a empresa tiver uma estrutura enxuta de funcionários e um faturamento alto certamente terá significativo aumento no recolhimento da referida contribuição.

Outro exemplo disso refere-se ao controle nos preços de transferência. Para as empresas importadoras, em substituição aos atuais percentuais do PRL de 60% (transformação) e 20% (revenda), incidirão os seguintes percentuais fixos: 20% para todas as atividades, inclusive aquelas de transformação e revenda; exceto aquelas elencadas no patamar de 30% e aquelas enumeradas no patamar de 40%. É possível que tal mudança aumente a carga fiscal, sobretudo do setor manufatureiro.

Além disso, no tocante ao contencioso administrativo, o art. 20-A e o art. 20-B, ambos criados pela MP 563, propõem fórmula contraditória, cabendo ao Judiciário manifestar-se sobre se é vedado ou lícito ao contribuinte alterar o método de cálculo durante o ano-calendário e, nesse caso, em que condições.

Diante disso, é importante que a empresa verifique se as mudanças promovidas pela MP 563 importam efetivamente em desoneração para a sua atividade operacional. Caso o impacto seja negativo, com o indesejado aumento da carga fiscal sobre a atividade operacional da empresa, recomendamos a adoção das medidas judiciais cabíveis no momento oportuno.[17]

A "Guerra Fiscal" entre os Estados na ordem do dia

A comunidade jurídica está mobilizada para encontrar uma saída justa para a chamada "Guerra Fiscal" entre os Estados do Brasil. Mobiliza-se para a consulta pública referente ao edital de proposta de Súmula Vinculante n. 69, com o seguinte teor: "Qualquer isenção, incentivo, redução de alíquota ou de base de cálculo, crédito presumido, dispensa de pagamento ou outro benefício relativo ao ICMS, concedido sem prévia aprovação em convênio celebrado no âmbito do CONFAZ, é inconstitucional".

No âmbito da PSV 69, é curioso notar que consta a manifestação de variadas entidades na tentativa saudável de colaborar com o debate que ocorrerá entre os Ministros quando da votação sobre o teor do verbete. Dentre elas, há diferentes manifestações legítimas em torno da possível aplicação da modulação dos efeitos da súmula vinculante em questão, isto é, congregando do mesmo lado tanto os Estados (na condição de Administração Tributária) como também as empresas (na condição de contribuintes).

Isso ocorre porque as razões de segurança jurídica, aptas a fundamentar a aplicação da modulação dos efeitos, nos termos da faculdade prevista no art. 4º da Lei n. 11.417/06, se evidenciam, na presente hipótese, através de variados aspectos.

Inicialmente, o longo lapso de tempo eventualmente decorrido entre a concessão do benefício fiscal declarado ou considerado inconstitucional e os dias de hoje, por si só, já seria razão suficiente para profundas reflexões quanto a necessidade de ponderar os efeitos à luz das situações consolidadas com o decurso do tempo ao longo dos anos. De fato, depois de tantas ações, atos, gestos, decisões, todas tomadas no âmbito de certa região, tanto pelo Estado que concedeu o benefício impugnado como também pela empresa que ali se estabeleceu, como pretender que pura e simplesmente nunca tenha havido tal benefício? Ora, nada mais justo do que considera-lo como "revogado" daqui para frente (sob um ponto de vista prático), mas respeitando o período passado.

---

17   Veiculado em: *Última Instância (Coluna)*. São Paulo, 11.05.2012. Disponível na internet: http://ultimainstancia.uol.com.br/conteudo/colunas/56140/medida+provisoria+que+incentiva+setores+da+economia+exige+olhar+mais+atento.shtml. Acesso em: 11.05.2012.

Isso evitaria o constrangimento de colocar agora em pólos antagônicos duas figuras que até bem pouco eram colaboradores. Quando a empresa se instalou na região escolhida, certamente confiou na estabilidade das relações estatais e na legislação pertinente então disponível para a realização do projeto. A partir de agora, enfrentar-se-ão como *ex adversus* na medida em que caberá ao Estado (que antes concedeu o benefício fiscal) recuperar os valores que deixaram de ser recolhidos aos cofres estatais em razão do benefício. Por outro lado, a empresa (contribuinte que se instalou no local escolhido) terá razões de sobra para pleitear a legitimidade do benefício para o seu caso concreto.

Além disso, pressupondo que geralmente tais benefícios fiscais são concedidos em condições onerosas para as empresas, com a exigência formal de construção e instalação de fábrica ou planta industrial, com o objetivo de fomentar novos empregos e a economia da região, é importante indagar: como ficam os investimentos realizados em razão da confiança na relação estabelecida no passado? De fato, o cômputo dos custos inerentes à atividade operacional desempenhada pela empresa na região certamente levou em conta a incidência tributária que foi então avençada, e não a sua integralidade como atualmente está sendo exigida, no tocante ao ICMS.

Ademais, impõe-se registrar que não cabe ao Estado beneficiar-se de sua própria "torpeza", vez que concedeu benefício fiscal que sabia – ou deveria saber – indevido, não lhe cabendo agora, anos depois, pleitear em execução fiscal os valores que entende devido a título de complementação.

Por fim, mas não menos importante, cabe destacar que, no fundo, a presente questão cuida de clássica ponderação de bom senso, isto é, de que modo é possível dar a máxima efetividade e a maior concretude à Constituição da República? Entendemos que, na situação específica, a modulação tem o condão de acomodar os diferentes interesses envolvidos e, acima de tudo, fazer cumprir a Constituição, com o atendimento dos princípios da proporcionalidade, da razoabilidade e da segurança jurídica, dentre outros.

Com o objetivo de resguardar a proteção da confiança legítima e da boa-fé dos contribuintes que efetivamente instalaram suas operações contando com o benefício posteriormente reconhecido como ilegítimo, uma sugestão de interesse unânime na hipótese da chamada "Guerra Fiscal" refere-se à possível aplicação da modulação temporal dos efeitos de tal súmula, vez que atenderia aos interesses dos Estados que tiveram os benefícios fiscais que concederam declarados inconstitucionais e aos contribuintes que se viram surpreendidos com a revogação repentina e imediata que valeria a partir de agora (sem prejudicar o período pretérito dos últimos cinco anos).[18]

A tributação pelo ICMS do comércio eletrônico

Em 03.07.2012 foi aprovado no Senado Federal o Parecer da CCJ 817, que cuida de três PECs (56, 103 e 113, todas de 2011), as quais buscam mudar as regras de arrecadação do ICMS sobre o comércio eletrônico (*e-commerce*), com a repartição da receita contemplando também o Estado de destino. Na atual sistemática de arrecadação apenas o Estado de origem tem poder de tributar.

As PECs 56 e 113 cuidam das operações e prestações que destinem bens e serviços ao consumidor final localizado em outro Estado, estabelecendo que caberá ao Estado da localização do destinatário o ICMS correspondente à diferença entre a alíquota interna e a interestadual. A PEC 56 abrange tão somente o comércio eletrônico, enquanto a PEC 113 abrange todo o comércio interestadual, eletrônico e presencial.

---

18 O texto foi publicado originalmente em: *Jornal Gazeta de Notícias*. Rio de Janeiro, 2ª Fase, Ano III, n. 600, 19 a 21.05.2012, p. 3 (Análise Financeira).

A PEC 103 remete a definição das futuras alíquotas a Resolução do Senado Federal, com a proposta de percentuais provisórios até a sua edição (ficando assegurado ao Estado de destino 70% do ICMS correspondente à diferente entre a alíquota interna e a interestadual).

O referido Parecer prevê que em relação às operações e prestações que destinem bens e serviços a consumidor final, contribuintes ou não do imposto, localizados em outro Estado, aplicar-se-á a alíquota interestadual e caberá ao Estado de destino o imposto correspondente a diferença entre: a sua alíquota interna e a interestadual, quando o consumidor não for o contribuinte do imposto; a alíquota interna do Estado de origem e a interestadual, quando o consumidor final não for o contribuinte do imposto. A responsabilidade pelo recolhimento do imposto caberá ao destinatário, quando for contribuinte, e ao remetente quando o destinatário não for contribuinte do imposto. O referido Parecer foi aprovado pelo Senado Federal e os projetos seguirão para a Câmara dos Deputados. Vale a pena acompanhar!

Enquanto isso, a tributação pelo Estado de destino das crescentes operações do comércio eletrônico tem sido objeto de relevantes iniciativas na política estadual. Exemplo disso foi o Protocolo ICMS 21 firmado em 2011 por diversos Estados, no qual acordaram que seria exigível pelo Estado de destino a parcela do ICMS devida na operação interestadual em que o consumidor final adquire mercadoria através do comércio eletrônico.[19]

De olho na Receita Federal: últimas alterações normativas

Nos últimos meses tem sido intensa a atividade normativa da Receita Federal do Brasil. Para conhecer um pouco mais os seus atos editados nas últimas semanas, elegemos os que consideramos mais relevantes.

Em 09.07.2012 foi publicada a Instrução Normativa (IN RFB) 1.279, que dispõe sobre a apresentação da Declaração do Imposto sobre a Propriedade Territorial Rural (DITR) referente ao exercício de 2012.

Em 29.06.2012 foi publicada a IN RFB 1.277, que institui a obrigação de prestar informações relativas às transações entre residentes ou domiciliados no Brasil e residentes ou domiciliados no exterior que compreendam serviços, intangíveis e outras operações que produzam variações no patrimônio das pessoas físicas, das pessoas jurídicas ou dos entes despersonalizados.

Destaca-se que são obrigados a prestá-las:

I – o prestador ou tomador do serviço residente ou domiciliado no Brasil;

II – a pessoa física ou jurídica, residente ou domiciliada no Brasil, que transfere ou adquire o intangível; e

III – a pessoa física ou jurídica ou o responsável legal do ente despersonalizado, residente ou domiciliado no Brasil, que realize operações que produzam variações no patrimônio.

Em 28.06.2012 foi publicada a IN RFB 1.276, que promove modificações na IN SRF 421/04, que dispõe sobre os depósitos judiciais e extrajudiciais referentes a tributos administrados pela RFB, para incluir novo procedimento à Caixa na hipótese de a autoridade judicial autorizar transferência parcial de depósito para uma ou mais contas.

Em 27.06.2012 foi publicado o ADI RFB 4, pelo qual os gastos com desembaraço aduaneiro na importação de mercadorias não geram direito ao desconto de créditos da COFINS e do PIS/Pasep, por falta de amparo legal.

Em 23.05.2012 foi publicada a IN RFB 1.271, que alterou a IN RFB 1.207/11 para, dentre outras providências, reduzir a zero a alíquota do IOF nas operações com contratos de derivativos para cobertura de riscos, inerentes

---

19   O texto foi veiculado em: *Última Instância (Coluna)*. São Paulo, 05.07.2012. Disponível na internet: http://ultimainstancia.uol.com.br/conteudo/colunas/56856/a+tributacao+pelo+icms+do+comercio+eletronico.shtml. Acesso em: 05.07.2012.

à oscilação de preço da moeda estrangeira, decorrentes de contrato de exportação firmados por pessoa física ou jurídica residente ou domiciliada no País.[20]

País precisa definir com clareza sua política econômica

No plano internacional

O atual cenário no qual o Brasil se insere em relação ao mundo globalizado é auspicioso. Pode-se dizer que o Brasil se mantém como "bola da vez" no cenário internacional. Nos últimos anos ocorreu saudável internacionalização das empresas brasileiras por uma conjugação de variados fatores, como a estabilidade política e monetária que o Brasil experimenta desde 1995, a nossa maior credibilidade junto aos demais países do globo, a intensificação das relações comerciais internacionais com os parceiros tradicionais e o início de novas relações em diferentes áreas do globo, dentre outros.

Com a estabilização da moeda nacional e o controle da inflação, passamos a viver cada vez mais o fenômeno da globalização. Nesse cenário, é notável a quantidade de empresas e o volume de negócios que estão se internacionalizando ou já se internacionalizaram nos últimos anos e estão ganhando o mundo, competindo com outras empresas de igual porte ou ainda maior em busca de conquistar cada vez mais uma fatia maior do mercado mundial.

De fato, vivemos em um momento auspicioso de crescente e promissora pujança da economia brasileira. O que antes se resumia a uma promessa longínqua e indefinida, hoje começa a se concretizar para as mais variadas camadas da população, com reflexo imediato na produção e no consumo.

Esta novidade que experimentamos nos dias atuais já foi vivida em outras sociedades do mundo, particularmente a norte-americana e a europeia que, há alguns anos, contam com empresas nacionais internacionalizadas, com presença e atuação operacional em variados países do globo terrestre.

É importante registrar que os países que já estiveram no limiar desse processo de internacionalização de suas empresas optaram, em dado momento, no sentido de estimular, incentivar e até mesmo facilitar a realização de negócios entre países aliados, com maiores afinidades em determinados segmentos da economia (complementares ou simbióticos) e aqueles considerados estratégicos para o seu desenvolvimento.

É também relevante notar que nos últimos anos os Presidentes da nossa República preocuparam-se sobremaneira com essa parte comercial e industrial. Nesse sentido, basta lembrar a enorme quantidade de viagens que os Presidentes FHC e Lula fizeram, cada um, em seus dois mandatos. Como decorrência disso, o Brasil firmou vários tratados e convenções de cooperação econômica e acordos comerciais, dentre outros.

Com o recrudescimento das relações comerciais internacionais é comum se verificar, na seara tributária, a ocorrência da pluritributação da renda, quando mais de um Estado, em razão da relação com as empresas em certa atividade, pretende submeter o lucro gerado ou o rendimento distribuído à sua jurisdição e, com isso, tributá-la consoante as suas leis internas.

Isso naturalmente acarreta a indesejável dupla (ou até múltipla) tributação da renda que, se mantida sem qualquer limite, poderia até inviabilizar a atividade operacional de certo empreendimento em determinados países pela iniciativa privada.

Para evitar que isso ocorra, ou ao menos reduzir ou amenizar tal efeito nefasto para os negócios no âmbito internacional e globalizado, sobressaem as medidas para evitar a dupla tributação da renda em nível internacional.

---

20 O texto foi disponibilizado em: *Última Instância (Coluna)*. São Paulo, 12.07.2012. Disponível na internet: http://ultimainstancia.uol.com.br/conteudo/colunas/56922/de+olho+na+receita+federal+ ultimas+alteracoes+normativas.shtml. Acesso em: 12.07.2012.

Tais medidas podem se concretizar mediante mecanismos unilaterais, que se limita a alguns dispositivos da legislação interna tendente a evitar a ocorrência da bitributação (geralmente através da concessão do crédito no país de residência do contribuinte pelo imposto pago no país da fonte); ou ainda através de medidas bilaterais, com a celebração de Convenções para evitar a dupla tributação firmadas entre dois Estados, por exemplo.

Tais mecanismos engendrados para evitar ou reduzir o grave problema da dupla tributação da renda internacional devem-se alinhar à Política Econômica e Fiscal de cada país. Tais políticas podem assumir duas direções antagônicas: uma no sentido de estimular a internacionalização das empresas nacionais para a crescente conquista de novos mercados no mundo globalizado; ou outra no sentido de evitar a referida internacionalização com o objetivo de fechar a economia nacional e, com isso, concentrar toda a circulação de bens e serviços provenientes do país dentro do seu território nacional.

Qual é a posição do Brasil a respeito das medidas unilaterais que prevê a redução ou eliminação da dupla tributação da renda? A mais confusa possível, de modo que não condiz com a atual posição do país no mundo. De fato, estabelece requisitos bem burocráticos e limites rígidos para a concessão do crédito do imposto pago no exterior, muitas vezes inviabilizando ou dificultando o seu aproveitamento, o que enseja o aumento da litigiosidade entre o Fisco e os contribuintes e a crescente sensação de insegurança junto aos investidores brasileiros e estrangeiros.

E qual é a posição do Brasil a respeito das medidas adotadas nas Convenções para reduzir ou eliminar a dupla tributação da renda com os países com quem firma seus tratados? A pior possível, na medida em que frequentemente desrespeita o teor dos tratados (que estabelecem a repartição das competências tributárias entre exclusivas e concomitantes para cada um dos Estados Contratantes, a depender do tipo de "ganho" auferido), seja pelo conflito de qualificação, seja pela adoção de interpretação equivocada no sentido de que se trata de suposta tributação de renda de empresa brasileira no Brasil, descabendo pretender aplicar o tratado.

Nesse cenário específico, destacam-se os tratados bilaterais para evitar a dupla tributação da renda, que objetivam a criação de regras claras para que os dois países que o firmaram respeitem em prol de maior incentivo à intensificação das relações comerciais entre eles. Soa até intuitivo que a celebração de um tratado internacional firmado por um país só faz sentido se for para cumpri-lo.

Não obstante, o Brasil parece oscilar na definição de uma política econômica clara no sentido de estimular a internacionalização das empresas brasileiras. Por um lado, há a intenção da alta cúpula do governo, consoante frequentes declarações e encontros internacionais é no sentido de inserir cada vez mais o País no contexto da globalização. Por outro, há clara tergiversação por parte das autoridades administrativas e fiscais a respeito de que paradigma seguir: estímulo à internacionalização ou manutenção a qualquer preço das grandes empresas brasileiras no território nacional (com a sensação da geração de maior riqueza no âmbito doméstico, a criação de empregos diretos e indiretos no Brasil e o desestímulo à internacionalização)?

A essa pergunta, o governo parece ainda não ter uma resposta claramente definida. E isso é ruim para os negócios. E pior ainda quando gera insegurança e desconforto. É o que ocorre, por exemplo, quando uma autoridade fiscal lavra um auto de infração desconsiderando certo tratado para evitar a dupla tributação da renda eventualmente existente entre o Brasil e o país onde a pessoa jurídica brasileira opera.

De fato, com o elevado nível de informatização e o aperfeiçoamento do nível técnico do pessoal dos órgãos arrecadadores, é inaceitável que a cultura da arrecadação "a qualquer custo" ainda permeie esses funcionários, especialmente quando estão na linha de frente, responsáveis pela fiscalização e, eventualmente, autuação de contribuintes que tenham praticado qualquer ato infracional à legislação tributária.

Nesse momento que vivemos, urge delinear-se um ponto chave para todo o processo: ou vamos tomar as decisões certas e aproveitar a excelente maré que tem soprado a favor dos nossos ventos e entrar no mercado mundial com todas as armas possíveis, ou vamos tomar as decisões equivocadas (ou até mesmo deixar de tomar as decisões certas) e ali na frente amargar a dura realidade de que o bonde passou e o País não pegou.

Para isso, é necessário que o governo defina, conjuntamente com a sociedade civil organizada, que política econômica implementará nos próximos anos, qual será o foco no mercado externo e na internacionalização das empresas brasileiras, celebre mais tratados para evitar a dupla tributação da renda, respeite os que já foram firmados, simplifique o caótico sistema tributário nacional e seja capaz de atrair mais investimentos de países mais variados. Aqui certamente está um dos gargalos que pode levar o País rumo ao futuro.

A criatividade tupiniquim, de outro modo, pode levar o Brasil a um crescente descrédito junto aos países desenvolvidos em razão de interpretações equivocadas e sem razões jurídicas capazes de sustentá-las. Isso, com o tempo, poderá ser capaz de minar o terreno onde será pavimentado o nosso caminho para o pleno desenvolvimento, na medida em que tal rota pressupõe necessariamente o recebimento de investimentos estrangeiros e também a remessa de rendimentos, bem como a exportação e a internacionalização de diferentes *expertises* que temos tido capacidade de criar e desenvolver nos últimos anos, como mineração, petróleo e gás, siderurgia, dentre tantos outros.

No plano nacional

As reformas estruturais não logram caminhar. Exemplo disso é a reforma política. Outro exemplo é a reforma tributária. De fato, nesse campo é necessário simplificar e reduzir: (i) o cumprimento das obrigações tributárias acessórias; (ii) a quantidade de tributos que devem ser recolhidos; e (iii) a carga tributária incidente sobre o setor produtivo do País.

Ora, depois do advento do Código Tributário Nacional, jamais houve a preocupação e vontade política para uma Reforma Tributária séria e perene. Ao contrário, repetidas vezes durante diferentes governos, buscou-se "passar" o que foi "possível" (de acordo com o capital político de conveniência e oportunidade que cada governante estava disposto a lançar mão em cada um dos diferentes momentos) de modo fragmentado, pontual e claramente paliativo.

É rotineira a crítica do empresariado (que produz, emprega e circula riqueza no País) no sentido de questionar, com legitimidade, a enorme e desnecessária burocracia no cumprimento das obrigações tributárias (principais e acessórias), a excessiva oneração da folha de salários, a elevada carga tributária (especialmente quando comparada com o pífio retorno dos investimentos públicos, por exemplo, em saúde e educação), a desmesurada sanha arrecadatória dos órgãos públicos competentes e a insegurança jurídica criada nesse cenário de tamanha incerteza.

De fato, no tocante à burocracia, basta pensarmos na quantidade de dias necessários para cumprir todas as incontáveis obrigações tributárias. Isso certamente poderia ser simplificado com a redução do número dos tributos e maior concentração das obrigações.

A necessidade de desonerar a folha de salários é uma reivindicação antiga de variados setores da sociedade civil. Por vezes, alguns programas de governo, em épocas eleitorais, contemplam algumas saídas (mais ou menos) criativas a respeito disso, mas o fato é que o movimento necessário para essa mudança ainda não se iniciou.

Chega a ser corriqueiro o comentário lamuriante dos contribuintes no sentido de que, se o País fosse desenvolvido, então seria justa a elevada carga tributária a que estão todos submetidos. É que deixa a desejar no oferecimento dos serviços básicos e triviais, como é a saúde e a educação, aí de certa forma a crítica passa a ser irrespondível. Com efeito, hoje é cobrado muito tributo para pouco serviço (e de péssima qualidade).

A sanha arrecadatória dos órgãos públicos competentes merece destaque. Já foi responsável pela criação de algumas distorções lamentáveis no sistema tributário nacional. Exemplo disso é o uso deletério que foi feito das contribuições sociais pela União que, em pouco mais de uma década, logrou transformar instrumento excepcional de arrecadação no mais burocrático e permanente meio arrecadatório, como fez com a COFINS e o PIS.

Além disso, outra distorção flagrante que se verificou no passado e que perdura até hoje é a verdadeira "chantagem" que o Poder Público faz com as empresas no tocante à concessão de certidões (negativas ou positivas com efeitos de negativas). O que era para ser um meio de pressionar maus contribuintes para que regularizassem suas situações fiscais passou a ser um entrave no funcionamento de qualquer empresa hoje, por mais correto que seja o desempenho de suas atividades.

Distorção semelhante e atual se refere à possibilidade (esdrúxula) de compensação compulsória no caso de empresa com débito em aberto com a Fazenda Pública, tanto para que esta deixe de pagar os precatórios como também na hipótese de levantamento dos depósitos efetuados durante o processo judicial.

Quanto à insegurança jurídica gerada nesse cenário, onde já se cunhou que "no Brasil tudo é tão possível que até o passado é incerto", leva a um caminho que afugenta o empresariado e repele a circulação de riqueza e criação de mais empregos, onde para ser empreendedor é necessário, antes de qualquer outra coisa, ser aventureiro!

Ninguém ignora o desgaste político necessário para uma obra grandiosa como essa (levar a cabo a tão esperada Reforma Tributária no País). Aí entramos em outro campo, referente à Reforma Política. O feito, contudo, certamente agigantaria o currículo do governante que lograsse êxito em projeto de tal envergadura.

O enorme custo gerado com o cumprimento das obrigações tributárias, o grande número de tributos e a alta carga tributária têm levado investidores estrangeiros a desistir de aportar seus investimentos no Brasil para deslocá-los a outros países, como o Paraguai, o Chile, a Colômbia e o México, por exemplo.

Além disso, não existe uma política nacional tributária ou fiscal levada a cabo pelo Governo que seja compatível com o aumento da segurança jurídica, da competitividade das empresas brasileiras internamente e no exterior, enfim, com a criação de ambiente saudável de desenvolvimento e concorrência.

A um só tempo, essa flutuação governamental, legislativa e jurisprudencial, gera insegurança jurídica e negocial, insatisfação com o enorme custo e pouco retorno, e principalmente perda de competitividade para as empresas brasileiras. É urgente definir uma política tributária coerente e voltada ao futuro, modificar a cultura arrecadatória do Fisco e definir quais são as regras do jogo.

A continuar nesse passo, é fácil prever que a "bola da vez" no cenário internacional logo deixará de ser o Brasil. De um lado, outros países desviarão cada vez mais investimentos estrangeiros que deveriam ser vocacionados para o Brasil. De outro, a internacionalização das empresas brasileiras tem sido cada vez mais desafiada pelo Fisco, sob argumentos incoerentes e contraditórios que, mais cedo ou mais tarde, cairão junto aos tribunais competentes.

É crucial nesse ponto do nosso caminho que as decisões certas sejam tomadas e que o rumo do País seja compromissado no sentido do pleno desenvolvimento. A hora do País do Futuro chegou. Precisamos de máxima atenção às decisões estratégicas do governo, especialmente quanto ao sistema tributário nacional, com vistas a não perdermos o bonde, já que o "trem-bala" ainda está longe de chegar.

Diante do cenário anteriormente destacado, cabe registrar que na atual política tributária há ligeiros estímulos voltados para setores e segmentos específicos da economia, especialmente à exportação, com vistas a aprimorar a competitividade dos produtos brasileiros no atual mundo globalizado. São alterações que buscam resolver problemas e situações pontuais e paliativas.

Falta ao governo estabelecer uma verdadeira Política Tributária que, juntamente com a Política Fiscal do País, o conduza à desejável aspiração de se deslocar de mero emergente para desenvolvido. Para tanto, é necessário que o governo defina com clareza o que pretende realmente. De um lado, é possível estimular o crescimento da indústria nacional e incentivá-la a aprimorar a sua competição no exterior. De outro, é necessário que os atuais instrumentos à disposição dos órgãos arrecadadores e fiscalizadores sejam adequadamente geridos (de cima para baixo, verticalmente) para não tratar as empresas que criam empregos e renda, circulando riqueza, como enormes devedores e contumazes transgressores. Afinal, são elas que movimentam a nossa economia.

Quem perde com tudo isso? As empresas brasileiras (que devem atuar em cenário incerto e inseguro), o Fisco (que deixa de arrecadar mais tributos em razão do maior desenvolvimento que ainda não tivemos oportunidade de experimentar), o Governo (que não logra definir claramente a política nacional tributária), o Poder Judiciário (que se vê obrigado a decidir questões altamente complexas), e por fim, os cidadãos (que amargam uma carga tributária digna de Europa e usufruem de serviços dignos de África).[21]

Propostas legislativas no Congresso Nacional em tema tributário

Centenas de projetos legislativos tramitam no Congresso Nacional sobre variados assuntos. Sob o ponto de vista tributário, alguns projetos são importantes e merecem especial atenção da sociedade e da comunidade jurídica.

Retornou à pauta ultimamente a ideia de prorrogar ou reabrir o prazo para a opção de adesão ao Refis da Crise, instituído pela Lei n. 11.941/09. Nesse sentido, há proposta tanto para que a reabertura ocorra até o último dia do sexto mês subsequente ao de publicação da lei (PL 3.100/12) como também para até o dia 31.12.2012 (cf. Emendas 24 a 26 propostas ao Projeto de Lei de Conversão da Medida Provisória 574/12).

O PLV 18, referente a conversão da Medida Provisória 563/12 deve ser apreciado até o dia 15.08.2012 pelo Plenário do Senado Federal, sob pena de não ser convertida a referida MP e cessar a sua vigência. Devido ao enorme número de assuntos tratados no diploma legal, cuja conversão tramita no Congresso Nacional, muitos dispositivos foram alterados tanto na Comissão Mista do Senado Federal como também na Câmara dos Deputados, razão pela qual o texto que será aprovado certamente será diferente da redação original da MP 563/12.

Há projeto para elevar de 30% para 50%, nos anos-calendário de 2010, 2011 e 2012, o limite para a compensação de prejuízo fiscal e base de cálculo negativa da Contribuição Social sobre o Lucro Líquido – CSLL (PL 410/09).

Busca-se também alterar o procedimento de deliberação conjunta entre os Estados e o Distrito Federal para a concessão de isenções, incentivos e benefícios fiscais relativos ao ICMS sobre produtos e prestações de serviços de transporte interestadual e intermunicipal e de comunicação, substituindo a necessidade de aprovação da concessão pela unanimidade para a maioria absoluta dos Estados e do Distrito Federal (PLS 85/10).

Por fim, um ponto específico que é aguardado cuida da alteração das regras de arrecadação do ICMS sobre o comércio eletrônico (*e-commerce*), com canalização de parte dos recursos auferidos com o seu recolhimento ao Estado de destino (PECs 56, 103 e 113/11).

Essas e várias outras propostas legislativas atualmente em trâmite no Congresso Nacional, em diferentes estágios e que versam sobre diferentes temas tributários, possuem destacado papel para os setores a que se destinam, razão pela qual recomendamos acompanhamento permanente e responsável sobre o desfecho e a publicação de cada uma.[22]

---

21 O estudo foi disponibilizado em: *Revista Consultor Jurídico*. São Paulo, 14.07.2012. Disponível na internet: http://www.conjur.com.br/2012-jul-14/fabio-andrade-pais-definir-clareza-politica-economica. Acesso em: 14.07.2012.

22 O texto foi veiculado em: *Última Instância (Coluna)*. São Paulo, 26.07.2012. Disponível na internet: http://ultimainstancia.uol.com.br/conteudo/colunas/57099/propostas+legislativas+no+congresso+nacional+em+tema+tributario.shtml. Acesso em: 27.07.2012.

Desonerar e desburocratizar são a única saída do Brasil

Recentemente, muito se fala – e também se lê nos jornais – sobre a crescente desoneração que tem sido promovida pelo Governo Federal para diferentes setores da economia. Desoneração na folha de salários dos empregados, reduções de alguns encargos e da alíquota de alguns tributos e até a previsão da redução (para o ano que vem) da conta de energia.

Essas providências buscam aquecer a economia, na medida em que tenta reduzir o elevado Custo Brasil. Nesse sentido, são salutares e até tardias. Todavia, a tendência parece apontar claramente no sentido de que esse cobertor curto vai descobrir o outro lado (da renúncia fiscal de receita que o Governo Federal contava para a promoção das diferentes políticas públicas em andamento – leia-se investimentos – e cobrir os rombos seculares, como da Previdência, por exemplo).

Em realidade, seria muito melhor se ao invés de medidas paliativas e pontuais, focadas para poucos segmentos estratégicos do País, o Governo Federal se dedicasse ao exame de reais e efetivas mudanças no sistema tributário brasileiro. Há muito tempo se fala numa Reforma Tributária. Não uma reforma fatiada (termo que está em voga ultimamente), mas uma Reforma com R maiúsculo, que seja capaz de reduzir a pesada carga fiscal que pesa sobre o produto nacional, de modo a torná-lo competitivo em qualquer lugar do globo terrestre.

Com isso, a um só tempo, o Governo Federal estaria atuando em parceria, e não contra, com as empresas multinacionais brasileiras, que lutam para conquistar fatias de mercados pelo mundo afora, bem como promoveria o desejável (e esperado) crescimento da nossa economia.

Nas últimas décadas, o mote em relação ao Brasil sempre foi de que era o país do futuro. Recentemente, diz-se que o futuro chegou. Em razão da falta de coragem política dos governantes (Poderes Executivo e Legislativo), daqui a pouco poderemos constatar com clareza solar de que o país do futuro ficou no passado!

De fato, enquanto não houver consciência real e efetiva, com sincera vontade política, no sentido de que é necessário providenciar com urgência a redução da carga tributária hoje incidente sobre o produto nacional e a desburocratização das obrigações tributárias, parece que o caminho desse gigante será oscilante.

A Reforma Tributária que o Brasil precisa não é daquele tipo que se faz com acordos fisiológicos e momentâneos em prol do melhor interesse partidário de alguns caciques políticos no Congresso Nacional. Essa reforma, quando muito, pode se prestar ao privilégio de alguns limitados segmentos, mas não resolvem o problema como um todo, razão pela qual deve ser revisto e aprofundado.

O Brasil vive hoje momento realmente auspicioso e favorável tanto no cenário nacional como também no internacional. Ao mesmo tempo que chegou a sua maior maturidade e estabilidade já vivida na vigência contínua de uma única Constituição da República, também goza de crescente respeito e consideração no cenário internacional, inclusive ousadamente aspirando sentar no Conselho de Segurança da ONU.

Acontece que os demais países do "BRICS" possuem taxas de crescimento espantosamente maiores que o Brasil. Notícias recentes dão conta de que boa parte dos investimentos antes vocacionados ao País, nos últimos meses têm sido aplicados em outros países mais atrativos da América Latina, como o Chile e o México, por exemplo.

Nesse sentido, é lamentável que ao invés de capitalizar os relevantes investimentos estrangeiros vocacionados ao Brasil, com a adoção de medidas que simplifiquem as obrigações tributárias (reduzindo a enorme burocracia hoje existente que tanto adiciona ao Custo Brasil) e reduzam a carga tributária sobre o produto nacional (colocando o Brasil em efetiva condição de competitividade pelo mundo afora), estejamos ainda em preocupados com desonerações paliativas e pontuais.

Seria necessário, nesse momento, que a sociedade civil organizada, juntamente com os seus representantes democraticamente eleitos (governantes), colocasse o tema referente a Reforma Tributária na agenda política para ampla discussão e debate com o objetivo de firmar o pacto necessário aos próximos passos do desenvolvimento do nosso país continental.

Desse modo, chamaríamos ao momento presente a responsabilidade social que não foi exercida pela geração passada (vez que prematuro) e que propiciaria colocar as gerações futuras em níveis sustentáveis de competitividade no tocante ao produto nacional.

É importante refletir sobre o caminho que pretendemos trilhar nos próximos anos. Embora o mundo esteja com os olhos voltados ao Brasil, é certo que essa será uma realidade meramente transitória se não criarmos condições suficientes para a manutenção de um ambiente saudável, seguro e principalmente competitivo.[23]

Panorama Legislativo

Nos últimos dias relevantes leis e regulamentos foram publicados no Brasil. Nesse espaço semanal, destacaremos apenas alguns bem recentes que consideramos importantes para o leitor (em ordem hierárquica).

Em 18.09.2012, foi publicada a esperada **Lei 12.715**, que foi a conversão da Medida Provisória 563/12, trazendo diversas modificações na legislação tributária, como a criação de programas de incentivos focados para variadas áreas (combate ao câncer, pessoa com deficiência e inclusão digital), o estabelecimento de diferentes regimes especiais e a desoneração da folha de pagamento (com a ampliação do rol de setores beneficiados), dentre outras. Por outro lado, é relevante notar que houve o acréscimo de um ponto percentual da COFINS-Importação na hipótese de importação dos bens relacionados ao Anexo à Lei 12.546/11, referentes aos setores que especifica.

Em 31.08.2012, foi publicada a *Medida Provisória 578*, que permite a depreciação acelerada dos veículos automóveis para transportes de mercadorias e dos vagões, locomotivas, locotratores e tênderes que menciona.

Em 10.09.2012, foi publicada a *Instrução Normativa RFB 1.290*, que altera o arcabouço regulamentar que dispõe sobre o imposto de renda sobre os rendimentos e ganhos líquidos auferidos nos mercados financeiros e de capitais.

Em 05.09.2012, foi publicada a *Instrução Normativa RFB 1.289*, que estabelece procedimentos necessários para habilitação ao gozo dos benefícios fiscais referentes à realização, no Brasil, da Copa das Confederações Fifa 2013 e da Copa do Mundo Fifa 2014.

Em 03.09.2012, foi publicada a *Instrução Normativa RFB 1.288*, que estabelece procedimentos de habilitação de importadores, exportadores e internadores da Zona Franca de Manaus para operação no Sistema Integrado de Comércio Exterior (Siscomex) e de credenciamento de seus representantes para a prática de atividades relacionadas ao despacho aduaneiro.

Em breves linhas, essas são as principais leis e atos normativos que promoverem relevantes modificações na legislação tributária. É importante que todos estejam atentos a tais mudanças, especialmente pela ampla abrangência e possíveis oportunidades para alguns setores produtivos pontual e paliativamente pinçados da economia brasileira.[24]

---

23 O texto foi publicado em: *Jornal Gazeta de Notícias (Coluna)*. Rio de Janeiro, 2ª Fase, Ano III, n. 680, 15 a 17.09.2012, p. 4 (Análise Financeira).

24 O texto foi veiculado em: *Última Instância (Coluna)*. São Paulo, 20.09.2012. Disponível na internet: http://ultimainstancia.uol.com.br/conteudo/colunas/57816/panorama+legislativo.shtml. Acesso em: 20.09.2012.

Recentes mudanças na legislação tributária

Em 21.09.2012 foi publicada a Medida Provisória 582, que promove diversas mudanças na legislação tributária. Dentre elas, mencionaremos algumas nesse espaço.

Inicialmente, cabe registrar que o rol de setores produtivos contemplados com a desoneração da folha de pagamento foi ampliado. Para referidos setores, a contribuição deixa de incidir à alíquota de 20% sobre a folha de salários e passa a incidir à alíquota de 1% a 2% sobre o faturamento, dependendo da atividade operacional em questão.

Por outro lado, foi estabelecido o aumento da COFINS-Importação em 1% relacionada aos mesmos setores produtivos contemplados pela desoneração anteriormente referida (art. 3º).

O art. 4º dispõe sobre a depreciação acelerada de bens de capital, estabelecendo que para efeito de apuração do imposto de renda, as pessoas jurídicas tributadas com base no lucro real terão direito à depreciação acelerada, calculada pela aplicação adicional da taxa de depreciação usualmente admitida, sem prejuízo da depreciação contábil das máquinas, equipamentos, aparelhos e instrumentos. Com o lançamento anual de parte do preço das máquinas e equipamentos como despesa, a base tributável do imposto de renda será reduzida. Aplica-se aos bens novos, relacionados em regulamento, adquiridos ou objeto de contrato de encomenda celebrado entre 16.09.2012 e 31.12.2012, e destinados ao ativo imobilizado do adquirente. O total da depreciação acumulada não poderá ultrapassar o custo de aquisição do bem. Será apurada a partir de 01.01.2013.

Foi instituído o Regime Especial de Incentivo ao Desenvolvimento da Infraestrutura de Fertilizantes – REIF, tendo como beneficiária a empresa que tenha projeto aprovado para a implantação ou ampliação de infraestrutura para produção de fertilizantes e de seus insumos, para incorporação ao seu ativo imobilizado, bem como a empresa coabilitada. O benefício consiste na suspensão do pagamento de PIS/PASEP, COFINS, PIS/PASEP-Importação, COFINS-Importação e IPI, na forma prevista.

Além disso, a MP 582 amplia a abrangência do Regime Especial Tributário da Indústria da Defesa – RETID, com a redução a zero das alíquotas da COFINS e do PIS/PASEP incidentes sobre as receitas decorrentes da prestação dos serviços de tecnologia industrial básica, projetos, pesquisa, desenvolvimento e inovação tecnológica, assistência técnica e transferência de tecnologia, bem como da venda dos bens de defesa nacional efetuada por pessoa jurídica beneficiária do RETID à União, para uso privativo das Forças Armadas, exceto para uso pessoal e administrativo, além da isenção do IPI, nas condições previstas no art. 12.

A MP 582 altera a incidência da COFINS e do PIS/PASEP incidente sobre a comercialização de laranja, com a suspensão do pagamento de tais contribuições, a adoção do crédito presumido para a pessoa jurídica sujeita ao regime de apuração não cumulativa, na forma estabelecida nos arts. 14 a 17.

Por fim, o diploma legal altera a Lei 12.715/12, com o estabelecimento de limite de 1% para as deduções do imposto de renda referente ao PRONAS/PCD e ao PRONON (art. 13).

A Lei 12.515 foi publicada em 18.09.2012, originária da conversão da Medida Provisória 563, que também trouxe relevantes mudanças na legislação tributária, algumas das quais já nos referimos nesse espaço quinzenal.

A lei institui uma série de programas de apoio com o objetivo declarado de captar e canalizar recursos para temas sensíveis ao governo. São exemplos disso: o Programa Nacional de Apoio à Atenção Oncológica (Pronon), o Programa Nacional de Apoio à Atenção da Saúde da Pessoa com Deficiência (Pronas/PCD), o Programa Um Computador por Aluno (Prouca), o Programa de Incentivo à Inovação Tecnológica e Adensamento da Cadeia Produtiva de Veículos Automotores (Inovar-Auto) e o Programa de Apoio ao Desenvolvimento Tecnológico da Indústria de Semicondutores (Padis).

Além disso, a lei estabelece uma série de regimes especiais com o objetivo de promover determinadas políticas públicas. São exemplos disso: o Regime Especial de Incentivo a Computadores para Uso Educacional (Reicomp) e o Regime Especial de Tributação do Programa Nacional de Banda Larga para Implantação de Redes de Telecomunicações (Repnbl-Redes).

A lei institui também o regime especial de tributação aplicável à construção ou reforma de estabelecimentos de educação infantil, que inicialmente não estava previsto no texto original da MP 563 e promove alterações no Regime Tributário para Incentivo à Modernização e à Ampliação da Estrutura Portuária (Reporto), na forma do art. 39.

Em cada caso é importante verificar as condições, as reduções, os limites e os setores visados, na forma da legislação pertinente e dos atos regulamentares necessários à sua adequada execução, quando cabível.[25]

Breves Linhas sobre lei que estabelece incentivo ao setor produtivo

Em 19.08.2012 foi publicada a esperada Lei 12.715, que se originou da conversão da Medida Provisória 563/12. Concebida no âmbito do Plano Brasil Maior, é uma tentativa do Governo Federal na busca de incentivar o setor produtivo do País. A despeito de versar sobre diferentes mudanças na legislação tributária, focaremos aqui alguns relevantes aspectos relacionados à desoneração da folha de pagamento.

A novel lei promove a substituição da Contribuição Previdenciária Patronal (CPP), antes incidente à alíquota de 20% sobre a folha de salários, agora incidente sobre o valor da receita bruta, excluídas as vendas canceladas e os descontos incondicionais concedidos.

Nesse contexto, foi estabelecido que deve seguir as seguintes regras relacionadas à alíquota sobre o valor da receita bruta de: (i) 2% para o setor de serviços de *call center, design houses*, hotéis, TI e TIC; e (ii) 1% para as indústrias que explorem os segmentos de material elétrico, couro e calçados, autopeças, confecções, têxtil, plásticos, móveis, fabricação de aviões, de navios e de ônibus. Referidas regras valerão de 01.08.2012 até 31.12.2014, produzindo efeitos a partir de sua regulamentação.

O texto original da Medida Provisória 563 recebeu 183 propostas de emendas, sendo 50 delas sobre a substituição da CPP. Do texto final, aprovado pela lei nova, destacamos duas alterações que podem impactar as empresas, a saber: o conceito de receita bruta e o rol dos setores beneficiados pela desoneração da folha de pagamentos.

A Lei 12.715/12 amplia os setores beneficiados para contemplar: (i) na indústria—pescado, pães e massas, fármacos e medicamentos, equipamentos médicos e odontológicos, bicicletas, pneus e câmaras de ar, papel e celulose, vidros, fogões, refrigeradores e lavadoras, cerâmicas, pedras e rochas ornamentais, tintas e vernizes, construção metálica, parafusos, porcas e trefilados, brinquedos e instrumentos óticos; (ii) serviços—suporte técnico de informática e manutenção e reparação de aviões; e (iii) transportes—aéreo, marítimo, fluvial, navegação de apoio e rodoviário coletivo. Em qualquer caso, é necessário que a empresa verifique se as NCMs ref. aos seus produtos encontram-se listadas, bem como se os serviços prestados se encontram nas classificações CNAE eleitas. Além disso, deve ser observado o cálculo proporcional no caso de empresas que também se dedicam a outras atividades.

Das notícias do Ministério da Fazenda, só os segmentos das indústrias de aves, suínos e derivados foram vetados pela Presidenta da República, ao argumento de que "não sofreram impacto da competição externa por

---

25 O artigo foi publicado em: *Jornal Gazeta de Notícias (Coluna)*. Rio de Janeiro, 2ª Fase, Ano III, n. 680, 29.09 a 01.10.2012, p. 4 (Análise Financeira).

ocasião da retomada de seu nível de atividade após a crise de 2008 e 2009". Cabe atenção para verificar se houve e qual foi o impacto na empresa.[26]

Benefícios tributários para os Jogos Olímpicos

Em 10.10.2012 foi publicada a Medida Provisória n. 584, que dispõe sobre medidas tributárias referentes à realização, no Brasil, dos Jogos Olímpicos e Paraolímpicos de 2016.

O diploma legal divide-se nos seguintes capítulos: I – Disposições preliminares; II – Da desoneração de tributos; III – Disposições gerais; e IV – Disposições Finais.

O Capítulo II cuida da desoneração de tributos e se divide nas seguintes seções: I – Da Isenção na Importação; II – Das Isenções Concedidas a Pessoas Jurídicas; III – Das Isenções a Pessoas Físicas Não Residentes; IV – Da Desoneração de Tributos Indiretos nas Aquisições Realizadas no Mercado Interno; V – Do Regime de Apuração da Contribuição para o PIS/PASEP e da COFINS; VI – Da Contraprestação de Patrocinador em Espécie, Bens e Serviços. Esse é o corpo central do diploma legal, merecendo análise detida pelos interessados nos benefícios previstos.

A título de exemplo, o diploma estabelece a isenção do pagamento de tributos federais incidentes nas importações de bens, mercadorias ou serviços para uso ou consumo exclusivo em atividades próprias e diretamente vinculadas a organização ou realização dos Eventos, compreendendo os seguintes tributos: IPI vinculado à importação, incidente no desembaraço aduaneiro; II; PIS/PASEP-Importação; COFINS-Importação; Taxa de utilização do Sistema Integrado de Comércio Exterior; MERCANTE; AFRMM; CIDE incidente sobre a importação de combustíveis; e Contribuição para o Programa de Estímulo à Interação Universidade-Empresa para o Apoio à Inovação, instituída pela Lei n. 10.168/00.

Dentre as disposições gerais, merece destaque a forma de indicação e habilitação das pessoas físicas ou jurídicas passíveis ao gozo dos benefícios instituídos pelo diploma legal.

Nas disposições finais, cabe registrar que o disposto no diploma legal será aplicado aos fatos geradores que ocorrerem de 01.01.2013 até 31.12.2017 (art. 23), estendendo-se aos Jogos Paraolímpicos (art. 24). O art. 28 prevê a prestação de contas que o Poder Executivo encaminhará ao Congresso Nacional e publicará até 01.08.2018.[27]

Mudanças na legislação tributária

Em 18.09.2012 foi publicada a Lei 12.715, oriunda da conversão da MP 563/12, que traz uma série de alterações na legislação tributária. Dentre elas, cabe registrar que a caracterização de empresa preponderantemente exportadora, para fins de aplicação da suspensão do IPI, do PIS e da COFINS, nas operações com insumos, o percentual de exportações no faturamento foi reduzido de 70% para 50%. Além disso, o Programa de Apoio ao Desenvolvimento Tecnológico da Indústria de Semicondutores—PADIS foi ampliado para incluir como beneficiários fornecedores estratégicos dos semicondutores e *displays*.

Ademais, a lei traz modificação nas regras de preço de transferência, com a inclusão de dispositivos na Lei 9.430/96 que tratam do Método do Preço sob Cotação na Importação—PCI e do Método do Preço sob Cotação na Exportação—PECEX (que valerá a partir de 01.01.2013).

---

26 O texto foi veiculado em: *Última Instância (Coluna)*. São Paulo, 04.10.2012. Disponível na internet: http://ultimainstancia.uol.com.br/conteudo/colunas/58051/breves+linhas+sobre+lei+que+estabelece+incentivo+ao+setor+produtivo.shtml. Acesso em: 04.10.2012.

27 O texto foi veiculado em: *Última Instância (Coluna)*. São Paulo, 11.10.2012. Disponível na internet: http://ultimainstancia.uol.com.br/conteudo/colunas/58192/beneficios+tributarios+para+os+jogos+olimpicos.shtml. Acesso em: 12.10.2012.

Por fim, o art. 47-A foi incluído na Lei 12.546/11, para suspender a incidência do PIS e da COFINS sobre as receitas decorrentes da venda de matéria-prima i*n natura* de origem vegetal, destinada à produção de biodiesel, nos casos previstos em lei. Essas são apenas algumas modificações que a lei traz.

Em 17.10.2012 foi publicado o Decreto 7.828, que regulamenta a incidência da contribuição previdenciária até 31.12.2014 sobre a receita bruta devida pelas empresas enumeradas nos arts. 7º e 8º da Lei 12.546/11, respectivamente, às alíquotas de 2% e 1%.

Em 03.10.2012 foi publicado o Decreto 7.819, que regulamenta os arts. 40 a 44 da Lei 12.715/12, que dispõe sobre o Programa de Incentivo à Inovação Tecnológica e Adensamento da Cadeira Produtiva de Veículos Automotores—INOVAR-AUTO, e os arts. 5º e 6º da Lei 12.546/11, que dispõe sobre redução do IPI na hipótese que especifica.

Por fim, em 04.10.2012 foi publicado o Convênio ICMS 108/2012, que autoriza o Estado de SP a dispensar ou reduzir multas e demais acréscimos legais mediante parcelamento de débitos fiscais relacionados ao ICM e ao ICMS. Dentre os procedimentos ali previstos, destaca-se a redução ou exclusão das multas e demais acréscimos legais, vencidos até 31.07.2012, constituídos ou não, inscritos ou não em dívida ativa, inclusive ajuizados, observadas as condições ali estabelecidas. Quanto a forma de pagamento, pode ser: em parcela única, com redução de até 75% das multas punitivas e moratórias e até 60% dos demais acréscimos legais; ou em até 120 parcelas mensais, iguais e sucessivas, com redução de até 50% das multas punitivas e moratórias e 40% dos demais acréscimos legais.[28]

MP 584 e Medidas Tributárias para os Jogos Olímpicos de 2016

Em 10.10.2012 foi publicada a Medida Provisória n. 584, que dispõe sobre medidas tributárias referentes à realização, no Brasil, dos Jogos Olímpicos e Paraolímpicos de 2016.

O diploma legal divide-se nos seguintes capítulos: I – Disposições preliminares (arts. 1º a 3º); II – Da desoneração de tributos (arts. 4º a 18); III – Disposições gerais (arts. 19 a 22); e IV – Disposições Finais (arts. 23 a 29).

O art. 1º dispõe o escopo do diploma legal. O art. 2º versa sobre a observância das definições que estabelece, como Autoridade Pública Olímpica (APO), Comitê Organizador dos Jogos Olímpicos Rio 2016 (RIO 2016), jogos, eventos e tantas outras que enumera.

O art. 3º esclarece que para gozar dos benefícios tributários referidos no diploma legal, os interessados devem se estabelecer no Brasil caso efetuem uma das seguintes atividades: I – comercialização, realizada no Brasil, de produtos ou serviços; ou II – contratação de pessoas físicas, com ou sem vínculo empregatício.

O Capítulo II cuida da desoneração de tributos e se divide nas seguintes seções: I – Da Isenção na Importação; II – Das Isenções Concedidas a Pessoas Jurídicas; III – Das Isenções a Pessoas Físicas Não Residentes; IV – Da Desoneração de Tributos Indiretos nas Aquisições Realizadas no Mercado Interno; V – Do Regime de Apuração da Contribuição para o PIS/PASEP e da COFINS; VI – Da Contraprestação de Patrocinador em Espécie, Bens e Serviços. Esse é o corpo central do diploma legal, merecendo análise detida pelos interessados nos benefícios previstos.

O art. 4º estabelece a isenção do pagamento de tributos federais incidentes nas importações de bens, mercadorias ou serviços para uso ou consumo exclusivo em atividades próprias e diretamente vinculadas a organização ou realização dos Eventos, compreendendo os seguintes tributos: IPI vinculado à importação, incidente no desembaraço aduaneiro; II; PIS/PASEP-Importação; COFINS-Importação; Taxa de utilização do Sistema Integrado de

---

28   O texto foi disponibilizado em: *Última Instância (Coluna)*. São Paulo, 25.10.2012. Disponível na internet: http://ultimainstancia.uol.com.br/ conteudo/colunas/58435/mudancas+na+legislacao+tributaria.shtml. Acesso em: 26.10.2012.

Comércio Exterior; MERCANTE; AFRMM; CIDE incidente sobre a importação de combustíveis; e Contribuição para o Programa de Estímulo à Interação Universidade-Empresa para o Apoio à Inovação, instituída pela Lei n. 10.168/00.

Dentre as isenções concedidas a pessoas jurídicas, destaca-se a concessão ao *Comité International Olympique* (CIO) e às empresas a ele vinculadas e domiciliadas no exterior, em relação aos fatos geradores decorrentes das atividades próprias e diretamente vinculadas à organização ou realização dos Eventos, dos seguintes tributos: IRRF, IOF, PIS/PASEP-Importação, COFINS-Importação, Contribuição para o Programa de Estímulo à Interação Universidade-Empresa para o Apoio à Inovação, instituída pela Lei n. 10.168/00 e CONDECINE, nos termos do art. 8º do diploma.

O art. 9º prevê a isenção concedida às empresas vinculadas ao CIO e domiciliadas no Brasil relacionando os seguintes tributos: IRPJ, IRRF, IOF incidente na operação de câmbio e seguro, IPI na saída de produtos importados do estabelecimento importador, CSLL, PIS/PASEP, PIS/PASEP-Importação, COFINS, COFINS-Importação, Contribuição para o Programa de Estímulo à Interação Universidade-Empresa para o Apoio à Inovação, instituída pela Lei n. 10.168/00 e CONDECINE.

O art. 11 dispõe que estão isentos do pagamento do imposto sobre a renda os rendimentos pagos, creditados, empregados, entregues ou remetidos pelo CIO, por empresas vinculadas ao CIO, pelos Comitês Olímpicos Nacionais e pelas federações esportivas internacionais, dentre outras, a pessoas físicas não residentes no Brasil, empregadas ou de outra forma contratadas para trabalhar de forma pessoal e direta na organização ou realização dos Eventos, que ingressarem no País com visto temporário.

Os arts. 12 a 14 estabelecem a forma da desoneração dos tributos indiretos nas aquisições realizadas no mercado interno, especialmente com a isenção do IPI, da COFINS e do PIS/PASEP.

O regime de apuração do PIS/PASEP e da COFINS pelas pessoas jurídicas, quando domiciliadas no Brasil, se dará pela sistemática cumulativa, na forma do art. 8º da Lei n. 10.637/02 e do art. 10 da Lei n. 10.833/03, respectivamente.

A Seção VI do Capítulo II traz nos arts. 16 a 18 a contraprestação de patrocinador em espécie, bens e serviços.

Dentre as disposições gerais, merece destaque a forma de indicação e habilitação das pessoas físicas ou jurídicas passíveis ao gozo dos benefícios instituídos pelo diploma legal.

Nas disposições finais, cabe registrar que o disposto no diploma legal será aplicado aos fatos geradores que ocorrerem de 01.01.2013 até 31.12.2017 (art. 23), estendendo-se aos Jogos Paraolímpicos (art. 24). O art. 28 prevê a prestação de contas que o Poder Executivo encaminhará ao Congresso Nacional e publicará até 01.08.2018.[29]

Resolução do Senado Federal 13 e suas medidas

A Resolução do Senado Federal 13, publicada em 26.04.2012, unifica o valor cobrado do ICMS nas operações interestaduais com bens e mercadorias importadas do exterior. Aplica-se aos bens que, após o seu desembaraço aduaneiro, não tenham sido submetidos a processo de industrialização ou, ainda que submetidos a tal processo, resultem em mercadorias ou bens com Conteúdo de Importação superior a 40%.

Em 09.11.2012 a referida Resolução teve 2 regulamentações. O Ajuste SINIEF-CONFAZ nº 19, dispõe que a alíquota de 4% não se aplica nas operações interestaduais com: i) bens e mercadorias importados do exterior

---

[29] O artigo foi publicado em: *Jornal Gazeta de Notícias (Coluna)*. Rio de Janeiro, 2ª Fase, Ano III, n. 708, 27 a 29.10.2012, p. 04 (Análise Financeira).

que não tenham similar nacional, definidos em lista editada pelo CAMEX: ii) bens e mercadorias produzidos em conformidade com os processos produtivos básicos de que tratam a legislação que cita; e iii) gás natural importado do exterior.

Nas operações com bens ou mercadorias importadas que tenham sido submetidos a processo de industrialização, o contribuinte industrializador deverá preencher a Ficha de Conteúdo de Importação (FCI), com as especificações previstas no ato regulamentar de modo pormenorizado, dentre outros dispositivos.

No mesmo dia foi publicado o Convênio ICMS-CONFAZ nº 123, que dispõe sobre a não aplicação de benefícios fiscais anteriormente concedido de ICMS na operação interestadual com bem ou mercadoria importados submetidos à tributação prevista na citada Resolução 13 (4%). Contudo, foram excetuados os benefícios fiscais anteriormente concedidos quando da sua aplicação em 31.12.2012 resultar carga tributária menor que 4% ou tratar-se de isenção.[30]

Há cada dia mais empecilhos nos depósitos judiciais

Há pouco tempo a recomendação corrente dos advogados em torno de oportunidade tributária pleiteada junto ao Poder Judiciário girava em torno, quase à unanimidade, ao depósito das quantias controvertidas em Juízo, salvo situações específicas de algum caso concreto.

De fato, com a suspensão da exigibilidade do crédito tributário assegurada pelo inciso II do art. 151 do Código Tributário Nacional e a promessa de levantamento imediato (ou quase isso) com o término favorável da discussão, tornava a opção pelo depósito muito atraente para as empresas. No final das contas, o dispêndio de caixa que seria usado pelo contribuinte para o efetivo recolhimento do tributo *sub judice* era deslocado para a realização dos depósitos judiciais.

Ocorre que essa situação mudou de poucos anos pra cá. Hoje a realidade no contencioso judicial é bem diversa daquela descrita anteriormente. O que mudou? Em síntese, a postura da Fazenda Nacional e da Secretaria da Receita Federal do Brasil.

Com efeito, o referido órgão de fiscalização e arrecadação atualmente promove cada vez mais empecilhos em diferentes níveis em razão dos depósitos judiciais. Por vezes, erros no seu sistema de controle apontam débitos quando, em realidade, os valores estão devidamente depositados. Isso tem ocorrido com frequência muito maior que a desejável – e até razoável – em relação ao Fator Acidentário de Prevenção (FAP).

E qual é a consequência prática disso? Muito simples. Diversos contratempos quando da renovação da certidão de regularidade fiscal da empresa. Aliás, a sua emissão hoje no Brasil chega às raias das práticas criminalmente previstas como extorsivas, em razão da necessidade de pagamentos duplicados de tributos, de pagamentos em decorrência de erro do sistema, de inaptidão dos funcionários públicos em relação ao tal sistema, enfim, tantos são os empecilhos criados pela Receita Federal que, aos contribuintes cabe reduzir ao máximo o seu escopo de temas "problemáticos" em relação à obtenção da referida certidão.

Como se não bastasse, é uma verdadeira gincana para o contribuinte conseguir obtê-la, especialmente se tiver com prazo exíguo, comum quando é necessária a sua apresentação para algum tipo de licitação e/ou contratação pública, por exemplo. Nesse caso, muitas vezes, é necessário impetrar Mandado de Segurança com o escopo único de obter medida liminar satisfativa no sentido de obter da autoridade administrativa a emissão da referida certidão.

---

30 O texto foi disponibilizado em: *Última Instância (Coluna)*. São Paulo, 15.11.2012. Disponível na internet: http://ultimainstancia.uol.com.br/conteudo/colunas/58771/resolucao+13+do+senado+federal+ e+suas+medidas.shtml. Acesso em: 15.11.2012.

Mas, não é só. Mais recentemente, há também verdadeiro câmbio na postura da Procuradoria da Fazenda Nacional, que passou a buscar em juízo obstar o levantamento dos depósitos judiciais efetuados durante o processo. Com efeito, mesmo saindo derrotada na disputa judicial travada, tem logrado deslocar o depósito efetuado para garantir execuções fiscais ajuizadas em face do mesmo contribuinte, inclusive com a penhora no rosto dos autos.

Em decorrência disso, muitas empresas não recebem o montante do depósito que esperavam ao final da demanda que obtiveram pleno êxito junto ao Poder Judiciário. Evidentemente isso pode impactar o fluxo de caixa da empresa.

Cada uma dessas razões, por si só, já seria suficiente para que uma empresa contribuinte tomasse a decisão gerencial de não efetuar depósito judicial em caso de oportunidade tributária, especialmente se a sua atividade operacional relaciona-se a licitações e contratações públicas.

Além disso, outro empecilho que pode surgir no campo processual decorre da falta de conversão em renda da União, no caso de insucesso do pleito em busca da oportunidade tributária. Ficando a Procuradoria da Fazenda Nacional inerte quanto a necessária conversão em renda da União, o contribuinte poderá ser chamado para promover a referida conversão, o que pode lhe ocasionar certo incômodo.

Por isso, hoje a melhor providência em relação às oportunidades tributárias pleiteadas junto ao Poder Judiciário tem sido, de modo geral, continuar a promover o regular recolhimento dos tributos questionados, situação que pode ser excepcionada levando-se em conta alguma especificidade própria da empresa contribuinte.

Com o êxito obtido ao final do caso, a compensação tem-se mantido como uma boa opção para "recuperar" o indébito indevidamente pago, apesar da sua crescente burocratização junto a RFB e do cruzamento dos dados com frequente pedido de esclarecimentos e consequente abertura de Processo Administrativo para apurar, controlar e fiscalizar as compensações efetuadas.[31]

Procedimentos para pedidos no âmbito da Receita Federal

Em 21.11.2012 foi publicada a IN RFB 1.300, que veicula os procedimentos para pedidos de restituição, compensação, ressarcimento e reembolso de créditos no âmbito da Receita Federal do Brasil, com a revogação da IN RFB 900/08.

A principal alteração relaciona-se aos créditos cujo reconhecimento ocorra por decisão judicial transitada em julgado. Na redação da IN RFB 900/08, o contribuinte poderia usufruir de seu crédito reconhecido judicialmente mediante pedido de restituição, ressarcimento ou compensação (arts. 70 e 71). Contudo, o novo diploma (IN RFB 1.300/12) restringiu a utilização desses créditos para apenas compensação (arts. 81 e 82). Nesse sentido, será necessário avaliar o impacto de tal limitação à luz de cada caso concreto para eventual questionamento dos dispositivos.

Além disso, a IN RFB 1.300/12 inovou ao facultar ao contribuinte a apresentação de recurso administrativo contra decisão que indeferir o pedido de habilitação do crédito (procedimento que precede o pedido de compensação).

Por fim, registramos que a IN RFB 1.300/12 trouxe diversas outras alterações específicas quanto aos procedimentos para restituição, compensação, ressarcimento e reembolso de créditos, razão pela qual recomendamos atenção das empresas para os possíveis impactos.[32]

---

31 O texto foi veiculado em: *Revista Consultor Jurídico*. São Paulo, 05.12.2012. Disponível na internet: http://www.conjur.com.br/2012--dez-05/fabio-andrade-cada-dia-empecilhos-depositos-judiciais. Acesso em: 05.12.2012.

32 O texto foi veiculado em: *Última Instância (Coluna)*. São Paulo, 21.12.2012. Disponível na internet: http://ultimainstancia.uol.com.br/conteudo/colunas/59541/procedimentos+para+pedidos+no+ambito+da+receita+federal+.shtml. Acesso em: 22.12.2012.

O que esperar para o Ano Novo?

Com a chegada do Ano Novo, nossas esperanças se renovam em todos os campos. Em relação a vida profissional, especialmente à matéria tributária, o que podemos esperar do Ano Novo?

Podemos esperar que o Poder Legislativo reassuma a primazia da sua atividade funcional primordial (de legislar) em relação a Reforma Tributária, com amplo e aberto debate junto a sociedade civil. O objetivo seria duplo: simplificar as complexas obrigações tributárias e reduzir a carga fiscal global incidente nas atividades empresariais. Isso teria a vantagem de recolocar o Poder Legislativo no centro do debate relacionado a tão delicado tema e evitaria enorme desgaste político do Poder Executivo, a exemplo de outras reformas que estão tramitando nas Casas do Congresso Nacional, como a do Código Penal, de Processo Penal e de Processo Civil.

O Poder Executivo deve priorizar a execução de suas políticas públicas econômicas com a indicação clara do que pretende e para onde deseja conduzir o destino do Brasil, naturalmente vocacionado para ser uma terra de oportunidades, mas que ainda se vê refém de velhas e perniciosas práticas políticas. É necessário colocar a melhor técnica em prol do País como prioridade, em detrimento de arranjos políticos momentâneos em prol de interesses partidários. Exemplo da falta de clareza na condução de política pública pode ser vista quanto a internacionalização das multinacionais brasileiras. É política desejada e incentivada pelo Governo Federal ou não?

De um lado, há visível esforço no sentido de inserir o Brasil no mundo – e principalmente no mercado – globalizado. Nesse sentido, basta observar o permanente movimento feito pelos Presidentes da República anteriores a atual, com inúmeras viagens, assinatura de acordos internacionais comerciais, bilaterais, para evitar a dupla tributação, dentre tantos outros. De outro lado, a legislação sobre a tributação dos lucros oriundos do exterior pelas empresas investidoras brasileiras é complexa, contraditória e está desafiada no Supremo Tribunal Federal desde 2001, ainda sem solução, de modo que as autuações fiscais são frequentes e isso evidentemente impacta na segurança jurídica de aspecto tão estratégico para a inclusão das empresas brasileiras no mercado globalizado.

Por falar em Supremo Tribunal Federal, há relevantes temas tributários que aguardam o seu pronunciamento definitivo. É o caso, por exemplo, da ADI 2.588, que trata da inconstitucionalidade do art. 74 da Medida Provisória 2.158-35/01 e aguarda definição pelo Pleno da Suprema Corte desde 2001. Além disso, há também a ADC 18, que cuida da inconstitucionalidade da inclusão da parcela do ICMS na base de cálculo da COFINS e do PIS, cujo tema aguarda a conclusão do julgamento desde 1999 no Plenário da Corte.

De fato, concluído o julgamento do Mensalão, e levando em consideração as declarações de encerramento do ano judiciário do Presidente do Supremo Tribunal Federal, tudo indica que os temas de maior repercussão que hoje tramitam na Corte serão levados a julgamento no ano de 2013.

Vale acompanhar de perto esse ano que promete ter eventos e desdobramentos relevantes sobre matéria tributária, razão pela qual recomendamos olho vivo quando Brasília voltar a funcionar regularmente.[33]

Recentes alterações legislativas e regulamentares

Com a Virada do Ano e o recesso tanto do Poder Legislativo como também do Judiciário, é prática relativamente antiga do Poder Executivo editar diversos atos normativos e regulamentares, normalmente de grande impacto para os contribuintes em geral. Dentre tais atos, destacamos alguns que entendemos mais importantes para o empresariado.

---

33 O texto foi disponibilizado em: *Última Instância (Coluna)*. São Paulo, 10.01.2012. Disponível na internet:http://ultimainstancia.uol.com.br/conteudo/colunas/59810/o+que+esperar+para+o+ano+novo. shtml. Acesso em: 10.01.2012.

Em 28.12.2012 foi publicada a MP 601, que promoveu diversas modificações na legislação tributária. Dentre elas, cabe destacar a prorrogação do prazo para o benefício fiscal do Reintegra para 31.12.2013. Além disso, a alíquota referente ao RET foi reduzida de 6% para 4%, com a produção de efeitos a partir de 01.01.2013. A desoneração da folha de pagamento, com o recolhimento ao INSS da Contribuição Previdenciária Patronal sobre a receita bruta teve a ampliação do rol de setores contemplados. Por outro lado, tais setores deverão observar o aumento de alíquota da Cofins-Importação a partir de 01.01.2013.

Em 28.12.2012 foi publicada a Lei 12.766, que foi a conversão da MP 575/12, a qual altera a Lei 11.079/04, que institui normas gerais para licitação e contratação de parceria público-privada no âmbito da administração pública, para dispor sobre o aporte de recursos em favor do parceiro privado e traz mudanças na legislação tributária.

Além disso, o art. 22 da Lei 9.430/96 passou a vigorar com a seguinte redação: "Os juros pagos ou creditados a pessoa vinculada somente serão dedutíveis para fins de determinação do lucro real até o montante que não exceda ao valor calculado com base em taxa determinada conforme este artigo acrescida de margem percentual a título de spread, a ser definida por ato do Ministro de Estado da Fazenda com base na média de mercado, proporcionalizados em função do período a que se referirem os juros".

A referida taxa de que trata o dispositivo em foco é aquela descrita do parágrafo sexto ao décimo primeiro. Foi ampliada a redução a zero das alíquotas do PIS/Pasep e da COFINS nos casos de farinha de trigo, trigo e pré-misturas próprias para fabricação de pão comum (até 31.12.2013).

A Lei 12.761, publicada em 27.12.2012, institui o Programa de Cultura do Trabalhador, com o objetivo de fornecer aos trabalhadores meios para o exercício dos direitos culturais e acesso às fontes da cultura.

Em 28.12.2012 foi publicado o Decreto 7.879, que altera a Tabela de Incidência do Imposto sobre Produtos Industrializados – TIPI, aprovada pelo Decreto 7.660/11.

Em 31.12.2012 foi publicado o Decreto 7.882, que regulamenta o art. 2º da Lei 12.649/12, que dispõe sobre a rotulagem das embalagens de papel destinado à impressão de livros e periódicos (papel imune).

A IN RFB 1.305, publicada em 27.12.2012, dispensa a entrega do Dacon relativo aos fatos geradores ocorridos a partir de 01.01.2013 para as pessoas jurídicas tributadas pelo IRPJ, no ano-calendário de 2013, com base no lucro presumido ou arbitrado, além de trazer outras disposições.

Em 31.12.2012 foi publicada a IN RFB 1.311, que altera a IN RFB 1.311/11, que dispõe sobre os procedimentos a serem adotados para fruição dos benefícios fiscais relativos ao IRPF nas doações aos Fundos dos Direitos da Criança e do Adolescente, nas doações aos Fundos do Idoso, nos investimentos e patrocínios em obras audiovisuais, nas doações e patrocínios de projetos culturais, desportivos e para desportivos e na contribuição patronal paga à Previdência Social incidente sobre a remuneração do empregado doméstico.

No mesmo dia foi publicada a IN RFB 1.312, que dispõe sobre os preços a serem praticados nas operações de compra e de venda de bens, serviços ou direitos efetuados por pessoa física ou jurídica residente ou domiciliada no Brasil, com pessoa física ou jurídica residente ou domiciliada no exterior, consideradas vinculadas. Dentre as principais alterações, cabe registrar o regime aplicável às operações com *commodities*, especialmente o PCI na importação e o PECEX na exportação. Além disso, o diploma estabelece a regulamentação das regras de preço de transferência para os empréstimos *intercompanies*, inclusive aquelas transações com contratos registrados no Bacen e nas operações *back-to-back*. O D.O.U. de 08.01.2013 traz o texto da referida instrução normativa retificado.

Além disso, a Portaria Conjunta RFB SCE 2.860 aprova a 4ª Edição dos Manuais Informatizados dos Módulos de Venda e Aquisição do Sistema Integrado de Comércio Exterior de Serviços, Intangíveis e Outras Operações que Produzam Variações no Patrimônio (Siscoserv).

Em apertada síntese, esses foram os principais diplomas legais e regulamentares publicados durante o período da Virada do Ano, de modo que cabe conferir como tais mudanças afetam direta ou indiretamente a atividade operacional de cada empresa ou setor produtivo.[34]

Emenda do Calote é declarada inconstitucional

Em 14.03.2013 foi concluído o julgamento das ADIs 4.357 e 4.425, em torno da chamada Emenda do "Calote" (EC 62/09) pelo Plenário do Supremo Tribunal Federal – STF. O resultado foi, por maioria, no sentido de declarar a sua inconstitucionalidade parcial.

Dentre os dispositivos declarados inconstitucionais destacam-se os seguintes. Aqueles constantes no regime especial previsto no art. 97 do Ato das Disposições Constitucionais Transitórias (ADCT), que consiste na adoção de sistema de parcelamento de 15 anos da dívida, combinado o regime que destina parcelas variáveis entre 1% e 2% da receita de Estados e Municípios para uma conta especial voltada para o pagamento de precatórios. Desses recursos, 50% são destinados ao pagamento por ordem cronológica, e os valores restantes a um sistema que combina pagamentos por ordem crescente de valor, por meio de leilões ou em acordos diretos com credores. A inconstitucionalidade do art. 97 do ADCT fundamenta-se na violação às seguintes cláusulas pétreas: garantia de acesso à Justiça, razoável duração dos processos, independência entre os Poderes e proteção à coisa julgada.

Além disso, parte dos dispositivos constantes no art. 100 também foi declarada inconstitucional, como na parte que trata da restrição à preferência de pagamento aos credores com mais de 60 anos, da fixação da taxa de correção monetária e das regras de compensação de créditos.

Desse modo, o Tribunal julgou parcialmente procedente as ações diretas, nos termos do voto do Relator, Min. Ayres Britto, acompanhado pelos Ministros Luiz Fux, Rosa Weber, Cármen Lúcia, Celso de Mello e o Presidente, Min. Joaquim Barbosa. Os Ministros Marco Aurélio e Ricardo Lewandowski votaram pela procedência das ADIs em menor extensão. Votaram pela total improcedência das ADIs (isto é, pela constitucionalidade da EC 62/09) os Ministros Gilmar Mendes, Teori Zavascki e Dias Toffoli.

O Redator, Ministro Luiz Fux, já anunciou que, mediante provocação por petição simples de algum Procurador (de Estado ou de Município) interessado no caso, deverá trazê-lo novamente ao Pleno para exame de possível modulação temporal dos efeitos dessa decisão, especialmente no tocante aos parcelamentos em curso e aos pagamentos já realizados sob a sistemática da EC 62/09.

Nesse sentido, recomendamos atenção das empresas tanto para o impacto que a declaração de inconstitucionalidade poderá repercutir nos precatórios vincendos como também especial atenção aos termos da modulação temporal dos seus efeitos, sobretudo quanto aos parcelamentos em curso.[35]

MP 582 foi convertida na Lei 12.794

Em 03.04.2013 foi publicada a Lei 12.794, que traz diversas alterações na legislação tributária. Dentre elas, cabe mencionar a da Lei 12.546/11 (ref. ao Reintegra, arts. 1º e 2º), quanto à contribuição previdenciária de empre-

---

34   O texto foi disponibilizado em: *Última Instância (Coluna)*. São Paulo, 17.01.2013. Disponível na internet: http://ultimainstancia.uol.com.br/conteudo/colunas/59981/recentes+alteracoes+legislativas+e+ regulamentares.shtml. Acesso em: 17.01.2013.

35   O texto foi disponibilizado em: *Última Instância (Coluna)*. São Paulo, 21.03.2013. Disponível na internet: http://ultimainstancia.uol.com.br/conteudo/colunas/61406/emenda+do+calote+e+declarada+ inconstitucional.shtml. Acesso em: 21.03.2013.

sas dos setores industriais e de serviços e a permissão para depreciação acelerada de bens de capital para apuração do Imposto de Renda (art. 4º).

A lei é conversão da MP 582 e mantém a instituição do Regime Especial de Incentivo ao Desenvolvimento da Infraestrutura da Indústria de Fertilizantes—REIF (arts. 5º a 11).

Cabe registrar que a Presidenta da República opôs veto a diversos dispositivos da lei. Nesse sentido, a desoneração de alguns setores de empresas foi vetada sob a justificativa de que os dispositivos violariam a Lei de Responsabilidade Fiscal, vez que previram desonerações sem apresentar as estimativas de impacto e as devidas compensações financeiras.

Pela mesma razão, foi vetada a majoração do limite da receita bruta total para a opção pelo regime de tributação com base no lucro presumido para R$ 72 Milhões. Mas, essa majoração consta na MP 612, publicada em 04.04.2013.

Por fim, a lei traz uma série de outras alterações que devem ser analisadas pela empresa de acordo com as suas atividades operacionais, cabendo também verificar se e em que termos foi modificado o seu texto originalmente constante na MP e foi oposto veto presidencial a determinados dispositivos, em razão das alterações naturais que ocorrem durante o trâmite do processo legislativo.[36]

Receita Federal decide acatar decisões do Judiciário

O título seria cômico se não fosse trágico. Na coluna dessa semana, proponho trazer a reflexão do leitor breve explicação do que está por trás de uma excelente matéria veiculada no Valor Econômico de 15.05.2013, com a chamada "Receita pretende seguir decisões do Supremo e do STJ".

Inicialmente, cabe destacar que o art. 19 da Lei n. 10.522/02 dispõe sobre as hipóteses passíveis de não contestação pela Procuradoria-Geral da Fazenda Nacional, não interposição de recurso e desistência daqueles que tivessem sido interpostos, desde que inexista outro fundamento relevante.

Quando em trâmite o projeto de lei de conversão da MP 578/12, houve o acréscimo de dispositivos que ampliariam o rol de tais hipóteses, constando expressamente "matérias decididas de modo desfavorável à Fazenda Nacional pelo Supremo Tribunal Federal ou pelo Superior Tribunal de Justiça, em sede de julgamento realizado nos termos dos arts. 543-B e 543C da Lei n. 5.869, de 11 de janeiro de 1973 – Código de Processo Civil".

Na ocasião, a Advocacia-Geral da União opinou pelo veto, ao argumento de que: "Apesar de meritória, a proposta limita a defesa dos interesses da União, uma vez que as decisões da Turma Nacional de Uniformização de Jurisprudência ainda podem ser objeto de apreciação pelo Supremo Tribunal Federal". A Lei n. 12.788/13 foi publicada sem o referido dispositivo.

Recentemente, a MP 601/13 foi publicada repetindo e separando em diferentes incisos o teor relacionado aos julgamentos do STF e do STJ, mas trouxe a expressa ressalva, nesse último caso: "[...] com exceção daquelas que ainda possam ser objeto de apreciação pelo Supremo Tribunal Federal".

O Projeto de Lei n. 11/13 (de conversão dessa medida provisória) está tramitando no Congresso Nacional e já foi aprovado pela Comissão Mista.

Além desse acréscimo, consta ainda que o Procurador da Fazenda Nacional que atuar no feito deverá expressamente reconhecer a procedência do pedido, quando citado para apresentar resposta, inclusive em embargos

---

36   O texto foi disponibilizado em: *Última Instância (Coluna)*. São Paulo, 25.04.2013. Disponível na internet: http://ultimainstancia.uol.com.br/conteudo/colunas/62404/mp+582+foi+convertida+na+lei+ 12.794.shtml. Acesso em: 25.04.2013.

à execução fiscal e exceções de pré-executividade, bem como manifestar o seu desinteresse em recorrer. De igual modo, a Receita Federal não constituirá os créditos tributários relativos a tais temas.

Ora, em realidade, trata-se de medida capaz de racionalizar o processo, especialmente levando-se em conta a crescente importância que tem sido atribuída pelo STF e STJ, respectivamente, aos julgamentos sob o regime da repercussão geral e sob o rito dos recursos repetitivos.

Com efeito, a despeito de terem sido concebidos como instrumentos para racionalizar o enorme volume de decisões no contencioso perante o Poder Judiciário, é recomendável – e até necessário – que essa salutar consequência seja expandida para os demais órgãos da Administração Pública, inclusive a Receita Federal e a Procuradoria da Fazenda Nacional.

O entendimento contrário levaria ao absurdo de manter a obrigação de autuar e defender em juízo situações sabidamente inconsistentes com a jurisprudência firmadas nos Tribunais Superiores e necessariamente fadadas à sucumbência. E o pior de tudo: depois de anos de trâmite perante o Poder Judiciário, com evidente desgaste e custo para os contribuintes e enorme custo para a manutenção da máquina estatal em torno do processamento e julgamento do caso.

Enfim, com desperdício de recursos que poderiam ser mais bem empregados inclusive no âmbito interno de cada instituição envolvida: o contribuinte poderia reinvestir ou expandir seus negócios em algumas hipóteses, o Judiciário poderia dedicar-se a temas que ainda estão abertos e pendentes de solução (e não reproduções de jurisprudência pacífica como meros carimbadores) e o Fisco poderia se dedicar à gestão das causas que mais interessam a sua carteira de acompanhamento, como estão cada vez mais fazendo.

Desse modo, é salutar a medida e, se a Administração Pública do Brasil fosse séria como a de um país desenvolvido, tal regra não precisaria sequer ser escrita, e muito menos em lei. E nesse caso não teria demorado tanto tempo. Mas, sendo por aqui, vamos torcer para que isso realmente signifique um ajuste na estratégia do Fisco de lançar, atuar e se defender, como um passo a mais na necessária especialização técnica de seus profissionais.[37]

Parecer PGFN/CAT 202/2013

A Lei 11.638/07 introduziu profundas modificações na Lei 6.404/76 (LSA) com o intuito de aproximar as regras contábeis brasileiras aos padrões adotados internacionalmente através do *International Financial Reporting Standards* (IFRS).

Em razão da instituição do Regime Tributário de Transição (RTT), com a Medida Provisória 449/08, posteriormente convertida na Lei 11.941/09, que buscou promover a necessária neutralidade fiscal à luz das modificações que foram implementadas, as empresas passaram a apurar o chamado "lucro societário" e o "lucro fiscal".

A Secretaria da Receita Federal do Brasil – RFB submeteu à análise jurídica da Procuradoria-Geral da Fazenda Nacional – PGFN o questionamento sobre qual regime jurídico deve servir de substrato para aplicação da norma prevista no art. 10 da Lei 9.249/95, que isenta a distribuição dos lucros e dividendos pagos ou creditados pelas pessoas jurídicas em geral.

Através do Parecer/PGFN/CAT 202/2013, a PGFN manifestou entendimento restritivo acerca de tal dispositivo, na medida em que são considerados isentos os lucros ou dividendos distribuídos ("lucro societário") até

---

37 O texto foi disponibilizado em: *Última Instância (Coluna)*. São Paulo, 16.05.2013. Disponível na internet: http://ultimainstancia.uol.com.br/conteudo/colunas/62985/receita+federal+decide+acatar+decisoes+do+judiciario.shtml. Acesso em: 16.05.2013.

o montante do "lucro fiscal" apurado no período. Esse entendimento pode gerar distorções com efeitos contrários aos interesses dos contribuintes.

Em relação ao dividendo obrigatório, por exemplo 25% do "lucro societário", o parecer gera tributação quando 25% do "lucro societário" exceder a totalidade do "lucro fiscal". Se houver distribuição mais alta ou variação muito grande em relação ao "lucro societário" e ao "lucro fiscal", as distorções se agravam ainda mais.

Como exemplo, trazemos o seguinte exercício numérico a partir do "lucro societário" de 100 e:

a) o "lucro fiscal" de 120 – na hipótese de dividendos de 1 até 100 não se aplica o entendimento do parecer;

b) o "lucro fiscal" de 15 – b.1) na hipótese de dividendos de 25, então pelo parecer há um saldo de 10 em excesso que deve ser tributado, bem como

b.2) a hipótese de dividendos de 100, quando há um saldo de 85 em excesso que deve ser tributado.

Desse modo, recomendamos que as empresas fiquem especialmente atentas à fixação dos dividendos, bem como promovam o ajuizamento da medida judicial competente para buscar o afastamento da nova sistemática se for prejudicial na forma explicitada anteriormente no exercício numérico.[38]

Órgãos de arrecadação se preparam para seguir decisões judiciais

A partir da Reforma do Poder Judiciário, veiculada pela Emenda Constitucional n. 45/04, diversas mudanças ocorreram na seara infraconstitucional, com a introdução de variados mecanismos que foram paulatinamente incorporados ao ordenamento jurídico nacional com o objetivo de crescentemente racionalizar os esforços em torno de maior eficiência e menor morosidade da máquina judiciária.

Exemplo claro de tais inovações pode ser encontrado tanto na edição da Lei n. 11.418/06, que cuida da repercussão geral das questões constitucionais que passaram a ser julgadas pelo STF, como também na publicação da Lei n. 11.672/08, que estabelece o procedimento para o julgamento de recursos repetitivos no âmbito do STJ, com a inclusão no CPC dos arts. 543-A, 543-B e 543-C.

Além disso, ultimamente muito se tem discutido sobre a necessidade de levar a repercussão geral para o STJ, especialmente considerando o efeito positivo que logrou alcançar no âmbito do STF com a redução significativa dos recursos que efetivamente subiram para julgamento.

A esse respeito, cabe registrar que a PEC n. 209/12 prevê precisamente a inclusão do § 1º ao art. 105 da Constituição, o qual passaria a estabelecer que: "No recurso especial, o recorrente deverá demonstrar a relevância das questões de direito federal infraconstitucional discutidas no caso, nos termos da lei, a fim de que o Tribunal examine a admissão do recurso, somente podendo recusá-lo pela manifestação de dois terços dos membros do órgão competente para o julgamento".

Em 27.03.2013, foi aprovado Parecer pela admissibilidade na Comissão de Constituição e Justiça e de Cidadania (CCJC) da Câmara dos Deputados. Em 31.07.2013, verificamos que tinha se encerrado o prazo para emendas ao projeto junto à Comissão Especial destinada a proferir parecer sobre a referida proposta e não foram apresentadas emendas. Desse modo, o próximo passo é a elaboração e aprovação do referido parecer na Comissão Especial.

Ainda na seara legal, cabe registrar que o art. 19 da Lei n. 10.522/02 dispunha sobre as hipóteses passíveis de não contestação pela PGFN, não interposição de recurso e desistência daqueles que tivessem sido interpostos, desde que inexistisse outro fundamento relevante.

---

38 O texto foi veiculado em: *Última Instância (Coluna)*. São Paulo, 06.06.2013. Disponível na internet: http://ultimainstancia.uol.com.br/ conteudo/colunas/63653/parecer+pgfncat+2022013.shtml. Acesso em: 06.06.2013.

O dispositivo sofreu sucessivas modificações e, com a publicação da Lei n. 12.844, em 19.07.2013, teve acrescentado dois incisos que cuidam, respectivamente, das matérias decididas de modo desfavorável à Fazenda Nacional pelo STF e pelo STJ, em sede de julgamento sob o regime de repercussão geral ou sob o rito dos recursos repetitivos, nos termos dos arts. 543-B e 543-C, do CPC.

Além disso, o art. 21 da Lei n. 12.844/13 reformulou o art. 19 da Lei n. 10.522/02, para dispor também que, nesses casos, o Procurador da Fazenda Nacional deverá expressamente reconhecer a procedência do pedido, quando citado para apresentar resposta, ou manifestar o seu desinteresse em recorrer, quando intimado da decisão judicial. A sentença prolatada nesses termos não se subordinará ao duplo grau de jurisdição obrigatório (reexame necessário ou remessa de ofício). Se o processo já estiver no Tribunal Regional Federal, poderá o Relator negar-lhe seguimento, desde que haja manifestação de desinteresse pelo Procurador da Fazenda Nacional.

No campo da Secretaria da Receita Federal, não lhe cabe constituir os créditos tributários relativos às matérias enumeradas no referido art. 19. Além disso, suas unidades deverão reproduzir, em suas decisões nas quais se aplique o art. 19, o entendimento adotado nas decisões definitivas de mérito, que versem sobre essas matérias. Se os créditos tributários já tiverem sido constituídos, a autoridade lançadora deverá rever de ofício o lançamento, para efeito de alterar total ou parcialmente o crédito tributário, após manifestação da PGFN.

No âmbito regulamentar, em março de 2010, foi emitido o Parecer PGFN/CRJ n. 492, que versa sobre a força persuasiva dos precedentes do STF e do STJ em sede de julgamento realizado sob o regime de repercussão geral ou sob o rito dos recursos repetitivos, respectivamente, com a conclusão de que não caberia ao órgão (PGFN) contestar ou recorrer levando-se em consideração razões de conveniência e oportunidade.

Naquele mesmo mês foi emitida a Portaria PGFN n. 294, que dispõe sobre as Notas-justificativas no âmbito daquele órgão, cabendo registrar que já constava enumerado que "os Procuradores da Fazenda Nacional ficam autorizados a não apresentar contestação, bem como a não interpor recursos, nas seguintes situações: [...] V – quando a demanda e/ou decisão tratar de questão já definida, pelo STF ou pelo STJ, em sede de julgamento realizado na forma dos arts. 543-B e 543-C do CPC, respectivamente".

Em 27.10.2011 foi emitido o Parecer PGFN/CDA n. 2.025, que versa sobre a repercussão das hipóteses de dispensa de contestação e recursos, bem como desistência dos já interpostos, previstas na Portaria PGFN n. 294/10, no âmbito da inscrição, administração e cobrança administrativa e judicial da dívida ativa da União.

Em 02.08.2012, a Receita Federal emitiu a Nota RFB/COSIT n. 27, pela qual encaminhou à PGFN diversos questionamentos relacionados ao Parecer PGFN/CDA n. 2.025, de 27.10.2011.

Em resposta, em 05.07.2013, foi publicado o Parecer/PGFN/CDA/CRJ n. 396/2013, que cuida tanto da dispensa de impugnação judicial fundada em precedente do STF ou do STJ julgado na sistemática dos arts. 543-B e 543-C do CPC, como também da repercussão no âmbito das atribuições institucionais da RFB.

Esse último parecer (Parecer n. 396) é declaradamente um complemento daquele anterior (Parecer n. 2.025), quando todo o conteúdo foi direcionado às atividades próprias da PGFN no tocante às razões jurídicas que dispensam a inscrição e a cobrança dos créditos inscritos em dívida ativa da União fundados, total ou parcialmente, em tese rejeitada pelos Tribunais Superiores na sistemática de julgamento prevista nos arts. 543-B e 543-C do CPC.

Nesse momento, aquele conteúdo é estendido de modo expresso à atuação da Receita Federal do Brasil para, nas mesmas circunstâncias, dispensá-la de efetuar a constituição e a exigência dos créditos tributários de sua competência, inclusive com o foco específico no plexo de atribuições exercidas pela RFB.

O último parecer é, em realidade, uma explicitação, para que não reste qualquer dúvida, acerca da orientação contida no parecer anterior, agora voltada exclusivamente às peculiares situações próprias da atuação da RFB.

Levando em consideração que o Parecer n. 2.025 foi objeto de apreciado e corroborado pelo Ministro de Estado da Fazenda, à rigor, não caberia sequer a emissão do Parecer n. 396, sobretudo à luz do art. 42 da Lei Complementar n. 73/93, que prevê a vinculação vertical nessas situações.

Todavia, levando em consideração que a RFB emitiu Nota na qual registrou uma miríade de dúvidas quanto a aplicação do Parecer n. 2.025 ao plexo de suas atribuições institucionais de fiscalização, revisão, restituição e julgamento, então a PGFN emitiu o Parecer n. 396 com o objetivo de saná-las a partir da aplicação do seu parecer anterior.

É curioso observar a dialética existente dentro da própria máquina dos órgãos de arrecadação na preparação para seguir as decisões judiciais. A sinalização é clara no sentido de que não basta que novas leis sejam publicadas para resolver a situação a partir do vértice superior dos órgãos de cúpula do Poder Judiciário, tornando-se necessário que os funcionários, serventuários e demais operadores também se engajem no projeto de tornar mais célere e eficiente a entrega da prestação jurisdicional no Brasil, com evidente vantagem para todos os envolvidos.

Assim, talvez alguns órgãos ou funcionários mais retrógrados (que outros) não encontrem eco para a manutenção do atual estado de flexibilidade ou fluidez jurisprudencial e, consequentemente, insegurança jurídica no tocante às relevantes matérias que são caras aos órgãos de arrecadação. Fica a dica e o apelo![39]

O benefício das desonerações

O Brasil passa por um momento crucial na sua recente história. Internamente precisa desenvolver a qualidade da prestação de serviços oferecida pelo Estado, que permanece muito aquém do mínimo esperado, bem como atrair investimento para os setores estratégicos relacionados a infraestrutura que hoje representam gargalos que oneram demasiadamente a produção nacional. No plano internacional, deve atrair investimentos ao setor produtivo e angariar credibilidade quanto ao seu ambiente de negócios junto à comunidade internacional, tarefa que se torna especialmente difícil à luz dos sinais de recuperação das economias centrais.

Nesse esforço empreendido pelas economias centrais, alguns excessos estão sendo observados como, por exemplo, nas notícias de que a Comissão Europeia recentemente advertiu a França (segunda maior economia da Europa) em relação ao aumento da carga tributária, inclusive com a criação de novos tributos.

Ao invés de colocar na agenda para amplo debate público questões cruciais, como a Reforma Tributária, com a simplificação das obrigações e a redução da carga fiscal, o Governo Federal opta em adotar medidas paliativas em conta-gotas, como a sequencia de desonerações que vem promovendo nos últimos meses em relação a alguns setores estratégicos da economia. Além disso, tem sido cada vez mais frequente as reclamações do empresariado da falta de abertura e diálogo do Governo.

No campo das desonerações, aí sim o Governo tem se mostrado relativamente flexível. Convoca e recebe sugestões através dos seus órgãos técnicos responsáveis pela elaboração da lista dos setores da economia ou dos produtos específicos que se beneficiam das periódicas desonerações.

Nesse sentido, é importante que a empresa esteja sempre atenta a essas possibilidades e, se necessário, realize *lobby* estritamente técnico destacando perante os órgãos competentes a importância da desoneração pretendida para o seu produto ou setor, com os possíveis impactos na circulação de riqueza e na geração de empregos, preferencialmente municiados de estudos técnicos especificamente orientados que corroborem a pretensão almejada.

---

39 O texto foi disponibilizado em: *Última Instância (Coluna)*. São Paulo, 01.08.2013. Disponível na internet: http://ultimainstancia.uol.com.br/conteudo/colunas/65066/orgaos+de+arrecadacao+se+ preparam+para+seguir+decisoes+judiciais.shtml. Acesso em: 01.08.2013.

Esse serviço pode ser desenvolvido tanto no âmbito interno das grandes empresas, a partir de algum departamento ou setor ligado à relação com o governo, como também externamente, com a contratação de consultores e colaboradores independentes dedicados a demonstrar perante os órgãos competentes a conveniência e a oportunidade da desoneração pretendida.

Por outro lado, há também oportunidades pela via judicial para algumas situações distorcidas que algumas dessas mudanças acabam por gerar. Exemplo disso se verifica com a desoneração da folha de pagamento, com a mudança da base de cálculo da contribuição previdenciária para o faturamento.

Em algumas situações, de poucos funcionários (e, consequentemente, folha de salários pouco significativa) e grande faturamento, por exemplo. Apesar de submetido a alíquotas inferiores, a contribuição passa a incidir sobre uma base muito maior, o que pode chegar ao absurdo de majorar a carga tributária.

Essa "desoneração" (que acaba aumentando a carga tributária na situação específica de contribuintes de alguns setores da atividade econômica) não deve subsistir e cabe pleitear o seu afastamento ao Poder Judiciário. Além disso, levando em conta que pelo entendimento fazendário a parcela do ICMS ou do ISS compõe a base de cálculo da contribuição previdenciária, cabe ao contribuinte que com isso discordar se socorrer do Poder Judiciário para restabelecer a base de cálculo adequada para o pagamento da referida contribuição previdenciária (incidente sobre a folha de salários, e não sobre o faturamento e, se essa última situação prevalecer ou subsistir, então que seja com a exclusão da parcela do ICMS ou do ISS da sua base).

Alcançada a desoneração pretendida, ainda que de modo provisório, pode assegurar a empresa um fôlego a mais, tornando a sua operação menos onerosa do ponto de vista tributário e mais competitiva. Embora em nível internacional ainda esteja longe do que seria razoável, isso pode representar alguma vantagem na conta do produto final e na conquista pela sua fatia no mercado globalizado.[40]

Reabertura de Refis exige atenção das empresas

Em 10.10.2013 foi publicada a Lei n. 12.865, originada a partir da conversão da Medida Provisória n. 615/13. Dentre as diversas mudanças na legislação tributária, cabe registrar que reabriu até o dia 31.12.2013 o prazo do REFIS IV, instituído pela Lei n. 11.941/09 para as dívidas vencidas até 30.11.2008 (art. 17). O foco centra-se nos débitos que não estejam nem tenham sido parcelados até o dia 09.10.2013. A opção excepcional de pagamento ou parcelamento não se aplica aos débitos que já tenham sido parcelados nos termos da Lei n. 11.941/09. Também não se aplica aos débitos posteriores ao período estipulado (a partir de 01.12.2008 inclusive).

Segundo o art. 2º, § 1º, da Portaria Conjunta PGFN/RFB n. 7, publicada em 18.10.2013, poderão ser pagos ou parcelados os débitos de pessoas físicas ou jurídicas, consolidados por sujeito passivo, constituídos ou não, com exigibilidade suspensa ou não, inscritos ou não em Dívida Ativa da União, mesmo que em fase de execução fiscal já ajuizada, considerados isoladamente: a) os débitos, no âmbito da PGFN e da RFB, decorrentes do aproveitamento indevido de créditos do IPI oriundos da aquisição de matérias-primas, material de embalagem e produtos intermediários relacionados na TIPI com incidência de alíquota zero ou não tributados; b) os débitos, no âmbito da PGFN e da RFB, decorrentes das contribuições sociais previstas nas alíneas "a", "b" e "c" do parágrafo único do art. 11 da Lei n. 8.212/91, das contribuições instituídas a título de substituição e das contribuições devidas a terceiros, assim entendidas outras entidades e fundos; c) os demais débitos administrados pela PGFN e pela RFB; e d) os débitos de

---

40 O texto foi disponibilizado em: *Última Instância (Coluna)*. São Paulo, 29.08.2013. Disponível na internet: http://ultimainstancia.uol.com.br/conteudo/colunas/65834/o+beneficio+das+desoneracoes.shtml. Acesso em: 29.08.2013.

COFINS das sociedades civis de prestação de serviços profissionais, relativos ao exercício de profissão legalmente regulamentada a que se referia o Decreto-Lei n. 2.397/87, revogado pela Lei n. 9.430/96. Não estão contemplados os débitos apurados na forma do Simples Nacional de que trata a Lei Complementar n. 123/06.

O art. 3º da referida portaria dispõe sobre as reduções e as quantidades de prestações, variando desde o pagamento à vista, com redução de 100% das multas de mora e de ofício, 100% sobre o valor do encargo legal, 45% dos juros de mora e 40% das multas isoladas, até o parcelamento em 180 prestações mensais e sucessivas, com redução de 60% das multas de mora e de ofício, 100% sobre o valor do encargo legal, 25% dos juros de mora e 20% das multas isoladas.

O contribuinte deve calcular e recolher mensalmente parcela equivalente ao maior valor entre: R$ 2.000,00 no caso de parcelamento de débitos decorrentes do aproveitamento indevido de créditos do IPI, R$ 50,00 no caso de pessoa física e R$ 100,00 no caso dos demais débitos de pessoa jurídica; ou o montante dos débitos objeto do parcelamento dividido pelo número de prestações pretendidas (art. 17, § 2º, da Lei n. 12.865/13 c/c o art. 4º da Portaria Conjunta PGFN/RFB n. 7/13).

Por ocasião da consolidação, será exigida a regularidade de todas as prestações devidas desde o mês de adesão até o mês anterior ao da conclusão da consolidação dos débitos parcelados. A partir do mês subsequente ao da consolidação até o mês anterior ao do pagamento o valor de cada prestação será acrescido da taxa SELIC e de 1% para o mês de pagamento.

O Capítulo II da referida portaria disciplina o pagamento à vista ou o parcelamento de saldo remanescente do programa Refis e dos parcelamentos PAES, PAEX, Ordinários e Simplificados (arts. 5º ao 12).

O Capítulo III cuida das disposições comuns e se divide em dez seções, a saber: I – Do pedido de parcelamento e do pagamento à vista com utilização de prejuízos fiscais e bases negativas da CSLL, II – Dos débitos em discussão administrativa ou judicial, III – Da consolidação, IV – Da antecipação de prestações, V – Das competências, VI – da rescisão do parcelamento, VII – Do recurso administrativo, VIII – Da liquidação de multas e juros com créditos decorrentes de prejuízo fiscal e base de cálculo negativa de CSLL, IX – Da possibilidade de parcelamento de débitos da pessoa jurídica pela pessoa física; X – Dos códigos para parcelamento ou pagamento.

O Capítulo IV trata das disposições finais. Dentre elas, merece destaque o art. 31, que cuida da conversão de depósitos em renda ou transformação em pagamento definitivo. Os percentuais de redução serão aplicados sobre o valor do débito atualizado à época do depósito e somente incidirão sobre o valor das multas de mora e de ofício, das multas isoladas, dos juros de mora e do encargo legal efetivamente depositados.

Essa regra espanca dúvida que foi suscitada na aplicação da Lei n. 11.941/09 e suas sucessivas regulamentações. Como decorrência de divergência interpretativa, restou consagrado no âmbito do STJ a impossibilidade de devolução da diferença entre os juros que remuneram o depósito judicial e os juros de mora do crédito tributário que não foram objeto de remissão mediante aproveitamento do benefício mediante a transformação em pagamento definitivo (conversão em renda) de depósito judicial vinculado a ação já transitada em julgado (REsp. 1.251.513, Rel. Min. Mauro Campbell Marques, j. 10.08.2011, DJe 17.08.2011). Recentemente, os embargos de declaração que foram opostos tanto pela Fazenda Nacional como também pelo contribuinte foram rejeitados (RESp. 1.251.513-ED, Rel. Min. Mauro Campbell Marques, j. 11.09.2013, DJe 17.10.2013).

A conversão em renda ou transformação em pagamento definitivo dos valores depositados somente ocorrerá após a aplicação dos percentuais de redução na forma estabelecida. Em seguida, o sujeito passivo poderá requerer o levantamento do saldo remanescente, se houver. Nessa hipótese, o saldo remanescente somente poderá ser levantado pelo sujeito passivo após a confirmação pela RFB dos montantes de prejuízo fiscal e de base de cálculo negativa da CSLL.

Em suma, as vicissitudes que se seguiram nas regulamentações da Lei n. 11.941/09 acabou por torná-la menos atrativa. A intenção declarada dos funcionários de primeiro escalão (no sentido de efetivamente promover ajuda para que as empresas pudessem limpar o passivo tributário em razão da crise econômica mundial originada em 2008) nunca se alinhou com a intenção dos funcionários mais subalternos (no sentido de restringir algumas possibilidades inicialmente prometidas na lei). A consolidação tardou e foi disponibilizada com muitos defeitos e lacunas que, por vezes, demandaram verdadeiras lides incidentais em torno da interpretação adequada do arcabouço normativo aplicável ao caso concreto.

A possibilidade que ora se reabre, no entanto, pode representar verdadeira oportunidade se levarmos em conta alguns defeitos e problemas que efetivamente ocorreram em situações específicas quando do período de adesão por força da Lei n. 11.941/09, seja com a adesão de novos débitos ou com aqueles que (por qualquer motivo) não lograram ser aceitos pelo complexo sistema informático então implementado.

Além de reabrir o prazo do Refis IV até 31.12.2013, a Lei n. 12.865/13 também criou programas de parcelamento específicos referentes aos débitos para com a Fazenda Nacional: a) relativos à COFINS/PIS, de que trata o Capítulo I da Lei n. 9.718/98, devidos por instituições financeiras e companhias seguradoras (art. 39, *caput*); b) objeto de discussão judicial relativos à não inclusão do ICMS da base de cálculo da COFINS/PIS devidos por qualquer pessoa jurídica (art. 39, § 1º); e c) relativos ao IRPJ e à CSLL, decorrentes da aplicação do art. 74 da MP 2.158-35/01 (art. 40). Para esses três casos, o pedido de pagamento ou parcelamento deve ser efetuado até 29.11.2013 e se referem aos débitos vencidos até 31.12.2012.

A regulamentação dos dois primeiros programas referidos acima foi publicada em 22.10.2013 e veiculada na Portaria Conjunta PGFN/RFB n. 8. Eventual dúvida que poderia haver sobre a conversão em renda dos depósitos efetuados nos processos administrativos e judiciais foi sanada pelos parágrafos do art. 5º, os quais estabelecem que o sujeito passivo requererá a transformação do depósito em pagamento definitivo. As reduções serão aplicadas ao saldo remanescente a ser pago ou parcelado, se houver.

Quanto ao parcelamento de débitos junto à RFB e à PGFN, relativos ao IRPJ e à CSLL, decorrentes da aplicação do art. 74 da MP 2.158-35/01, foi regulamentado pela Portaria Conjunta PGFN/RFB n. 9, publicada em 22.10.2013. No caso da opção pelo parcelamento e enquanto não consolidado, o contribuinte deverá calcular e recolher até 29.11.2013 como 1ª prestação o valor correspondente a 20% da dívida e, mensalmente, a partir da 2ª prestação a parcela equivalente ao montante dos débitos objeto do parcelamento dividido pelo número de prestações restantes, em valor não inferior a R$ 300.000,00.

O Capítulo V (cf. art 6º) dispõe sobre a liquidação de valores correspondentes a multas, de mora ou de ofício, e a juros moratórios, com créditos decorrentes de prejuízo fiscal e base de cálculo negativa da CSLL, próprios e de empresas domiciliadas no Brasil, controladas pela pessoa jurídica em 31.12.2011, desde que continuem sob seu controle até a data da opção pelo parcelamento e não se aplicando o limite de 30% do lucro líquido ajustado, previsto no art. 42 da Lei n. 8.981/95 e no art. 15 da Lei n. 9.065/95.

Os parágrafos finais do referido art. 6º prescrevem o restabelecimento da situação anterior na hipótese de constatação pela RFB de irregularidade quanto aos montantes declarados de prejuízo fiscal ou de base de cálculo negativa da CSLL que implique redução, total ou parcial, dos valores utilizados, com sanções de rescisão do parcelamento no caso de seu descumprimento, bem como a responsabilidade da pessoa jurídica relativamente aos tributos devidos.

Cabe lembrar que na sessão de 10.04.2013 foi proclamado o resultado final do julgamento da ADI 2.588, quando se estabeleceu a interpretação conforme a Constituição ao referido art. 74, "com eficácia *erga omnes* e efeito vinculante, no sentido de que não se aplicaria às empresas coligadas localizadas em países sem tributação favorecida (não 'paraísos fiscais'), e que se aplicaria às empresas controladas localizadas em países de tributação favorecida ou desprovidos de controles societários e fiscais adequados ('paraísos fiscais', assim definidos em lei)" (Informativo STF 701). Verifica-se que algumas situações já estão definidas: coligada fora de paraíso fiscal não está alcançada pelo art. 74; ao contrário, controlada em paraíso fiscal está alcançada pelo art. 74. O acórdão está pendente de publicação e poderá ser objeto de embargos de declaração pela CNI.

É bom ter presente que esses programas específicos de parcelamento foram instituídos exclusivamente para as empresas que discutem passivo tributário, oriundo de cobranças e autuações fiscais, tanto no âmbito administrativo como também na seara judicial, como ocorre na atual discussão do art. 74. A lei e o ato regulamentar não se dirigem àquelas empresas que discutem judicialmente possível oportunidade, como se verifica em muitos casos relacionados à não inclusão da parcela do ICMS na base de cálculo da COFINS/PIS.

Cuidando-se dos débitos materializados no passivo, aí sim cabe uma decisão gerencial da empresa, que leve em conta os cálculos na ponta do lápis à luz da regulamentação veiculada pela portaria conjunta referida, bem como a possibilidade de êxito da discussão posta na esfera administrativa ou judicial, especialmente à luz de eventuais especificidades de cada caso concreto em comparação com os paradigmas que aguardam o pronunciamento definitivo do STF sobre o tema em questão.[41]

Que Política Tributária se quer para o Brasil?

O trâmite do projeto de lei de conversão da Medida Provisória 627, que traz profundas modificações na legislação tributária, foi concluído no âmbito do Congresso Nacional. Com a votação pelo Plenário do Senado Federal, aguarda a sanção da Presidente da República a qualquer momento (cujo prazo máximo expira na próxima semana).

O diploma legal resultante pode se colocar como um marco, verdadeiro divisor de águas entre o modo arcaico de fazer "política" tributária e o modelo moderno que estimula o diálogo com a sociedade através dos setores econômicos envolvidos.

Inicialmente, torna-se necessário que o Poder Executivo (Governo Federal) elabore uma Política (com "P" maiúsculo) tributária e fiscal capaz de racionalizar o sistema caótico e definir os próximos passos necessários no curto, médio e longo prazo.

Trata-se da necessidade urgente de elaborar um Plano de Ação, com metas concretas e factíveis, tanto de arrecadação para o Fisco, como também de fomento e expansão da atividade empresarial. Isso funcionaria como um plano estratégico que contemple onde estamos, onde queremos chegar e quando.

Verifica-se, portanto, que tal escopo foge do espectro meramente eleitoreiro de qualquer governo. A ausência de uma Política desse jaez tem redundado na "colcha de retalhos" que se tornou a legislação tributária, por vezes, com regras contraditórias, onde nem o passado é certo e o futuro é certamente incerto.

Tal Política neutralizaria a contraproducente tergiversação hoje existente entre as políticas meramente arrecadatórias (que sufocam as empresas brasileiras) e as políticas opostas que buscam pontualmente prover algum tipo de alívio de tempos em tempos (como as sucessivas desonerações que ocorreram no ano passado e os tradicionais programas de parcelamento que são disponibilizados a cada dois ou três anos).

---

41 O artigo foi publicado em: *Última Instância (Coluna)*. São Paulo, 24.10.2013. Disponível na internet: http://ultimainstancia.uol.com.br/conteudo/colunas/67170/reabertura+de+refis+exige+atencao+das+empresas.shtml. Acesso em: 25.10.2013.

Além disso, cabe consignar que o Congresso Nacional funcionou nesse processo legislativo como verdadeiro porta-voz dos diferentes setores envolvidos, capitaneando a discussão e o debate em torno de assuntos tão cruciais para o Brasil.

No campo da sistemática da tributação dos lucros oriundos do exterior, seria uma excelente oportunidade para colocar em prática uma realidade que tem sido experimentada por diferentes países do globo. Almejam, em maior ou menor medida, não só atrair investimento estrangeiro para seus territórios. Mais do que isso, buscam também se transformar paulatinamente em uma espécie de plataforma regional (e até mundial) de investimentos estrangeiros. Isso pode ser verificado em países como o México (para a América Latina), a África do Sul (em relação ao continente africano), a Áustria (em relação ao continente europeu) e Singapura ou Hong Kong (para os países asiáticos), dentre outros.

Para tanto, cada país busca facilitar a vida do investidor. Exemplo disso é a teia de acordos de troca de informações e tratados para evitar a dupla tributação da renda, com a demonstração clara aos parceiros comerciais da sua boa-fé nas relações internacionais.

O Brasil poderia rivalizar a posição de plataforma de investimentos com o México. Não assim. Temos insistido em defeitos atávicos que já deveriam ter sido superados, como por exemplo, a falta de mão de obra qualificada, o alto custo que onera a folha de pagamento, a enorme burocracia que envolve o cumprimento de obrigações tributárias acessórias e a falta de investimento em infraestrutura. A preocupação deveria ser em torno de maior saúde financeira das multinacionais brasileiras (campeãs nacionais ou de médio porte), como fomentar o desenvolvimento tecnológico (com financiamento e incentivo à pesquisa), corrigir a defasagem na educação (com crescente qualificação da mão de obra) e aumentar o investimento na infraestrutura do nosso país continental (com a melhoria dos meios de transporte e circulação).

Urge nesse momento que o Brasil supere o dilema e esclareça que Política tributária e fiscal pretende: fomentar a expansão da indústria nacional para consolidar-se paulatinamente no competitivo mercado globalizado ou cerrar as portas do País e buscar concentrar em seu território toda a atividade empresarial produtiva? Expandir ou retrair? Incentivar com espírito de parceria ou limitar colocando obstáculos? Assumir compromissos internacionais com seriedade ou ignorá-los?

Enfim, o crescente amadurecimento do Brasil traz questões que devem suscitar permanente análise, debate, aprofundamento e informação. O objetivo deve ser de que as escolhas adotadas sejam acertadas ou, pelo menos, representem os anseios da maior parte da população, no sentido de implementar maior Justiça Social, e não mero paternalismo partidário.

Concluindo, é hora do Poder Legislativo se descolar do Poder Executivo em relação às maiorias ocasionais alcançadas e exercer a vocação que naturalmente lhe cabe na discussão sobre os novos rumos para o Brasil. Cabe ao eleitor acompanhar atento a tudo isso e, na próxima eleição que se avizinha, responder nas urnas com a preferência de suas opções.[42]

Lei 12.973 muda conceito legal de receita bruta

A Lei n. 12.973, publicada em 14.05.2014, promoveu diversas e profundas alterações na legislação tributária. Dentre elas, cabe registrar a modificação no art. 12 do Decreto-Lei n. 1.598/77, que dispõe sobre a legislação do imposto de renda, promovida pelo art. 2º da referida lei.

---

[42] O texto foi disponibilizado em: Última Instância (Coluna). São Paulo, 08.05.2014. Disponível na internet: http://ultimainstancia.uol.com.br/conteudo/colunas/70760/que+politica+tributaria+se+quer +para+o+brasil.shtml. Acesso em: 09.05.2014.

O art. 12 passou a vigorar com a seguinte redação:

"Art. 12. A receita bruta compreende:

I – o produto da venda de bens nas operações de conta própria;

II – o preço da prestação de serviços em geral;

III – o resultado auferido nas operações de conta alheia; e

IV – as receitas da atividade ou objeto principal da pessoa jurídica não compreendidas nos incisos I a III (nova redação).[43]

§ 1º. A receita líquida será a receita bruta diminuída de:

I – devoluções e vendas canceladas;

II – descontos concedidos incondicionalmente;

III – tributos sobre ela incidentes; e

IV – valores decorrentes do ajuste a valor presente, de que trata o inciso VII do caput do art. 183 da Lei n. 6.404, de 15 de dezembro de 1976, das operações vinculadas à receita bruta (nova redação).[44]

§ 2º. O fato de a escrituração indicar saldo credor de caixa ou a manutenção, no passivo, de obrigações já pagas, autoriza presunção de omissão no registro de receita, ressalvada ao contribuinte a prova da improcedência da presunção (redação original).

§ 3º. Provada, por indícios na escrituração do contribuinte ou qualquer outro elemento de prova, a omissão de receita, a autoridade tributária poderá arbitrá-la com base no valor dos recursos de caixa fornecidos à empresa por administradores, sócios da sociedade não anônima, titular da empresa individual, ou pelo acionista controlador da companhia, se a efetividade da entrega e a origem dos recursos não forem comprovadamente demonstradas (redação dada pelo Decreto-Lei n. 1.648/78).

§ 4º. Na receita bruta não se incluem os tributos não cumulativos cobrados, destacadamente, do comprador ou contratante pelo vendedor dos bens ou pelo prestador dos serviços na condição de mero depositário (nova redação).

§ 5º. Na receita bruta incluem-se os tributos sobre ela incidentes e os valores decorrentes do ajuste a valor presente, de que trata o inciso VIII do caput do art. 183 da Lei n. 6.404, de 15 de dezembro de 1976, das operações previstas no caput, observado o disposto no § 4º" (nova redação).

Tais dispositivos que promoveram nova redação no diploma original, em realidade, foram introduzidos pela Medida Provisória n. 627, publicada em 12.11.2013 (art. 2º).

Constou de modo expresso na Exposição de Motivos da MP 627 que: "15. O art. 2º altera o Decreto-Lei n. 1.598, de 26 de dezembro de 1977, visando refletir o tratamento tributário dos novos métodos e critérios contábeis trazidos pela legislação societária". Dentre os diversos dispositivos que sofreram alteração, consta: "15.4. O art. 12 foi alterado com o objetivo de aperfeiçoar a definição de receita bruta e de receita líquida" (EM n. 187/2013 MF).

No mesmo sentido, cabe registrar a seguinte manifestação oriunda da Consultoria Tributária da Câmara dos Deputados em Nota Descritiva em criterioso estudo realizado acerca das inovações da MP 627: "O diploma em pauta atualiza os conceitos de Receita Bruta e Receita Líquida, além de adaptá-los para considerar na sua apuração os valores decorrentes de ajustes a valor presente". Em seguida, prossegue o estudo: "A nova redação define mais

---

43 Eis o teor da redação original: "Art. 12. A receita bruta das vendas e serviços compreende o produto da venda de bens nas operações de conta própria e o preço dos serviços prestados".

44 Eis o teor da redação original: "§ 1º. A receita líquida de vendas e serviços será a receita bruta diminuída das vendas canceladas, dos descontos concedidos incondicionalmente e dos impostos incidentes sobre vendas".

claramente o primeiro desses conceitos, que compreenderá: (i) o produto da venda de bens nas operações de conta própria; (ii) o preço da prestação de serviços em geral; (iii) o resultado auferido nas operações de conta alheia, que já é considerado pela legislação tributária mais recente; e (iv) as receitas da atividade ou objeto principal da pessoa jurídica, não compreendidas nos itens (i) a (iii), como locação e receitas financeiras".[45]

Quando tramitou no processo legislativo de conversão da MP n. 627 para a Lei n. 12.973, o Relator, Deputado Eduardo Cunha, assinalou que: "Sublinhamos, ainda, a inovação proporcionada pela alteração do art. 12 do Decreto-Lei n. 1.598, de 26 de dezembro de 1977, no que se refere a ampliação da base de cálculo do IRPJ, da CSLL, do PIS e da COFINS ao se tributar, a partir deste momento, as receitas da atividade principal da pessoa jurídica. Assim, além do produto da venda de bens, de serviços e o resultado auferido nas operações de conta alheia, passa-se a tributar, como fato gerador novo, inaugural no mundo jurídico tributário, as receitas da atividade ou objeto principal da pessoa jurídica".

Ainda no processo legislativo de conversão da MP n. 627 na Lei n. 12.973, cabe registrar que algumas emendas apresentadas por parlamentares objetivaram modificar a redação original da MP, tendo sido todas rechaçadas pela maioria do Congresso Nacional. Dentre todas as 513 emendas apresentadas, cabe lembrar as seguintes: n. 157, do Deputado Arnaldo Faria de Sá (PTB/SP), que pretendeu retirar do conceito de receita bruta o resultado auferido nas operações em conta alheia; n. 266, da Deputada Gorete Pereira (PR/CE), que pretendeu alterar o conceito de receita bruta, para manter o conceito em vigor antes da MP n. 627; n. 405, do Deputado Otávio Leite (PSDB/RJ), que pretendeu remeter o conceito de receita bruta para o § 2º do art. 187 da Lei n. 6.404/76 (LSA) e dispôs sobre as receitas compreendidas no conceito de receita bruta; n. 415, do Deputado Otávio Leite (PSDB/RJ), que pretendeu alterar os conceitos de receita bruta e de receita líquida; e n. 482, do Senador Francisco Dornelles (PP/RJ), que buscou evitar confusão com a contabilidade societária e facilitar a convergência aos padrões internacionais de contabilidade.

Desse modo, a nova redação do art. 12 do Decreto-Lei n. 1.598/77, promovida inicialmente pelo art. 2º da MP n. 627 e mantida quando de sua conversão na Lei n. 12.973, passa a valer quando de sua entrada em vigor, isto é: 1º de janeiro de 2015 (art. 119, caput) ou 1º de janeiro de 2014 para aqueles contribuintes que fizerem a opção irretratável prevista no art. 75 (art. 119, § 1º, inciso I).

Em 29.05.2014 foi publicada a Instrução Normativa n. 1.469, que disciplina a aplicação das disposições referentes à opção pelos efeitos em 2014, previstas na Lei n. 12.973, inclusive quanto ao art. 2º em foco.

Prevê o ato regulamentar que as opções para o ano-calendário de 2014 (das disposições previstas nos arts. 1º e 2º, 4º a 70 e 76 a 92) são independentes e deverão ser manifestadas na DCTF referente aos fatos geradores ocorridos no mês de maio de 2014. Além disso, o exercício ou cancelamento da opção não produzirá efeito quando a entrega da DCTF ocorrer fora do prazo.

Verifica-se, portanto, a relevante mudança perpetrada pelo art. 2º da Lei n. 12.973 no conceito legal de receita bruta, que passou de abranger a tradicional venda de mercadorias e/ou prestação de serviços, para abarcar também as receitas da atividade ou objeto principal da pessoa jurídica. Desse modo, ampliou a noção com relevante impacto para as empresas de alguns setores ou segmentos específicos da economia, como as instituições financeiras, as seguradoras e as locadoras.[46]

---

45   LIMA, Adilson Nunes de; SANTOS, Antonio Marcos Silva; NUNES, Fabiano da Silva; SILVEIRA E PALOS, Lucíola Calderari da. *Nota Descritiva – Medida Provisória n. 627, de 2013*. Consultoria Legislativa da Câmara dos Deputados. Dezembro de 2013, p. 5 e 6.

46   O texto foi disponibilizado em: *Última Instância (Coluna)*. São Paulo, 19.06.2014. Disponível na internet: http://ultimainstancia.uol.com.br/conteudo/colunas/71526/lei+12.9732014+muda+conceito+ legal+de+receita+bruta.shtml. Acesso em: 19.06.2014.

A Copa do Mundo (não) é nossa!

Fiasco! Resultado desastroso ou fracasso. É a palavra no vocabulário pátrio que melhor descreve a derrota humilhante da seleção canarinha para a Alemanha na terça-feira (nas semifinais, valendo uma vaga para a grande final da Copa do Mundo 2014).

Com um resultado tão discrepante (como 7 x 1), cabem algumas reflexões sobre o que pode ter ocorrido e como melhorar para a próxima Copa, em 2018, na Rússia.

Antes de culpar um e outro nominalmente, cabe refletir sobre o momento da seleção para concluir que, em verdade, a culpa é de todos. Por colocar nos ombros de um garoto de 22 anos toda a esperança de conquista do time, por deixar com que o capitão tenha colecionado dois cartões amarelos, pela sucessão de vitórias pouco convincentes, pela teimosia admirada do treinador, pela falta de opções táticas em relação aos diferentes times que enfrentamos, pela fé de que no último minuto seríamos salvos, pelos órgãos da mídia que focaram o otimismo mesmo diante de sinais claros de fraqueza da seleção, enfim, parece que os jogadores não se prepararam tática, emocional e fisicamente, para o que poderia ser a maior conquista de suas vidas (jogar uma final da Copa do Mundo em casa). É uma combinação que dificilmente voltará a se conjugar no nosso período de vida.

E o torcedor nisso tudo? Sai atônito, perplexo, chocado e de parabéns! Pelo acolhimento natural do povo brasileiro esta certamente ficará marcada como a Copa das Copas, pelo menos por um bom tempo. Os turistas ficaram maravilhados com tamanha simpatia e bom humor, do tamanho continental do nosso país, que os recebeu de braços abertos.

Alguns fatos subjacentes merecem ser brevemente lembrados. Com ambição, conseguimos junto a FIFA que os jogos se realizassem em doze diferentes capitais, integrando os mais distantes rincões do nosso imenso país, como Manaus e Porto Alegre, Cuiabá e Natal, dentre outros. Há sete anos a festa começava.

Ficou nisso. É lamentável que as diversas (e ambiciosas) obras e projetos que foram planejados para a Copa do Mundo tenham ficado no papel, com pouca e limitada execução. Seriam obras de infraestrutura que certamente ficariam de legado desse momento mágico. Nada aconteceu ou muito pouco.

A crescente preocupação com os prazos (todos extrapolados) para a entrega dos estádios dava aquele friozinho na barriga com as notícias divulgadas sobre os atrasos geralmente experimentados nas suas obras.

Desde junho do ano passado o Brasil vem passando por um momento histórico extraordinário. De modo desorganizado e unido, o povo brasileiro saiu de sua toca e tomou as ruas. Primeiro para reivindicar que a tarifa de ônibus não aumentasse, com elevação do custo de vida para os trabalhadores. Depois para quase tudo. Por vezes, sem nem saber por que. O fato histórico que fica é que o povo descobriu o caminho das ruas.

Nesse cenário, teve também a turma do #nãovaitercopa. Essa turma engoliu seco quando a bola rolou e o Brasil começou o seu *show* de simpatia para o mundo. Como os bons também dependem de certa medida de sorte, a Copa produziu o maior número de gols, o novo recorde de gols para o artilheiro alemão e, principalmente, belíssimos espetáculos, inclusive com zebras inesquecíveis.

Agora a Copa se encaminha para a sua final (e o Brasil não está nela). Certamente nem por isso será excluído da festa. Essa festa o povo brasileiro merece comemorar. A realização de uma Copa inesquecível. Mas, a partir de segunda-feira, como na quarta-feira de Cinzas, a vida voltará ao normal. E o que fica de tudo isso?

Acho que certo paralelismo pode ser feito entre a campanha da nossa seleção e a forma como permitimos que o país seja governado. Vejamos. A Alemanha jogou como uma verdadeira potência futebolística e o Brasil como garotos na várzea. Qualquer semelhança com a nossa situação econômica não é mera coincidência.

A exemplo da seleção brasileira, que fez questão de focar em cada degrau da escada imaginária de Felipão, sempre com sufoco e plena atenção voltada ao desafio imediato que seria enfrentado, também o nosso governo se dedica às supostas soluções rápidas e emergenciais. Desse modo, vai ficando cada vez mais legível a marca do atual governo, no sentido de promover uma desoneração aqui e outra acolá, com a finalidade de incentivar um e outro setor da economia. Mas, poucos passos foram dados no sentido de desburocratizar a nossa atávica herança ibérica. A racionalidade da "colcha de retalhos" que é a legislação tributária também está longe de ser um primor ou, pelo menos, de fácil compreensão.

Nesse campo, temos uma excelente oportunidade nas mãos se aproximando: as próximas eleições. É necessário consciência no voto de cada um. Entendo que o Brasil chegou a esse amadurecimento democrático mínimo. É preciso buscar, questionar e discutir o programa de governo de cada um dos candidatos, analisar a vida pregressa, o que cada um já fez, e dentre todos, escolher aquele com quem melhor identificamos as nossas ideias de futuro para o Brasil, tanto para nós próprios como também, e principalmente, para os nossos filhos.

Note que o defeito de levar o governo apagando incêndios aqui e acolá é o modo de governar não é um problema que pode ser circunscrito à Dilma, ao Lula ou até ao FHC. Vem de mais longe, desde a proclamação da República, cujos primeiros Presidentes foram militares de carreira. Um dos períodos de maior estabilidade em termos de implantação de programas aloca-se ao enorme período da chamada "Era Vargas", com trechos de democracia e ditadura.

Ainda hoje desanima que um tribunal do Poder Judiciário seja responsável por dizer que candidato sem Ficha Limpa sofre limitações na sua capacidade de ser eleito, o que pode ser considerado o ápice da vida civil democrática. Enquanto o povo brasileiro colocar os pilantras no poder teremos que conviver com decisões do tipo. Seria melhor – e desejável – se esse tipo de polêmica não ocorresse.

Ao contrário, imagine se a polêmica girasse em torno da Reforma Tributária, como seria, a partir de quando, com a divisão das diferentes espécies tributárias, com audiências públicas televisionadas para os mais longínquos rincões com explicações práticas sobre o efeito de cada tributo na vida rotineira de cada cidadão brasileiro. Esse sim seria um projeto ambicioso para qualquer governo. Levar a cabo a tão esperada Reforma Tributária, com ampla e irrestrita participação da sociedade civil organizada.

Além disso, imagine um programa de governo consequente, coerente e factível, que seja apresentado por algum candidato de sua preferência. Busque maiores informações, ouça o que ele tem a dizer, compare com os demais, e ao final, quando votar consagre o seu ponto de vista nas urnas.

Afinal, os picaretas da baixa política não deixarão de existir por geração espontânea. Ao contrário, enquanto tiver trouxa que os coloquem no poder aproveitarão para explorar e denegrir o País, com sacrifício ainda maior das camadas populares que paga a conta no final.

Precisamos deixar de encarar a Política (com P maiúsculo) como um assunto chato e no qual só pensamos na véspera da eleição. Precisamos conhecer cada candidato, acompanha-lo e cobrar dele (quando eleito) as providências que prometeu na campanha. E esse papel cabe também a oposição como voz da minoria.

Chega de tocar a política nacional aos "trancos e barrancos", como foi a campanha da nossa seleção nas últimas Copas (2014 e 2010). Futebol e política não são a mesma coisa, e ambas precisam ser encaradas com a seriedade necessária a partir de algum momento.[47]

---

47   O texto foi publicado em: *Última Instância (Coluna)*. São Paulo, 10.07.2014. Disponível na internet: http://ultimainstancia.uol.com.br/ conteudo/colunas/71833/a+copa+do+mundo+%28nao%29+e+nossa%21.shtml. Acesso em: 10.07.2014.

O Convênio 70 do Confaz

Com a declaração de inconstitucionalidade pelo Pleno do Supremo Tribunal Federal da famigerada "Guerra Fiscal" entre os Estados, com o incentivo para diferentes setores e segmentos da sociedade em relação ao recolhimento do ICMS, a questão jurídica foi resolvida, restando apenas equacionar as situações pretéritas.

Exemplo disso é que não existirá mais o balcão de negócios de cada Estado buscando atrair relevantes investimentos para o seu território em detrimento de seus vizinhos.

Em 30.07 foi publicado o Convênio 70, que dispõe sobre a concessão de remissão e anistia de créditos tributários relativos a incentivos e benefícios, fiscais e financeiros, vinculados ao ICMS autorizados ou concedidos pelas unidades federadas sem aprovação do CONFAZ, bem como a sua reinstituição nas condições que especifica.

Ficam remitidos e anistiados os créditos tributários do ICMS, constituídos ou não, concedidos por legislações tributárias estaduais (ou do DF) sem aprovação do CONFAZ editadas até a data de publicação do Convênio. Em até 90 dias cada Estado deve publicar no D.O. a identificação dos atos normativos relativos a incentivos e benefícios, bem como efetuar o registro e o depósito no CONFAZ da documentação comprobatória correspondente aos atos concessivos dos incentivos e benefícios.

Nesses casos pode ocorrer a reinstituição, obedecidos os segmentos e os prazos máximos previstos na Cláusula 3ª, ou seja, a concessão ou prorrogação não poderá ultrapassar: I – 31 de dezembro do 15º ano posterior à publicação do Convênio, quanto àqueles que forem destinados ao fomento das atividades agropecuária e industrial, inclusive agroindustrial, e a investimento em infraestrutura rodoviária, aquaviária, ferroviária, portuária, aeroportuária e de transporte urbano; II – 31 de dezembro do 8º ano posterior à publicação do Convênio, quanto àqueles destinados à manutenção ou ao incremento das atividades portuária, aeroportuária, vinculada ao comércio internacional, incluída a operação subsequente à da importação, praticada pelo contribuinte importador; III – 31 de dezembro do 3º ano posterior à publicação do Convênio, quanto às operações e prestações interestaduais com produtos agropecuários e extrativo vegetal, *in natura*; e IV – 31 de dezembro do 1º ano posterior à publicação do Convênio, para os demais.

A unidade federada concedente poderá revogar o ato concessivo ou reduzir o alcance ou o montante do incentivo e benefício antes do termo final de fruição, bem como estendê-lo para outros contribuintes estabelecidos em seu território, sob as mesmas condições e atendidos os prazos limites de fruição. Além disso, também poderá a unidade federada aderir aos benefícios e incentivos concedidos ou prorrogados por outra unidade federada da mesma região, desde que observem os mesmos prazos e condições do ato original.

Aos incentivos e benefícios vinculados ao ICMS que não foram publicados, depositados e registrados junto ao CONFAZ, acordam os Estados e o DF que não reconhecerão os créditos referentes às operações e prestações neles contempladas. Além disso, observado que a unidade federada deixou de revogar o ato concessivo nessa situação, as demais unidades federadas acordam em propor, conjunta ou separadamente, a correspondente ação direta de inconstitucionalidade, sem prejuízo de outras medidas cabíveis (Cláusula 5ª).

Acordam, ademais, em não conceder ou prorrogar isenções, reduções de base de cálculo, créditos presumidos, ou quaisquer outros incentivos e benefícios vinculados ao ICMS. Caso isso ocorra, torna sem efeito as disposições previstas no Convênio relativamente à unidade federada infratora (Cláusula 6ª).

A remissão e a anistia aplicam-se também aos incentivos e benefícios vinculados ao ICMS desconstituídos judicialmente por não atender o disposto na Lei Complementar n. 24/75, que regula a forma como, mediante deliberação dos Estados, isenções, incentivos e benefícios serão concedidos e revogados. Todavia, não é conferido ao sujeito passivo o direito à restituição ou à compensação, ainda que sob a forma de escrituração como crédito de ICMS, de importância recolhida em favor de qualquer unidade federada; ou ainda, ao crédito de ICMS destacado em documento fiscal e não escriturado até o último dia do mês anterior ao da publicação deste Convênio relativo aos incentivos e benefícios cujo crédito tributário correspondente tenha sido remitido ou anistiado.

A Cláusula 9ª estabelece que a aplicação do Convênio fica condicionada também: I – à desistência de ações ou embargos à execução fiscal, com renúncia ao direito sobre o qual se fundam, nos autos judiciais respectivos, ou à desistência de impugnações, defesas e recursos apresentados no âmbito administrativo; II – à quitação integral pelo sujeito passivo das custas e demais despesas processuais; e III – à desistência pelo seu advogado da cobrança de eventuais honorários de sucumbência da unidade federada.

A produção de efeitos do Convênio fica condicionada a uma série de outras medidas legislativas, de iniciativa do Congresso Nacional, em caráter cumulativo, como a edição pelo Senado Federal de resolução que estabeleça a redução gradual da alíquota do ICMS nas operações e prestações interestaduais, a promulgação de emenda constitucional que promova a repartição do ICMS incidente sobre elas entre o Estado de origem e o Estado de destino, a aprovação de lei complementar que disponha sobre a instituição de fundos federativos ali discriminados, a prestação das informações solicitadas pelo Ministério da Fazenda necessárias à apuração do valor do auxílio financeiro pela União aos Estados para compensar eventuais perdas de arrecadação do ICMS, a aprovação de lei complementar que afaste possíveis restrições decorrentes da aplicação da Lei de Responsabilidade Fiscal e, finalmente, a edição de legislação e a adoção pela União dos novos critérios de atualização monetária e de fixação dos juros nos contratos de refinanciamento celebrados com os Estados.

As situações disciplinadas pela Resolução do Senado Federal n. 13/12 e 95/96 não se sujeitarão ao disposto no Convênio.

O Convênio regulamenta a divisão referente aos recursos aportados ao fundo de desenvolvimento regional, na forma da Cláusula Décima Terceira.

A prestação do auxílio financeiro da União aos Estados em decorrência da redução gradual das alíquotas do ICMS será gradualmente aumentada, a partir de 2014 até o exercício de 2033 (no limite máximo).

Por fim, a Cláusula Décima Oitava dispõe que o Convênio entra em vigor na data da publicação de sua ratificação nacional, produzindo efeitos a partir da implementação das condições apontadas anteriormente em caráter cumulativo.

O Anexo Único estabelece as alíquotas com redução gradual ano-a-ano aplicáveis às operações e prestações interestaduais, que deverão constar na edição de resolução do Senado Federal.

Vinte Estados e o DF firmaram o acordo. Foram eles: Acre, Alagoas, Amapá, Bahia, Maranhão, Mato Grosso, Mato Grosso do Sul, Minas Gerais, Pará, Paraíba, Paraná, Pernambuco, Piauí, Rio de Janeiro, Rio Grande do Sul, Rondônia, Roraima, São Paulo, Sergipe, Tocantins e o DF.

Vale a pena conferir os próximos desdobramentos sobre o tema, a começar pela implementação das medidas legislativas complementares previstas no próprio Convênio. É certo que foi dado um importante passo na tentativa de solucionar o grave problema da "Guerra Fiscal". Contudo, existem diversos outros ingredientes que deverão ser oportunamente levados em conta, como a Proposta de Súmula Vinculante n. 69 do Supremo Tribunal Federal e os projetos de lei que tramitam no Congresso Nacional e que buscam eliminar a necessidade de unanimidade no âmbito do CONFAZ, dentre outros.[48]

---

48 O texto foi disponibilizado em: *Última Instância (Coluna)*. São Paulo, 14.08.2014. Disponível na internet: http://ultimainstancia.uol.com.br/conteudo/colunas/72460/o+convenio+70+do+confaz.shtml. Acesso em: 15.08.2014.

ESTUDOS SOBRE OUTROS TEMAS

O caso Massachussets vs. EPA. A Suprema Corte norte-americana e o controle judicial das decisões das agências reguladoras independentes

INTRODUÇÃO

A tradição marcadamente liberal norte-americana e suas circunstâncias históricas (desde o *New Deal*) fizeram com que o seu modelo de agências reguladoras independentes seja atualmente o mais rico e promissor em matéria de regulação econômica.

A corroborar esta posição paradigmática, vários momentos poderiam ser citados, como o contexto de surgimento das agências reguladoras durante a reforma política do *New Deal* de Roosevelt, a edição, em 1946, do *Administrative Procedure Act* (espécie de Lei do Procedimento Administrativo Federal), o julgamento do célebre caso *Chevron* em 1984 e a evolução recente do tema naquele País.

Para a finalidade deste trabalho, que pretende explicitar a relação da Suprema Corte norte-americana no controle judicial das decisões e atos normativos das agências reguladoras independentes, importa especificamente um recente precedente envolvendo a *Environmental Protection Agency* – EPA (Agência de Proteção Ambiental).

Em 02.04.2007, a Suprema Corte norte-americana julgou o caso *Massachusetts vs. EPA*, no qual se debatia a decisão e a atribuição da EPA (órgão cuja missão é proteger a saúde humana e o meio ambiente[1]) de regular as emissões de alguns tipos de gases poluentes[2] provenientes de veículos automotivos novos.[3]

---

[1] "*The mission of the Environmental Protection Agency is to protect human health and the environment. Since 1970, EPA has been working for a cleaner, healthier environment for the American people*" (Disponível em: <http://www.epa.gov/epahome/aboutepa.htm#mission>. Acesso em: 21 ago. 2007).

[2] Registre-se que: "Segundo o procurador-geral de Justiça de Nova York, Eliot Spitzer, os estados argumentaram que a manutenção dos atuais níveis de tolerância dos gases 'contribui para a morte prematura, geração de doenças respiratórias crônicas e ataques de asma'. De acordo com ele, 'esses níveis de poluição também levam a mais admissões hospitalares e aumento de gastos públicos com saúde'" (TOGNOLLI, Claudio Julio. Ar puro: Suprema Corte manda EUA controlar emissão de carbono. *Revista Consultor Jurídico*, 03 abr. 2007).

[3] Destaque-se que: "As indústrias dos Estados Unidos de veículos são responsáveis por 15% da emissão de gases que geram o efeito estufa, disse David Doniger, do Conselho Nacional de Defesa das Reservas" (TOGNOLLI, Claudio Julio. Ar puro: Suprema Corte manda EUA controlar emissão de carbono. *Revista Consultor Jurídico*, 03 abr. 2007).

O caso

Um grupo de Estados,[4] governos locais[5] e organizações privadas[6] ajuizaram a ação, em 18.12.2006, alegando que o Governo Bush "ignora a ciência e seus peritos" e se nega a reduzir os níveis de emissão de gás poluente na atmosfera decorrente de veículos automotivos.[7]

De fato, no início os requerentes pediram esclarecimentos sobre por que a EPA estaria abdicando de sua responsabilidade de regular a emissão de quatro gases-estufa específicos, incluindo o dióxido de carbono. Neste sentido, questionaram principalmente dois aspectos: se a EPA tem atribuição legal para regular a emissão de gases--estufa dos veículos novos; e se tiver, se as razões por ela declaradas para a recusa de tal tarefa regulatória estão de acordo com a legislação de regência.

Em resposta, a EPA – apoiada por 10 estados intervenientes[8] e seis associações comerciais[9] – argumentou que estas duas questões não poderiam ser levadas ao tribunal, a não ser que pelo menos um dentre os requerentes invocasse a sua jurisdição, nos termos da seção 2 do artigo III da Constituição norte-americana.[10]

É relevante notar que em 1998, Jonathan Z. Cannon, Consultor Jurídico Geral da EPA, elaborou um parecer legal e concluiu que as emissões de gás carbônico estão dentro do escopo da autoridade reguladora da EPA, mas reconheceu que a agência, pelo menos até aquele momento, estava declinando do exercício de tal regulação. O sucessor de Cannon, Gary S. Guzy, ratificou a opinião do colega.

Aproveitando-se deste parecer, um grupo de 19 organizações privadas[11] formulou, em 1999, um requerimento para que a EPA regulasse as emissões de gases-estufa dos novos veículos automotores com base no § 202 do *Clean Air Act* (Lei do Ar Puro).

---

4   *California, Connecticut, Illinois, Maine, Massachusetts, New Jersey, New Mexico, New York, Oregon, Rhode Island, Vermont e Washington.*

5   *District of Columbia, American Samoa, New York City e Baltimore.*

6   *Center for Biological Diversity, Center for Food Safety, Conservation Law Foundation, Environmental Advocates, Environmental Defense, Friends of the Earth, Greenpeace, International Center for Technology Assessment, National Environmental Trust, Natural Resources Defense Council, Sierra Club, Union of Concerned Scientists e U. S. Public Interest Research Group.*

7   Registre-se que: "Mais notadamente, a Califórnia é quem comandava a briga e tomou sozinha, por exemplo, a iniciativa de firmar acordo com a Grã-Bretanha para troca tecnológica para a redução dessas emissões. O estado da Califórnia também foi pioneiro em aprovar lei limitando a emissão de gases para cortar os atuais níveis em 25% até o ano de 2020" (TOGNOLLI, Claudio Julio. Ar puro: Suprema Corte manda EUA controlar emissão de carbono. *Revista Consultor Jurídico*, 03 abr. 2007).

8   *Alaska, Idaho, Kansas, Michigan, Nebraska, North Dakota, Ohio, South Dakota, Texas e Utah.*

9   *Alliance of Automobile Manufacturers, National Automobile Dealers Association, Engine Manufacturers Association, Truck Manufacturers Association, CO2 Litigation Group e Utility Air Regulatory Group.*

10 Eis a redação do artigo III, que trata do Poder Judiciário: "*Section 2. The judicial power shall extend to all cases, in law and equity, arising under this Constitution, the laws of the United States, and treaties made, or which shall be made, under their authority; – to all cases affecting ambassadors, other public ministers and consuls; – to all cases of admiralty and maritime jurisdiction; – to controversies to which the United States shall be a party; – to controversies between two or more states; --between a state and citizens of another state;--between citizens of different states; – between citizens of the same state claiming lands under grants of different states, and between a state, or the citizens thereof, and foreign states, citizens or subjects. In all cases affecting ambassadors, other public ministers and consuls, and those in which a state shall be party, the Supreme Court shall have original jurisdiction. In all the other cases before mentioned, the Supreme Court shall have appellate jurisdiction, both as to law and fact, with such exceptions, and under such regulations as the Congress shall make. The trial of all crimes, except in cases of impeachment, shall be by jury; and such trial shall be held in the state where the said crimes shall have been committed; but when not committed within any state, the trial shall be at such place or places as the Congress may by law have directed*".

11 *Alliance for Sustainable Communities, Applied Power Technologies, Inc., Bio Fuels America, The California Solar Energy Industries Assn., Clements Environmental Corp., Environmental Advocates, Environmental and Energy Study Institute, Friends of the Earth, Full Circle*

No entanto, em 2003, a EPA, contrariando a opinião dos Consultores Jurídicos Gerais anteriores, negou tal requerimento, alegando que: o *Clean Air Act* não autorizaria a EPA a editar atos regulamentares direcionados às mudanças climáticas globais e mesmo que a agência tivesse autorização para fixar padrões regulatórios de emissão de gases-estufa seria imprudente fazer isso naquele momento. Como justificativa, ressaltou que o Presidente possuía uma determinada abordagem em médio prazo para as mudanças climáticas baseada em ações voluntárias e em incentivos a programas com o objetivo de minimizar as incertezas científicas e encorajar o desenvolvimento tecnológico.[12]

Sob esta nova orientação, a EPA concluiu que a questão relacionada à mudança climática era tão importante que, a menos que o Congresso se expressasse com exatidão específica, a regulação de tal assunto não poderia ser atribuída diretamente à agência. Neste sentido, a EPA passou a sustentar que, de acordo com a interpretação do arcabouço normativo contido no *Clean Air Act*, os gases-estufa emitidos por veículos automotivos novos não poderiam ser considerados "poluentes do ar". Para tanto, explicou que se o dióxido de carbono fosse realmente um poluente do ar, então o único método possível para reduzir as emissões seria aumentar a economia de combustível.

Diante deste entendimento, os requerentes pleitearam junto ao Tribunal de Apelação do Circuito do Distrito de Columbia a revisão do posicionamento da agência, sob o fundamento de que esses gases-estufa, incluindo o dióxido de carbono, contribuem sobremaneira para o aquecimento global devendo ser, portanto, classificados como poluentes de ar, cuja regulamentação é de responsabilidade da EPA. Por dois votos a um, o tribunal negou o pedido de revisão.

Neste julgamento, o juiz Randolph votou no sentido de que a agência reguladora tem considerável discricionariedade ao ser questionada sobre seu dever ou não de regular determinado assunto. Ele ressaltou que o Congresso não determina que esse poder discricionário seja baseado somente pela avaliação de evidências científicas, mas também poderia ser guiado pelos diversos tipos de decisões políticas que motivam a atuação do Congresso. Essas decisões se referem exatamente ao julgamento que o Congresso faz quando decide se promulga ou não uma legislação regulando determinada área. Assim, o juiz entendeu que embora fosse razoável a EPA basear sua decisão em incertezas científicas quanto aos reais efeitos dos gases-estufa no futuro climático do planeta, ela tinha de levar em consideração vários aspectos políticos que também justificavam a omissão regulatória naquele momento. A título ilustrativo, citou a preocupação legítima de que eventual regulação unilateral norte-americana das emissões de gases poluentes dos veículos automotores novos poderia enfraquecer os esforços de outros países no sentido de reduzir a emissão de gases estufa.

Energy Project, Inc., The Green Party of Rhode Island, Greenpeace USA, International Center for Technology Assessment, Network for Environmental and Economic Responsibility of the United Church of Christ, New Jersey Environmental Watch, New Mexico Solar Energy Assn., Oregon Environmental Council, Public Citizen, Solar Energy Industries Assn. e The SUN DAY Campaign.

12 A EPA editou uma espécie de relatório (*Federal Register; V. 68; N. 173/Monday, September 8th, 2003/Notices*) explicando detalhadamente porque negou o requerimento das organizações privadas. Nele constam os seguintes trechos: "*SUMMARY: A group of organizations petitioned EPA to regulate emissions of carbon dioxide and other greenhouse gases from motor vehicles under the Clean Air Act. For the reasons set forth in this notice, EPA is denying the petition.*" "*Beyond issues of authority and interference with fuel economy standards, EPA disagrees with the regulatory approach urged by petitioners. We agree with the President that 'we must address the issue of global climate change' (February 14, 2002). We do not believe, however, that it would be either effective or appropriate for EPA to establish GHG standards for motor vehicles at this time. As described in detail below, the President has laid out a comprehensive approach to climate change that calls for near-term voluntary actions and incentives along with programs aimed at reducing scientific uncertainties and encouraging technological development so that the government may effectively and efficiently address the climate change issue over the long term*" (Disponível em: <http://www.icta.org/doc/68FedReg52922PetDenial.pdf>. Acesso em: 21 ago. 2007).

No mesmo sentido, o juiz Sentelle decidiu que os requerentes alegaram genericamente que o aquecimento global é prejudicial para a humanidade como um todo, mas não conseguiram provar que esse fenômeno causa ou causará danos a eles próprios (requerentes). Desta maneira, faltou estabelecer o nexo de causalidade entre os efeitos gerais provocados pelo aquecimento global e os danos que os requerentes alegam terem sofrido (artigo III da Constituição). Em consequência, ele acompanhou o voto do juiz Randolph, ambos negando o pedido dos requerentes de revisão da nova orientação adotada pela EPA a respeito do tema.

Por fim, o juiz Tatel divergiu e concluiu que, pelo menos, o Estado de Massachusetts tinha cumprido cada elemento estabelecido no artigo III da Constituição: dano (*injury*), causalidade (*causation*) e reparação (*redressability*). Neste sentido, ele decidiu que as declarações juramentadas dos requerentes davam suporte, mais do que adequado, à conclusão de que a EPA falhou em conter a emissão de gases-estufa, o que contribuiu para o aumento do nível dos mares ameaçando a área costeira especificamente do Estado de Massachusetts.

O julgamento pela Suprema Corte norte-americana

Voto-vencedor do *Justice* Stevens

A lide chegou até a Suprema Corte, que modificou a decisão anterior do tribunal *a quo*. As principais questões que se colocaram no julgamento foram se: os requerentes detinham legitimidade ativa para ajuizar a ação; a EPA tinha competência para regular os poluentes do ar em questão, inclusive dióxido de carbono, nos termos da seção 202(a)(1); a EPA poderia declinar de sua atribuição de estabelecer padrões para a emissão de gases poluentes pelos veículos automotivos novos com base em considerações políticas não enumeradas no dispositivo citado.[13]

Por 5 votos a 4,[14] a Suprema Corte decidiu que a EPA não apresentou justificativa razoável para sua recusa em regular a emissão de gases-estufa na situação concretamente submetida à apreciação.

O Ministro (*Justice*) Stevens lembrou que os danos associados às mudanças climáticas são sérios e bem conhecidos.[15] De acordo com Michael MacCracken, cientista especializado no clima, o aquecimento global apressa o aumento do nível dos mares, causa severas e irreversíveis mudanças nos ecossistemas naturais e provoca redução significativa das camadas de gelo das montanhas localizadas nas áreas mais frias do planeta.[16]

---

13   Eis a dicção do dispositivo: "*Sec. 202. (a) Except as otherwise provided in subsection (b)- (1) The Administrator shall by regulation prescribe (and from time to time revise) in accordance with the provisions of this section, standards applicable to the emission of any air pollutant from any class or classes of new motor vehicles or new motor vehicle engines, which in his judgment cause, or contribute to, air pollution which may reasonably be anticipated to endanger public health or welfare. Such standards shall be applicable to such vehicles and engines for their useful life (as determined under subsection (d), relating to useful life of vehicles for purposes of certification), whether such vehicles and engines are designed as complete systems or incorporate devices to prevent or control such pollution*".

14   O voto do Ministro Stevens foi acompanhado pelos Ministros Kennedy, Souter, Ginsburg e Breyer. O Presidente Roberts e o Ministro Scalia votaram em sentido contrário à maioria, por fundamentos distintos, e ambos foram acompanhados também pelos Ministros Thomas e Alito. Em síntese, o resultado do julgamento foi 5x4(x2).

15   "*The harms associated with climate change are serious and well recognized*".

16   "*According to the climate scientist Michael MacCracken, 'qualified scientific experts involved in climate change research' have reached a 'strong consensus' that global warming threatens (among other things) a precipitate rise in sea levels by the end of the century, 'severe and irreversible changes to natural ecosystems,' a 'significant reduction in water storage in winter snowpack in mountainous regions with direct and important economic consequences,' and an increase in the spread of disease. He also observes that rising ocean temperatures may contribute to the ferocity of hurricanes*".

O fato do risco dessas três mudanças climáticas serem de conhecimento público não minimiza o interesse de Massachusetts no resultado do litígio.[17] Afinal, o aumento do nível dos mares já começou a engolir a sua área costeira.

Embora seja verdade que a regulação das emissões de gases poluentes emitidos pelos veículos automotores não irá, por si só, reverter o aquecimento global, não faz qualquer sentido acompanhar o raciocínio de que falta à Suprema Corte competência para decidir se a EPA tem ou não a obrigação de regular a redução de tais emissões.[18]

Em resumo, o aumento do nível dos mares associado ao aquecimento global já provocaram danos palpáveis e vão continuar a causar prejuízos ao Estado de Massachusetts. O risco de catástrofe, embora remoto, é real e possível; mas tal risco poderia ser reduzido se os requerentes obtivessem o resultado que pleiteiam no caso.

A Suprema Corte, acompanhando o voto-vencedor do-Estado deduç reduzir foi 5x4x4ss Ministro Stevens, entendeu que os gases-estufa se enquadram na vasta definição de "poluente do ar" contida do *Clean Air Act*, de forma que a EPA tem competência estatutária para regular a redução da emissão destes gases nos novos veículos automotores.[19]

Ao final da sua decisão, a Suprema Corte decidiu ainda, que a EPA não apresentou uma explicação razoável para se negar a decidir sobre se os gases-estufa causam ou contribuem para as mudanças climáticas. Neste sentido, a sua ação foi arbitrária, caprichosa e ou ainda em desacordo com a lei.[20]

Divergência do *Chief Justice* Roberts

Inaugurando a primeira divergência, o Ministro Presidente (*Chief Justice*) Roberts relatou que os requerentes, aparentemente insatisfeitos com o rumo das questões relativas ao aquecimento global no âmbito do Poder Legislativo, dirigiram-se aos tribunais argumentando determinados danos causados por tal fenômeno e tentaram relacionar esses danos com o suposto fracasso do Governo em cumprir certo dispositivo legal. No entanto, o Ministro decidiu que a jurisprudência tradicional da Suprema Corte reconhece que a competência para este tipo de reclamação é do Congresso e do Presidente, e não dos tribunais federais.[21]

O *Chief Justice* decidiu ainda que, neste caso, houve uma espécie de flexibilização das exigências do artigo III, § 2, da Constituição norte-americana, devido à pressão do Estado, permitindo assim que a discussão desta questão chegasse ao tribunal. Lembrou que isso seria inadmissível, já que a orientação tradicional da Corte não proporciona aos Estados direitos ou *status* especiais. Nenhum dos casos citados no julgamento proporciona qualquer suporte jurídico para o entendimento de que o artigo III, de alguma maneira implícita, trata litigantes públicos e privados de forma diferente.[22]

---

17 *"That these climate-change risks are "widely shared" does not minimize Massachusetts' interest in the outcome of this litigation".*

18 *"While it may be true that regulating motor-vehicle emissions will not by itself reverse global warming, it by no means follows that we lack jurisdiction to decide whether EPA has a duty to take steps to slow or reduce it".*

19 *"The Clean Air Act's sweeping definition of 'air pollutant' includes 'any air pollution agent or combination of such agents, including any physical, chemical ... substance or matter which is emitted into or otherwise enters the ambient air ... .' On its face, the definition embraces all airborne compounds of whatever stripe, and underscores that intent through the repeated use of the word 'any.' Carbon dioxide, methane, nitrous oxide, and hydrofluorocarbons are without a doubt 'physical [and] chemical ... substance[s] which [are] emitted into ... the ambient air.' The statute is unambiguous".*

20 *"In short, EPA has offered no reasoned explanation for its refusal to decide whether greenhouse gases cause or contribute to climate change. Its action was therefore 'arbitrary, capricious, ... or otherwise not in accordance with law'".*

21 *"This Court's standing jurisprudence simply recognizes that redress of grievances of the sort at issue here 'is the function of Congress and the Chief Executive,' not the federal courts".*

22 *"The Court asserts that Massachusetts is entitled to 'special solicitude' due to its 'quasi-sovereign interests', but then applies our Article III standing test to the asserted injury of the State's loss of coastal property".*

Na sua visão, se os requerentes particularizaram seu dano como sendo a perda de certa área costeira, então este dano deve ser atual e iminente – e não hipotético – além de real e imediato. Porém, o conceito de aquecimento global parece inconsistente com essa necessária particularização, pois é um fenômeno que causa danos à humanidade como um todo. Sendo assim, o *status* de Massachusetts como Estado não pode compensar o fracasso dos requerentes em demonstrar o dano de fato, sua causa e pleito de reparação.[23]

Para o *Chief Justice*, a Corte ignorou as complexidades inerentes à questão do aquecimento global, ou seja, não levou em consideração o dano particularizado e utilizou a terrível natureza de tal fenômeno como via oblíqua para encontrar sua causa e necessidade de reparação. A dificuldade dos requerentes em demonstrar a causa e a necessária reparação não é surpresa, dada a evidente divergência entre a fonte do dano alegado – catastrófico aquecimento global – e o estreito conteúdo do *Clean Air Act* discutido no caso concreto.[24]

Finalizando seu voto, o *Chief Justice* Roberts decidiu que: "A boa notícia é que a especial preocupação da Corte com Massachusetts limita a futura aplicabilidade das exigências diluídas apresentadas neste caso. A má notícia é que a Corte declarou o relaxamento das exigências do artigo III, o que nos leva a transgredir 'o apropriado – e propriamente limitado' papel das Cortes em uma sociedade democrática".[25]

Divergência do *Justice* Scalia

O Ministro (*Justice*) Scalia, em segunda divergência no mesmo julgamento, decidiu que a Suprema Corte não tem competência para decidir esse caso porque os requerentes carecem de legitimação, ou seja, a EPA só poderia ser requerida a prestar esclarecimentos sobre o controle ou não de gases-estufa se isso fosse feito por quem tem real legitimidade para tanto, isto é, o Congresso Nacional.[26] Dessa forma, uma coalizão de estados e organizações ambientais não poderia ter proposto tal ação.

Para ele, sem qualquer fundamento legal ou jurisprudencial, no julgamento a Corte rejeitou todas as decisões políticas declaradas pela EPA, por considerar que elas não apresentavam uma justificativa razoável. Efetivamente estreitou o universo de bases potenciais a uma única: a decisão tomada pela agência só podia ser atrasada se o administrador (da EPA) concluísse que a incerteza científica era demasiado profunda. Em consequência disso, o administrador foi impossibilitado de concluir por outras razões, vez que seria melhor não regular o tema naquele momento.[27] Essas outras razões – perfeitamente válidas – foram apresentadas na defesa da agência. A Corte descartou a análise da EPA alegando que ela estava divorciada do texto legal.[28]

---

23 "*But the status of Massachusetts as a State cannot compensate for petitioners' failure to demonstrate injury in fact, causation, and redressability*".

24 "*The Court ignores the complexities of global warming, and does so by now disregarding the "particularized" injury it relied on in step one, and using the dire nature of global warming itself as a bootstrap for finding causation and redressability.*" "*Petitioners are never able to trace their alleged injuries back through this complex web to the fractional amount of global emissions that might have been limited with EPA standards*".

25 No original: "*The good news is that the Court's 'special solicitude' for Massachusetts limits the future applicability of the diluted standing requirements applied in this case. The bad news is that the Court's self-professed relaxation of those Article III requirements has caused us to transgress 'the proper—and properly limited—role of the courts in a democratic society*".

26 "*I join the Chief Justice's opinion in full, and would hold that this Court has no jurisdiction to decide this case because petitioners lack standing*".

27 "*The Administrator is precluded from concluding for other reasons 'that it would ... be better not to regulate at this time.' Such other reasons—perfectly valid reasons—were set forth in the agency's statement*".

28 "*The Court dismisses this analysis as 'rest[ing] on reasoning divorced from the statutory text*".

Com efeito, quando o administrador toma uma decisão para determinar se deve ou não regular gases-estufa – continua Scalia – tal decisão deve relatar se tais gases causam ou contribuem para a poluição do ar, que pode colocar em risco a saúde e o bem-estar público.[29] Ocorre que, o Ministro Scalia ressalta que a lei não diz nada sobre as razões que permitiriam ao administrador protelar esse tipo de decisão.[30]

Assim, várias razões políticas que a Corte critica não são, na realidade, divorciadas do texto legal, exceto no sentido de que o texto é silencioso, porque os textos são frequentemente silenciosos sobre as razões que permitem o exercício de discricionariedade pela agência.[31] As razões que a EPA forneceu são certamente considerações que as agências executivas fazem regularmente ao considerarem a entrada em um novo campo de atuação: o impacto que tal entrada teria em outros programas do Poder Executivo e na política externa.[32] Decidiu, assim, que não há nenhuma base legal para a limitação imposta pela Corte.[33]

Além disso, o Ministro Scalia ressaltou que a Corte cometeu outro grave erro quando concluiu que o *Clean Air Act* autorizaria a EPA a regular a emissão dos gases-estufa dos novos veículos automotores. Na sua opinião, para chegar a essa conclusão, a Corte levou em consideração a definição do *Clean Air Act* do que seria exatamente um produto que polui o ar. Sucede que, um produto que polui o ar é definido pelo *Clean Air Act* como todo agente, ou combinação de agentes, incluindo (*including*) substâncias físicas, químicas emitidas ao ar ambiental ou que de outras formas entram em contato com ele. A análise da Corte segue fielmente o argumento defendido pelos requerentes, que focalizam na palavra *including* a definição legal do que seja um produto que polui o ar.[34] Adverte que é preciso também estar atento à primeira metade da definição, a saber: um agente ou uma combinação de tais agentes. Na sua visão, a Corte simplesmente finge que esta metade da definição não existe.[35] A palavra *including* não requer o entendimento dado pela Corte. É perfeitamente razoável ver na definição de um produto que polui o ar sua totalidade: somente se retém a característica geral de ser um agente da poluição do ar ou uma combinação de tais agentes.[36]

Em conclusão, Scalia destacou que o alarde da Corte sobre o aquecimento global pode ou não ser justificado. Mas deveria alterar o resultado deste julgamento.[37] Este é um exemplo claro de um caso administrativo-legal em que o Congresso deixou um estado flexível, no qual concedia uma maior discricionariedade não à Corte, mas às agências reguladoras. Não importa quão importante seja a base das questões políticas

---

29 "When the Administrator makes a judgment whether to regulate greenhouse gases, that judgment must relate to whether they are air pollutants that 'cause, or contribute to,' air pollution which may reasonably be anticipated to endanger public health or welfare".

30 "But the statute says nothing at all about the reasons for which the Administrator may defer making a judgment—the permissible reasons for deciding not to grapple with the issue at the present time".

31 "Thus, the various 'policy' rationales, ante, at 31, that the Court criticizes are not 'divorced from the statutory text' ante, at 30, except in the sense that the statutory text is silent, as texts are often silent about permissible reasons for the exercise of agency discretion".

32 "The reasons the EPA gave are surely considerations executive agencies regularly take into account (and ought to take into account) when deciding whether to consider entering a new field: the impact such entry would have on other Executive Branch programs and on foreign policy".

33 "There is no basis in law for the Court's imposed limitation".

34 "The Court's analysis faithfully follows the argument advanced by petitioners, which focuses on the word "including" in the statutory definition of 'air pollutant'".

35 "The Court simply pretends this half of the definition does not exist".

36 "In short, the word 'including' does not require the Court's (or the petitioners') result. It is perfectly reasonable to view the definition of 'air pollutant' in its entirety: An air pollutant can be 'any physical, chemical,...substance or matter which is emitted into or otherwise enters the ambient air,' but only if it retains the general characteristic of being an 'air pollution agent or combination of such agents'".

37 "The Court's alarm over global warming may or may not be justified, but it ought not distort the outcome of this litigation".

em jogo, a Corte não pode substituir as consequências desejadas por elas por um julgamento racional da responsabilidade da agência.[38]

Comentários sobre o julgamento

A despeito das notícias divulgadas logo após o julgamento do caso *Massachusetts vs. EPA*, no sentido de que a EPA deveria regular a emissão de gases poluentes em veículos automotivos novos,[39] o escopo da decisão é diverso. Com efeito, incumbe à EPA: ou promover a efetiva regulação da emissão dos *quatro gases poluentes referidos na decisão*; ou não promover tal regulação, desde que disponha de justificativa adequada para sua decisão.

Devido a grande repercussão deste caso, diversos estudiosos e doutrinadores se debruçaram sobre a análise deste caso. Em vários sentidos, as opiniões em torno deste precedente são diferentes. A título meramente ilustrativo destaca-se neste ponto dois artigos doutrinários escritos por professores norte-americanos sobre esta decisão.

Em artigo doutrinário acerca desta decisão, as professoras Kathryn A. Watts e Amy J. Wildermuth,[40] por exemplo, ressaltam a importância do julgamento de acordo com três ordens de observações que colocam, ou seja, se surpreenderam com a inovação da Corte tanto no que toca: 1) ao minucioso nível de exame a que se dispôs ao rever as razões dadas pela EPA para declinar da regulação sobre a emissão de gases poluentes, como também no que diz respeito 2) a confirmação da submissão ao controle de constitucionalidade dos motivos alegados pelas agências para não regularem determinado tema, bem como no que tange à 3) legitimidade especial dos Estados.[41]

No primeiro ponto destacado pelas professoras citadas, elas ressaltam a postura deferente que tradicionalmente vinha sendo aceita pela jurisprudência no que toca à justificativa dada por agência reguladora para determinada ação ou omissão na sua esfera de atuação. Contraposta a esta moderada autocontenção, a Suprema Corte surpreendentemente desceu a um elevado nível de escrutínio na revisão da decisão da EPA no caso concreto.

De fato, antes a posição moderada da Suprema Corte indicava que a recusa na adoção de atos normativos por agência reguladora estava sujeita apenas ao controle de constitucionalidade de maneira extremamente limitada e altamente deferente (*extremely limited and highly deferential*). No caso *Massachusetts vs. EPA*, no entanto, a revisão judicial promovida pela Corte foi meticulosa e detalhada. O que a Corte fez foi analisar apenas duas razões oferecidas pela EPA para justificar a sua inércia. Foram elas: os gases-estufa não poderiam ser considerados "po-

---

38 "*No matter how important the underlying policy issues at stake, this Court has no business substituting its own desired outcome for the reasoned judgment of the responsible agency*".

39 Por exemplo: TOGNOLLI, Claudio Julio. Ar puro: Suprema Corte manda EUA controlar emissão de carbono. *Revista Consultor Jurídico*, 03 abr. 2007; VALOR ECONÔMICO. Suprema Corte reprova política ambiental de Bush. *Valor Econômico*, 03 abr. 2007.

40 WATTS, Kathryn A.; WILDERMUTH, Amy J. Massachusetts v. EPA: breaking new ground on issues other than global warming. *Northwestern University Law Review Colloquy*, v. 102, p. 1-17 (Disponível em: <http://www.law.northwestern.edu/lawreview/colloquy/ 2007/17/>. Acesso em: 23 ago. 2007).

41 A ordem foi invertida de acordo com o interesse para o presente trabalho. No original: "*So wherein lies the true significance of the case? We believe that the long-term significance of the case is likely to be the opinion's impact on two doctrinal areas of the law: (1) the standing of states; and (2) the standard of review applied to denials of petitions for rulemaking. First, although we have some questions about the Court's reasoning, we are encouraged to see the beginning of a framework for evaluating state standing based on the interest of the state in the litigation. Second, with respect to judicial review of agency inaction in the rulemaking context, the Court's decision breaks new ground by not only confirming the reviewability of an agency's denial of a rulemaking petition but also by closely scrutinizing the reasons that the EPA offered for its decision to decline to regulate*" (WATTS, Kathryn A.; WILDERMUTH, Amy J. Massachusetts v. EPA: breaking new ground on issues other than global warming. *Northwestern University Law Review Colloquy*, v. 102, p. 2. Disponível em: <http://www.law.northwestern.edu/lawreview/colloquy/2007/17/>. Acesso em: 23 ago. 2007).

luentes do ar" de acordo com o *Clean Air Act* e o fato de razões políticas determinarem que aquele não era o melhor momento para a EPA regular tal tema.⁴²

Sucede que, ao invés de levar a um esforço de melhor justificar suas decisões nos casos de omissão normativa, as agências reguladoras podem simplesmente aumentar o tempo para prolatar decisão no caso de requerimentos de regulações e, consequentemente, os interessados deverão aguardar ainda mais para ter uma posição oficial delas sobre determinado tema.⁴³

As professoras destacam ainda que, com essa decisão, os estados passaram a desfrutar de uma posição privilegiada frente às agências tanto no que tange à possibilidade de ingressar com ações contra elas quanto em submeter ao controle de constitucionalidade os motivos alegados pelas agências para não regular determinado tema.⁴⁴

O professor Jonathan H. Adler, por sua vez, discorda da opinião das professoras Watts e Wildermuth, no que se refere à importância do julgamento e suas principais consequências. Por exemplo, discorda que a revisão judicial promovida pela Suprema Corte no caso aos argumentos apresentados pela EPA tenha sido meticulosa e detalhada. Ademais, defende que a Corte não concluiu que a EPA estava errada ao dizer que o controle da emissão de gases-estufa dos veículos novos era ineficiente ou que tal regulamentação iria minimizar o esforço internacional de combate ao aquecimento global. Esses argumentos, de acordo com a Corte, não podiam justificar uma recusa da agência em regulamentar, pois eram divorciados do texto legal.⁴⁵

Pode-se dizer que o julgamento do caso *Massachusetts vs. EPA* é um marco na luta contra o aquecimento global.⁴⁶ É claro que esta decisão em si – e suas respectivas consequências – não são suficientes para solucionar os problemas climáticos do planeta, como bem destacou a própria decisão exarada pela Suprema Corte, mas representa uma conscientização com relação ao meio ambiente e um sinal de repúdio ao posicionamento de Bush,

---

42 *"What we find surprising, however, is the level of scrutiny that the Court applied when reviewing the EPA's reasons for declining to regulate. To be sure, the Court articulated a verbal formula that sounds quite con-strained: refusals to promulgate rules are susceptible only to "extremely limited" and "highly deferential" review. The Court's actual review of the EPA's reasons for declining to regulate, however, was meticulous and probing—a far cry from what one would expect of "highly deferential" review"* (WATTS, Kathryn A.; WILDERMUTH, Amy J. Massachusetts v. EPA: breaking new ground on issues other than global warming. *Northwestern University Law Review Colloquy*, v. 102, p. 12. Disponível em: <http://www.law.northwestern.edu/lawreview/colloquy/ 2007/17/>. Acesso em: 23 ago. 2007).

43 WATTS, Kathryn A.; WILDERMUTH, Amy J. Massachusetts v. EPA: breaking new ground on issues other than global warming. *Northwestern University Law Review Colloquy*, v. 102, p. 17. Disponível em: <http://www.law.northwestern.edu/lawreview/colloquy/2007/17/>. Acesso em: 23 ago. 2007.

44 *"States are left in a relatively powerful position vis-à-vis federal agencies in terms of their ability both to file suits against agencies and to seek fairly exacting judicial review of the agency's reasons for declining to regulate"* (WATTS, Kathryn A.; WILDERMUTH, Amy J. Massachusetts v. EPA: breaking new ground on issues other than global warming. *Northwestern University Law Review Colloquy*, v. 102, p. 17. Disponível em: <http://www.law.northwestern.edu/lawreview/colloquy/ 2007/17/>. Acesso em: 23 ago. 2007).

45 *"Unlike Professors Watts and Wildermuth, I do not find the Massachusetts majority's review of the EPA's action to be particularly searching or severe—let alone "meticulous and probing."28 Nor is it at odds with the D.C. Circuit standard embraced by the Supreme Court. The Massachusetts majority did not scrutinize or second-guess the EPA's articulated reasons for refusing to regulate so much as it held that the EPA's reasons were im--permissible under the Clean Air Act. The Court did not conclude that the EPA was wrong in asserting that new vehicle emission standards were im-practical or inefficient, or that a rulemaking could conflict with efforts to forge international action on climate change. Such rationales, according to the Court, simply could not justify a refusal to regulate because they were divorced from the relevant statutory text"* (ADLER, Jonathan H. Massachusetts v. EPA heats up climate policy no less than administrative law: a comment on professors Watts and Wildermuth. *Northwestern University Law Review Colloquy*, v. 102, p. 36. Disponível em: <http://www.law.northwestern.edu/ lawreview/Colloquy/2007/20>. Acesso em: 23 ago. 2007).

46 Nas palavras de Jonathan H. Adler: *"Massachusetts v. EPA is easily the Supreme Court's most important environmental law decision in well over a decade"* (ADLER, Jonathan H. Massachusetts v. EPA heats up climate policy no less than administrative law: a comment on professors Watts and Wildermuth. *Northwestern University Law Review Colloquy*, v. 102, p. 32. Disponível em: <http://www.law.northwestern.edu/ lawreview/Colloquy/2007/20>. Acesso em: 23 ago. 2007).

que se recusa a implementar políticas realmente eficazes para deter ou diminuir o aquecimento global. Bush se recusou a ratificar o Protocolo de Kioto alegando que isso iria afetar a economia americana e tem se mostrado contrário a qualquer imposição para reduzir os níveis de emissão de gases-estufa pela indústria nacional.

A despeito da importância do julgamento, o professor Adler ressalta que provavelmente levará anos para a EPA efetivamente cumprir a decisão estabelecida pela Suprema Corte no caso *Massachusetts vs. EPA*.[47]

Conclusão

À luz deste precedente, incumbe à EPA: ou promover a efetiva regulação da emissão dos gases poluentes referidos na decisão; ou justificar adequadamente por que não exerce esta sua atribuição legal.

É relevante destacar que neste caso submetido à apreciação da Suprema Corte, *in thesis*, já existiriam razões suficientes a justificar a inércia da agência, argumento que efetivamente foi sustentado e rechaçado durante o julgamento.

Por isso, de um lado, é possível prever que, em princípio, a EPA realmente deveria se empenhar em regular a emissão de gases poluentes provenientes de veículos automotores novos. Esta expectativa justificar-se-ia pelo alcance e extensão do julgamento e pela força institucional atribuída naquele país aos precedentes judiciais, especialmente àqueles provenientes da Suprema Corte.

Todavia, seria plausível reconhecer que a influência e forte pressão exercidas pela potente indústria automobilística norte-americana poderiam minimizar a decisão prolatada pela Suprema Corte.

O principal ponto, por outro lado, relaciona-se ao tempo em que esta regulação específica deve ser promovida pela agência, na medida em que remanesce como discricionariedade da EPA decidir quando emitir ato normativo que pretenda regular os gases poluentes referidos no julgamento, ou ainda, apresentar nova justificativa para assim não proceder.[48]

Bibliografia

ADLER, Jonathan H. *Massachusetts v. EPA heats up climate policy no less than administrative law*: a comment on professors Watts and Wildermuth. Disponível em: <http://www.law.northwestern.edu/lawreview/Colloquy/2007/17>. Acesso em: 23 ago. 2007.

UNITED STATES SUPREME COURT. *Massachusetts vs. EPA*. Disponível em: <http://www.law.cornell.edu/supct/html/05-1120.ZS.html>. Acesso em: 21 ago. 2007.

TOGNOLLI, Claudio Julio. Ar puro: Suprema Corte manda EUA controlar emissão de carbono. *Revista Consultor Jurídico*, 03 abr. 2007.

VALOR ECONÔMICO. Suprema Corte reprova política ambiental de Bush. *Valor Econômico*, 03 abr. 2007.

WATTS, Kathryn A.; WILDERMUTH, Amy J. Massachusetts v. EPA: breaking new ground on issues other than global warming. *Northwestern University Law Review Colloquy*, v. 102, p. 1-17 (Disponível em: <http://www.law.northwestern.edu/lawreview/colloquy/2007/17/>. Acesso em: 23 ago. 2007).

---

[47] *"As a practical matter it will take years for the EPA to comply with the Court's judgment, and years more for additional litigation to force the EPA's hand"* (ADLER, Jonathan H. Massachusetts v. EPA heats up climate policy no less than administrative law: a comment on professors Watts and Wildermuth. Northwestern University Law Review Colloquy, v. 102, p. 32-41. Disponível em: <http://www.law.northwestern.edu/lawreview/Colloquy/2007/20>. Acesso em: 23 ago. 2007).

[48] O artigo foi originalmente publicado em: *Jus Navigandi*. Teresina, ano 11, n. 1.530, 9 set 2007. Disponível na internet: http://jus2.uol.com.br/doutrina/texto.asp?id=10390. Acesso em 10.09.2007.

O Poder Judiciário e a governabilidade. Comprometimento ou independência?

O "fenômeno Jobim"

É notável a oportunidade política proporcionada ao governo, nos dois mandatos do Presidente Lula, de nomear de modo legítimo nada menos que oito Ministros que atualmente compõem sete lugares no Supremo Tribunal Federal – STF. Foram eles (do mais recente ao mais antigo): Min. Dias Toffoli (que recentemente foi nomeado para ocupar a vaga do saudoso Min. Menezes Direito), Cármen Lúcia, Ricardo Lewandowski, Eros Grau, Joaquim Barbosa, Carlos Britto e Cezar Peluso. Remanescem na Corte a Ministra Ellen Gracie e o Ministro Gilmar Mendes, que foram indicados pelo Presidente Fernando Henrique Cardoso, o Ministro Marco Aurélio (que foi indicado pelo Presidente Fernando Collor) e o Ministro Celso de Mello, indicado pelo Presidente José Sarney.

Objetivamos demonstrar o perfil dos Ministros da Suprema Corte brasileira, especialmente levando-se em consideração as respectivas orientações adotadas em torno da relação entre a governabilidade e o Poder Judiciário. Esta relação deve existir ou não? Caso sim, até que ponto? No sentido do comprometimento ou da independência?

Entendemos que tal relação deve limitar-se ao campo institucional. No ambiente decisório próprio do Judiciário ele não deve ter influência exclusiva ou preponderante, sob pena de inaceitáveis distorções, como adotar de modo ilegítimo na tomada da decisão judicial os critérios imanentes da decisão política ou até mesmo transformar o Judiciário numa espécie de "segunda instância" do governo.

Subjacente ao tema proposto verifica-se desde logo enorme imbricação do argumento oriundo do pragmatismo jurídico ou do consequencialismo e a preocupação crescente com a governabilidade no discurso dos Ministros. Ousamos dizer que esta tendência politicamente orientada no discurso dos Ministros (não no sentido partidário)[49] e, de modo geral, na colocação institucional da Corte diante dos demais ramos políticos e da sociedade civil parece ser herança deixada pelo Ministro Nelson Jobim.[50]

---

49 Adotamos aqui o sentido expresso na seguinte obra: POSNER, Richard A. *How judges think*. Cambridge: Harvard University Press, 2008, 387 p.

50 O Ministro Nelson Jobim tomou posse na Corte em 15.03.1997 e se aposentou em 29.03.2006. Durante os nove anos que integrou o Tribunal foi seu Presidente no período de 2004 a 2006, quando saiu. Durante a sua trajetória na Corte talvez os dois maiores legados que deixou quando foi o seu Presidente tenham sido a instituição da chamada "pauta temática" e a maior exposição junto à sociedade do STF na figura do seu Presidente através de entrevistas e participações públicas (como porta-voz). Com formação jurídica, o Ministro era – e ainda é – homem público e, acima de tudo, político. Dentre as principais funções políticas desempenhadas pelo Ministro, destacam-se: a sua atuação como Deputado Federal pelo PMDB desde 1987 até 1995, a atividade desempenhada como Ministro de Estado da Justiça entre 1995 e 1997 e em 25.07.2007 assumiu o cargo de Ministro de Estado da Defesa (em meio a uma profunda crise da aviação civil no País deflagrada a partir da mobilização dos controladores de voo). Diante desta veia arraigadamente política do Ministro, é compreensível que ele a tenha levado ao STF quando lá atuou. Resta saber quais foram os impactos e os efeitos desta passagem (política) pela Corte (e se eventualmente permaneceram na Corte, se agravaram ou se diluíram ao longo do tempo). O fato é que realmente existiu algo que pode ser chamado de "fenômeno Jobim". No mesmo sentido, confira o seguinte trecho de interessante entrevista concedida pelo Ministro Marco Aurélio a respeito do assunto às vésperas da saída do Ministro Jobim da Presidência da Corte: "*Primeira Leitura: A que o sr. atribui o grau atual de politização do Judiciário? Alguma vez o Judiciário, principalmente o Supremo, havia passado por fase semelhante? É só o fenômeno Jobim ou tem algo mais? Marco Aurélio de Mello*: Jamais vi algo tão próximo da quadra vivida atualmente [2006]. Estou convencido de que um juiz deve ser juiz as 24 horas do dia. Não consigo conceber que alguém, a partir da toga, almeje um cargo político. Isso é péssimo em termos institucionais e é péssimo para a credibilidade do Judiciário junto aos jurisdicionados" (NOGUEIRA, Rui. Visão de Mundo: Respeito à toga – Entrevista com o Ministro Marco Aurélio Mello. *Vencedor e Vencido (Seleção de notas e pronunciamentos no Supremo Tribunal Federal)*. Rio de Janeiro: Forense, p. 251-256, 2006, p. 254). Este é um estudo que o ambiente acadêmico ainda não deu a devida atenção e refoge ao escopo do presente esboço.

Neste sentido, o (então) Ministro (do STF) Nelson Jobim, em entrevista que concedeu ao jornal Valor Econômico, foi perguntado: "O senhor defende maior segurança jurídica e desenvolvimento econômico do país. O Judiciário deve julgar de olho nas contas públicas?" Em resposta, o Ministro explicou que:

> "Quando só há uma interpretação possível, acabou a história. Mas quando há um *leque de interpretações*, por exemplo cinco, todas elas são justificáveis e são logicamente possíveis. Aí, deve haver outro critério para decidir. E esse outro critério é exatamente a *conseqüência*. Qual é a conseqüência, no meio social, da decisão A, B ou C? Você tem de avaliar, nesses casos muito pulverizados, as conseqüências. *Você pode ter uma conseqüência no caso concreto eventualmente injusta, mas que no geral seja positiva. E é isso que eu chamo da responsabilidade do Judiciário das conseqüências de suas decisões*" (grifamos).[51]

Parece que a chamada "responsabilidade do Judiciário das conseqüências de suas decisões" foi definitivamente introjetada pela maioria dos Ministros do STF, mesmo depois da saída do Ministro Jobim. Ele atribui à consequência o peso do critério determinante nas hipóteses em que há um leque de interpretações justificáveis e logicamente possíveis.

Estaríamos de pleno acordo se o Ministro tivesse expressado que tal critério seria determinante se – e unicamente quando – estivesse corroborando os argumentos jurídicos centrais do debate posto e fosse reconduzido ao texto constitucional (preferencialmente de maior peso axiológico).[52]

No seio acadêmico, em excelente dissertação, Lucas Borges de Carvalho contrapõe o argumento pragmático ou consequencialista, tal como defendido pelo Ministro Jobim na entrevista apontada e por Posner em sua obra, às lições de Dworkin. Ao final, conclui que estas são mais condizentes com a realidade brasileira, apesar de não terem sido prestigiadas na maior parte das decisões do STF sobre algumas das mais relevantes questões nacionais que julgaram no período compreendido entre 1990 e 2005.[53]

Além disso, Diego Werneck Arguelhes também produziu notável dissertação na qual propõe alguns balizamentos para o uso do argumento pragmático ou consequencialista na tomada da decisão judicial, inclusive partindo do ponto inicial proporcionado por reflexões a partir da orientação do Min. Jobim anteriormente assinalada.[54]

---

51   BASILE, Juliano e JAYME, Thiago Vitale. Judiciário favorece aumento de juros, diz Jobim – Entrevista com o Ministro Nelson Jobim. *Jornal Valor Econômico*. São Paulo, 13.12.2004. Disponível em: <http://www.valoronline.com.br>. Acesso em: 12.04.2008.

52   Como se tratava de uma entrevista direcionada a pessoas leigas, isto poderia ter sido dito, por exemplo, assim: a consequência pode ter um peso nas decisões do STF sim, mas o olho nas contas públicas não deve sobrepor-se aos mandamentos constitucionais. O teor, como se vê, pode ser rigorosamente contrário do que foi efetivamente expresso pelo Min. Jobim, razão pela qual discordamos de sua assertiva. Veremos que outros Ministros se manifestaram a respeito, também através de entrevistas, de modo mais enfático.

53   De fato, já no fecho da introdução de sua obra o autor adianta que: "As conclusões – como se poderá verificar, com mais detalhes, ao final – não são das mais animadoras. O Supremo Tribunal Federal, no período analisado, não assumiu, de forma alguma, uma postura de compromisso com os direitos fundamentais. Muito pelo contrário, a Corte, em geral, atua de modo pragmático, desrespeitando precedentes e recorrendo a argumentos consequencialistas meramente especulativos, sem expressar, em suas decisões, uma linha coerente de argumentação. Nesse contexto, no qual os direitos não são levados a sério, a legitimação democrática do tribunal resta comprometida e, junto a ela, a própria legitimidade da ordem jurídica brasileira" (CARVALHO, Lucas Borges de. *Jurisdição Constitucional & democracia – integridade e pragmatismo nas decisões do Supremo Tribunal Federal*. Curitiba: Juruá, 2007, p. 29).

54   ARGUELHES, Diego Werneck. *Deuses Pragmáticos, Mortais Formalistas: A justificação consequencialista de decisões judiciais*. Dissertação (Mestrado em Direito Público) – Faculdade de Direito, Universidade do Estado do Rio de Janeiro, 2006, mimeo, 220 p.

A RELAÇÃO DA ATIVIDADE JURISDICIONAL COM A GOVERNABILIDADE NA VISÃO DOS MINISTROS DO STF

Em interessante série de entrevistas realizadas em 2006 pela Revista Consultor Jurídico e jornal Estado de S. Paulo com os Ministros do STF, uma indagação é particularmente relevante e merece destaque neste momento. Referiu-se à relação entre o Poder Judiciário e a governabilidade. Vale dizer, se o STF é responsável também pela governabilidade e deve levá-la em conta (e, caso sim, em que medida) quando do julgamento de questões jurídicas relevantes.

Naquela ocasião, os Ministros (que então compunham a Corte) posicionaram-se de maneira sólida no sentido de que a preocupação com a governabilidade do País não deve orientar as decisões judiciais do Supremo Tribunal Federal. Todos colocaram a governabilidade em patamar inferior e, por conseguinte, subordinada aos elevados ditames constitucionais. Este sim, o verdadeiro parâmetro de aferição da constitucionalidade no exame das questões jurídicas de relevo nacional que lhes são submetidas.

Neste sentido, paradigmático foi o entendimento do Ministro *Celso de Mello*, hoje decano da Corte, que reconheceu a possível preocupação com a governabilidade. Embora tenha afirmado que ela deve ser levada em consideração nas decisões do STF, registrou que esta preocupação, contudo, situa-se abaixo do dever maior de preservar o que denominou de "intangibilidade" da Lei Maior. De fato, ele ressaltou que: "Atos de governo fundados em razões de pragmatismo político ou de mera conveniência administrativa não podem justificar, em hipótese alguma, a ruptura da ordem constitucional".[55]

Com efeito, desde muitos anos o Ministro mantém-se absolutamente hígido na sua convicção acerca da necessidade de preservar o núcleo intangível da Constituição. Quando cuida de matéria tributária, por exemplo, ele é suficientemente claro quando afirma que: "O fundamento do poder de tributar reside, pois, em essência, no dever jurídico de estrita fidelidade dos entes tributantes ao que dispõe, imperativamente, a Constituição da República".[56]

Na mesma linha de raciocínio, o Ministro *Marco Aurélio* ressaltou que privilegiar a governabilidade na atividade interpretativa peculiar do Judiciário implicaria em verdadeira inversão de valores que, de maneira perigosa, poderia levar a "autorizar quaisquer meios para justificar supostos fins".[57] Em outra ocasião, o Ministro deixou claro

---

[55] Ainda acerca da eventual preocupação do STF com a governabilidade, o Ministro Celso de Mello assinalou que: "A preocupação com a governabilidade deve representar um valor a ser considerado nas decisões dos ministros do Supremo. Mas os juízes desta Corte têm um compromisso mais elevado no desempenho de suas funções e esse compromisso traduz-se no dever de preservar a intangibilidade da Constituição que nos governa a todos. O Supremo Tribunal, como intérprete final da Constituição, deve ser o garante de sua integridade. Atos de governo fundados em razões de pragmatismo político ou de mera conveniência administrativa não podem justificar, em hipótese alguma, a ruptura da ordem constitucional. Cabe, a esta Corte, impedir que se concretizem, no âmbito do Estado, práticas de cesarismo governamental ou que se cometam atos de infidelidade à vontade suprema da Constituição" (CHAER, Márcio. Supremo Constituinte: "Juízes devem ter papel mais ativo na interpretação da lei" – Entrevista com o Ministro Celso de Mello. *Revista Consultor Jurídico*. São Paulo, 15.03.2006. Disponível em: <http://conjur.estadao.com.br/static/text/42712,1>. Acesso em: 29.01.2008).

[56] STF – Pleno, ADI 447, Rel. Min. Octavio Gallotti, j. 05.06.1991, DJU 05.03.1993 (voto do Ministro Celso de Mello). Com idêntico teor: STF – Pleno, ADI 513, Rel. Min. Célio Borja, j. 14.06.1991, DJU 30.10.1992 (voto do Ministro Celso de Mello). No mesmo sentido, contrapondo a maior importância do chamado "Estatuto Constitucional do Contribuinte" com relação às variadas razões de Estado (que pretensamente justificam atos abusivos e arbitrários sob variados pretextos), confira ainda: STF – Pet. 1.466, Rel. Min. Celso de Mello, decisão monocrática, j. 25.08.1998, DJU 02.09.1998; STF – AI 683.000, Rel. Min. Celso de Mello, j. 31.10.2007, DJE 22.11.2007; STF – RE 529.154, Rel. Min. Celso de Mello, decisão monocrática, j. 29.06.2007, DJU 16.08.2007; STF – RE 374.981, Rel. Min. Celso de Mello, decisão monocrática, j. 28.03.2005, DJU 28.03.2005; STF – RE 415.015, Rel. Min. Celso de Mello, decisão monocrática, j. 31.03.2005, DJU 15.04.2005; STF – AI 508.986, Rel. Min. Celso de Mello, decisão monocrática, j. 31.03.2005, DJU 19.04.2005, dentre tantos outros.

[57] Neste sentido, o Ministro ressaltou que a governabilidade deve estar de acordo com a legislação existente, e não o contrário: "Assusta-me quando se proclama que se deve interpretar as leis visando homenagear a governabilidade. A governabilidade é que tem que se adaptar à legislação existente. Não vamos inverter valores. Isso é perigoso. Porque senão passamos a autorizar quaisquer meios para

que: "Nós não julgamos preocupados com os cofres públicos, e sim com os fundamentos da Constituição". Enfim, aplicando o seu entendimento à seara tributária, ele explicou que: "O Supremo não é órgão governamental. Quando suspende um tributo, é porque ele era cobrado à margem da Constituição".[58]

Em outra entrevista concedida a Rui Nogueira, o Ministro Marco Aurélio foi indagado sobre esta questão e respondeu o seguinte:

> É explícito, acompanhando-se as sessões plenárias da corte (STF), que o Ministro Jobim, mesmo antes de chegar à presidência do Supremo, sempre evidenciou preocupação com a governabilidade. Já o sr. não tem um pingo de preocupação com isso. A taxa de politização não decorre desse perfil do Ministro Jobim, expressa com mais clareza com a chegada dele ao comando do STF?
>
> São, realmente, óticas diametralmente opostas. Eu parto do pressuposto de que a governabilidade existe quando se observa, acima de tudo, a Constituição. Não podemos inverter valores, muito menos aqueles que são invertidos para potencializar questões momentâneas e isoladas, decorrentes, muitas vezes, da política governamental em curso. Há valores perenes, que são ditados pela Constituição Federal. O juiz que ocupa uma cadeira no Supremo não está engajado em nenhuma política governamental. A responsabilidade dele é de guarda da Constituição.[59]

Coerentemente os Ministros Celso de Mello e Marco Aurélio, que se notabilizam na prolação de tantos e constantes votos sempre rechaçando os abusos e arbítrios do Poder Público, especialmente quando a questão de fundo versa sobre matéria tributária, mantêm esta orientação de respeito à função precípua da Suprema Corte de guarda da Constituição da República. Daí porque a sua intangibilidade não pode ser abalada e a ordem constitucional rompida, mesmo que seja possível a preocupação com a governabilidade como um compromisso menor, como são os atos de governo fundados em razões de pragmatismo político ou de mera conveniência administrativa. Admitir o entendimento contrário implicaria, por conseguinte, na autorização do uso subversivo de quaisquer meios para a justificação de supostos fins. Além disso, tal subversão indesejada poderia transformar o STF em órgão governamental ou limitar a sua atuação como "segunda instância de governo".[60]

---

justificar supostos fins" (CHAER, Márcio. Vozes do Supremo: "A Constituição brasileira é pouquíssimo amada" – Entrevista com o Ministro Marco Aurélio. *Revista Consultor Jurídico*. São Paulo, 22.03.2006. Disponível em: <http://conjur.estadao.com.br/static/text/42904,1>. Acesso em 29.01.2008).

58 Foi em notícia na qual se destacou que os julgamentos do STF podem ter consequências políticas e econômicas. Depois de consignar o entendimento próprio do Ministro Marco Aurélio, a referida notícia traz o registro de que: "Há vozes no Supremo, no entanto, que podem alterar os rumos do julgamento. Embora não seja declarado, alguns ministros se preocupam sim com o impacto de suas decisões nos cofres públicos" (PINHEIRO, Aline. Placar no Supremo entre contribuintes e Estado está empatado. *Revista Consultor Jurídico*. 24.09.2006).

59 NOGUEIRA, Rui. Visão de Mundo: Respeito à toga – Entrevista com o Ministro Marco Aurélio Mello. *Vencedor e Vencido (Seleção de notas e pronunciamentos no Supremo Tribunal Federal)*. Rio de Janeiro: Forense, p. 251-256, 2006, p. 254.

60 Paralelo ao elevado dever judicial de declarar a inconstitucionalidade das leis contrárias à Constituição e corolário da sua supremacia, nos primórdios da República Ruy Barbosa já articulava de maneira clara a adequada compreensão de que o Judiciário não seria (como não é até hoje) um tipo de "segunda instância" do Legislativo. Neste sentido, lecionou que: "Reincido, e reincidirei, quantas vezes haja de opor-me, em juízo, à aplicação de atos inconstitucionais; porque o regime americano não converteu a justiça em segunda instância do poder legislativo: consagrou apenas a doutrina da precedência da lei soberana à lei subalterna, uma vez averiguada pelo juiz a divergência entre as duas [...]" (BARBOSA, Ruy. *Commentarios á Constituição Federal Brasileira*. São Paulo: Saraiva & Cia., 1932, V. I, p. 18. Originário de: Anistia Inversa, 2. ed. Rio, 1896, p. 121-122). Naquela época, o Executivo, cujos primeiros chefes foram militares de carreira, se agigantava pela força de fato (das armas), mas ainda não tinha experimentado o crescimento institucional próprio do cenário político tal como hoje conhecemos. Embora tenhamos chegado a um patamar de exagerada prevalência do Executivo frente ao Legislativo, essa situação de fato se justifica pela história dos últimos anos e foi observada em variados países. Apesar de ser um tema instigante, seria inoportuno aprofundá-lo nesse esboço.

Igualmente, o Ministro *Cezar Peluso* reconheceu que as decisões do Supremo Tribunal Federal não devem ter como objeto específico levar em conta a governabilidade, embora certamente impliquem consequências graves no plano institucional. Reconheceu que deve haver uma avaliação dessas consequências e resultados quando do julgamento de questões de interesse nacional. Todavia, assim agindo, o Tribunal não toma qualquer posição política em relação à governabilidade e tampouco atua de maneira política no sentido de interferir nos outros Poderes. Neste sentido:

> A governabilidade não é um objeto específico da competência do Supremo. Todas as decisões do Judiciário, em particular as decisões do Supremo, implicam conseqüências graves no plano institucional, sem dúvida nenhuma. Isto não significa que, quando avalia essas conseqüências, o Supremo esteja tomando alguma posição política em relação à governabilidade.[61]

De acordo com a sua compreensão, é ínsito à natureza própria da interpretação constitucional que a tomada da decisão judicial já contemple certa valoração dos resultados das posições (jurídicas) possíveis. Na medida em que ela promove uma reconstrução intelectual, implica necessariamente na avaliação dos resultados, que devem ser ponderados em função da realidade social. Esta atividade do STF, contudo, não deve ser entendida como uma atitude política, já que se submete aos parâmetros elevados da Lei Maior em torno dos quais deve se centralizar o debate colocado sob julgamento.[62]

O Ministro *Carlos Britto* explicitou que a preocupação do Supremo Tribunal Federal deve ser com a "governabilidade constitucional", isto é, como instrumento de governo a Constituição governa quem governa. Do contrário, se o Tribunal julgar de maneira cúmplice com a governabilidade, então escaparia de sua função típica e passaria a desenvolver função executiva. Neste sentido:

> O compromisso do Supremo é com a *governabilidade constitucional*. Isso porque a Constituição já é um instrumento de governo e o certo é que *ela governa quem governa*. O juiz deve decidir com os olhos postos na Constituição e na realidade palpitante da vida. *Um olho na missa e outro no padre*. Mas se passar a decidir acumpliciadamente com a governabilidade desse ou daquele chefe do Poder Executivo, desapegado das pautas constitucionais, aí passará a coexercer função executiva. Não mais jurisdicional (grifamos).[63]

A fórmula engendrada pelo Ministro é realmente cautelosa, já que reconhece a necessidade de que a decisão judicial seja tomada com os olhos postos na Constituição e na realidade da vida, ou seja, "*um olho na missa e outro no padre*". Isto não implica, todavia, no desapego às normas constitucionais, o que levaria à mera substituição da função jurisdicional pela executiva. É que a Constituição já é em si mesma o maior instrumento

---

61   Em seguida, o Ministro destacou que: "A interpretação jurídica de qualquer norma e, especialmente, das normas constitucionais, já implica uma valoração dos resultados das posições possíveis. Uma interpretação não é uma coisa matemática, nem automática. A interpretação é uma reconstrução intelectual, e esse trabalho de reconstituir o sentido da norma implica avaliação dos resultados. Nesse sentido podemos dizer que os resultados da interpretação do Supremo são ponderados em função da realidade social, mas como parte da tarefa de interpretação da norma, e não, como uma atitude política do Supremo no sentido de interferir nos outros Poderes" (ERDELYI, Maria Fernanda. Vozes do Supremo: Juiz não tem que agradar ninguém, tem que fazer justiça – Entrevista com o Ministro Cezar Peluso. *Revista Consultor Jurídico*. São Paulo, 10.02.2006. Disponível em: <http://conjur.estadao.com.br/static/text/43516,1>. Acesso em: 12.04.2008).

62   Sustentamos que, embora o argumento pragmático ou consequencialista possa sim ser levado em conta na tomada da decisão judicial, é certo que ele terá um peso menor em relação aos argumentos jurídicos centrais que o antecede.

63   Cf. CARDOSO, Maurício. Em nome da Constituição: O Judiciário não governa, mas ele governa quem governa – Entrevista com o Ministro Carlos Britto. *Revista Consultor Jurídico*. São Paulo, 05.04.2006. Disponível em: <http://conjur.estadao.com.br/static/text/43306,1>. Acesso em: 12.04.2008.

de governo que, por isso, "governa quem governa". Diante disso, o compromisso da Corte é com a chamada "governabilidade constitucional".

Igualmente categórico foi o Ministro *Eros Grau*, para quem o Supremo Tribunal Federal deve concentrar-se na sua missão constitucional (de guarda da Constituição). Daí porque é o governo que deve se adequar ao texto normativo, e não o STF flexibilizá-lo em proveito do governo (e de suas necessidades momentâneas ou permanentes). Portanto, o enquadramento do governo como adequado decorre deste elevado mister que incumbe à Suprema Corte.[64]

O Ministro *Ricardo Lewandowski* asseverou que o "Supremo não deve levar em conta a governabilidade no varejo". Aqui, evidencia-se a sua preocupação com o papel político do STF no sentido de preservar a estabilidade e o funcionamento das instituições, como órgão que ocupa o ápice da estrutura judiciária brasileira.[65]

Curiosamente, na entrevista concedida pelo Ministro *Gilmar Mendes*, a relação entre a governabilidade e o Judiciário não foi objeto de questionamento específico pelo repórter.[66] A Ministra *Ellen Gracie* e o Ministro *Joaquim Barbosa* não concederam entrevistas para esta série. Os Ministros *Dias Toffoli* (que sucedeu o saudoso Min. Menezes Direito) e *Cármen Lúcia* ainda não integravam a Corte naqueles dias.

Apenas para ilustrar com maior completude o ambiente encontrado pelos Ministros Dias Toffoli (e, antes dele, Menezes Direito) e Cármen Lúcia (que ingressaram por último), destacamos ainda a entrevista para essa série que foi concedida pelo Ministro Sepúlveda Pertence. Ele reconheceu de maneira clara a formação de certa lógica de consequências na sua convicção, mas a situou em plano secundário. No seu entender, o papel do STF é "garantir princípios e regras de processo democrático que se puseram acima das maiorias conjunturais".[67]

Diante do exposto, a orientação explicitada pelos Ministros foi uníssona no sentido de que o valor mais importante na hermenêutica constitucional levada a efeito pela Suprema Corte é o respeito incondicional pelos

---

64   De fato, indagado a respeito ("O Supremo é responsável pela governabilidade do país?"), o Ministro Eros Grau respondeu que: "Não. O Supremo é responsável pelo cumprimento da Constituição. Só pode haver governo adequado, comprometido com a saúde da República e do povo, se houver um Poder Judiciário capaz de dar cumprimento ao que estabelece a Constituição Federal" (ERDELYI, Maria Fernanda. Vozes do Supremo: Criminalidade não se resolve só com um chicote na mão – Entrevista com o Ministro Eros Grau. *Revista Consultor Jurídico*. São Paulo, 26.04.2006. Disponível em: <http://conjur.estadao.com.br/static/text/43844,1>. Acesso em: 12.04.2008).

65   À indagação ("O Supremo deve ter compromisso com a governabilidade do país?"), o Ministro respondeu que: "O Supremo não deve levar em conta a governabilidade no varejo, mas deve sim ter em conta a estabilidade das instituições. O STF está no ápice da estrutura judiciária brasileira e tem uma visão política mais ampla no sentido de preservar e tornar viável o funcionamento das instituições" (ERDELYI, Maria Fernanda. Vozes do Supremo: Juiz não tem de decidir questões político-partidárias. Entrevista com o Ministro Ricardo Lewandowski. *Revista Consultor Jurídico*. São Paulo, 19.04.2006. Disponível em: <http://conjur.estadao.com.br/static/text/43665,2>. Acesso em: 12.04.2008).

66   CHAER, Márcio. Vozes do Supremo: O autor intelectual: "Gilmar: É preciso acabar com o estelionato pela via judicial" – Entrevista com o Ministro Gilmar Mendes. *Revista Consultor Jurídico*. São Paulo, 29.03.2006. Disponível em: <http://conjur.estadao.com.br/static/text/43103,1>. Acesso em: 29.01.2008.

67   Em entrevista, o Ministro Sepúlveda Pertence respondeu à seguinte indagação ("O senhor diria que o ministro do Supremo deve se preocupar tanto com a governabilidade quanto com a constitucionalidade?") de maneira categórica no sentido de que: "É inevitável na formação da convicção do juiz, do juiz constitucional sobretudo, uma certa lógica de conseqüências, mas ela é para mim secundária. Não são dificuldades tópicas. Há um programa de governo, ainda que com repercussões negativas na sociedade, na economia, que podem fazer com que se perca a noção de que o nosso papel não é esse. O nosso papel é garantir princípios e regras de processo democrático que se puseram acima das maiorias conjunturais" (CHAER, Márcio. O Supremo governa: Tribunal reescreve a Constituição e assume novo papel – Entrevista com o Ministro Sepúlveda Pertence. *Revista Consultor Jurídico*. São Paulo, 08.03.2006. Disponível em: <http://conjur.estadao.com.br/static/text/42502,1>. Acesso em: 29.01.2008).

ditames constitucionais. Nesse sentido, todos compartilharam do entendimento de que a superioridade constitucional se sobrepõe naturalmente às circunstâncias passageiras e momentâneas. Com isso, busca-se aflorar o lado do STF que se dedica a proteger os direitos dos cidadãos e, por conseguinte, leva ao maior aperfeiçoamento das instituições e das liberdades públicas.[68]

Breve perfil dos Ministros

Aduzimos breve perfil traçado sobre a orientação ou tendência dos votos de cada um dos Ministros que atualmente compõem o STF, agora limitada ao campo tributário: contribuinte em contraposição ao Fisco; e setor privado contraposto ao Poder Público.[69]

Os Ministros *Celso de Mello* e *Marco Aurélio* caracterizam-se pelas suas personalidades firmes e intransigentes contra os abusos do Poder Público, mostrando-se tendencialmente mais favoráveis ao contribuinte (em oposição ao Fisco) e ao setor privado (em contraposição ao Poder Público). Em seus julgamentos, caracterizam-se por serem doutrinadores, na medida em que buscam novas abordagens e soluções inovadoras com ênfase nas teses jurídicas. O Ministro *Ricardo Lewandowski* caracteriza-se pelo vigor de suas posições e nos seus julgamentos também se mostra mais favorável ao contribuinte de um lado, e ao Poder Público de outro. Na aplicação da lei, caracteriza-se em seus julgamentos por ser mais doutrinador e legalista (que privilegia o direito formal e a segurança jurídica). Esta também é a orientação predominante da Ministra *Cármen Lúcia*, que se tem caracterizado pelo perfil jurisprudencialista, valorizando a harmonia das soluções construídas no colegiado.[70]

Em patamar intermediário e que tem oscilado no trato de matéria tributária, destacam-se os Ministros Cezar Peluso e Carlos Britto. De fato, consoante a pesquisa realizada pelo Anuário da Justiça (nas três edições publicadas até o momento), o Ministro *Cezar Peluso* se mostra favorável ao contribuinte de um lado, e ao Poder Público do outro (caracterizado pelos votos que proferiu como legalista, doutrinador e jurisprudencialista). Por sua vez, no Anuário da Justiça 2009 o Ministro *Carlos Britto* se mostra favorável ao Fisco de um lado e ao setor privado do outro. Caracteriza-se por ser mais doutrinador na prolação dos seus votos. No Anuário da Justiça 2008 o Ministro mostrou-se novamente mais favorável ao Fisco e consta equivalência de metade de suas decisões favoráveis ao Poder Público e metade favorável ao setor privado, caracterizando-se essencialmente como doutrinador e jurisprudencialista. No Anuário da Justiça 2007 ele mostrou-se mais favorável ao contribuinte e ao Poder Público (aplicando a lei de modo legalista).[71]

A Ministra *Ellen Gracie* e os Ministros *Gilmar Mendes, Joaquim Barbosa, Eros Grau* possuem perfis nitidamente conservadores em matéria tributária, geralmente alinhando-se aos interesses governamentais, já que se

---

68 Nas palavras precisas do Ministro Celso de Mello: "O Supremo Tribunal Federal não pode permitir que se instaurem círculos de imunidade em torno do poder estatal, sob pena de se fragmentarem os direitos dos cidadãos, de se degradarem as instituições e de se aniquilarem as liberdades públicas. No regime democrático, não há nem pode haver qualquer instância de poder que se sobreponha à autoridade da Constituição e das leis da República" (CHAER, Márcio. Supremo Constituinte: "Juízes devem ter papel mais ativo na interpretação da lei" – Entrevista com o Ministro Celso de Mello. *Revista Consultor Jurídico*. São Paulo, 15.03.2006. Disponível em: <http://conjur.estadao.com.br/static/text/42712,1>. Acesso em: 29.01.2008).

69 As seguintes avaliações que constam no Anuário da Justiça têm caráter meramente indicativo (não representando necessariamente a posição ideológica dos Ministros), consoante advertência que o próprio compêndio traz na metodologia.

70 CONJUR EDITORIAL. *Anuário da Justiça 2009*. São Paulo: Consultor Jurídico, 2009; CONJUR EDITORIAL. *Anuário da Justiça 2008*. São Paulo: Consultor Jurídico, 2008; CONJUR EDITORIAL. *Anuário da Justiça 2007*. São Paulo: Consultor Jurídico, 2007.

71 CONJUR EDITORIAL. *Anuário da Justiça 2009*. São Paulo: Consultor Jurídico, 2009; CONJUR EDITORIAL. *Anuário da Justiça 2008*. São Paulo: Consultor Jurídico, 2008; CONJUR EDITORIAL. *Anuário da Justiça 2007*. São Paulo: Consultor Jurídico, 2007.

mostram francamente mais favoráveis ao Fisco e ao Poder Público. Em seus julgamentos, enquanto a Ministra *Ellen Gracie* e o Ministro *Joaquim Barbosa* caracterizam-se por serem legalistas nos seus votos, o Ministro *Gilmar Mendes* caracteriza-se por ter um perfil mais doutrinador e o Ministro *Eros Grau* tem variado nas suas decisões como jurisprudencialista, doutrinador e legalista.[72]

Conclusão

Articulando as entrevistas dos Ministros que foram destacadas anteriormente a respeito do comprometimento ou da independência do Poder Judiciário frente à governabilidade com a pesquisa sobre as principais orientações ou tendências de voto (limitadas principalmente ao tema tributário), verificamos que, ao menos em tese todos são uníssonos no sentido de diminuir eventual relação frente à necessária supremacia constitucional que deve imperar nas decisões do Judiciário de modo geral e do STF de maneira particular.

Sabemos que as eventuais oscilações são desejadas no desenvolvimento do pensamento humano. O pensamento dos Ministros do Supremo Tribunal Federal acerca de certa matéria tributária não deve fugir de tal regra. É curioso perceber, no entanto, que no plano prático, por vezes, a maioria dos Ministros parece se deixar influenciar por argumentos pragmáticos ou consequencialistas que, em última instância, se prestam predominante ou exclusivamente a sustentar a (des)necessária ingerência de noções sobre a governabilidade (como a preocupação com as contas públicas) no julgamento de relevantes questões jurídicas de alcance nacional.[73]

Cabe acompanhar como se movimentará o Supremo Tribunal Federal nesse particular aspecto de sua ampla atividade judicante nesse ano (eleitoral) de 2010: quando julgar matéria tributária será ativista e se colocará em

---

72 CONJUR EDITORIAL. *Anuário da Justiça 2009*. São Paulo: Consultor Jurídico, 2009; CONJUR EDITORIAL. *Anuário da Justiça 2008*. São Paulo: Consultor Jurídico, 2008; CONJUR EDITORIAL. *Anuário da Justiça 2007*. São Paulo: Consultor Jurídico, 2007. É curioso assinalar que tais dados compilados pelo Anuário da Justiça, longe de significar um tipo de numerologia científica ou que pretenda descrever uma espécie de ciência exata, limita-se a expor algumas tendências (que foram encontradas no grupo de decisões pesquisado). Exemplo de curiosa subversão na orientação tradicional dos Ministros do STF em matéria tributária pode ser encontrado no julgamento (ainda pendente de resultado final) da questão relacionada à imunidade constitucional das contribuições sociais decorrentes da receita oriunda de exportações (CSLL-Exportação). De fato, em sessão de 03.12.2008, o julgamento foi suspenso depois de colhidos, por exemplo, os votos favoráveis aos contribuintes dos Ministros Gilmar Mendes e Eros Grau; bem como favoráveis ao Fisco dos Ministros Marco Aurélio e Ricardo Lewandowski (STF – Pleno, RE 564.413, Rel. Min. Marco Aurélio, j. pendente).

73 Exemplos que julgamos suficientemente claros nesse sentido foram os resultados alcançados com o julgamento da questão em torno da modulação temporal dos efeitos da decisão tomada pelo Pleno do STF na questão do prazo da prescrição ou decadência quinquenal das contribuições tributárias, quando da declaração de inconstitucionalidade dos arts. 45 e 46 da Lei n. 8.212/91 que motivou a edição da Súmula Vinculante n. 08 (RE 559.943, Rel. Min. Cármen Lúcia, j. 12.06.2008, DJE 25.09.2008; RREE 556.664 e 559.882, Rel. Min. Gilmar Mendes, j. 12.06.2008, DJE 14.11.2008; e RE 560.626, Rel. Min. Gilmar Mendes, j. 12.06.2008, DJE 04.12.2008), e a rejeição de tal modulação quando o Tribunal decidiu sobre a constitucionalidade da revogação da isenção da Cofins incidente sobre as sociedades civis de prestação de serviços legalmente regulamentadas (STF – Pleno, RE 377.457, Rel. Min. Gilmar Mendes, j. 17.09.2008, DJU 18.12.2008; STF – Pleno, RE 381.964, Rel. Min. Gilmar Mendes, j. 17.09.2008, DJE 13.03.2009). A este rol não é legítimo inserir o julgamento que rejeitou tal modulação no caso do IPI-Alíquota zero, que foi fruto de intenso debate entre os Ministros do STF (STF – Pleno, RE 353.657, Rel. Min. Marco Aurélio, j. 25.06.07, DJE 07.03.08; STF – Pleno, RE 370.682, Rel. p/ ac. Min. Gilmar Mendes, j. 25.06.2007, DJU 19.12.2007). Além disso, também não se enquadra no elenco das decisões que, ao menos aparentemente, sucumbiram ao argumento pragmático ou consequencialista que instrumentaliza o interesse em proveito da governabilidade, cabe mencionar a decisão acerca do Crédito-Prêmio do IPI, ocorrido em agosto de 2009 e que angariou o raro consenso da unanimidade dos votos do Pleno do STF, que se seguiram ao voto lapidar do Ministro Ricardo Lewandowski (STF – Pleno, RE 577.302-RG, Rel. Min. Ricardo Lewandowski, j. 17.04.2008, DJE 30.04.2008).

posição de independência ou adotará perfil mais contido colocando-se em posição de comprometimento com a governabilidade?[74]

Lei Anticorrupção

Panorama

Em 02.08.2013 foi publicada a Lei n. 12.846, que dispõe sobre a responsabilização administrativa e civil de pessoas jurídicas pela prática de atos contra a administração pública, nacional ou estrangeira.

Em breve retrospecto do seu processo legislativo cabe registrar que o Projeto de Lei n. 6.826 foi apresentado pelo Poder Executivo em 18.02.2010. Em 26.03.2010 a Mesa Diretora da Câmara dos Deputados indeferiu o requerimento de tramitação conjunta com o Projeto de Lei n. 1.142/07, que tipifica o crime de corrupção das pessoas jurídicas em face da Administração Pública, sob o fundamento de que este já possuía pronunciamento de duas Comissões incumbidas de examinar o mérito e tramitava conclusivamente na Comissão de Constituição, Justiça e Cidadania – CCJC (atualmente permanece aguardando o seu Parecer).

A Comissão Especial apresentou Parecer publicado em avulso e, em 11.06.2013, foi aprovada a redação final pela Comissão de Constituição e Justiça e de Cidadania – CCJC. Em 19.06.2013 foi remetido ao Senado Federal. Ali tramitou brevemente como o Projeto de Lei da Câmara (PLC) n. 39/13. Em 12.07.2013 a Mesa Diretora da Câmara dos Deputados recebeu um ofício do Senado Federal comunicando a remessa à sanção e no dia 02.08.2013 foi publicada no Diário Oficial.

O clamor originado com as sucessivas manifestações que se disseminaram pelo País afora desde o início de junho certamente contribuiu para que o trâmite do processo legislativo, sobretudo no âmbito do Senado Federal, ocorresse em tempo recorde. Desse modo, pode-se entender a parte final de seu processo legislativo como uma resposta do Poder Público (tanto do Poder Legislativo, que correu com o seu trâmite, como também do Poder Executivo, que sancionou a lei depressa) às inúmeras reclamações originadas das ruas pelo País afora, com o pleito uníssono de combater a corrupção e mais respeito aos serviços públicos e à gestão da coisa pública (especialmente o dinheiro).

Ainda mais recentemente, fatos duvidosos como a formação de cartel na licitação pública do Metrô de São Paulo (CPTM) foram revelados pela empresa Siemens, que admitiu a sua participação como corruptora em acordo de colaboração que parece ter firmado no âmbito de processo que tramita junto ao CADE. Com isso, furtou-se à aplicação da Lei n. 12.846/13, vez que entrará em vigor cento e oitenta dias, contados de sua publicação (02.08.2013). Depois de esclarecidos os fatos, apuradas as responsabilidades e aplicadas as sanções cabíveis, esse poderia ser um bom estudo de caso para analisar o rigor das leis previamente existentes em comparação com a disciplina da Lei n. 12.846/13, inclusive com o objetivo de verificar a adequada integração e/ou prevalência das diferentes regras aplicáveis na responsabilização administrativa e civil das pessoas jurídicas.

O novel diploma legal traz como justificativa o objetivo de suprir uma lacuna existente no sistema jurídico brasileiro, consistente na ausência de meios específicos para atingir o patrimônio das pessoas jurídicas e obter efetivo ressarcimento dos prejuízos causados por atos que lhe beneficiam ou interessam. O seu foco restringe-se à pessoa jurídica (no sentido amplo) corruptora.

Dentre as principais novidades, cabe destacar: a responsabilização objetiva, desde que comprovado o fato, o resultado e o nexo causal entre eles (afastando-se a discussão sobre a culpa do agente na prática da infração); a

---

74 O artigo foi publicado em: *Jus Navigandi*. Teresina, ano 14, n. 2.375, 01.01.2010. Disponível em: http://jus2.uol.com.br/doutrina/texto.asp?id= 14109. Acesso em: 01.01.2010.

inclusão da proteção da Administração Pública estrangeira, em atendimento aos compromissos internacionais de combate à corrupção assumidos pelo Brasil (ao ratificar convenções da ONU, OEA e OCDE); o extenso rol de condutas puníveis capazes de lesar a Administração Pública (nacional ou estrangeira); a propositada opção pela responsabilização administrativa e civil da pessoa jurídica, que se revelam mais adequadas e céleres (em relação ao Direito Penal); a criação de um sistema de cooperação entre os entes públicos e o Ministério Público no combate à corrupção; e a aplicação de sanções administrativas pecuniárias e não pecuniárias, que objetivam reprimir o ato ilícito e evitar a sua reiteração.

A Lei n. 12.846/13 divide-se em sete capítulos: I – Disposições Gerais (arts. 1º ao 4º), II – Dos atos lesivos à Administração Pública nacional ou estrangeira (art. 5º), III – Da responsabilização administrativa (arts. 6º e 7º), IV – Do processo administrativo de responsabilização (arts. 8º ao 15), V – Do acordo de leniência (arts. 16 e 17), VI – Da responsabilização judicial (arts. 18 ao 21) e VII – Disposições Finais (arts. 22 ao 31).

Destinatários

Os destinatários da lei são estabelecidos de forma bem clara: as sociedades empresárias e as sociedades simples, personificadas ou não, independentemente da forma de organização ou modelo societário adotado, bem como fundações, associações de entidades ou pessoas, ou sociedades estrangeiras, que tenha sede, filial ou representação no território brasileiro, constituídas de fato ou de direito, ainda que temporariamente (art. 1º, parágrafo único).

A dicção desse dispositivo parece limitar o alcance da lei ao território nacional, em atendimento ao princípio da territorialidade e reconhecimento da soberania dos demais países. Contudo, o seu art. 28 prevê expressamente que a lei também se aplica aos atos lesivos praticados por pessoa jurídica brasileira contra Administração Pública estrangeira, ainda que cometidos no exterior. Aqui, o critério adotado parece se deslocar para o da nacionalidade da pessoa jurídica (brasileira), de modo a alcançá-la extra territorialmente. A definição legal de Administração Pública estrangeira, organizações públicas internacionais e agente público estrangeiro, está contida em cada um dos três parágrafos do art. 5º.

A lei busca evitar que mecanismos engendrados a partir do prisma societário sejam capazes de burlar a aplicação das sanções administrativas e civis a que tenha sido responsabilizada a empresa.

A responsabilidade das pessoas jurídicas é objetiva pelos atos lesivos praticados em seu interesse ou benefício, exclusivo ou não, e independe da responsabilização individual das pessoas naturais. Estas podem ser os seus dirigentes, administradores ou qualquer pessoa, autora, coautora ou partícipe do ato ilícito, e somente serão responsabilizadas na medida da sua culpabilidade (arts. 2º e 3º).

A responsabilidade objetiva da pessoa jurídica é novidade trazida pela lei nessa área. A intenção do legislador foi privilegiar a celeridade e eficiência da sanção administrativa e civil na repressão dos atos lesivos, bem como evitar a sua reiteração (reincidência). Tais sanções serão aplicáveis quando apurada a responsabilidade (fato, resultado e nexo causal) independente da responsabilização subjetiva das pessoas naturais, que responderão na medida de sua culpabilidade.

Cabe registrar que o § 5º do art. 173 da Constituição da República dispõe que: "A lei, sem prejuízo da responsabilidade individual dos dirigentes da pessoa jurídica, estabelecerá a responsabilidade desta, sujeitando-a as punições compatíveis com sua natureza, nos atos praticados contra a ordem econômica, financeira e contra a economia popular".

Na hipótese de alteração contratual, transformação, incorporação, fusão ou cisão societária, subsiste a responsabilidade da pessoa jurídica, limitada à obrigação de pagamento de multa e reparação integral do dano causado, seja pela solidariedade (como no caso das sociedades controladoras, controladas, coligadas, ou, no âmbito do respectivo contrato, consorciadas), seja pela sucessão (nas hipóteses de fusão e incorporação). Nessa última situação (de sucessão), tal limite ainda restringe-se ao novo limite do patrimônio transferido, não lhe sendo aplicáveis as demais sanções previstas na lei decorrentes de atos e fatos ocorridos antes da data da fusão ou incorporação, exceto no caso de simulação ou evidente intuito de fraude, devidamente comprovados (art. 4º).

Ato lesivo à Administração Pública

A lei define o que constitui ato lesivo à administração pública, nacional ou estrangeira, como sendo aqueles praticados pelos destinatários da norma (parágrafo único do art. 1º) que atentem contra o patrimônio público nacional ou estrangeiro, contra princípios da administração pública ou contra os compromissos internacionais assumidos pelo Brasil. Tais atos são assim taxativamente definidos:

I – prometer, oferecer ou dar, direta ou indiretamente, vantagem indevida a agente público, ou a terceira pessoa a ele relacionada;

II – comprovadamente, financiar, custear, patrocinar ou de qualquer modo subvencionar a prática dos atos ilícitos previstos nesta lei;

III – comprovadamente, utilizar-se de interposta pessoa física ou jurídica para ocultar ou dissimular seus reais interesses ou a identidade dos beneficiários dos atos praticados;

IV – no tocante a licitações e contratos: a) frustrar ou fraudar, mediante ajuste, combinação ou qualquer outro expediente, o caráter competitivo de procedimento licitatório público; b) impedir, perturbar ou fraudar a realização de qualquer ato de procedimento licitatório público; c) afastar ou procurar afastar licitante, por meio de fraude ou oferecimento de vantagem de qualquer tipo; d) fraudar licitação pública ou contrato dela decorrente; e) criar, de modo fraudulento ou irregular, pessoa jurídica para participar de licitação pública ou celebrar contrato administrativo; f) obter vantagem ou benefício indevido, de modo fraudulento, de modificações ou prorrogações de contratos celebrados com a administração pública, sem autorização em lei, no ato convocatório da licitação pública ou nos respectivos instrumentos contratuais; ou g) manipular ou fraudar o equilíbrio econômico-financeiro dos contratos celebrados com a administração pública; e

V – dificultar atividade de investigação ou fiscalização de órgãos, entidades ou agentes públicos, ou intervir em sua atuação, inclusive no âmbito de agências reguladoras e dos órgãos de fiscalização do sistema financeiro internacional (art. 5º).

Os três parágrafos trazem a definição de administração pública estrangeira, organizações públicas internacionais e agente público estrangeiro.

É curioso notar que somente nos incisos II e III consta "comprovadamente" quando, em realidade, deveria constar na cabeça do art. 5º, de modo que se aplicaria a todos os incisos e alíneas do artigo. Do contrário, admitir-se a fragilidade das provas relacionadas à responsabilidade objetiva da pessoa jurídica poderia levar a um ambiente promíscuo de negócios, onde agentes públicos teriam indesejável margem de manobra para satisfazer interesse pessoal que se distancia dos objetivos verdadeiramente republicanos. Embora sabidamente excepcional isso certamente frustraria a aplicação da lei, ao invés de reforçá-la.

Exemplo de zona cinzenta pode ser encontrado logo no inciso I, onde a promessa e o oferecimento de vantagem indevida a agente público pode ser de difícil comprovação. Essa situação delicada tanto pode se revelar como verdadeira (espera-se que essa seja a regra), quando a pessoa jurídica deve ser responsabilizada com o rigor cabível, como também fantasiosa (espera-se que essa seja a exceção), quando o agente público deve ser responsabilizado de modo exemplar. Enfim, levando em consideração que a corrupção no Brasil é endêmica à estrutura estatal, enraizado pela colonização ibérica a que o país foi submetido, torna-se necessária a máxima atenção para que o objetivo declarado do legislador seja alcançado com a aplicação da lei: combater a corrupção a partir da ponta corruptora (no caso, pessoas jurídicas que praticam atos lesivos à Administração Pública).

Sanções administrativas

Na esfera administrativa, duas sanções podem ser aplicadas às pessoas jurídicas consideradas responsáveis pelos atos lesivos acima descritos: a multa e a publicação extraordinária da decisão condenatória. As sanções serão aplicadas fundamentadamente, isolada ou cumulativamente, de acordo com as peculiaridades do caso concreto e com a gravidade e natureza das infrações, precedidas da manifestação jurídica elaborada pelo órgão de assistência jurídica do ente público. Tais sanções não exclui, em qualquer hipótese, a obrigação da reparação integral do dano causado.

Na hipótese da multa, ela será aplicada no valor de 0,1% a 20% do faturamento bruto do último exercício anterior ao da instauração do processo administrativo, excluídos os tributos, a qual nunca será inferior à vantagem auferida, quando for possível sua estimação. Se não for possível utilizar esse critério, a multa será de seis mil reais a sessenta milhões de reais.

Verifica-se que o espectro possível de aplicação da multa é bastante amplo, seja no percentual (que varia de 0,1% a 20%), seja no valor (que varia de seis mil reais até sessenta milhões de reais). Essa amplitude é recomendável para a eficiência da lei, que deverá ser aplicada às pessoas jurídicas corruptoras, entendidas em sentido amplo (abrangendo também as sociedades simples, personificadas ou não, independente da forma de organização ou modelo societário adotado, na forma do parágrafo único do art. 1º). Além disso, há a possibilidade de aplicação cumulativa da sanção administrativa consistente na publicação extraordinária de decisão condenatória, eventuais sanções civis e a obrigação da reparação integral do dano causado. Desse modo, o amplo espectro parece adequado para a finalidade a que se propõe, sobretudo se considerarmos que muitas empresas corruptoras são integrantes de grandes grupos econômicos. Nesses casos, o único cuidado que se deve ter é com a aplicação da lei em patamares irrisórios, o que levaria ao seu rápido descrédito, com a repreenda inadequada e possível reiteração.

O § 6º do art. 6º previa que "o valor da multa estabelecida no inciso I do *caput* não poderá exceder o valor total do bem ou serviço contratado ou previsto" e foi vetado sob a justificativa de que: "A limitação da penalidade pode torná-la insuficiente para punir efetivamente os infratores e desestimular futuras infrações, colocando em risco a efetividade da lei" (Mensagem n. 314, de 1º.08.2013).

Levando em consideração o ampliado espectro da sanção pecuniária relacionada à multa, a lei dispõe sobre uma dosimetria, a exemplo do que ocorre no campo penal, que deve ser levada em consideração na sua aplicação, a saber: I – a gravidade da infração, II – a vantagem auferida ou pretendida pelo infrator, III – a consumação ou não da infração, IV – o grau de lesão ou perigo de lesão; V – o efeito negativo produzido pela infração; VI – a situação econômica do infrator; VII – a cooperação da pessoa jurídica para a apuração das infrações; VIII – a existência de mecanismos e procedimentos internos de integridade, autoria e incentivo à denúncia de irregularidades e a aplicação efetiva de códigos de ética e de conduta no âmbito da pessoa jurídica (a depender dos parâmetros estabelecidos em regulamento do Poder Executivo federal); e IX – o valor dos contratos mantidos pela pessoa jurídica com o órgão ou entidade pública lesada (art. 7º).

O inciso X do art. 7º previa que "o grau de eventual contribuição da conduta de servidor público para a ocorrência do ato lesivo" e foi vetado sob a justificativa de que: "Não há sentido em valorar a penalidade que será aplicada à pessoa jurídica infratora em razão do comportamento do servidor público que colaborou para a execução do ato lesivo à administração pública" (Mensagem n. 314, de 1º.08.2013).

O art. 7º elenca uma série de circunstâncias que podem atenuar ou agravar a situação da empresa corruptora, algumas relativamente objetivas (de fácil aferição) e outras eminentemente subjetivas (de difícil verificação).

Dentre as circunstâncias relativamente objetivas que devem ser consideradas na dosimetria da sanção administrativa, destacam-se: a vantagem auferida pelo infrator quando consumada a infração (ou pretendida quando tentada), a situação econômica do infrator, a sua cooperação para a apuração das infrações e o valor dos contratos mantidos pelo infrator com o órgão ou entidade pública lesada.

Por outro lado, são circunstâncias eminentemente subjetivas (e que dependem de acurada verificação, passível de diferentes interpretações) as seguintes: a gravidade da infração, o grau de lesão ou perigo de lesão, o efeito negativo produzido pela infração, a existência de mecanismos e procedimentos internos de integridade, autoria e incentivo à denúncia de irregularidades e a aplicação efetiva de códigos de ética e de conduta no âmbito da empresa (pelo menos até que os parâmetros sejam estabelecidos em regulamento, quando então poderá eventualmente tornar-se mais objetiva e menos sujeita às diferentes interpretações).

Dentre tais circunstâncias, algumas merecem especial destaque, como o efeito negativo produzido pela infração. Que efeito? Aquele alardeado pelos órgãos da mídia como escândalo descoberto, aquele que coloca o Poder Público na desconfortável posição de descrédito, aquele que leva em conta a perplexidade dos cidadãos ou todos em conjunto?

Além disso, é necessária atenção para os parâmetros que serão estabelecidos em regulamento do Poder Executivo federal quanto aos mecanismos e procedimentos internos de integridade, autoria e incentivo à denúncia de irregularidades e a aplicação efetiva de códigos de ética e de conduta. Há um risco, ao menos virtual, de que o regulamento fomente um clima extremado de "caça às bruxas" e/ou venha a extrapolar os limites inicialmente delineados pela lei, inclusive se chocando com ela em alguns momentos. Se esse risco hoje virtual vier a se concretizar com a edição do regulamento, então ele padecerá de legitimidade e deverá ser questionado em Juízo. É razoável esperar que o regulamento seja expedido pelo órgão executivo competente nos próximos meses, preferencialmente antes da entrada em vigor da lei, que conta com *vacatio legis* de cento e oitenta dias.

Assim, o arcabouço legislativo e regulamentar estaria completo e integrado desde o início de vigência da lei, com maior transparência e segurança jurídica, tanto para os órgãos aplicadores da lei, como também para as empresas que serão responsabilizadas.

A publicação extraordinária da decisão condenatória ocorrerá na forma de extrato de sentença, a expensas da pessoa jurídica, em meios de comunicação de grande circulação na área da prática da infração e de atuação da pessoa jurídica ou, na sua falta, em publicação de circulação nacional, bem como por meio de afixação de edital, pelo prazo mínimo de 30 dias, no próprio estabelecimento ou no local de exercício da atividade, de modo visível ao público, e no sitio eletrônico na rede mundial de computadores (art. 6º, § 5º).

Aqui, a intenção é arranhar ou comprometer a imagem da empresa no campo da sua responsabilidade social, de modo que é um *plus* em relação à sanção pecuniária da multa. Objetiva-se que a comunidade integrada por consumidores, concorrentes, órgãos da mídia e funcionários, tomem conhecimento do ato lesivo perpetrado pela empresa e em razão do qual ela foi condenada.

Processo administrativo

O art. 8º inaugura o Capítulo IV (Do processo administrativo de responsabilização) e prevê que a instauração e o julgamento de processo administrativo para apuração da responsabilidade de pessoa jurídica cabem à autoridade máxima de cada órgão ou entidade dos Poderes Executivo, Legislativo e Judiciário, que agirá de ofício ou mediante provocação, observado o contraditório e a ampla defesa. Tal competência poderá ser delegada, vedada a subdelegação.

Os principais atores impulsionadores do processo administrativo serão a autoridade instauradora e a comissão apuradora. Em regra, a autoridade instauradora é a autoridade máxima de cada órgão ou entidade dos Três Poderes. Essa competência pode ser delegada. No âmbito do Poder Executivo federal, a CGU terá competência concorrente e poderá avocar os processos dessa natureza. Nessas situações, promoverá ao saneamento do processo e examinará a sua regularidade ou corrigirá o seu andamento.

No âmbito do Poder Executivo federal, a Controladoria-Geral da União (CGU) terá competência concorrente para instaurar tais processos ou para avocar os processos instaurados com fundamento na Lei n. 12.846/13, para exame de sua regularidade ou para corrigir lhe o andamento (§ 2º do art. 8º). A ela (CGU) compete também a apuração, o processo e o julgamento dos atos ilícitos praticados contra a administração pública estrangeira (art. 9º). Quanto ao art. 9º, parece ter conferido competência exclusiva para a CGU, na medida em que a ela competirá a apuração, o processo e o julgamento dos atos ilícitos praticados contra a Administração Pública estrangeira, seja no território nacional, seja no exterior.

A comissão apuradora será órgão colegiado composto pelo menos por dois servidores estáveis. Se necessário, a comissão poderá acionar o seu órgão de representação judicial, para pleitear em Juízo as medidas judiciais cabíveis, como a busca e apreensão. A comissão poderá propor à autoridade instauradora que suspenda os efeitos do ato ou processo objeto da investigação, em caráter cautelar.

O processo administrativo para apuração da responsabilidade será conduzido por comissão designada pela autoridade instauradora e composta por dois ou mais servidores estáveis. Por meio do seu órgão de representação judicial, o ente público, a pedido da comissão referida, poderá requerer as medidas judiciais necessárias para a investigação e o processamento das infrações, inclusive busca e apreensão. Cautelarmente, a comissão poderá propor à autoridade instauradora que suspenda os efeitos do ato ou processo objeto da investigação. A comissão deverá concluir o processo no prazo de 180 dias contados da data da publicação do ato que a instituir e, ao final, apresentar relatórios sobre os fatos apurados e eventual responsabilidade da pessoa jurídica, sugerindo de forma motivada as sanções a serem aplicadas. Tal prazo poderá ser prorrogado, mediante ato fundamentado da autoridade instauradora (art. 10).

O prazo de cento e oitenta dias para a conclusão do processo administrativo parece um louvável avanço. Contudo, a sua possível prorrogação por igual período não foi esclarecido se será uma única vez ou quantas forem necessárias. Nessa hipótese, seria necessário não eternizar o trâmite dos processos administrativos, sob pena de sua ineficiência, especialmente à luz da prescrição quinquenal, estabelecida no art. 25.

À pessoa jurídica objeto de investigação no processo administrativo de apuração de responsabilidade, será dado o prazo de 30 dias para defesa, contados a partir da intimação (art. 11). O processo administrativo, com relatório da comissão, será remetido à autoridade instauradora para julgamento (art. 12). Após a conclusão do processo administrativo, a comissão dará conhecimento ao Ministério Público para apuração de eventuais delitos (art. 15).

A instauração de processo administrativo específico de reparação integral do dano não prejudica a aplicação imediata das sanções estabelecidas na Lei n. 12.846/13. Concluído o processo e não havendo pagamento, o crédito apurado será inscrito em dívida ativa da Fazenda Pública (art. 13).

O art. 14 dispõe que a personalidade jurídica poderá ser desconsiderada sempre que utilizada com abuso do direito para facilitar, encobrir ou dissimular a prática dos atos ilícitos previstos nesta Lei ou para provocar confusão patrimonial, sendo estendidos todos os efeitos das sanções aplicadas à pessoa jurídica aos seus administradores e sócios com poderes de administração, observados o contraditório e a ampla defesa (art. 14).

A regra prevista no art. 14 é desnecessária, na medida em que o art. 50 do Código Civil dispõe que: "Em caso de abuso de personalidade jurídica, caracterizado pelo desvio de finalidade, ou pela confusão patrimonial, pode o juiz decidir, a requerimento da parte, ou do Ministério Público quando lhe couber intervir no processo, que os efeitos de certas e determinadas relações de obrigações sejam estendidos aos bens particulares dos administradores ou sócios da pessoa jurídica".

Ademais, a extensão de todos os efeitos das sanções aplicadas à pessoa jurídica aos seus administradores e sócios com poderes de administração pode gerar confusão. De fato, como proceder se no curso da apuração dos fatos a comissão encarregada chegar à conclusão de que deve desconsiderar a personalidade jurídica? Os administradores e sócios com poderes de administração, além da responsabilidade subjetiva que lhe é inerente na medida de sua culpabilidade, respondem também assumindo as eventuais sanções administrativas e civis que seriam cominadas à pessoa jurídica? Ora, não parece razoável.

Acordo de Leniência

O Capítulo V rege o acordo de leniência e compõe-se dos arts. 16 e 17. Esse capítulo é, em grande medida, mera reprodução do modelo previsto Capítulo VII, referente ao programa de leniência, previsto na Lei n. 12.529/11, que estrutura o Sistema Brasileiro de Defesa da Concorrência (arts. 86 e 87).

O art. 16 estabelece que a autoridade máxima de cada órgão ou entidade pública poderá celebrar acordo de leniência com as pessoas jurídicas responsáveis pela prática dos atos lesivos previstos nesta Lei que colaborem efetivamente com as investigações e o processo administrativo, sendo que dessa colaboração resulte: I – a identificação dos demais envolvidos na infração, quando couber; e II – a obtenção célere de informações e documentos que comprovem o ilícito sob apuração.

Deverão ser preenchidos os seguintes requisitos cumulativos: I – a pessoa jurídica seja a primeira a se manifestar sobre seu interesse em cooperar para a apuração do ato ilícito; II – a pessoa jurídica cesse completamente seu envolvimento na infração investigada a partir da data de propositura do acordo; e III – a pessoa jurídica admita sua participação no ilícito e coopere plena e permanentemente com as investigações e o processo administrativo, comparecendo, sob suas expensas, sempre que solicitada, a todos os atos processuais, até seu encerramento.

A celebração do acordo isentará a pessoa jurídica da publicação extraordinária da decisão condenatória (na esfera administrativa) e da proibição de receber incentivos, subsídios, subvenções, doações ou empréstimos de órgãos ou entidades públicas e de instituições financeiras públicas ou controladas pelo Poder Público (na esfera judicial), bem como reduzirá em até 2/3 o valor da multa aplicável, mas não a exime da obrigação de reparar integralmente o dano causado.

Os efeitos do acordo serão estendidos às pessoas jurídicas que integram o mesmo grupo econômico, de fato e de direito, desde que firmem o acordo em conjunto, respeitadas as condições nele estabelecidas. O acordo interrompe o prazo prescricional dos atos ilícitos previstos nesta Lei. O acordo estipulará as condições necessárias para assegurar a efetividade da colaboração e o resultado útil do processo e, como regra, a sua proposta somente se tornará pública após a efetivação do respectivo acordo. A proposta rejeitada não importará em reconhecimento da prática do ato ilícito investigado. Em caso de seu descumprimento, a pessoa jurídica ficará impedida de celebrar novo acordo pelo prazo de três anos contados do conhecimento pela administração pública do referido descumprimento. No âmbito do Poder Executivo federal, a CGU é o órgão competente para celebrar os acordos de leniência, bem como no caso de atos lesivos praticados contra a administração pública estrangeira.

Segundo o art. 17, a administração pública poderá também celebrar acordo de leniência com a pessoa jurídica responsável pela pratica de ilícitos previstos na Lei n. 8.666/93, com vistas à isenção ou atenuação das sanções administrativas estabelecidas em seus arts. 86 a 88. Esses dispositivos, na Lei de Licitações, dispõem sobre as sanções administrativas e, como regra, se relacionam ao atraso injustificado na execução do contrato, sujeitando o contratado à multa de mora, bem como à inexecução total ou parcial do contrato, sujeitando-o a advertência, multa, suspensão temporária de participação em licitação e/ou declaração de inidoneidade para licitar.

Sanções civis

A responsabilidade da pessoa jurídica na esfera administrativa (multa e/ou publicação extraordinária da decisão condenatória) não afasta a responsabilização na esfera judicial (art. 18).

Na esfera civil, a União, os Estados, o Distrito Federal, os Municípios e o Ministério Público, poderão ajuizar ação com vistas à aplicação das seguintes sanções, que poderão ser aplicadas isolada ou cumulativamente: I – perdimento dos bens, direitos ou valores que representem vantagem ou proveito direta ou indiretamente obtidos da infração, ressalvado o direito do lesado ou de terceiro de boa-fé; II – suspensão ou interdição parcial de suas atividades; III – dissolução compulsória da pessoa jurídica; e IV – proibição de receber incentivos, subsídios, subvenções, doações ou empréstimos de órgãos ou entidades públicas e de instituições financeiras públicas ou controladas pelo Poder Público, pelo prazo mínimo de um ano e máximo de cinco anos.

As sanções civis previstas nos incisos I, II e IV são graves e podem ter consequências adversas ao regular funcionamento da empresa. Mas, parecem ser razoáveis, especialmente se aplicadas com parcimônia e temperança, sempre à luz de circunstâncias concretas que as recomendem. Todavia, o inciso III traz sanção de natureza gravíssima e que só será aplicada quando comprovado ter sido a personalidade jurídica utilizada de forma habitual para facilitar ou promover a prática de atos ilícitos ou ter sido constituída para ocultar ou dissimular interesses ilícitos ou a identidade dos beneficiários dos atos praticados. Em qualquer hipótese, é necessário ter-se em vista o pano de fundo sobre a função social da empresa e a circulação de riqueza que gera na economia, com o recolhimento de tributos, emprego de funcionários e investimentos, por exemplo.

O § 2º do art. 19 previa que "dependerá da comprovação de culpa ou dolo a aplicação das sanções previstas nos incisos II a IV do caput deste artigo" e foi vetado sob a justificativa de que: "A introdução da responsabilidade subjetiva anularia todos os avanços apresentados pela nova lei, uma vez que não há que se falar na mensuração da culpabilidade de uma pessoa jurídica" (Mensagem n. 314, de 1º.08.2013).

O demandante poderá requerer a indisponibilidade de bens, direitos ou valores necessários à garantia do pagamento da multa ou da reparação integral do dano causado.

O art. 20 dispõe que nas ações ajuizadas pelo Ministério Público e quando constatada a omissão das autoridades competentes para promover a responsabilização administrativa, poderão ser aplicadas também as sanções administrativas (multa e publicação extraordinária de decisão condenatória), sem prejuízo daquelas previstas no art. 19.

Nas ações de responsabilização judicial, será adotado o rito da Ação Civil Pública, previsto na Lei n. 7.347/85 e a condenação torna certa a obrigação de reparar, integralmente, o dano causado pelo ilícito, cujo valor será apurado em posterior liquidação, se não constar expressamente da sentença (art. 21). A Lei n. 12.529/11, anteriormente mencionada, promoveu ligeiras mudanças na redação da Lei n. 7.347/85, mas não alterou o trâmite ali previsto que permanece relativamente estável há bastante tempo.

Disposições finais

O art. 22 inaugura o Capítulo VII referente às Disposições Finais e dispõe que fica criado o Cadastro Nacional de Empresas Punidas – CNEP, no âmbito do Poder Executivo federal e que reunirá e dará publicidade às sanções (administrativas e/ou judiciais) aplicadas pelos órgãos ou entidades dos Poderes Executivo, Legislativo e Judiciário de todas as esferas de governo com base nesta Lei.

O cadastro será nutrido com as informações e atualizações mantidas pelos órgãos e entidades que aplicarem as sanções previstas nesta Lei. O cadastro conterá as seguintes informações: I – razão social e CNPJ, II – tipo de sanção, e III – data de aplicação e data final da vigência do efeito limitador ou impeditivo da sanção, quando for o caso, dentre outras.

Caberá às autoridades competentes para a celebração dos acordos de leniência informar acerca de sua efetivação e cumprimento ou descumprimento. Os registros das sanções e acordos de leniência serão excluídos depois de decorrido o prazo previamente estabelecido no ato sancionador ou do cumprimento integral do acordo de leniência e da reparação do eventual dano causado, mediante solicitação do órgão ou entidade sancionadora.

A exemplo da necessidade de informação e atualização prevista no art. 22, também o art. 23 estabelece aos mesmos órgãos a necessidade de informar e atualizar os dados relativos às sanções por eles aplicados nos termos dos arts. 87 e 88 da Lei n. 8.666/93 no Cadastro Nacional de Empresas Inidôneas e Suspensas – CEIS, com o objetivo de dar publicidade.

As sanções pecuniárias previstas nesta Lei (multa, perdimento de bens, direitos ou valores) serão destinadas preferencialmente aos órgãos ou entidades públicas lesadas (art. 24).

A prescrição das infrações previstas nesta Lei ocorre em cinco anos, contados da data da ciência da infração ou, no caso de infração permanente ou continuada, do dia em que tiver cessado, sendo interrompida com a instauração de processo que tenha por objeto a apuração da infração (art. 25).

A pessoa jurídica será representada no processo administrativo na forma de seu estatuto ou contrato social. Cuidando-se de sociedade sem personalidade jurídica, a representação caberá à pessoa a quem couber a administração de seus bens. Tratando-se de pessoa jurídica estrangeira, será ela representada pelo gerente, representante ou administrador de sua filial, agência ou sucursal aberta ou instalada no Brasil (art. 26).

A autoridade competente que, tendo conhecimento das infrações previstas nesta Lei, não adotar providências para a apuração dos fatos será responsabilizada penal, civil e administrativamente nos termos da legislação específica aplicável (art. 27). Cria-se, desse modo, uma atividade plenamente vinculada à autoridade administrativa que tiver conhecimento de qualquer dos atos lesivos previstos no art. 5º da Lei.

Como vimos anteriormente, esta Lei aplica-se aos atos lesivos praticados por pessoa jurídica brasileira contra a administração pública estrangeira, ainda que cometidos no exterior (art. 28).

As sanções previstas nesta Lei (administrativa e civil) não exclui as competências do CADE, do Ministério da Justiça e do Ministério da Fazenda para processar e julgar fato que constitua infração à ordem econômica (art. 29).

A aplicação das sanções previstas nesta Lei (administrativa e civil) não afeta os processos de responsabilização e aplicação de sanções decorrentes de ato de improbidade administrativa nos termos da Lei n. 8.429/92 e atos ilícitos alcançados pela Lei n. 8.666/93, ou outras normas de licitações e contratos da administração pública, inclusive no tocante ao Regime Diferenciado de Contratações Públicas – RDC instituído pela Lei n. 12.462/11 (art. 30).

Os três vetos

Em resumo, os três vetos opostos pela Presidenta da República cuidaram:

a) do valor máximo da multa que poderia ser aplicada como sanção na esfera administrativa ao valor do contrato (§ 6º do art. 6º), sob a justificativa de que "os efeitos danosos do ilícito podem ser muito superiores a esse valor, devendo ser consideradas outras vantagens econômicas dele decorrentes, além de eventuais danos a concorrentes e prejuízo aos usuários";

b) da necessária comprovação de culpa ou dolo para a aplicação das sanções na parte relacionada à responsabilização judicial (§ 2º do art. 19), sob o fundamento de que "o dispositivo contraria a lógica norteadora do projeto de lei, centrado na responsabilidade objetiva de pessoas jurídicas que cometam atos contra a administração pública"; e

c) o grau de eventual contribuição da conduta de servidor público para a ocorrência do ato lesivo (inciso X do art. 7º), sob a justificativa de que "o dispositivo iguala indevidamente a participação do servidor público no ato praticado contra a administração à influência da vítima, para os fins de dosimetria de penalidade" (Mensagem n. 314, de 1º.08.2013).

Conclusões

Como vimos, a Lei n. 12.846/13 introduz algumas novidades no ordenamento jurídico brasileiro, como a sistematização coerente da responsabilização administrativa e civil de pessoas jurídicas corruptoras, a tentativa de criar e fomentar um ambiente corporativo de disciplina e atendimento às normas legais e regulamentares (*compliance*) e o evidente intuito de moralizar (com a participação das empresas) o controle e a gestão da coisa pública.

Todavia, alguns pontos nebulosos da lei podem igualmente ser destacados, como: a) a sua integração com o Projeto de Lei n. 1.142/07, que tipifica o crime de corrupção das pessoas jurídicas em face da Administração Pública, na medida em que deverão ter proporcionalidade e razoabilidade para que o arcabouço legislativo seja coerente e eficiente; b) a possível abertura da temporada de "caça às bruxas" em razão do vantajoso acordo de leniência que pode ser firmado com as empresas que colaborem efetivamente com as investigações no âmbito do processo administrativo (como delação premiada) e até mesmo a promissora circunstância atenuante na aplicação da sanção administrativa de multa em razão da existência de mecanismos e procedimentos internos de integridade, autoria e incentivo à denúncia de irregularidades e a aplicação efetiva de códigos de ética e de conduta no âmbito da pessoa jurídica; e c) a sua integração com a legislação atualmente existente sobre corrupção, especialmente a Lei de Improbidade Administrativa (Lei n. 8.429/92), a Lei de Licitações (Lei n. 8.666/93) e a Lei de Defesa da Concorrência (Lei n. 12.529/11).

Por último, cabe registrar que a lei foi publicada em 02.08.2013 e entrará em vigor cento e oitenta dias depois (art. 31). Atualmente, pende de regulamentação pelo Poder Executivo federal o estabelecimento de parâmetros sobre a existência de mecanismos e procedimentos internos de integridade, autoria e incentivo à denúncia de irregularidades e a aplicação efetiva de códigos de ética e de conduta no âmbito da pessoa jurídica (previsto no inciso VIII do art. 7º).[75]

---

75 O artigo foi publicado em: *L&C Revista de Administração Pública e Política*. Brasília, Ed. Consulex, ano XVI, n. 183, set 2013, p. 06-14 (matéria de capa).

Nota sobre o dilema entre o discurso do ódio e a liberdade de expressão no Canadá

A notícia

Em viagem recente ao Canadá pincei uma manchete que continha chamada sobre delicada decisão tomada a respeito dos limites necessários ao discurso do ódio e o alcance da liberdade de expressão. Naquela notícia, alguns aspectos me chamaram a atenção, sem prejuízo de quaisquer outros que os leitores sejam capazes de identificar.[76]

A matéria trazia a notícia de que o Tribunal de Direitos Humanos Canadense havia decidido que a Lei dos Direitos Humanos violava a Declaração de Direitos e Liberdades, ambos do Canadá. A decisão suscitava algumas questões, como o engajamento da Comissão Canadense de Direitos Humanos no controle do que as pessoas dizem no âmbito próprio da internet, ou ainda, o envolvimento da correspondente Corte na supervisão do conteúdo divulgado online, consoante dispõe a Seção 13 da Lei dos Direitos Humanos daquele País (*Canadian Human Rights Act*).[77]

O equilíbrio buscado é claro. De um lado, há no debate aqueles que advogam a necessidade de controle sobre o discurso do ódio na atual quadra de desenvolvimento tecnológico da internet, que propaga suas mensagens de maneira cada vez mais rápida e fácil, como mecanismo apto a coibir a proliferação de eventuais práticas discriminatórias, por exemplo. De outro, alguns defendem que tal controle nada mais é do que mera censura, que é incabível em uma sociedade livre e democrática.

Embora a decisão tomada pelo Tribunal de Direitos Humanos do Canadá seja ainda passível da interposição de recurso e, ao final, tenha alcance apenas no caso concreto, aquele parecia ser um importante passo para trazer ao escrutínio da sociedade – e seus principais atores políticos – a discussão sobre que resposta dar a tal questão. Excluir qualquer elemento de ódio (discriminatório) do discurso público ou permiti-lo em nome da liberdade de pensamento e expressão? Em outras palavras: a liberdade de expressão pode ter tal alcance, quase ilimitado, ou encontra limite na proibição de práticas discriminatórias, por exemplo?

Linhas gerais do sistema jurídico canadense

O que é e como funciona o Tribunal de Direitos Humanos do Canadá? A Corte é responsável pela aplicação da Lei dos Direitos Humanos daquele País.[78] O julgamento deve se basear nas evidências apresentadas e na

---

[76] KRASHINSKY, Susan. Canadian Human Rights Tribunal: Hate speech law 'violates' charter. *The Globe and Mail*. Canadá, p. A5, 03.09.2009. Disponível na internet: http://www.theglobeandmail.com/news/national/hate-speech-law-violates-charter-rights-tribunalrules/article1273956/ [04.09.2009].

[77] *A referida lei amplia a vedação às práticas discriminatórias. Divide-se em quatro partes principais: as discriminações proibidas, a Comissão de Direitos Humanos Canadense, as práticas discriminatórias e disposições gerais, e a aplicação. Logo na primeira parte, que compreende as seções 5 a 25, destaca-se a 13 sobre as mensagens de ódio (hate messages):* "13. (1) It is a discriminatory practice for a person or a group of persons acting in concert to communicate telephonically or to cause to be so communicated, repeatedly, in whole or in part by means of the facilities of a telecommunication undertaking within the legislative authority of Parliament, any matter that is likely to expose a person or persons to hatred or contempt by reason of the fact that that person or those persons are identifiable on the basis of a prohibited ground of discrimination". *Em seguida, traz a exceção:* "(2) Subsection (1) does not apply in respect of any matter that is communicated in whole or in part by means of the facilities of a broadcasting undertaking". *O próximo dispositivo dispõe:* "(3) For the purposes of this section, no owner or operator of a telecommunication undertaking communicates or causes to be communicated any matter described in subsection (1) by reason only that the facilities of a telecommunication undertaking owned or operated by that person are used by other persons for the transmission of that matter". *Disponível na internet:* http:// www.efc.ca/pages/law/canada/canada.H-6.part-1.html#5. *Acesso em: 04.09.2009. Para informações didáticas sobre a lei, consultar:* http://en.wikipedia.org/wiki/Canadian_Human_Rights_Act. *Acesso em: 04.09.2009.*

[78] Disponível o sítio de tal tribunal na internet: http://www.chrt-tcdp.gc.ca/. Acesso em: 04.09.2009.

jurisprudência pertinente. A decisão gira em torno da prova sobre se uma pessoa (física ou jurídica) está atuando de maneira discriminatória ou não. No caso de inconformismo de uma das partes, é possível que haja a interposição de recurso para o Tribunal Federal do Canadá, de onde cabe a interposição de recurso para o Tribunal Federal de Apelação e, em última instância, para a Suprema Corte do Canadá, sempre atendidos os requisitos recursais pertinentes.

Por meio da Comissão Canadense de Direitos Humanos, as reclamações conhecidas de possíveis violações à Lei dos Direitos Humanos são investigadas, instruídas e levadas ao conhecimento da correspondente Corte (que em razão de tal divisão de funções tende a se manter imparcial e independente no mister de julgar).

A jurisdição da Corte abrange as matérias tratadas tanto na seara legislativa pelo Parlamento, como também pelos departamentos de governo, pelas agências e até mesmo pelas empresas públicas. Além destas, submetem-se também à sua jurisdição os bancos, as companhias aéreas e outros empregadores regulados em nível federal que forneçam bens e serviços de maneira geral.

As discriminações proibidas pela Lei dos Direitos Humanos abarcam necessariamente qualquer um dos seguintes fundamentos: raça, origem nacional ou étnica, cor, religião, idade, sexo, estado civil e familiar, orientação sexual, deficiência física ou mental (de qualquer tipo) e até mesmo a condenação para a qual tenha sido assegurado perdão.

FATOS RELEVANTES DO CASO

Examinando a decisão referida pela notícia, relatamos os seguintes fatos particularmente relevantes.[79]

O autor, Richard Warman, questionou a comunicação reiterada pelo réu de mensagens de ódio (*hate messages*) através de website da internet. Tais mensagens discriminariam pessoas ou grupos de pessoas a partir de suas religiões, raças, cores, origens nacionais e étnicas, bem como de orientações sexuais. Alegou que havia clara exposição de italianos, mexicanos, porto-riquenhos, haitianos, negros, asiáticos, pardos, judeus e homossexuais. Enfim, tais práticas violariam a seção 13(1) da Lei dos Direitos Humanos do Canadá.

O réu, Marc Lemire, negou as alegações. Inicialmente, buscou demonstrar que a sua conduta não se enquadrava no tipo descrito pela norma. Assim, defendeu-se no sentido de que não havia dado origem às comunicações na maior parte das mensagens relacionadas na queixa do autor. Alegou. Ademais, que nenhuma daquelas mensagens continha qualquer conteúdo de cunho discriminatório. Além disso, sustentou que a seção 13 da Lei dos Direitos Humanos (e seus correspondentes remédios estabelecidos nas seções 54(1) e 54(1.1) eram inoperantes ante as seções 24(1) e 52(1) da Declaração Canadense de Direitos e Liberdades (*Canadian Charter of Rights and Freedoms*).[80]

Sob o ponto de vista defendido pelo réu, as liberdades de consciência, religião, pensamento, crença, opinião e expressão, asseguradas nas seções 2(a) e 2(b) da Declaração seriam violadas pela Lei dos Direitos Humanos. Esta lei violaria também o direito à vida, à liberdade e à segurança da pessoa, bem como o direito de não ser privado de seus bens exceto de acordo com os princípios de justiça fundamentais, consoante dispõe a seção 7 da Declaração. Enfim, defendeu-se alegando que tanto a seção 13 como também as 54(1) e 54(1.1) da Lei dos Direitos Humanos violavam as seções 1(d), 1(f) e 2 da Declaração de Direitos e Liberdades, ambas do Canadá.

---

79 A decisão (2009 CHRT 26, Warman v. Lemire, j. 02.09.2009) contabiliza 107 laudas e pode ser encontrada no seguinte sítio: http://chrt-tcdp.gc.ca/search/ files/t1073_5405chrt26.pdf. Acesso em: 04.09.2009.

80 O dispositivo contido na seção 24(1) estabelece que: "Anyone whose rights or freedoms, as guaranteed by this Charter, have been infringed or denied may apply to a court of competent jurisdiction to obtain such remedy as the court considers appropriate and just in circumstances". Disponível na internet: http://laws.justice.gc.ca/en/charter/. Acesso em: 04.09.2009.

Principais pontos abordados pela decisão

A decisão parte da análise detalhada da seção 13 e a evolução histórica de suas interpretações tanto pela Corte como pelos demais tribunais. Neste contexto, insta salientar que, no âmbito do Tribunal dos Direitos Humanos do Canadá, o requerente deve estabelecer o caso da prática discriminatória *prima facie*. Em outras palavras, deve comprovar as alegações que faz de modo verossímil, a ponto de demonstrar que são suficientes e completas para justificar uma decisão favorável, na hipótese de o réu abster-se de se defender ou ser considerado revel.[81]

Em seguida, a decisão examina o conteúdo do material delimitado como objeto do litígio, veiculado através da internet, com vistas a determinar qual (ou quais) constitui mensagem de ódio consoante a previsão legal mencionada. A alegação foi de que o réu postava no quadro de mensagens (*message board*) do website de que era proprietário materiais de cunho discriminatório.

No tocante ao *website JRBookonline.com*, embora ele não constasse desde o início do material listado pelo autor na sua queixa, foi acrescentado posteriormente como evidência adicional em contato telefônico do autor com a representante da Comissão de Direitos Humanos. Inicialmente, o réu se defendeu explicando que todo o conteúdo do material ali veiculado era imputado a partir do *Freedomsite*, cujo funcionamento será destacado adiante. Na ocasião, esclareceu que meses antes de receber a notificação por suposta violação dos direitos humanos, todo o quadro de mensagens do referido *website* havia sido retirado do ar, exceto um único artigo remanescente que foi retirado com a notificação.[82]

Não havia evidência relacionando o réu com o referido website, exceto pela pesquisa do "quem-é" (*who-is*), que sabidamente não fornece informação segura. Ainda que considerada, tal evidência é insuficiente para sustentar as alegações feitas pelo autor. Portanto, a Corte decidiu que o réu não se engajou na prática discriminatória alegada pelo autor no tocante ao *JRBooksonline.com*.

Quanto ao material contido no website Stormfront.org, o réu teria postado no quadro de mensagens específico do Canadá (e dentro da matriz reservada à "Comunidade Nacionalista Branca – Internacional") o texto intitulado "Poema do Imigrante Canadense", no qual tece severas críticas à política imigratória do País e ao elevado número de beneficiários vindos do exterior, com ênfase aos paquistaneses.[83]

Em interpretação sistemática que abrange as seções 5 a 11 e 14, em contraposição à seção 12, todas da Lei dos Direitos Humanos, a Corte verificou que a prática discriminatória proibida refere-se a qualquer notícia, sinal, símbolo, emblema ou outra representação que expresse ou implique de qualquer modo em discriminação ou nesta intenção, ou ainda, incite a tal, consoante estabelecem os dispositivos mencionados, desde que dirigida a uma pessoa ou a um grupo de pessoas. Deste modo, faltou o requisito contido na referida lei de que a mensagem de ódio seja dirigida a uma pessoa ou a um grupo de pessoas, razão pela qual o poema postado pelo réu não foi considerado ofensivo.

---

[81] Uma vez estabelecido o caso *prima facie*, aí o ônus argumentativo e da prova passa ao réu, que deve fornecer uma explicação razoável para o seu comportamento supostamente discriminatório. Se o réu logra fornecer a tal explicação razoável, aí o autor ou requerente tem a obrigação de demonstrar que a explicação dada não passa de simples pretexto e que a motivação real por detrás das ações do réu foi, de fato, discriminatória.

[82] Depois de aprofundado exame acerca da propriedade e responsabilidade pelo conteúdo do referido *website*, inclusive com a oitiva de especialista versado no assunto, o Tribunal decidiu que havia evidência insuficiente para estabelecer, mesmo que *prima facie*, que o réu (ou um grupo de pessoas no qual ele se incluísse) divulgou ou deu causa à divulgação do material encontrado no *JRBooksonline.com*, consoante prevê a seção 13.

[83] Neste particular, o Tribunal lembrou que o conteúdo de tal material postado, a exemplo do anterior, não foi mencionado no requerimento inicial do autor, tendo sido postado depois de iniciado o processo e retirado do ar antes da decisão. Cuidando-se da postagem do *Stormfront.org*, no entanto, a decisão reconheceu que foi colocada no ar pelo réu, em violação à referida seção 13.

No concernente ao conteúdo proveniente do *Freedomsite.org*, a questão colocada foi mais complexa e delicada.[84] Em outras ocasiões o envolvimento direto do réu com este website foi reconhecido por ele próprio. Focado ao debate sobre as políticas imigratórias adotadas e às restrições ao livre discurso (*free speech*) no Canadá, o Freedomsite.org poderia ser visto como uma fonte alternativa de notícias e comentários, já tendo contabilizado (em 2004 quando completava dez anos no ar) mais de dez milhões de visitas.[85]

O conteúdo das mensagens postadas no *message board* do *Freedomsite.org* podem ser divididos entre aqueles postados por Craig Harrison, por terceiros e pelo réu. Na primeira situação, a Corte já reconheceu que tais postagens foram ofensivas à seção 13 da Lei dos Direitos Humanos. Não havia qualquer evidência, no entanto, de que o réu tivesse promovido ou participado da divulgação das mensagens postadas por Craig Harrison. Ademais, não houve qualquer evidência de que o réu sequer tivesse conhecimento das postagens de Craig Harrison, mesmo na condição de mediador ou administrador do quadro de mensagens. Assim, como administrador responsável pelo controle do website não divulgou o material, não consentiu com a sua divulgação e tampouco tomou conhecimento dele, ainda que presente no sítio eletrônico.[86]

De fato, na situação específica, o Tribunal entendeu que esta não é a dicção da seção 13(3), que foi desenhada em 1977 e deve ser compreendida à luz das relevantes mudanças tecnológicas experimentadas nos últimos anos, especialmente no tocante à internet.[87] Portanto, a alegação de que o réu comunicou ou deu causa à comunicação das mensagens de Craig Harrison em suposta violação da seção 13 não foi reconhecida pelo Tribunal, nem mesmo no modo *prima facie*.

O segundo grupo de mensagens destacado no caso referiu-se àquelas postadas por terceiros, que não Craig Harrison e tampouco o réu. Na linha do que foi decidido nos tópicos anteriores, o Tribunal entendeu que não há qualquer evidência de que o réu tenha comunicado ou dado causa à comunicação na condição de administrador do website em foco.[88]

---

84   O Tribunal mencionou o caso em que o mesmo autor acionou Craig Harrison pela postagem de mensagens ofensivas e cujas violações à seção 13 foram reconhecidas quando julgado pela Corte. A decisão (2006 CHRT 30, Warman v. Harrison, j. 15.08.2006) contabiliza 32 laudas e pode ser encontrada no seguinte sítio: http://chrt-tcdp.gc.ca/search/files/t1072_5305ed15aug06.pdf. Acesso em: 04.09.2009.

85   No interior da divisão do mapa do website, que contava com dezesseis diferentes seções, a impugnação do autor dirigiu-se apenas e tão somente ao quadro de mensagem (*message board*) e ao quadro de colunistas ("controvertidos").

86   Não subsiste a alegação de que o réu deu causa à comunicação de mensagens de ódio porque ele desenvolveu um *website* que pode naturalmente incitar outros, como Craig Harrison, a engajar-se na prática discriminatória pela postagem de mensagens do quadro de mensagens próprio do *website* que podem, aí sim, constituir mensagens de ódio. Ora, dar causa à comunicação é situação distinta de incitar, como se verifica pelo cotejo entre as seções 13 e 12 da Lei dos Direitos Humanos. É que o réu tomou os cuidados recomendáveis na situação específica, isto é, advertiu sobre as leis aplicáveis e colocou-se à disposição, como administrador do quadro de mensagens, para retirar qualquer conteúdo considerado por qualquer um como impróprio ou ofensivo. A Comissão de Direitos Humanos do Canadá, contudo, defendia que o administrador do *website* deveria ser responsabilizado sim pelo seu conteúdo, na medida em que deve mantê-lo sempre de acordo com a Lei dos Direitos Humanos, independentemente de reclamação que lhe chegue a respeito. Neste sentido, a Comissão traz aos autos uma série de precedentes nos quais o Tribunal reconhece a responsabilidade do administrador do *website* nos termos da seção 13 quanto às mensagens de ódio encontradas em tais *websites*.

87   Deste modo, pela distinção (*distinguishing*) dos fatos e das evidências daqueles casos com este, o Tribunal não se viu obrigado a segui-los desta vez. Quanto às mensagens postadas por Craig Harrison, não subsiste qualquer responsabilidade para o réu como administrador do *website*, vez que não foi comprovada a sua intenção de dar causa à comunicação e ela não pode ser inferida ou presumida.

88   Para relacioná-lo às mensagens de terceiros que foram postadas, seria necessária a demonstração, ao menos *prima facie*, de que o réu sabia ou tinha conhecimento delas. Não tendo participado ativamente do quadro de mensagens, descabe relacioná-lo à postagem de tais mensagens no *message board*.

O terceiro grupo de mensagens destacadas do *Freedomsite.org* compõe-se daquelas postadas pelo próprio réu. Destacaram-se algumas mensagens. No campo do website dedicado ao *Heritage Front*, o réu postou um comunicado à imprensa (*press release*) que cuidava de audiências legislativas sobre imigração. Com tal postagem constou trechos de uma carta escrita por Wolfgang Droege sobre a reforma da política imigratória. Estes trechos foram questionados pelo autor como violadores da seção 13.[89]

Para o Tribunal, o material em foco não pretendeu fortalecer qualquer emoção ou sentimento de repulsa e tampouco usou qualquer linguagem inflamatória. Enfim, o tom da carta fora relativamente civil e, ainda que se apresente numa visão pessimista da coexistência pacífica de pessoas diversas, não atinge qualquer grupo particular ou raça. Portanto, decidiu que o material não expõe pessoas na forma da seção 13 da Lei dos Direitos Humanos.

Em campo próprio dedicado a "História e Revisionismo Histórico", o réu postou um artigo escrito por Ian V. Macdonald sobre as estatísticas do holocausto (em resposta a outro publicado anteriormente, que se referia ao esforço do Congresso Judeu Mundial para reaver a propriedade retirada dos judeus durante a II Guerra Mundial). O libelo contra os judeus foi entendido pelo autor como uma mensagem de ódio, particularmente quando eles são expostos como uma poderosa ameaça que estaria tomando o controle de grande parte das instituições na sociedade e privando outros de sua subsistência, segurança, liberdade de expressão e bem estar geral.[90]

Para concretizar tal violação, contudo, a Corte decidiu que seria necessário que houvesse mais ódio no teor, mais direcionamento. Este seria o contexto no qual poderia surgir a necessidade de ponderação entre a eventual prática discriminatória e a liberdade de expressão. No caso específico, embora o artigo demonstrasse claro ressentimento em relação ao povo judeu, o Tribunal decidiu que as declarações ali contidas não satisfaziam a interpretação da seção 13.

Acerca de um comunicado à imprensa do *Heritage Front* sobre um artigo do *Toronto Star*, que cuidou de "Alerta sobre a Saúde", destacava-se que mulheres naturais do Congo estavam sendo tratadas em certo hospital como doentes do vírus Ebola. Tal artigo foi reproduzido e distribuído em folhetos, com dizeres que chamavam a atenção para o "alerta de saúde da comunidade" e também advertia que "a imigração pode matar você!". Contra o artigo originário do *Toronto Star* foram tomadas providências no sentido de proteger as minorias visíveis e combater o racismo.[91]

Embora a temática fosse propensa ao fomento de pensamentos xenofóbicos, o Tribunal não reconheceu que quaisquer pessoas estariam submetidas às violações da seção 13. Não vislumbrou, portanto, qualquer engajamento em ações violentas contra o grupo almejado. Além disso, a Corte seguiu a linha de pensamento expressa no sentido

---

89 Em síntese, o comunicado à imprensa sugere que se tenha uma "moratória" sobre a questão imigratória até a extensão de apoio ou desaprovação necessária para o estabelecimento da política imigratória atual. Segundo o autor, consoante a mensagem de ódio apontada destaca-se o caráter ameaçador do imigrante, que parece privar os canadenses de sua subsistência, segurança, liberdade de expressão e bem-estar geral. De modo particular, os imigrantes não brancos são apresentados como uma preocupação devido às questões de criminalidade e saúde, bem como uma ameaça aos trabalhos e salários dos canadenses brancos.

90 A despeito de trazer semelhanças com outros casos julgados anteriormente pela Corte, inclusive nos quais foram reconhecidas violações à Lei dos Direitos Humanos, aqui a postagem do réu foi considerada com espectro mais abrangente do que a crítica dirigida exclusivamente à posição dos judeus a respeito do holocausto e com teor menos denso e agressivo do que aqueles anteriormente enfrentados pelo Tribunal. Deste modo, o artigo postado soa mais como sujeito à discussão histórica sobre a II Guerra Mundial antes de se limitar a um ataque ao grupo particular de judeus. De fato, antes disso, trata-se de um ataque contra todos, desde os comunistas, Stálin, a Inglaterra, a União Soviética, até mesmo Churchill e outros. Embora o artigo ofenda e até magoe aqueles que foram pessoalmente afetados pela guerra e pelo nazismo, bem como pelo holocausto, colocando em dúvida os números conhecidos, não houve qualquer exortação a tomada de qualquer ação ou comparações grotescas que justificassem a violação frontal da seção 13.

91 Apesar de conter uma mensagem negativa para a convivência pacífica, não seria correto dizer que a ideia de banimento, segregação ou erradicação do grupo de pessoas não brancas e imigrantes poderia salvar as demais, que presumivelmente seriam brancos e canadenses.

de que o réu não seria responsável – e mais ainda, culpável – pelas postagens de Craig Harrison. Deste modo, tal alegação do autor não subsistiu contra o réu.

No concernente à seção de "Colunistas Controversos" do *website Freedomsite.org*, três diferentes artigos foram incluídos na alegação de suposta violação da seção 13 da Lei dos Direitos Humanos, todos que não foram de autoria do réu. Cabe assinalar que, diversamente do que ocorre no quadro de mensagens (*message board*) do *website* em questão, no qual cada pessoa individualmente é capaz de inserir a postagem de sua mensagem, na seção dedicada aos "Colunistas Controversos" apenas e tão somente o réu poderia postar as mensagens e artigos.[92] Deste modo, consoante determina o teor da seção 13, o Tribunal adiantou desde logo que o réu deu causa à comunicação de tais artigos.

O primeiro foi escrito por Doug Collins e intitulava-se *Freedom is as Freedom Doesn't*. Embora este artigo não tenha sido referido pelo autor na sua queixa, foi mencionado pela Comissão em outra investigação do gênero. Depois de tal investigação, o réu retirou do ar o artigo referido.[93]

Como reconhecido anteriormente, mesmo que tal mensagem pudesse ser considerada exagerada ou dolorida para quem viveu ou se relacionou de algum modo com a experiência do Holocausto, ainda assim não os expõem necessariamente na forma da seção 13, especialmente ante a ausência de qualquer calúnia ou vilipêndio de judeus ou outros. Decidiu, portanto, que o artigo não é "tão malevolente" na sua descrição de judeus a ponto de constituir mensagem de ódio, consoante dispõe a Lei dos Direitos Humanos.

O segundo artigo foi escrito por um tal John de Vancouver e intitulava-se *Ottawa está perigosa*. A exemplo do anterior, este artigo não constou na reclamação inicial do autor.[94] O tom do artigo não se ergueu ao nível da malevolência, histeria ou intemperança que pretende ser combatida pela seção 13, já que não houve qualquer incitação à ação, poucos epítetos foram usados, não objetivou atingir grupos específicos e tampouco invocou ofensas históricas. Deste modo, a alegação a respeito deste artigo também não subsistiu.

O terceiro artigo intitulava-se *Os Segredos da AIDS: O que o Governo e a Mídia não querem que você saiba* e corresponde a um discurso de Kevin Alfred Strom num programa de rádio norte-americano em 10 de julho de 1993. Constou dos autos que referido artigo foi retirado do ar no dia 09 de abril de 2004 (poucas semanas

---

[92] Neste sentido, ao final de cada um dos três artigos lia-se uma anotação incentivando o leitor a enviar suas peças para o administrador do *website*, isto é, o réu. Tal identidade entre ambos foi admitida pelo réu em diferentes oportunidades durante o julgamento. Deste modo, o Tribunal entendia, ainda que *prima facie*, que cada um dos três artigos que serão vistos em seguida dependiam do envolvimento pessoal e direto do réu para que fossem postados no *website*. Daí pode ser razoavelmente inferido que ele conhecia o conteúdo de tais artigos. O próprio réu não buscou em momento algum provar ou demonstrar que não detinha o conhecimento de tal material.

[93] Desde então não houve qualquer alegação de que o artigo permanecesse no ar ou não tivesse sido efetivamente retirado de lá. Ao material que foi impugnado em outra investigação, trazida para os autos em questão quando da instrução, foi imputada pela Comissão possível discriminação sob as formas de raça, religião ou origem étnica. O réu, de sua parte, sustentou que o artigo constituiu um comentário essencialmente político que denunciava restrições à sua liberdade de expressão e de outros, mesmo que se cuidasse do Holocausto.

[94] Foi trazido como decorrência daquela outra investigação mencionada anteriormente. De igual modo, na ocasião do julgamento já havia sido retirada do ar pelo réu. O artigo teceu considerações sobre os resultados da eleição de 2000, na qual o articulista claramente se desapontou com a vitória do Partido Liberal, especialmente observando-se as tendências eleitorais do Oeste do País, inclusive levando-se em conta a divisão que há entre os cidadãos de língua inglesa e francesa. Precisamente jogando com os elementos históricos e estatísticos a respeito de tais dados é que o articulista teceu a sua crítica ao governo da situação de então e assinalou o aumento da criminalidade. Ainda que os juízes do tribunal tenham concordado que os termos usados não foram gentis e se orientaram no sentido de que a presença de novos imigrantes no Canadá não seria bem-vinda, o artigo em questão não expressa as emoções profundas de ojeriza, calúnia e vilipêndio contemplados pela seção 13.

depois de o réu ter recebido a notificação a respeito da queixa do autor), informação confirmada pelo réu em suas manifestações.

O conteúdo do material impugnado revelou-se chocante e perturbador, levando os leitores ao desespero por seus entes acometidos pela AIDS, já que há referências expressas ao termo "assassino" (para designar o HIV), "morte lenta e horrível" e "com agonia" e sem nada que pudesse ser feito para salvar as vítimas que a contraíram (para caracterizar o percurso certo das vítimas que contraem a doença).[95]

A Corte acatou a alegação do autor, corroborada pela Comissão, no sentido de que o artigo referente aos "Segredos da AIDS" realmente expôs os homossexuais, os negros e os imigrantes do Terceiro Mundo, em razão do fato de que eles são identificáveis com base na orientação sexual, cor e raça, que são consideradas discriminações proibidas pela seção 13 da Lei dos Direitos Humanos.[96]

Levando em consideração que o artigo denigre ou vilipendia de modo extremo pessoas ou grupos de pessoas de maneira francamente proibida, o material em foco deixa de ser tolerável (*permissible*), nos termos do teor expresso na seção 13. Com efeito, deixa de ser considerado validamente como um "discurso eminentemente político".[97]

Pelo exposto, o Tribunal considerou que o artigo sobre os *Segredos da AIDS* contém material que possivelmente expõem homossexuais e negros ao ódio ou desprezo, e que o réu comunicou referido material no sentido da seção 13 da Lei dos Direitos Humanos do Canadá. Neste aspecto, a queixa do autor foi substanciada.

A questão constitucional

O réu pleiteou a declaração de inoperância das seções 13, 54(1) e 54(1.1), todas da Lei dos Direitos Humanos, baseando-se em fundamentos constitucionais, especialmente no concernente à sua liberdade de expressão assegurada pela seção 2(b) da Declaração dos Direitos e Liberdades. Sucessivamente, alegou também violação à sua liberdade de consciência, assegurada pela seção 2(a) e os direitos à vida, liberdade e segurança de sua pessoa, estabelecidos na seção 7, ambas da referida Declaração, dentre outras.

---

95 O sistema médico (*medical establishment*) e as autoridades de saúde pública receberam duras críticas pela falha na sua prevenção, enquanto dedicaram seus esforços na proteção da identidade dos contaminados. De acordo com o artigo, a razão subjacente a tal "traição" ou "mentira" seria o "tremendo poder dos homossexuais organizados" que seriam "muito ajudados pelos órgãos controlados da mídia". As "mentiras" divulgadas pelo governo e pela mídia foram citadas em tom igualmente crítico. Dentre tais mentiras, o artigo exemplificou a divulgação recorrente de que o sexo seguro pode prevenir a transmissão do HIV e a doação de sangue é segura. Muitas críticas foram explicitadas pelo artigo referido, culminando com o estereótipo das pessoas mais infectadas pela doença: negros.

96 Afastá-los, de acordo com o artigo, buscaria interromper a progressão desta epidemia mortal entre as pessoas. A necessidade de segregação de tais pessoas dos demais (heterossexuais brancos) seria a mensagem claramente deixada. Ademais, o artigo contava com uma linguagem altamente inflamatória no sentido de que os homossexuais seriam descritos como uma minoria pervertida e de sexualmente desviados. Em sua contestação, o réu defendeu que o artigo se baseava em fatos verdadeiros que foram comprovados pela origem das referências feitas. Durante a etapa de instrução do processo, juntou cópia dos estudos e das estatísticas que o artigo mencionava. Além disso, o réu sustentou que o artigo escrito pretendeu colocar em discussão a ameaça representada pelo HIV/AIDS, de acordo com a pesquisa realizada pelo articulista e de modo a colocar os leitores a salvo, bem como evitando o contato próximo com aqueles grupos de alto risco.

97 Neste caso, pouco importa se os pontos de vistas ali expostos se baseiam em "fatos" ou não, já que a Declaração de Direitos e Liberdades não estabelece qualquer exceção às declarações verdadeiras. Consoante o relator do caso, o material encontrado no artigo sobre os "Segredos da AIDS" expressa de modo incomum e forte o sentimento profundo de ojeriza e calúnia em relação aos homossexuais. Linguagens extremas são usadas para caluniá-los e aos seus estilos de vida. Longe de utilizar dados científicos e estatísticos de modo desapaixonado, o artigo adota tom alarmista, quase histérico.

Quanto à defesa do réu no sentido de que a seção 13(1) da Lei violaria a sua liberdade de expressão, cabe registrar que não seria a primeira vez que tal dispositivo seria questionado sob fundamentos constitucionais. A despeito dos questionamentos formulados no passado, o entendimento prevalecente da Suprema Corte do Canadá a respeito tem sido no sentido de que o dispositivo coloca um limite razoável à liberdade de crença, opinião e expressão assegurada pela seção 2(b) da Declaração, tendo sido em variadas oportunidades reconhecido como constitucional.

O precedente da Suprema Corte a respeito da compatibilidade da seção 13(1) da Lei dos Direitos Humanos com a seção 2(b) da Declaração dos Direitos e Liberdades estabeleceu dois aspectos que devem ser respeitados. O objetivo a ser atendido pelas medidas que limitam o direito ou a liberdade da Declaração deve ser suficientemente importante para garantir que seja substituído. Além disso, a parte que invoca a seção 1 deve demonstrar que as medidas são razoáveis e justificadas.

Isto envolve o teste triplo da proporcionalidade, ou seja, as medidas devem: ser racionalmente conectadas ao objetivo, impedir o direito ou a liberdade tão minimamente quanto possível e devem guardar proporcionalidade entre os efeitos das medidas limitadoras e o objetivo – neste sentido, quanto mais severos os efeitos deletérios da medida mais importante o objetivo deve ser.

Depois de exame minucioso sobre a composição da seção 13 e de suas principais interpretações, o réu não lograria demonstrar que tal precedente restaria superado diante de nova interpretação, de modo a viabilizar o seu pleito de inaplicação da seção 13 da Lei. Em sua argumentação não vinha conseguindo justificar eventual nova interpretação daquele precedente, fosse à luz da legislação subsequente, fosse à luz das eventuais particularidades do caso concreto.

Contudo, o Tribunal reconheceu o acerto da conduta do réu quando, sabendo da impugnação a respeito do material que postou no website em questão, tratou de retirá-lo do ar. Neste sentido, o precedente estabelecido pela Suprema Corte diferenciava-se do caso concreto. Além disso, diante do caso concreto, parece que não poderia mais ser dito que pela ausência de intenção da seção 13(1) não haveria qualquer problema quanto ao mínimo prejuízo e tampouco impinge tão deleteriamente a liberdade de expressão da seção 2(b) que torna intolerável a sua existência numa sociedade livre e democrática.

Deste modo, o Tribunal entendeu que os testes estabelecidos pelo precedente acima mencionado da Suprema Corte não foram satisfeitos. Neste caso, a seção 13(1) vai além do que pode ser defendido como um limite razoável à liberdade de expressão prevista na seção 1 da Declaração.

Em decorrência disso, o terceiro componente necessário para o teste triplo da proporcionalidade não foi atendido, isto é, com a introdução da pena prevista na seção 54(1)(c) a seção 13(1) passou a desempenhar um papel muito mais significativo e maior do que o papel anterior de mínima imposição de sanções financeiras e morais. Com isso, restou desatendida a proporcionalidade entre os efeitos da medida limitadora e o objetivo.

Pelo exposto, o Tribunal decidiu que a seção 13(1) infringiu a liberdade de expressão garantida ao réu pela seção 2(b) da Declaração dos Direitos e Liberdades. Tal violação não é justificada ou justificável à luz da seção 1 deste diploma. Ademais, não havia qualquer evidência de que o réu ou qualquer outro tivesse postado mensagens com cunho de prática religiosa ou de consciência. As demais alegações do réu de violações constitucionais, referentes à garantia da vida, da segurança e do direito do devido processo legal foram consideradas rudimentares e superficiais, razão pela qual foram prontamente negadas.

Conclusão

Portanto, de um lado a decisão reconheceu que o réu violou sim a seção 13 da Lei dos Direitos Humanos em apenas uma das alegações formuladas pelo autor (no tocante ao artigo referente aos *Segredos da AIDS*); de outro, reconheceu a incompatibilidade da seção 13 (que cuida do discurso do ódio), combinada com as seções 54(1) e (1.1) da Lei dos Direitos Humanos, em relação ao dispositivo contido na seção 2(b) da Declaração de Direitos e Liberdades, que assegura a liberdade de expressão, todas do Canadá. É que aquelas restrições estabelecidas à liberdade de pensamento, crença, opinião e expressão não seriam limites razoáveis dentro do significado da seção 1 da Declaração.

Diante disso, e atendendo as particularidades do sistema jurídico canadense, a Corte deixou de aplicar os dispositivos da Lei dos Direitos Humanos no tocante à alegação do autor contra o réu, bem como não expediu qualquer ordem contra ele.[98]

Uma Proposta de Adequação da Repressão aos Delitos de Direito Penal Econômico

Introdução

O estudo busca uma proposta possível de adequação da repressão aos delitos de Direito Penal Econômico.[99] A pesquisa volta-se à sanção penal aplicada às pessoas naturais, físicas ou individuais.[100]

Inicialmente, ressaltam-se alguns princípios inerentes à compreensão do tema, quais sejam: os princípios da igualdade, da tipicidade e da proporcionalidade. Estes, juntamente com o princípio da legalidade,[101] são os pilares capazes de fundamentar um sistema penal e, consequentemente, um sistema de penas coerente e sistemático.

Ultrapassado este ponto de partida, há breve análise dos fundamentos da pena de prisão no direito penal geral e no econômico com: a exposição de sua finalidade originariamente defendida e, ainda hoje, repetida; a vulgarização de sua utilização pelo sistema penal, sobretudo aquele impulsionado pelo Movimento da *Law & Order*; e a facilidade com a qual o princípio da proporcionalidade deve ser respeitado nos tipos de crimes do Direito Penal Econômico. Em seguida, são destacadas algumas possibilidades de penas e vedações constantes na Constituição da República, em especial referência ao art. 5º, incisos XLVI e XLVII.

Em breve recorte, delineia-se o cenário mundialmente conhecido, com destaque para alguns aspectos relacionados à globalização, neoliberalismo, especulação transnacional e mercado financeiro volátil.

Em abordagem francamente direta e objetiva, estuda-se a definição do Direito Penal Econômico e o bem jurídico por ele protegido.

Traça-se um panorama da legislação vigente sobre crimes econômicos no Brasil, destacando-se alguns dispositivos e diplomas legais relacionados a: fraude, proteção da propriedade industrial, mercado financeiro, ordem tributária, proteção laboral e previdenciária, proteção dos consumidores, proteção da livre concorrência, corrupção

---

98 O artigo foi publicado em: *Nota sobre o dilema entre o discurso do ódio e a liberdade de expressão no Canadá. Jus Navigandi*. Teresina, ano 14, n. 2.315, 2 nov. 2009. Disponível na internet: http://jus2.uol.com.br/doutrina/ texto.asp?i=13663. Acesso em: 03.11.2009.

99 Para atingir esta finalidade, opta-se em acolher no elenco de crimes pertinentes a este tipo de criminalidade a gama mais ampla possível. Ignora-se a acesa discussão sobre que tipos específicos de crimes integrariam o Direito Penal Econômico, bem como o grau de especialidade e autonomia deste, em relação ao direito penal geral.

100 O trabalho não trata das possíveis sanções penais aplicáveis às pessoas jurídicas.

101 Apesar de instigante, o estudo opta em não abordar o princípio da legalidade especificamente, em vista da tradicional compreensão da doutrina sobre o alcance e a força normativa deste princípio.

e proteção ambiental. Além disso, expõe-se um argumento sobre o tratamento diferenciado dado aos chamados "ilegalismos privilegiados", relacionando-os à questão da impunidade.

Em linhas gerais, elabora-se uma proposta de adequação da repressão aos delitos de Direito Penal Econômico, qual seja, a perda de bens. Esta modalidade de pena (prevista constitucionalmente) é suficiente para reprimir com eficácia estes tipos de crimes, em prestígio aos princípios antes mencionados: igualdade, tipicidade e proporcionalidade.

A extinção da punibilidade nos delitos comuns e econômicos é também brevemente abordada, sobretudo no que tange ao comportamento do agente posterior ao delito. Por fim, o crime do colarinho branco é relacionado ao chamado 'crime organizado', entendido como tráfico de drogas, lavagem de capitais e corrupção, além do terrorismo.

ALGUNS ASPECTOS SOBRE O SURGIMENTO E DESENVOLVIMENTO DO PRINCÍPIO DA IGUALDADE[102]

Segundo a professora Cláudia Maria Cruz Santos, durante séculos a sociedade conviveu com deliberado liberalismo, pelo qual "discriminações baseadas na existência de privilégios pessoais"[103] asseguravam aos poderosos de cada sociedade a facilidade de tudo poder; e aos demais, os rigores da aplicação da lei.

Levando-se em consideração que "o crime é tão antigo como o próprio homem", a autora menciona algumas sociedades que viveram em determinados períodos históricos e que necessariamente conheceram a desigualdade na aplicação da 'Justiça Penal'.[104]

Enfim, é possível vislumbrar a desigualdade no tratamento da Justiça Penal aos infratores, especialmente em razão da sua condição econômica e *status* em algumas sociedades e em diversos períodos históricos. Tanto na previsão do direito material, como também nos aspectos processuais e de aplicação e execução das penas, é possível encontrar exemplos claros de discriminação no tratamento dos infratores, sendo certo que os mais privilegiados eram sempre integrantes da nobreza, burguesia e clero.

Segundo a professora Cláudia Cruz, "a primeira previsão jurídica da igualdade deu-se no *Virgínia Bill of Rights*, de 1776, de Madison". Pouco depois, a Declaração dos Direitos do Homem de 1789 também inseriu em seu elenco a necessária igualdade formal.

Neste primeiro momento, a igualdade perante a lei pareceu suficiente para limitar o arbítrio discriminatório das épocas passadas. Com o tempo e o advento do Estado de Direito Social, esta fórmula simplesmente formal

---

102 Para aprofundamento deste tema, ver: SANTOS, Cláudia Maria Cruz. *O crime de colarinho branco (da origem do conceito e sua relevância criminológica à questão da desigualdade na administração da justiça penal)*. Coimbra, Coimbra Editora, 2001, pp. 15-37 e 197-206; SANTOS, Cláudia Maria Cruz. O crime de colarinho branco, a (des)igualdade e o problema dos modelos de controlo. In: PODVAL, Roberto (Org.), *Temas de Direito Penal Econômico*, São Paulo, Revista dos Tribunais, 2000, pp. 192-205; BATISTA, Nilo, *Matrizes Ibéricas do Sistema Penal Brasileiro I*, Rio de Janeiro, Freitas Bastos Editora, 2000.

103 SANTOS, Cláudia Maria Cruz. *O crime do colarinho branco...*, *op. cit.*, p. 199-200.

104 São elas, exemplificativamente: a) na antiga sociedade egípcia, ocorreu a profanação de túmulos com a pilhagem de objetos fúnebres durante o reinado de Ramsés IX e seu sucessor, Ramsés X, por volta de 1.100 A.C., infração grave praticada por funcionários detentores de importantes cargos públicos; b) na sociedade romana, durante os primeiros momentos da República, a ação penal instaurada contra cidadãos romanos era sujeita a rigoroso controle pela assembleia do povo, em oposição à maior liberdade do aplicador do direito quando a questão envolvia acusação contra cidadãos que não fossem romanos; c) na sociedade germânica, os delitos eram tratados como questões privadas, solucionados entre as famílias do agressor e do ofendido, ocasião em que os cidadãos mais influentes tinham muito mais poder de barganha; d) na sociedade medieval da Alta Idade Média, a tarefa de administração da justiça foi depositada pelo poder central nas mãos dos senhores feudais; e) na sociedade submetida à vigência das Ordenações Afonsinas, "os açoites eram uma pena em princípio exclusivamente aplicável a pessoas de baixa condição, e não a fidalgos" (cf. SANTOS, Cláudia Maria Cruz, *op. cit.*, pp. 17-27).

sofreu severas críticas e passou então para a dimensão relativa da igualdade material, pela qual "o igual deve ser tratado igualmente e o desigual, desigualmente, na medida exacta da diferença".[105]

O PRINCÍPIO DA TIPICIDADE[106]

Em 1906, com a publicação da clássica obra de Ernst Von Beling, o delito-tipo (*Tatbestand*) abstrato, especial e objetivo (ou o delito-tipo jurídico penal) passou a ser objeto de múltiplas investigações.[107]

Segundo o autor, o delito-tipo jurídico penal é sem conteúdo definido, na medida em que determina por si próprio os seus diversos conteúdos possíveis. Estes têm especial função definitória, eis que se chega aos tipos-regentes (*die Tätbestände*) a partir de deduções das figuras delitivas conhecidas, estas sim entendidas como pontos de partida para se chegar indutivamente ao esquema adequado.[108] O delito-tipo funciona como um esquema regulador para as figuras delitivas.[109] Então, "todos los delitos-tipos son, en consecuencia, de carácter puramente descriptivo".[110]

A partir do esquema legal desenvolvido pelo autor, ele sanou uma antiga confusão que envolvia o termo *Tatbestand* (até então utilizado como: caso, delito-tipo, conceito-tipo, forma típica, conceito típico etc.), destacando precisamente o essencial do conceito: a natureza meramente regulativa do delito-tipo.[111]

Em resumo, o autor alemão arremata que: "El delito-tipo reviste importancia practica especial para el método en la elaboración de la casuística, y para la subsunción de un caso práctico en el concepto de delito".[112] É um aprimoramento técnico-jurídico que completa o princípio da legalidade: não há crime sem prévia definição do tipo abstrato no qual o comportamento humano deverá necessariamente subsumir-se.

O *Tatbestand* formulado por Beling (entendido como a origem do princípio da tipicidade, tal como é conhecido hoje) foi um reforço ao princípio da legalidade para garantia dos cidadãos contra os arbítrios e desmandos de governos autoritários e déspotas.[113]

---

105 SANTOS, Cláudia Maria Cruz, *op. cit.*, p. 201.

106 Para aprofundamento deste tema, ver: BELING, Ernst von. *La doctrina del delito-tipo*. Trad. Sebastian Soler. Buenos Aires, Editorial Depalma, 1944; PIMENTEL, Manoel Pedro. *Direito Penal Econômico*. São Paulo, Revista dos Tribunais, 1973, pp. 31-50; DERZI, Misabel de Abreu Machado. *Direito Tributário, Direito Penal e Tipo*. São Paulo, Revista dos Tribunais, 1988.

107 BELING, *op. cit.*, p. 3. Após reconhecer a pertinência de algumas críticas a respeito de sua teoria, Beling reformulou o seu entendimento sobre alguns pontos, que não merecem aprofundamento neste momento. Mais tarde, sob a influência do neo-kantismo, outros renomados professores (*v.g.*, Mayer, Mezger, Sauer) aprimoraram ainda mais a noção de *tatbestand*, na medida em que rejeitaram o tipo formulado de maneira puramente objetiva e introduziram nele elementos subjetivos e normativos (cf. QUEIROZ, Paulo. *Atualidades da teoria dos elementos negativos do tipo*. Disponível na Internet: http://www.direitopenal.adv.br/artigos.asp?pagina+3&id=106. Acesso em: 29.06.2004.

108 Em suas palavras: "Dicho de otro modo: el delito-tipo es um puro concepto funcional. Solo expresa el elemento orientante para una figura dada de delito. De esto se deduce que no hay ningún delito-tipo 'en sí'. Todos ellos son relativos en cuanto a su contenido y representan uno delito-tipo sólo en cada caso para la figura de delito regulada por él" (BELING, *op. cit.*, p. 9).

109 BELING, *op. cit.*, p. 12. Assim, a noção de figura delitiva não coincide com a de delito-tipo; mas, ao contrário, o delito-tipo é o esquema preestabelecido da figura delitiva (BELING, *op. cit.*, p. 28).

110 BELING, *ibidem*, p. 16.

111 BELING, *ibidem*, p. 25. Em suas palavras: "En latín se podria oponer al *typus delicti* (*ipsius*) el Tatbestand (delito-tipo) considerado como *typus* (*typum delicti*) *regens*".

112 BELING, *ibidem*, p. 31.

113 Além disso, e no âmbito penal, o reconhecimento da perfeita adequação entre o tipo abstratamente previsto e o comportamento humano a ele subsumido é indício da existência da antijuridicidade ou ilicitude (segundo elemento essencial à noção de crime).

Em apertada síntese, atualmente o *tatbestand* é simplesmente o tipo penal, objetiva, subjetiva e normativamente adequável ao comportamento humano. Este, deverá necessariamente subsumir-se àquele, ocasião em que se dará a sua concreção (tipicidade); o exercício de ajuste é o juízo de tipicidade.[114]

À luz destes esclarecimentos, é forçoso reconhecer a semelhança entre o tipo penal e o tipo tributário: ambos buscam subsumir o comportamento humano (agente e contribuinte) quando perfeitamente nele enquadrável.[115] Além disso, os princípios constitucionais comuns são: o princípio da legalidade[116] e o princípio da isonomia ou igualdade.[117]

O princípio da proporcionalidade e o direito penal[118]

Ainda nos primórdios de sua difusão pelo mundo afora, nos longínquos idos de 1764, Cesare Beccaria já escrevia sobre os defeitos da pena de prisão e procurava balizar a sua aplicação de maneira adequada e proporcional.

Em sua obra imortal sobre o tema, Beccaria traçou diversos contornos que necessariamente deveriam agregar-se à aplicação da pena de prisão. Atendendo a uma relação direta de proporcionalidade: "é, pois, necessário selecionar quais penas e quais os modos de aplicá-las de tal modo que, conservadas as proporções, causem impressão mais eficaz e mais duradoura no espírito dos homens, e a menos tormentosa no corpo do réu".[119]

Concluindo a sua inédita obra, o autor escreveu: "para que a pena não seja a violência de um ou de muitos contra o cidadão particular, deverá ser essencialmente pública, rápida, necessária, a mínima dentre as possíveis, nas dadas circunstâncias ocorridas, proporcional ao delito e ditada pela lei".[120]

Especialmente escrevendo sobre a pena de prisão, o *Marchesi* escreveu que: "o clamor público, a fuga, a confissão extrajudicial, o depoimento do companheiro do delito, as ameaças e a constante inimizade com o ofendido, o corpo de delito e indícios semelhantes são provas suficientes para prender o cidadão, mas tais provas devem

---

114 O professor e juiz de direito Alcides da Fonseca, em aula proferida no Centro de Estudos, Pesquisa e Atualização em Direito – CEPAD, em 11.03.1999, distinguiu que: "*tipo* é o modelo legal que proíbe um comportamento humano. *Tipicidade* é a análise de adequação, para saber se o comportamento humano praticado é adequado ou não ao tipo descrito. E *juízo de tipicidade* é a análise se o comportamento legal se encaixa perfeitamente ao tipo abstratamente previsto – com o juízo, verifica-se a incidência ou não da tipicidade. No mesmo sentido, o saudoso advogado Evaristo de Moraes, em aula ministrada na Academia de Direito Leblon, em 21.03.1996, durante a sua *Jornada de Direito Penal*. Ver também: LEITE, Gisele (*Considerações sobre o tipo penal*. Disponível na Internet: http://www.serrano.neves.com.br. Acesso em: 29.06.2004).

115 HADDAD, Mariana Branco. Comparações entre tipo penal e tipo tributário. *Jus Navigandi*, n. 60, nov 2002. Disponível na Internet: http://www1.jus.com.br/doutrina/texto.asp?id=3507. Acesso em: 29.06.2004.

116 Previsto no art. 5º, inciso XXXIX, aplicável ao âmbito penal; e no art. 150, inciso I, aplicável ao âmbito tributário, ambos da Constituição da República (HADDAD, *op. cit.*, p. 18).

117 Previsto no art. 5º, *caput*, no âmbito penal; e no art. 150, inciso II, no âmbito tributário.

118 Para aprofundamento deste tema, ver: BECCARIA, Cesare Bonesana, *Dos delitos e das penas*, São Paulo, Revista dos Tribunais, 1996; LOPES, Mauricio Antonio Ribeiro. O princípio da proporcionalidade no direito penal econômico. In: PODVAL, Roberto (Org.), *Temas de Direito Penal Econômico*, São Paulo, Revista dos Tribunais, 2000, pp. 278-318; CORREIA, Eduardo. 1) Introdução ao Direito Penal Econômico, 2) Notas Críticas à penalização de actividades económicas. In: CORREIA, Eduardo e outros (Orgs.). *Direito Penal Econômico e Europeu: Textos Doutrinários*, Coimbra Editora, Instituto de Direito Penal Econômico e Europeu da Faculdade de Direito da Universidade de Coimbra, 1998, v. I, pp. 293-318 e 371-380.

119 BECCARIA, *op. cit.*, p. 52.

120 BECCARIA, *ibidem*, p. 139. O professor Maurício Antônio Ribeiro Lopes lembra que: "o princípio da proporcionalidade surgiu ligado à idéia de delimitação do poder do Estado no século XVIII [...]", quando "[...] passou a compreender tanto as esferas administrativas quanto a penal" (*ibidem*, p. 281-282).

ser enumeradas pela lei e não pelo juiz, cujos decretos são sempre opostos à liberdade política, quando não sejam proposições particulares de uma máxima geral, existente no código público".[121]

Buscando os ensinamentos deixados em sua obra, é possível apreciá-la com impressionante atualidade, apesar de transcorridos 240 anos de sua publicação.

Atualmente, Odone Sanguiné escreve que, "o clamor público deve ser erradicado como fundamento para a prisão preventiva ou para denegar a liberdade provisória porque a privação da liberdade teria a finalidade de antecipar a pena, o que resulta inconstitucional à luz dos direitos fundamentais da presunção de inocência, proporcionalidade e devido processo legal".[122]

Assim, "a inconstitucionalidade do clamor público – alarma social, comoção social, repercussão social etc. – deriva dos princípios constitucionais da legalidade, da presunção de inocência e da proporcionalidade".[123]

A causa mais provável para que as lições do Marquês de Beccaria mantenham-se atuais é o mau uso e abuso do direito penal ainda nos dias de hoje.[124]

Assim, a pena de prisão é utilizada com cada vez mais frequência, as chamadas penas alternativas são proscritas a um reduzido número de crimes e contravenções, as penas cominadas são desproporcionalmente previstas em leis e códigos que se tornam inoperantes e letra morta diante de tanto caos e confusão provocados pelo legislador.

Atualmente, é preciso repensar o sistema de penas no Direito Penal Econômico, sob uma ótica racional e que obedeça aos mais elevados princípios garantidores da liberdade do cidadão.[125]

---

121 BECCARIA, *op. cit.*, p. 98.

122 Para tanto, o professor fundamenta-se que, "através da cortina de fumaça do alarma social e segurança pública, com a pressão dos meios de comunicação, freqüentemente o juiz acaba perdendo sua imparcialidade em prejuízo do devido processo e da presunção de inocência, ordenando ou mantendo a prisão preventiva em hipóteses em que, se não fosse por tais fatores, não decretaria". Em tais situações, "a prisão preventiva cumpre, portanto, a função simbólica de pena antecipada, enquanto antecipa os efeitos psicológico--sociais de pena imediata e serve para restaurar a confiança do cidadão na vigência da norma penal através da coesão social" (SANGUINÉ, Odone. A inconstitucionalidade do clamor público como fundamento da prisão preventiva. In: SHECAIRA, Sérgio Salomão (Org.). *Estudos Criminais em Homenagem a Evandro Lins e Silva (criminalista do século)*, São Paulo, Método, 2001, p. 274).

123 SANGUINÉ, *op. cit.*, p. 293. Em qualquer caso, é preciso reconhecer que, "a prisão preventiva está limitada às causas legais, de maneira que somente permitem interpretação restritiva". É que, "as prisões cautelares submetem-se ao princípio da legalidade ou tipicidade processual (*nulla coactio sine lege*)". Ademais, "é inexistente no âmbito processual penal o denominado 'poder geral de cautela' do juiz, tal como é admitido pelo art. 798 do CPC". Em síntese, "não poderá ser adotada uma privação da liberdade pessoal sem expressa e estrita previsão legal prévia" (*op. cit.*, p. 294). No mesmo sentido, José Luiz Bednarski destacou, no *site* do IBCCrim dedicado à doutrina nacional, que "o Boletim IBCCrim de setembro de 2.000 trouxe na seção de jurisprudência uma pesquisa temática sobre prisão preventiva". Nesta pesquisa, "o que basicamente se viu foi uma identificação da garantia da ordem pública com o clamor social provocado pela suposta infração penal e com seu eventual autor". Em síntese, "a garantia da ordem pública, como fundamento da prisão preventiva, nada tem a ver com aspectos de direito material ou de jornalismo (a gravidade do crime, a periculosidade do criminoso e o clamor social)" (*Garantia da ordem pública e clamor social*).

124 "À vista dos grandes problemas que ameaçam a sociedade, no atual discurso político, o Direito Penal não vale tendencialmente como *ultima*, mas sim como a *prima* e, inclusive a *sola ratio*" (FRANCO, Alberto Silva. Globalização e Criminalidade dos Poderosos. In: PODVAL, Roberto (Org.). *Temas de Direito Penal Econômico*, São Paulo, Revista dos Tribunais, 2001, p. 270).

125 Segundo o professor Mauricio Antonio Ribeiro Lopes, "o princípio da proporcionalidade é uma exigência substancial do Estado de Direito no sentido de exercício moderado de seu poder". Além disso, atualmente, "as bases de reajustamento político do sistema de penas em matéria de direito penal econômico dá se por meio da reconstrução da racionalidade do sistema a partir do princípio da proporcionalidade" (*op. cit.*, p. 281). Assim, "o princípio da proporcionalidade exige que se faça um juízo de ponderação sobre a relação existente entre o bem que é lesionado ou posto em perigo (gravidade do fato) e o bem de que pode alguém ser privado (gravidade da pena)". "Toda vez que, nessa relação, houver um desequilíbrio acentuado, estabelece-se, em consequência, uma inaceitável

O princípio da proporcionalidade dirige-se ao Poder Legislativo (as penas cominadas abstratamente – tipificadas – devem ser proporcionais à gravidade do delito) e ao Poder Judiciário (as penas aplicadas concretamente devem ser proporcionais à gravidade do delito praticado).[126]

É necessário substituir a ultrapassada pena de prisão e, em seu lugar, desenvolver mecanismos repressivos capazes de, eficientemente, responder ao delito praticado. Para tanto, impõe-se atualizar o antiquado sistema de penas vigente para atender aos princípios que despontam como norteadores do Direito Penal Econômico no começo do século XXI.[127]

OS FUNDAMENTOS DA PENA DE PRISÃO NO DIREITO PENAL GERAL E NO ECONÔMICO[128]

Quando surgiu, no final do século XVIII, a pena de prisão representou notável avanço na humanização das penas então aplicadas. As penas cruéis (morte, tortura, mutilação etc.) deixaram de ser oficialmente aplicadas.[129]

As vantagens pugnadas pelos defensores desta 'nova' pena eram, e ainda são, as mesmas até hoje defendidas em argumentos já retóricos: possibilita ao cidadão a (res)socialização, é preventiva na medida em que os outros se intimidarão com a imagem de sua aplicação em alguém, é novamente preventiva na medida em que o próprio condenado se intimidará quando eventualmente pensar em reincidir no futuro, é retributiva já que devolve ao condenado o mau que outrora impingiu à sociedade com a prática de seu delito. Esse é o arcabouço teórico sob o qual se fundamentou e, ainda hoje, se fundamenta a pena de prisão, com ligeiras variações.[130]

Com a vulgarização de sua aplicação nos últimos dois séculos, ocorreu um fenômeno curioso. Hoje, acompanhando a forte tendência contemporânea de limitar o amplo leque de debates para o discurso hegemônico e único, imagina-se que a única solução possível para resolver o "problema criminal" é através da pena de prisão.

Contudo, a sociedade evoluiu[131] e a pena de prisão tornou-se desumana e violenta. As consequências do encarceramento se tornaram nefastas e atingem o condenado em todos os aspectos de sua vida, inclusive protraindo-se no tempo até depois de sua morte.[132]

---

desproporção" (*op. cit.*, pp. 284-285). No mesmo sentido, ver CORREIA, Eduardo: *Introdução ao Direito Penal Econômico* cit., p. 303; *Notas críticas à penalização de actividades económicas*, p. 368.

126 LOPES, Maurício Antônio Ribeiro, *op. cit.*, p. 285.

127 São exemplos destes princípios: o da igualdade, o da legalidade, o da tipicidade e o da proporcionalidade. Qualquer sistema de penas que não obedeça a estes quatro princípios fundamentais, está cabalmente fadado a sucumbir por anacrônico.

128 Para aprofundamento deste tema, ver: DIAS, Jorge de Figueiredo, Breves considerações sobre o fundamento, o sentido e a aplicação das penas em Direito Penal Econômico. In: PODVAL, Roberto (Org.). *Temas de Direito Penal Econômico*. São Paulo, Revista dos Tribunais, 2000, pp. 121-135; PIMENTEL, Manoel Pedro. *Direito Penal Econômico*. São Paulo, Revista dos Tribunais, 1973, pp. 83-95.

129 Exemplo dos horrores então ocasionados pela pena de morte é descrito na obra: MEREU, Ítalo. *La pena di morte a Milano nel secolo di Beccaria*. Vicenza, Neri Pozza, 1988. Ilustrativa também é a descrição detalhada que inaugura clássica obra de FOUCAULT, Michel. *Vigiar e Punir: A história da violência nas prisões*. Trad. Raquel Ramalhete, 14ª ed., Petrópolis, Vozes, 1987.

130 Contudo, desde tal época até os dias atuais, severas críticas foram formuladas e nunca foram satisfatoriamente rechaçadas, nem sequer pelos seus defensores. Por quê ? Simplesmente porque a pena de prisão suscita indagações irrespondíveis. Qual é a finalidade da pena de prisão ?

131 Segundo o professor Jorge de Figueiredo Dias, "numa palavra: finalidade primária e irrenunciável da pena, num Estado de Direito democrático, deve ser a conservação ou o reforço da norma violada pelo crime, como modelo de orientação do comportamento das pessoas na interacção social" (*op. cit.*, p. 124).

132 São elas: as lembranças do sofrimento impingido pelo sistema prisional (superlotação dos estabelecimentos, ausência das condições mínimas de decência e dignidade, humilhação, perda da autoestima e amor próprio, ausência de trabalho adequado, ambiente

Salvo raras exceções, a recente legislação penal brasileira só veio aumentar as penas. Hoje convivemos com um ordenamento jurídico-penal anacrônico, contraditório e desproporcional.[133] É decorrência da promessa política de "erradicar" o crime ou reduzir as altas taxas de criminalidade a níveis aceitáveis.[134]

É necessário adequar a pena de prisão ao tempo contemporâneo.[135] Muitos dos crimes que assim sancionados no Código Penal poderiam ser descriminalizados e despenalizados. Ademais, é fundamental redefinir a atual função do Direito Penal e, por consequência, do Direito Penal Econômico. Diversos comportamentos sancionados criminalmente poderiam passar para outras órbitas de proteção (*v.g.* civil e administrativa).

Aprofundando o viés desta abordagem inicial referente ao "direito penal geral", indagação lógica que se segue é: em que medida a adoção dos princípios e regras que fundamentam a pena de prisão se aplica ao chamado direito penal econômico?[136]

De um lado, enquanto "[...] no direito penal econômico a condenação deve ter lugar, sempre ou as mais das vezes, independentemente da culpa, ou em função de uma simples censura objectiva do facto, ao estilo da doutrina dos *just deserts*"; por outro, "[...] o delinquente económico pode freqüentemente, em medida muito maior que o delinqüente comum, subtrair-se ao efeito estigmatizante da pena, ou em todo o caso minorá-lo".[137]

Tratando-se da prevenção especial, as sanções do direito penal econômico são distintas àquelas do direito penal geral, sob um duplo ponto de vista: "[...] a estigmatização derivada da pena possuir menor susceptibilidade de pôr em causa a *self-image* do delinqüente como pilar de respeitabilidade [...]" e a ineficácia da (res)socialização da pena, já que "[...] não tem qualquer sentido tentar a socialização de pessoas que [...] possuiriam já um alto grau de socialização e não precisariam, por isso, de passar por uma estratégia de 'recuperação social'".[138]

Quanto à operação de escolha da pena aplicável nos crimes do Direito Penal Econômico, o professor Jorge de Figueiredo Dias expõe que: "[...] na escolha entre a pena de prisão e a pena de multa, se torna compreensível

---

insalubre, falta de espaço físico, etc.), o sofrimento e o gradual afastamento dos familiares, a perda do trabalho, a perda da identidade social e o duradouro estigma social.

133 E o pior, é que o fenômeno não é novo. Em 1973, o professor Manoel Pedro Pimentel, em citação expressa de artigo doutrinário escrito por Heleno Cláudio Fragoso em periódico de jan-mar 1966, registrou que: "[...] o governo vem lançando mão da ameaça penal indistintamente, num conjunto de leis altamente defeituosas, que levam os juristas à perplexidade" (*op. cit.*, p. 35).

134 Sob o manto do paradigmático e imposto Movimento *Law & Order*, o legislador lança mão de leis emergenciais e em prol de um direito penal meramente simbólico, fadado ao fracasso. O primeiro inconveniente que se nota é o crescente uso da "inflação legislativa", quando são editadas leis penais que, sucessivamente, não guardam qualquer sistematização, coerência e proporcionalidade.

135 No mesmo sentido, o professor Jorge de Figueiredo Dias explica que: "Trata-se sim de que, perante a exigência de respeito da dignidade do homem – primordial nos quadros do pensamento próprio do Estado de Direito democrático –, a aplicação de uma pena deve supor, *sempre e sem alternativa*, um elemento ético de censura *pessoal* do facto ao seu agente". E arremata: "por isso, à culpa não tem sempre de corresponder a pena, mas só quando esta se revelar ao mesmo tempo socialmente necessária" (*op. cit.*, pp. 124-125).

136 DIAS, Jorge de Figueiredo, *op. cit.*, p. 125.

137 DIAS, Jorge de Figueiredo, *ibidem*, pp. 128-129.

138 Ocorre que, "também o crime econômico revela, em princípio, um *defeito de socialização* [...]", cabendo ao Estado "proporcionar ao delinquente [...] o máximo de condições favoráveis para que, no futuro, não volte a cometer crimes". Além disso, "na realidade, a prisão não terá, relativamente ao delinquente econômico, o mesmo efeito criminógeno que possui relativamente ao delinqüente comum: porque as técnicas de aprendizagem não podem ser transmitidas ou desenvolvidas na prisão; quer porque não haverá em princípio que recear os efeitos negativos irreversíveis da experiência prisional, que em geral advêm da estigmatização, da distância social, da escassez de oportunidades legítimas, da aquisição de uma identidade e de uma *self-image* delinqüente, da entrada numa carreira delinqüente" (*op. cit.*, pp. 129-132).

que o juiz (quando esteja em causa, evidentemente, a responsabilidade de pessoas físicas) prefira aquela a esta com muito maior freqüência do que no direito penal geral".[139]

Em algumas notas a propósito do colóquio preparatório da Associação Internacional de Direito Penal – AIDP,[140] os professores José de Faria Costa e Manuel da Costa Andrade identificaram alguns problemas nos crimes integrantes do Direito Penal Econômico.[141]

Aplicado aos crimes "menos" graves elencados no âmbito do Direito Penal Econômico, deveria haver certa facilidade em respeitar o princípio da proporcionalidade.[142] Neste caso, qual é a proporcionalidade em aplicar uma pena de prisão? Não faz sentido em um sistema pretensamente racional que a lesão patrimonial seja retribuída com a pena de prisão, mas é proporcional que seja subtraído do agente determinada quantia de dinheiro e/ou quantidade de bens, respeitadas as suas garantias constitucionalmente asseguradas.

É mister ressaltar o papel desempenhado pelos órgãos da mídia na ampla cobertura e exibição de notícias e imagens que divulgam tais acontecimentos. Normalmente, sob um olhar sensacionalista e preocupado com os índices de venda e audiência, os órgãos da mídia criam e reforçam o sentimento generalizado de insegurança, medo e até pânico na sociedade, seja em razão da reiterada divulgação diária de notícias relacionadas aos crimes gerais; seja em razão da suposta "impunidade" de que se beneficiam os criminosos do colarinho branco.[143]

Possibilidades de penas e vedações constantes na Constituição da República

A Constituição da República, no art. 5º, inciso XLVII, dispõe que "*não haverá penas: de morte [...]; de caráter perpétuo; de trabalhos forçados; de banimento; cruéis*". Como se vê, a sociedade brasileira ratificou expressamente

---

139 Diante desta questão, o professor firma a sua posição, no sentido de que a aplicação do *sharp, short, schock* da pena curta de prisão deva prevalecer em razão da natureza da infração praticada, e não levando-se em consideração o estatuto pessoal do agente. Com isso, o professor assinala o relevo que atribui à pena de prisão "em vista nomeadamente de desencadear a transformação das representações colectivas e da consciência comunitária face ao crime econômico". "Até porque se conhece a facilidade com que a multa é integrada no cálculo dos potenciais delinqüentes, de modo a que os ganhos com o crime excedam os custos da pena ou os efeitos desta se repercutam sobre os operadores econômicos situados a juzante e, em definitivo, sobre os consumidores", complementa o professor. A pena de multa seria aplicada às pessoas colectivas (*op. cit.*, pp. 131-132). Ver: Manoel Pedro Pimentel (*op. cit.*, p. 39).

140 O evento foi organizado pela Seção da República Federal da Alemanha, sob a presidência de Klaus Tiedemann, e ocorrida em Freiburg, em setembro de 1982.

141 Dentre tais problemas, permite-se a transcrição de um trecho em que cuidam exclusivamente do sistema de penas. Escrevem os professores: "Quanto ao sistema punitivo parece que o direito penal econômico requer uma certa inversão das posições recíprocas, no papel e no peso relativos da multa e da prisão, nomeadamente da pena curta de prisão. Para além de inadequada às exigências de prevenção, a multa pode produzir e potenciar as fontes da injustiça. Na verdade, dificilmente a multa poderá desincentivar delinqüentes economicamente dotados. Acresce que a racionalidade do mundo dos negócios, facilmente permitirá integrar o risco da multa nos 'custos' da empresa, estimulando formas de compensação fazendo-a, por exemplo, repercutir sobre operadores econômicos situados a juzante, em última análise, os consumidores desorganizados. Ora, para além de contar com a eficiência preventiva – fala-se a propósito do seu *sharp, short, shock* – de que a multa carece, a pena curta de prisão não terá aqui os inconvenientes que, em geral, lhe são assacados. Não será, por exemplo, normal que a estigmatização de um delinqüente de *white-collar* o precipite, em manifestações de delinqüência secundária, ou mesmo, numa 'carreira' de delinqüência" (*op. cit.*, p. 116). No mesmo sentido e após delinear um panorama completo das possíveis sanções penais no específico âmbito do Direito Penal Econômico, o professor Eduardo Correia reserva à perda de bens "uma larga importância" (*Introdução ao Direito Penal Econômico*, cit. p. 306).

142 Por exemplo, aos crimes que atingissem bens, coletivos ou particulares, como as diversas espécies de lesão ao erário público e as fraudes, deveria ser vedada a pena de prisão. À lesão eminentemente patrimonial (pública ou privada), deveria corresponder proporcionalmente a sanção penal que retirasse do agente única e exclusivamente bens patrimoniais.

143 No mesmo sentido, ver: DIAS, Jorge de Figueiredo, *op. cit.*, p. 135.

a conclusão daquele debate outrora travado quando do surgimento da pena de prisão, isto é, todas as penas cruéis (lato senso) foram banidas de nosso ordenamento jurídico e são proibidas de serem aplicadas.[144]

Por outro lado, o art. 5º, inciso XLVI, da Constituição da República, dispõe que "a lei regulará a individualização da pena e adotará, *entre outras*, as seguintes: privação ou restrição da liberdade; *perda de bens*; multa; prestação social alternativa; suspensão ou interdição de direitos".[145]

Como se vê pela simples leitura deste dispositivo constitucional, há absoluta "igualdade de condições" entre as diversas penas exemplificativamente mencionadas. Significa dizer que, a pena de prisão é apenas mais uma delas. É a própria Lei Maior que estabelece outras possibilidades.

A Constituição da República apresenta alternativas possíveis e desejáveis de aplicação de outras penas distintas da desgastada pena de prisão. Em qualquer caso, o câmbio fundamental deve centrar-se na mentalidade da sociedade: reconhecidos os demasiados malefícios ao qual está sujeito o condenado à pena de prisão, deve-se procurar limitar a sua aplicação ao menor número de crimes possíveis. Em alguns tipos de crimes muito limitados (ex.: crimes violentos ou cometidos mediante grave ameaça) seriam apenados com a prisão. Os demais teriam a previsão de outros tipos de penas, que poderiam ser aplicadas individual ou cumulativamente, dependendo das circunstâncias do crime.

Com isso, altera-se o sistema de aplicação de penas existente: em vez de calcular a quantidade de pena através da pena de prisão e, depois, substituí-la pela pena alternativa escolhida, seria aplicada diretamente a(s) pena(s) prevista(s) para o crime cometido. O raciocínio não passaria em momento algum pela pena de prisão.

Em caso de reincidência, ainda assim o condenado a qualquer uma daquelas penas alternativas não seria levado ao cárcere. Em caso de cometimento de novo crime, seria novamente apenado, mas em razão da maior reprovação social à sua conduta, seria justo que fosse condenado a uma pena (alternativa) maior. Ex.: o dobro da quantidade daquela originariamente aplicada no primeiro crime.

A ideia desse câmbio na aplicação da pena traz muitas vantagens.[146] Ex.: os presídios retornariam à razoável condição humanitária com o desafogamento do elevado número de encarcerados, o indivíduo condenado à pena alternativa não carregaria o estigma social de ser um ex-presidiário, se manteria próximo à sua família, continuaria no trabalho provendo ao seu sustento e de sua família etc. Isso seria suficiente para desvincular a ideia de pena da ideia de prisão. A correta relação entre ambas é de gênero e espécie; não são palavras sinônimas.

Muito melhor e dissuasivo para a população em geral é a certeza de que a conduta delituosa será efetivamente sancionada pelo Direito, independentemente de quais penas estiverem abstratamente cominadas para o caso concreto. A aplicação de penas mais brandas (em relação ao terror que representa a pena de prisão) não significa afrouxamento do sistema penal. Neste sentido, é mais recomendável que se cominem penas alternativas ao maior número de crimes possíveis, mas que efetivamente possam ser aplicadas, cumpridas e fiscalizadas, do que a certeza da impunidade (até por falta de espaço físico).

---

144 Qualquer discussão neste sentido expressa ampla ignorância histórica. Ademais, tais vedações estão posicionadas como cláusulas pétreas, motivo pelo qual são imutáveis enquanto subsistir nosso ordenamento jurídico-constitucional vigente (art. 60, § 4º, inciso IV, da Constituição da República).

145 O elenco dessas penas não exclui a aplicação de qualquer outra que o legislador ordinário venha a criar, ainda que não esteja naquele rol do inciso XLVI, e respeitada a vedação constante no inciso XLVII.

146 No mesmo sentido, Juliana Cabral explica: "É que, notadamente em delitos patrimoniais, econômicos e, *in casu*, contra a ordem tributária, a restituição do *status quo* ante o pagamento revela-se mais benéfica para a proteção do lesado do que uma medida estritamente aflitiva destinada exclusivamente a cumprir uma suposta função intimidatória/preventiva que jamais se cumpriu na realidade de sistemas penais marcados por um projeto de criminalização tão amplo quanto inviável, e necessariamente ineficaz" (CABRAL, Juliana, Extinção da punibilidade e crime tributário, *Jornal Valor Econômico*, Rio de Janeiro, 26.10.2004, p. E-2).

Globalização e neoliberalismo[147]

Atualmente, as noções de globalização e neoliberalismo estão necessariamente inseridas no cenário regional ou mundial. Historicamente, o fenômeno da globalização já existiu, em maior/menor medida, durante diversos momentos no passado da história.[148] A globalização e o neoliberalismo representam movimentos atualizadores de uma política mundial já implementada e bem sucedida em diferentes contextos históricos do passado (sob a perspectiva das principais potências hegemônicas de cada período delimitado). Nada mais é do que a modernização terminológica de conhecidos interesses.[149]

Consectário lógico é o crescente desmonte do Estado, antes social, e a sua transformação em: por um lado, Estado Social mínimo, através da redução e flexibilização de seu papel na política econômica;[150] e por outro, Estado Penal máximo, com a rigorosa e implacável atuação na política repressiva e criminal contra a enorme massa de excluídos.[151] É o que restou da efetiva possibilidade de atuação do Estado.[152]

Em síntese, o fenômeno criminal atualmente verificado pode ser entendido como consequência da crise social imposta, em um primeiro momento, pelo modo capitalista de produção implantado no País e, mais recentemente, encampada pelo empreendimento neoliberal da globalização. Para resolvê-lo, é imperioso procurar instrumentos capazes de solucionar os problemas básicos que afligem a sociedade de hoje, tais como: educação, saúde, moradia e emprego.

Especulação transnacional e mercado financeiro volátil

A partir dos anos setenta, "as taxas fixas de câmbio tornaram-se flutuantes, de forma que a moeda passou a subordinar-se à lei da oferta e da procura". Com a crise do petróleo, ocorrida em outubro de 1973,

---

147 Para aprofundamento deste tema, ver: BAUMAN, Zygmunt. *Globalização: As consequências humanas*. Rio de Janeiro, Jorge Zahar Editor, 1999; CHOSSUDOVSKY, Michel. *A Globalização da Pobreza: Impactos das reformas do FMI e do Banco Mundial*. Trad. Marylene Pinto Michael. São Paulo, Moderna, 1999; SANTOS, Milton. *Por uma outra globalização: do pensamento único à consciência universal*. 11ª ed., Rio de Janeiro, Record, 2004; FRANCO, Alberto Silva. Globalização e Criminalidade dos Poderosos. In: PODVAL, Roberto (Org.). *Temas de Direito Penal Econômico*. São Paulo, Revista dos Tribunais, 2001, pp. 235-277; ZAFFARONI, Eugenio Raúl. La Globalización y las Actuales Orientaciones de la Política Criminal. In: PIERANGELI, José Henrique (Coord.). *Direito Criminal 1*, Belo Horizonte, Del Rey, 2000, pp. 9-40.

148 Exemplificando, podem ser citados: a dimensão espacial e temporal do Império Romano, a busca de novos territórios pelas potências europeias no final do século XV e início do século XVI com as Grandes Navegações, a Revolução Industrial iniciada na Inglaterra no século XVIII e disseminada para o mundo no século XIX e, mais recentemente, a revolução tecnológica, ocorrida a partir de meado do século XX. Estes momentos representam tentativas de implementar algo muito semelhante com o que hoje se conhece como globalização. No mesmo sentido: FRANCO, Alberto Silva, *op. cit.*, pp. 235-236; ZAFFARONI, *op. cit.*, p. 12.

149 E como tais, promove neste momento o dogma da estabilidade da economia (desregulamentada), liberalização dos mercados de bens e capitais, privatização em massa e catástrofe social, com discursos sobre eficiência, leis de mercado, competitividade, necessidade de privatizações e livre comércio.

150 FRANCO, Alberto Silva, *op. cit.*, p. 258; FARIA, José Eduardo, *op. cit.*, pp. 50-51; COIMBRA, Cecília. *Operação Rio: O mito das classes perigosas*. RJ, Oficina do Autor, 2001, pp. 129-130; MACCALOZ, Salete. *O Poder Judiciário, os Meios de Comunicação e Opinião Pública*, RJ, Lumen Juris, 2002, pp. 65-66.

151 No mesmo sentido, ver WACQUANT, Loïc: 1) *Punir os Pobres: a nova gestão da miséria nos Estados Unidos*. Rio de Janeiro, Freitas Bastos, Instituto Carioca de Criminologia, 2001; *As Prisões da Miséria*. Rio de Janeiro, Jorge Zahar Editor, 2001; *Os Condenados da Cidade*. Rio de Janeiro, Revan, FASE, 2001.

152 Especialmente destacando este aspecto, ver ZAFFARONI, Eugenio Raúl: La Globalización y las Actuales Orientaciones de la Política Criminal. In: PIERANGELI, José Henrique (Coord.). *Direito Criminal 1*, Belo Horizonte, Del Rey, 2000, pp. 22-26; *Em busca das penas perdidas: a perda de legitimidade do sistema penal*, Rio de Janeiro, Revan, 1991; Aula ministrada sobre a "Criminologia na Argentina", no Curso de Mestrado em Ciências Criminais da Universidade Candido Mendes – UCAM/Centro, em 25.10.2001.

o *boom* no seu preço enriqueceu os países exportadores, que transferiram seus recursos financeiros para os bancos europeus e americanos que, por sua vez, emprestaram para a América Latina. Com a crise do México, reestruturou-se o sistema e foi implantado o mecanismo da securitização. Além da criação, desenvolvimento e disseminação do computador, "[...] uma concentração maciça de capitais controlada por empresas transnacionais, [...], possibilitou um capitalismo de nova cara. A idéia-chave desse moderno capitalismo centrou-se na criação de um mercado, em escala mundial, gerido por regras próprias e dotado de enorme força de propagação".[153]

Neste novo cenário, "os capitais concentrados nas empresas transnacionais adquirem uma incrível mobilidade e, na busca incessante de lucros imediatos, revelam uma ilimitada volatilibilidade".[154] Assim, a grande concentração de capitais nas mãos de poucos, a sua mobilidade acelerada e a celeridade na divulgação de notícias pelos órgãos da mídia "constituem o tripé do novo modelo capitalista gerador de um poder econômico global, sem possibilidade de controle por parte do poder político nacional".[155]

Diante das transformações que moldaram este novo cenário político, social, econômico e cultural, o Direito viu-se obrigado a evoluir, ampliando o elenco de delitos puníveis (com a pena de prisão). No Brasil, a partir da década de sessenta, a legislação penal extravagante cuidou de tentar reprimir condutas consideradas lesivas à Economia do Estado (como o mercado financeiro e a ordem tributária). A partir dos anos noventa, o Estado brasileiro (então) recém 'redemocratizado' editou diversas leis no mesmo sentido.[156]

DIREITO PENAL ECONÔMICO: DEFINIÇÃO E BEM JURÍDICO[157]

Em consequência desta recente transformação, a definição dos tipos de delitos compreendidos no âmbito do Direito Penal Econômico ainda não é exata. Em uma abordagem inicial, é possível encontrar três diferentes matizes para defini-lo: a primeira, sob uma ótica criminológica; a segunda, sob um olhar voltado à criminalística; e a terceira, sob a visão da dogmática jurídico-penal.

Inicialmente, sob a ótica criminológica, destaca-se a obra de Edwin H. Sutherland. O autor entendia o "*delito de cuello blanco*" como sendo "[...] un delito cometido por una persona de respetabilidad y *status* social alto en el curso de su ocupación". Diante deste conceito, "lo significativo del delito de 'cuello blanco' es que no está asociado con la pobreza, o con patologías sociales y personales que acompañan la pobreza".[158] Focando-se nos aspectos subjetivos do agente, o crime do colarinho branco pode decompor-se em alguns elementos. São eles: a existência de um

---

153 FRANCO, Alberto Silva. Globalização e Criminalidade dos Poderosos. In: PODVAL, Roberto (Org.). *Temas de Direito Penal Econômico*. São Paulo, Revista dos Tribunais, 2001, pp. 236-239.

154 FRANCO, Alberto Silva, *op. cit.*, p. 240.

155 FRANCO, Alberto Silva, *op. cit.*, p. 241.

156 Para melhor visualização da cronologia de publicação de leis prevendo delitos compreendidos no âmbito do Direito Penal Econômico, ver adiante o item *Panorama da legislação vigente sobre crimes econômicos no Brasil*.

157 Para aprofundamento deste tema, ver: MARTÍNEZ-BUJÁN PÉREZ, Carlos. *Derecho Penal Económico: Parte General*. Valencia, tirant lo blanche, 1988, pp. 89-117; GULLO, Roberto Santiago Ferreira. *Direito Penal Econômico*. Rio de Janeiro, Lumen Juris, 2001, pp. 15-18.

158 Em nota de rodapé, o autor explicou a origem do termo "colarinho branco". Anotou que se referia principalmente a empresários e executivos, no sentido usado por um presidente da *General Motors*, que escreveu *Una Autobiografia de un Trabajador de Cuello Blanco*" (SUTHERLAND, Edwin H. *El delito de cuello blanco*. Trad. Rosa del Olmo. Madrid, La Piqueta, 1999, p. 65). Oposto ao 'colarinho branco' há o colarinho azul, este representativo dos integrantes das classes trabalhadoras e subalternas.

crime; cometido por pessoas respeitáveis; com elevado estatuto social; no exercício da sua profissão; ocorrendo, em regra, uma violação de confiança; e com especial dano social.[159]

Em síntese, "apenas nos ocuparemos dos delitos praticados por agentes com uma especial característica – o poder, quer ele advenha de uma privilegiada posição social, quer decorra de uma favorecedora situação económica".[160]

Sob um olhar criminalístico, Eduardo Correia perspectiva este tipo de crime: "conhece-se a complexidade das matérias do direito penal económico, a dificuldade da prova das suas infracções, pelo que importaria especializar a competência das instâncias de investigação, instrução e julgamento".[161]

E por último, segundo a dogmática jurídico-penal, "o termo Direito Penal Económico privilegia os atentados contra o sistema económico",[162] abrangendo o mercado, as instituições em que se exprime a vida econômica, a direção pelo Estado dos seus investimentos e seu poder de controle e fiscalização (mercadorias, serviços, preços etc.).[163] O bem e/ou interesse juridicamente relevante e tutelado pela norma do Direito Penal Econômico refere-se à proteção do sistema socioeconômico, compreendido neste termo: de um lado, a política econômica do Estado e os meios para a sua realização de maneira segura e regular (sentido estrito);[164] e de outro, o patrimônio de indefinido número de pessoas e o comércio em geral, a troca de moedas, a administração pública etc.,[165] tuteláveis de maneira supra individual e em prol de toda a sociedade (sentido amplo e de maneira mediata).

Panorama da legislação vigente sobre crimes econômicos no Brasil[166]

No Brasil, a opção política pela chamada "inflação legislativa" sempre se dirigiu no sentido de não compilar os diversos dispositivos sobre crimes econômicos em um mesmo diploma legal (Código). Ao contrário, os tipos penais referentes aos crimes do Direito Penal Econômico sempre foram previstos na legislação extravagante e sem qualquer preocupação com a sistematização e coerência dos mesmos.

---

159 Resumido por SANTOS, Cláudia Maria Cruz, *op. cit.*, pp. 193-195 (Temas). No mesmo sentido, ver: BAJO, Miguel e BACIGALUPO, Silvina, *Derecho Penal Económico*, Madrid, Editorial Centro de Estudios Ramón Areces, S.A., 2001, pp. 25 e ss.

160 SANTOS, Cláudia Maria Cruz. *O crime de colarinho branco...*, Coimbra, Coimbra Editora, 2001, p. 16. Exclui-se desta noção o criminoso vulgar.

161 *Notas críticas à penalização de actividades económicas*, op. cit., p. 366. No mesmo sentido, os professores Jorge de Figueiredo Dias e Manuel da Costa Andrade escreveram que: "a partir da circunstância de os crimes económicos, em virtude de sua normal complexidade, só poderem ser investigados e julgados mediante processos especiais, por polícias e magistrados dotados de conhecimentos da moderna vida económica e mediante o dispêndio de avultadas quantias [...]" (cf. *op. cit.*, p. 82).

162 Esta foi parte da 4ª Resolução elencada ao final do Colóquio Preparatório da Associação Internacional de Direito Penal, ocorrida em Freiburg, em setembro de 1982. Ver: COSTA, José de Faria e ANDRADE, Manuel da Costa. Sobre a concepção e os princípios do Direito Penal Econômico – Notas a propósito do colóquio preparatório da AIDP. In: PODVAL, Roberto (Org.). *Temas de Direito Penal Econômico*, São Paulo, Revista dos Tribunais, 2000, p. 119. No mesmo sentido, ver: BAJO, Miguel e BACIGALUPO, Silvina. *Derecho Penal Económico*, Madrid, Editorial Centro de Estudios Ramón Areces, S.A., 2001, p. 11.

163 DIAS, Jorge de Figueiredo e ANDRADE, Manuel da Costa, *op. cit.*, p. 81-87. No mesmo sentido, ver: PEREZ DEL VALLE, Carlos. Introducción al Derecho Penal Económico. In: BACIGALUPO, Enrique (Org.). *Derecho Penal Económico*. Buenos Aires, Hammurabi, 2000, p. 29-35.

164 Estes delitos são integrados por "[...] aquellas infracciones que atentan contra la actividad interventora y reguladora del Estado en la economía [...]" (PEREZ, Carlos Martinez-Bujan, *op. cit.*, p. 33).

165 PIMENTEL, Manoel Pedro, *op. cit.*, pp. 19-25. No mesmo sentido, ver: BAJO, Miguel e BACIGALUPO, Silvina, *op. cit.*, pp. 11-17.

166 Para aprofundamento deste tema, ver: ARROYO ZAPATERO, Luis e MARTÍNEZ, Rosário de Vicente (Orgs.). *Derecho Penal Económico*. Barcelona, Editorial Ariel S.A., 2001; PRADO, Luiz Regis. *Direito Penal Econômico*. São Paulo, Revista dos Tribunais, 2004; DAVID, Fernando Lopes. *Dos crimes contra o sistema financeiro nacional*. São Paulo, Iglu Editora, 2003; MACHADO, Hugo de Brito. *Estudos de Direito Penal Tributário*. São Paulo, Atlas, 2002 etc.

Em panorama da legislação vigente sobre crimes econômicos no Brasil, destacam-se sobre: 1) a *fraude*, o estelionato e suas modalidades,[167] outras fraudes,[168] fraude na fundação ou administração de sociedade por ações,[169] emissão irregular de *warrant*,[170] fraude à execução,[171] a falsificação de moedas e crimes assimilados[172] e a falsificação de títulos e papéis públicos;[173] 2) a *proteção da propriedade industrial*, a violação de direito autoral,[174] a Lei n. 9.279/96[175] e a Lei n. 9.609/98;[176] 3) o *mercado financeiro*, a Lei n. 4.728,[177] a Lei n. 7.134/83,[178] a Lei n. 7.492/86,[179] a expressa menção feita ao Código Penal pelo art. 73 da Lei Complementar n. 101/00,[180] os crimes contra as Finanças Públicas,[181] o sigilo das operações de instituições financeiras,[182] o art. 64 da Lei n. 8.383/91,[183] a Lei n. 9.613/98[184] e a Lei n. 10.303/01;[185] 4) a *ordem tributária*, a emissão de duplicata simulada,[186] a Lei n. 4.729/65,[187] a redução da multa para o pagamento de débitos para com a Fazenda Nacional,[188] a fraude na obtenção de benefícios fiscais na área do imposto de renda concedido a operações de caráter cultural e artístico,[189] a hipótese de aplicação da multa prevista no art. 13 da Lei Complementar n. 77,[190] a Lei n. 8.137/90,[191] o art. 59 da Lei n. 9.069/95,[192] a Lei n. 9.112/95,[193] o art. 34 da Lei n. 9.249/95[194] e o art. 83 da Lei n.

---

167 Com previsão no art. 171 e seus dispositivos do Código Penal.

168 Art. 176 do Código Penal.

169 Art. 177 do Código Penal.

170 Art. 178 do Código Penal.

171 Art. 179 do Código Penal.

172 Arts. 289 e ss. do Código Penal.

173 Arts. 293 e ss., além de outras falsidades previstas nos arts. 306 e ss, todos do Código Penal.

174 De acordo com os arts. 184 e 186, ambos do Código Penal.

175 De 14.05.1996, que regula direitos e obrigações relativos à propriedade industrial (arts. 183 a 204).

176 De 19.02.1998, que dispõe sobre a proteção da propriedade intelectual de programa de computador (arts. 12 a 14).

177 De 14.07.1965, que disciplina o mercado de capitais e estabelece medidas para o seu desenvolvimento (arts. 66 e 66-A, 72 a 74).

178 De 26.10.1983, que dispõe sobre a obrigatoriedade de aplicação dos créditos e financiamentos de organismos governamentais e daqueles provenientes de incentivos fiscais.

179 De 16.06.1986, que define os crimes contra o sistema financeiro nacional.

180 De 04.05.2000, que estabelece normas de finanças públicas voltadas para a responsabilidade na gestão fiscal.

181 Previstos nos arts. 359-A a 359-H do Código Penal, acrescentados pela Lei n. 10.028, de 19.10.2000.

182 Regulado pela Lei Complementar n. 105, de 10.01.2001.

183 De 30.12.1991, que institui a Unidade Fiscal de Referência.

184 De 03.03.1998, que dispõe sobre os crimes de "lavagem" ou ocultação de bens, direitos e valores; a prevenção da utilização do sistema financeiro para os ilícitos previstos nesta lei e cria o COAF.

185 De 31.10.2001, que acrescentou o Capítulo VII-B (Dos Crimes contra o Mercado de Capitais) à Lei n. 6.385, de 07.12.1976, que dispõe sobre o mercado de valores mobiliários.

186 Previsto no art. 172 do Código Penal.

187 De 14.07.1965, que define o crime de sonegação fiscal.

188 Consoante dispõe o art. 72 da Lei n. 7.450, de 23.12.1985.

189 Arts. 11 e 14 da Lei n. 7.505, de 02.07.1986.

190 De 13.07.1993, que instituiu o IPMF.

191 De 27.12.1990, que define crimes contra a ordem tributária, econômica...

192 De 29.06.1995, que dispõe sobre o Plano Real, o Sistema Monetário Nacional...

193 De 10.10.1995, que dispõe sobre a exportação de bens sensíveis e serviços diretamente vinculados (arts. 1º e 7º).

194 De 26.12.1995, que altera a legislação do Imposto de Renda das Pessoas Jurídicas, bem como da Contribuição Social sobre o Lucro Líquido.

9.430/96;[195] 5) a *proteção laboral e previdenciária*, a apropriação indébita previdenciária,[196] os crimes contra a organização do trabalho,[197] o art. 95 da Lei n. 8.212/91,[198] o art. 19, § 2º da Lei n. 8.213/91;[199] 6) a *proteção dos consumidores*, a fraude no comércio,[200] os crimes contra a saúde pública,[201] a Lei n. 1.521/51,[202] a Lei n. 7.802/89,[203] a Lei n. 8.078/90,[204] Lei n. 8.137/90e[205] e a Lei n. 8.176/91;[206] 7) a *proteção da livre concorrência*, a Lei n. 8.884/94[207] e a Lei n. 9.841/99;[208] 8) a *corrupção*, nos crimes contra a Administração Pública[209] e os crimes contra a Administração da Justiça;[210] 19) a *proteção ambiental*, a Lei n. 7.347/85,[211] a Lei n. 8.974/95[212] e a Lei n. 9.605/98.[213]

O TRATAMENTO DIFERENCIADO DOS ILEGALISMOS PRIVILEGIADOS E A IMPUNIDADE[214]

Em inédito Curso de Criminologia intitulado *A Construção dos Problemas Sociais*,[215] o professor Fernando Acosta explicou o que entende como "a polissemia jurídica dos ilegalismos privilegiados".[216] Em apertada síntese, este tópico transmitirá algumas lições aprendidas naquele Curso, agora de maneira parcial e incompleta.

---

195 De 27.12.1996, que dispõe sobre a legislação tributária federal.

196 Cuidada pelo art. 168-A do Código Penal, acrescentado pela Lei n. 9.983, de 14.07.2000.

197 Regulados pelo Título IV da Parte Especial do Código Penal (arts. 197 a 207).

198 De 24.07.1991, que dispõe sobre a organização da Seguridade Social.

199 De 24.07.1991, que dispõe sobre os Planos de Benefícios da Seguridade Social.

200 Art. 175 do Código Penal.

201 Previstos no Capítulo III do Título VIII da Parte Especial do Código Penal.

202 De 16.12.1951, que alterou dispositivos da legislação sobre os crimes contra a economia popular.

203 De 11.07.1989, que dispõe sobre a pesquisa, a experimentação, a produção, a embalagem e rotulagem, o transporte, o armazenamento, a comercialização, a propaganda comercial, a utilização, a importação, a exportação, o destino final dos resíduos e embalagens, o registro, a classificação, o controle, a inspeção e a fiscalização de agrotóxicos, seus componentes e afins (arts. 14 a 17).

204 De 11.09.1990, que dispõe sobre a proteção do consumidor, especialmente nos arts. 61 a 80.

205 De 27.12.1990, que define crimes contra as relações de consumo...

206 De 08.02.1991, que define crimes contra a ordem econômica...

207 De 11.06.1994, que dispõe sobre a prevenção e repressão às infrações contra a ordem econômica.

208 De 05.10.1999, que instituí o Estatuto da Micro Empresa e da Empresa de Pequeno Porte, dispondo sobre o tratamento jurídico diferenciado, simplificado e favorecido previsto nos arts. 170 e 179 da Constituição Federal (arts. 1º, 32 e 33).

209 Praticados por funcionário público (arts. 312 a 327, todos do Código Penal) ou por particulares (arts. 328 a 337-A, todos do Código Penal), inclusive contra a administração estrangeira (arts. 337-B a 337-D, todos do Código Penal).

210 Cf. arts. 338 a 359, todos do Código Penal. É interessante ver as modificações aos arts. 33, § 4º, 317 e 333, promovidas pela Lei n. 10.763, de 12.11.2003.

211 De 24.07.1985, que disciplina a ação civil pública de responsabilidade por danos causados ao meio ambiente...

212 De 05.01.1995, que regulamenta os incisos II e V do § 1º do art. 225 da Constituição Federal, estabelece normas para o uso de técnicas de engenharia genética e liberação no meio ambiente de organismos geneticamente modificados...

213 De 12.02.1998, que dispõe sobre as sanções penais e administrativas derivadas de condutas e atividades lesivas ao meio ambiente.

214 Para aprofundamento deste tema, ver: Miguel Bajo e Silvina Bacigalupo, *Derecho Penal Económico*, Madrid, Editorial Centro de Estudios Ramón Areces, S.A., 2001, pp. 65-91; VILLALBA, Francisco Javier de Leon. *Acumulación de sanciones penales y administrativas: sentido y alcance del principio "ne bis in idem"*. Barcelona, Bosch, 1998.

215 E ministrado pelo prof. Dr. Fernando Acosta, da Universidade de Ottawa – Canadá, entre os dias 28 de maio e 19 de junho de 2004, no auditório do IBCCrim, em São Paulo.

216 Esta expressão ("ilegalismos privilegiados") é tomada no sentido que lhe quis dar Michel Foucault, quando em sua obra distinguia *ilegalisme de ilegalité*. Já que o autor nunca deu uma definição exata, o professor especulou que a referência era às formas de transgres-

A própria tipificação de um comportamento transgressivo em si já é ela própria seletiva dos diferentes tratamentos que serão dispensados aos diversos tipos de conflitos sociais subjacentes.[217]

Há comportamentos transgressivos que são tipificados nos âmbitos do direito civil, administrativo e/ou penal. Cada um destes ramos do Direito cuida particularmente do ilícito cometido no seu âmbito normativo de tutela.[218]

A situação característica dos "ilegalismos privilegiados" ocorre justamente naquele ponto de intersecção em que os três âmbitos se entrecruzam, possibilitando, *in thesis*, que o comportamento transgressivo seja tratado como ilícito civil, administrativo e penal.[219]

E a partir da reivindicação de cada um destes legítimos campos do Direito para tutelar a retribuição ao ilícito praticado, os três simultaneamente atribuem certa parcela de definição ignorando o todo envolvido, e curiosa e paradoxalmente, um levando sempre em consideração a atuação repressiva do outro, quando se vigiam e se influenciam.

O professor exemplifica, citando como conhecidos ilegalismos privilegiados com grandes impactos de vitimização: "acidentes de trabalho",[220] poluição industrial,[221] erro médico,[222] produção e circulação de drogas utilizadas

---

sões que não tinham nome, não eram normatizadas ou selecionadas, sendo geralmente toleradas.

217 Exemplo mencionado pelo professor em sala de aula para demonstrar o atendimento da seleção na tipificação a orientações políticas, sociais, econômicas etc. foi o seguinte: Qual é a diferença efetiva entre subtrair dinheiro alheio por descumprimento ou inadimplência de cláusula contratual e furto? Parece que o resultado observado é o mesmo: empobrecimento no patrimônio do lesado.

218 Podem tratá-lo: de maneira isolada e independente; de maneira isolada e interdependente; e de maneira conjunta e interdependente.

219 Este *excesso de tipificação* (civil, administrativa e/ou penal), leva à *não tipificação*, na medida em que todos os três âmbitos podem cuidar teoricamente do ilícito. Atribuem-se ao mesmo ilícito, várias significações jurídicas simultâneas. As fronteiras entre cada um destes campos específicos não são facilmente enquadráveis.

220 Exemplificando, em matéria jornalística ("Detectadas falhas na segurança em 92 por cento das empresas de construção civil") veiculada pelo Jornal português *Público*, no dia 06.12.2004, esclareceu-se que: "a Campanha Europeia de Segurança na Construção, levada a cabo pela Inspecção-Geral do Trabalho (IGT) entre junho e outubro deste ano, detectou irregularidades na esmagadora maioria (92 por cento) das empresas visitadas", o que resultou em: 83 acidentes mortais registrados no setor da construção civil até o dia 25 de novembro; "mais de 500 empresas que não cumpriam ou cumpriam de forma muito deficiente as regras respeitantes à avaliação dos riscos das quedas em altura"; resultou na emissão de 416 autos de advertência (para infrações pouco graves) e para cima de duas mil notificações para a tomada de medidas preventivas; e perto de 900 obras foram suspensas e aproximadamente duas mil foram sujeitas a coimas. Disponível na Internet: http://ultimahora.publico.pt/imprimir.asp?id=1210123&idcanal=62. Acesso em: 06.12.2004.

221 Em repertório virtual (Panapress: A perspectiva Africana), veiculado em 24.11.2004, chama-se a atenção para o fato de que "Poluição industrial atinge nível alarmante no Benin". Nesta matéria, esclarece-se que os resíduos (*v.g.* derivados gasosos do carbono e dos hidrocarbonetos líquidos, detergentes, aoerossóis, fluoretos, colorantes etc.) provenientes de algumas empresas transformadoras (*v.g.* Sociedades de Indústria de Gorduras, de Bebidas, de Pintura e Colorantes, além das Têxteis) são despejados geralmente no mar, em lagunas e na natureza. A matéria chama a atenção para o inquérito sobre a gestão dos resíduos sólidos em Cotonou, Benin, realizado pelo Ministério do Ambiente daquele país. Disponível na Internet: http://www.panapress.com/ freenewspor.asp?code=por015461&d te=24/11/2004. Acesso em: 06.12.2004].

222 Tormentosa questão tem sido levantada pelo grau de responsabilidade (civil, penal e disciplinar) decorrente do erro médico. Diversos artigos doutrinários, explicações aos consumidores/pacientes e/ou esclarecimentos têm sido divulgados pela Internet (*v.g.* Erro Médico: O que fazer? Disponível na Internet: http://www.saudevidaonline.com.br/erro1.htm [06.12.2004]). Em recente caso cercado de rumores e holofotes, "Ministério Público aponta erro médico na morte da cantora Cássia Eller" em 26.10.2004 (Disponível na Internet: http://www1.folha.uol.com.br/folha/ilustrada/ult90u47954.shtml [06.12.2004]) e "Juíza rejeita tese de erro médico na morte da cantora Cássia Eller" em 25.11.2004 (Disponível na Internet: //www.jornaldamidia.com.br/noticias/2004/11/Brasil/25-Juiza_rejeita_tese_de_erro_med.shtml. Acesso em: 06.12.2004]).

para fins farmacêuticos,[223] corrupção,[224] **crimes econômicos**,[225] violência policial[226] etc.

É neste cenário que ocorre o privilégio destes ilegalismos. A soma das três possíveis retribuições ao ilícito (civil, administrativo e/ou penal) se anula, levando a uma diluição da responsabilidade do agente, ou seja, as próprias instituições de controle promovem a desconstrução destes problemas sociais.[227]

E quando isso ocorre, há efetiva tentativa de repressão ao ilícito praticado (civil, administrativo e/ou penal). Todavia, a hipótese mais frequente é que os ilegalismos privilegiados não sejam condenados ou sejam absolvidos ou arquivados. Neste caso, é equivocado falar-se em "impunidade".[228]

UMA PROPOSTA DE ADEQUAÇÃO DA REPRESSÃO AOS DELITOS DE DIREITO PENAL ECONÔMICO: A PERDA DE BENS

Com a objeção doutrinária precoce da pena de prisão, não é de hoje que se impõe pensar em alternativas que sejam proporcionais ao sistema penal vigente e contemporâneo.

Em alguns países, a tendência dirige-se no sentido de uma justiça que coloque agente e lesado face a face e que seja eficaz na busca da reparação do mal causado ao segundo pelo primeiro. Com isso, atingem-se dois objetivos necessários: revitalizar a esquecida figura do lesado[229] e reduzir quantitativamente a responsabilidade do Estado na execução da pena de prisão.[230]

Tratando-se de crimes patrimoniais, esta solução apresenta-se de maneira ainda mais simples: a reparação do dano deve ser a devolução integral do valor subtraído. A isso podem agregar-se outras penas, regularmente previstas na Constituição da República e que se encontram em estado vegetativo de hibernação como **a perda de bens**.

A boa técnica recomenda que sejam fixados parâmetros máximo e mínimo, dentro do qual a pena seria aplicada. A reparação do dano patrimonial causado seria integral. Assim, o valor a ser devolvido pelo agente coincidiria com o valor subtraído. Além disso, a pena a ser aplicada pelo juiz (em reconhecimento e retribuição ao seu

---

223 Recentemente, foi muito comentado no Brasil o Caso Vioxx, remédio antiinflamatório produzido pela empresa farmacêutica Merck, "retirado do mercado após descobertas ligações do remédio com problemas cardíacos", já que aumenta os riscos de derrames e ataques cardíacos. Em matéria veiculada em 07.10.2004, o site da Folha destacou que "Concorrentes do Vioxx também trazem riscos, alertam estudos", com base em matéria veiculada originariamente na France Presse, em Washington (EUA). Disponível na Internet: http://www1.folha.uol.com.br/folha/ciencia/ult306u12528.shtml [06.12.2004].

224 Segundo estimativa de um especialista da ONU, "pelo menos US$ 1,5 trilhão, ou 5% do PIB mundial, são desviados por ano", de acordo com manchete ("Corrupção gira US$ 1,5 tri"), veiculado pelo JB em 12.12.2003. Disponível na Internet: http://jbonline.terra.com.br/jb/papel/economia/2003/12/11/ joreco20031211010.html [06.12.2004].

225 Ver: "Brecha legal suspende os processos contra sonegação", matéria escrita pela jornalista Marta Watanabe e veiculada pelo *Jornal Valor Econômico*, em 07.10.2004, tanto com chamada na capa como também aprofundamento na página A3.

226 É o que destaca, por exemplo, a matéria "Impunidade aumenta violência policial no Brasil", publicada pelo Estadão em 03.03.2002. Disponível na Internet: http://www11.estadao.com.br/agestado/noticias/2002/dez/03/ 297.htm [06.12.2004].

227 Aplicando estas lições aos crimes econômicos, a situação agrava-se ainda mais: é inegável a complexidade com a qual tais delitos são praticados. Por outro lado, o sistema penal foi criado, desenvolvido e alimentado para funcionar contra delitos simples.

228 A utilização indiscriminada do termo "impunidade" merece crítica veemente, na medida em que só deveria ser usada para os casos em que a prática do ilícito (civil, administrativo e/ou penal) é conhecida e as instituições de controle simplesmente não tomam nenhuma providência no sentido de reprimi-la, permanecendo em estado de absoluta inércia.

229 Relegado a um plano secundário, desde que o Estado tomou para si a exclusividade no exercício do *jus puniendi*.

230 Função que o Estado não tem desempenhado bem. Os esforços estatais seriam dirigidos à investigação, policiamento ostensivo, acusação e julgamento. Sobrariam recursos humanos e financeiros para a melhoria das condições dos estabelecimentos prisionais, reservados aos casos penais mais violentos e agressivos.

comportamento criminoso) seria variável. Por exemplo, tal variação poderia abranger desde o piso mínimo de um décimo o valor subtraído e devolvido até o teto máximo de dez vezes este valor.

A dosagem adequada seria verificada no caso concreto, quando o magistrado teria oportunidade de ponderar, dentro dos parâmetros apresentados: a conduta social, os antecedentes, a personalidade e a condição econômica do agente, além dos motivos, as circunstâncias e consequências do crime.

Sendo vedada a prisão por dívida no Brasil, seria fundamental ao magistrado a exata noção da condição econômica do agente, exatamente para que a pena seja compreendida pelo mesmo como uma reprovação social suficiente para que não pense em reincidir no futuro e retribua à sociedade o mal que causou lesando o patrimônio comum.

Obviamente, não seria possível a perda do imóvel residencial próprio do casal, ou da entidade familiar do agente, nos termos do art. 1º da Lei n. 8.009, de 29.03.1990, que dispõe sobre a impenhorabilidade do bem de família.[231]

A EXTINÇÃO DA PUNIBILIDADE NOS DELITOS COMUNS E ECONÔMICOS[232]

A lei nacional não fornece um rol taxativo das causas capazes de extinguir a punibilidade nos crimes comuns e tampouco nos delitos econômicos.[233]

O comportamento posterior ao delito pode ser positivo (quando realizado em favor do lesado ou da Administração da Justiça) ou negativo (consistente em uma conduta ilícita ou contrária aos interesses da Administração da Justiça).[234]

Quando negativo, o comportamento posterior agrava a conduta criminosa inicial do agente, sendo a soma de ambos mais gravemente reprovada pela sociedade e, consequentemente, pelo juiz na aplicação da pena.[235]

Ao contrário, o comportamento posterior positivo é capaz de extinguir, isentar ou reduzir a pena. A escolha entre estas três distintas situações não é discricionária. Quando prevista normativamente, depende de verificação objetiva no caso concreto da aplicação de sua norma legal (exclusão ou isenção).

Na ausência de norma explícita neste sentido, caberá ao juiz emitir um juízo de valor fundamentado sobre o grau de satisfação, reconhecido pela sociedade e constante nos autos, suficiente para precisar com exatidão a quantidade de redução da pena que o agente merece. As previsões legais sobre redução colocam à disposição do juiz uma proporção, na qual situará a conduta criminosa, atenuada pelo comportamento posterior positivo.[236]

A ideia subjacente é que sejam criadas condições para a desnecessidade (ou reduzida necessidade) de uma medida penal, uma vez que seu comportamento reparador ajustou-se aos fins da prevenção geral e especial da pena.[237]

Em alguns casos de lesão patrimonial, "a relevância desempenhada pela reparação do prejuízo causado, compensadora do desvalor do resultado e pressuposto efetivo da causa extintiva da punibilidade"[238] pode ser suficiente para excluir ou isentar da pena o agente.

---

231 Bem como qualquer outra exceção já prevista, ou que venha a ser prevista, em lei nacional.

232 Para aprofundamento deste tema, ver: RÍOS, Rodrigo Sánchez. *Das Causas de Extinção da Punibilidade nos Delitos Econômicos*, São Paulo, Revista dos Tribunais, 2003; SCHMIDT, Andrei Zenckner. *Exclusão da Punibilidade em Crimes de Sonegação Fiscal*, Rio de Janeiro, Lumen Juris, 2003; CABRAL, Juliana. Extinção da punibilidade e crime tributário. *Jornal Valor Econômico*, 26.10.04, p. E-2.

233 Segundo o professor Rodrigo Sánchez Rios, "partindo do reconhecimento legislativo das modalidades extintivas da punibilidade, verifica-se a inexistência de uma definição legal destes institutos, seja na legislação comum ou na especial" (*op. cit.*, p. 16).

234 Rodrigo Sánchez Rios, *op. cit.*, p. 42.

235 É o que ocorre, *v.g.*, com quaisquer causas capazes de aumentar a pena (qualificadora, agravante, causa de aumento propriamente dita etc.).

236 É o que ocorre, *v.g.*, com as causas capazes de diminuir a pena (privilégio, atenuação, modalidade culposa, exclusão de ilicitude, causa de diminuição propriamente dita etc.).

237 Rodrigo Sánchez Rios, *op. cit.*, p. 51.

238 Rodrigo Sánchez Ríos, *op. cit.*, p. 53.

Merece destaque o instituto de extinção da punibilidade pelo pagamento do crédito tributário (ou simplesmente autodenúncia liberadora de pena), oriunda da 'Legislação Tributária' alemã de 1977 e ainda vigente.[239] Este instituto fundamenta-se sob dois enfoques: o político-fiscal, pelo qual se reconhece a sua excepcionalidade, mas justifica-se diante da necessidade de gerar para o Estado recursos fiscais e arrecadação; e o jurídico-penal, sobre a controvertida natureza jurídico-penal e o alcance do instituto.[240]

As condutas acessórias são abrangidas pelo delito econômico, quando atividades intermediárias para alcançar esta última finalidade. Este englobamento se dá através do conhecido critério da consunção, conforme entendimento jurisprudencial majoritário.[241]

Além disso, o pagamento espontâneo efetuado com base no art. 138 do CTN[242] tem consequências no âmbito penal. Para entendê-la, impõe-se reconhecer que "estamos diante de uma infração penal em que é pressuposto do ilícito penal, no mínimo, o ilícito fiscal, sob pena de termos a possibilidade de um contribuinte ser condenado por um delito de sonegação em relação a um tributo que não existe ou que não é devido".[243]

O CRIME DO COLARINHO BRANCO E O 'CRIME ORGANIZADO'

Deixando de lado tormentosas questões sobre o conceito e as formas exatas em que se desdobram os variados tentáculos do crime organizado,[244] impõe-se reconhecer algumas interpenetrações possíveis, e até comuns, entre o crime do colarinho branco e outros tipos de crimes conhecidos – e ainda pouco delineados na doutrina – como 'crime organizado'.

Opta-se em buscar uma perspectiva que aproxime o crime do colarinho branco com o crime dito 'organizado', compreendida nesta noção algo que transite em torno de tráfico de drogas, lavagem de capitais e corrupção. Em certa medida, é possível também realizar este exercício de aproximação com o terrorismo, atualmente mais em voga do que nunca.

Na história recente, o conceito de crime organizado vincula-se à ideia de "actividades lucrativas no âmbito do mercado negro e relacionadas, portanto, com o fornecimento de bens ou serviços intensamente desejados mas ilícitos".[245]

---

239 Rodrigo Sánchez Ríos, *op. cit.*, p. 138.

240 Buscando subsídios na doutrina alemã e espanhola para definir a natureza jurídico-penal do instituto, Rodrigo Sánchez Ríos fornece elementos para pensar esta controvertida questão. Em tese, "um comportamento voluntário pós-delitivo, acompanhado da devida reparação" dá feição de escusa absolutória ao instituto. Criticada no direito estrangeiro, esta tem sido substituída pela causa de liberação de pena. Quanto ao alcance, o autor reitera a divergência doutrinária sobre a extensão do benefício aos partícipes auxiliares (*op. cit.*, pp. 140-152)

241 Por outro lado, "da mesma forma se reconhece a firme posição jurisprudencial indicadora da não procedência do princípio da consunção diante de condutas cuja potencialidade lesiva não se exaure no crime fiscal" (Rodrigo Sánchez Rios, *op. cit.*, pp. 152-155).

242 Código Tributário Nacional: "**Art. 138.** A responsabilidade é excluída pela denúncia espontânea da infração, acompanhada, se for o caso, do pagamento do tributo devido e dos juros de mora, ou do depósito da importância arbitrada pela autoridade administrativa, quando o montante do tributo dependa de apuração. **Parágrafo Único.** Não se considera espontânea a denúncia apresentada após o início de qualquer procedimento administrativo ou medida de fiscalização, relacionados com a infração".

243 "Afirmar-se a independência das instâncias administrativa e penal é uma conclusão de natureza processual; afirmar-se que a ilicitude é uma só, ao contrário, é uma afirmativa de natureza material […]" (Andrei Zenkner Schmidt, *op. cit.*, pp. 75-77).

244 No Brasil, com a edição da Lei n. 9.034, de 03.05.1996, que "dispõe sobre a utilização de meios operacionais para a prevenção e repressão de ações praticadas por organizações criminosas", a doutrina criticou diversos dispositivos ali contidos. De início, duras críticas foram dirigidas à impropriedade legislativa constante já no art. 1º, que pretendeu estabelecer o objeto a ser alcançado pelo então novel diploma legal. Ex.: MAIA, Rodolfo Tigre. *O Estado desorganizado contra o crime organizado*, Rio de Janeiro, Lumen Juris, 1997, pp. 68-69; QUEIROZ, Carlos Alberto Marchi de. *Crime organizado no Brasil*, São Paulo, Iglu, 1998, pp. 17-19; SZNICK, Valdir. *Crime Organizado*, São Paulo, LEUD, 1997, pp. 13-18, entre outros.

245 Cláudia Maria Cruz Santos, *op. cit.*, p. 85.

Dentre as notas caracterizadoras do crime organizado, é possível identificar: "corrupção, violência, sofisticação, continuidade, estrutura, disciplina, actividades diversificadas, envolvimento em actividades empresariais legítimas e hierarquia", além da internacionalização.[246] Além disso, caracteriza-se por: sociedade de criminosos (*societas sceleris*), empresa, liderança, *modus operandi* definido, meios tecnológicos, serviços sociais à comunidade etc.[247] Tais notas são exemplificativas e não cumulativas.[248]

Algumas destas notas são semelhantes aos crimes do colarinho branco, por exemplo, a estrutura, disciplina, hierarquia e internacionalização. Na realidade, estas noções parecem se referir à atividade empresarial, seja ela qual for, lícita ou não.[249]

Em razão desta semelhança – pela atividade empresarial – tanto o crime do colarinho branco como o crime organizado, ambos gozam de relações próximas com as pessoas influentes e poderosas da sociedade. Em consequência, isso facilita exponencialmente a possibilidade de corrupção, que ocorre desde a facilidade de um 'favor' ilegal até a obtenção de informações privilegiadas de maneira ilegal e que supostamente 'vazam' favorecendo poucas pessoas em detrimento de milhares.[250]

A corrupção é um fenômeno poliédrico, cujo estudo interessa a alguns variados ramos do Direito (como o direito constitucional, civil, administrativo e penal), a Ética, a Economia, a Sociologia, a Política etc. Cada um destes ramos do Conhecimento Humano tem a sua perspectiva pela qual olha o fenômeno da corrupção. E o estudo da mesma compreende necessariamente uma visão interdisciplinar e integrada.[251] É possível integrar a corrupção na criminalidade econômica.[252]

O tráfico de drogas é frequentemente associado à ideia de crime organizado. Os principais motivos são a ilegalidade da exploração, produção, distribuição e venda de drogas ilegais e a astronômica rentabilidade que estas atividades propiciam.[253]

---

246 Cláudia Maria Cruz Santos, *op. cit.*, p. 85-86.

247 Valdir Sznick, *op. cit.*, p. 17-28.

248 Em sentido contrário e reconhecendo a insuficiência teórica das tentativas de definição do 'crime organizado', André Luís Callegari expõe: "ainda que não exista um conceito definido de criminalidade organizada, sua vinculação com o crime de lavagem de dinheiro é estreita [...]" (*op. cit.*, p. 30).

249 Talvez a 'organização criminosa' fosse melhor caracterizada se denominada **empreendimento criminoso-empresarial**. Aproximando estas duas noções, André Luís Callegari expõe que: "a doutrina assinala que a criminalidade organizada significa a criminalidade de vários membros da sociedade, que mais que para um fato concreto, associam-se geralmente por tempo indeterminado e organizam sua atividade criminal como se fosse um projeto empresarial" (*op. cit.*, p. 27). No mesmo sentido, estabelecendo uma evidente aproximação entre criminalidade econômica e crime organizado, ver: Carlos Perez del Valle, Introducción al Derecho Penal Económico, cit., p. 36.

250 Em 1973, o professor Manoel Pedro Pimentel já escrevia que: "[...] existem muitos caminhos abertos pela força do tráfico de influência, do abuso do prestígio social ou político, ou da corrupção administrativa", referindo-se à importação pelo Brasil da obsessão do lucro fácil – aliada à falta de escrúpulo – que criou nos Estados Unidos da América do Norte a classe dos criminosos do colarinho branco (*op. cit.*, pp. 27-28).

251 No mesmo sentido: Joaquín González, *Corrupción y Justicia Democrática*. Madrid, Clamores, 2000, p. 36. Atentos a esta característica interdisciplinar do fenômeno da corrupção, estudiosos e professores universitários da Universidad de Salamanca formaram em janeiro de 2000 um 'Grupo de Estudios contra la Corrupción'. Os debates se mostraram tão frutíferos, que o Grupo voltou a se reunir no ano seguinte e foi institucionalizado por aquela prestigiosa Universidade com a inauguração de um Curso de Doutorado, intitulado "La Corrupción: Aspectos jurídicos e econômicos" (livro com o título idêntico, Eduardo A. Fabián Caparrós (Coord.), Salamanca, Ratio Legis, 2000, p. 11).

252 Carlos Perez del Valle, *op. cit.*, p. 38.

253 Dados interessantes são analisados na seguinte obra: KOPP, Pierre. *A economia da droga*, Editora da Universidade do Sagrado Coração – EDUSC, 1997.

Em função do elevado lucro adquirido com tais atividades ilícitas, torna-se necessário lavar o dinheiro para que passe a circular livre e licitamente pelo sistema financeiro nacional e de outros países. Aqui, há também um inegável ponto de interseção entre a lavagem de dinheiro como técnica de legalizá-lo (o dinheiro) e a atividade desenvolvida por grupos terroristas, justamente em busca de meios para escamotear a origem ilícita do dinheiro e o sigilo sobre a quem pertence.[254]

Pelo exposto, observam-se claramente alguns pontos comuns, interconexos e diretamente relacionados entre o crime de colarinho branco e o chamado 'crime organizado'. Além disso, cada um dos tipos de crimes mencionados relaciona-se com os demais, em maior ou menor medida.[255]

Conclusão

Neste cenário brevemente delineado, sobressai a atual conjuntura política, social e econômica vivida pelos diferentes países do mundo. É fenomenal o esforço dos países europeus engajados com o Mercado Comum e a conquista que já alcançaram. Fala-se cada vez mais de um direito penal comunitário, com influência direta nos diversos ordenamentos jurídicos nacionais. Do outro lado do oceano, há a atual potência hegemônica desta era: os Estados Unidos da América do Norte. E paralelo ao Velho e Novo Mundo, há o Oriente, que recentemente vem abrindo a sua porta para o vizinho Ocidente (China). Porém, há situações de extrema pobreza, alto índice de doenças, analfabetismo, desemprego, falta de moradia etc., que suportam os países do hemisfério sul.

Neste caldeirão paradoxal que é o mundo de hoje, somam-se velhas estratégias de exploração da massa com novas roupagens. Em face da novidade, tem-se optado em criminalizar condutas antes irrelevantes, sob o aspecto penal. É neste cenário de emergência do direito penal e, consequentemente, penal econômico, que se insere a importância quanto à reflexão de estabelecer melhores condições de sistematização e coerência dos diversos sistemas de penas existentes nos variados ordenamentos jurídicos-penais.

Parece oportuno aproveitar este momento de definições mínimas para delinear o tipo de direito penal – e, consequentemente, direito penal econômico – que se quer. E neste cenário, mais do que em qualquer outro, é que a mudança na racionalidade do sistema de penas (com a valorização da sanção penal de perda de bens em detrimento da desgastada pena de prisão), por exemplo, se absorveria sem dramas e traumas pela comunidade. Vive-se atualmente em um globo com políticas governamentais indefinidas e incertas. É um momento estratégico para a propositura de mudanças, especialmente relacionadas ao sistema penal.

Rogam-se votos para que não se esteja construindo um futuro de medo, terror e pânico dos cidadãos, face à deterioração do Estado Social e crescimento demasiado do Estado Penal, este amparado pela noção panoptica de Bentham proporcionada pela recente revolução tecnológica assistida.

---

[254] Ver: SHELLEY, Louise. Terrorist Financing. *International Annals of Criminology*. Paris, Societé Internationale de Criminologie, v. 42 – 1/2, 2004, pp. 101-113.

[255] A riqueza investigatória que o tema requer e a escassez de tempo e espaço de que se dispõe não permite o aprofundamento adequado deste tema, que se tornará objeto de estudo específico no futuro.

A inconstitucionalidade e a ilegalidade da Portaria PGFN n. 820, de 25.10.2004

O Senhor Coordenador-Geral da Representação Judicial da Fazenda Nacional, em face da Nota/PGFN/CAT/n. 087/2004, solicitou parecer acerca da possibilidade jurídica da anulação, mediante ação judicial, de decisão de mérito proferida pelo Conselho de Contribuintes.[256]

Em 15.07.2004, o Procurador da Fazenda Nacional emitiu o Parecer PGFN/CRJ/n. 1.087/2004, obtendo nesta data a imediata concordância do Procurador-Geral Adjunto da Fazenda Nacional Substituto, que submeteu o parecer à apreciação de seu chefe. Em 19.08.2004, o Procurador-Geral da Fazenda Nacional aprovou as conclusões do parecer, submetendo o mesmo à apreciação do Senhor Ministro de Estado da Fazenda, cuja aprovação foi publicada no D.O.U. n. 162, Seção 1, de 23.08.2004, pp. 15-17.

Este parecer esclareceu que: "1) existe, sim, a possibilidade jurídica de as decisões do Conselho de Contribuintes do Ministério da Fazenda, que lesarem o patrimônio público, serem submetidas ao crivo do Poder Judiciário, pela Administração Pública, quanto à sua legalidade, juridicidade, ou diante de erro de fato; 2) podem ser intentadas: ação de conhecimento, mandado de segurança, ação civil pública ou ação popular e 3) a ação de rito ordinário e o mandado de segurança podem ser propostos pela Procuradoria-Geral da Fazenda Nacional, por meio de sua Unidade do foro da ação; a ação civil pública pode ser proposta pelo órgão competente; já a ação popular somente pode ser proposta por cidadão, nos termos da Constituição Federal".[257]

Em 29.10.2004, foi publicada a Portaria PGFN n. 820, que "disciplina, no âmbito da Procuradoria-Geral da Fazenda Nacional, a submissão de decisões dos Conselhos de Contribuintes e da Câmara Superior de Recursos Fiscais à apreciação do Poder Judiciário".

A Portaria PGFN n. 820 foi editada pelo Procurador-Geral da Fazenda Nacional "com base no que consta no Parecer PGFN/CRJ/N. 1.087/2004", razão pela qual ambos devem ser analisados simultaneamente.

O art. 1º da Portaria dispõe que: "A submissão de decisões dos Conselhos de Contribuintes e da Câmara Superior de Recursos Fiscais à apreciação do Poder Judiciário, observará, [n]o âmbito da Procuradoria-Geral da Fazenda Nacional – PGFN, o disposto nesta Portaria".

Com base no Parecer n. 1.087/2004, a Portaria n. 820/2004 admite a possibilidade de submeter as decisões dos Conselhos de Contribuintes e da Câmara Superior de Recursos Fiscais à apreciação do Poder Judiciário.

Os fundamentos jurídicos expostos no Parecer são assim resumidos: 1) "as decisões do Conselho de Contribuintes, não restam dúvidas, revestem-se da natureza de ato administrativo [...]"; 2) como tal, as decisões do Conselho de Contribuintes revestem-se dos elementos ou requisitos de quaisquer atos administrativos, quais sejam: a competência do agente, a finalidade, a forma, o motivo e o objeto do ato; 3) para invalidá-los, têm competência tanto a Administração Pública quanto o Poder Judiciário, uma vez que "a anulação consiste na declaração

---

[256] Como antecedente histórico, o Parecer refere-se à derrota do Fisco em julgamento unânime em favor de contribuinte (Fundo de Previdência Privada) perante o Conselho de Contribuintes. Ocorrida a preclusão administrativa, a Procuradoria da Fazenda Nacional interpôs recurso hierárquico visando a anulação da decisão, para o Senhor Ministro de Estado da Fazenda, com fulcro nos arts. 19 e 20 do Decreto-lei n. 200/67. Admitido o recurso pelo Ministro da Fazenda, o contribuinte impetrou o MS 8810/DF, obtendo como resultado a concessão da segurança, por unanimidade (1ª Seção do STJ). Contra o v. acórdão foram opostos embargos de declaração, visando ao prequestionamento da matéria, de modo a ensejar a interposição de recurso extraordinário, que foram rejeitados. Contra o acórdão embargado foi interposto Recurso Extraordinário, o qual encontra-se aguardando o juízo de admissibilidade, para subida ao STF.

[257] Em resposta à seguinte consulta: "1. Existe a possibilidade de se questionar na justiça as decisões dos Conselhos de Contribuintes? 2. Sendo afirmativa a resposta à questão anterior, qual a espécie de ação a ser manejada? 3. No caso de ser possível a interposição de ação para questionamento das decisões dos CC, a quem cabe a iniciativa?".

de invalidade do ato administrativo ilegítimo e ilegal, feita pela própria Administração ou pelo Poder Judiciário"; 4) "[...] nenhum ato do Poder público poderá ser subtraído do exame judicial (de legalidade ou da lesividade do patrimônio público), seja de que categoria for (vinculado ou discricionário) e provenha de qualquer agente, órgão ou poder", sob o pálio dos incisos XXXV e LXXIII do artigo 5º da Constituição da República; 5) diante dos incisos XXXV e LV do art. 5º, "pode-se afirmar que a norma do art. 45 do Decreto n. 70.235, de 1972 (recepcionado, este, com status de lei em sentido material), deve ser interpretada conforme a Constituição, no sentido de que não visou a impedir o acesso da Administração Pública ao Poder Judiciário, porque, se assim não for, seria ela (norma do artigo 45) incompatível com o princípio do monopólio da jurisdição pelo Poder Judiciário", ou seja, "a decisão final proferida pelo Conselho de Contribuintes, desfavorável a qualquer dos sujeitos da relação jurídico-tributária, pode ser submetida ao crivo do Poder Judiciário, seja para controle de legalidade, seja para controle de juridicidade, ou em razão de erro de fato ocorrido no julgamento administrativo".

Com este lastro teórico, o Parecer conclui que: "Nesse contexto, pode-se afirmar que as decisões do Conselho de Contribuintes do Ministério da Fazenda, desfavoráveis a qualquer um dos sujeitos da relação jurídico-tributária, sujeitam-se ao crivo do Poder Judiciário para controle de sua legalidade ou de sua juridicidade, ou em decorrência de erro de fato ocorrido no julgamento administrativo, mormente se e quando ofenderem os princípios administrativos e constitucionais (explícitos ou implícitos) que regem e informam a Administração Pública (v.g. da finalidade, da impessoalidade, da legalidade, da proporcionalidade, da igualdade, da supremacia do interesse público, da moralidade, da eficiência, da probidade, da boa-fé, da motivação da razoabilidade, entre outros)".

A análise necessariamente abrange dois planos distintos: a inconstitucionalidade e a ilegalidade da Portaria PGFN n. 820/2004, baseada no Parecer PGFN/CRJ/n. 1.087/2004.

Quanto ao plano da inconstitucionalidade (capaz de nulificar esta portaria), é preciso situar os fundamentos teóricos do parecer à luz dos contextos lógico, literal, sistemático e axiológico inscritos nos dispositivos mencionados da Constituição da República.

É certo que nenhum ato do Poder Público pode ser subtraído da apreciação pelo Poder Judiciário, conforme regra do inciso XXXV do art. 5º da Constituição da República. Ocorre que, esta regra está inserida no Capítulo I (Dos direitos e deveres individuais e coletivos) que, por sua vez, inaugura o Título II (Dos direitos e garantias fundamentais). E como tal, integra o "Estatuto do Cidadão", arrolando exemplificativamente os direitos e deveres individuais e coletivos dos cidadãos submetidos à ordem jurídica brasileira.[258]

Pretender que o art. 5º seja capaz de amparar a Administração Pública contra atos praticados pela mesma contra o contribuinte (cidadão) é equivocado, já que a razão de ser daquele elenco é justamente o contrário: proteger o cidadão contra o arbítrio de governos despóticos (no passado) e autoritários ou abusivos (no presente).[259]

Assim, o art. 5º dispõe que: "a lei não excluirá da apreciação do Poder Judiciário lesão ou ameaça a direito" do cidadão (inciso XXXV); "a lei não prejudicará o direito adquirido, o ato jurídico perfeito e a coisa julgada", em favor do cidadão (inciso XXXVI); e "aos litigantes [cidadãos], em processo judicial ou administrativo, e aos acusados em geral são assegurados o contraditório e ampla defesa, com os meios e recursos a ela inerentes" (inciso LV).

---

[258] As normas, explícitas ou implícitas, constantes no art. 5º referem-se aos direitos dos cidadãos (individual ou coletivamente considerados) e impõem os deveres correlatos aos mesmos direitos. Neste sentido, é clara a sistematização escolhida pela Constituição da República, quando enuncia em Título próprio os direitos e garantias fundamentais, subdivididos em direitos e deveres individuais e coletivos (art. 5º), direitos sociais (arts. 6º a 11), nacionalidade (arts. 12 e 13), direitos políticos (arts. 14 a 16) e partidos políticos (art. 17).

[259] "Não é dado à Administração Pública recorrer ao Judiciário para invalidar a sua própria decisão proferida, regularmente, em processo administrativo fiscal" (JANCZESKI, Célio Armando, *Da impossibilidade da Fazenda Pública ir a Juízo pedir a anulação de decisão administrativa a ela contrária*. Disponível na Internet: http://www.sinescontabil.com.br. Acesso em: 04.11.2004.

Este último dispositivo constitucional assegura o contraditório e a ampla defesa ao cidadão, contra o arbítrio do Estado, inclusive em sua sanha arrecadatória. Ademais, distingue expressamente os processos judicial e administrativo, colocando-os lado a lado em claro reconhecimento ao processo que tramita junto aos órgãos do Poder Executivo.

Ignorar as raízes históricas que originaram o elenco de direitos previsto no art. 5º, subverter a sua interpretação em favor da Administração Pública e contra o cidadão, e a partir daí propor uma interpretação (des)conforme a Constituição para que dispositivos legais estabelecidos desde 1972[260] sejam adaptados à "nova" realidade subjacente à Lei Maior, é equivocado e perigoso!

Aceitar que a Fazenda Nacional possa questionar em juízo a decisão final em sede administrativa significa esvaziar de sentido qualquer atuação do contribuinte nesta esfera. Aquilo que foi previsto no inciso LV do art. 5º para proteger o cidadão contra ilegalidades e abusos praticados por autoridades fiscais passaria a servir a estas em detrimento daquele.

Seria como uma subversão do Estado Democrático de Direito para o "Estado Administrativo Autoritário", onde a própria Administração Pública teria poder de autuar, julgar, recorrer e, ao final – com a eventual vitória do contribuinte –, poderia ainda recorrer ao Poder Judiciário, sob a justificativa de que esta interpretação foi a "menos autorizada", e não por vício de ilegalidade, fraude etc. É o que pretende a Portaria PGFN n. 820, com base no Parecer PGFN/CRJ/n. 1.087.

Isto sim, é manifestamente inconstitucional, até porque a existência de efetivo e independente processo administrativo é uma garantia do cidadão elencada como cláusula pétrea, conforme dispõe o art. 60, § 4º, inciso IV, da Constituição da República.

E, como se sabe, "não será objeto de deliberação a proposta de emenda tendente a abolir os direitos e garantias individuais". Com muito mais razão, é inconstitucional – e, portanto, nula – qualquer portaria que pretenda fazer com que o processo administrativo seja esvaziado e se torne ineficaz, abolindo de seu funcionamento os princípios reitores da Administração Pública, elencados no art. 37, *caput*, da Constituição da República.

Sob o plano constitucional, não há qualquer fundamento válido capaz de corroborar a interpretação dada pelo Procurador da Fazenda Nacional signatário do parecer analisado.[261] Neste sentido, é manifesta a inconstitucionalidade da Portaria PGFN n. 820/2004, que submete decisões dos Conselhos de Contribuintes e da Câmara Superior de Recursos Fiscais à apreciação do Poder Judiciário, quando favoráveis aos contribuintes.

Quanto ao plano da ilegalidade deste diminuído diploma legal, algumas considerações devem ser feitas.

Sergio André da Silva relata que há duas correntes doutrinárias no país sobre a possibilidade (ou não) de a Fazenda postular judicialmente a reforma de decisão proferida pelos Conselhos de Contribuintes.[262] A primeira corrente defende a legitimidade do ajuizamento de ação pela Fazenda questionando a legalidade da decisão final proferida no âmbito do processo administrativo fiscal.[263] A segunda corrente é amplamente majoritária.[264]

---

260 Refere-se aos arts. 42 e 45 do Decreto n. 70.235/72.

261 Segundo Sergio André da Silva, é irrelevante analisar a aplicação deste dispositivo constitucional em favor do Estado, já que inexiste "lesão ou ameaça de lesão a direito da União Federal, uma vez que foi ela mesma, por intermédio de um de seus órgãos, que realizou o ato jurídico que seria objeto de contestação judicial, anulando o ato administrativo de exigência fiscal antes praticado pelas autoridades fazendárias" (Questionamento judicial, pela Fazenda Nacional, de Decisão Administrativa Final – Análise do Parecer PGFN/CRJ n. 1.807/2004, *Revista Dialética de Direito Tributário*, São Paulo, n. 109, out 2004, p. 98).

262 Questionamento judicial..., *Revista Dialética de Direito Tributário*, n. 109, pp. 91-92.

263 De acordo com o articulista, filiam-se a esta corrente: Aurélio Pitanga Seixas Filho, Rubens Gomes de Sousa, Carlos da Rocha Guimarães, Ministro José Delgado, Gilberto de Ulhôa Canto, Lídia Maria Lopes Rodrigues Ribas e Yoshiaki Ichihara (*op. cit.*, p. 91).

264 Contando com o apoio doutrinário de: Sergio André da Silva, Ricardo Lobo Torres, Paulo de Barros Carvalho, Ives Gandra da Silva Martins, Alberto Xavier, Maria Terese Carcombo Lobo, Hugo de Brito Machado, Valdir de Oliveira Rocha, Luiz Emygdio F. da Rosa

O principal aspecto que deve ser destacado é a ilegal, imoral e ineficaz adequação da norma que submete decisões dos Conselhos de Contribuintes à apreciação do Poder Judiciário, quando favoráveis ao contribuinte, face ao sistema normativo vigente.[265]

Em uma primeira abordagem, ressalte-se que, a insegurança jurídica ocasionada pela edição da portaria e do parecer decorre da natural desconfiança com a qual o contribuinte vê os instrumentos manejados pela Administração Pública, particularmente em sua crescente sanha arrecadatória.[266]

Além disso, a teoria dos órgãos invoca a identificação dos órgãos públicos (onde se contém funções, cargos e agentes deles distintos) à pessoa jurídica em cuja estrutura integram.[267]

Por um lado, "não se pode perder de vista que, em linha com o disposto no inciso IX do artigo 156 do Código Tributário Nacional, a decisão administrativa irreformável extingue o crédito tributário, entendendo-se por decisão irreformável aquela que seja definitiva na órbita administrativa, não podendo ser objeto de ação anulatória".[268] Por outro, segundo os arts. 42 e 45 do Decreto n. 70.235/72, "é possível concluir que proferida decisão final no processo administrativo fiscal há a preclusão de seu critério jurídico para a Fazenda, de forma que a mesma se torna imutável para a Administração Pública".[269]

Quando ocorre a decisão final no processo administrativo em favor do contribuinte significa que o próprio Ministério da Fazenda manifestou-se – provocado pela impugnação e recursos do contribuinte – definitivamente sobre a questão, corrigindo ilegalidade ou abuso cometido por autoridade fiscal.[270]

Jr., Bernardo Ribeiro de Moraes, Sacha Calmon Navarro Coêlho, Misabel Abreu Machado Derzi, Marco Aurélio Greco, Eduardo Botallo, Dejalma de Campos e Luiz Fernando Mussolini Jr. (*op. cit.*, p. 92).

265 A portaria amplia a hipótese de manifesta ilegalidade para "[...] expressa ou implicitamente afastem a aplicabilidade de leis ou decretos [...]" (Art. 2º). Sabe-se que: "No julgamento de recurso voluntário, de ofício ou especial, fica vedado aos Conselhos de Contribuintes afastar a aplicação, em virtude de inconstitucionalidade, de tratado, acordo internacional, lei ou ato normativo em vigor" (Art. 22-A da Portaria n. 55/98, de 16.03.98, que aprovou os Regimentos Internos da Câmara Superior de Recursos Fiscais e dos Conselhos de Contribuintes, acrescentado pela Portaria n. 103/2002).

266 Sergio André da Silva entende que, "[...] o Parecer PGFN/CRJ n. 1.087/2004 é um ato de terrorismo contra o processo administrativo fiscal, uma medida que visa dilapidar os instrumentos institucionais de defesa dos contribuintes, ao invés de fortalecê-los, uma clara demonstração de que a Fazenda vê o processo administrativo não como um direito constitucional dos contribuintes, decorrente do princípio do devido processo legal e seus corolários, mas sim como uma espécie de concessão, que pode ser a qualquer instante suprimida" (Questionamento judicial..., *Revista Dialética de Direito Tributário*, n. 109, pp. 93-94). No mesmo sentido, ver: Parecer da Comissão Especial de Assuntos Tributários da OAB/SP, da lavra de Lúcia Valle Figueiredo.

267 "Diante dessas considerações, cremos não haver como se sustentar que a manifestação dos Conselhos de Contribuintes é algo completamente alheio à própria Fazenda Nacional, a justificar o questionamento de decisão da corte administrativa perante o Judiciário no caso de decisão que reconheça a ilegalidade do ato administrativo questionado" (SILVA, Sergio André da, Questionamento judicial..., *Revista Dialética de Direito Tributário*, n. 109, p. 94 e 96).

268 SILVA, Sergio André da, Questionamento judicial..., Revista Dialética de Direito Tributário, n. 109, p. 97. "Se a decisão for favorável ao contribuinte, ela vinculará a Fazenda Nacional e estará definitivamente decidida (artigo 156, inciso IX, do Código Tributário Nacional); se for desfavorável ao contribuinte, este ainda poderá socorrer-se do Judiciário" (NEGRO, José Antônio Spinola, Revisão de decisão contrária ao Fisco, *Gazeta Mercantil*, 30.11.2004).

269 SILVA, Sergio André da, *op. cit.*, p. 96. "E mais, o artigo 45 do Decreto 70.235/72 determina que nos casos de decisão definitiva favorável ao contribuinte, deverá a Fazenda exonerá-lo, de ofício, dos vínculos decorrentes do processo administrativo correspondente" (NEGRO, José Antônio Spinola, *Gazeta Mercantil*, 30.11.2004).

270 A decisão administrativa final num processo administrativo equivale à manifestação definitiva da Fazenda sobre aquela determinada questão. Neste caso, é a própria Fazenda que se manifesta pela inexistência do débito" (NEGRO, José Antônio Spinola, *op. cit.*).

O argumento levantado pela Fazenda Nacional, via parecer, sustenta que é possível o Poder Judiciário anular a "ilegalidade" (decisão administrativa final "menos autorizada")[271] da ilegalidade efetiva (da autoridade fiscal a qual deu ensejo ao processo administrativo originariamente).[272]

É escandaloso que, "fixada a premissa de que tanto a PGFN quanto a Secretaria da Receita Federal são órgãos específicos singulares integrantes do MF [...], bem como que todas as instâncias administrativas estão sob o crivo e controle direto do próprio MF [...]; é de rigor a conclusão de que as decisões proferidas no âmbito do processo administrativo fiscal favoráveis aos contribuintes constituem-se, em última análise, no expresso reconhecimento (pela própria Administração Pública, em sua função judicante), de pretérita ilegalidade perpetrada pela própria Administração Pública (em sua função fiscalizadora – vide art. 142 do CTN)".[273]

Não se critica a possibilidade de revisão de decisão final na esfera administrativa eivada de grave vício (fraude, ilegalidade etc.). Quaisquer decisões tomadas sem amparo no sistema normativo vigente e com motivações escusas e particulares devem ser revistas, inclusive quando proferidas pelo próprio Poder Judiciário.

Muito diferente desta situação, é a possibilidade de a Fazenda Nacional recorrer ao Poder Judiciário porque foi pura e simplesmente derrotada na decisão final da esfera administrativa, tal como prevê a portaria (com base no parecer).

A evidência cabal de que o interesse único que move a Fazenda Nacional nesta empreitada fadada ao fracasso é a previsão estabelecida no art. 2º da Portaria n. 820, pelo qual seria possível submeter decisões do Conselho de Contribuintes ao Poder Judiciário, desde que expressa ou implicitamente afastem a aplicabilidade de leis ou decretos e: versem sobre valores superiores a R$ 50.000.000,00 (cinquenta milhões de reais); e/ou cuidem de matéria cuja relevância temática recomende a sua apreciação na esfera judicial; e/ou possam causar grave lesão ao patrimônio público.[274]

Como é intuitivo, a simples observação destas três possibilidades leva à conclusão óbvia: tudo que interessa à Fazenda Nacional será passível de recurso ao Poder Judiciário!

Para reparar este atentado aos direitos e garantias fundamentais do cidadão, é possível atuar em diversas frentes.

Em uma primeira perspectiva mais ampla, é importante mobilizar o meio jurídico-tributário nacional para que a inconstitucionalidade e a ilegalidade da portaria e do parecer não sejam aceitas pela doutrina e apoiadas pela jurisprudência.[275]

---

271 "Em poucas palavras, pode-se dizer que tal atividade é a possibilidade da própria Administração Pública, por meio do Conselho de Contribuintes, de rever seus atos e, quando necessário, repará-los, adequando-os às disposições legais vigentes". "Frise-se que, quando há uma decisão favorável ao contribuinte, significa que a própria Fazenda Pública, por intermédio daquele Tribunal, reconhece que houve equívoco da fiscalização e o retifica" (MANZAN, Leonardo Siade. Parecer PGFN n. 1.087, de 19 de julho de 2004: fim do Conselho de Contribuintes? *Revista Jurídica Consulex*, ano VIII, n. 188, 15.11.2004, p. 58).

272 "Nessa linha de convicções, definir se o inciso XXXV do artigo 5º da Constituição Federal aplica-se ao Estado é irrelevante, pois, no presente caso, sequer é possível falar na ocorrência de lesão ou ameaça de lesão a direito da União Federal, uma vez que foi ela mesma, por intermédio de um de seus órgãos, que realizou o ato jurídico que seria objeto de contestação judicial, anulando o ato administrativo de exigência fiscal antes praticado pelas autoridades fazendárias" (SILVA, Sergio André da, *op. cit.*, p. 98). No mesmo sentido, ver: MANZAN, Leonardo Siade, *op. cit.*, p. 59.

273 FIORENTINO, Marcelo Fróes Del, Inconstitucionalidade e o parecer jurídico da Fazenda Nacional, *Valor Online*, 13.10.2004.

274 "*Art. 2º.* As decisões dos Conselhos de Contribuintes e da Câmara Superior de Recursos Fiscais podem ser submetidas à apreciação do Poder Judiciário desde que expressa ou implicitamente afastem a aplicabilidade de leis ou decretos e, cumulativa ou alternativamente: I – versem sobre valores superiores a R$ 50.000.000,00 (cinqüenta milhões de reais); II – cuidem de matéria cuja relevância temática recomende a sua apreciação na esfera judicial; e III – possam causar grave lesão ao patrimônio público".

275 A indignação que tomou os militantes da área do Direito Tributário no país foi uníssona, no sentido de rechaçar a existência espúria deste diploma maculado de inconstitucionalidades e ilegalidades insanáveis. "Dessa forma, é imperativo que os operadores do Direito Tributário trabalhem pela valorização do processo administrativo tributário, opondo-se a medidas que tenham por finalidade a sua de-

Sob uma ótica legal, é necessário admitir à Administração o direito de anular decisão manifestamente ilegal,[276] já que "tem o poder e o dever de reexaminar seus próprios atos quando viciados e anulá-los (Súmula 473 do Supremo Tribunal Federal), mas carecerá de legítimo interesse se pretender buscar no Judiciário o que ela própria deve fazer", e na oportunidade que deve fazê-lo.[277]

Ingressando na seara de resposta individual ao teor da portaria e do parecer, é possível invocar em cada caso concreto a desqualificação jurídica da capacidade postulatória do representante da Fazenda Nacional, seja pela falta de interesse processual, seja por ser parte manifestamente ilegítima.

É que, "[...] a União Federal não tem interesse processual para, através de um órgão seu (Procuradoria-Geral da Fazenda Nacional), questionar ato praticado por outro órgão seu (qualquer dos Conselhos de Contribuintes do Ministério da Fazenda ou a Câmara Superior de Recursos Fiscais), devendo-se reconhecer que com a decisão proferida pelo órgão julgador ocorreu a preclusão do direito da Administração Fazendária de se manifestar em sentido diverso".[278]

Em consequência, "a ausência de interesse da Administração Pública em recorrer ao Poder Judiciário (via 'PGFN') quando da contestação do expresso reconhecimento (pela Administração Pública – função judicante) de pretérita ilegalidade cometida pela própria Administração Pública ('função fiscalizadora') está consignada em duas regras jurídicas, quais sejam: 1ª regra jurídica – construída a partir da análise conjunta do inciso I do art. 267 c/c o inciso III do art. 295 – ambos do CPC (a PGFN carece de interesse processual) e 2ª regra jurídica – construída a partir da análise conjunta do art. 3º c/c o inciso II do art. 295 – ambos do CPC (a PGFN é parte manifestamente ilegítima)".[279]

É possível pleitear ainda, a ilegalidade desta portaria, com base no teor dos arts. 42 e 45, ambos do Decreto n. 70.235/72, que dispõe sobre o processo administrativo fiscal, cuja recepção é reconhecida pelo parecer, embora o mesmo exponha uma interpretação (des)conforme a Constituição para aplicá-los.

Cuidando-se de controle de constitucionalidade concreto da portaria, é possível arguir a inconstitucionalidade da mesma, quando aplicada ao caso concreto para viabilizar o ingresso da Fazenda Nacional ao Poder Judiciário, contra a decisão final a ela desfavorável no âmbito administrativo. O fundamento do pleito seria a afronta aos dispositivos constitucionais pertinentes mencionados anteriormente.

Além disso, em se tratando de controle de constitucionalidade abstrato da portaria, é possível ingressar com ADI contra a mesma, visando a declaração pelo STF de sua inconstitucionalidade, já que foi editada em afronta à Constituição da República.

Em tese, é possível ingressar também junto ao STF com uma ADPF,[280] embora a jurisprudência da Suprema Corte ainda esteja vacilante quanto às questões processuais básicas de aceitação desta relevante ação constitucional.[281]

---

bilitação [...]" (SILVA, Sergio André da, *op. cit.*, p. 99). No mesmo sentido, ver: Luiz Rogério Sawaya Batista, *O Parecer da PGFN em face da segurança jurídica. Filme de comédia ou horror?* (fonte: Câmara do Japão).

276 "Com efeito, parece-nos que nos casos em que a decisão decorrer da prática de ato ilícito [...] tem a Administração o direito de reconhecer tal fato, anulando a decisão, sendo certo que, caso o administrado discorde do entendimento manifestado pela Administração, ser-lhe-á garantido o acesso ao Poder Judiciário. Nessa situação, o único limite imponível ao poder da Administração Pública de anular suas decisões seria o prazo decadencial previsto no artigo 54 da Lei n. 9.784/99".

277 NEGRO, José Antônio Spinola, Revisão de decisão contrária ao Fisco, *Gazeta Mercantil*, 30.11.2004.

278 SILVA, Sergio André da, op, cit., p. 97. No mesmo sentido, ver: Carolina Sayuri Nagai. *Parecer PGFN CRJ 1087/04 – Possibilidade da anulação das decisões do Conselho de Contribuintes* (fonte: Câmara do Japão. Disponível na internet).

279 DEL FIORENTINO, Marcelo Fróes, Inconstitucionalidade e o parecer jurídico da Fazenda Nacional, *Valor Online*, 13.10.2004.

280 No mesmo sentido, ver: Parecer da Comissão Especial de Assuntos Tributários da OAB/SP, da lavra de Lúcia Valle Figueiredo.

281 O artigo foi originalmente publicado em: *Jus Navigandi*. Teresina, ano 9, n. 577, 4 fev 2005. Disponível na Internet: http://www1.jus.com.br/doutrina/ texto.asp?id=6287. Acesso em 04.02.2005.

Contrato de corretagem ou mediação

Introdução

Este estudo se dedica ao exame do contrato de corretagem ou mediação. Traz ricas referências doutrinárias e jurisprudenciais sobre variados aspectos que contornam este tipo de contrato, tão frequente na labuta diária de diversos profissionais, do meio jurídico ou não.

O estudo tem um caráter eminentemente prático com o aprofundamento necessário dos principais aspectos que contornam o contrato de corretagem ou mediação.

Para atingir tanto a finalidade prática como a teórica, o estudo cuida de diversas questões, especialmente voltadas às soluções de possíveis e mais frequentes controvérsias, como: Quando ocorre o aperfeiçoamento do contrato de corretagem? Quando ele se consuma? Quais são os meios de prova admitidos para prová-lo em juízo? Quando a remuneração do corretor é devida? E quando não é? Como proceder quando há mais de um corretor? Quais são as obrigações dos corretores?

Para que estas e outras indagações sejam respondidas, o estudo traz conceitos e definições elaboradas pela doutrina e discutidas na jurisprudência. Além disso, trata também de temas introdutórios e necessários à compreensão das nuances peculiares a esta espécie de contrato, como: a definição, os requisitos de validade, a natureza jurídica, o objeto, as categorias possíveis de corretores, as espécies de remuneração e a distinção entre a corretagem e outros institutos jurídicos parecidos.

Não houve qualquer modificação significativa em relação ao Projeto de Código Civil que tramitou no Congresso Nacional. Não havia artigos correspondentes no Código Civil de 1916. Todavia, "O Código Civil de 2002 em seus artigos 722 e 729 passa a disciplinar o Contrato de Corretagem, abrangendo todas as modalidades de corretagem, deixando para o Código Comercial e para as leis específicas a regulamentação da profissão do Corretor".[282]

Estes dispositivos contidos no Novo Código Civil compõem o Capítulo XIII ("Da Corretagem") do Título VI ("Das Várias Espécies de Contrato") do Livro I ("Do Direito das Obrigações") da Parte Especial.

Definição

A definição do contrato de corretagem é estabelecida no *art. 722* do Novo Código Civil: "Pelo contrato de corretagem, uma pessoa, não ligada a outra em virtude de mandato, de prestação de serviços ou por qualquer relação de dependência, obriga-se a obter para a segunda um ou mais negócios, conforme as instruções recebidas".

O contrato de corretagem é aquele pelo qual uma pessoa se obriga a obter para outra um ou mais negócios, conforme as instruções recebidas e sem ligação direta em virtude de mandato, prestação de serviços ou qualquer tipo de relação de dependência.

Em uma abordagem preliminar, verifica-se que a corretagem contém alguns elementos intrínsecos à sua natureza. Trata-se de um contrato, que define uma obrigação de fazer (obter um ou mais negócios) para outrem, de acordo com as instruções recebidas anteriormente e mediante o pagamento de uma remuneração.[283]

---

282 ANTUNES JUNIOR, Antonio Carlos. *Contrato de Corretagem no novo Código Civil*. Jus Navigandi, Teresina, ano 7, n. 64, abr 2003. Disponível na Internet: http://www1.jus.com.br/doutrina/texto.asp?id=3901. Acesso em: 02.05.2005.

283 Em outras palavras, Antonio Carlos Antunes Junior assevera que: "Portanto, o Contrato de Corretagem é contrato pelo qual uma pessoa, sem que haja contrato de mandato, compromete-se a uma obrigação de fazer: de obter um ou mais negócios, para outra pessoa, conforme as instruções passadas anteriormente, mediante o pagamento de uma remuneração" (*Ibidem*).

Maria Helena Diniz acrescenta a esta noção a necessidade de que o corretor atue com imparcialidade e que forneça as informações necessárias para a celebração do contrato principal.[284]

REQUISITOS DE VALIDADE

Inicialmente, uma breve exposição preliminar sobre a validade dos negócios jurídicos realizados antes da publicação do Novo Código Civil e sua vigência cogente.

Por expresso preceito contido nas disposições finais e transitórias do código, o *art. 2.035* estabelece que: "A validade dos negócios e demais atos jurídicos, constituídos antes da entrada em vigor deste Código, obedece ao disposto nas leis anteriores, referidas no *art. 2.045*,[285] mas os seus efeitos, produzidos após a vigência deste Código, aos preceitos dele se subordinam, salvo se houver sido prevista pelas partes determinada forma de execução".[286]

O *parágrafo único* do *art. 2.035*, no entanto, ressalva que: "Nenhuma convenção prevalecerá se contrariar preceitos de ordem pública, tais como os estabelecidos por este Código para assegurar a função social da propriedade e dos contratos".

Os requisitos de validade essenciais ao contrato de corretagem seguem a disciplina geral de qualquer negócio jurídico, para o qual é necessário: "agente capaz; objeto lícito, possível, determinado ou determinável; e forma prescrita ou não defesa em lei", nos termos do *art. 104*, incisos I a III, do Novo Código Civil.[287]

Por outro lado, segundo a professora Maria Helena Diniz: "O regime civil da corretagem baseia-se no princípio da autonomia da vontade, de modo que as relações entre comitente e corretor permitirão convenções contrárias às normas, que, em grande parte, têm caráter supletivo".[288]

Ademais, consoante o entendimento de Silvio de Salvo Venosa: "Qualquer pessoa civilmente capaz pode praticar a corretagem livre, ficando eventualmente sujeita a punições administrativas, salvo se a lei cominar com nulidade o ato, suprimindo a legitimidade para mediar a quem não seja corretor profissional regular. Tal fato, porém, não atinge a idoneidade das obrigações assumidas pelo comitente, ainda que responsável nos termos do injusto enriquecimento".[289]

---

284 "O *contrato de corretagem* ou *mediação* é a convenção pela qual uma pessoa, não ligada a outra em virtude de mandato, prestação de serviços ou por qualquer relação de dependência, imprescindível para que haja imparcialidade na intermediação, se obriga, mediante remuneração, a obter para outrem um ou mais negócios, conforme as instruções recebidas, ou a fornecer-lhe as informações necessárias para a celebração do contrato (CC, art. 722)" (DINIZ, Maria Helena. *Curso de Direito Civil Brasileiro*. 17ª ed., São Paulo, Saraiva, v. 3, 2002, p. 391). As obrigações do corretor e do comitente serão analisadas adiante.

285 O *art. 2.045* do Novo Código Civil revoga expressamente o Código Civil anterior (Lei n. 3.071, de 1º.01.1916) e a Parte Primeira do Código Comercial (Lei n. 556, de 25.06.1850).

286 O art. *2.044* do Novo Código Civil estabeleceu ainda que este novo diploma entraria em vigor em 11.01.2003.

287 Com as ressalvas dos artigos seguintes: "*Art. 105*. A incapacidade relativa de uma das partes não pode ser invocada pela outra em benefício próprio, nem aproveita aos co-interessados capazes, salvo se, neste caso, for indivisível o objeto do direito ou da obrigação comum"; "*Art. 106*. A impossibilidade inicial do objeto não invalida o negócio jurídico se for relativa, ou se cessar antes de realizada a condição a que ele estiver subordinado"; "*Art. 107*. A validade da declaração de vontade não dependerá de forma especial, senão quando a lei expressamente a exigir"; "*Art. 108*. Não dispondo a lei em contrário, a escritura pública é essencial à validade dos negócios jurídicos que visem à constituição, transferência, modificação ou renúncia de direitos reais sobre imóveis de valor superior a trinta vezes o maior salário mínimo vigente no País"; "*Art. 109*. No negócio jurídico celebrado com a cláusula de não valer sem instrumento público, este é da substância do ato".

288 DINIZ, Maria Helena, *op. cit.*, p. 388-389.

289 VENOSA, Sílvio de Salvo. *Direito Civil: contratos em espécie*. 4ª ed., São Paulo, Atlas, 2004, v. 3, p. 578-579.

Natureza Jurídica

À luz do breve arcabouço legislativo contido nos artigos 722 a 729 do Código Civil, a doutrina vem qualificando, com ligeiras discrepâncias, o contrato de corretagem com a seguinte roupagem jurídica: bilateral, acessório, oneroso, aleatório e consensual.[290]

Estas características que envolvem a corretagem antecipam uma série de questões, jurídicas e de fato, que serão analisadas em distintos tópicos deste trabalho.

A primeira característica jurídica do contrato de corretagem é a bilateralidade. É bilateral: "porque gera obrigações para ambos os contratantes [...]",[291] isto é, "por gerar obrigações ao corretor e ao comitente. O corretor deverá executar certo encargo, e o comitente, remunerá-lo";[292] em outras palavras, "visto que gera obrigações mútuas entre comitente e o corretor, posto que este deverá executar o encargo e aquele deverá remunerá-lo";[293] ou ainda, "porque dele emergem obrigações para ambas as partes, embora possa também onerar apenas uma delas".[294]

Em síntese, o contrato de corretagem é bilateral porque gera obrigações para as duas partes envolvidas no acordo, isto é, o corretor obriga-se a executar o encargo de buscar, de acordo com as instruções recebidas, e aproximar efetivamente terceiro(s) interessado(s) ao comitente para concretizar a convergência de vontade de ambos no sentido da realização do negócio principal, ocasião em que o comitente remunerará ao corretor pelo seu trabalho.[295]

A segunda característica jurídica do contrato de corretagem é a acessoriedade. É acessório: "pois sua existência está ligada a outro contrato, que deverá ser concluído";[296] ou seja, "porque serve de instrumento para conclusão de outro negócio. Trata-se de contrato preparatório. Pressupõe universo negocial amplo. O desenvolvimento do comércio criou a necessidade de intermediários";[297] ou em poucas linhas, "posto que a sua existência está atrelada a um outro contrato, o qual deverá ser concluído";[298] ou ainda, "a corretagem caracteriza-se pela acessoriedade econômica que a liga ao contrato principal".[299]

---

290 V.g. TEPEDINO, Gustavo. *Questões Controvertidas sobre o Contrato de Corretagem*. In *Temas de Direito Civil*. 3ª ed., Rio de Janeiro, Renovar, 2004, p. 131-136; PEREIRA, Caio Mário da Silva. *Instituições de Direito Civil*. Rio de Janeiro, Forense, 2003, v. 3, p. 385; DINIZ, Maria Helena. *Curso de Direito Civil Brasileiro*. 17ª ed., São Paulo, Saraiva, v. 3, 2002, p. 391-392; VENOSA, Sílvio de Salvo. *Direito Civil: contratos em espécie*. 4ª ed., São Paulo, Atlas, 2004, v. 3, p. 576; LÔBO, Paulo Luiz Netto. *In*: PEREIRA, Rodrigo da Cunha (Org.). *Código Civil Anotado*. Porto Alegre, Síntese, 2004, p. 467; ANTUNES JUNIOR, Antonio Carlos. *Contrato de Corretagem no novo Código Civil*. *Jus Navigandi*, Teresina, ano 7, n. 64, abr 2003. Disponível na Internet: http://www1.jus.com.br/doutrina/texto.asp?id=3901. Acesso em: 02.05.2005.

291 PEREIRA, Caio Mário da Silva. *Op. cit.*, p. 385.

292 DINIZ, Maria Helena. *Op. cit.*, p. 391-392.

293 ANTUNES JUNIOR, Antonio Carlos. *Op. cit.*

294 VENOSA, Sílvio de Salvo. *Op. cit.*, p. 576.

295 Questão interessante que será colocada e analisada em tópico próprio se refere ao momento em que o comitente é obrigado a efetuar o pagamento da remuneração do corretor, isto é, depois de verificado o aperfeiçoamento do contrato de corretagem e do trabalho desenvolvido pelo corretor.

296 DINIZ, Maria Helena. *Op. cit.*, p. 391-392.

297 SALVO, Sílvio de. *Op. cit.*, p. 576.

298 ANTUNES JUNIOR, Antonio Carlos. *Op. cit.*

299 LÔBO, Paulo Luiz Netto. *Código Civil Anotado*, p. 467.

Em resumo, o contrato de corretagem é acessório porque sua própria existência aponta no sentido da celebração de outro contrato, a ser firmado posteriormente pelo comitente (que contratou inicialmente com o corretor) e pelo terceiro interessado (que foi identificado e efetivamente aproximado pelo corretor ao comitente).[300]

Gustavo Tepedino, no entanto, ressalva que: "Ainda quanto às características da corretagem, afirma a doutrina, em uníssono, tratar-se de contrato acessório, vinculado ao contrato que se pretende concluir. O atributo, contudo, não parece condizente com a essência do contrato em exame. É que, embora a função econômica da corretagem se vincule ao contrato que o corretor pretende promover, a corretagem subsiste, em sua função sócio-jurídica, mesmo que o negócio almejado não se conclua. Aquele não depende deste, portanto, para existir".[301]

A terceira característica jurídica do contrato de corretagem é a onerosidade. É oneroso: "porque dele auferem vantagens ou benefícios ambos os contratantes";[302] em outras palavras, "porque há ônus, vantagens e benefícios patrimoniais recíprocos";[303] "porque pressupõe eventual remuneração do corretor";[304] ou ainda, "posto que no adimplemento do contrato de mediação haverá ônus, vantagem e benefício patrimonial à ambos os contraentes, posto que assiste ao corretor direito ao recebimento de remuneração, geralmente variável".[305]

Em apertada síntese, o contrato de corretagem é oneroso porque tanto corretor (que é remunerado) como comitente (que encontra no terceiro interessado aproximado pelo corretor a possibilidade concreta de realização do negócio jurídico que almeja), em princípio, auferem vantagem ou benefício patrimonial em razão deste acordo.[306]

Todavia, é possível que o corretor não faça jus à remuneração, por variados motivos, que o comitente (ou o outro contratante) se arrependa e decida não mais celebrar o negócio principal anteriormente avençado, ou mesmo que ambos (corretor e comitente) não recebam nenhuma vantagem ou benefício econômico, apesar do esforço empreendido por ambos.

A quarta característica jurídica do contrato de corretagem é a aleatoriedade. É aleatório: "porque o corretor corre os riscos de nada receber, nem obter o reembolso das despesas da celebração";[307] ou, em outras palavras, "já que o direito do corretor e a obrigação do comitente dependerão da conclusão do negócio principal, isto é, de um evento futuro e incerto. A eventual obrigação do proprietário do bem a ser vendido de remunerar o corretor submeter-se-á a uma condição suspensiva, que consistirá na obtenção da vontade para realização do contrato pretendido, não tendo portanto o dever de se servir da mediação nem de utilizar a ocasião apresentada pelo corretor.

---

300 Questões interessantes surgem deste ponto e serão analisadas em tópico próprio, tais como: o que pode ser considerado como efetiva intermediação do corretor; em que grau ou medida ele colaborou para a realização do negócio principal; a eventual necessidade de que o contrato principal seja efetivamente concluído para que o corretor faça jus à sua remuneração.

301 E prossegue, explicando que: "A acessoriedade, portanto, embora voz comum na doutrina, deve ser atribuída à íntima ligação econômica entre a corretagem e o contrato por ela perseguido, sendo tecnicamente injustificada: a inconclusão da compra e venda não torna insubsistente a corretagem que lhe antecedeu; e mesmo o pagamento do corretor, concluídas a contento as negociações, deverá ser efetuado a despeito da eventual desistência do negócio por uma das partes (ou por ambas)" (TEPEDINO, Gustavo. *Questões Controvertidas sobre o Contrato de Corretagem. In Temas de Direito Civil*. 3ª ed., Rio de Janeiro, Renovar, 2004, p. 135).

302 PEREIRA, Caio Mário da Silva. *Op. cit.*, p. 385.

303 DINIZ, Maria Helena. *Op. cit.*, p. 391-392.

304 VENOSA, Sílvio de Salvo. *Op. cit.*, p. 576.

305 ANTUNES JUNIOR, Antonio Carlos. *Op. cit.*

306 Questões instigantes que serão destacadas e analisadas em tópico próprio se referem às hipóteses em que a remuneração do corretor é devida, ou não, em função do trabalho por ele desenvolvido junto ao comitente, na tentativa de aproximação efetiva de terceiro interessado para a celebração do contrato a respeito do negócio principal, isto é, até que ponto o trabalho levado a cabo pelo corretor foi satisfatório.

307 PEREIRA, Caio Mário da Silva. *Op. cit.*, p. 385.

Assim sendo, o corretor suportará o risco da não produção daquele resultado, que apenas parcialmente está em suas mãos; visto que sua realização dependerá de outras circunstâncias, dentre elas a declaração de vontade da pessoa que está obrigada a pagar-lhe comissão [...]";[308] ou seja, "porque depende de acontecimento falível para que essa remuneração seja exigível, qual seja, a concretização do negócio principal. Fica, portanto, subordinado ao implemento de condição suspensiva. O corretor suporta o risco do não-implemento dessa condição";[309] ou resumidamente, "pelo fato de que o direito do corretor e a obrigação do comitente dependerão da conclusão do negócio principal, ou seja, dependerão de um fato futuro e incerto".[310]

O contrato de corretagem é aleatório porque o corretor somente fará jus à sua remuneração se promover à efetiva convergência de vontades através da aproximação útil de terceiro interessado junto ao comitente, no sentido da celebração do negócio principal.[311]

A quinta característica jurídica do contrato de corretagem é a consensualidade. É consensual: "porque se forma pelo simples acordo de vontades das partes";[312] isto é, "o contrato de corretagem é meramente consensual, perfazendo-se apenas com o acordo de vontades. Em conseqüência, vige a liberdade de forma";[313] implica reconhecer que, "por completar-se pelo simples consenso das partes, manifestado por qualquer forma, pois não há forma especial prevista em lei para a sua celebração ou validade, podendo ser provado por todos os meios admissíveis em direito, inclusive por testemunhas (ac. un. Do STF, de 29-10-1953, RE 24.243, DJU, 29 st. 1958, p. 3411; *Ciência Jurídica*, 5:98)";[314] ou seja, "porque depende unicamente do consentimento sem outro procedimento. A regra geral é não depender de forma, podendo ser verbal ou escrito. Pode concretizar-se por cartas, telefonemas, mensagens informáticas etc";[315] ou ainda, "visto que completa-se através do consenso mútuo, independente de forma, já que o novo Código, seguindo a posição jurisprudencial existente, não exigiu nenhuma forma legal";[316]

O contrato de corretagem é consensual porque pode, e geralmente é o que ocorre, configurar-se com o simples consenso das partes (comitente e corretor), sem a necessidade de qualquer formalização exigida por lei, ou seja, vige a ampla e irrestrita liberdade de forma na sua celebração, que pode ser até verbal.[317]

Em complemento, segundo o magistério do saudoso professor Caio Mario da Silva Pereira: "Como contrato consensual que é, não exige observância do requisito formal. Basta o acordo de vontades, que se prova por qualquer meio. Mas é necessário que exista, isto é, que o corretor seja encarregado de agenciar o negócio. Se o dono deste anuncia diretamente a aceitação de oferta, não está obrigado a pagar comissão a quem quer que se lhe apresente como agenciador espontâneo, ou acompanhando candidato, ainda que com este se faça o negócio, porque a comis-

---

308 DINIZ, Maria Helena. *Op. cit.*, p. 391-392.

309 VENOSA, Sílvio de Salvo. *Op. cit.*, p. 576.

310 ANTUNES JUNIOR, Antonio Carlos. *Op. cit.*

311 Interessante questão que será analisada em tópico próprio se refere à eventual necessidade de efetiva celebração do contrato principal para que o corretor faça jus à sua remuneração, ou seja, o seu trabalho é concluído com a mera aproximação das partes ou com a efetiva assinatura válida dos contratantes no negócio principal.

312 PEREIRA, Caio Mário da Silva. *Op. cit.*, p. 385.

313 ÔBO, Paulo Luiz Netto. *Código Civil Anotado* cit., p. 467.

314 DINIZ, Maria Helena. *Curso de Direito Civil Brasileiro* cit., p. 391-392.

315 VENOSA, Sílvio de Salvo. *Direito Civil: contratos em espécie* cit., p. 576.

316 NTUNES JUNIOR, Antonio Carlos.. *Contrato de Corretagem no novo Código Civil* cit.

317 Questão instigante que será examinada em tópico próprio se refere aos meios de prova em juízo admitidos para se verificar a existência do contrato de corretagem.

são é devida em razão do contrato, e este não existindo é indevida (Código Civil, art. 726). E, como qualquer outro, sua perfeição exige como pressuposto essencial o acordo de vontades, e não a atuação, unilateral e não encomendada, por parte de uma pessoa que se arrogue na qualidade de corretor ou agenciador. Se falta o mútuo consenso, não há contrato de corretagem, e *ipso facto* nenhuma comissão pode ser reclamada".[318]

Objeto

Para melhor compreender qual exatamente é o objeto do contrato de corretagem celebrado entre o comitente e o corretor, torna-se necessário destrinchar nas palavras de eméritos doutrinadores cada etapa do trabalho de corretagem.

Em uma primeira aproximação do tema, voltamos à definição do contrato de corretagem, explicitando ainda mais a obrigação do corretor.[319]

Em linhas gerais, o saudoso Professor Caio Mário da Silva Pereira assim define o referido acordo: "Contrato de corretagem é aquele pelo qual uma pessoa, não ligada a outra em virtude de mandato, de prestação de serviços ou por qualquer relação de dependência, se obriga, mediante remuneração, a agenciar negócios para outra, ou fornecer-lhe informações para celebração de contrato. É intermediação que o corretor realiza, pondo o outro contratante em contato com pessoas, conhecidas ou desconhecidas, para a celebração de algum contrato, ou obtendo informes, ou conseguindo o de que aquele necessita".[320]

O principal aspecto a ser ressaltado neste ponto é a obrigação do corretor em aproximar diferentes pessoas através de sua intermediação[321] na busca comum e convergente para a celebração de um contrato entre ambas[322] em relação de causa e efeito.[323]

Especificamente cuidando desta obrigação principal do corretor em aproximar tais pessoas, trata-se de obrigação de fazer, que será desempenhada, por exemplo: verificando a idoneidade do terceiro interessado que traz à negociação, informando as condições de celebração do negócio principal, buscando a conciliação dos interesses eventualmente conflitantes e aconselhando a conclusão do negócio almejado.

---

318   *Op. cit.*, p. 386-387.

319   Em uma apressada abordagem, é possível entender que: "É interessante assinalar que o contrato de mediação 'não tem objeto em si próprio, mas a formação de outro contrato" (Arquivos do TARJ 29/219, cf. ALVES, Jones Figueirêdo. *In*: FIUZA, Ricardo (Org.). *Novo Código Civil Comentado*. São Paulo, Saraiva, 2002, p. 653). Todavia, efetivamente há objeto específico no contrato de corretagem, embora necessariamente ligado à realização de outro contrato versando sobre o negócio principal, e seus contornos serão definidos neste tópico.

320   PEREIRA, Caio Mário da Silva. Instituições de Direito Civil cit., p. 384. No mesmo sentido: "o Contrato de Corretagem é aquele pelo qual uma parte obriga-se para com outra a aproximar interessados e obter a conclusão de negócios, sem subordinação e mediante uma remuneração" (ANTUNES JUNIOR, Antonio Carlos, *op. cit.*, *Apud* VIANA, Marco Aurélio. *Curso de Direito Civil*. Belo Horizonte, Del Rey, 1996, v. 5, p. 533.).

321   No mesmo sentido: "O corretor terá a função de aproximar pessoas que pretendam contratar, aconselhando a conclusão do negócio, informando as condições de sua celebração, procurando conciliar os seus interesses. Realizará, portanto, uma intermediação, colocando o contratante em contato com pessoas interessadas em celebrar algum ato negocial, obtendo informações ou conseguindo o que aquele necessita" (DINIZ, Maria Helena. *Curso de Direito Civil Brasileiro*. 17ª ed., São Paulo, Saraiva, v. 3, 2002, p. 389).

322   Assim é que: "O contrato de corretagem terá por finalidade pôr em acordo comprador e vendedor. Depois que isso é conseguido, em documento devidamente formalizado, fará o corretor jus à sua comissão. Tal atividade não é, portanto, de êxito contratual, mas de intermediação (RT, 528:212)" (DINIZ, Maria Helena. *Curso de Direito Civil Brasileiro* cit., p. 390).

323   Desta maneira, "A norma esclarece o objetivo do contrato de corretagem, que é a aproximação feita, pelo corretor, entre vendedor e comprador (obrigação de resultado), pois faz prevalecer a relação de causa e efeito entre a intermediação feita pelo corretor e a conclusão do negócio, ainda que posterior ao prazo ajustado no contrato" (LÔBO, Paulo Luiz Netto. *In*: PEREIRA, Rodrigo da Cunha (Org.). *Código Civil Anotado*. Porto Alegre, Síntese, 2004, p. 472).

Maria Helena Diniz explica que: "Trata-se de obrigação de fazer, que se desenvolve mediante esforços empregados para a convergência de interesses opostos ou mesmo coincidentes de outras pessoas. Não terá culpa se o acordo obtido malograr, fazendo jus à remuneração que lhe é devida". A autora exemplifica este entendimento com decisão do Pretório Excelso: "O Supremo Tribunal Federal decidiu a respeito que: 'É inconfundível o contrato de mediação com aquele que visa proporcionar. Destarte, ainda que rescindido ou desfeito o último, razão inexiste para a devolução da percentagem recebida' (RE 83.974-RJ; 2ª Turma)".[324]

Além da obrigação de fazer – aproximação efetiva entre distintas pessoas que têm intenção de celebrar determinado contrato, inclusive com o trabalho de aconselhamento inerente à possibilidade de concreção do negócio principal no bojo da intermediação – o objeto do trabalho levado a cabo pelo corretor deve conduzir necessariamente ao resultado do seu serviço. Daí porque se diz que se trata de uma obrigação de resultado.[325]

Gustavo Tepedino explica que: "Com efeito, o contrato de corretagem apresenta sinalagma bem característico, antepondo à remuneração almejada pelo corretor uma obrigação de fazer, consubstanciada não no seu trabalho em si considerado mas no resultado esperado por quem lhe contratou os serviços, expresso na convergência de vontades entre comprador e vendedor".[326]

Esta obrigação de resultado assumida pelo corretor se sujeita, por óbvio, à utilidade de seu serviço de aproximação, ou seja, o resultado alcançado deve necessariamente ser útil a quem lhe contratou. Esta utilidade se verifica com a "convergência de vontades entre comprador e vendedor".

Neste sentido, é importante frisar que: "O objeto do contrato de corretagem não é o serviço do corretor em si mesmo considerado, mas o resultado desse serviço, que, por sua vez, não se reduz à conclusão do negócio pretendido, melhor se identificando como a eliminação, por parte do corretor, de qualquer obstáculo à sua celebração. A obrigação do corretor, portanto, embora não se confunda com a contratação almejada, a cargo do vendedor e do comprador, tampouco pode ser confundida com a gestão que lhe é cometida no sentido de buscar possíveis compradores".[327]

No mesmo sentido, a professora Maria Helena Diniz explica que: "O corretor vende o resultado útil de seu trabalho, de modo que se seu labor tornar-se inútil não haverá que se falar em qualquer remuneração, pois receberá a comissão não em virtude do serviço prestado, mas em razão do resultado obtido".[328]

---

324 DINIZ, Maria Helena. *Curso de Direito Civil Brasileiro*, op. cit., p. 389. No mesmo sentido: "[...] o contrato de corretagem, no direito brasileiro, caracteriza-se pela obrigação de interessados no intuito de obter a conclusão de negócios, sem que o corretor se responsabilize pelo desfecho positivo da negociação. Nele, por outro lado, também mostram-se essenciais a inexistência de subordinação e a onerosidade" (TEPEDINO Gustavo. *Questões Controvertidas sobre o Contrato de Corretagem*, op. cit., p. 142). Ainda: "Quanto ao objeto do referido contrato, teremos uma Obrigação de Fazer, ou seja, pelo acordo contratual o corretor fica obrigado a procurar no mercado o melhor negócio de acordo com os desejos do comitente, e dentro dos parâmetros por ele ditados" (JUNIOR, Antonio Carlos Antunes, *op. cit.*).

325 Desta maneira, "O objeto do contrato de corretagem ou de mediação não é propriamente o serviço prestado pelo corretor, mas o resultado desse serviço. Daí ser uma obrigação de resultado e não de meio. A obrigação do corretor, sendo de resultado, somente produzirá efeitos em relação ao comitente (proprietário do bem ou cliente), no instante em que o acordo para o negócio se efetivar, em razão da intermediação realizada. Logo, infere-se daí que pouco importará a dedicação e o trabalho do corretor" (DINIZ, Maria Helena. *Curso de Direito Civil Brasileiro*, op. cit., p. 390).

326 TEPEDINO, Gustavo. *Questões Controvertidas sobre o Contrato de Corretagem*, op. cit., p. 144. No mesmo sentido: "O objeto da mediação não é uma conduta propriamente dita, mas o resultado de um serviço. Na corretagem, existe uma obrigação de resultado. Sem este não há direito à remuneração" (VENOSA, Sílvio de Salvo. *Direito Civil: contratos em espécie*, op. cit., p. 577).

327 TEPEDINO, Gustavo. *Questões Controvertidas sobre o Contrato de Corretagem*, op. cit., p. 144.

328 DINIZ, Maria Helena. *Curso de Direito Civil Brasileiro*, op. cit., p. 390.

Uma vez alcançado o resultado útil de efetiva aproximação entre as partes, com a convergência de vontade entre ambas de que é possível celebrar o negócio principal almejado, então posterior arrependimento injustificado de qualquer uma delas não contamina o trabalho do corretor, pleno e satisfatoriamente realizado. O mesmo ocorre quando as partes passam – a partir da aproximação útil realizada pelo corretor – a negociar diretamente sem a interferência e colaboração dele.[329]

Gustavo Tepedino explicita interessante questão a respeito desta obrigação assumida pelo corretor na corretagem: "[…] há de indagar se a obrigação característica do contrato é de meio ou de resultado. A matéria é controvertida, afirmando-se não raro, em doutrina, cuidar-se de obrigação de meio, não de resultado. Trata-se de equívoco, contudo".[330]

De um lado, a obrigação do corretor é de promover a aproximação útil das partes (obrigação de fazer); de outro, diligenciar no sentido de que os eventuais obstáculos surgidos durante a negociação sejam devidamente equacionados ou removidos (obrigação de resultado).[331]

Neste contexto, pouca importância prática tem a boa gestão do corretor.[332] Não é em função disso que ele é remunerado, embora, obviamente, com boa gestão tenha maiores oportunidades de conduzir o negócio principal que se almeja transacionar até a efetiva conclusão.

Neste sentido, o ponto mínimo até onde deve chegar o trabalho do corretor para fazer jus à sua remuneração é a aproximação útil das partes, inclusive com a convergência da vontade de ambos de que efetivamente pretendem celebrar o negócio principal.[333]

Excepcionalmente, no entanto, pode ser possível que as partes (comitente e corretor) firmem compromisso expresso no contrato de corretagem no sentido de que a remuneração será em razão do esforço empreendido pelo corretor na busca de eventual interessado para a celebração do negócio principal.[334]

De qualquer maneira, a doutrina qualifica a obrigação do corretor como sendo de resultado, e não meramente de meio: "Com razão, portanto, os que identificam na obrigação de resultado, não de meio, a

---

[329] No mesmo sentido: "O que se tem em vista nesse contrato é a aproximação ou resultado útil, tanto que a remuneração será devida na hipótese de arrependimento injustificado das partes e quando estas realizam o negócio diretamente, após a atividade útil do corretor" (VENOSA, Sílvio de Salvo. *Direito Civil: contratos em espécie, op.* cit., p. 577).

[330] TEPEDINO Gustavo. *Questões Controvertidas sobre o Contrato de Corretagem, op.* cit., p. 145.

[331] Em outras palavras: "De fato, a obrigação principal do corretor não se confunde com a efetivação da venda, bastando-lhe a aproximação útil. Entretanto, embora a aproximação das partes, focalizada do ponto de vista da função econômica do contrato, seja um meio para a sua conclusão, do ponto de vista técnico-jurídico consubstancia-se em resultado final – a superação dos obstáculos impeditivos da celebração do negócio" (*Ibidem*, p. 145).

[332] Sabe-se que, "Não basta, com efeito, a boa gestão do corretor, para que cumpra sua obrigação a contento. É preciso mais, exige-se-lhe o resultado, traduzido pelo consenso das partes em vistas à conclusão da compra-e-venda" (*Ibidem*, p. 145). No mesmo sentido, Maria Helena Diniz ressalta que: "pouco importará a dedicação e o trabalho do corretor" (TEPEDINO, Gustavo. *Curso de Direito Civil Brasileiro*, p. 390).

[333] É que, "por diferir o resultado econômico almejado – a compra-e-venda – do resultado (*rectius*, efeito) jurídico que se realiza através da prestação do corretor – o consenso indispensável e imediatamente anterior à celebração da compra-e-venda –, compreende-se a confusão doutrinária acerca da obrigação característica da corretagem" (TEPEDINO, Gustavo. *Questões Controvertidas sobre o Contrato de Corretagem, op.* cit., p. 145).

[334] "Tem-se, na verdade, espécie contratual da qual exsurge a obrigação de resultado, sempre que o pagamento do corretor depender da concretização do negócio (resultado útil). Ao revés, predominará a obrigação de meio nas raríssimas avenças em que se determine o pagamento do corretor comutativamente, em razão do seu esforço, independentemente do resultado obtido. Estas hipóteses, todavia, dependerão de pactuação expressa, vez que discrepam dos usos contratuais" (*Ibidem*, p. 145).

obrigação do corretor. 'A obrigação do corretor, sendo de resultado, somente produzirá efeitos em relação ao comitente (proprietário do bem ou cliente), no instante em que *o acordo para o negócio se efetivar*, em razão da intermediação realizada. Logo, infere-se daí que pouco importará a dedicação e o trabalho do corretor".[335]

Estes são os principais contornos que envolvem o objeto do trabalho desenvolvido pelo corretor na busca do resultado útil de seu serviço: aproximar, estabelecer a convergência de vontades no sentido de celebrar o negócio principal, aconselhar, municiar com informações relevantes, remover os eventuais obstáculos que apareçam durante o tempo de negociação e fazer emergir o consenso sobre a efetiva possibilidade de celebração do negócio.

CORRETAGEM E MEDIAÇÃO

Usualmente, a doutrina identifica o contrato de corretagem com a mediação.[336] Todavia, como institutos jurídicos, os dois não se identificam necessariamente no plano teórico.

Em distinção entre ambos, Silvio de Salvo Venosa explica que: "Modernamente, a mediação apresenta, a nosso ver, conteúdo maior do que a corretagem, tanto que pode ser considerado instituto mais amplo, pois pode ocorrer mediação em outros institutos jurídicos sem que exista corretagem. Daí por que não se pode afirmar que exista perfeita sinonímia nos termos da mediação e corretagem".[337]

No mesmo sentido, a professora Maria Helena Diniz diferencia estes dois tipos de contratos, sustentando que: "O contrato de mediação é, na verdade, aquele em que o mediador, com imparcialidade, por não estar vinculado àqueles que pretendem efetivar entre si contrato futuro, coloca-os em contato, aproximando-os, esclarecendo dúvidas que, porventura, tenham e prestando-lhes as devidas informações, tendo direito a uma remuneração, a título de indenização pelo resultado. É alheio ao contrato firmado por meio da atividade do mediador".[338]

A despeito da distinção que coloca, a professora cede à sistemática do Novo Código Civil, o qual não estabeleceu qualquer distinção entre ambos. Ao contrário, tratou-os indistintamente, motivo pelo qual não foge ao rigor técnico tratá-los como semelhantes espécies contratuais.[339]

---

335 TEPEDINO, Gustavo. *Questões Controvertidas sobre o Contrato de Corretagem, op.* cit., p. 145-146 *apud* DINIZ, Maria Helena. *Tratado Teórico e Prático*, 15ª ed., São Paulo, Saraiva, v. 3, 1993, p. 310.

336 Neste sentido, o professor Gustavo Tepedino aponta que: "A doutrina identifica o contrato de corretagem com a mediação, que se caracteriza pela atividade de aproximação de duas ou mais partes com vistas à conclusão de um negócio de compra-e-venda. Uma das partes, o corretor, mediante quantia fixa ou estabelecida segundo percentual sobre a venda, obriga-se a contactar possíveis compradores para o bem que o contratante pretende vender" (TEPEDINO, Gustavo. *Questões Controvertidas sobre o Contrato de Corretagem, op. cit.*, p. 136-137).

337 VENOSA, Sílvio de Salvo. *Direito Civil: contratos em espécie* cit., p. 575.

338 Em distinção, a professora explica que: "Já na corretagem, o corretor não tem aquela imparcialidade, uma vez que exerce sua função, atendendo um dos futuros contratantes. Por isso já houve quem dissesse que não há contrato de mediação, mas tão-somente atividade de mediador, que precede a conclusão do negócio, pois o prepara. A atividade do mediador é concausa da conclusão do negócio. A relação jurídica entre mediador e interessados apenas surge com a conclusão do contrato. Além disso, não há matrícula do mediador. O corretor é intermediário e não mediador" (DINIZ, Maria Helena. *Curso de Direito Civil Brasileiro*. 17ª ed., São Paulo, Saraiva, v. 3, 2002, p. 388).

339 Neste sentido, a professora explica que: "Apesar dessas diferenciações, como o novo Código Civil trata indistintamente os dois institutos, procuramos abordá-los sem efetuar tais distinções, embora nosso estudo esteja mais voltado à corretagem" (DINIZ, Maria Helena, *op. cit.*, p. 388).

Prova inequívoca disso, se verifica pela dicção dos arts. 723,[340] 725,[341] 726[342] e 727[343] do Novo Código Civil, os quais tratam da corretagem e mediação como termos sinônimos. Por este motivo, os dois termos serão utilizados como sinônimos neste estudo.

Categorias de corretor

A relação jurídica que se estabelece a partir do contrato de corretagem decorre, em um primeiro momento, da figura do comitente como credor da obrigação e do corretor como devedor.[344]

Neste momento em que a relação jurídica se estabelece entre comitente e corretor, a obrigação se refere à busca e aproximação de pessoas interessadas que efetivamente pretendam realizar um ou mais ato negocial com o comitente.

Paulo Luiz Netto Lôbo resume as categorias de corretores usualmente aceitas e explicadas pela doutrina: "Os corretores são classificados em livres e oficiais, sendo que estes últimos submetem-se a profissões regulamentadas".[345]

Ou seja, os corretores podem ser divididos em duas categorias principais: oficiais, "se gozarem das prerrogativas de fé pública inerente ao ofício disciplinado por lei";[346] e livres, "se exercerem o ofício de intermediadores continuadamente, sem designação oficial".[347]

Silvio de Salvo Venosa agrega outra classificação quanto às categorias. Sustenta o autor que: "[…] a corretagem pode ser tanto *profissional* como *ocasional*".[348] O ponto central a ser considerado deve ser o seguinte: "Para

---

340 "O *corretor* é obrigado a executar a *mediação* com a diligência […]".

341 "A remuneração é devida ao *corretor* uma vez que tenha conseguido o resultado previsto no contrato de *mediação* […]".

342 "[…] terá o *corretor* direito à remuneração integral, ainda que realizado o negócio sem a sua *mediação* […]".

343 "[…] o dono do negócio dispensar o *corretor*, e o negócio se realizar posteriormente, como fruto da sua *mediação*, a corretagem lhe será devida […]".

344 Com efeito, de um lado, "[…] teremos o Comitente como credor da obrigação, o qual contrata o corretor para buscar pessoas interessadas em com ele realizar algum ato negocial"; de outro, no entanto, "O Devedor será o Corretor, o qual possui a obrigação de aproximar pessoas que pretendem contratar, realizando desta forma uma intermediação, colocando o contratante em contato com pessoas interessadas em celebrar algum ato negocial" (JUNIOR, Antonio Carlos Antunes, *op. cit.*).

345 LÔBO, Paulo Luiz Netto. In: PEREIRA, Rodrigo da Cunha (Org.). *Código Civil Anotado*. Porto Alegre, Síntese, 2004, p. 467. Em distinção, pode-se dizer que, os corretores classificam-se em duas grandes categorias: oficiais, que são mediadores destinados a certas operações comerciais, gozam de fé pública, própria do ofício público que exercem e têm suas profissões disciplinadas por lei (*v.g.* fundos públicos, mercadorias, navios, operações de câmbio, seguros e valores); e livres, que independem de qualquer investidura oficial, tendo como único pressuposto a capacidade civil, além da submissão à legislação corporativa, que regulamenta a profissão, através dos Conselhos Federal e Regionais, habilitando-os para o exercício profissional (TEPEDINO, Gustavo. *Questões Controvertidas sobre o Contrato de Corretagem, op.* cit., p. 129-131).

346 A título exemplificativo, citam-se os corretores: de fundos públicos, de mercadorias, de navios, de operações de câmbio, de seguros e de valores (DINIZ, Maria Helena. *Curso de Direito Civil Brasileiro*. 17ª ed., São Paulo, Saraiva, v. 3, 2002, p. 402).

347 A título exemplificativo, citam-se os corretores: de espetáculos públicos e diversões; de empréstimos de obras de arte; de automóveis; de pedras preciosas; de publicidade; de serviços de trabalhadores em geral ou especializados; de artistas; de esportistas profissionais; de conferencistas; de bens móveis e imóveis etc. (DINIZ, Maria Helena *op. cit.*, pp. 402-404). No que tange aos corretores livres, salienta-se que: "[…] são as pessoas, sem designação oficial, que exercem, com ou sem exclusividade, o ofício de agenciadores, em caráter contínuo ou intermitente" (PEREIRA, Caio Mário da Silva. *Instituições de Direito Civil, op.* cit, p. 385). Em outras palavras, "Corretores livres são os que exercem a intermediação sem designação oficial. Nesse caso, podem atuar todos os que estejam na plenitude de sua capacidade civil. Nesse campo atuam, por exemplo, os corretores de espetáculos públicos, de atletas profissionais, de automóveis, de obras de arte, de móveis etc" (VENOSA, Sílvio de Salvo. *Direito Civil: contratos em espécie* cit., p. 579).

348 Explica, no entanto, que: "Conceitualmente, não existe diferença. Não é simplesmente porque o agente não faz da corretagem sua profissão habitual que perderá direito à remuneração. A maior dificuldade em fixar a natureza jurídica desse contrato deve-se ao fato

que seja considerada corretagem, a intermediação deve ser a atividade preponderante no contrato e na respectiva conduta contratual das partes".[349]

Obrigações do corretor

O saudoso civilista Caio Mário da Silva Pereira escreve que: "As obrigações do corretor giram em torno da aproximação e da mediação das partes com vistas à realização de negócios, e podem ser expressamente estipuladas ou decorrer da lei, ou dos usos e costumes. Em princípio, cabe-lhe envidar esforços e dedicar sua atividade na angariação do negócio ou do contrato, a que visa o comitente, podendo investigar, anunciar etc".[350]

Em expressa referência às obrigações do corretor, o *art. 723* do Código Civil dispõe que: "O corretor é obrigado a executar a mediação com a diligência e prudência que o negócio requer, prestando ao cliente, espontaneamente, todas as informações sobre o andamento dos negócios; deve, ainda, sob pena de responder por perdas e danos, prestar ao cliente todos os esclarecimentos que estiverem ao seu alcance, acerca da segurança ou risco do negócio, das alterações de valores e do mais que possa influir nos resultados da incumbência".

À luz deste dispositivo legal, as obrigações do corretor são: a) inerentes ao contrato de corretagem e consistem na execução da mediação com a diligência e prudência que o negócio requer, além da apresentação espontânea de todas as informações sobre o andamento dos negócios ao cliente; bem como b) prestar ao cliente todos os esclarecimentos que estiverem ao seu alcance, acerca da segurança ou risco do negócio, das alterações de valores e do mais que possa influir nos resultados da incumbência, sob pena de responder por perdas e danos.[351]

Em explicação ao dispositivo legal, Jones Figueirêdo Alves expõe que: "São descritas pelo dispositivo as obrigações inerentes ao contrato de mediação. A primeira delas diz com o dever de o corretor atuar com aplicação e presteza, segundo reclamam o negócio e o interesse do cliente, fornecendo-lhes, nesses fins, por sua iniciativa e empreendimento, as informações sobre as tratativas eventualmente existentes e a desenvoltura da mediação, a ensejar o êxito esperado. A segunda, também essencial ao desempenho, tem por escopo o resguardo do negócio, quanto aos riscos ou segurança dele, devendo o corretor de tudo fazer ciente o comitente, transmitindo-lhe todos os esclarecimentos que lhe seja possível prestar".[352]

Dentre as obrigações do corretor, a professora Maria Helena Diniz enumera que são elas: "envidar esforços no sentido de encontrar o negócio a que visa o comitente"; "executar a mediação com diligência e

---

de que raramente o corretor limita-se à simples intermediação".

349 VENOSA. Sílvio de Salvo, *op. cit.*, p. 578.

350 PEREIRA, Caio Mário da Silva. *Instituições de Direito Civil, op.* cit., p. 385.

351 Das Perdas e Danos no Código Civil: "*Art. 402.* Salvo as exceções expressamente previstas em lei, as perdas e danos devidas ao credor abrangem, além do que ele efetivamente perdeu, o que razoavelmente deixou de lucrar; *Art. 403.* Ainda que a inexecução resulte de dolo do devedor, as perdas e danos só incluem os prejuízos efetivos e os lucros cessantes por efeito dela direto e imediato, sem prejuízo do disposto na lei processual; *Art. 404.* As perdas e danos, nas obrigações de pagamento em dinheiro, serão pagas com atualização monetária segundo índices oficiais regularmente estabelecidos, abrangendo juros, custas e honorários de advogado, sem prejuízo da pena convencional; *Art. 405.* Contam-se os juros de mora desde a citação inicial".

352 ALVES, Jones Figueirêdo. *In:* FIUZA, Ricardo (Org.). *Novo Código Civil Comentado.* São Paulo, Saraiva, 2002, p. 654. No mesmo sentido: "Assim, o Corretor tem como dever: a) Ser prudente e diligente ao executar o objeto do contrato, ou seja, a mediação do negócio, devendo agir sem que propicie a realização de contratos nulos e anuláveis; b) Prestar todas as informações sobre o andamento dos negócios, sempre de forma espontânea, visto que faz parte das suas atribuições de intermediador de negócios; c) Prestar todos os esclarecimentos sobre a segurança ou risco do negócio, as alterações de valores, e demais fatores que possam influir no resultado realização do negócio, sob pena se não o fizer, de responder por perdas e danos causados em razão da omissão de algum fator que estava ao seu alcance" (JUNIOR, Antonio Carlos Antunes. *Contrato de Corretagem no novo Código Civil, op.* cit.).

prudência (CC, art. 723, 1ª parte), sem propiciar a realização de contratos nulos ou anuláveis"; "informar o cliente sobre o andamento do negócio, esclarecendo não só sobre as condições, a segurança ou risco do ato negocial, mas também a respeito das alterações de valores e de tudo o que possa influir nos resultados da incumbência (CC, art. 723), sob pena de responder por perdas e danos (CC, arts. 402 a 404)"; "guardar sigilo absoluto nas negociações de que se encarregar. Se quebrar o segredo profissional, causando prejuízos, deverá ressarci-los, e poderá até mesmo ser condenado à perda do ofício e da metade da fiança prestada, provando-se dolo ou fraude".[353]

Tais obrigações gravitam em torno da obrigação principal: promover a aproximação com a efetiva convergência de vontades entre o terceiro interessado e o comitente que lhe contratou. É necessário que o corretor preste as informações básicas a respeito do negócio que se pretende realizar, diligencie para esclarecer as dúvidas que cada uma das partes possam vir a ter em relação à outra, atue com presteza, seriedade e ética na sua função etc.

Segundo Silvio de Salvo Venosa, o dispositivo sintetiza o dever de lealdade do corretor em relação ao comitente: "Na verdade, a lei sintetiza que existe um dever de lealdade do corretor para com o dono do negócio ou comitente que o contrata. Afastando-se dessa lealdade, a responsabilidade do corretor decola do dever de indenizar até a transgressão de normas criminais. A posição do corretor, em virtude do sensível papel social que desempenha no mundo negocial, exige permanente clareza e transparência de conduta. Esse sentido ético deve estar presente em qualquer ramo a que se dedique a corretagem".[354]

Relembrando o objeto do contrato de corretagem, dentre as obrigações do corretor emerge a essencial ou principal, qual seja, constitui-se "[...] na obtenção da convergência de vontades com vistas ao negócio. Cumpre com o dever contratual o corretor que apresenta ao vendedor um comprador definitivamente disposto a celebrar o contrato pretendido pelo vendedor nas condições por este estabelecidas".[355]

Consoante explanação de Gustavo Tepedino, "Daqui decorre o equívoco tanto de quem acredita que o corretor só se desincumbe de seu dever contratual com a celebração efetiva do contrato; quanto de quem vê na simples apresentação do comprador ao vendedor o conteúdo da prestação devida pelo corretor".[356]

Para que o corretor desempenhe o seu papel no âmbito do trabalho desenvolvido em função do contrato de corretagem, é necessário que ele aproxime o terceiro interessado ao comitente de modo a lhe proporcionar um resultado útil (convergência efetiva de vontades).

Não basta a simples aproximação, sem o estabelecimento de qualquer vínculo entre o terceiro interessado e o comitente. De igual maneira, não é necessário que o negócio principal seja efetivamente realizado, vez que pode ser obstaculizado mediante o arrependimento de uma das partes ou mesmo de ambas. Neste caso, o trabalho do corretor poderá ter sido realizado com sucesso – e portanto ele fará jus à remuneração – embora o contrato versando sobre o negócio principal não venha a ser efetivamente celebrado.

---

353   DINIZ, Maria Helena. *Curso de Direito Civil Brasileiro*. 17ª ed., São Paulo, Saraiva, v. 3, 2002, p. 407.

354   VENOSA, Sílvio de Salvo. *Direito Civil: contratos em espécie*. 4ª ed., São Paulo, Atlas, 2004, v. 3, p. 583.

355   TEPEDINO, Gustavo. *Questões Controvertidas sobre o Contrato de Corretagem*. In *Temas de Direito Civil*. 3ª ed., Rio de Janeiro, Renovar, 2004, p. 143. Paulo Luiz Netto Lôbo sintetiza as seguintes conclusões a respeito do art. 723 do Código Civil: "1. Não é necessário que o corretor seja imparcial. Indispensável é que ele realize a aproximação entre os interessados com diligência e prudência. 2. A obrigação primordial do corretor é promover a convergência de interesses para a celebração do negócio. Por isso é imprescindível sua dedicação e seu trabalho" (LÔBO, Paulo Luiz Netto. *In*: PEREIRA, Rodrigo da Cunha (Org.). *Código Civil Anotado*. Porto Alegre, Síntese, 2004, p. 469).

356   TEPEDINO, Gustavo. *Questões Controvertidas sobre o Contrato de Corretagem, op.* cit., p. 143.

A professora Maria Helena Diniz explica que: "Assim sendo, o mediador terá direito a uma compensação condicional, que dependerá da execução da obrigação de resultado. Isto porque na mediação o serviço é prometido como meio para a consecução de certa utilidade; o proprietário do bem a ser vendido, ao contratar o corretor, não objetiva o serviço por ele prestado, mas o resultado útil, que é a obtenção da vontade do contratante para a conclusão do negócio. Logo, apenas quando se verifica tal utilidade é que o corretor terá direito à remuneração. O serviço do mediador somente traduzirá valor econômico quando resultar no acordo para a efetivação do contrato, que constitui a finalidade de seu trabalho".[357]

Note que o resultado útil no trabalho do corretor se verifica com a "obtenção da vontade do contratante [terceiro interessado] para a conclusão do negócio", ocasião em que o "acordo para a efetivação do contrato" traduzirá valor econômico para o comitente que lhe contratou.

Insta salientar ainda que, "A obrigação de resultado útil tem sido atenuada, desde que 'mais razoável e justa se afigura a posição intermediária, segundo a qual é devida ao corretor a comissão se, após a aproximação, já com a venda acertada, o negócio não se perfaz por desistência [...]' (STJ, 4ª T., Resp 19.840/RO, Min. Sálvio de Figueiredo Teixeira, j. em 8-6-1993, v. m.). No mesmo sentido: Resp 4.269, 3.004 e 1.023. Demais disso, o art. 725 não deixa mais dúvida a respeito, afirmativo de a obrigação na intermediação corresponder somente aos limites conclusivos do negócio, mediante o acordo de vontade das partes, independentemente da execução do próprio negócio, no efeito de tornar devida a remuneração a que faz jus o corretor".[358]

Aperfeiçoamento do contrato de corretagem

Vimos que: "Na corretagem, um agente comete a outrem a obtenção de um *resultado útil* de certo negócio". Desta maneira, "a conduta esperada é no sentido de que o corretor faça aproximação entre um terceiro e o comitente". Sucede, portanto, que "a mediação é exaurida com a conclusão do negócio entre estes, graças à atividade do corretor". "Quando discutimos a retribuição a que o corretor faz jus, importante é exatamente fixar que a conclusão do negócio tenha decorrido exclusiva ou proeminentemente dessa aproximação", explica o civilista Silvio de Salvo Venosa.[359]

Insta destacar, novamente, que: "O corretor, contudo, não se responsabiliza pela conclusão do negócio". É que, "sua participação termina com o resultado útil, ou seja, a aproximação eficaz do terceiro que conclui o negócio com o comitente".[360]

Nelson Nery Junior anota que: "Incumbe ao vendedor o pagamento da corretagem se de forma inequívoca outro meio não foi avençado (TJSP, 3ª Câm., Ap. 23479-4-SP, rel. Des. Alfredo Migliore, j. 27.1.1998, v.u.)".[361]

É plenamente admissível a liberdade de forma na celebração do contrato de corretagem. Gustavo Tepedino explica que: "Não requer, por outro lado, a corretagem formalidade especial, prevalecendo o princípio da liberdade das formas. Para se provar o contrato, admite-se em princípio qualquer meio de prova, ainda que somente a

---

357 DINIZ, Maria Helena. *Curso de Direito Civil Brasileiro.* 17ª ed., São Paulo, Saraiva, v. 3, 2002, p. 390. No mesmo sentido: "Trata-se de obrigação de resultado, visto que o corretor obriga-se perante o comitente a obter para este 'um ou mais negócios, conforme as instruções recebidas' e, nesse alcance, tenha-se presente o art. 725, quando, nessa linha, prescreve devida a remuneração ao corretor, uma vez que tenha conseguido o resultado previsto no contrato de mediação" (ALVES, Jones Figueirêdo. *In*: FIUZA, Ricardo (Org.). *Novo Código Civil Comentado.* São Paulo, Saraiva, 2002, p. 653).

358 ALVES, Jones Figueirêdo. *In*: FIUZA, Ricardo (Org.). *Novo Código Civil Comentado.* São Paulo, Saraiva, 2002, p. 653.

359 VENOSA, Sílvio de Salvo. *Direito Civil: contratos em espécie.* 4ª ed., São Paulo, Atlas, 2004, v. 3, p. 576.

360 VENOSA, Sílvio de Salvo, *op. cit.*, p. 584.

361 NERY JUNIOR, Nelson. *Código Civil Anotado e legislação extravagante.* 2ª ed., São Paulo, Revista dos Tribunais, 2003, p. 441.

testemunhal (art. 107, Código Civil: 'A validade da declaração de vontade não dependerá de forma especial, senão quando a lei expressamente a exigir')".[362]

Em sentido contrário, Álvaro Villaça Azevedo sustenta que: "O serviço de corretagem somente se tem como aperfeiçoado quando o negócio imobiliário se concretiza, posto que o risco é da sua essência. Celebrado entre vendedor e comprador recibo de sinal e princípio de pagamento, com cláusula vedatória de arrependimento, tem-se que, naquele momento, no que toca aos serviços de intermediação prestados pela empresa corretora, o negócio terminou, sendo devida a comissão respectiva, que não pode ser afastada ao argumento de que o comprador, a quem fora atribuído o ônus da corretagem, desistira da aquisição, celebrando distrato com o vendedor, que a aceitou (STJ – Resp 71.708-SP – 4ª T. – j. 9.11.1999 – Rel. Min. Aldir Passarinho Júnior – DJU 13.12.1999 – RT 776/171)".[363]

Quanto mais longe chegar a fase de celebração do contrato versando sobre o negócio principal, mais visível será a caracterização da efetiva intermediação ou colaboração do corretor.

Em linhas gerais, distintas fases de negociação podem ser destacadas, nas quais o corretor:

(a) efetivamente não participou ou não colaborou na aproximação do terceiro interessado ao comitente, vez que se tratavam de pessoas conhecidas e que resolveram celebrar o negócio principal através de tratativas diretas entre ambos;

(b) participou ou colaborou simplesmente na busca da aproximação entre um terceiro interessado e o comitente, sem diligenciar qualquer providência no sentido de remover os possíveis obstáculos que podem surgir durante a negociação entre ambos no que tange à celebração do negócio principal;

(c) além de promover a aproximação entre o terceiro interessado e o comitente, ainda logrou deixar clara a convergência de vontades no sentido da realização do negócio principal a ser celebrado entre ambos;

(d) efetivamente colaborou para a realização do negócio principal, celebrado entre o terceiro interessado e o comitente, inclusive assistindo a ambos até o momento da assinatura deste contrato;

(e) apesar disso tudo, pouco antes, no momento, ou depois, da assinatura do contrato principal, ele é desfeito por qualquer motivo referente ao arrependimento de qualquer uma das partes ou de ambas.

Nas duas primeiras hipóteses (a) e (b),[364] resta evidenciada a inércia, negligência ou insuficiência na atuação desempenhada pelo corretor, vez que efetivamente não conseguiu levar o seu trabalho até o resultado útil desejado pelo comitente quando da sua contratação.

Ao contrário, nas demais hipóteses (c), (d) e (e),[365] fica evidenciada a diligência com a qual buscou a necessária convergência de vontades para a celebração do negócio principal, atendendo plenamente à tarefa que lhe

---

362 TEPEDINO, Gustavo. *Questões Controvertidas sobre o Contrato de Corretagem.* In *Temas de Direito Civil.* 3ª ed., Rio de Janeiro, Renovar, 2004, p. 131. Confira a seguinte decisão: "É irrelevante a forma do contrato de corretagem, que pode ser escrito ou verbal (2º TACivSP, Ap 605716-0/6, 12ª Câm., rel. Juiz Romeu Ricupero, v.u., j. 24.5.2001; e 2º TACivSP, 1ª Câm., Ap 577593-00/6, rel. Juiz Amorim Cantuária, j. 30.5.2000)" (NERY JUNIOR, Nelson. *Código Civil Anotado e legislação extravagante.* 2ª ed., São Paulo, Revista dos Tribunais, 2003, p. 438-439). No mesmo sentido: "Contrato de corretagem. Forma. Inexigência. Contrato verbal. Prova. Meios. Negócio concretizado. Averigua-se a existência do contrato verbal e suas condições, como a do prazo e taxa de comissão, pela situação fática delineada nos autos. A ausência de elemento que determine o prazo de validade prova tratar-se de contrato por prazo indeterminado, que depende de interpelação para fazer cessar a sua validade no tempo. E à míngua de comprovação de outra taxa de comissão, é de se admitir aquela de uso corrente no mercado imobiliário' (TAMG – Ap 0303635-1 – 7ª C.Cív. – Rel. Juiz Fernando Bráulio – J. 23.03.2000)" (LÔBO, Paulo Luiz Netto. *In:* PEREIRA, Rodrigo da Cunha (Org.). *Código Civil Anotado.* Porto Alegre, Síntese, 2004, p. 468).

363 AZEVEDO, Álvaro Villaça. *Código Civil Anotado e legislação complementar.* São Paulo, Atlas, 2004, p. 378.

364 Estas hipóteses são previstas pelo art. 726 do Novo Código Civil, que será analisado em tópico próprio.

365 Estas hipóteses são previstas pelos arts. 725 e 727 do Novo Código Civil, que serão analisados em tópico próprio.

foi incumbida pelo comitente quando lhe contratou, ainda que o negócio principal não venha a ser celebrado por arrependimento de qualquer uma das partes ou de ambas.

Diante de tais situações, pode-se dizer que: nas hipóteses (a) e (b) o contrato de corretagem não se aperfeiçoou, ou seja, não atingiu o resultado útil esperado, e por isso, não foi cumprido, vez que o trabalho do corretor se mostrou negligente ou insuficiente; nas hipóteses (c), (d) e (e), o contrato de corretagem se aperfeiçoou, isto é, foi concretizado ou cumprido plenamente.

Como é até intuitivo, nas duas primeiras hipóteses, o corretor não fará jus à remuneração; enquanto nas demais ele fará jus à remuneração em razão da extinção do contrato de corretagem com o fiel cumprimento do trabalho que lhe foi designado.

Consumação da mediação

A mediação se consuma no momento do acordo de vontades[366] ou da formação do vínculo jurídico entre as pessoas aproximadas pelo resultado útil do serviço prestado pelo corretor.[367]

Estes são os dois momentos exatos que podem ser tomados para os fins da consumação da mediação realizada pelo corretor: ele conduz à convergência ou ao acordo de vontades entre o terceiro interessado e o comitente no sentido da efetiva celebração do contrato versando sobre o negócio principal; ou quando da formação de qualquer vínculo jurídico que manifeste a inequívoca intenção de ambos na celebração do negócio principal.

Em qualquer um dos casos, o resultado útil do trabalho desenvolvido pelo corretor será verificado e traduzirá valor econômico para o comitente que lhe contratou.

Meios de prova

Este tópico refere-se especialmente aos meios suficientes para provar que o contrato de corretagem foi efetivamente firmado pelas partes e cumprido pelo corretor. Especial relevo merece a informalidade com a qual grande parte destes contratos é avençada. Em consequência, em caso de necessitar prová-lo existente em juízo, o corretor lançará mão de todos os meios de prova admissíveis em direito.[368]

---

366 No mesmo sentido, a professora Maria Helena Diniz expõe que: "A mediação consumar-se-á precisamente no momento em que aparecer o acordo de vontade entre os contratantes, mercê da aproximação levada a efeito pelo mediador, quando então estará terminada a sua função (RT 513:244)" (DINIZ, Maria Helena. *Curso de Direito Civil Brasileiro*. 17ª ed., São Paulo, Saraiva, v. 3, 2002, p. 390).

367 Álvaro Villaça Azevedo explica que: "A mediação é concretizada no momento em que se forma vínculo jurídico entre as pessoas aproximadas pelo corretor, sendo a comissão devida mesmo que o negócio se efetive após alguns anos em virtude de condição suspensiva contratualmente estipulada (2º TACivSP – Ap s/ Ver 656.355-00/4 – 3ª Câm. – j. 8.2.2000 – Rel. Juiz Cambrea Filho – RT 777/304)" (AZEVEDO, Álvaro Villaça. *Código Civil Anotado e legislação complementar*. São Paulo, Atlas, 2004, p. 379). No mesmo sentido, confira a seguinte decisão: "Mediação – Comissão de corretagem – Cobrança – Aproximação das partes – Irrelevância – Vínculo jurídico – Necessidade. Para fazer jus à comissão não basta tenha o Corretor de Imóveis ter apresentado o comprador ao vendedor. É necessário que entre as partes se estabeleça um vínculo jurídico, evidenciada a concordância recíproca com as condições do negócio que, num primeiro momento se torna perfeitamente concluído, embora possa vir mais tarde a ser desfeito, não chegando a executar-se" (2º TACívSP – Ap. c/ Rev. 645.156-00/0, 11ª C. Cív., Rel. Des. Egídio Giacoia, j. em 16.11.2002).

368 Exemplificando, a jurisprudência tem se manifestado a respeito do assunto com certa uniformidade: "Comissão – Corretagem – Contrato consensual – Inexistência de forma específica para conclusão – Admissão de prova testemunhal para demonstrar o trabalho do corretor na aproximação das partes – Mediação comprovada – Recurso não provido" (TJSP – AC 216.876-2 – Rel. Des. Acciolo Freire). "Corretor. Comissão. Prova testemunhal. Utilidade da intermediação. É suficiente a prova testemunhal do fato da intermediação prestada pelo corretor, ainda que inexistente contrato escrito. Para ter direito à comissão, basta que tenha aproximado as partes e que o acordo de vontade esteja expresso na assinatura do recibo do sinal. Agravo desprovido" (STJ – AGRESP 323971/RJ, 4ª T., Rel. Min.

Gustavo Tepedino pontua interessante questão a respeito da admissibilidade da prova exclusivamente testemunhal, especialmente quando o valor da operação exceder o limite previsto no art. 401 do Código de Processo Civil.

O autor relata que: "A 3ª Turma do Superior Tribunal de Justiça, em acórdão unânime proferido em 17 de dezembro de 1991, entendeu que 'no caso de contrato de corretagem cujo valor excede o limite previsto em lei, não se admite, para prová-lo, a prova exclusivamente testemunhal', invocando o art. 401 do Código de Processo Civil".[369]

Posteriormente, no entanto, o entendimento modificou-se naquela Turma do STJ: "Posteriormente, em 14 de dezembro de 1992, a mesma 3ª Turma do Egrégio Superior Tribunal de Justiça reformulou o ponto de vista acima exposto, desta feita por decisão tomada por maioria de votos, sendo Relator o Ministro Cláudio Santos, nos seguintes termos: 'O art. 401 do CPC não veda a prova exclusivamente testemunhal de contrato verbal de intermediação para a venda de imóveis, ainda que a remuneração tenha valor superior ao limite ali estipulado'".[370]

Neste cenário, o autor sustenta que: "A orientação apresenta-se justa, eis que valoriza o acordo de vontades e evita o enriquecimento sem causa ao mesmo tempo em que sujeita ao art. 401 a disciplina interna dos contratantes, peculiar e individual, cuja prova não poderia se vincular exclusivamente à palavra de uma teste-

---

Ruy Rosado de Aguiar, j. em 11.12.2001). "Havendo provas de que a apelante intermediou a venda e compra do imóvel apontado nos autos ao aproximar os apelantes-vendedores e compradores, é pertinente o pedido de comissão pela intermediação profícua (TJSP, 3ª Câm., Ap 3781-4, rel. Des. Antonio Manssur, v.u.)". "Seja pela imperfeição do critério previsto no CPC 401, seja pela natureza da atividade de corretagem, que usualmente advém de acordo informal com o devedor do bem, seja pela possibilidade de ser demonstrado, segundo a orientação jurisprudencial mais moderna do STJ, o fato do serviço, independentemente da prova da existência formal de um contrato, não é de se extinguir ação que objetiva o recebimento de comissão pela intermediação na alienação de 'conjunto de irrigação' de terras para cultivo agrícola, apenas porque a parte autora quer se valer, exclusivamente, da prova testemunhal (STJ, 4ª T., Resp 75687-SP, rel. Min. Aldir Passarinho Júnior, j. 21.6.2001., v.u., DJU 29.10.2001)" (JUNIOR, Nelson Nery, op. cit., p. 440-441).

[369] Em explicação, o autor aduz que: "O aresto, que reformou decisão do Tribunal de Justiça de Minas Gerais, no sentido de que bastava a prova exclusivamente testemunhal, altera hesitante orientação jurisprudencial fixada pelo Supremo Tribunal Federal, através do recurso extraordinário relatado pelo Ministro Ribeiro da Costa em 29 de outubro de 1953 e decidido por unanimidade pela 1ª Turma daquela Corte, com a seguinte ementa: 'Contrato de corretagem. Feição peculiar, destituída de forma especial. Pode ser provado por todos os meios admissíveis em direito, inclusive por testemunhas, ainda que a remuneração seja superior à taxa legal, segundo acentuam numerosos arestos de nossos tribunais. A corretagem, ou mediação, é um contrato de trabalho *sui generis* em que o locador loca ao comitente, não propriamente o seu trabalho, mas o produto útil do mesmo' (RE 24.243, publicado em 2.6.54). Diante da controvérsia, afirma o Ministro Nilson Naves que 'o art. 401, ao impor restrição à prova exclusivamente testemunhal, não estabelecesse distinção entre as várias espécies de contrato, daí que, a admitir-se que tal norma não compreende a corretagem ter-se-á de entender-se no mesmo modo em relação a outros contratos, também de feição peculiar. Portanto, não seria um critério seguro, na aplicação da lei" (TEPEDINO, Gustavo. *Questões Controvertidas sobre o Contrato de Corretagem. In Temas de Direito Civil*. 3ª ed., Rio de Janeiro, Renovar, 2004, p. 132). Neste julgado, restou consagrado que: "No caso de contrato de corretagem cujo valor excede o limite previsto em lei, não se admite para prová-lo prova exclusivamente testemunhal. CPC 401 (STJ, 3ª T., rel. Min. Nilson Naves, Resp 11.553-MG, j. 17.12.1991, v.u., DJU 13.3.1992, p. 2574; BolAASP 1743/162)" (NERY JUNIOR, Nelson. *Código Civil Anotado e legislação extravagante*. 2ª ed., São Paulo, Revista dos Tribunais, 2003, p. 440). Contudo, impõe-se distinguir que: "Há certa divergência jurisprudencial acerca da admissibilidade ou não da prova exclusivamente testemunhal quando o valor do contrato ultrapassar limites previstos no art. 401 do CPC. Prevalece o entendimento segundo o qual somente o conteúdo negocial do contrato deve ser submetido às disposições do CPC, permitindo-se qualquer meio de prova ao contrato de corretagem em si considerado" (LÔBO, Paulo Luiz Netto. *In*: PEREIRA, Rodrigo da Cunha (Org.). *Código Civil Anotado*. Porto Alegre, Síntese, 2004, p. 467).

[370] TEPEDINO, Gustavo. *Questões Controvertidas sobre o Contrato de Corretagem, op. cit.*, p. 132-133. Na nota de rodapé n. 5, o autor fornece a fonte: "R. Esp. N. 13.508-0-SP, publicado no *DJ* de 8 de março de 1993, tendo sido vencidos os Ministros Nilson Naves e Waldemar Sveiter e vencedores os Ministros Cláudio Santos, Eduardo Ribeiro e Dias Trindade". "A decisão, que se apoia em farta jurisprudência e em sólidas opiniões doutrinárias, distingue, com acerto, a existência do contrato de corretagem, em si considerado, que por ser consensual, e não solene, dispensa a prova escrita, do conteúdo negocial, com suas cláusulas peculiares, as quais, estas sim, devem se sujeitar ao sistema de provas engendrado pelo Código de Processo Civil" (*Ibidem*, p. 133).

munha. Ao propósito, vale sublinhar interessante trecho do acórdão: 'Efetivamente, contrato consensual não solene, sem forma especial, pode ser comprovado por qualquer meio, independentemente do art. 401 do CPC, tanto mais que, *in casu*, o que se provou, testemunhalmente, foi a prestação de um serviço para o qual há uma remuneração estipulada, em percentual, pelo costume. Desacolher-se essa interpretação do art. 401 do CPC será deixar o titular do direito à remuneração sem ação contra o devedor, se outros meios de prova não tiver, além da prova de testemunhas".[371]

Nelson Nery Junior colaciona em sua obra acórdãos de segunda instância em ambos os sentidos.[372]

Como se verifica, o corretor que ingresse em juízo para provar a existência do contrato e pleitear a remuneração que entende cabível pode lançar mão de todos os meios de prova admitidos em direito. No entanto, há entendimento jurisprudencial de que a utilização exclusiva da prova testemunhal não é permitida na hipótese do art. 401 do Código de Processo Civil.[373]

Espécies de remuneração

A remuneração é a contrapartida devida pelo comitente ao corretor, depois de realizado o seu trabalho com o resultado útil apontado anteriormente. Designa-se comissão ou corretagem e pode ser fixa e/ou variável. Geralmente, é ajustada em dinheiro, mas pode ser fixada em espécie.[374]

---

[371] TEPEDINO, Gustavo, *op. cit.*, p. 133. O autor destaca que: "O acórdão invoca a posição dos Tribunais de São Paulo, Minas Gerais e Rio Grande do Sul, no mesmo sentido, bem como precedentes do Supremo Tribunal Federal, publicados na *RTJ* 20/146-147 e 111/877-881, este último acórdão relatado pelo Ministro Rafael Mayer, trazendo lições doutrinárias de Arruda Alvim, Amaral Santos e Washington de Barros Monteiro" (*Idem Ibidem*, nota de rodapé n. 6).

[372] "Se, em cumprimento a um contrato de valor superior ao limite legal celebrado verbalmente, alguém prestar serviços a outrem, e pode produzir prova irrefutável de tal prestação [mesmo que exclusivamente testemunhal], o não reconhecimento do direito à remuneração, por falta de prova pré-constituída, implica a consagração de um enriquecimento ilícito, o que é incurial (2º TACivSP, 11ª Câm., Ap 621600-00/3, rel. Juiz Mendes Gomes, v.u., j. 12.7.2001). A existência de início de prova documental autoriza a produção de prova testemunhal (2º TACivSP, 9ª Câm., Ag 661383-00/3, rel. Juiz Eros Piceli, j. 18.10.2000). Mesmo na inexistência de contrato escrito, a mediação pode ser provada – e dará direito a remuneração do mediador – através da demonstração da prática de atos por esse intermédio que se tenham revelado eficazes para a concretização do negócio. E, para tanto, admissíveis todos os meios de prova em direito permitidos, inclusive o testemunhal, independentemente do valor do negócio principal (2º TACivSP, 1ª Câm., Ap 521845, rel. Juiz Vieira de Moraes, j. 9.11.1998). Em sentido contrário: Se o contrato cuja existência se pretende comprovar tem valor superior ao décuplo do maior salário mínimo vigente à época do negócio, não se admitirá a produção de prova exclusivamente testemunhal. Intermediação em contrato de compra e venda. Prova exclusivamente testemunhal, contrariando a regra limitativa de prova inserida no art. 401 do CPC. Dissídio jurisprudencial. Recurso extraordinário provido (RT 615/227). A lei processual admite a produção de prova exclusivamente testemunhal apenas para demonstrar pagamento de valor superior a dez salários mínimos (CPC 401 c/c 403). Resulta daí que, desatendido esse limite, não encontra sentido o deferimento dessa prova (2º TACivSP, 7ª Câm., rel. Juiz Antonio Rigolin, j. 7.11.2000)" (NERY JUNIOR, Nelson. *Código Civil Anotado e legislação extravagante*. 2ª ed., São Paulo, Revista dos Tribunais, 2003, p. 438-439).

[373] O art. 401 do CPC dispõe que: "A prova exclusivamente testemunhal só se admite nos contratos cujo valor não exceda o décuplo do maior salário mínimo vigente no país, ao tempo em que foram celebrados". O art. 402, inciso I, no entanto, estabelece que: "Qualquer que seja o valor do contrato, é admissível a prova testemunhal quando houver começo de prova por escrito, reputando-se tal o documento emanado da parte contra quem se pretende utilizar o documento como prova".

[374] De acordo com a doutrina: "[...] a remuneração, que normalmente é designada como Comissão, pode ser Fixa: quando o seu quantum for uma importância certa, independente do valor do negócio; e Variável: quando proporcional ao valor da transação conseguida, respeitado o limite mínimo" (JUNIOR, Antonio Carlos Antunes, *op. cit.*, *Apud* DINIZ, Maria Helena. *Curso de Direito Civil Brasileiro: Teoria das obrigações contratuais e extracontratuais*. 12ª ed., São Paulo, Saraiva, 1997, p. 463). No mesmo sentido: "1. Em geral, a remuneração é ajustada em dinheiro. Nada obsta, todavia, que seja fixada em espécie. 2. Pode a remuneração ser pactuada em percen-

De um lado, trata-se da obrigação fundamental do comitente – que é quem celebrou o contrato de corretagem com o corretor –[375] e independe do recebimento integral do preço, bastando a assinatura do instrumento preliminar, a tradição de arras, ou ainda, a efetiva convergência de vontades entre o terceiro interessado e o comitente no sentido da celebração do contrato versando sobre o negócio principal.

O saudoso Professor Caio Mário da Silva Pereira, em sua clássica obra de direito civil, assevera que: "Obrigação fundamental do comitente é pagar a comissão, na forma estipulada, ou segundo o que determina a lei ou os costumes (Código Civil, art. 724). Não depende ela do recebimento integral do preço, ou da execução do contrato. É devida, desde que se considere este ajustado. Basta a assinatura de instrumento preliminar, ou da tradição de arras. E, freqüentemente, cobra-se uma quantia a título de sinal ou de entrada, suficiente a cobrir aquela comissão. O pagamento faz-se, normalmente, em dinheiro. Nada obsta a que seja em espécie diferente, desde que as partes o convencionem. A comissão, afora o caso de vigorar quantia determinada, é fixada sob modalidade percentual (normalmente 1% a 5%), computada sobre o valor do contrato agenciado, ou sobre a vantagem ou proveito do comitente. Na corretagem livre, prevalece o ajuste, ou, na sua falta, o costume [...]".[376]

Por outro lado, dentre os direitos do corretor, inclui-se o de receber uma remuneração pelo resultado útil do seu trabalho, que pode ser: "*a) fixa*, se seu *quantum* foi estipulado numa importância certa, seja qual for o sucesso obtido, independentemente do valor do negócio; *b) variável*, se conforme ao preço alcançado, sendo, então, proporcional ao valor da transação conseguida, respeitando-se, porém, o limite mínimo; *c) mista*, se se fixar uma percentagem certa até o desejado pelo comitente, estabelecendo-se que o que exceder esse limite seja do corretor, em sua totalidade, ou de ambos, em sociedade", ou ainda, a comissão pode ser estipulada com base em *over price*.[377]

---

tual sobre o valor do contrato. Neste caso a quantia deve ser certa e previamente fixada. Há ainda a possibilidade de a remuneração corresponder ao que exceder do valor determinado pelo devedor (*over price*)" (LÔBO, Paulo Luiz Netto, *op. cit.*, p. 469).

375 O pagamento da comissão incumbe a quem encarrega o corretor do trabalho. Confira a seguinte decisão: "Mediação – Comissão de corretagem – Verba do mediador – Pagamento – Responsabilidade de quem incumbe o corretor do trabalho (comitente). O pagamento da comissão incumbe a quem encarrega o corretor do trabalho" (2º TACívSP – 2ª Câmara – Rel. Juiz Gilberto dos Santos – 25.05.1998).

376 PEREIRA, Caio Mário da Silva. *Instituições de Direito Civil*. Rio de Janeiro, Forense, 2003, v. 3, p. 386. No mesmo sentido: "Usualmente, no nosso direito, quem paga a comissão é quem procura os serviços do corretor, como, por exemplo, nos contratos de compra e venda, o vendedor é quem terá a referida incumbência" (JUNIOR, Antonio Carlos Antunes, *op. cit.*). Em outras palavras: "A remuneração, também denominada comissão ou corretagem, representa o pagamento do preço do serviço pelo resultado útil que o trabalho ofereceu, ou seja, 'pelo serviço que presta, aproximando as partes e tornando possível a conclusão de um negócio, tem o intermediário direito à remuneração' (*RT* 488/200). A fórmula de determinar o valor a ser pago atende a situação do caso concreto, observando-se, pela ordem de grandeza, disposição legal prevista, estipulação do *quantum* por ajuste prévio das partes ou arbitramento judicial, que atenderá a natureza do negócio desenvolvido e os usos locais, devendo o juiz, para tanto, orientar-se, com razoabilidade, pelos critérios sugeridos pela doutrina e jurisprudência, atento ao costume do lugar, como apoio preponderante para a fixação do valor, e observando o tempo de duração das atividades desenvolvidas. A corretagem decorre, usualmente, de acordo informal com o vendedor do bem. Desprovida da existência formal de um contrato que a preveja em quantia fixa ou em percentual, a remuneração ou comissão será arbitrada tendo em conta, afinal, o valor do próprio bem vendido" (ALVES, Jones Figueirêdo. *In*: FIUZA, Ricardo (Org.). *Novo Código Civil Comentado*. São Paulo, Saraiva, 2002, p. 654-655). Ou ainda, "Essa remuneração, também denominada corretagem ou comissão, é geralmente estabelecida em dinheiro e em porcentagem sobre o valor obtido no negócio, conforme percentuais com base em usos e costumes ou tabelas oficiais ou corporativas, além, é claro, da dicção contratual. Nada impede, porém, que seja um valor certo, no todo ou em parte variável. Quem usualmente paga a comissão é o comitente, na corretagem de índole civil" (VENOSA, Sílvio de Salvo. *Direito Civil: contratos em espécie*. 4ª ed., São Paulo, Atlas, 2004, v. 3, p. 580).

377 DINIZ, Maria Helena. *Curso de Direito Civil Brasileiro*. 17ª ed., São Paulo, Saraiva, v. 3, 2002, p. 405. No mesmo sentido, o professor Gustavo Tepedino explica que: "Aliás, a propósito da remuneração do corretor, esta é fixada normalmente em dinheiro, nada impe-

No mesmo sentido, a jurisprudência vem determinando que a remuneração é devida ao corretor quando o resultado útil de aproximação é verificado.

A título meramente exemplificativo citam-se dois acórdãos sobre o tema colacionados por Nelson Nery Junior: a) "A remuneração que se paga ao corretor premia o resultado alcançado, e só em virtude desse resultado é que se torna juridicamente defensável. Considera-se abusiva e, por isso, nula e de nenhum efeito a cláusula que viabilizaria o pagamento de comissão de corretagem independentemente de efetiva realização do negócio (TJDF, 1ª T., rel. Des. Valter Xavier, Proc. 0040720/96-DF, AC 94604, j. 7.3.1997)"; b) "São de valor as resultantes de comissões devidas aos corretores. Ocorrendo inadimplemento de obrigação estabelecida em contrato, verifica-se o ato ilícito relativo. Incide correção monetária sobre dívida por ato ilícito (absoluto ou relativo, dívida de valor, portanto) a partir da data do efetivo prejuízo (*STJ 43*). Recurso especial conhecido pela alínea *c* e provido (STJ, 3ª T., rel. Min. Nilson Naves, Resp 24.865-0-SP, j. 25.9.1992 – BolAASP 1779/42)".[378]

Quando a remuneração é devida

Como ressaltado anteriormente, "a existência do contrato de corretagem é necessária para que o corretor faça jus à sua remuneração, porém a sua existência pode ser comprovada por todos os meios de prova em direito admitidos, inclusive a prova através de testemunhas".[379]

O *art. 724* do Novo Código Civil dispõe que: "A remuneração do corretor, se não estiver fixada em lei, nem ajustada entre as partes, será arbitrada segundo a natureza do negócio e os usos locais".[380]

---

dindo, todavia, que seja pactuada em espécie. De ordinário é fixada com base em percentual sobre o contrato realizado, embora possa se constituir em quantia certa, como acima mencionado, desde que previamente avençada". "Admite-se, ainda, a estipulação com base em *over price*, hipótese em que se remunera o corretor com a quantia excedente a um certo valor, estabelecido pelo vendedor. O que supera tal valor serve a remunerar o corretor" (TEPEDINO, Gustavo. *Questões Controvertidas sobre o Contrato de Corretagem*. In *Temas de Direito Civil*. 3ª ed., Rio de Janeiro, Renovar, 2004, p. 135).

378 NERY JUNIOR, Nelson. *Código Civil Anotado e legislação extravagante*. 2ª ed., São Paulo, Revista dos Tribunais, 2003, p. 440.

379 JUNIOR, Antonio Carlos Antunes, *op. cit*. Neste sentido, conferir a seguinte jurisprudência: "Cobrança de comissão de corretagem. Cerceamento de defesa. Inocorrência. Contrato de compra e venda. Intermediação demonstrada. Direito à comissão. Arbitramento. Inteligência do art. 1218 do Código Civil. [...] A celebração de contrato de corretagem sob a forma verbal, à falta de documento atestando o concerto, não infirma sua existência, porquanto independe de forma ou solenidade expressa, podendo tanto ser manifestada a contratação por escrito quanto verbalmente e até por aceitação tácita, quando o corretor ou o comitente admitem a interferência recíproca nos seus negócios, sem que haja objetivamente qualquer contrato entre eles, nem prévio entendimento escrito ou verbal (Antônio Carlos Mathias Coltro). Sendo o contrato de corretagem essencialmente bilateral, não havendo comprovação quanto à percentagem ajustada como comissão do corretor, é razoável arbitrá-la em 3% sobre o valor do negócio' (TJSC – AC 98.012548-0 – 4ª C.Cív. – Rel. Des. Pedro Manoel Abreu – J. 07.12.2000)"; "Corretagem. Prova testemunhal. Comissão. Fixação. O contrato de corretagem é consensual, bastando o acordo de vontades para a sua formação, e podendo, em conseqüência, ser este provado por qualquer meio, inclusive prova testemunhal. A intermediação resta caracterizada se o imóvel é inicialmente oferecido pelo corretor ao futuro comprador, aproximando-o do vendedor. Se o comprador conclui diretamente o negócio junto ao vendedor, mesmo assim será devida a comissão, pois a mediação foi concausa para a realização do negócio jurídico. A comissão deve incidir sobre quantia efetivamente destinada ao proprietário do imóvel, não podendo, todavia, ser equiparada a atividade do corretor que inicia as tratativas e acompanha toda a negociação, até o seu término, com a daquele que apenas obtém a aproximação preliminar entre proprietário e comprador, em negociação que, interrompida, vem a finalizar-se posteriormente, já sem a interferência do corretor, casos em que faz ele jus a metade da comissão' (TAMG – Ap 0217014-9 – 3ª C.Cív. – Rel. Juiz Wander Marotta – J. 14.08.1996)" (LÔBO, Paulo Luiz Netto. *In*: PEREIRA, Rodrigo da Cunha (Org.). *Código Civil Anotado*. Porto Alegre, Síntese, 2004, p. 469-470).

380 Jones Figueirêdo Alves explica que: "Não há artigo correspondente no CC de 1916, mas assemelha-se ao disposto no art. 1218, que trata da locação de serviços, e repetido pelo art. 596 do CC de 2002" (ALVES, Jones Figueirêdo *op. cit*., p. 654).

Caso algum diploma legal, que regulamente determinada categoria de corretor oficial, estabeleça a remuneração pelo trabalho por ele desempenhado, então será aplicada a norma especial em detrimento do art. 724, de caráter geral.

De igual maneira, caso a remuneração do corretor tenha sido expressamente estipulada no contrato de corretagem firmado entre ele e o comitente, então ao término do seu trabalho fará jus ao que estiver avençado.

O art. 724 contempla a hipótese em que o contrato de corretagem é reconhecido, mas a remuneração não foi previamente fixada pelas partes, bem como não consta dispositivo legal que o estabeleça. Neste caso, a remuneração será arbitrada de acordo com a natureza do negócio (complexidade) e os usos locais (costume).

Como regra geral, a remuneração será devida pelo trabalho levado a cabo pelo corretor ou mediador sempre que ele tiver efetivamente alcançado o resultado útil para o qual foi designado, em proveito do comitente, ainda que não seja profissional e tenha atuado oficiosamente.[381]

Caso o corretor tenha sido socorrido por terceiro como colaborador, então a remuneração a ele devida será proporcional ao esforço empreendido no sentido da efetiva aproximação.[382]

Realizada a atividade solicitada pelo comitente e executada pelo corretor na busca de aproximar com eficiência terceiros interessados em celebrar negócio com aquele, uma vez concluído o negócio principal, então não há qualquer dúvida a respeito do direito à remuneração pelo corretor.[383]

Embora o direito de recebimento da comissão pela corretagem se dê com o resultado útil do trabalho desenvolvido pelo corretor, através da aproximação efetiva de terceiro interessado na conclusão do negócio com o comitente, há entendimento jurisprudencial que aponta no sentido de que o resultado útil do trabalho se concretiza somente com a efetiva realização do contrato principal.[384]

---

[381] No mesmo sentido: "Assim, é devida remuneração a quem, voluntária ou oficiosamente, tenha realizado intermediação útil a um dos contratantes. Se o interessado se vale dos serviços prestados por quem não seja corretor, não poderá furtar-se a pagar a retribuição. Em não se tratando de corretor profissional, não assistem ao intermédio fortuito as garantias previstas na lei especial" (ALVES, Jones Figueirêdo, *op. cit.*, p. 654).

[382] No mesmo sentido, confira a seguinte decisão: "Mediação – Comissão de corretagem – Cobrança – Intervenção de terceiro – Mero colaborador – Verba devida – Proporcionalidade ao serviço prestado. Conquanto seja incontroverso, o contrato de mediação, ainda que verbal, se satisfaz com o resultado. Assim, o trabalho do mediador considera-se realizado quando tiver sido alcançado o resultado, ainda que houver intervenção de terceiro, desde que este tenha atuado como mero colaborador. Nesse caso, o mediador deverá ser remunerado proporcionalmente ao trabalho desenvolvido, recebendo parte da comissão, calculada sobre o valor incontroverso da venda e compra" (2º TACívSP – AC 517.300 – Rel. Juiz Carlos Stroppa, j. em 09.06.1998). No sentido de que não é necessário que o corretor acompanhe a negociação até seu termo final, com a celebração do contrato versando sobre o negócio principal: "Corretagem. Aproximação do comprador com o vendedor. Comissão. Cabimento. Corretagem. Comissão devida. Não sendo o corretor responsável pela consumação do negócio, o contrato de corretagem tem-se como executado, se ocorreu a aproximação que resultou a sua realização. Ainda que não tenha participado de todas as operações que envolveram o negócio jurídico. Daí porque a comissão de corretagem lhe é devida no valor pactuado (5%)' (TACRJ – AC 1983/96 – 3ª C. – Rel. Juiz Nametala Jorge – J. 11.04.1996)" (LÔBO, Paulo Luiz Netto. *In*: PEREIRA, Rodrigo da Cunha (Org.). *Código Civil Anotado*. Porto Alegre, Síntese, 2004, p. 472-473).

[383] Nelson Nery Junior destaca, em sua obra, decisão neste sentido: "O julgado que nega o direito à comissão de corretagem porque o contrato não foi celebrado por desistência de outra parte, interessada na compra, não pode ser confrontado com o que reconhece tal direito quando, após a realização do negócio, o comprador descumpre com a sua obrigação de pagar o preço. Recurso não conhecido (STJ, 4ª T., rel. Min. Ruy Rosado de Aguiar, Resp 35.973-2-RJ, j. 13.6.1994, BolAASP 1864/109" (JUNIOR, Nelson Nery *op. cit.*, p. 438).

[384] Em sua obra, Nelson Nery Junior destaca jurisprudência neste sentido: "O direito de recebimento da comissão de corretagem está condicionado ao resultado útil do trabalho, ou seja, a realização do contrato principal. A mera aproximação das partes não propicia o recebimento de despesas feitas quando da frustração do negócio, ademais, que é inerente ao risco empresarial (TJSP, 14ª Câm., rel. Franklin Neiva, Ap 1266652, j. 16.10.1990, *Juis*)" (JUNIOR, Nelson Nery, *op. cit.*, p. 440).

Esta posição, no entanto, parece não encontrar respaldo no *art. 725* do Novo Código Civil, pelo qual: "A remuneração é devida ao corretor uma vez que tenha conseguido o resultado previsto no contrato de mediação, ou ainda que este não se efetive em virtude de arrependimento das partes".[385]

Consoante exposição anterior, salienta-se que: "Como regra geral, o corretor fará jus à sua comissão caso tenha aproximado as partes e estas tenham efetivado o contrato, conforme dispõe o artigo 725 do Código".[386]

Certamente que a aproximação significa o resultado útil do trabalho desenvolvido pelo corretor.[387] Neste diapasão, se uma das partes interessadas na celebração do contrato principal desistir de realizá-lo, ainda assim o corretor fará jus à sua remuneração pela aproximação útil promovida em relação de causa e efeito com o seu trabalho.[388]

---

[385] Traçando um breve histórico deste dispositivo, inclusive em cotejo com o texto inicial do projeto, Jones Figueirêdo Alves relata que: "O presente dispositivo, em relação ao anteprojeto de Agostinho Alvim, foi objeto de emenda por parte da Câmara dos Deputados no período inicial de tramitação do projeto. A redação original era a seguinte: 'A remuneração é devida ao corretor uma vez que tenha conseguido a estipulação do negócio de que foi incumbido, ainda que este não se efetive em virtude de arrependimento das partes, ou por força maior" (ALVES, Jones Figueirêdo, *op. cit.*, p. 655).

[386] Neste sentido, "Vale frisar que mesmo se as condições do negócio foram posteriormente alteradas o corretor terá direito à sua remuneração, visto que exerceu a sua principal obrigação e atingiu o resultado previsto no contrato de mediação, ou seja, a aproximação dos interessados para a realização do negócio". Além disso, "a remuneração também será devida quando, aproximada as partes, o negócio não se implementar em razão do arrependimento dos interessados, conforme dispõe a segunda parte do artigo 725 do novo Código". Em síntese, "Em virtude das obrigações assumidas e dos serviços prestados, pelos quais coloca em relação duas ou mais pessoas que desejam contratar, o corretor fará jus a uma remuneração" (JUNIOR, Antonio Carlos Antunes, *op. cit.*).

[387] "1. Até o advento do CC de 2002 eram freqüentes as decisões (STJ – EREsp 317503/SP; STJ – EDREsp 126587/SP; STJ – Resp 278028/PE; STJ – Resp 193067/PR) que consideravam indevida a remuneração ao corretor quando havia arrependimento das partes, prejudicando a conclusão do contrato. O principal fundamento utilizado era o de que o serviço de corretagem caracterizava-se como obrigação de resultado, e não de meio, somente sendo considerado perfeito quando o negócio imobiliário se concretizasse, posto que o risco era da sua essência. 2. Com efeito, o objeto do contrato de corretagem é o resultado do serviço do corretor, entendido tal resultado como a aproximação útil entre vendedor e comprador, por ele realizada, para a celebração do ajuste. Não se deve, portanto, confundir a obrigação principal do corretor com a efetivação do contrato que o vendedor pretende realizar" (LÔBO, Paulo Luiz Netto. *In*: PEREIRA, Rodrigo da Cunha (Org.). *Código Civil Anotado*. Porto Alegre, Síntese, 2004, p. 470).

[388] No mesmo sentido, Silvio de Salvo Venosa explica que: "O corretor somente fará jus à remuneração, denominada geralmente comissão, se houver resultado útil, ou seja, a aproximação entre o comitente e o terceiro resultar no negócio, nos termos do art. 725 acima transcrito. Nesse sentido, se não for concretizada a operação, a comissão será indevida, por se tratar a intermediação de contrato de resultado. Persiste o direito à remuneração, em princípio, se o negócio não se realiza por desistência ou arrependimento do comitente. O corretor compromete-se a obter um resultado útil. Se não ocorre esse deslinde em sua conduta, a remuneração não é devida. É matéria a ser examinada no caso concreto, nem sempre de fácil deslinde" (VENOSA, Silvio de Salvo. *Direito Civil: contratos em espécie, op.* cit., pp. 579-580). Confira a seguinte decisão a respeito: "Direito civil. Contrato de corretagem. Venda de imóvel. Prova da intermediação. Desfazimento posterior do negócio. Irrelevância para efeito de pagamento da comissão. O que determina o direito à percepção da comissão de corretagem é o trabalho de aproximação dos contratantes e o fechamento do negócio, tornando-se inoperante, para esse fim, qualquer alteração posterior ao negócio em razão da inadimplência de uma das partes, visto que alheia à avença entre corretor e cliente. Recurso provido' (TAMG – AC 0293404-1 – 2ª C.Cív. – Rel. Juiz Batista Franco – J. 22.02.2000)" (LOBO, Paulo Luiz Netto, *op. cit.*, p. 471).

Note que, o arrependimento em relação ao negócio pode ocorrer tanto pelo comitente (que contratou com o corretor),[389] como também pelo terceiro interessado (aproximado pelo corretor).[390] Obviamente, é possível que a desistência se dê por vontade de ambas as partes. Em qualquer caso, a remuneração do corretor será devida.[391]

Para que a remuneração do corretor seja devida, basta que haja o acordo mútuo com a efetiva convergência de vontades no sentido da conclusão do negócio principal.[392]

---

[389] Exemplo disso, é a hipótese em que o comitente altera as condições do negócio: "A alteração das condições do negócio não suprime o direito do corretor, como assinala Carvalho Neto, ao ponderar: 'as circunstâncias do comitente alterar a sua oferta, mudar as condições dos negócios preliminarmente, não retira ao corretor o seu direito à remuneração" (ALVES, Jones Figueirêdo, op. cit., p. 656. Apud Carvalho Neto, Contrato de mediação, São Paulo, Saraiva, 1956, p. 149-150). "Impende observar o contraste da norma com a atual posição jurisprudencial do STJ. Em verdade, o dispositivo em comento, ao proclamar devida a remuneração, quando alcançado o resultado previsto no contrato, reconhece, por igual, a dívida da mediação, ainda que aquele resultado não se efetive em virtude do arrependimento das partes. A inserção no dispositivo da cláusula da não efetividade contratual por arrependimento, tendo em conta a atividade da intermediação do negócio, para o efeito de tornar devida a remuneração, é substancialmente contrária ao entendimento do STJ nos julgados antes citados. Guarda identidade, porém, com o reconhecimento do direito à comissão em caso de distrato, proclamado pelo Resp 186.818/RS ou por fato imputado à parte, como observado no julgado seguinte: '[...] comprovada a efetiva prestação de serviço, daí decorrendo expresso acordo entre os contratantes (recebimento de sinal, no caso, com dia e hora para a escritura), tem o corretor direito a comissão, embora o negócio não se ultime por fato atribuível a uma das partes, exclusivamente' (STJ, 3ª Turma, Resp 1.023/RJ, rel. Min. Nilson Naves, j. em 24-10-1989, v. u.)" (ALVES, Jones Figueirêdo, op. cit., pp. 655-656). Confira a seguinte decisão: "Mediação – Comissão de corretagem – Cobrança – Proposta aceita – Desistência do proponente – Pagamento da verba – Cláusula expressa nesse sentido – Admissibilidade. A desistência imotivada do proponente, uma vez aceita a proposta, não o isenta do pagamento da comissão ajustada, máxime quando há cláusula expressa nesse sentido" (2º TACívSP – AC 517.374 – 1ª Câmara – Rel. Juiz Renato Sartorelli, j. em 04.05.1998). No sentido contrário: "Contrato de corretagem. Venda de imóvel. Proposta aceita pelo vendedor. Desistência posterior. Intermediação. Resultado útil não configurado. Comissão indevida. O serviço de corretagem somente se tem como aperfeiçoado quando o negócio imobiliário se concretiza, posto que o risco é da sua essência. Destarte, indevida a omissão mesmo se após a aceitação da proposta, o vendedor, que concordara com a intermediação, se arrepende e desiste da venda, situação esta sequer reconhecida pelas instâncias ordinárias. Recurso especial não conhecido" (STJ – Resp 317503/SP, 4ª T., Rel. Min. Aldir Passarinho Júnior – j. em 07.06.2001).

[390] No sentido oposto: "Corretagem – Compra e venda de imóvel – Desistência do negócio pelo adquirente, após a aceitação da proposta, antes porém, da efetiva conclusão da avença – Ajuizamento de cobrança da comissão contra o vendedor – Descabimento – Contrato de resultado que exige a consumação do negócio para obrigar o pagamento – Ação improcedente – Recurso improvido" (1º TACívSP – Ap. Sum 941390-3, 8ª Câmara de Férias de Janeiro de 2001, Rel. Rubens Cury, j. em 31.01.2001). "Corretagem – Corretor de imóveis – Intermediário de negócio – Operação não concretizada – Comissão indevida, por se tratar a intermediação de contrato de resultado – Recurso não provido" (TJSP – AC 6.436-4 – 3ª Câmara de Direito Privado – Rel. Des. Flávio Pinheiro, 25.11.1997, v.u.).

[391] Na lição do saudoso professor, "Não afeta o direito do mediador à retribuição o fato de se arrependerem as partes do negócio entabulado, ou de uma delas dar causa à resolução (Código Civil, art. 725). O corretor não garante o contrato. Sua atividade é limitada à aproximação das pessoas, e cessa a obrigação, fazendo jus ao pagamento, uma vez efetuado o acordo. Todavia, se em lugar do contrato objeto da corretagem outro for celebrado, nenhuma comissão é devida, a não ser que o mesmo resultado econômico seja obtido" (PEREIRA, Caio Mário da Silva. Instituições de Direito Civil, op. cit., p. 386).

[392] Maria Helena Diniz ressalta que: "O corretor terá direito à remuneração, se aproximou as partes e elas acordaram no negócio, mesmo que posteriormente se modifiquem as condições ou o negócio venha a ser rescindido ou desfeito (RT, 288:799, 261:265, 590:101, 680:202, 554:184, 263:508, 261:280, 203:494, 465:180, 712:220; Ciência Jurídica, 70:122 e 353, 69:107; RSTJ, 51:191, 90:109; EJSTJ, 12:68; RJTJSP, 131:99, 127:41). A esse respeito reza o Código Civil, no art. 725, que: [...], ou, entendemos, de uma delas. Isto é assim porque o acordo já se efetivou, antes da desistência, com a intermediação do corretor, tendo ele, por tal razão, direito à comissão integral. Se o intermediário não conseguir acertar, p. ex., a vontade do comprador à do vendedor, não levando a bom termo a mediação, e se a venda se realizar sem a sua interferência, não terá direito de reclamar qualquer remuneração. Se o negócio se iniciar e concluir diretamente entre as partes, o corretor não terá direito a nenhuma remuneração. Porém, se se ajustar por escrito a corretagem com exclusividade, terá ele direito à remuneração integral, ainda que realizado o negócio sem a sua mediação, salvo se comprovada a sua inércia ou ociosidade (CC, art. 726). Trata-se da opção de venda, em que o comitente autoriza o corretor a vender certo bem, dentro de

A prova de que efetivamente houve tal acordo mútuo no sentido de concretizar o negócio principal pode ser feito também pela prova testemunhal.[393]

Ao contrário, caso o corretor não prove a sua efetiva intermediação na aproximação útil do terceiro interessado com o comitente, então não fará jus à remuneração.[394]

Assim, "A doutrina e a jurisprudência consagraram o entendimento de ser a remuneração devida ao mediador, desde que tenha este logrado obter o acordo de vontades, pouco importando que o negócio não venha a efetivar-se".[395]

---

determinado prazo, comprometendo-se ao pagamento da comissão fixada. É um ajuste sobre um futuro contrato de compra e venda a ser celebrado. Se, por não haver prazo determinado, o dono do negócio dispensar o corretor, e o negócio se realizar posteriormente, como fruto de sua mediação, a corretagem lhe será devida em razão de sua eficaz atividade, responsável pelo êxito do negócio. Se sua intermediação foi a causa do ato negocial, não há como retirar-lhe o direito à remuneração (*RT*, 219:229). Igual solução se adotará se o negócio se realizar após a decorrência do prazo contratual, mas por efeito dos trabalhos do corretor (CC, art. 727). Se a mediação for conjunta, todos os corretores que nela intervierem terão direito cada um à comissão, que lhes será paga, salvo ajuste em contrário, em partes iguais (CC, art. 728), se entraram diretamente em contato com os interessados (*RT* 561:223). Porém será preciso que cada um deles tenha servido de intermediário junto aos futuros contratantes". Além disso, tem direito de "não ser responsabilizado pela conclusão ou execução do negócio; logo, se com sua ação facilitar negociações preliminares que posteriormente se frustrarem, nenhuma responsabilidade poderá ser-lhe imputada, exceto se não revelar o nome do outro contraente, hipótese em que se obrigará pessoalmente, sem, contudo, deixar de ser intermediário" (DINIZ, Maria Helena. *Curso de Direito Civil Brasileiro*. 17ª ed., São Paulo, Saraiva, v. 3, 2002, p. 405-407).

393 Em acurada análise sobre o direito à remuneração do corretor, a informalidade que frequentemente envolve o contrato de corretagem e a possibilidade de utilização da prova testemunhal, o professor Gustavo Tepedino explica que: "A necessidade de ser remunerado o corretor a despeito da ausência de prova escrita do contrato de corretagem foi ainda confirmada pelo STJ nos seguintes julgados: Resp. 55984, 3ª T., julg. 27.03.1995, publ. DJ 08.05.1995 e Resp. 177455, 4ª T., julg. 29.10.1998, publ. DJ 01.02.1999. A partir do Resp. 139236, 4ª T., julg. 24.11.1998, publ. DJ 15.03.1999, passou-se a afirmar a adoção de uma 'linha de interpretação construtiva', considerando-se que 'os efeitos de fato entre as partes, assim como os serviços prestados, podem ser provados por testemunhas, já que a lei se refere apenas a contratos, não incidindo o art. 401, CPC. Em outras palavras, não se permite provar exclusivamente por depoimentos a existência do contrato em si, mas a demonstração dos fatos que envolveram os litigantes, bem como as obrigações e os efeitos decorrentes desses fatos, não encontram óbice legal, inclusive para se evitar o enriquecimento sem causa'. Idêntico entendimento foi proferido nos seguintes julgados: Resp. 187461, 4ª T., julg. 23.02.1999, publ. DJ 28.06.1999; Resp. 87918, 4ª T., julg. 20.02.2001, publ. DJ 09.04.2001 e Resp 75687, 4ª T., julg 21.06.2001, publ. DJ 29.10.2001. O mesmo entendimento acaba de ser consolidado nos EResp. 263387, 2ª Seção, julg. 14.08.2002, publ. DJ 17.03.2003" (TEPEDINO, Gustavo. *Questões Controvertidas sobre o Contrato de Corretagem. In Temas de Direito Civil*. 3ª ed., Rio de Janeiro, Renovar, 2004, pp. 133-134, nota de rodapé n. 6). No mesmo sentido, confira-se a seguinte decisão: "Mediação. Comissão do mediador. Contrato verbal. Procedência do pedido. Ação ordinária. Corretagem. Aproximação das partes. Ausência de opção escrita. Não exige a lei que seja escrito o contrato de corretagem. Confessado, pela própria compradora, que visitou o imóvel através de funcionária da corretora, que publicou os anúncios e abriu a porta, está provada a intermediação, sendo devida a comissão [...]' (TJRJ – AC 7637/96 – 10ª C.Cív. – Rel. Des. Sylvio Capanema – J. 12.03.1997)" (LÔBO, Paulo Luiz Netto, *op. cit.*, p. 468).

394 Confira a seguinte decisão sobre o assunto: "CORRETAGEM. Contrato. Aproximação dos interessados. Contribuição eficaz para a conclusão dos negócios supostamente intermediados. Prova. Inexistência. Ação de Cobrança de comissões de corretagem. Improcedência do pedido. Sem prova da existência do contrato de corretagem ou mediação e sem prova de que o afirmado corretor aproximou os interessados contribuindo eficazmente para a conclusão dos negócios supostamente intermediados, não se condena a Seguradora no pagamento de comissões que se diz serem devidas, em virtude de venda de planos de saúde, ajustada mediante contrato celebrado pela vencedora da licitação, realizada através de concorrência pública do tipo 'menor preço'" (TJRJ, AC 1999.001.09725, 4ª C. Cív., Rel. Des. Wilson Marques, j. em 14.11.2000).

395 "O avanço arrimou-se na advertência seguinte: '[...] A jurisprudência, mesmo quando embasada em reiterados julgados, refletida em antigos posicionamentos, deve evoluir para adaptar-se à multifária riqueza da vida, em seus variados aspectos e circunstâncias, sob pena de agasalhar a injustiça e ferir elementares princípios de direito' (STJ, 4ª Turma, Resp 4.269/RS, rel. Min. Sálvio de Figueiredo Teixeira, j. em 6-8-1991, v. m.)" (ALVES, Jones Figueirêdo, *op. cit.*, p. 655).

Ainda sobre esta questão, o professor Gustavo Tepedino pontua a controvérsia gerada em torno da solução de questão referente ao cabimento ou não da remuneração pelo corretor: "Outro aspecto nada pacífico diz respeito à exigibilidade de remuneração na hipótese do contrato de compra-e-venda não concluído. Uma vez estremados os dois negócios jurídicos, o de corretagem, com sua função jurídica acima enunciada – consistente na aproximação útil das partes – e o de compra-e-venda, que a ele se segue e que com ele não se confunde, não há como fazer depender a remuneração do primeiro à conclusão do segundo negócio jurídico".[396]

Embora aparentemente mais justo este entendimento, a solução deverá ser buscada à luz do caso concreto. Entretanto, há uma tendência jurisprudencial, sobretudo no STJ, de que a comissão é devida ao corretor somente com a efetiva conclusão do negócio principal, ou seja, a partir do momento em que o terceiro interessado e o comitente firmem o contrato respectivo. A justificativa é que o trabalho desempenhado pelo corretor é de resultado e firma-se no risco inerente ao seu negócio (de corretagem ou intermediação).[397]

Outra questão que merece atenção é regulada pelo *art. 727* do Novo Código Civil, que se refere ao prazo estabelecido para o corretor desempenhar a sua atividade: "Se, por não haver prazo determinado, o dono do negócio dispensar o corretor, e o negócio se realizar posteriormente, como fruto da sua mediação, a corretagem lhe será devida; igual solução se adotará se o negócio se realizar após a decorrência do prazo contratual, mas por efeito dos trabalhos do corretor".

O dispositivo estabelece expressamente duas situações em que a comissão será devida ao corretor: a) quando o dono do negócio dispensá-lo e o negócio se realizar posteriormente, como fruto da sua mediação, nas hipó-

---

[396] TEPEDINO, Gustavo. *Questões Controvertidas sobre o Contrato de Corretagem. In Temas de Direito Civil.* 3ª ed., Rio de Janeiro, Renovar, 2004, p. 148. E complementa, assinalando que: "Com razão, portanto, a orientação jurisprudencial que elucida o problema: 'Intermediário de Negócio – corretor – aproximação das partes – negócio não concretizado – Desistência do vendedor – comissão devida. Se o negócio não se concretizou, efetivamente, com a transmissão da propriedade ao comprador, porque o vendedor dele desistiu, quando deveria ter a certeza da anuência da esposa, fica aquele, portanto, responsável pelo pagamento da comissão da corretagem que se completou' (*Ibidem*, apud RT 668/75). "Na mesma direção, vale conferir: 'Intermediário de Negócio – corretor – negócio desfeito por circunstâncias que lhe são estranhas – comissão devida. O corretor que aproxima o comprador do vendedor e opera e agiliza a transação não perde a remuneração pactuada, se, posteriormente, o negócio se desfaz por circunstâncias que lhe são estranhas" (*Ibidem*, apud RT 712/220).

[397] No mesmo sentido, Gustavo Tepedino ressalta que: "V., também, *Adcoas*, 1981, n. 78.994. No mesmo diapasão, vinculando o pagamento à efetiva mediação, TJPR, in *Adcoas*, 1982, n. 85.684: 'É da doutrina e assim vem sendo consagrado na Jurisprudência que se a mediação não produziu resultado útil, não se realizando o negócio, a comissão não se torna devida'. E ainda, *RF* 195/274: 'A comissão de corretor de imóveis é devida somente quando o negócio tenha sido efetivamente concluído, com o respectivo instrumento lavrado'; bem como RT 596/103: 'A comissão na mediação decorre do lucro ou vantagem que o negócio proporciona. Assim, não se efetivando a transação, por *desistência do comprador*, o valor da intermediação com base no total de venda não é devido' (original não grifado). Cf. hipótese semelhante in *Adcoas*, 1981, n. 79.739: 'A comissão de corretagem ajustada é devida se o comprador, firmatário de arras, se arrepende, deixando de cumprir a promessa de compra. O direito à comissão nasce quando assinam o recebo arras'. A obtenção do resultado útil como requisito para o pagamento da comissão ao corretor parece ser agora corroborada pelo art. 725 do Código Civil, que reza: [...]. Este também era o entendimento majoritário no STJ, conforme se depreende dos seguintes julgados: Resp. 8216, 4ª T., julg. 27.08.1991, publ. DJ 30.09.1991; Resp 50245, 3ª T., julg. 28.11.1994, publ. 06.03.1995; Resp. 147317, 3ª T., julg. 03.11.1998, publ. DJ 12.04.1999; Resp. 71708, 4ª T., julg. 09.11.1999, publ. DJ 13.12.1999. Tal construção jurisprudencial, entretanto, vem sendo modernamente modificada, sendo este [...] a conclusão do contrato objeto da corretagem, com a afirmação de que o contrato de corretagem gera obrigação de resultado, e não simples obrigação de meio, razão pela qual 'o serviço de corretagem somente se tem como aperfeiçoado quando o negócio imobiliário se concretiza, posto que o risco é da sua essência' (Resp. 193067, 4ª T., julg. 21.09.2000, publ. DJ 27.11.2000). No mesmo sentido podem ser vistos: Resp. 278028, 3ª T., julg. 19.12.2000, publ. DJ 19.02.2001; Resp. 126587, 4ª T., julg. 08.05.2001, publ. DJ 10.09.2001; Resp. 317503, 4ª T., julg. 07.06.2001, publ. DJ 24.09.2001; Resp. 188324, 4ª T., julg. 07.03.2002, publ. DJ 24.06.2002 e Resp. 208508, 4ª T., julg. 25.06.2002, publ. DJ 11.11.2002" (*Ibidem*, pp. 148-149, nota de rodapé n. 38).

teses de contrato de corretagem por prazo indeterminado;[398] e b) quando o negócio se realizar após a decorrência do prazo estabelecido, como fruto do seu trabalho de mediação, nas hipóteses de contrato de corretagem por prazo determinado.

Tratando-se da segunda situação, que se refere ao prazo estipulado para que o corretor leve terceiro(s) interessado(s) ao comitente,[399] cabe ressaltar que será devida a remuneração do corretor sempre que o negócio for concluído em virtude da aproximação promovida pelo corretor, ainda que posteriormente ao prazo estipulado[400] ou depois dele se desligar da negociação.[401]

Uma possível hipótese de fraude à remuneração do corretor é aquela em que "o dono do negócio concluir a transação com interposta pessoa ou testa de ferro, para fugir ao dever de pagar a comissão",[402] caso em que o corretor fará jus à sua remuneração.

Silvio Venosa destaca que: "Outra hipótese que pode gerar direito à remuneração é a situação de intermediário que tenha atuado sem que qualquer das partes tenha autorizado de forma expressa, mas que tivesse sua atuação tolerada e admitida tacitamente pelos interessados".[403]

O professor Gustavo Tepedino ressalta outra hipótese em que a remuneração ao corretor é devida: a posterior rescisão do negócio celebrado.[404]

Quando a remuneração não é devida

O *art. 726* dispõe predominantemente sobre as hipóteses em que a remuneração não é devida ao corretor: "Iniciado e concluído o negócio diretamente entre as partes, nenhuma remuneração será devida ao corretor; mas se, por escrito, for ajustada a corretagem com exclusividade, terá o corretor direito à remuneração integral, ainda que realizado o negócio sem a sua mediação, salvo de comprovada sua inércia".

---

398 De acordo com esta primeira situação, "nos casos de contrato de mediação sem prazo determinado, se o comitente dispensar o corretor, mas o negócio se realizar *a posteriori* em virtude da mediação do corretor, a comissão lhe será devida […]" (JUNIOR, Antonio Carlos Antunes, *op. cit.*).

399 "Noutra vertente, o corretor fará jus à sua remuneração se o negócio agenciado for concluído mesmo após o vencimento do lapso temporal previsto na autorização, 'desde que com pessoa por ele indicada ainda quando em curso o prazo do credenciamento e nas mesmas bases e condições propostas' (STJ, 4ª Turma, Resp 29.286/RJ). 'O prazo concedido ao corretor na opção, ainda que estipulado para conclusão do negócio, destina-se em realidade à obtenção de interessados e aproximação entre estes e o comitente' (STJ, 4ª Turma, EDREsp 29.286/RJ)" (ALVES, Jones Figueirêdo, *op. cit.*, p. 657).

400 "Na esteira de tais considerações deve-se entender devida a remuneração do corretor que, tendo efetivamente aproximado as partes, levando a cabo a mediação, tem concluído o negócio após expirado o prazo que lhe fora estipulado para a realização da corretagem" (TEPEDINO, Gustavo, *op. cit.*, p. 149 apud RSTJ 51/191).

401 "Na circunstância de o negócio ser efetuado somente após a dispensa do corretor, decorrendo, porém, a sua conclusão das atividades mediadoras daquele, impõe-se o pagamento da comissão de corretagem. A remuneração é devida diante do resultado útil obtido e para o qual influiu o corretor pelos seus atos de intermediação, o que se contempla, ainda, na hipótese de o negócio se realizar após vencido o prazo contratual" (ALVES, Jones Figueirêdo, *op. cit.*, p. 658).

402 VENOSA, Sílvio de Salvo, *op. cit.*, p. 580.

403 "Provadas essas premissas, terá o mediador direito à comissão, cabendo apenas indagar quem será o responsável pela comissão em tal caso (Coltro, 2001:121), podendo ser ambos os contratantes" (VENOSA, Sílvio de Salvo, *op. cit.*, p. 582).

404 E exemplifica com a seguinte decisão: "Mas, se comprovada a intermediação, a posterior rescisão da compra e venda não afasta o direito à comissão (STJ, Resp. 232826, 3ª T., julg. 31.08.2000, publ DJ 30.10.2000: 'Realizado o negócio de compra e venda, comprovada a intermediação, a posterior rescisão, mais de um ano após a assinatura da escritura, não diz respeito ao contrato de corretagem, sendo, portanto, devida a comissão ajustada')" (TEPEDINO, Gustavo, *op. cit.*, p. 150, nota de rodapé n. 39).

Segundo o dispositivo legal, a remuneração não será devida quando: o negócio for iniciado e concluído diretamente entre as partes ou, mesmo que ajustada a exclusividade do corretor por escrito, ele permanecer comprovadamente inerte.[405] Ao contrário, será devida a remuneração se a corretagem for ajustada com exclusividade, por escrito, ainda que o negócio principal tenha se realizado sem a mediação do corretor.[406] Obviamente, o corretor deve laborar no sentido da conclusão do negócio principal.[407]

Em eventual hipótese de lide judicial, incumbirá ao corretor provar em juízo a alegação de que efetivamente trabalhou e conseguiu levar ao comitente um terceiro interessado em condições concretas de efetivar o negócio principal.[408]

Jones Figueirêdo Alves ressalta, no entanto, que o posicionamento do STJ, a respeito do direito a eventual remuneração pelo corretor, aponta no sentido de que somente se concretiza com a efetiva realização do contrato versando sobre o negócio principal. A justificativa é o risco, inerente à atividade do corretor.[409]

---

405   Paulo Luiz Netto Lobo explica que: "Depende de contrato escrito a cláusula de exclusividade que garante ao corretor a percepção da remuneração ajustada, ainda que não tenha sido feita por ele a intermediação exitosa, dentro do prazo fixado pelas partes. Não terá direito, todavia, se não provar que promoveu os meios de intermediação com outros interessados" (LOBO, Paulo Luiz Netto *op. cit.*, p. 471).

406   Jones Figueirêdo Alves reitera que: "O dispositivo frustra a remuneração na ocorrência de o negócio ter sido ajustado diretamente pelas partes, sem qualquer intervenção do corretor, não tendo este contribuído para o resultado satisfativo". Todavia, adverte que: "A ressalva é a de que, mesmo em casos que tais, dispondo o corretor de opção da venda, terá ele direito à remuneração, em face da exclusividade de negociação do bem objeto". É que, "a autorização negocial concedida sob exclusividade está condicionada a prazo determinado, em que a intermediação privativa para a venda do bem vem de exigir, ademais, a atividade plena e o esforço produtivo do corretor, sob pena de descaracterizar, pela comprovada inércia ou ociosidade, o direito à remuneração, quando diante de venda feita pelo próprio comitente" (cf. *op. cit.*, p. 656-657).

407   No mesmo sentido, Silvio de Salvo Venosa expõe que: "Não há direito à remuneração se as partes concluem o negócio sem iniciativa, apresentação ou qualquer intervenção do corretor". De qualquer maneira, "nesse caso, é importante que fique claro que o corretor não teve participação alguma na aproximação dos interessados pelo negócio". Entretanto, "se o contrato estabelece exclusividade, o negócio que se efetive no curso do prazo contratual gera o direito à remuneração do corretor, assim como aquele que se inicia no lapso contratual, com apresentação do interessado pelo corretor, e se conclua fora dele". Nestas situações, "importa, porém, examinar o caso concreto, que nem sempre será de simples solução. Assim, por exemplo, deve pagar ao corretor o comitente que lhe deu exclusividade e realiza o negócio com corretor diverso. A exclusividade prova-se pela denominada *opção*. A opção, embora não se confunda com o contrato de corretagem, prova a sua existência" (VENOSA, Silvio de Salvo *op. cit.*, p. 581). A respeito, confira-se a seguinte decisão: "Apelação. Ação de cobrança. Corretagem. Prova inconclusiva. Improcedência. Recurso não provido. 1. Pelo contrato de corretagem o corretor faz aproximação útil entre comprador e vendedor, tendo direito à remuneração pelo respectivo trabalho. 2. Se o negócio é celebrado após o vencimento do prazo certo de opção e o vendedor nega a intermediação, é ônus do corretor provar que a mesma efetivamente existiu. 3. Ausente ou duvidosa a prova, tem-se por não desincumbido o ônus contido no art. 333, I, do CPC. 4. Apelação conhecida e não provida' (TAMG – AC 0279069-0 – 2ª C.Cív. – Rel. Juiz Caetano Levi Lopes – J. 22.06.1999)" (LÔBO, Paulo Luiz Netto. *In*: PEREIRA, Rodrigo da Cunha (Org.). *Código Civil Anotado*. Porto Alegre, Síntese, 2004, p. 473).

408   O art. 333, inciso I, do Código de Processo Civil estabelece que: "O ônus da prova incumbe ao autor, quanto ao fato constitutivo do seu direito".

409   Neste sentido, o autor relata que: "Mais recentemente, todavia, o STJ tem adotado posicionamento oposto: 'O serviço de corretagem somente se tem como aperfeiçoado quando o negócio imobiliário se concretiza, posto que o risco é da sua essência. Destarte, indevida a comissão mesmo se, após a aceitação da proposta, o vendedor, que concordara com a intermediação, se arrepende e desiste da venda, situação esta sequer reconhecida pelas instâncias ordinárias' (STJ, 4ª Turma, Resp 317.503/SP, rel. Min. Aldir Passarinho Júnior, j. em 7-6-2001, v. u.); reconhecendo-se, destarte, que o contrato de corretagem não impõe simples obrigação de meio, mas sim uma obrigação de resultado (STJ, 4ª Turma, EDResp 126.587/SP, rel. Min. César Asfor Rocha, j. em 8-5-2001, v. u.). Deste modo, torna-se devido o pagamento da intermediação, apenas se for realizado o negócio almejado (STJ, 3ª Turma, Resp 278.028/PE, rel. Min. Fátima Nancy Andrighi, j. em 19-12-2000, v. u.), a tanto que, 'não se tendo aperfeiçoado o negócio jurídico em face da desistência, à derradeira hora, manifestada pelo interessado comprador, não faz jus a corretora à comissão pleiteada' (STJ, 4ª Turma, Resp 238.305/MS, rel. Min. Barros Monteiro, j. em 17-8-2000, v. m.). Admite-se indevida a comissão, mesmo se após a aceitação da proposta o vendedor, que concordara com a intermediação, se arrepende e desiste da venda (STJ, 4ª Turma, Resp 193.067/PR, j. em 21-9-2000, v.u.)"

Ademais, as despesas realizadas na busca do terceiro interessado para a celebração do negócio principal não devem ser ressarcidas ao corretor pelo comitente, seja na hipótese de sucesso (em que o valor pago deve cobrir tais gastos), seja ainda com mais razão na hipótese em que a contratação resta frustrada (os esforços envidados pelo corretor são por sua conta e risco).[410]

Concurso de corretores

Outra questão que pode eventualmente surgir problemática na prática se refere ao concurso de corretores.

Em um primeiro momento, a participação de cada corretor tem que ser suficiente e necessária para alcançar o resultado útil da aproximação entre o terceiro interessado e o comitente.[411]

Impõe-se a seguinte cautela: "É necessário o efetivo contato entre todos os corretores e o interessado, para que possa fazer jus à divisão da remuneração".[412]

Satisfeita esta premissa básica, então o *art. 728* do Código Civil determina que: "Se o negócio se concluir com a intermediação de mais de um corretor, a remuneração será paga a todos em partes iguais, salvo ajuste em contrário".[413]

Hipótese bastante comum de concurso de corretores verifica-se na negociação de negócios vultosos.[414]

(ALVES, Jones Figueirêdo. *In*: FIUZA, Ricardo (Org.). *Novo Código Civil Comentado*. São Paulo, Saraiva, 2002, pp. 655-656). Nelson Nery Junior agrega em sua obra decisões no mesmo sentido: "Negócio não concretizado em razão de desistência do contratante dos serviços. Cobrança improcedente (RJTJLEX 195/182)"; "Comissão indevida, por se tratar a intermediação de contrato de resultado (TJSP, 3ª Câm., Ap 6.436-4, rel. Flávio Pinheiro, j. 25.11.1997, v.u.)" (JUNIOR, Nelson Nery, *op. cit.*, p. 440).

410 Gustavo Tepedino destaca que: "De toda sorte, deve o intérprete homenagear os usos negociais, e salvo expressa avença em contrário – e desde que não se trate de cláusula abusiva – é de se presumir que o corretor envida esforços por sua conta e risco, condicionando-se a sua remuneração à eventual convergência de vontades. Não se justifica, portanto, em linha de princípio, o entendimento jurisprudencial que, visando evitar o enriquecimento sem causa, determina o ressarcimento do corretor pelas despesas realizadas na busca da contratação frustrada" (TEPEDINO, Gustavo. *Questões Controvertidas sobre o Contrato de Corretagem. In Temas de Direito Civil*. 3ª ed., Rio de Janeiro, Renovar, 2004, pp. 134-135). No mesmo sentido, Caio Mário da Silva Pereira salienta que: "Se o negócio não for concluído, o mediador não tem direito à comissão, nem pode recobrar as despesas que tenha efetuado, porque, sendo aleatório o contrato, o corretor toma a si os riscos de nada vir a receber, a não ser que consiga êxito na sua intermediação, ou, como diz Larenz, suporta o risco da produção de resultado, cuja realização definitiva depende mais de outras circunstâncias do que de sua vontade. Mas, se o direito de revogação tiver sido excluído, a comissão será devida desde que fique demonstrado que o mediador realizou a agenciação, e o negócio se não concluiu pela recusa arbitrária do comitente" (PEREIRA, Caio Mário da Silva *Instituições de Direito Civil, op. cit.*, p. 388).

411 Em citação jurisprudencial transcrita da obra de Nelson Nery Junior: "Realizando a intermediação em transação imobiliária a qual atingiu resultado útil, não participando, todavia, o primeiro corretor até o final de transação, que fora concretizada por outro corretor, não há que se falar em direito à comissão, quer parcial, quer integral (TJSP, rel. Des. Carvalho Viana, AC 1999108-2, j. 24.11.1992)" (NERY JUNIOR, Nelson. *Código Civil Anotado e legislação extravagante*. 2ª ed., São Paulo, Revista dos Tribunais, 2003, p. 440).

412 LÔBO Paulo Luiz Netto, *op. cit.*, p. 473.

413 Em realidade, ocorre que: "O dispositivo não distingue a atuação de cada um deles, os fatores concausais e o momento participativo da respectiva intermediação, podendo o mais das vezes o agir ter lugar em momentos distintos, para o efeito de se estabelecer o direito à remuneração" Entretanto, excepcionalmente é possível que os corretores recebam as suas respectivas remunerações na proporção em que concorreram para o fechamento do negócio principal: "Em caso de ultimação do negócio por outro corretor, quando a iniciativa das gestões pertencera ao primeiro mediador, entre as mesmas partes opera-se o princípio da proporcionalização entre a participação deste e a comissão a lhe ser paga. Implica a figura da comissão parcial devida ao corretor que não concluiu o negócio, mas atuou como uma concausa eficiente para a sua conclusão exitosa" (ALVES, Jones Figueirêdo, *op. cit.*, p. 658).

414 No mesmo sentido, aponta que: "É comum que negócios vultosos tenham a participação de vários corretores. Divergindo eles sobre a partilha da comissão, cabe ao comitente consigná-la em juízo" (VENOSA, Silvio de Salvo. *Direito Civil: contratos em espécie, op. cit.*, p. 581).

(Des)necessidade de registro profissional

Relembre-se que os corretores podem pertencer a duas categorias principais: oficiais, que se submetem à profissão regulamentada; e livres, que não têm designação oficial.

O professor Gustavo Tepedino propõe a análise de "tormentosa divergência relacionada à necessidade de registro profissional do corretor como requisito de exigibilidade do contrato". Esclarece, no entanto, que: "O tema, em verdade, refere-se à consensualidade (absoluta) do contrato e, por isso mesmo, não pode deixar de merecer do intérprete tratamento que dispense o registro, ao menos no que concerne à cobrança da corretagem, desde que esta tenha sido ajustada entre as partes e efetivamente levada a cabo".[415]

A respeito deste tema, saliente-se que: "A matéria, aliás, já fora submetida ao Colendo Supremo Tribunal Federal, por ocasião da decretação de inconstitucionalidade do art. 7º da Lei n. 4.116/62, que vinculava a cobrança da remuneração da mediação ao prévio registro profissional. O STF, àquela altura, já decidiu que os corretores de imóveis 'podem promover sua cobrança judicial independentemente das exigências da Lei n. 4.116/62, por ser inconstitucional'".[416]

De acordo com o entendimento do professor, "O que parece importante enfatizar, quanto ao tema, é que as exigências de regularidade profissional, conquanto louváveis no intuito de proteção do consumidor, não podem inibir a cobrança da remuneração, decorrente da natureza consensual do contrato, desde que os serviços do corretor hajam sido efetivamente realizados".[417]

Aplicação subsidiária

Consoante disposição expressa do *art. 729* do Novo Código Civil, estas normas aplicam-se subsidiariamente a outras normas da legislação especial.[418] Ao contrato de corretagem, há que privilegiar a aplicação de disposições específicas do Código de Defesa do Consumidor[419] e aquelas que regulamentam a profissão dos corretores oficiais.[420]

---

415 Balizada a questão nestes termos, o professor transcreve o entendimento jurisprudencial: "Corretagem, em caso de cobrança e corretagem ajustada em contrato, não pode o comitente opor ao intermediário a falta de habilitação profissional para o exercício da mediação, ainda mais em se tratando de firma dirigida por corretor inscrito regularmente. Desde que exigível a comissão, impõe-se o pagamento da quantia contratada, independentemente de não ser o comitente o único proprietário do bem, ou de pendência de outro negócio comissionado ao terceiro (RT 583/240)". "No mesmo sentido: 'Provada, por documento escrito, a intermediação e efetivada a transação no prazo nele previsto, devida é a comissão pela corretagem na compra e venda do imóvel, sendo irrelevante que o corretor esteja ou não registrado no CRECI, porque não pode o autorizante invocar essa irregularidade, em face do art. 104 do Código Civil" (TEPEDINO, Gustavo. *Questões Controvertidas sobre o Contrato de Corretagem. In Temas de Direito Civil.* 3ª ed., Rio de Janeiro, Renovar, 2004, p. 147).

416 TEPEDINO, Gustavo, *op. cit.*, p. 147 *apud* RTJ 58/279.

417 TEPEDINO, Gustavo. *Questões Controvertidas sobre o Contrato de Corretagem, op. cit.*, p. 147. Nada obstante, há entendimento jurisprudencial em sentido diverso: "Recente decisão do STJ, no entanto, contrariando o entendimento que vinha sendo consolidado [...], determina a redução do valor da comissão devida ao corretor pela 'circunstância de não se ter como razoável que a prática profissional sem a inscrição no conselho de classe, submissão à fiscalização, pagamento de impostos e anuidade respectivas, possa gerar direitos iguais aos daqueles que exercem a atividade regularmente' (STJ, Resp. 331638, 4ª T., julg. 07.10.2003, publ. DJ 24.11.2003)" (*Ibidem*, p. 148, nota de rodapé n. 36).

418 "*Art. 729*. Os preceitos sobre corretagem constantes deste Código não excluem a aplicação de outras normas da legislação especial".

419 Implica dizer que: "1. As disposições do CC de 2002 devem ser aplicadas supletivamente. 2. Aplicam-se ao contrato de corretagem as disposições do CDC e as demais normas que regulamentam a profissão dos corretores oficiais" (LOBO, Paulo Luiz Netto, *op. cit.* p. 473).

420 Em outras palavras: "O dispositivo cogita da incidência normativa de legislação especial sobre o contrato de corretagem, agora disciplinado no Código Civil. Trata-se de aplicação subsidiária ou complementar, visto que o regramento relativo ao novo contrato típico acha-se agora codificado. Bem por isso, permanecem atuais, sem conflito com o Código, a Lei Orgânica da Profissão de Corretor de Imóveis (Lei n. 6.530/78) e sua regulamentação, feita através do Decreto n. 81.871/78" (ALVES, Jones Figueirêdo, *op. cit.*, p. 659).

Tratando-se de corretores oficiais, com a profissão regulamentada na esfera legal, então a aplicação de tais normas do Novo Código Civil será supletiva, subsidiária ou complementar. No caso de corretores livres, sem qualquer regulamentação legal a respeito da profissão, aplicar-se-ão os dispositivos do código.

Extinção do contrato de corretagem

A professora Maria Helena Diniz enumera as possíveis causas de extinção do contrato de corretagem. A corretagem ou mediação extingue-se pela(o): "1º) conclusão do negócio, pois nesse instante termina a função do corretor; mas, se o negócio não se realizar porque uma das partes se arrependeu, haverá mediação, pois o corretor não é responsável pela consumação do negócio. Executado estará o contrato de corretagem se houve aproximação útil de pessoas por intermédio do corretor; 2º) expiração do prazo, se a corretagem foi estipulada por tempo determinado, sem que o corretor tenha encontrado comprador; 3º) distrato; 4º) impossibilidade de sua realização devido a força maior ou caso fortuito; 5º) nulidade do negócio; 6º) renúncia do corretor; 7º) revogação; 8º) morte do corretor e do comitente; 9º) incapacidade do corretor; 10) falência".[421]

Corretagem x prestação de serviço, mandato, comissão mercantil, comissão civil e opção

A corretagem distingue-se de outras figuras conhecidas no direito, como a prestação de serviço, o mandato, a comissão mercantil, a comissão civil, a agência e distribuição e a opção.

Objetiva-se traçar alguns brevíssimos pontos básicos de distinção, sem qualquer pretensão exaustiva.

Em relação à primeira figura mencionada, "distingue-se da simples prestação de serviços cujo objeto é conhecido e não aleatório".[422]

Em relação ao mandato,[423] não se confunde "porque o corretor não representa o comitente".[424]

Quanto à comissão mercantil, a corretagem distingue-se "porque o comissário contrata em seu próprio nome, enquanto o corretor limita-se a aproximar as partes".[425]

O contrato de corretagem ou mediação distingue-se também do contrato de comissão previsto no art. 693 do Novo Código Civil.[426] Neste contrato "obriga-se o comissionário a vender ou comprar bens em seu próprio nome, posto que por conta de outrem, designado como comitente, em troca de certa remuneração. A comissão é mandato sem representação. Trata-se de 'representação imperfeita'".[427]

---

421 DINIZ, Maria Helena. *Curso de Direito Civil Brasileiro, op. cit.*, p. 408-409. No mesmo sentido, o saudoso jurista Caio Mário da Silva Pereira escreve que: "Cessa o contrato de corretagem: pela morte do corretor, pela do comitente, pela conclusão do negócio, pelo escoamento do prazo, pela renúncia ou revogação, se tiver sido ajustado por prazo indeterminado. Neste último caso, é devida a comissão, se o negócio for concluído com pessoa que, na vigência do contrato, tenha sido aproximada pelo agenciador ao comitente. Se o negócio for realizado após o vencimento do prazo, mas decorrente de atividade do corretor, este faz jus à remuneração (Código Civil, art. 727)" (PEREIRA, Caio Mário da Silva. *Instituições de Direito Civil, op. cit.*, p. 388).

422 VENOSA, Sílvio de Salvo. *Direito Civil: contratos em espécie, op. cit.*, p. 578.

423 "Art. 653. Opera-se o mandato quando alguém recebe de outrem poderes para, em seu nome, praticar atos ou administrar interesses. A procuração é o instrumento do mandato".

424 *Ibidem.*

425 *Ibidem.*

426 "Art. 693. O contrato de comissão tem por objeto a aquisição ou a venda de bens pelo comissário, em seu próprio nome, à conta do comitente".

427 TEPEDINO, Gustavo. *Questões Controvertidas sobre o Contrato de Corretagem, op. cit.*, p. 137.

Em suma, o contrato de corretagem ou mediação "não se confunde com a prestação de serviços, o mandato, a comissão ou outro contrato em que haja vínculo de subordinação ou de dependência".[428] Igualmente, "não se confunde com a empreitada, porque nesta o objetivo é a entrega da obra".[429]

O contrato de corretagem também se distingue do contrato de agência e distribuição, previsto no Novo Código Civil (arts. 710 a 721). O *art. 710*, que define este tipo de contrato, estabelece que: "Pelo contrato de agência, uma pessoa assume, em caráter não eventual e sem vínculos de dependência, a obrigação de promover, à conta de outra, mediante retribuição, a realização de certos negócios, em zona determinada, caracterizando-se a distribuição quando o agente tiver à sua disposição a coisa a ser negociada".[430]

Uma diferença básica se refere à obrigação assumida em cada um destes contratos. Enquanto a corretagem trata da obtenção de um ou mais negócios para o comitente, a agência se refere à promoção da realização de certos negócios, que corre à conta do representado. Enquanto a obrigação do corretor na mediação se encerra com a celebração do contrato versando sobre o negócio principal, o agente funciona como intermediário do representado na promoção de seus próprios negócios (gestão).

Além disso, a corretagem diferencia-se também da opção. A questão é controvertida na doutrina. Neste sentido, o professor Gustavo Tepedino salienta que: "Em que pese respeitada opinião em contrário, a opção não é negócio jurídico bilateral, não se constituindo, portanto, em contrato preliminar de compra e venda". É que, "a opção se constitui em promessa unilateral de alguém que dá preferência a outro para a venda de certo bem, e por certo prazo, mediante remuneração, obrigando-se o promitente para com quem recebeu a oferta, a concluir o negócio nos termos exatos da declaração (unilateral) de vontade".[431]

Em explicação, o professor enfatiza que: "Parece, entretanto, que, justamente por se tratar de promessa unilateral, criando obrigação *ex uno latere*, sua natureza jurídica escapa à bilateralidade contratual, sendo tipicamente ato unilateral de vontade, que se completa com a só manifestação do promitente, pouco importando qualquer consenso".[432]

---

428 ALVES, Jones Figueirêdo, *op. cit.*, p. 653.

429 VENOSA, Sílvio de Salvo. *Direito Civil: contratos em espécie* cit., p. 578.

430 Jones Figueirêdo Alves esclarece que: "Com efeito, trata-se de contrato em que o agente ou representante comercial exercita, com a devida remuneração, a promoção de negócios, à conta do agenciado ou representado, em regime de habitualidade e com autonomia nas atividades que se desenvolvem em área previamente definida de atuação". O agente distingue-se ainda do distribuidor, "porquanto este último caracteriza-se como tal ao dispor o bem a ser negociado e aquele desempenha a agência sem a disponibilidade da distribuição do referido bem" (ALVES, Jones Figueirêdo *op. cit.*, p. 644).

431 O professor explica que: "Segundo o entendimento ora objetado, 'dá-se a *opção* quando duas pessoas *ajustam* que uma delas tenha *preferência* para a realização de um contrato, caso se resolva a celebrá-lo'. Da definição vê-se que a controvérsia talvez seja terminológica. Se há um ajuste bilateral sobre um contrato futuro a ser celebrado, pré-anunciando-se as condições nas quais ambas as partes se obrigam, tem-se um contrato preliminar – não há dúvida. Se, ao revés, alguém se obriga para com outro a lhe assegurar a opção de compra, ficando este, receptor da promessa, inteiramente livre para contratar ou não, dentro de certo prazo, o negócio jurídico é unilateral, cuida-se de opção". No mesmo sentido, acrescenta que: "Registre-se, ainda, a opinião do saudoso mestre O. Gomes, para quem 'a promessa unilateral de contrato chama-se, impropriamente, opção. A circunstância de criar obrigação *ex uno latere* não lhe tira a natureza contratual, por evidente que só se torna perfeita pelo acordo de vontades" (TEPEDINO, Gustavo, *op. cit.*, p. 141).

432 TEPEDINO Gustavo, *op. cit.*, p. 142. "Note-se que por *opção* se entende o documento que traça as linhas básicas do negócio, seus limites e contornos, descrevendo a ação do corretor. Trata-se, em síntese, de instrumento e prova da mediação" (VENOSA, Sílvio de Salvo, *op. cit.*, p. 582).

Conclusão

Em conclusão, impõe-se ressaltar o que já foi tantas vezes destacado neste estudo. Há linhas tênues na definição de diversos aspectos que contornam o contrato de corretagem, especialmente no se refere ao seu aperfeiçoamento, quando se consuma, quais os meios de prova e quando a remuneração é devida ou não ao corretor.

Estas questões surgem como decorrência da própria natureza do contrato, consensual e com inteira liberdade de forma, já que o Novo Código Civil não previu qualquer forma especial para sua celebração. Neste sentido, o contrato de corretagem ou mediação, tratados como termos sinônimos no Código, pode ser celebrado até verbalmente, como de fato geralmente ocorre. Daí resultar nos diversos problemas acerca da sua efetiva concretização ou não, hipótese que sempre deverá ser analisada caso a caso.

A regra geral é de que a remuneração será devida ao corretor se houver o resultado útil do seu trabalho junto à realização do negócio principal, que se verifica com a efetiva convergência de vontades entre o terceiro interessado apresentado à oportunidade de negócio pelo corretor e o comitente que o contratou.

Embora esta seja a regra geral, há exceções e o tema ainda é controvertido quanto ao momento em que ocorre tal convergência de vontades: na mera aproximação entre as partes realizada pelo corretor? Certamente que não. Na efetiva assinatura do contrato versando sobre o negócio principal? Certamente que sim.

E quanto às situações intermediárias: quando, apesar de realizada a dita convergência de vontades, ainda antes da assinatura do contrato principal, qualquer uma das partes, ou até ambas, se arrependem do negócio e frustram a sua realização? Até onde foi o trabalho desenvolvido pelo corretor junto ao comitente e ao terceiro interessado?

Estas questões não apresentam resposta fácil. É necessário se debruçar sobre as especificidades de cada caso concreto e solucioná-los da maneira mais justa e equilibrada possível. Somente assim, uma das partes não estará se locupletando indevidamente e a remuneração pelo trabalho desenvolvido estará assegurada com justiça.

O bom senso das partes e do magistrado há de balizar os contornos das questões que possam surgir em torno do contrato de corretagem eventualmente violado e levado até a esfera judicial para definição sobre o direito ou não à remuneração pelo corretor.

Bibliografia consultada

AZEVEDO, Álvaro Villaça. *Código Civil Anotado e legislação complementar*. São Paulo : Atlas, pp. 377-380, 2004.

ALVES, Jones Figueirêdo. *In*: FIUZA, Ricardo (Org.). *Novo Código Civil Comentado*. São Paulo : Saraiva, pp. 652-659, 2002.

CARVALHO, Gláucia (Org.). *O Novo Código Civil*. Rio de Janeiro : Forense, pp. 113-114, 2004.

DINIZ, Maria Helena. *Curso de Direito Civil Brasileiro*. 17ª ed., São Paulo, Saraiva, v. 3, 2002.

LÔBO, Paulo Luiz Netto. *In*: PEREIRA, Rodrigo da Cunha (Org.). *Código Civil Anotado*. Porto Alegre, Síntese, pp. 467-473, 2004.

NEGRÃO, Theotonio. *Código Civil e legislação civil em vigor*. 22ª ed. São Paulo : Saraiva, p. 140, 2003.

NERY JUNIOR, Nelson. *Código Civil Anotado e legislação extravagante*. 2ª ed., São Paulo : Revista dos Tribunais, pp. 438-441, 2003.

TEPEDINO, Gustavo. *Questões Controvertidas sobre o Contrato de Corretagem. In Temas de Direito Civil*. 3ª ed., Rio de Janeiro, Renovar, pp. 127-151, 2004.

BIBLIOGRAFIA QUE SERIA INTERESSANTE CONSULTAR

MARQUES, Cláudia Lima. In: AZEVEDO, Antônio Junqueira de (Coord.). *Comentários ao Código Civil*. São Paulo : Saraiva, v. 8, no prelo.

CARVALHO NETO, Antonio. *Contrato de Mediação*. São Paulo, Saraiva, 1956.

COLTRO, Antonio Carlos Mathias. *Contrato de Mediação ou Corretagem, in* CAHALI, Yussef Said (Coord.). *Contratos Nominados*. São Paulo : Saraiva, pp. 47-80, 1995.

COLTRO, Antonio Carlos Mathias. *Contrato de corretagem imobiliária*. São Paulo : Atlas, 2001.

HIRONAKA, Giselda Maria F. Novaes. *Contrato de mediação ou corretagem, in Estudos de Direito Civil*, Belo Horizonte, Del Rey, 2000, pp. 145 e ss.

MIRANDA, Pontes de. *Tratado de Direito Privado*. 3ª ed. São Paulo : Revista dos Tribunais, vols. 43 e 44, pp. 249 e ss., 1984. Reedição pela Editora Bookseller com este volume ainda no prelo.

PACHECO, José da Silva. *Corretagem, in Revista de Direito Civil, Imobiliário, Agrário e Empresarial*, São Paulo, 13(2), ano 1, 1977.

TEPEDINO, Gustavo; BARBOZA, Heloisa Helena; MORAES, Maria Celina Bodin de. (Coord.). *Código Civil Interpretado conforme a Constituição da República*. Rio de Janeiro : Renovar, v. 2, no prelo.

WALD, Arnoldo. *A remuneração do corretor, in Digesto econômico*, 1981, n. 286, p. 35 e ss.; RT 247:672.

A Repercussão Geral em Matéria Tributária no Supremo Tribunal Federal

INTRODUÇÃO

A Emenda Constitucional n. 45/2004 veiculou e deflagrou a Reforma do Poder Judiciário. Dentre as diversas modificações e inovações que promoveu, merece destaque o acréscimo no texto constitucional do § 3º ao art. 102, que estabeleceu como pressuposto de admissibilidade do recurso extraordinário a necessidade de demonstração preliminar pelo recorrente da repercussão geral das questões constitucionais discutidas no caso. Este dispositivo constitucional foi regulamentado posteriormente pela Lei n. 11.418/2006, que trouxe as modificações necessárias ao Código de Processo Civil (acréscimo dos arts. 543-A e 543-B). Em seguida, o Regimento Interno do Supremo Tribunal Federal (RISTF) foi inicialmente modificado pela Emenda Regimental n. 21/2007. Recentemente, as Emendas Regimentais n. 22 e 23, respectivamente, de 30.11.2007 e 11.03.2008, complementaram esta regulamentação regimental. Atualmente, este é o arcabouço normativo que regula o trâmite deste novo instituto junto ao Supremo Tribunal Federal.

Importa, neste momento, um exame inicial do uso prático que tem realizado o Supremo Tribunal Federal na aplicação da repercussão geral das questões constitucionais. Deste modo, destaca-se sobremaneira a incipiente experiência da Suprema Corte na aplicação deste novel instituto, que foi introduzido no ordenamento jurídico pátrio com a promessa de servir ao elevado propósito de acelerar a sistemática de processamento e julgamento dos recursos interpostos perante o Supremo Tribunal Federal.

Serão destacados também relevantes aspectos sobre a aplicação da repercussão geral especificamente em matéria tributária e a verificação de algumas tendências na orientação do Supremo Tribunal Federal acerca do tema à luz de sua jurisprudência.

Recentes modificações no Regimento Interno do Supremo Tribunal Federal

Como já assinalei em outra ocasião, a Emenda Regimental n. 21 trouxe as principais modificações necessárias ao Regimento Interno do Supremo Tribunal Federal para que a regulamentação da repercussão geral fosse concluída.[433]

Inicialmente, a alínea *c* do inciso V do art. 13 foi modificada, passando a preceituar que é atribuição do Presidente do Tribunal despachar, como Relator, nos termos dos arts. 544, § 3º, e 557 do Código de Processo Civil, antes mesmo da distribuição, os recursos que não apresentem preliminar formal e fundamentada de repercussão geral, ou cuja matéria seja destituída de repercussão geral, conforme jurisprudência do Tribunal. No primeiro caso, o recurso não atende a um dos pressupostos de admissibilidade necessário ao seu exame preliminar. No segundo, trata-se de mera aplicação da jurisprudência pacificada da Corte.

Na mesma linha, o § 1º do art. 21 do RISTF passou a ter a seguinte redação: "Poderá o Relator negar seguimento a pedido ou recurso manifestamente inadmissível, improcedente ou contrário a jurisprudência dominante ou a súmula do Tribunal, deles não conhecer em caso de incompetência manifesta, encaminhando os autos ao órgão que repute competente, bem como cassar ou reformar, liminarmente, acórdão contrário à orientação firmada nos termos do art. 543-B do Código de Processo Civil".

Quando o recurso não tiver sido liminarmente recusado monocraticamente pelo Presidente, nas hipóteses de não apresentação da preliminar formal e fundamentada e/ou cuja matéria carecer de repercussão geral, o Relator sorteado poderá recusá-lo ainda liminar e monocraticamente, de acordo com precedente do Tribunal.

Tanto o Presidente do Tribunal como também o Relator não recusará recursos extraordinários por falta de repercussão geral se a tese tiver sido revista ou estiver em procedimento de revisão. No caso específico de recusa liminar do RE, caberá agravo. Este recurso possibilita à parte recorrente a oportunidade de: a) explicitar a necessidade de revisão da tese ou a existência de seu procedimento; b) pleitear que os argumentos da preliminar sejam submetidos ao Tribunal, e não recusados liminarmente.

Posteriormente, o art. 21 do RISTF, que cuida das atribuições do Relator, foi acrescido do § 4º, pelo qual: "O Relator comunicará à Presidência, para os fins do art. 328 deste Regimento, as matérias sobre as quais proferir decisões de sobrestamento ou devolução de autos, nos termos do art. 543-B do CPC" (atualizado com a introdução da Emenda n. 22, de 30.11.2007).

O art. 322 estabelece que o Tribunal "recusará" (não conhecerá) recurso extraordinário cuja questão constitucional não oferecer repercussão geral, isto é, a existência de questões que, relevantes do ponto de vista econômico, político, social ou jurídico, ultrapassem os interesses subjetivos das partes envolvidas na causa (não ofereçam transcendência no caso).

O art. 323 preceitua que o Relator submeterá, por meio eletrônico, aos demais Ministros, cópia de sua manifestação sobre a existência ou não da repercussão geral. Este procedimento não terá lugar quando: a) o recurso

---

[433] Este tópico reproduz trecho de estudo anterior que elaborei após a publicação da Emenda Regimental n. 21/2007. Neste momento, pretendo tão somente adequar ao texto daquele estudo às recentes modificações introduzidas pelas Emendas Regimentais do STF n. 22 e n. 23, respectivamente, de 30.11.2007 e 11.03.2008. Para cotejo entre ambos e aprofundamento sobre a regulamentação constitucional e legal da repercussão geral, bem como sua comparação com a antiga arguição de relevância das questões federais e explicação sobre alguns aspectos do *writ of certiorari* norte-americano, favor conferir: Andrade, Fábio Martins de. *A Regulamentação da Repercussão Geral das Questões Constitucionais nos Recursos Extraordinários (EC n. 45/2004, Lei n. 11.418/2006 e Emenda Regimental do STF n. 21/2007). Revista de Informação Legislativa*. Brasília, Senado Federal/Subsecretaria de Edições Técnicas, ano 44, n. 177, jan/mar 2008, no prelo.

versar sobre questão cuja repercussão já houver sido reconhecida pelo Tribunal; b) o recurso impugnar decisão contrária a súmula ou a jurisprudência dominante; c) for o caso de inadmissibilidade do recurso por outra razão. Nos dois primeiros casos, será presumida a existência da repercussão geral.

O Relator poderá admitir de ofício ou a requerimento, em prazo que fixar, a manifestação de terceiros, subscrita por procurador habilitado, sobre a questão da repercussão geral. Esta decisão é irrecorrível, nos termos do § 2º do art. 323.

O art. 324 dispõe que, uma vez recebida a manifestação do Relator, os demais Ministros encaminhar-lhe-ão, também por meio eletrônico, no prazo comum de 20 dias, manifestação específica sobre a questão da repercussão geral. O parágrafo único prescreve que: "Decorrido o prazo sem manifestações suficientes para recusa do recurso [8], reputar-se-á existente a repercussão geral".

Segundo o art. 325,[434] o Relator juntará cópia das manifestações aos autos, e, uma vez definida a existência da repercussão geral, julgará o recurso ou pedirá dia para seu julgamento, após vista ao Procurador-Geral da República, se necessária. Todavia, se for negada a existência, formalizará e subscreverá decisão de recusa do recurso.[435]

A decisão colegiada de inexistência de repercussão geral é irrecorrível e, valendo para todos os recursos sobre questão idêntica, deve ser comunicada, pelo Relator, ao Presidente do Tribunal (art. 326), para que ele: a) recuse os recursos que não apresentem a preliminar formal e fundamentada de plano; b) bem como aqueles cuja matéria carecer de repercussão geral, segundo o precedente do Tribunal (art. 327); c) além de promover ampla e específica divulgação do teor das decisões sobre repercussão geral; d) e a formação e atualização de banco eletrônico de dados a respeito (art. 329).

De acordo com o art. 328, protocolado ou distribuído recurso cuja questão for suscetível de reproduzir-se em múltiplos feitos, o Presidente do Tribunal ou o Relator, de ofício ou a requerimento da parte interessada, comunicará o fato aos tribunais, a fim de que observem o disposto no art. 543-B do Código de Processo Civil, podendo ainda pedir-lhes informações, que deverão ser prestadas em 5 dias, e sobrestar todas as demais causas com questão idêntica.

O parágrafo único do art. 328 preceitua que: "Quando se verificar subida ou distribuição de múltiplos recursos com fundamento em idêntica controvérsia, o Presidente do Tribunal ou o Relator selecionará um ou mais representativos da questão e determinará a devolução dos demais aos tribunais ou turma de juizado especial de origem, para aplicação dos parágrafos do art. 543-B do Código de Processo Civil".[436]

Registre-se, ademais, que a Emenda Regimental n. 23, de 11.03.2008, acresceu ao RISTF o seguinte dispositivo:

> *Art. 328-A. Nos casos previstos no art. 543-B, caput, do Código de Processo Civil, o Tribunal de origem não emitirá juízo de admissibilidade sobre os recursos extraordinários já sobrestados, nem sobre os que venham a ser interpostos, até que o Supremo Tribunal Federal decida os que tenham sido selecionados nos termos do § 1º daquele artigo.*
>
> *§ 1º. Nos casos anteriores, o Tribunal de origem sobrestará os agravos de instrumento contra decisões que não tenham admitido os recursos extraordinários, julgando-os prejudicados na hipótese do art. 543-B, § 2º.*
>
> *§ 2º. Julgado o mérito do recurso extraordinário em sentido contrário ao dos acórdãos recorridos, o Tribunal de origem remeterá ao Supremo Tribunal Federal os agravos em que não se retratar.*

---

434 Quando não se tratar do processo informatizado de que cuida a Lei n. 11.419/2006.

435 O parágrafo único dispõe que: "O teor da decisão preliminar sobre a existência da repercussão geral, que deve integrar a decisão monocrática ou o acórdão, constará sempre das publicações dos julgamentos no Diário Oficial, com menção clara à matéria do recurso".

436 Por fim, o § 5º do art. 321, que cuidava dos recursos extraordinários interpostos no âmbito do Juizado Especial Federal, e a Emenda Regimental n. 19, de 16.08.2006, que acrescentou a alínea *c* ao inciso V do art. 13 do RISTF, foram revogados pelo art. 2º da Emenda Regimental n. 21.

O art. 2º da Emenda Regimental n. 23/2008, estabeleceu ainda que: "Os agravos de instrumento ora pendentes no *Supremo Tribunal Federal* serão por este julgados".

Verifica-se, portanto, que os acréscimos promovidos pelas Emendas Regimentais n. 22 e 23 buscam, em síntese, estabelecer:

a) dentre as atribuições do Relator aquela de comunicar à Presidência as matérias sobre as quais proferir decisões de sobrestamento ou devolução dos autos, nos termos do art. 543-B do CPC;

b) o reforço normativo de que o Tribunal de origem não emitirá juízo de admissibilidade sobre os recursos extraordinários já sobrestados ou os que venham a ser interpostos, até que o STF decida os que tenham sido selecionados;

c) ao Tribunal de origem a competência de sobrestar os agravos de instrumento contra decisões que não tenham admitido os recursos extraordinários;

d) ao Tribunal de origem o dever de remeter ao STF os agravos em que não se retratar nos casos em que o mérito do recurso extraordinário tenha sido julgado em sentido contrário ao dos acórdãos recorridos;

e) a regra de que os agravos de instrumento pendentes no STF serão por ele julgados.

A EXPERIÊNCIA DO SUPREMO TRIBUNAL FEDERAL NO EXAME DA REPERCUSSÃO GERAL DAS QUESTÕES CONSTITUCIONAIS

Em estudo que versou sobre a "Repercussão Geral no Recurso Extraordinário" e que foi recentemente publicado, o Gabinete Extraordinário de Assuntos Institucionais do Supremo Tribunal Federal expõe interessantes dados acerca da compreensão e aplicação do referido instituto até dezembro de 2007, motivo pelo qual se justifica resenhá-lo à luz da experiência da Suprema Corte no exame e aplicação do novel "filtro recursal".[437]

Dentre as variadas informações trazidas pelo referido estudo, merecem atenção as seguintes. O instituto da repercussão geral pretende cumprir tríplice finalidade: "Firmar o papel do STF como Corte Constitucional e não como instância recursal"; "Ensejar que o STF só analise questões relevantes para a ordem constitucional, cuja solução extrapole o interesse subjetivo das partes"; "Fazer com que o STF decida uma única vez cada questão constitucional, não se pronunciando em outros processos com idêntica matéria".

Quanto à natureza, trata-se de requisito de admissibilidade de todos os recursos extraordinários e exige-se preliminar formal de repercussão geral. Enquanto a verificação da existência da preliminar formal é de competência concorrente do Tribunal de origem e do STF, a sua análise é de competência exclusiva do STF.

O marco temporal de vigência de toda esta novel regulamentação foi estabelecido no dia 3 de maio de 2007, isto é, a partir desta data todas as intimações recebidas que possibilitem o manejo do recurso extraordinário devem atender à preliminar formal do requisito de admissibilidade quanto à repercussão geral. Ao contrário, para os recursos extraordinários interpostos perante o STF oriundos de intimações anteriores desta data continuam sendo decididos normalmente, ou seja, não precisam submeter-se ao novel requisito de admissibilidade.

No "processamento quanto aos (recursos) múltiplos", o estudo referido divide as competências didaticamente entre (a) o Ministro Presidente do STF, (b) os demais Ministros do STF e (c) os Tribunais de Origem.

Desta maneira, ressalta que (a) compete ao Ministro Presidente do STF a tríplice missão de: priorizar a pauta dos processos com repercussão geral; dar publicidade às decisões sobre repercussão geral no DJ e na *home*

---

[437] Para consultá-lo: GABINETE EXTRAORDINÁRIO DE ASSUNTOS INSTITUCIONAIS. *Repercussão Geral no Recurso Extraordinário*. Brasília, Supremo Tribunal Federal, 2008. Disponível na internet: http://www.stf.gov.br [acesso em: 03.04.2008].

page do STF; e, por meio da Secretaria Judiciária, selecionar e devolver à origem os processos múltiplos com RE posteriores a 3 de maio de 2007 que nem serão distribuídos.

Aos demais Ministros do STF (b) incumbe: submeter, em cada matéria, um único recurso extraordinário à análise da repercussão geral e devolver os demais aos Tribunais de origem; recusar o recurso extraordinário quando negada a repercussão; pedir dia para julgamento do mérito no feito que tiver a repercussão reconhecida; devolver à origem eventuais processos múltiplos que ainda sejam recebidos no Gabinete.

No tocante à competência dos Tribunais de origem (c), devem inicialmente verificar se o RE trata de matéria isolada ou de matéria repetitiva (processos múltiplos). No primeiro caso, realizam diretamente o juízo de admissibilidade com a exigência também da preliminar formal da repercussão geral. No segundo, os Tribunais de origem: selecionam em torno de três processos representativos da controvérsia e os remetem ao STF; mantêm sobrestados todos os demais, inclusive os que forem interpostos a partir de então, não realizando sequer o juízo de admissibilidade; aguardam a decisão do STF; se ela for no sentido da inexistência da repercussão geral, consideram prejudicados os RE e eventuais AI; se, ao contrário, reconhecer a repercussão geral, aguardam a decisão de mérito; com esta decisão, se o acórdão de origem estiver em conformidade, consideram-se prejudicados os RE e eventuais AI; se, no entanto, o acórdão de origem for contrário à decisão do STF, verificam a admissibilidade do RE e o encaminham à Turma, Câmara ou Seção para retratação.[438]

Insta ressaltar as "conclusões quanto ao processamento dos (recursos) múltiplos" expostas pelo estudo. De um lado, os Tribunais só devem encaminhar ao STF cerca de três recursos extraordinários de cada matéria, sobrestando todos os demais, inclusive os respectivos agravos. De outro, o STF analisará cada questão em um único processo, devolvendo os demais. Em decorrência disso, todos os recursos múltiplos sobrestados serão considerados prejudicados ou objeto de retratação pelos próprios Tribunais de origem.

A primeira decisão a respeito do tema foi prolatada pelo Plenário do Supremo Tribunal Federal no AI n. 664.567-2/RS, em 18.06.2007, quando o Tribunal, por unanimidade e nos termos do voto do Ministro Relator Sepúlveda Pertence, decidiu questão de ordem levantada nos autos quanto à aplicação do novel instituto. De fato, na ocasião o Tribunal registrou:

> 1) que é de exigir-se a demonstração da repercussão geral das questões constitucionais discutidas em qualquer recurso extraordinário, incluído o criminal; 2) que a verificação da existência de demonstração formal e fundamentada da repercussão geral das questões discutidas no recurso extraordinário pode fazer-se tanto na origem quanto no Supremo Tribunal Federal, cabendo exclusivamente a este Tribunal, no entanto, a decisão sobre a efetiva existência da repercussão geral; 3) que a exigência da demonstração formal e fundamentada no recurso extraordinário da repercussão geral das questões constitucionais discutidas só incide quando a intimação do acórdão recorrido tenha ocorrido a partir de 03 de maio de 2007, data da publicação da Emenda Regimental n. 21, de 30 de abril de 2007.

Na sequência, diversos outros julgamentos já foram realizados pelo Tribunal acerca da repercussão geral. De um lado, destacam-se, a título meramente ilustrativo, as seguintes ementas de matérias com repercussão geral já reconhecidas pela Corte: tempo de serviço/aposentadoria especial/servidor público; prevenção de incêndio/taxa; vencimentos/militar; honorários advocatícios/processo civil/execução; fornecimento de medicamentos/ordem so-

---

[438] O estudo destaca ainda que: "Neste caso, se houver AI, motivado pela inadmissibilidade do RE decorrente da ausência de outro pressuposto de admissibilidade, mantida a decisão de não recebimento do RE, deverá ser o respectivo AI encaminhado ao STF para análise, já que o eventual juízo de retratação pelo tribunal dependeria da admissibilidade do RE" (GABINETE EXTRAORDINÁRIO DE ASSUNTOS INSTITUCIONAIS. *Repercussão Geral no Recurso Extraordinário*. Brasília, Supremo Tribunal Federal, 2008. Disponível na internet: http://www.stf.gov.br [acesso em: 03.04.2008]).

cial/saúde; lei municipal/ação direta de inconstitucionalidade; fatura/ discriminação de pulsos/telecomunicações/ serviço de telefonia; responsabilidade/ redirecionamento/sócio de empresa/execução fiscal/contribuição previdenciária, dentre outras.

De outro, o Tribunal já consignou como sem repercussão geral o rol de matérias a seguir ementadas: multa diária/processo civil/liquidação de sentença; vencimentos/servidor público/procurador autárquico; cabimento/ação direta de inconstitucionalidade; CPF/emissão em duplicidade/responsabilidade civil do Estado/indenização; dano moral/responsabilidade civil/indenização; proventos/vantagens/extensão/aposentadoria/magistério, dentre outras.

De acordo com o sistema *push* de notícias oriundas da *home page* do Supremo Tribunal Federal, constou a seguinte informação veiculada em 02.04.2008:

> *Na sessão administrativa realizada hoje (2) no Supremo Tribunal Federal (STF), o Plenário decidiu sobrestar Recursos Extraordinários cuja análise de Repercussão Geral esteja em discussão na Corte, inclusive aqueles encaminhados ao STF antes da publicação da Emenda Regimental que dispõe sobre o tema (Emenda 21, de 3 de maio de 2007).*[439]

Tratando-se da repercussão geral em matéria tributária, ela será destacada no próximo tópico à luz da incipiente jurisprudência do Supremo Tribunal Federal a respeito do tema.

A REPERCUSSÃO GERAL EM MATÉRIA TRIBUTÁRIA À LUZ DA JURISPRUDÊNCIA DO SUPREMO TRIBUNAL FEDERAL

A repercussão geral das questões constitucionais em matéria tributária já foi examinada em algumas ocasiões pelo Supremo Tribunal Federal. É precisamente com base nestes precedentes iniciais que se pretende ressaltar alguns interessantes aspectos em torno do tema. Neste sentido, destacam-se as principais ementas e alguns trechos relevantes de votos proferidos. Neste sentido, confira:

> *REPERCUSSÃO GERAL – CONTRIBUIÇÃO PARA O PIS E COFINS – IMPORTAÇÃO – DESEMBARAÇO ADUANEIRO – BASE DE INCIDÊNCIA. Surge a repercussão geral da matéria versada no extraordinário no que o acórdão impugnado implicou a declaração de inconstitucionalidade da expressão 'acrescido do valor do Imposto sobre Operações Relativas à Circulação de Mercadorias e sobre Prestação de Serviços de Transporte Interestadual e Intermunicipal e de Comunicação – ICMS incidente no desembaraço aduaneiro e do valor das próprias contribuições', contida no inciso I do artigo 7º da Lei n. 10.685/2004, considerada a letra 'a' do inciso III do § 2º do artigo 149 da Constituição Federal.*

> *REPERCUSSÃO GERAL – CONSEQÜÊNCIAS – MATÉRIA DA COMPETÊNCIA DA JUSTIÇA FEDERAL. Uma vez assentando o Supremo, em certo processo, a repercussão geral do tema veiculado, impõe-se a devolução do sistema, comunicando-se a decisão aos Presidentes do Superior Tribunal de Justiça, dos Tribunais Regionais Federais e da Turma Nacional de Uniformização da Jurisprudência dos Juizados Especiais Federais bem aos Coordenadores das Turmas Recursais, para que suspendam o envio, à Corte, dos recursos que tratem da questão, sobrestando-os* (STF – Pleno – RE n. 559.607-QO/SC – Rel. Min. Marco Aurélio – j. 26.09.2007 – DJU 22.02.2008).

Neste caso, o recurso extraordinário fora interposto pela União Federal e, sob o ângulo da repercussão geral, o Ministro Relator destacou que a recorrente aduziu que: "o simples fato de ser proclamada a inconstitucionalidade de lei pela Corte Regional assegura a relevância da matéria envolvida, considerado que a referida decisão produz efeitos para todas as ações ajuizadas no âmbito de jurisdição do Tribunal que reconheceu a desarmonia da norma legal com a Carta da República. Adicionalmente, destaca a repercussão econômica do tema, já que a declaração

---

[439] "Sessão administrativa discute aplicação da Repercussão Geral". Disponível na internet: http://www.stf.gov.br [acesso em: 03.04.2008].

de inconstitucionalidade do inciso I do artigo 7º da Lei n. 10.865/2004 alcança todas as operações que envolvem a importação de produtos".

O Ministro Relator Marco Aurélio foi acompanhado no entendimento de que: "existe relevância toda vez que há declaração de inconstitucionalidade de lei federal ou tratado, ou seja, no caso de interposição do extraordinário com base na alínea 'b' do inciso III do artigo 102 da Constituição Federal". Acrescentou ainda que: "Na espécie, houve a declaração de [inconstitucionalidade de] uma lei que versa sobre tributo. A repercussão é incrível, consideradas as importações e o cofre da União".

No curso da sessão de julgamento quando apreciava esta causa, o Ministro Marco Aurélio entendeu que seria o caso de baixar todos os recursos, inclusive aqueles interpostos antes de 03 de maio de 2007, sob o fundamento de que: "uma coisa é examinarmos pressupostos de recorribilidade, em relação a esses recursos anteriores, sob o ângulo da relevância; algo diverso é, tendo em conta a existência da matéria já sob o crivo do Supremo, baixarmos esses recursos. A finalidade da relevância é esta: evitar a repetição de decisões pelo Supremo, que o Supremo se torne uma Corte simplesmente cartorária". Na sequência do debate desta sessão o Ministro Marco Aurélio ressaltou que o objetivo maior da relevância é evitar que fique a Corte Suprema "batendo carimbo, numa atuação simplesmente cartorária".

Contudo, depois de acirrado debate com o Ministro Cezar Peluso, o Ministro Marco Aurélio concordou com a manutenção dos recursos no próprio STF. Posteriormente, sujeitar-se-iam às decisões monocráticas. Esta solução encontrada resolveu na sessão tanto o problema suscitado pelo Ministro Marco Aurélio quanto à segurança jurídica, como também aquele decorrente da devolução dos recursos interpostos antes do advento da modificação regimental para os tribunais de origem, como rechaçado pelos Ministros Cezar Peluso, Gilmar Mendes e Cármen Lúcia.

Outra matéria já teve também a sua repercussão geral chancelada pelo Plenário do Supremo Tribunal Federal. Trata-se da questão que envolve a LC n. 118/2005:

TRIBUTO – REPETIÇÃO DE INDÉBITO – LEI COMPLEMENTAR N. 118/2005 – REPERCUSSÃO GERAL – ADMISSÃO. Surge com repercussão geral controvérsia sobre a inconstitucionalidade, declarada na origem, da expressão 'observado, quanto ao artigo 3º, o disposto no art. 106, inciso I, da Lei n. 5.172, de 25 de outubro de 1966 – Código Tributário Nacional', constante do artigo 4º, segunda parte, da Lei Complementar n. 118/2005 (STF – Pleno – RE/RG n. 561.908-7/RS – Rel. Min. Marco Aurélio – j. 19.10.2007 – DJU 07.12.2007).

Nesta assentada, o Ministro Relator Marco Aurélio, acompanhado por unanimidade, consignou que: "Está-se diante de questão a revelar, realmente, a repercussão geral". E aduziu, consoante seu entendimento manifestado anteriormente, que: "Para assentá-la, na minha óptica, nem se mostraria necessária a veiculação da matéria em inúmeros conflitos de interesse sob a apreciação do Judiciário [milhares de ações alusivas a repetição de indébito considerados tributos sujeitos a lançamento por homologação]. Suficiente seria o fato de a Corte de origem haver declarado a inconstitucionalidade de lei federal a versar tema tributário, sendo interposto o extraordinário com base na alínea 'b' do inciso III do artigo 102 da Constituição Federal".

Acresça-se neste elenco a tese acerca da exigência de lei complementar para dispor sobre prescrição e decadência tributárias aplicáveis às contribuições sociais:

Repercussão geral: exigência de lei complementar para dispor sobre prescrição e decadência tributárias aplicáveis às contribuições sociais (art. 146, inc. III, da Constituição) para constituição do crédito tributário e da respectiva ação de cobrança (STF – Pleno – RE/RG n. 559.943-4/RS – Rel. Min. Cármen Lúcia – j. 11.09.2007 – DJU 07.12.2007).

Neste caso, a Ministra relatou que a apresentação pela recorrente da preliminar formal e fundamentada sobre a repercussão geral da questão constitucional foi suscitada no recurso pelo argumento de que: "A autarquia previdenciária é responsável pela arrecadação e fiscalização de todas as contribuições previdenciárias federais, tributos esses que mantêm o sistema previdenciário público que beneficia dezenove milhões de brasileiros. A diminuição dos prazos de decadência e prescrição das contribuições previdenciárias, de 10 para 5 anos, pode acarretar prejuízos irreparáveis aos cofres públicos e, consequentemente, aos beneficiários e dependentes da Previdência Social".

De acordo com o entendimento da Ministra Relatora: "A argumentação apresentada demonstra que a questão constitucional ultrapassa os interesses subjetivos da causa e tem repercussão econômica e social, esta reforçada pela pletora de processos que vieram a este Supremo Tribunal relacionadas ao mesmo tema, como se verifica nas diversas decisões por mim proferidas com fundamento no art. 328, parágrafo único, do Regimento Interno do Supremo Tribunal Federal".

Aduziu ainda que: "De se acrescentar, ainda, haver repercussão geral da matéria sob o ponto de vista jurídico. Tanto se evidencia quando uma lei tem a sua presunção de constitucionalidade questionada, fundamentadamente, em juízo, e, principalmente, quando se tem a acolhida da alegação de contrariedade ao texto da Constituição da República por algum ou alguns órgãos do Poder Judiciário".

Além destas, outra interessante questão de mérito que pende de decisão pelo STF também já foi reconhecida como matéria com repercussão geral, a saber:

IMUNIDADE – EXPORTAÇÕES – CONTRIBUIÇÃO SOCIAL SOBRE O LUCRO. Surge com repercussão geral definir o alcance da imunidade quanto à Contribuição Social sobre o Lucro no que a Corte de origem refutou a não-incidência do tributo (STF – Pleno – RE/RG n. 564.413-8/SC – Rel. Min. Marco Aurélio – j. 28.10.2007 – DJU 14.12.2007).

Neste caso, o recurso interposto foi em face de acórdão que desproveu apelação, *in verbis*: "O contribuinte não tem direito de excluir da base de cálculo da CSLL as receitas oriundas das operações de exportação efetuadas a partir da Emenda Constitucional n. 33/2001, pois sua base de cálculo é o lucro líquido, que não se confunde com a receita".

De acordo com o entendimento do Ministro Relator Marco Aurélio: "Está-se a ver a importância da matéria, veiculada em inúmeros processos nos quais envolvidos contribuintes que se dedicam à exportação de bens. Aliás, essa relevância, essa repercussão, já foi assentada pelo Plenário. Ao apreciar a Ação Cautelar n. 1.738-6/SP, visando a imprimir eficácia suspensiva ao Recurso Extraordinário n. 558.989-7/SP, o Colegiado sufragou entendimento do ministro Cezar Peluso segundo o qual, de início, a imunidade versada alcança todo tipo de contribuição. O pleito liminar formulado na citada ação cautelar foi, então, acolhido. Nesse processo, figuraram como partes a Embraer e a União".

Outra matéria com repercussão geral reconhecida pelo STF refere-se à contribuição previdenciária patronal, *verbis*:

CONTRIBUIÇÃO PREVIDENCIÁRIA PATRONAL – REMUNERAÇÃO – PARCELAS DIVERSAS – SINTONIA COM O DISPOSTO NO INCISO I DO ARTIGO 195 DA CONSTITUIÇÃO FEDERAL – DEFINIÇÃO – RECURSO EXTRAORDINÁRIO – REPERCUSSÃO GERAL ADMITIDA. Surge com envergadura maior questionamento sobre o alcance da expressão 'folha de salários' versada no art. 195, inciso I, da Carta da República, considerado o instituto abrangente da remuneração (STF – Pleno – RE/RG n. 565.160-6/SC – Rel. Min. Marco Aurélio – j. 10.11.2007 – DJU 19.12.2007).

Nesta decisão que admitiu a repercussão geral, e que foi acompanhada por unanimidade, o Ministro Marco Aurélio ressaltou que: "Por meio do extraordinário interposto com alegada base na alínea 'a' do permissivo constitucional, a recorrente articula com a transgressão dos artigos 146, 149, 154 e 195, inciso I e § 4º, da Lei Maior. Argumenta que descabe considerar como de natureza salarial toda e qualquer verba paga ao empregado, em razão do fato de nem todos os valores comporem a remuneração prevista no contrato de trabalho. Aduz que a contribuição social não pode incidir sobre verba de cunho indenizatório. Sustenta a repercussão geral da matéria, ante a circunstância de que a decisão do Supremo sobre o tema ultrapassará os interesses subjetivos da causa, mostrando-se relevante a todos os contribuintes que se encontram na mesma condição".

Ainda no campo tributário, destaca-se matéria relacionada à alíquota progressiva do ITCD, cuja repercussão geral também foi reconhecida pelo STF:

> CONSTITUCIONAL. IMPOSTO SOBRE TRANSMISSÃO CAUSA MORTIS – ITCD. ALÍQUOTA PROGRESSIVA. EXISTÊNCIA DE REPERCUSSÃO GERAL. Questão relevante do ponto de vista econômico, social e jurídico que ultrapassa o interesse subjetivo da causa (STF – Pleno – RE/RG n. 562.045-0/RS – Rel. Min. Ricardo Lewandowski – j. 01.02.2008 – DJU 29.02.2008).

Neste caso, o Ministro Relator Ricardo Lewandowski consignou que: "Entendo que o deslinde da matéria – possibilidade de fixação de alíquota progressiva para o imposto sobre transmissão *causa mortis* e doação – poderá afetar a situação econômica de um contingente incontável de contribuintes e estabelecer tese relevante quanto aos aspectos jurídicos do tributo em questão, inclusive em relação aos demais estados da federação, ultrapassando a causa o interesse subjetivo do recorrente".

Na seara tributária, já consta decisão que recusou a repercussão geral:

> Recusado o recurso extraordinário por ausência de repercussão geral do tema relativo à recepção pela Constituição de 1988 da exigência de cobrança amigável prévia à execução fiscal, prevista no art. 71 do Código Tributário do Município de Campo Grande, de 23 de outubro de 1973 (STF – Pleno – RE/RG n. 568.657-4/MS – Rel. Min. Cármen Lúcia – j. 09.11.2007 – DJU 01.02.2008).

Neste caso, a Ministra Relatora entendeu que: "A questão constitucional suscitada no recurso extraordinário é restrita ao interesse do Município Recorrente e não encerra relevância a caracterizar a existência de repercussão geral, nos termos do art. 543-A, § 1º, do Código de Processo Civil". À luz disso, manifestou-se "pela recusa do recurso extraordinário, nos termos do art. 543-A, caput, do Código de Processo Civil c/c art. 322, caput, do Regimento Interno do Supremo Tribunal Federal", submetendo-o, por conseguinte, à apreciação e decisão do restante do Tribunal.

O Ministro Marco Aurélio divergiu, no que foi acompanhado pelo Ministro Gilmar Mendes, sob o fundamento de que: "A relevância da matéria decorre do fato de haver o envolvimento de princípio constitucional da maior envergadura – o do acesso ao Judiciário. A Carta da República, de início, restringe as situações em que necessário acionar-se antes a esfera administrativa – a negociação para o ajuizamento do dissídio coletivo e o esgotamento das instâncias da Justiça Desportiva quando se tratar de disciplina e competição desportivas. Daí me manifestar pela repercussão geral do tema, presente a elucidação do alcance da Constituição Federal no tocante a questão tão sensível como é a do acesso ao Judiciário".

Além destes, o referido estudo elaborado pelo Gabinete Extraordinário de Assuntos Especiais do STF traz uma série de RE e AI já distribuídos com a necessária preliminar de repercussão geral e ainda pendentes de decisão. Dentre eles, reproduzo de maneira pinçada os temas tributários relacionados às seguintes ementas:

ASSUNTO	QTDE	%
TRIBUTO-RECOLHIMENTO-INDEVIDO-DEVOLUÇÃO-COMPENSAÇÃO	61	1,53%
EXECUÇÃO FISCAL-COBRANÇA DE DÍVIDA ATIVA-PRESCRIÇÃO	51	1,28%
CONTRIBUIÇÃO SOCIAL-BASE DE CÁLCULO-PIS-COFINS-INCLUSÃO DO ICMS	39	0,98%
CONTRIBUIÇÃO SOCIAL-COFINS-ISENÇÃO-LC 70/91-PRESTADORAS DE SERVIÇOS-REVOGAÇÃO-LEI 9430/96	37	0,93%
IMPOSTO PREDIAL E TERRITORIAL URBANO-IPTU-ALÍQUOTA PROGRESSIVA	27	0,68%
EXECUÇÃO FISCAL-CITAÇÃO-INTERRUPÇÃO DA PRESCRIÇÃO-ART. 8º-LEI N. 6.830/80	21	0,53%
IMPOSTO DE RENDA PESSOA FÍSICA-IR-REPETIÇÃO DE INDÉBITO	19	0,48%
INSTITUIÇÕES FINANCEIRAS-CADERNETA DE POUPANÇA-CORREÇÃO MONETÁRIA	19	0,48%
IMPOSTO SOBRE PRODUTOS INDUSTRIALIZADOS-IPI-CRÉDITO-INSUMOS-ISENÇÃO OU ALÍQUOTA ZERO	16	0,40%
CONTRIBUIÇÃO SOCIAL-COFINS-ALÍQUOTA E BASE DE CÁLCULO-ALTERAÇÃO-LEI 9.718/98	15	0,38%
IMPOSTO DE RENDA PESSOA FÍSICA-IR-INCIDÊNCIA	15	0,38%
CONTRIBUIÇÃO SOCIAL-COFINS-PIS-BASE DE CÁLCULO-RECEITA BRUTA-LEI 9.718/98	12	0,30%
CONTRIBUIÇÃO SOCIAL-COFINS	11	0,28%
CONTRIBUIÇÃO PROVISÓRIA SOBRE MOVIMENTAÇÃO FINANCEIRA-CPMF-RECOLHIMENTO	10	0,25%
CONTRIBUIÇÃO SOCIAL-BASE DE CÁLCULO-PIS-COFINS-INCLUSÃO DE ICMS E IPI	8	0,20%

A reprodução deste quadro exemplifica de maneira cristalina a quantidade de antigas questões tributárias que têm a possibilidade de se renovar junto ao Plenário do Supremo Tribunal Federal. Esta renovação certamente conduzirá à consagração da jurisprudência consolidada da Corte nestes temas.

Afinal, é notável como a permanência legislativa do "dever legal de recorrer" imposto aos procuradores das distintas fazendas (nacional, estaduais e municipais) e do INSS colaboram sobremaneira para o abarrotamento crescente do Poder Judiciário e, consequentemente, a ineficiência e excessiva demora na entrega da prestação jurisdicional.[440]

Conclusão

Segundo este breve compêndio extraído da *home page* do Supremo Tribunal Federal acerca dos seus principais julgamentos versando sobre o tema da repercussão geral das questões constitucionais nos recursos extraordinários posso extrair as seguintes conclusões.

Inicialmente, impõe-se destacar que os dados quantitativos explorados pelo estudo mostram sincero otimismo em relação à redução do número de recursos (extraordinários e agravos) em trâmite junto ao Supremo Tribunal Federal.

É de se esperar que novas modificações regimentais sejam introduzidas no curso deste ano para aprimorar a sistemática de aplicação da repercussão geral junto ao Supremo Tribunal Federal.

Além disso, resta verificar na prática como se dará a aplicação da parte final do art. 327 do RISTF (com a redação dada pela Emenda Regimental do STF n. 21/2007), pela qual a Presidência do Tribunal não recusará recursos versando sobre tese que tiver sido revista ou *estiver em procedimento de revisão*. Em outras palavras, quais as hipóteses e como ocorre o procedimento de revisão de tese anteriormente consagrada junto à jurisprudência do STF? E qual a sua relação com a decisão de competência da Presidência do Tribunal no que toca ao requisito de admissibilidade da repercussão geral no recurso extraordinário?

---

440 Especificamente sobre esta crítica, ver: ANDRADE, Fábio Martins de. *Comentários sobre a regulamentação da súmula com efeito vinculante (EC n. 45/2004 e Lei n. 11.417, de 19.12.2006). Revista de Informação Legislativa*. Brasília, Senado Federal/Subsecretaria de Edições Técnicas, ano 44, n. 174, abr/jun 2007, p. 49-72, especialmente p. 51-52.

Tratando-se especificamente da temática tributária, várias questões certamente relevantes e de repercussão geral e ampla ainda estão pendentes de julgamento pelo Plenário do Supremo Tribunal Federal. Neste ponto, torna-se importante o acompanhamento de quais dos recursos que ali tramitam estarão sendo pinçados dentre os múltiplos para ser levado ao conhecimento da Corte.

Entendo que se inaugura sólida tendência, encampada pelo Ministro Marco Aurélio e acompanhada pelos demais Ministros da Suprema Corte, no sentido de que existe relevância – a fundamentar o oferecimento da repercussão geral – sempre que houver a declaração de inconstitucionalidade de lei federal ou tratado. Neste caso, o recurso extraordinário interposto com base na alínea "b" do inciso III do artigo 102 da Constituição Federal há de ser admitido, vez que presente o requisito da repercussão geral (e desde que presentes os demais pressupostos recursais inerentes aos apelos extremos).

Ademais, tem-se cristalizado o entendimento de que os temas envolvendo matéria tributária federal devem ser acolhidos como de inegável relevância e, por conseguinte, repercussão geral.

Ao contrário, entendo que possivelmente se cristalizará uma jurisprudência no sentido de recusar o recurso extraordinário por ausência da relevância em temas de repercussão meramente local. De fato, é de se esperar que o envolvimento do STF na solução destes casos seja cada vez menos requerido.

Uma possível zona cinzenta que certamente se apresentará em breve diz respeito aos temas de repercussão local ou regional em contraposição à matéria de repercussão geral. Para que este patamar seja atingido, será necessário que aquele debate transcenda os interesses subjetivos da causa.

Estas distinções, bem como várias outras dúvidas e questionamentos, certamente serão mais bem esclarecidas e elucidadas por meio da jurisprudência da Suprema Corte a respeito da aplicação da repercussão geral.

Torna-se mais importante do que nunca que os operadores jurídicos permaneçam atentos para estas modificações que foram, estão sendo e ainda serão implementadas na sistemática de processamento e análise dos recursos no âmbito do Supremo Tribunal Federal.[441]

---

441 O texto foi publicado originalmente em: *Jus Navigandi*. Teresina, ano 13, n. 1.962, 14.11.2008. Disponível na internet: http://jus2.uol.com.br/doutrina/texto.asp?id=11963. Acesso em: 14.11.2008.

Esta obra foi impressa em São Paulo pela Gráfica Prol no verão de 2016. No texto foi utilizada a fonte Minion Pro em corpo 9,5 e entrelinha de 14,25 pontos.